U0895611

上海交通大學
百年报刊集成

第一辑（1896—1949）
学 术 学 科

综合卷（第五册）

上海交通大学
档案文博管理中心　编

目　录

交通大學刊行

交大季刊

工程號

第八期

中華民國二十一年四月出版

交大季刊第八期工程號補遺勘誤表

頁數	行數	錯誤或遺漏	正誤或補遺
目錄	4	楊雨聲譯	楊餘聲譯
7	17	這種法子和舊法子相似，不過是規定	不過前者是規定
7	25	"襄"	"裏"
10	11	更換破壞的扶手欄杆	更換已破壞扶手之欄杆
11	2	或過長過短，或過高過低	過長或過短，過高或過低
11	4	不守規及快	不守規則及快
11	5	難以避免	難避免
11	19	則此項	故該項
11	23	拱頂彎梁	拱形彎梁
12	13	故加	如加
12	14	總之，若對於	總之，對於
13	9	『不適』	『不適用』
13	21	亦爲少數	亦爲小數
14	8	然加增	但加增
14	22	亦爲節用	亦皆爲節用
16	11	實現	現實
18	22	能	將
3	4	通	道
24	10	應呈見如	應呈現如
25	23	差度吸與時間	差度與時間
26	22	(註四)取含水	(註四)試取含水
28	17	參透性	滲透性
28	18	薄層	淺層
34	8	遇行完全	進行完全
38	21	意見，基本問題	意見，關於基礎問題
43	3	$(H_2O)^3$	$(H_2O)_3$
45	4	架一聲樑	架一繫樑
52	22	計劃之愈益	計劃而愈益
53	24	總數爲多	總數爲少
59	21	World Power Conference, Toyko	Transactions of World Power
70	14	德克士	德士古

頁數	行數	錯誤或遺漏	正誤或補遺
71	7	Cornotite	Carnotite
73	10	有知其然，不知其	有知其然而不知其
73	9	(見　　頁)	(見89—97頁)
75	5,6	Θ	Θ_t
77	6	Θ	Θ_t
81	11	$-\frac{M_e l}{6}$	$-\frac{M_a l}{6}$
81	12	$\left(\frac{1}{3}+\frac{1}{6}+\frac{h}{3}+\frac{h}{6}\right)$	$\left(\frac{t}{3}+\frac{t}{6}+\frac{h}{3}+\frac{h}{6}\right)$
82	2	令	今
82	3	豎線，上有	豎線上，有
82	5	(b)	(a)
82	6	$M\chi$	$M\kappa$
82	6	$S\chi$	$S\kappa$
82	20	1000^{114}	$100''^{4}$
82	20	$I=800^{114}$	$I_1=800''^{4}$
84	13	$-\Theta_a$	$-\Theta_{ad}$
85	9	64,450″#	64,440″#
87	9	$M+M_{ad}$	$M_{ab}+M_{ad}$
88	2	問題	例題
89	10	名常數	各常數
91	6	事變	事態
92	12	之成正比	之值成正比
92	16	因定者	固定者
98	19	柱體	柱體

革命尚未成功，

同志仍須努力！

總理遺囑：

余致力國民革命凡四十年其目的在求中國之自由平等積四十年之經驗深知欲達到此目的必須喚起民衆及聯合世界上以平等待我之民族共同奮鬬

現在革命尚未成功凡我同志務須依照余所著建國方略建國大綱三民主義及第一次全國代表大會宣言繼續努力以求貫澈最近主張開國民會議及廢除不平等條約尤須於最短期間促其實現是所至囑

目　錄

卷　首　語

民國二十年之交大季刊。照出版委員會計劃。擬出兩期經濟號。兩期工程號。第一期工程號業已出版。現所出者爲第二期工程號。

第一期工程號(季刊第六期)所載稿件。多屬電機工程及機械工程。土木工程方面。尙鮮登載。是以本期工程號。採錄土木工程稿件較多。以期本校三個工程學院學術上之均衡進展。

本期稿件。關於土木工程者八篇。電機機械工程者四篇。其中論連續構架者計有三篇。一篇爲楊培琫先生所擬之基本法。餘二篇爲林致平先生譯述之克洛司提法。對於計算構架旋量等問題。多所探討。均切實用。裨益學子不少。

緩和弧線原理一文。爲青島市工務局長舒壯懷先生所著。承舒先生允許。轉載本刊。盛意至可感謝。

本刊原定於一月底出版。中以暴日侵滬。戰事發生。印務停頓。遂至愆期。在過去六個月中。內憂外患。交迫而來。本校師生。對於本刊稿件。仍能照常供給。此固有賴於投稿諸君之努力。然仍不敢以此自滿。希望下期之工程號。更有充實之內容。精彩之貢獻。

——林　織　昌

全國測量之我見

李謙若

吾國邊界，素無詳圖，故蒙滿新疆西藏各邊境屢爲列強所侵佔，而我竟無法證明何者爲國土，何者被侵佔，雖曾派遣勘界大員，亦不過敷衍塞責，致大好河山，拱手讓諸外人，誠屬可歎，如於各邊界線內外若干里，測繪詳圖，註明國界，訂諸條約，立爲鐵案，何至時被蠶蝕而不自知耶，此測量之有關於國防者也。

周設井田之制，而八口之家，可以無饑，孫中山先生主張平均地權，足見土地之分配，與民生之關係，至爲重大，然未經詳細測量之前，土地無從平均分配，此測量之有關於民生者也。

各種工程於實施之先，必須有詳細計劃，而計劃以前，必須測量施工地點，繪成詳圖，如全國均有詳圖，則計劃鐵路或公路線，以及其他一切工程以前，無須實地初勘，即可按圖設計估價，便利異常，此測量之有關於建設者也。

測量既如此之重要，故美國政府有沿海及大地測量（Coast and Geodetic Survey）之組織，規模宏大，現今已有數十年之成績，全國各處大半均有詳細地圖，以資應用，而吾國地圖，則大多數均未經測量，僅憑意想猜度，互相抄襲，當然毫無確實價值可言。

吾國近年提倡實業與建設，尚在籌備時期，故各處亦時有測量工作，惟既無統一組織，又未通盤籌劃，各自爲政，竟有某地已爲某機關測量，而又爲其他機關復測者，若考其結果，則又不能符合，誰是誰非，又非實地再測，不能斷定，此種辦法之不經濟，可想而知。

倘欲測繪全國詳圖，必由中央政府召集中央及各省測繪機關，擇地會議，如參謀本部，鐵道交通內政各部，各鐵路局，各省公路局，各省測繪局，各市政府土地局，各省建設廳，各省水利局或委員會，各測繪學校，各土木工程學院，各天文台，選派代表，釐定各種測繪規章細則，不厭求詳，以便各機關通力合作，互相扶助，互相遵守，並由中央設立全國測繪總機關，以便監督與指揮各省各縣之測繪機關，倘有不遵規章與命令者，應處以相當罰則，以資儆戒，庶幾數十年後，全國詳圖可以告成，此種組織雖費金錢與時間，然爲永久計，此舉洵爲重要也。

該會議所訂規則應包括下列範圍

（甲）測量方法　某種測量應用何種方法，何種儀器，及紀錄格式，計算方法，均須詳細規定，始克劃一。

（乙）三角測量

（一）一二三各等之角點距離之限制。

（二）各等三角網角度誤差之限制。

（三）各等三角網角度應量之次數。

（四）三角網形式之限制，（如三四五六各多邊形，另有中心測站，或無中心測站，及角度大小之限制等。）

（五）分配三角網角度誤差方法之規定。

（丙）基線測量

（一）各等基線之長短。

（二）各等基線應量之次數。

（三）各等基線誤差之限制。

（四）兩基線距離之限制，（如兩基線間三角網之準確程度Strength of figure, R不得過若干）。

（五）由三角網計算所得基線之長，與實量之長，相較誤差之限制。

(六) 基線誤差之分配。

(丁) 經緯度與子午線

(一) 各等三角點經緯度與子午線之測定方法。

(二) 各等三角點經緯度與子午線之精確限制。

(三) 經緯度與子午線測站之距離。

(四) 經緯度與子午線誤差之分配。

(戊) 地形測量

(一) 測站之距離。

(二) 角度準確之規定。

(三) 距視準確之規定。

(四) 高度準確之規定。

(五) 測點之多少。

(六) 測站各種誤差之分配。

(七) 如何用飛機測量地形以資迅速。

(八) 各分圖總圖中之等高線間之距離應爲若干；（平原與崎嶇之地應有分別。）

(己) 水平測量（精確水平與普通水平）

(一) 測尺與水平儀距離之限制。

(二) 水準點距離之限制。

(三) 誤差之限制。

(四) 誤差之分配。

(庚) 水文測量

(一) 每江河應設流量測站若干。

(二) 應設測站之地勢。

(三) 應於水位變遷若干後，復測流速一次。

(四) 應於水位變遷若干後，復測橫斷面一次。

(五) 每測站依水面之寬狹，應測水深若干點。

(六) 每測站依水面之寬狹，應測流速若干點。

(七) 每點應上下測流速若干次。

(八) 某處應放浮標若干。

(九) 於浮標流動若干距離後，始再測定其地位。

(十) 水位測站應設若干處。

(十一) 每日應紀錄水位若干次，並紀錄之時間。

(十二) 全國應設雨量站若干處。

(辛) 各種標誌

(一) 各種標誌之質料。

(二) 各種標誌之形式與大小。

(三) 各種標誌應露出地面若干，暨其根基應入土中若干。

(四) 各種標誌應離河之凹岸與凸岸各若干。

(五) 各種標誌如何可永久保存，不致遺失與損壞。

(壬) 繪圖

(一) 每縣應繪分圖若干張，分圖之縮尺應爲若干。

(二) 每縣全圖之縮尺應爲若干。

(三) 數縣之總圖及各省全圖之縮尺應爲若干。

(四) 數省之總圖及全國總圖之縮尺應爲若干。

(五) 圖例中各種符號應如何規定。

(六) 圖中字體之大小及圖紙之大小應如何規定。

以上所列僅其大概範圍，忽略之處，自屬難免，該會議旣集多數技術專家，悉心討論，自必較爲詳盡。

混凝土建築及其包工制度之應改善

俞同武

在工程學上有兩條最要緊的基本原則就是(1)安全(2)經濟，無論是何種工程都要顧慮到這兩方面。太注意『安全』而忽略了『經濟』的一方面是不對的，因爲工程學的根本定義就是『以最經濟的方法來利用天然的物質和力量爲社會謀福利。』假使僅注重『經濟』而不顧到『安全』尤其是錯誤，因爲既不安全則生命財產尚不敢保，又有何『福利』之可言。至於如何方能兩方面同時顧到？這當然不是一個簡單的問題。每一種建築都有一種特殊的情形和解决的方法。不過各種建築的情形雖然是不同，而牠們當中却有一共同的條件。如果不合於這項條件，就不能同時顧全這兩方面(安全和經濟)。這個條件就是每種建築物所承受的外力(External Load)和牠自身的抵抗力(Strength of the material itself)都應當確切的知道。如果這兩種力量之中有一種不大清楚，那麼爲建築物的安全起見我們只好特別多費一點材料。這樣當然是不經濟。現在的混凝土建築物也就是因爲不合於這項條件而失去了經濟的原素。現在混凝土的成份是隨便擬定的；如果是要緊的部份就用1:2:4或1:1½:3；次要的部份就用1:3:6或1:4:8。至於沙石之粗細率(Fineness Modulus)毫未顧及，就是水的份量也並無嚴格的規定。假如有人問1:2:4混凝土究竟有多大的力量？我想沒有人能確切的回答這問題。本來一種混凝土(如1:2:4)的力量直接是在乎洋灰和水的比例，間接却是與牠的流度(Consistency)及沙石之粗細率有密切的關係。再說得具體一點：很稀的1:2:4混凝土可以和很稠的1:3:6混凝土有同樣的力量，或者很稠的1:2:4混凝土可以和較稀的1:1½:3混凝土的力量相同；再如二種混凝土有同樣的成份(如1:2:4)和流度，而所用沙石的粗細率不同，結果牠們的力量也就不會一樣。由此我們可以知道空空洞洞的1:2:4或1:3:6並不能確切表示出混凝土的力量。因此爲建築物的安全起見在設計時就不能不把混凝土的成份弄得豐富一點。在實際上有時候1:3:6混凝土就是夠了，而工程師所用的却是1:2:4。這豈不是浪費嗎？這種浪費就是由於我們不能確定混凝土實在的力量。

現在的混凝土建築物還有一件極不合理地方，就是對於水的份量並無嚴格的規定。在實地工作時，有時水多，有時水少。因此每次所混合出來的混凝土成份雖然是一樣，而力量却因水之多寡而不同。而這許多種不同力量的混凝土却是同在一根柱子，或橫樑裏邊。我們知道一條鐵鍊的力量決強不過牠的最弱一點，同樣一所建築的力量也是爲其最弱一部份所限制。現在在同一根柱子或橫樑裏邊而各處的力量均不相同，這不是很不合理而又矛盾的事情嗎？

在從前沒有較完善的方法，我們不得不採用這種不合理而且不經濟的法子。現在已竟有很合理而且很精確的法子。這種法子也並不煩難，而且還可以隨着建築物的大小而變更其繁簡。如果是一個很大的建築物需要多量的混凝土，我們可以用精細的方法來設計，如果需要少量的混凝土我們也可以用比較簡單的方法來設計，總而言之用這種新的方法，我們可以得着一種適宜的混凝土而並不浪費材料，但是現在這種方法尚未被採用，這實在不能不歸咎於工程師的惰性和不負責任心了。一般的心理以爲從前用舊法子這許多年也未出毛病，現在又何必無事找事，而且還有一個理由就是工程師並不是一種建築物所有者，他也不過是接受固定的薪水或幾成的報酬而已，所以建築物的經濟與否也就無關緊要了。

其實由於這種浪費而受到損失的並不是一個人或者是一個團體，而是全國的人尤其是全國的勞苦民衆。就以橋樑或其他的公共建築來說。這種錢還不是從一般勞苦民衆那裏征收來的，决不是由括地皮的闊老或資本家那裏取來的。再以建築工廠來說，這種浪費的損失資本家是絕對不會担負的，結果還不是分配在消費者的頭上。再說到建築普通的房屋，當然承受這種損失的並不是小資本家的房東而是一般勞心勞力的房客。總而言之工程師的責任是很大，他的責任就是爲民衆謀福利，而他的浪費也就是全民衆的損失。

以上已經把混凝土建築物應當改善的理由說得很詳細，至於我們應當採用的新方法在好幾年前就有了。所謂之新者不過是對落後好幾世紀的中國言之而已。這種方法在旁的書裏面講得很詳細，而且圖表也很完備，此處無須多說。現在所要討論的是因改變方法而影響到的招標和包工問題。現在最普通的辦法是先規定混凝土的成份然後再招標，或以單價（Unit Cost）計算或以總價包出。不過按照新的方法，在未考察沙石以前混凝土的成份是不能預定的，所以這種招標的方法也就不合用了。現在把各種可能的招標方法臚列於下而加以批評。

（1）規定混凝土的力量而以總價或單價招標，這是最簡單却是不很合理的法子。這種法子和舊法子相似，不過是規定成份而不知道力量，現在是規定力量而不知道成份。但是無論如何臨時所定的成份决不會比擬定的高，所以因此而受的損失總要比以前小一點。

（2）工料分包　這種法子可以說是既簡單而又經濟，無論工程之大小均可適用，包工和包料者既非一人，又可免去普通減料之弊。

（3）總值加幾成，或一定之數，以及其他類似之方法(Cost-plus System)。這在美國很盛行在中國則無採用者，原因是這種法子比較麻煩一點。至於詳細的辦法以及各種的得失在 Tucker 的 Contracts in Engineering 一書裏說得很詳細，此處從略。

（4）僱工自做　這種方法要有大而永久的組織（鐵路，公路等）才合適，而且要有能負責任的工程師與監工。否則仍以（2）法較妥當。

除以上四項之外尚有（2）與（4）之混合法：如包工不包料，或包料不包工等，均須就當地情形斟酌辦理，最要緊的原則當然是不外乎經濟和適用兩點。

混凝土橋經費之節用

原著者： C. B. McCullough

擇譯者： 李兆源

此篇爲作者於去年十一月華盛頓道路研究會年會中宣讀之論文。全篇載于"Proceedings of the Highway Research Board"其關於建築費(First cost)節省之討論頗詳，且有若干圖表以示用一體構架(Monolithic Frames)之節省。茲爲譯其要意計，則未列入，希讀者原諒，是幸！——譯者。

混凝土橋需要之經費，爲各項費用會集而成者。故欲節省經費，則不得不將各項費用分別討論之焉。建築混凝土橋，所需之年金(Annual cost)，以公式示明之如下：

$$年金=(r+m+a)C$$

r ＝建築費之年利率。

m＝每年平均所需之單位養橋費(Maintenance Cost)，以建築費一元之百分比表示之。

a ＝每年應付之分期存款，（即每年以複利存入銀行之款數，於該橋有效壽命若干年終斷後，所得之總和，作爲重建該橋之經費。）亦以建築費一元之百分比表示之。

c ＝建築費之總元數。

上式中，減少任何四項費用之一，皆可節省混凝土橋之年金。但年利率 r 一項，其能減低與否，厥爲財政及管理上之問題，非工程人員所加考慮。故在工程立場上，須加以討論者，惟有其他三項m，a，及c而已。茲則一一分述於下：

養橋費之節約

欲謀解決減少養橋費之問題，則將凡與養橋費用有關者，歸納於一年內常遇之工作分類中，或可獲得相當之解決。至於養橋工程隊之工作爲何，因何如此，及如何免去此等工作種種之問題，皆爲工程人員所應思維，以謀解答者也。

(1) 養橋工程之分類

養橋工程隊對於混凝土橋之工作，大概不外以下所述各種，然至少亦必有其大半焉：

(a) 保護兩旁河岸之工程。

(b) 保護橋墩(Piers)橋座(Abutments)及橋礎(Foundations)之建築工程。

(c) 更換破壞的扶手欄杆。

(d) 取去橋中任何一部之鬆散或擠碎之澎漲節(Expansion Joint)，重復固定疎落後之澎漲地板(Expansion Floor Plate)，及加添柏油(Tar)或土瀝青(Asphalt)於已鬆落之澎漲節處。

(e) 磨去露出不平之建築節(Construction Joint)並使其不透水。

(f) 加用防水劑於橋身之縮縐裂痕處(Shrinkage cracks)。

(g) 補救橋面之崩解(Disintegration)，如用修補法(Patching)或加用任何一種之防水氈等是。

(2) 養橋工程之免除

養橋工程隊工作之概類，已略如上述，而『因何如此，及如何免去』之問題，則待於此時解答之矣。

(a)及(b)兩項工程往往同時並行；竟有時此等工程，每年中難能免除者。其原因大約不外以下各種：

1. 河流狀態，缺乏研究。

2. 橋樑地位不適宜於水道。

3. 橋之跨度或過長過短，橋之高度或過高過低。

4. 橋之基礎或過淺。

（c）項工作爲不守规及快速車輛衝壞之結果；其雖可用以下方法預防之，然仍難以避免。預防方法爲：

1. 放寬路面。

2. 增高沿石（Curb）及放寬人行道。

3. 進橋口添增靈巧之設備，（如某種信號Signal），給遠來車輛可知此處爲橋口，減低其速度。

4. 注意橋與路使成一直線。

5. 車輛備有反光鏡（Bull's—eye reflector）。

6. 其他類似預防之設備。

（d）項之結果，當爲以節相連之結構而直接發生者。換言之，卽上下兩層結構間，或各鄰近結構間，以澎漲節分離之也。減少澎漲節之方法，惟有變換兩相分離之結構爲連續一體，具有彈性之結構（Monolithic, Continuous, and elastic structures）而已。此種設計方法，不僅可用於單跨度（Simple—Span）之結構，且能施之於複跨度（Multiple—Span）之結構固定於彈性橋墩者（Elastic—Supports）。此種理論，確有完全免去澎漲節之可能性，則此項之維持費，將不知節省若干矣。然以最近之科學智識而論，雖尙未能臻於完全不用澎漲節之境，但亦可少用許多。如複跨度而具有彈性之結構，其跨度之長至250呎爲止者（甚或稍過之），則可用連續一體之方法建築之。卽拱形橋（Arch Bridge）之跨度，不越250呎者，其拱頂彎梁（Arch Rib）亦得與其上層結構而以連結一體之法建築之。跨度之長超過250呎者，無論如何則澎漲節爲必需而不可免矣。卽使需用，則此項維持費，亦可於設計及興工時之各點多加留意而節省焉。

(e)(f)與(g)三項皆爲建築時，方法不良或粗心有以致之。果對下述三條，逐一注意，則該三項之費用，可減達爲零。

1. 採用充分砌合及防水之連結節。

2. 加用適當而充足之混凝土，特別是路面。

3. 對於混凝土之成份比（Proportioning），調和（Mixing），及其放置（Placing）與工作之處理，必須施以相當之注意，直至混凝土已凝結爲實塊並可充分防水滲入爲止。路面以無石塊露出或砂結(Sand Pocket)及其他不健全之現象爲主。

（3）總結

混凝土橋之維持費，雖佔其建築費之最小成份，然不可因其成份小而忽略。此種成份之小，並未能達至無須精密之注意而謀節省之地位也。故加以精確研究後，其養橋費仍可減低於以前價值，佔建築費之更小成份。總之，若對於以下基本原則，加以相當之注意，其養橋費之節省，未有不獲得相當效果者。

1. 河流狀態之變遷，及影響橋梁位置之若干因素。

2. 次要部份設計之留意。

3. 建築時，材料之處理，工人技術之選擇。

4. 能用一體彈性構架者，則用之；蓋可減用澎漲節至最小數也。

分期存款之節約

本文前節，年金公式中，所述名詞爲"a"者，其值可於下式求得之。

$$a = \frac{r}{[(1+r)^n - 1]}$$

r ＝ 年利率

n ＝ 橋樑有效壽命之年數

從上式，得知a之減少，若以工程方面言之，捨增加橋梁壽命a而外，無他法。增長橋梁壽命，與節省養橋費之問題似成反比，以爲橋壽愈長者，則最後所需之養橋費必愈多也。其實不然，果防預之得法，及以上所述發生之困難，加以精細研究，預爲綢繆，則養橋費之節省，却與橋壽成正比例也。且以分期存款與養橋費相比較，則養橋費爲最小，可不計及。故一橋維持得法，不特每年可費少量之養橋費，且可獲得一延年益壽之橋梁；不論以其抵抗能力論，或耐久性論，皆足支持五六十年以上，而分期存款數則減低爲不少矣。惟有一層，足使橋壽縮短者，不在其自身，而在外界之影響。此影響名曰『不適』(Obsolescence)。

混凝土橋建築若干年後，因道路運輸量增加及車輛數又日益增多故，橋之寬度，坡度，直線度等，皆不足以供運輸量增加之要求；該橋遂不得不視爲廢物而須重建矣。

夫僅以寬度不合用而言，則未能視爲重建充足之理由。良因較少之經費，便可增寬橋面；此爲可能而又比較實際者也。若以橋與路不成一直線，坡度太大，或橋之位置不適宜等，確皆爲橋梁壽命之致命傷，而無善法以醫治之也。（此縮短年限之多寡，無關於以前養橋費節約中所述之各點。）故任何混凝土橋，分期存款數之多寡，恆以其位置及整個道路之計畫爲樞紐。

某種橋梁，建築時認爲有永久性者，則m一項是爲最小；但a項未必亦爲少數。蓋因橋梁位置不適當，往往使得認爲可用50年或50年以上之橋梁，完全於10年間，變爲廢物也。

建築經濟，固爲必須，然不可置將來路政發展於不顧而專以目前之經濟爲主。亦不可專恃預測之路政發展而定目前之建築。蓋預測之路政發展多難得確值耳。是兩者果皆加以充分之注意和研究，而又同爲決定目前建築之要素，則永久又經濟之橋梁，庶幾乎得矣。

建築費之節約

混凝土橋建築費爲其立方碼量(Cubic yardage)與單位費用(Unit cost)之積。減少其任何一項或全項，皆能節省建築費。

設計時若能處處顧及模形(Form)木工費，盡量使模形化簡，在以不妨礙建築物之性質及美觀爲主。則單位費用可稍節省，惟量頗微耳。他如以不完全依據現代通用規章，(Specifications)而謀單位費用之節省，雖似屬可行，然加增日後之養橋費矣。

減少立方碼量，以求建築費之節省，較之減少單位費用者，爲顯然無疑之事實，能獲得良好結果也。至減少立方碼量之方法頗夥，茲申論於下：

減輕動載重以謀節用立方碼量之方法，未能視爲妥當。蓋近代運輸量增加速度，大有一日千里，且普通設計道路橋梁，所用標準車輛重，已恆輕於偶而經過橋梁之載重。如遇變更路線，或加寬路面，以及其他關於路工情形時，所用建築工具之重量，每達30噸甚至40噸以上(如蒸汽挖泥機，Steam Shovels，是也)欲此等工具，不往返橋梁之上，爲事實所不許。若即以此偶然或特別之動載重，爲設計橋梁之標準，又太不經濟。故設計橋梁所用車輛標準重，當視情形如何而決定，切不能因須節用立方碼量，故意減輕動載重也。設30噸或40噸重之工具，經過橋梁爲偶然，則其設計可用普通車輛之重。該工具須往返頻仍者，則不能以尋常車輛之重而設計矣。

縮短橋寬，或增高單位工作產力，亦爲節用立方碼量之一法。前法以礙於運輸發展，不能採用。後法却爲事實上之可能。因現代混凝土，日有進步，迥異若干年前之出品。且科學方法之調和，易得準確重量成分比；建築管理及材料處置方法之改良；多量砂石之可用；及其他種種進步等；皆使質料重密，均匀，而又可靠，——得優良之結果。故設計用較高之單位工作產力，以減立方碼量，未爲不可；惟須加以特別之注意耳。若凡遇設計，一味本此方法，不加審察，則其結果，建築費節省之量將來仍送於養橋費中。近來各國工程學會，對此題亦頗注意。其探討結果，皆認提高單位工作產力，以省建築費之方法爲可能；而成功之期現尚未至耳。故節用建築費之若干量，現尚難能加以決定也。

揚子江水災之成因及其救濟

揚子江水道整理委員會總工程師　史篤培演講
楊餘聲譯述

中國近年的水災問題，正如其他各國一般的同為人民所重視。今日水災之漸趨嚴重，災區的不絕擴大，生命財產損失的增加，均為無可否認之事實。這並不是中國的天時有所劇變，或是江河水量增漲的緣故；災情之所以如此重大，實有其他原因在。

文化的演進，不僅以適合高平原為滿足；已使世界各國低窪區域，都能盡得其用。在泛濫的河流一帶建築堤壩，保護農田；在城市附近規畫道路，居室，及工廠；鐵路在河流泛濫處利用平坦地勢建築路基；河流上疊架多數橋樑，這都是阻制水性的自然，而使水災易於發生的原因。

現在當然不能使文化退步，恢復上古時代的情形；廢棄已有良田，毀壞已成道路，以減少水災之擴大。我們必須依照實現，竭我們之智力使他改善。我們將來目的能否達到，一以排水方法是否能充份或適當為斷。所謂排水方法云者，並不僅以注意於雨量或流水量的普通情形為限；並須研究其特別情形，祇要竭盡智力，總有一種方法可以滿足這個需要，且絕不使文化退步。這個方法當然是一個經濟問題。但一經把特種困難情形認清後，就可決定補救方法的效驗如何，及款項的耗費究應若干。

世界上各處雖常常發生大的水災，但在同一個地點，並不時常發生。水災發生常出於意料之外。當他們退落時，人民立即感到防禦水災的需要；但對於防禦的方法，却甚無頭緒；因為平日對於這個問題太不重視，而又沒有相當學識的緣故。甚至有許多工程專家，既不知探取合宜的方法去挽救水災，又不知於計畫挽救方法之前，應怎樣去考察研究。故吾人乃有將此次水災的主要原因，及最有實效的補救方法，略爲申述之必要。

我們可以依據邏輯來研究水災的原因。這是很明顯的，在一種挽救水災方法實施以前，我們必須先知道爲什麼江河中會發生洪水，及什麼原動力能影響洪水的力量。我認爲這是雨量，河流，及氣候三個要素的混合。雖說極大的洪水，不一定是發生在極大雨量的地帶；但我們决不能見到洪水，假使沒有一種因雨或雪所造成的過大水量。密昔昔比河及揚子江能於一年中某個時期因雨量過多而發現洪水；尤其是常這許多雨量落於正在溶解的雪上。他們亦可因各處的暴雨而釀成洪水；尤其是各處的暴雨同時會合着注入主流的時期。一九二七年密昔昔比河及今年揚子江的洪水，均係因其流域的一大部份受着過度的暴雨的結果。茲先講揚子江流域本年受到的雨量。揚子江發源於高出海面一萬六千尺的西藏高原，東流三千二百哩入海。在最初一千五百哩之中，他的河身降低一萬五千尺；水力之大，不可思議。及流至雲南麗江，與自西貢入海之瀾滄江，自肋谷入海之怒江，自仰光入海之伊拉喔地江，自喀爾喀太入海之雅魯藏布江，其間僅有幾英里的距離。最奇怪的，這五支巨流上源的距離是這樣相近，而其入海終點，却各自隔離的非常遼闊。揚子江猶如一棵大樹，根在上海而頂在四川。他上流第一條支流，就是灌溉江西全省的贛江；有七萬方哩的流域，自九江注入本流。第二條支流是漢水，由北經漢口而加入主流，灌溉湖北全省，及陝西的一部，流域達六萬八千方哩。第三條支流自南方經岳州注入本流，流域之廣，達九萬七千方里，是謂湘江。由此溯源而上，支流甚多，最著者爲岷江，灌溉四川盆地，流域五萬一千方里。由四川敍州上溯而至西藏，其灌溉區域實爲十八萬五千方里。

揚子江在地理上的情况既如右述。玆更研究其本年七八兩月所得之雨量；這就是這次發生洪水的眞因。七八月之間，揚子江流域有三次極大的暴雨，尤以最後的兩次使揚子江泛濫的最厲害。各地當每次暴雨發生的時候，水量都有同時湧入主流的趨勢。玆將揚子江流域各地所得的雨量，總結報告一下：諸位可以知道這許多次暴雨的面積及數量。

這雖說是一件無味的統計，但於這次洪水的發生，是有極大關係的。漢口江水之異常增高，是始於七月七日而直至七月之末，這完全是受到七月中兩次暴雨的影響。第一次暴雨是在七月七日至十日，所佔的面積並不甚廣，各地所得的雨量：雲南東川六吋，貴州貴陽七吋，四川重慶三吋。七月二十二日至二十六日第二次暴雨的區域甚廣，各地的雨量如下：貴州貴陽二吋半，四川成都三吋，敍州三吋，重慶一吋，湖北宜昌三吋半，湖南長沙八吋，岳州七吋，漢口六吋半，陝西興安四吋，安徽六安十一吋，江蘇鎮江九吋，上海六吋半。像這樣給歷次暴雨所造成的洪流，實足使漢口水面於九月二十九日增漲至江漢關水尺五十尺又十分之一；幾乎打破一八七〇年八月漢口河位達五十尺又半之空前紀錄。但這還不要緊，假使沒有八月初旬第三次暴雨來增加他的危險，還不致於一決不可收拾。第三次暴雨的毀壞力，實在大極。自八月三日至七日，各地的雨量：雲南東川四吋，四川成都九吋，敍州四吋，湖北宜昌八吋半，湖南王村四吋，陝西興安二吋，安徽亳州吋半，六安五吋，蚌埠四吋半。這許多鉅大的雨量，究竟能怎樣呢？我們既已知道揚子江流域各地的面積及其雨量，於是可以依照最大一天的暴雨，算到落在漢口上游各地的總雨量，每秒鐘是三千五百萬立方呎。在這暴雨情勢最壞的前幾天，或是後幾天，各地所受到的雨量，仍是異常洪大，不過比較暴雨最烈那天，稍許和緩些罷了，試問這許多水往那裏去？固然，有些是被蒸發去了，有些被土地吸收去了，但土地亦吸收不了許多，因爲歷經許多天數的雨量，土地早已到了飽和的程度。於是餘剩下的極大雨量，乃不得不向揚子江找求出路。幸而這批各地洪大的雨量，依照自然的規則，並沒有同時湧入揚子江中；假使不幸而竟遇到這種情形呢？那末，現在所謂災區的許多城市，早已激衝無餘，淹埋波濤中了。玆再研究揚子江在漢口的排水量。當水位與兩岸相平時，通常每秒鐘是二百萬立方呎，內地受到七八兩月大雨而放出的水量，流入江中較緩；甚至有許多淤沮的地方，在上述幾次大雨經過了兩個月之後，仍是漸漸的向江中排水。所不幸的，在八月中落下的雨是異乎尋常的過度，而江身因爲收受了歷次暴雨，已是漲得非常之高；同時各地排出水湧到漢口的數量，又超過牠每秒鐘所能排洩二百萬立方呎之上。當八月三日至七日每天落下最大的雨量，每秒鐘竟達三千五百萬立方尺之多。直至八月十九日，仍有每秒鐘二百八十萬立方尺的雨量；這大批洪流竟向漢口要求通行之權，而漢口每秒鐘的排水量，只有二百萬立方尺，如何能使最低限度每秒鐘二百八十萬立方尺的水量予以排去，其勢非把江身增高不可。故當漢口江水測量機報告水已漲至五十三呎六吋的時候，於是一般較這種水面低落六尺或七尺的城市，乃悉數成爲澤國，這是無足奇異的。

吾人設使細細的去研究洪水何以會屢次發生的原因，實在是一個極有興趣的問題；尤其是嘗過這種洪水滋味的人們。

關於漢口江水的考據，我們已有六十三年的記錄。記得有一次幾乎與本年相等的漢口大水，是在一八七〇年；但那次漢口大水，較之本年的高度，還不足三尺，未免相形見拙了！

距今四百三十年以前，(一五〇一年) 多瑙河有一次九百年所未有的暴雨。法國巴黎附近之賽茵河，當一六五八年三月一日，亦有一次四百年所未有的暴雨。至一九一〇年一月二十八日，且有第二次的發現。當耶穌降生以前四百十三年，The Tiber, uiver 在羅馬亦造成一次洪水極大的紀錄；還有一次是發生於一八七〇年。揚子江亦於是年有一次比較今年略小的洪水。所以我們可以推斷，揚子江必須經過數百年，纔會發生今年般的洪水。

但我們必須趕緊設法補救，我們已經很敏捷地研究過雨量與水流的關係。他如河流，氣候，兩種要素，現在無暇詳談，茲僅就該兩要素與洪水有關係的情形，略作報告，已足證明這是一個廣大的問題了。

研究河流，氣候，須分別調查河身之大小，形狀，支流的分佈情形，地平狀況，地平泥土及下層泥土的性質。有否湖，泊，池，豬。植物狀況，人工之農墾，灌溉，排水，築堤，蓄水。以及結冰及冰山的影響，雪壓及驟然溶解的情況。都是研究該兩要素中的主要問題。不過在這類問題之中，關於森林是否能減少水災，却有一個爭辯。我們將引用世界最著名的工程專家勒門氏的意見，而加以反駁。他的結尾說：『歐美兩洲積極的採伐森林，對於增加水災，或水之高度，是絕對沒有影響且無辯論之餘地的。』但我們今天晚上的時間，是不允許我們向這個有趣的辯論範圍，作深入的研討了。

今天關於本講題所應特別說明的，就是洪水的管理方法。救濟洪水的主要綱領，不外導流，護流，及瀦流三種。關於第一種一支河流的洪水引渡到別支河流去的導流方法，須視地平及經濟的情形而定。按照普通情形，縱使一支河流的洪水可以被導入鄰近足以容納此批洪水的河流，但事實上仍有許多困難。因為這種導流方法一經施行，非特在工程本身有鉅大的耗費，卽大批有價值的土地，亦須供其犧牲也。

從前美國有許多工程專家，認爲要使密昔昔比下游水流的速度，不讓他超過每秒鐘二百萬立方呎，惟有設法使他過度的水量，導入西面的 Fraucis,-Boouf, Atchafalays 三條河流去。他們按照計畫，積極進行，於是美國當局乃不得不起來制止。因爲，假使讓他們這樣幹下去，則因此而各地所受到的水災，將使美國負數百萬元賠償之責也。在 New Oreans 地方，每秒鐘超過一百五十萬立方呎的洪水，可以導入東面的 Pontehrtrain 湖裏去，僅用一個極大的上面裝有水流調節機的水泥溝管。而許多水災的恐怖，都因此免掉。中國的揚子江則情形不同，他沒有可以使他過度的洪水被導入的鄰河。他的水祇好帶到海裏去。天津現在何以不遇到水災？就是因爲已將過度的水量，都給引入旁的河流去了的緣故。同時，黃河下游的水災，祇須把在海州入海的黃河故道，（即淤黃河）加以濬理，則大批洪水不患無處容納，當無潰決之虞。但如何能實現這個問題，其最大癥結，惟在經濟。

古時亞菲二洲利用導流法以救濟水災的地方甚多。巴比倫人之所以能治理 Euphrates 河，就在使他洪大的水量，灌輸到阿拉伯沙漠中去。亞歷山大第一在巴比倫所做第一件大事，即爲利用現在 New orleans 及天津所用的導流方法，去疏導 Euphrates 河。所不同的，亞歷山大時水泥及水流調節機等尚未發明，他祇能在每次洪水退落後，僱用近萬的工人，去堵塞這條爲洪水所開掘的新道，而使 Euphrates 河的主流，繼續注入本來的河身。埃及第十二朝王室當國時，曾在尼羅河建築一個水道，使他的水量可以流入一個出口湖中。當時希臘人稱爲世界七奇之一。這個水道極大的進出口兩端的建築，當水流危急時，當拆毀以殺水勢，水退後再行重築。這類巨大工程，其性質較金字塔尤爲偉大與糜費。

第二項救濟水災的方法，厥爲防制洪水。允以蓄水法使水流得有調節爲最善。上述採伐森林之不良影響，可於此種情形之反面得之。

揚子江流域的人民，已是莫大幸運，因爲他有天然的蓄水湖如湖南洞庭江西鄱陽之類；很能容納廣大的水量。據洞庭湖測水表上的報告，八月上澣落下的雨量，大批傾注入湖，九天內湖水升漲至四尺之高。而八月十日大雨的結果，又使洞庭湖水量增漲八寸。試以全湖面積與升漲八吋之水量相乘，則八月十日洞庭湖所容納的水量，實達四百萬萬立方呎之多。假使揚子江而沒有洞庭湖，則八月十日落下的巨大水量，以及該湖原有的水量，不難於旦夕間悉數湧入江中。而揚子江卽僅納八月十日洞庭湖所得四百萬萬立方呎之雨量，已足使洞庭湖出口處的岳州之水面，更高六呎；其危害何堪設想？故僅以洞庭湖簡單的蓄水計算而言，已可顯該湖實有異常偉大之價值。但該湖面積逐漸淤塞，並有許多部分被堤壩圍入作爲農田，蓄水量日就衰減。假使這次揚子江洪水最嚴重的時期，洞庭湖內多數堤壩沒有潰决，使該湖蓄水量突然擴大；則漢口水面又不知將增加至何種高度也。

此外還有一種蓄水方法，叫做稽遲蓄水池，譬如：把水從一小管中注入底上有孔的桶內，假使這個桶是相當的大，則管中流入的水，與孔中流出的水，勢必相等。此時你如突然直接向桶中倒進一二加倫的水，但孔中流出的水量，除暫時稍許加快一些，此外無其他變態。吾人可依據此種原理，在江面橫斷處，建築一高大土堤，另將巨大水泥管穿過堤身，使堤內水流能在一個時期內，流出固定而無害的水量至堤外河中，則該處水勢，决無危險的增漲。Dayton (Chio)於一九一三年曾有一次一百二十年來所未見的水， Dayton 本鎮及 Miumi 流域一帶城鎮所受的損失，達一萬萬美金之鉅，而各種實際財產損失之估計，總貶抑約達美金七千萬元。嗣後在該河流及支流洪水泛濫處，建築五所稽遲蓄水池，共費美金三千五百萬，實不及以前水災所受損失之半；而 Dayton 此後縱過比一九一三年更大百分之四的洪水，仍可安然無恙。

第三種救濟水災的濬流法，並不在減退水流的速率，而在所以籌繆預防之通。平緩水勢，挖深河道，擴大河面，濬直河身，均其最要之點。揚子江在漢口與九江之間，有許多山峽鎖阻水流，致漢口水勢常較他處爲高。故此段江流之必須擴張，及河身不良彎曲之必須修正，實爲刻不容緩之舉。而經濟問題是否能允許此種工程漸次實現，誠今日惟一之艱巨也。

土壤力學之研究

原著者： Glennon Gilboy

金寶楨譯

緒　　言

土壤力學(Soil mechanics)，可分二部分研究之。(1)土壤物理學(Soil physics)，包括土壤之組成，土粒之分配，及其透過性(Permeability)，壓縮性(compressibility)，固結性(Consolidation)，抗壓力(Compressive strength)，內擦力(internal friction)與凝結力(cohesion)之研究。(2)土壤工程(Soil engineering)，研究基礎(foundation)之負重量(bearing capacity)及降落(Settlement)，水體塌(hydraulic-fill dam)之應用，道路路牀(Subgrade)之凍脹(frost heaving)及土壤施於堵壁(retaining wall)之橫壓力(lateral pressure)等等。

第一部研究之對象，爲土壤之物理性質及其相互之關係。其目的在使吾人明瞭在種種不同之環境下，土壤應具之性質。至於土壤當工程材料用時，應呈見如何之狀態，是屬於第二部。此二部之關係，至爲密切，蓋在澈底認識一整個物體以前，不能不對其組成各部之物理性質，加以詳確之研究也。

要而言之，土壤力學進展之趨勢，應以解決工程上之困難爲標準。譬如對於土壤學識之深邃探討，在該科本身上，興趣固濃，立於純粹科學之觀點上，亦有價値，但如以經濟的眼光論之，除非其能供應工程上之需要，否則，不能謂之眞有價値也。

(一) 土壤物理學之研究

1. 機械的分析(Mechanical Analysis)

最舊而最簡單之土壤分析法，即取一土壤標本(Soil sample)依其粒子之大小而分之。分析之結果，恒以曲線表示多少重量之粒子乃小於多大之直徑。此種重量，係以標本全重之百分率計之。如第一圖所示，點A即示在標本全重中，有百分之三十爲小於0.1耗(mm.)之粒子所組成。

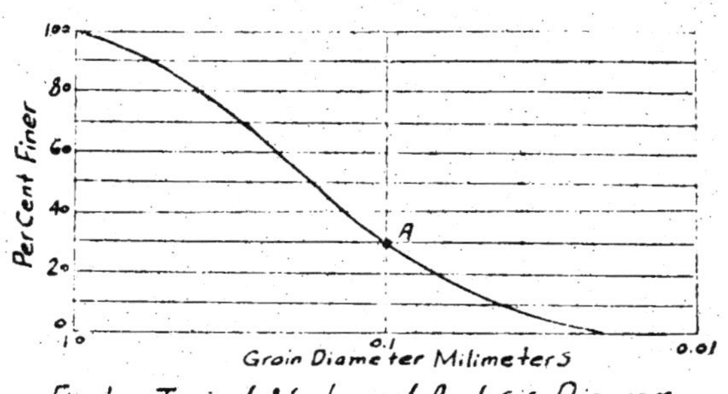

Fig. 1.— Typical Mechanical Analysis Diagram

粒子較粗大之物質，如沙(sand)及礫石(gravel)，其分析法甚簡。即將標本依次經過順序之篩子(screen)而得。倘標本中含有較最細篩孔仍小之粒子時，則可用沉澱法(sedimentation method)分析之。沉澱法之基本原理爲：凡球體在液體中沉落之速度，以其直徑之平方成正比。

作者爲謀得一標準器具及方法計，在麻省理工大學(Massachusetts Institute of Technology)對於沉澱分析法之研究，不遺餘力。最初所用者，爲一廣口瓶。惟此種方法雖簡，而結果極不精確，且試驗手續亦甚冗繁。故决另研究Wiegner法(註一)此法係將土壤懸漿(Soil suspension)置於一長而直立之圓筒中，筒之下端，通一較細之高豎水管(standpipe)，此管內盛以蒸溜水。因懸漿之比重(specific gravity)，較水爲大，故高豎水管中之水面，恆較圓筒中之漿面爲高。俟沉澱開始進行，此二面之差度，即逐漸減小，直至沉澱完畢而等於零。故此標本之機械的分析曲線，即可由此種差度吸與時間之關係作出之。

用此種最簡單之器具，試驗差誤之重要來源，實由於二面差度之目測，甚難精確(最初之差度，不過1cm.)。聞用Gessner所設計之攝影器械（註二），可得較確之結果。但吾人之目的，總思能得一簡便，經濟，而又準確之方法。經最後研究之決定，係用一斜面測鏡(inclined gauge glass)，接於高豎水管上，可使二面之差度放大而易於閱讀。後將此種器械善爲製造，又作出簡便計算之圖表，故此法在過去之應用，已有極長之歷史，其成績之佳，自不待言。

在Bouyoucos教授（註三）指導之下，又得一更簡之法焉。此法之基本原理，與Wiegner法有一部相同，即於沉澱開始後，土壤懸漿之密度，亦隨時間而變更也。其不同者，即不用測壓管（Piezometer），而代以浸液浮秤(immersed hydrometer)用以測其密度而已。爲發揮光大此法之基本理論，冀得一精確之試驗程序起見，已商同美國公路局合作研究，以收集思廣益之效。目下已設計成功一種特製浮秤，用能減少試差，且關於温度，密度，媒液粘度（viscosity of the medium），以及固體粒子之比重，浮秤浮性等等更正計算之圖表(correction diagrams)，亦均製就，故工作極稱簡便也。

讀者勿以爲土壤一經機械的分析，即能窺其種種性質之全豹，實則僅知其一端而已。他如粒子之形態，化學及礦質之組成，土壤之結構，比重，及其已往之地質史，皆極重要而當研究者。但有一土粒分配之曲線，可予一土壤分析家莫大之援助，故作者對於此點之特別致力，尚堪告慰耳。

2. 堅度之界限(Limits of Consistency)

凡凝結物質應受之試驗甚多，最値吾人之注意者，莫如A. Atterberg所作之界限試驗（limit test）（註四），取含水量過多之土壤標本，如不用器盛之，不能成一定之形，與水之作用相似。俟水分漸次蒸發散去，則土壤隨亦消失一部分之液體性質而縮縮，呈一種黏性狀態。此時雖可隨意成形，但於變形之抵抗力甚小。如再使之蒸發，則縮縮愈甚，標本遂由黏性狀態，而進變爲半固體狀態，此時如強變其形，則破裂隨之矣。如此由水分之繼續蒸發，最後即變色而成固體（Solid）。此後雖仍可蒸發，但不能收縮矣。

土壤標本由一狀態而變爲次一狀態之變化，係漸進的。Atterberg爲研究便利起見，將狀態變化分爲數種界限。由液體至黏性狀態之界限，謂之液體界限(liquid limit)，由黏性至半固體者，謂之黏性界限（plastic imit)，由半固體至固體者，謂之收縮界限（shrinkage limit）。每種界限皆用其含水量示之，即於每一單位重量之乾土中，含有若干水分是也。

收縮界限之定義，既如上述，則不難求得之矣。Atterberg係於收縮時期之前後，量標本之長而得其變差。同時Terzaghi計算之方法，係由標本濕時與完全乾時之重量及體積而求得之。設標本濕時之體積爲V_1，重量爲W_1；乾時之體積爲Vo，重量爲Wo，則收縮界限爲

$$S=\frac{(W_1-W_o)-(V_1-V_o)}{W_o} \quad (1)$$

關於計算式中諸值精確而便捷之器具，業已發明。據Atterberg對於黏性界限之定義，謂所含之水量，頂多只能使泥土碾成直徑爲⅛吋之線。其求法如下：取較小標本，在吸收紙上碾之成線，使其含水量，漸次減少。俟標本不易成線時，置於玻璃上用天秤稱之；及乾，再稱之。以此所失之重量除以乾時之重量，即得黏性界限。

液體界限之定義爲：所含之水量，須能使置於蒸發皿中成一槽形之壤漿，當用手輕擊蒸皿時，可隨下面之泥漿，同時流動。但所謂『用手輕擊』，各人有各人之解釋，故各人所得結果之差數，頗足駭人。

爲免除此種誤差計，作者已會同美國公道局諸公作過許多試驗。經研究結果，已製出一種簡單器具，可用機械的方法，免除上述之困難

。試驗時，壤漿之形狀與應作之槽，可用一特製之工具作之（如第二圖所示）。上述之簡單器具中，最重要之部分，爲一曲柄(c.ank)。曲柄每旋一週，卽舉皿至1 cm.之高度而使之降落，蒸皿卽受一擊。試驗時，不必堅求土壤之準確液體界限，最好使此泥漿順次含數種不同之水量。於每含一種水量時，求出曲柄應旋之週數而能使泥槽之底面收½吋之口。含水量愈高，則所需之擊數愈少。故如以含水量爲縱座標(ordinate)，擊數爲橫座標(abscissa)，可畫一曲線。從此曲線，求出相當於二十五擊之含水量，卽得液體界限，(因普通如此假設)。

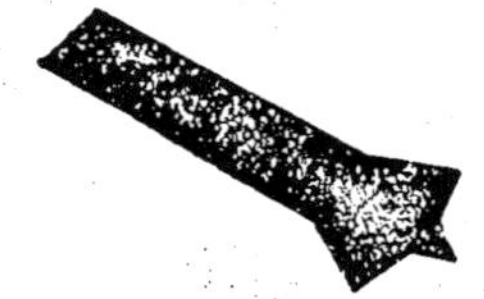

Fig. 2 – A Special Tool For Grooving Soil Samples in Liquid Limit Test.

界限試驗與機械分析，對於工程方面，不過僅有間接之功用而已。但彼等俱甚有價値，因聚多種之土壤標本於一處，在受較繁之試驗以前，如欲作初步之分門別類，非彼等不爲功用也。

3. 透過性 (permeability)

土壤之參透性 (percolation)，爲研究土壤力學中最重要問題之一。在普通之狀況下，薄層水流之滲透性，皆從達塞定律 (Darcy's Law)。該律云：每單位面積之滲透率與水坡(hydraulic gradient)成正比。此比例常數 (constant of proportion)，謂之土壤之透過係數 (coefficient of permeability)。設在水坡爲 i 時，於時間 t 內，經過面積 A 之水量爲Q，依 Darcy 定律可得下之方程式。

$$Q = K\,i\,At \quad\cdots\cdots\cdots\cdots (2)$$

式中之K，卽透過係數也。

關於此種之試驗，最初所用之器具，爲一常壓透過器 (constant head

permeameter）。用此器時，將土壤標本，置於玻璃圓筒中，設法使滲透之水，常時保持一定之壓力。土壤標本之面積及長度，先量一次。俟過一定之時間，將滲透之水收集之而秤其重。故方程式（2）中各值，除K外，均知之矣。

此種常壓透過器，僅適用於透過性較強之土質（如沙）。如遇粒子極細之土壤，因透過速率之銳減，則試驗時間之延長，甚屬可慮。蓋土壤之性質，或因有機分解與菌類生殖之作用而變更也。

作細粒土壤之試驗，應用變壓透過器（variable head permeameter）。供給之水，乃貯於一高豎水管中。該高豎水管之橫斷面積爲已知數，其位置係立於土壤標本之上端。當水注入土壤，滲透開始後，高豎水管中之水面，卽漸次降落。只須於水面自已知高度降至一已知高度而記錄此間應需之時間，卽可求出透過係數矣。

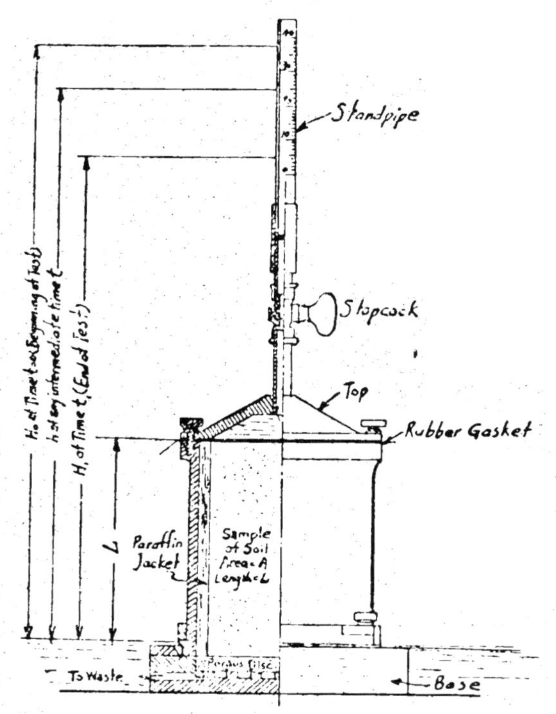

Fig. 3.— Variable Head Permeameter

第三圖示一變壓透過器，半爲正視圖，半爲縱斷面。淹蓋器座之水面，可藉損耗過流，保持不變。設

計該器時，應使停水龍頭 (stop cock)，孔盤 (porous-disk)，及各水道對於水流之抵抗力，較之土壤自身之抵抗力，皆渺小而不計。故自高豎水管中之水面至器底水面之高度，卽等於逐水入土之有用能 (available energy)。

設高豎水管之橫斷面爲a，土壤之面積爲A，其長爲L：水壓在任何時間t之高度爲h。則於以後之時間dt內，水壓高度之降落爲dh，依方程式（2），可得

$$-a\ dh=K\frac{h}{L}\ Adt \qquad (3)$$

設在任何時間t，所測之水高爲H，俟後在時間t_2時，水高爲H_2，則可在此二極限 (limit) 間，將方程式（3)積分之，而得下列透過係數之普通值，

$$K=\frac{aL}{A}\ \frac{1}{t_2-t_1}\ \log_e\frac{H_1}{H_2} \qquad (4)$$

故透過係數，可由已得各量之值，代入方程式（4)中而求得之。

如變壓透過器之各部，經過審愼之選擇，則其應用至廣。關於孔盤，可購得細，中，粗三種。如土壤之孔隙甚多，不宜用粗孔盤時，亦可於帶孔之像皮盤上，再鋪一鋼網 (steel mesh)者用之。高豎水管之大小，可以情形之需要，任意選製。粒子甚細之土壤，應用一細管，遇粒大之土壤，則可用直徑⅜吋之刻度粗管也。凌透性甚強之沙，亦可用一引伸法試驗之。所謂引伸法者，卽器具之全部，不過一長玻璃管，下端錦一篩子 (Screen) 而已。將受試之土壤標本，置於管之下部，其上部卽可作爲高豎水管也。

試驗土壤之透過性時，最當注意者，卽受試之土壤標本應設法保持其本來之自然狀態，而成一直接試驗。現在已有方法能使所取之土壤標本，亳不搖動的置於石蠟包中，以便試驗。並能將土壤標本之一部

，帶其石蠟衣而置於透過器中（如第三圖），俾減少處理之影響。惟此法僅適用於稍帶凝結性之土壤，實爲美中不足耳。

土壤之透過　，亦可由微管飽和（capillary saturation）之速率測驗之。此法已引起學者極熱烈之注意矣。受試之乾土壤標本，係置於一直立之玻璃管中，該管之下端，須浸於水內。土壤透過性之大小，與水在土壤中上升速率之關係，據長時研究之結果，聞對於土壩（earth dam）材料之應用，成績頗佳，（註五）。

因直立微管試驗，需要極多而極審愼之初步刻製，故其缺點，可在水平微管試驗中免除之。最初作此種水平微管試驗者，爲 Mr. Arther Casogrande。乾而細碎之土壤標本，置於一玻璃管中。該管之一端，套一篩板　而他端則裝一帶通氣管之塞子（如第四圖所示）。當玻璃橫置於淺水內，卽可開始觀察微管飽和線在土壤中進行之速率矣。設在時間 t 內，飽和之距離爲 x，則可得下列之理論式。

$$x^2 = t\sqrt{KF\frac{1+e}{e}} \quad \cdots\cdots\cdots (5)$$

如以試驗所得之x諸値爲縱座標，而以其相當之t諸値爲橫座標，則可得一直線。故 $\sqrt{KF\frac{1+e}{e}}$ 卽該直線之斜度（slope）也。式中之隙比（void-ratio），e,（卽空隙體積與固體體積之比），可由該標本乾時之體積與重量求得之。故現在式中之未知數，僅餘 K 及 F。如 F 之値能設法求出，則透過係數，K，立可計算矣。

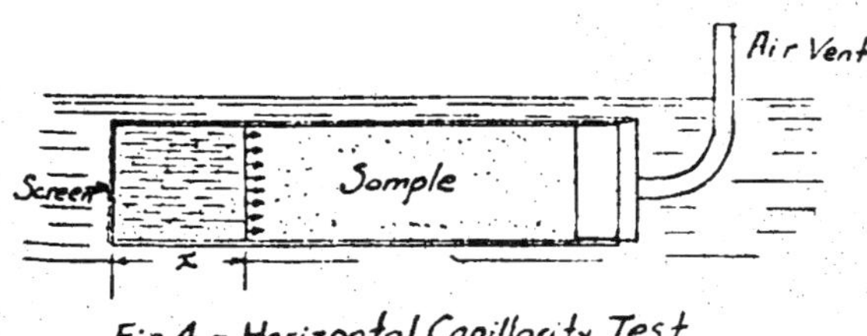

Fig. 4.- Horizontal Capillarity Test

據多種土壤試驗之結果，當 t 之單位爲分，K 之單位爲 cm./sec. 時，F 之平均値則爲 100,000。普通土壤之 F，對於此平均値之比較，仍有±50%。粒子複雜之土壤，有極小之F；而粒子平均之土壤，其F之值，則最大。

用微管試驗求土壤之透過性時，使F等於100,000，已可得到相當之精確程度。如欲結果再較準確，非經數度之試驗，將適用於某數種土壤之F價值求出不可。此處所述者，實爲最簡之方法，然其準確程度，已甚可靠。如遇有當地試驗之必要時，用此種方法，尤稱便捷。

4. 壓縮性與固結性(compressibility and consolidation)

在尋常之壓力下，固體物質之壓縮因太小而不計。土壤因載重(load)而減小體積者，可謂完全由於空隙(void)之體積減小所致。關於土壤壓縮性試驗之結果，普通均用曲線表示之。作此曲線時，以單位壓力爲橫座標，隙比(void-ratio)爲縱座標，其特徵可用第五圖示之。

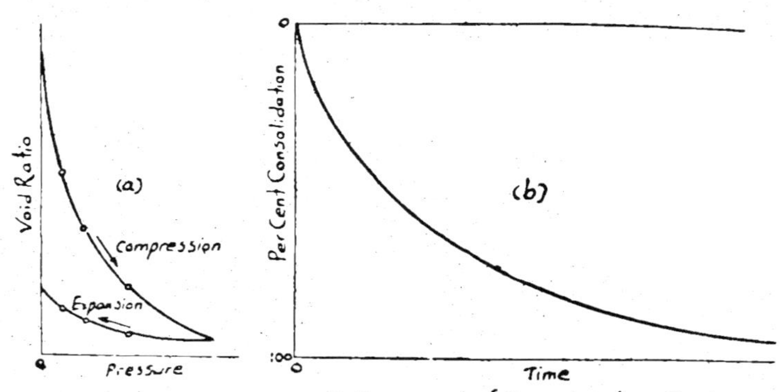

Fig 5 - Typical Diagrams of Consolidation Test

堅實，粒狀之物(如堅實之沙團)爲壓縮性最小之土壤。粘土(clay)之特點，即因其壓縮性甚強也。Terzaghi博士已證明沙與土之壓縮圖表，均可以相同之對數方程式表之，(註六)其不同者，即隙比之大小而已。

以沙與雲母(mica)之混合物(註七)，研究其壓縮性，可得粘土何以有較強壓縮性之解釋。其實沙與雲母均係粒狀而無凝結力，無一呈粘土之特性；但據研究之結果，竟能選出一種沙與雲母之混合料而充分呈露粘土壓縮性之特徵。故由此可以證明粒子之形狀大小，實與其壓縮性之強弱，有極大之關係。

設將粒粗乾燥之物質，置於一適當地方，設法堵實其四周，如加一載重於該物質之上，則該物之隙比，立即減小。體積既變，則隙中之空氣，勢必被壓而擠出，在實際上可謂不受任何之阻力。如隙中非氣而為水，則在該物之飽和狀態，因受載重而體積變小時，亦必有相當之水量擠出。因粒大之土壤對於水流之阻力甚小，故壓縮之呈現，為時極暫；倘土壤之粒子甚細，施於水流之阻力必大，故壓縮之作用，不能立即發生，須待相當之時間。此種在飽和狀態之細粒土壤，於受載重後，所生之漸壓(gradual compression)，謂之土壤之固結性。

現在固結試驗之機器，係由最初Terzaghi第一次所用者改良而成(註八)茲將該機之半縱斷面圖及半正面圖，在第六圖中示之。

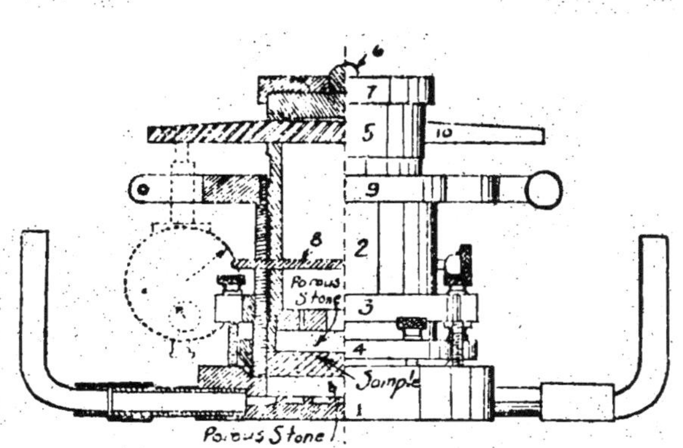

Fig. 6.—Consolidation Apparatus

裝於圓筒(cylinder) 2中之土壤標本，可以加於活塞(piston) 5之載重壓實之。當試驗未開始時，圓筒中之活塞被直針(aligning pin) 8支住而不能動。及第一次之載重，加於活塞，直針即行抽出，而活塞落下矣。加一定之載重後，所發生壓入量之大小，可以兩個能讀0.0001吋之羅針儀(dial gauge)測之。標本兩面需要之水，可由圓筒下端之孔盤處自由供給。如將下面兩高豎水管及活塞內部滿盛以水，則無論何時，均在飽和狀態。標本既全浸於水中，試驗亦可在此種狀態下舉行也。

試驗時，載重逐次增加之多少，應妥爲規定。當每次加一定之載重時，須於每適當時間內，將針儀上之記錄，讀記一次。在加第二次載重之前，俟固結之作用，進行完全，則針之動作，卽行停止。因載重增加之大小，與土壤性質之不同，故每相鄰兩次加載重間應需之時間，竟由數小時而達一日或二日者。

當土壤在最重載重下之固結，進行完全，照例應將載重順次減少，以測土壤之伸脹(expansion)。將每次所得針儀上之記錄，均變爲隙比，則可得此種伸脹及壓縮曲線，如第五圖，(a)所示。

土壤在常數載重下之壓縮率，可由每適當時間內讀記針儀上之記錄而得之。此種記錄，係用一曲線表之，如第五圖，(b)所示。如以在每一常數載重下所得之總壓縮爲100%，則中間所得之記錄，均以總壓縮之百分率表之。故畫曲線時，應以此作爲縱座標，而以其相當之時間，作爲橫座標。按理有幾次之增加載重，卽有幾個曲線。此處所舉者，不過其一而已。此種曲線之形狀均相似，惟不完全重合耳。

由土壤之固結圖表，可求出極細土壤之透過性。在一定之載重下，擠出水量之多寡，視土壤之壓縮性如何而定。其速率，則與該土壤之透過性，至有關係。故由第五圖(b)所示，土壤之固結率，卽以此二者爲其連繫因子。壓縮性既可由壓力與隙比之圖表求出，故透過性爲惟一之未知數，不難用數學方法得之矣(註九)。

純粹粘土，易壓縮而不易滲透，故其時間曲線(time curves)甚平順，致常數之計算，較易精確。過度物質如細沙及沉泥(silt)，之透過性甚強，但其壓縮性不及粘土。故其時間曲線，在試驗開始後，變化甚急，致針儀上之針，往往因轉動太快而難讀準確。爲消除此種困難起見，已發明一種方法，使土壤標本正受壓縮試驗之際，同時亦可舉行直接之滲透試驗。試驗時，將下面之高豎水管封閉一個，而他一則連於一直立之細水管。該管之位置，係在機器之上面，使水自該管流至器底，然後再由器底流過標本而入活塞，於是由從前直針所佔據之孔隙流出。此種作用與前述之變壓透過器相彷。

此種固結及透過之聯合試驗，可以校對由固結曲線所求出之透過係數，是否精確。玆將此二種試驗之結果，比較之，如第七圖所示。

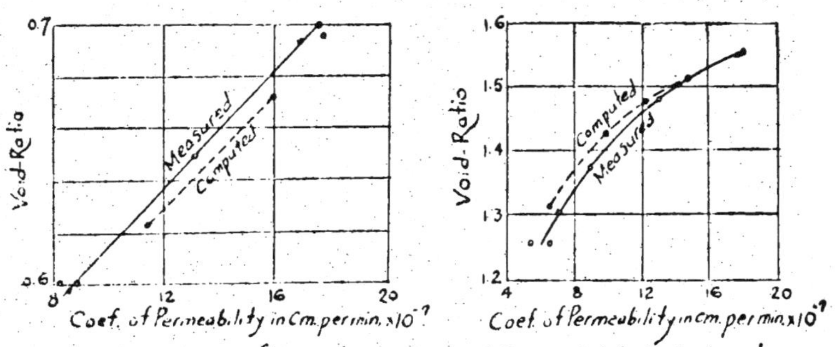

Fig. 7.—Comparisons of Direct and Indirect Permeability Determinations

吾人由固結試驗，可知土壤在載重下所發生之壓縮量及其壓縮速率，故爲土壤最要試驗之一也。該試驗不僅有科學上之價值，且有極廣之實際應用。如建於土層 (clay strata) 上房屋降落之分析，及水體墻之固結特徵等等。

5. 內擦力及凝結力 (internal friction and cohesion)

吾人如欲得剪力抵抗 (shear resistance) 之明確概念，並不甚難。設取二土壤粒子在一齊擠壓之，則一粒子對於他一粒子滑流之抵抗力，等於該二粒子間之磨擦係數 (coefficient of friction) 乘以該二粒子間之壓力。故一團粒子之剪力，爲該團中各個滑流抵抗力之總和。是以一團土壤呈現剪力時，須能滿足兩個條件：(1)各個粒子之間，須有壓力，(2)各個粒子間，須有一定之磨擦係數。如此二者之中，有一爲零時，則無論他一因子之價值如何，該團所呈之狀態，必與液體無異。

藉流沙(quicksand)之現象，可以解釋上段之敍述。一股水流向一團沙土上衝之動能(dynamic energy)，乃用以平衡大地對該沙所施之向下引力。如水之動能，足以勝過此種之大地引力時，則每一沙粒之有效重量，卽等於零，故各粒子間之壓力，卽等於零。此時該團沙土所作之狀態，與液體無異。

在他一方面，一堅硬泥塊，應呈固體之性質。如從此泥塊，切下一圓筒形體，不但能保持其形狀，且可在較輕載重試驗機上，作抗壓力之試驗。由是觀之，雖無外力加於泥塊，然其粒子間之有壓力，必無疑義。此種壓力，謂之內壓(internal pressure)。

Terzaghi 博士謂內壓之重要來源有二：(1)實凝結力(true cohesion)，由於在各個粒子之接觸點而發生之各粒子間的引力；(2)似凝結力(apparent cohesion)，由於隙中存水之表面張力(surface tension)(註十)。如承認各個粒子間，有相互引力之存在，則對前說，不解自明。至於後說之似凝結力，亦易想見。譬如在表面隙口之水鏡，儼如一橡皮膜，緊鋪於標本之各面而將其粒子收攏於一處也。

吾人所當注意者，卽此二種之現象，粘土實兼而有之。蓋凡極細粒狀之物質，發生此種效應，最爲顯著，而粘土本極細粒狀物質之一也。不特此也，卽任何一種土壤，莫不有之；惟其表現之程度，有強有弱而已。譬如濕潮之沙，因其中存水之表面張力，能生似凝結力，故能隨塑成形。但如將所塑成之圓筒，浸於水中。則水之表面張力，立卽消失，而圓筒之形，亦隨之崩潰矣。實則一團沙內亦未嘗無實凝結力，特其每單位面積內之接觸點甚少，故其量亦極渺小而幾等於零耳。

實凝結力之連繫因子甚多：如粒子之大小，形狀，結構，密度，及其過去積澱之地質史等等。實凝結力，似與化學作用及電解效應（electrolytic effects），亦有關係，惟目前尚未得如何之結論。至似凝結力之連繫因子，除上述者外，並因其潮濕狀態之不同，而發生極大之變化。由是可知，土壤之剪力抵抗問題，異常複雜，如欲澈底明瞭其內容，必須經過極長時間之研究也。

在麻省理工大學，研究此種現象，第一次所用之方法，即泥筒（clay cylinder）之抗壓力試驗。當圓筒所受之壓力，至最高限度，開始破裂時，剪力裂痕（shear cracks），即在其面上窺見矣（如第八圖（a））。依莫而學說（Mohr's theory）（註十一）。在二剪力面間之角α，等於 90°－α。圖中之φ，係示該物質之內擦角（angle of internal friction）。由試驗之結果，得出抗壓力，P_c，之值後，即能作一該標本之崩裂圖（rupture diagram），如第八圖，（b）所示。該標本之內壓，在圖中以距離 P_i 示之。據 Coulomb 之定義，縱截距離 c，即等於凝結力也。故依理論而言，由此試驗，可得出數種重要關於力之常數。

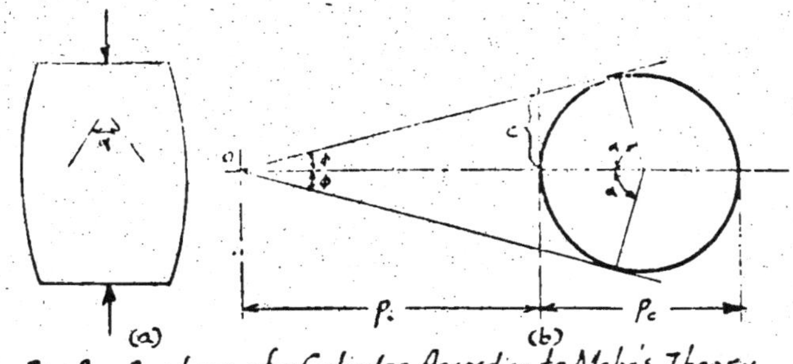

Fig. 8.– Rupture of a Cylinder According to Mohr's Theory

目下努力於藉直接之剪力試驗而欲得土壤之剪力抵抗者，頗不乏人。在 1929 年，Terzaghi 博士，曾對此道，有極大之貢獻。即會同新英勳力建築公司合作研究之結果，製一極大而極複雜之剪力機器。其製造原理，卽在土壤標本上加一垂直壓力後，可求出一水平力，足使該標本因剪力而崩裂。關於該機之構造及第一次試驗之結果，已於工程雜誌中略述矣（註十二）。

自該機製出問世後，工作異常忙碌。關於各種土壤均有新穎而有價值之貢獻，但尙未歸納出一種結論耳，茲舉用此機得出極有趣之試驗報告數則，以饗讀者。（一）同樣沙土，在結實狀態時之磨擦角較之在鬆散狀態者爲大，而其差數之多寡，則與粒子之大小成正比。（二）當沙團因剪力而崩裂時，沿崩裂面之垂直方面，有極顯著之變形(deformation)。（三）沙之磨擦角，並不以其他和作用而減少。（四）過去由實驗粘土所得之磨擦角，總較試前所預期者爲大。（五）當極堅硬之粘土具極高之賓凝結力時，甚難將該土之剪力，應用至最高限度。蓋粘土之黏性，不能充分吸收所受之應力，使之平均分配，故以極高之應力聚於一處，土團不得不漸漸破裂矣。如此種學說，能證明無訛，則於土壤斜坡(slope)之穩固問題，不難得一適當解決也。

各國學者對於剪力抵抗，在土壤中之物理性質及其效應，直至今日，仍議論紛紜，莫衷一是。吾相信如依上列之大綱，仍作繼續不斷之研究，則此科前途之發展無疆，可預卜也。

（二）土壤工程之研究

1. 基礎(Foundation)

Terzaghi博士對於基礎之負重量及降落之基本現象，均有極詳之報告（註十三）。按Terzaghi之意見，基本問題，決非只予某種土壤一負重量，卽可解決；必須以力學上之試驗，證明組成基礎之土壤，是否能作一支托物質，始可得一結論也。

由研究之結果，建於沙上之柱脚(footing)，因載重而發生之降落，實有極大變化之特徵。同種之沙，往往因粒子結合之鬆緊而性質大不相同。例如加載重於鬆沙之上，所生之降落，每方呎載半噸時，竟達半吋。但以同種之沙在緊實狀態時，加五噸於每方呎上，始生半吋之降落。故當局所訂之基礎法章（foundation Code），均以沙之密度而分類也。據試驗所得，在一單位載重（並未至最高限度）之下，降落與負載面之大小，並無多大關係。

在紐約城自 Houston 至 Essex 之地道中，由 Corson 建築公司對於沙藏之實地測驗，已有極佳之成績矣。用一鋼圓錐打入地中所得能力之變化，與在不同之深度所作載重試驗之結果，恰相契合。此種鑽孔機對於地中土質密度之變化，有極靈敏之感應。且此種變化，與載重試驗之結果相比較，非常吻合。不特此也，後在麻省理工大學所作同樣之試驗，與實地測驗相較，亦極一致也。此種當地測驗最明顯之優點，即免去採取標本之手續，及減少因此而生之誤差。關於該機構造實驗之方法，及已往所得之結果，早已宣佈矣(註十四)。

土壤固結之理論，可應用於下有厚沙層之房屋降落的分析。此種分析之基本觀念甚簡。如土壤因受載重所生之應力（stress）及在一定應力下土壤應有之變形，均能求出，則可計算該建築物降落之大小及速率。至於應力之分配情形，可以 Bonssinesg 理論解釋之，不過結果不甚精確而已。關於土壤應力及變形（strain）之分析，頗不易易；過去所作者，亦不過用於極簡之事實，故雖在極順利之試驗環境中，亦不得不作土質純一之假定也。

試驗之困難固多，但分析之結果，甚有價值。在 1929 年，曾研究一極有興趣之問題矣。基樁實受之載重雖較其最高之負重量為小，但建於樁上之多數房屋，竟有驚人之降落。後經打鑽（boaring）查勘始知在該地面下120呎之深度，為一泥層。設不計基樁之存在，由該泥標本之固結實驗及其應力分析，可算出該地各部之降落與其之速率。以此計算之結果與實地所得者相較，非常一致。故基礎降落之原因，大小及速率，均能用此法推出也。

據過去之經驗，試驗時最當注意者，即受試之土壤標本，决不可動亂其自然形態。土壤或粘土自然之結構，一旦消失，永難恢復；故以本來之固結特性與重塑狀態時比較，迥不相同。為謀得較大不受擾動之凝結物質標本計，已製出一種不用水之新式迴旋鑽洞機。此機經試用之結果，對於填土(fill)，沙土，及粘土，均可鑽直徑6吋至100呎深度之洞。由此洞中所取出不受擾動之標本，可供降落分析之用。各種工具之構造，現正設法改良，總期在經濟方面，不致費於普通冲洗鑽洞(wash boring)之方法。此種工作，正在泥土及基礎研究委員會指導之下，努力進行也。

如在每次建築工作時，均能利用之，作一大規模之試驗，則基礎研究之進步，必能事半而功倍。至於應需之計算根據(data)並不難於收集。關於降落分析應用之材料為：負重表，在各地所作水平準點(bench-mark)之記錄，地下地質之形狀及各地層之土壤試驗。此種工作之費用，較之建築總值甚小，而其所得之結果，則甚有價值。

2. 水擠壩(hydraulic-fill dams)

關於水擠壩之性質及形態，已早於1927年夏季，會同 Miami Conservancy District開始詳細研究矣。曾用兩個直徑5呎內敷混凝土(concrete)之直軸(vertical shaft)在 Germantown dam 之中心(core)打入80呎之深度。在挖掘工作進行時，可用特製之工具，於鄰近之洞中，取出直徑4吋長12呎，不受擾動之壩心標本。該標本取出後，即置於鐵罐內，而後妥為載至試驗室，以備試驗。亦可於鄰近之洞中，將藏於兩端封好2吋直徑2呎長管中不受擾動之土壤標本取出之。當工作時，曾遇許多阻礙進行之困難，後賴特別之努力與勇往直前之精神，卒能戰勝困難，而完成該項工作。

試驗工作中，包括土壤物理性質之試驗甚多，而於透過性，固結性，及抗壓力之試驗，尤特別注重。據試驗之結果，當壩心標本方取出時，其平均之固結度爲25%，但吾人不能以此而卽言其鬆軟也。因其內擦角甚大（約27°），故其抵抗力甚高。每平方糎上（1 cm²）可受1公斤（kg.）至2公斤之壓力。

關於壩心物質之固結速率，亦可用數學分析之。其理論非常複雜；最後所得之方程式，極其討厭怪特。但由此種方程式，可求出一較簡法，得出固結與時間之關係。關於Germantown dam之此種曲線，可以第九圖示之。最有興趣者，卽取標本時，該壩之年齡，約爲七歲，而在理論上相當於此七年所得之固結百分率亦爲25%，故此數與實地測驗之結果相較，恰相投合。是以如能於以後每十年或廿年間再作同様之試驗，以證明該種理論是無錯誤，必更有興趣也。

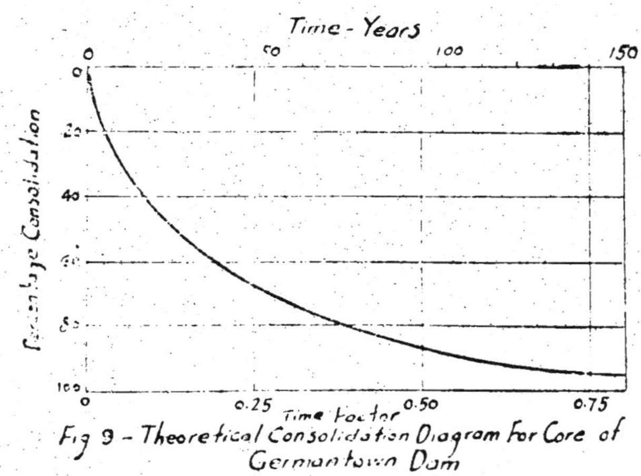

Fig 9 - Theoretical Consolidation Diagram For Core of Germantown Dam

近來對於研究水體壩之穩定（stability）問題，已有極顯著之進步。但學者往往對於壩心之組成及狀態，特別注意而忽略負責最大被水浸透已消失凝結力之壩殼（shell），作者深以爲憾。至於壩心最危險之現象不過完全不能凝固而已。但如有能使中心穩定之強固壩殼，則絕無不安全之虞也。

作者根據此種見解，乃假設壩心爲液體狀態而求殼內應力之情形。惟由數學分析之結果，所得之方程式，雖非常複雜，但能從此用一種圖解法，求出壩殼最危面（weakest plane）之位置及能使壩身安定之磨擦角。故立於安定之觀點上而言，爲擇適當之材料及滿足之截面計，研究壩殼物質之物理性質，較之壩心物質之試驗，尤爲重要也。

3. 道路之凍脹（Frost heaving of highways）.

關於道路凍脹之現象，已與美國公路局及New Hampshire省道局合作研究矣。在廠省理工大學所作之試驗，係在一定之情形下，研究凍冰之作用。

試驗之單位，爲一每邊三呎，高三呎之木箱。在箱之一端，爲一一呎見方之觀察井（observation well）。此井可從箱之下端與箱之內部溝通。此相通之孔道，鋪以適當數量之礫石（gravel），作爲濾淸之用。故箱中之水，或深或淺，可以井水節制之。箱之內部四周，均塗以薄層之油脂，而油脂之上，復貼以相互搭疊之蠟紙（Manila wax paper）。用此種油脂及蠟紙之目的，即所以減少箱板對於土壤之磨擦抵抗。應測驗之土壤，須妥爲塡塞箱中，以平滿爲度。箱之頂面，鋪以2呎8吋見方之混凝土板（concrete slab）或碎石板，以當路面。

八個如此之單位，埋於地下，使上面石板與旁邊地面等平。關於水平面之高低，結凍之深度，及石板鼓脹之情形，在1928—1929年之冬已有詳細之測察矣。雖有種種預防之方法，但各箱中之水面，仍難保持平等，因水之外洩不能完全免除也。惟此法試驗之結果，在普通方面，尚稱圓滿，且可作進一步研究之基礎也。

據研究之結果，除非能由結凍平面（frost level）下供給不斷之水流，不能發生顯著之凍脹現象。水結冰時所生之壓力，完全由於層層冰晶體(ice crystal)之產生；但冰晶體之產生，又完全由於極大之三水分子，$(H_2O)^3$ trihydrol's molecules)向其結晶焦點之流動所致。故如三水分子不告斷絕，則冰晶體必能繼續產生，將土壤擠壓於冰層之上。及三水分子之來源，一旦中斷，則平衡立至，而鼓脹之作用息矣。

據觀察所得，在混合粒子極細之土壤中，可以產生冰層。但存於淨沙隙內之水，雖能結冰，而不能產生冰晶體，使體積有過度之增加。此種現象，可作如下之解釋：因水之結冰溫度，隨空隙直徑之減小而降低，故藏於極小空隙內之水，往往在普通之冰點而仍保持其液體狀態。當較大空隙內之水結冰時，四旁較小空隙內之水，仍未結冰，故可使產生冰晶體之供給水道，不致斷絕也。

及結冰效應達於土壤之下層，則下層即生一冰層。如此以往，水源必漸被阻蔽，故上層亦不致再有冰層之產生也。

結冰之連繫因子有三：第一，地下水面(ground water level)之位置，或其他礦穴，石隙可作水源者之位置。第二，在發生結冰之土壤中，空隙大小(void-size)之分配情形。第三，自水源至結凍面間，土壤之微管作用。

4. 泥土施於堵壁之壓力(Earth pressure on retaining walls).

在土壤力學試驗室中，會同新英動力建築公司所研究之科程，其規模最宏，最費滲淡經營者，厥惟泥土對於堵壁橫壓力之試驗。該項試驗，已經Terzaghi博士在1928年十二月詳細計畫；於次年一月開工建築；殆同年四月末旬，機器全部，已告落成，以備試驗矣。

第十圖即示該機之構造。受試之土壤，係容於14呎見方，10呎高之混凝土匱中。堵壁包括一建築鋼架，F，及對面之混凝土板，K，該板係作混凝土匱之一面。壁之兩端，藉平衡錘，Q，之作用，使壁及鋼架全

部重量之重心，落於沿混凝土板面之方向。壁懸於吊鈎，V_1及V_2之上，使懸吊點亦在板面之方向。故如不受他物之束縛，壁必懸於與水平相垂直之位置。任何垂直分力，施於此壁時，壁之吊鈎必直接受相等之壓力。吊鈎V_1及V_2係懸於上面之秤尺(scales)上，而秤尺係附於柱C_1及C_2與一他構材上。支托該構材者，又爲由匱基上起之柱也。

因堵壁全部之重量，已在秤尺上扣除，故秤尺上之記錄，卽等於泥土施於堵壁壓力之垂直分力。堵壁全重，約爲14噸。然秤尺之準確感覺，非常靈敏。如有人立於其上，則所秤之差，不過±2磅而已。

泥土施於堵壁之橫壓力，可藉四角之橫壓棒(thrust rod)，H_1, H_2, H_3, H_4平衡之。橫壓力之大小，係用四個秤尺記錄之。下邊之二秤尺，附於與匱相連繫之堅固構架上。支撐此架之柱，卽托負二垂直秤尺上端之柱也。故混凝土匱，堵壁及秤尺三者實整個的而極堅固的建於一處，與該機所在之房屋，並不發影響。此整個建築，係放於極重之鋼骨混

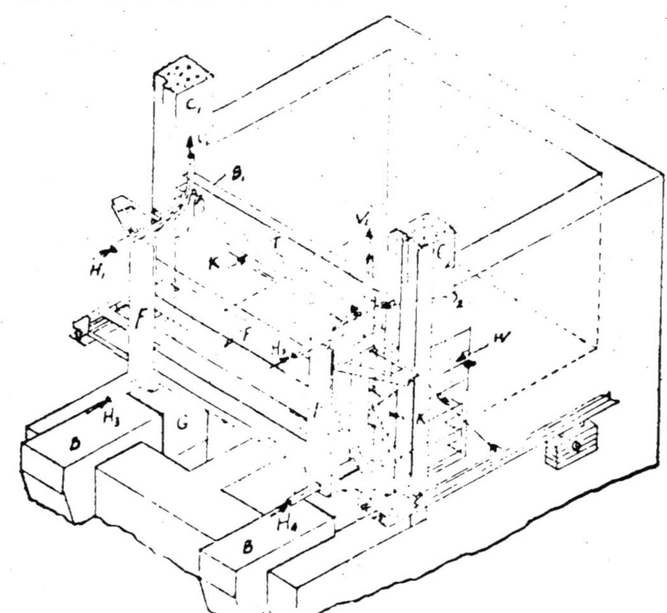

Fig. 10.- Apparatus for Studying Lateral Earth Pressure Behind Retaining Walls

凝土座上。該座之厚爲三尺，下邊打有20呎長之木樁（Piles）五十根。該座之上，混凝土匱地板之下，有一空道G，可作視察之用。

匱之一面，嵌一玻窗，W,用以視察泥土在內之情狀。該窗之構造，係用一寸厚之上等玻璃片（Plate glass）鑲於鋼架內而成。匱中架一繫樑（tie-beam），用以減少因泥土之橫壓力所生之撓度（deflection）。在壁之內部，橫壓棒之對面，設有四鍵（studs），其動作可用齒輪機作用之。在圖中能看見之二鍵，如S_1及S_2是也。四個水平秤尺，因齒輪聯動之作用，可以自由前後活動。因鍵與秤尺之聯合動作，能使堵壁之水平運動，非常精確。二垂直秤尺亦可同樣前後移動，使吊鈎常在垂直位置。且藉齒之作用，二垂直秤尺猶能堵壁上下動作之。故所有堵壁之動作，可準確至0.0001吋。

求泥土a壓力之大小（magnitude），方向（direction）及其着力點（point of application）之方法，讀者於此當自明矣。壓力之垂直分力（vertical component）爲V_1+V_2，水平分力（horizontal component）爲$H_1+H_2+H_3+H_4$。至於着力點之位置，可由H_1+H_2與H_3+H_4之關係求出之。

當設計此種機器時，力矯前弊，尤注意堵壁之堅實問題及其能自由向匱外作一微小之移動。該機之特點如下：（一）匱壁極其堅固，因泥土最大之壓力而所生之撓度至多不過0.0001吋。（二）堵壁可左右循其自身之方向移動1吋。（三）堵壁與匱之連接處，裝以不透水之橡皮模，故匱內之土可以完全飽和，無洩水於外之虞。

該機之設計，有極大普遍性，可作爲各種堵壁試驗之用。壁後之泥土上，能加至50噸之過載（surcharge）填土（fill）上面各種斜坡（slope）之效應，均可測量之。其他如濾清器（filter），水道（drains），以及完全或半飽和之作用，均可藉此研究之。關於第一次試驗之結果，已在工程雜誌中，作一簡單之報告矣（註十六）。

註一. "Uber eine neue Methode der Schlämmanalyse" Von G. Wiegner, Zentralblatt für die gesamte Landwirtschaft, Bd. 1 (1920), No. 1

註二. "Der Wiegner ische Schlämmapparat und seine praktische Anwendung," by H Gessner, Kolloid Zeitschrift, Vol. 38, 1926.

註三. "The Hydrometer Method for making a very Detailed Mechanical Analysis of Soils," by G. J. Bouyoucos, Soil Science, Sep't., 1928.

註四. "Die Plastizität der Tone," Von A. Atterberg, Internationale Mitterlungen für Bodenkunde, 1911, Heft. 1.

註五. "Soil Studies for the Grannville Dam at Westfield Mass," by Charles Terzaghi, M. Am. Soc. C. E., Journal, New England water works Assoc., Vol. XLIII, No 2.

註六. "Erdbaumechanik", pp 86 and 90.

註七. "The Compressibility of Sand-Mien Mixtures," by Glennon Gilboy, Jan. Am. Soc. C. E. Proceedings, Am. Soc. C. E., Feb., 1928, Papers and Discussions, p. 555

註八. "Erdbaumechanik," p. 83.

註九. "Principles of Final Soil Classification," by Charles Terzaghi, Public Roads, Vol. 8, No. 8, No. 3, May, 1927.

註十. "Erdbaumechanik," p. 94

註十一. "Technische Mechanik," by Otto Mohr, Ernst, Berlin, 1906.

註十二. Engineering, June 13, 1930.

註十三. "The Science of Foundation—its present and future," by Charles Terzaphi, Transaction, Am. Soc. C. E., Vol. 93 (1929), p. 270

註十四. "Die Tragfähikeit Von Pfahlgründungen," by Charles Terzaghi, M. Am. Soc. C. E. Die Bautechik, 1930, heft 31 u. 34. and "Penetration Tests Give bearing powper of deep Subsurface Soils," by George Paaswel, M. Am. Soc. C E. Engineering News—Record, April 2, 1931.

註十五. "Settlement Analysis—the Back-bone of Foundation Research," by Charles Terzaghi, M. Am. Soc. C. E., Proceedings World Engineering Congress. Tokyo 1929.

註十六. Engineering, May 30, and June 13, 1930.

吾國電氣事業之概況及今後之趨勢

褚應璜

摘要：是篇大部取材於世界動力會議中國論文集，依據中央建設委員會實地調查全國電業記載，作系統之報告。並藉統計之推測，及預定之計劃，以示今後發展應取之途徑。

吾國自辛亥革命垂二十年，其間政治糾紛，國家多難，凡百工業均以不振，電氣工程之幼稚，更難與世界文明各國並駕齊驅。

年來雖以社會經濟之不甯，多方阻難，然電氣事業之發達，仍蒸蒸日上。都市城鎮之居民用電光照明者，既日益普徧，製造工業之電動化，復年有進步。更以配電區域遠及鄉村，農田藉電力灌溉各地，先後著有成效。國內交通阻塞，缺乏完備之統計，遂使各方電業發展之概況，無從獲眞確記載。建設委員會成立以來，對於電氣事業之發展，異常重視，特設電氣處，專司其事，實地調查，用作研究改進方策之參考，而緟下列簡單之報告。

最近一般狀況

(1) 全國電廠數及發電量之統計

全國公用發電廠共387所，發電總量為477,260 K. W.(迄1929年為止)。圖(1)示發電量分布各省概況，其工業用之個別發電廠，尚不在其內。廠之設備簡陋，容量過小者，遺漏在所不免。

(2) 工程概況

電廠之在1000瓩(Kilowatt)以上者，咸用透平發電機，取其效率之高

吾國發電廠容量之地理上的分布圖

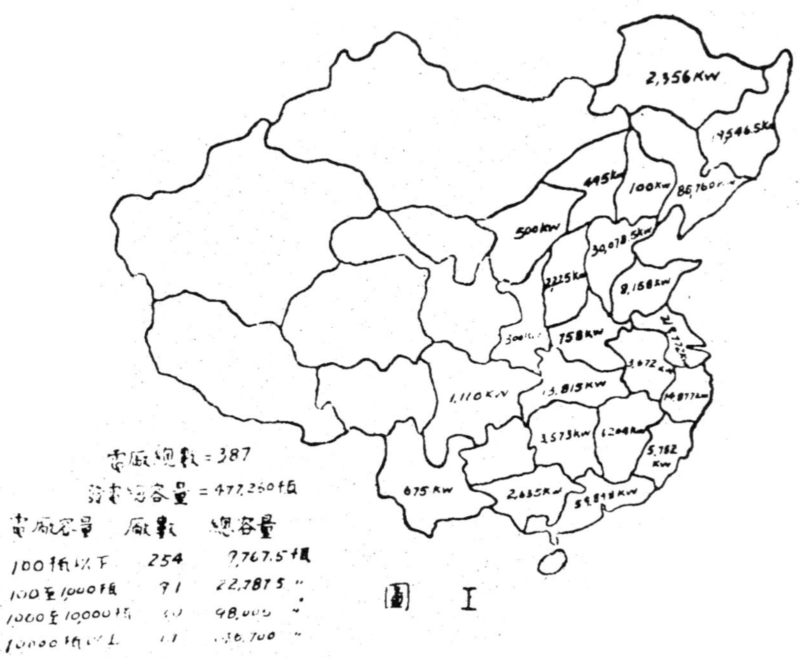

圖 I

也。鍋爐廣用自動加煤器，近年更有採用煤粉以作燃料者。蒸汽最高壓力達350#/$in.^2$。單獨發電機最大容量爲二萬瓩，小廠多用柴油或火油引擎爲原動力，兼及往復式蒸汽引擎。電廠每年平均效率，以上海電力公司之17.4%爲最高。

水力發電尚無經營成績，現有者僅西南部400瓩及1351瓩各一所。

全國電廠除極小量用直流制度外，送電配電均採三相交流制。顧以供給區域範圍不廣，送電電壓鮮有超過一萬伏（Volts）者。戚墅堰電廠之三萬三千伏送電壓及二十哩長送電線，已儼然全國之冠，電流週波60或50，後者爲普燈電壓100或220伏均通行。

(3) 電廠管理

查387廠中外人在租界經營者占二十，中央管理者占其二，省有占其四，市有占其一，其他成屬商辦，所謂民營電廠者是也。

(4) 官廳職權

中央建設委員會對於民營電廠工作情形，廠屋建築，以及售價賬目業務等事，有監察權。會中並不時派遣專家，往各廠作實地調查，於設備管理上詳加指導，俾助其發展，公司與用戶間之糾紛亦負責調解與處理也。

(5) 廠歸官辦之成效

建設委員會經營首都電廠與戚墅堰電廠，後者供無錫常州兩大城市之用。

(甲) 首都電廠 容量三千二百瓩。官辦以來，成效卓著如下：

一. 每度煤耗自八鎊減至三磅，即成本自四分二厘降至二分七厘。

二. 輸電及配電損失占全部發電量之百分比，自六十降至三十八。

三. 往昔商辦期間，每月營業收入三萬元，用抵開支，尚虞不足。官辦以後增至每月九萬元，除開支費四萬元外，淨利五萬元。

四. 燈用電售價每度自二角四分減爲二角二分。

五. 添置新機後，全廠容量已達三千二百瓩，每月發電量自三十五萬度增至八十六萬度。

(乙) 戚墅堰電廠與首都電廠，同爲電化長江下游計劃中之主站。官辦以來成績如下：

一. 每度煤耗減至2.9磅，即成本自一分八厘三減至一分四厘六。

二. 每月營業收入，自四萬二千元增至八萬元，開支耗費超前極微。

三. 燈電每度售價在無錫自二角六分減至一角六分，常州自二角二分減至一角八分。馬達電力最低每度僅售二分四厘，除上海電力公司外，在國內爲最廉。

四. 每月出售電力自一百二十萬度增至一百六十萬度。

五. 現有總容量六千四百瓩，負荷因數百分之六十二，國營各廠成績最著，供給馬達電力於錫常，製造工廠百餘所，故動力負荷占全廠總負荷百分之五十強。

(6)營業概況

電廠小者大都供電燈之用，取價普通皆用包燈制（即每燈每月應付費若干），不論點否均須納費，同時偸電之弊更所難免。較大之廠取費概以用電度數計，庶幾公司用戶收付兩得其平。用戶除付耗電費用外，復依裝表之數量一次納相當保證金。此外尙有定每月電費最小限度者。Minimum monthly proviso.

燈電售價與馬達電價不同及多量之折扣均普遍。

用戶之大者復依其負載因數與工率因數之大小而定售價之標準，全國燈電售價，平均每度二角，動力電價每度自二分五厘至一角不等。

(7)農村電化

曩者農田灌漑皆用舊型水車，或以人力，或以畜力，效率微而工作少，近年油力引擎連離心式帮浦以抽水者，漸見使用。茲者戚墅堰電廠配電線路。已引達鄰近村落，供電力抽水之用，在國內開農村電化風氣之先。迄今電力廣被之區，已達一萬畝以上。成效既著，各地電廠聞風響應者，若杭州蘇州等，成績相當成績。據最近統計，每畝收獲因電力灌漑之利，較前增百分之三十三有奇。倘遇旱災，當在二三倍以上也。夫農村電化不僅田畝灌漑已也。墾地佈種，收穀儲藏，農民衣食住行，無一不藉電氣化而日進於富裕便利。若歐美各邦成效久著，吾國天災人禍，哀鴻遍地，農村經濟期其實現，尙須有待，如何逐漸改善，是則政府之責也。

(8) 製造工業動力電氣化

十餘年來歐美工業之輸入國內者，風起雲湧，日新月異，而製造工業，動力電氣化之經濟上的優越，與運用上之簡便，影響於出品成本之低廉者非淺。國內製造工廠有鑒於此，競相效尤，成績卓著。革命以來，紗布絲糖麵粉水泥等廠接踵設立，若風雨之驟至。據工商部1929年統計，製造工廠單獨發電自用者有下列之報告：

製造工業個別發電廠總量		163,710.6 瓩
紗布廠*	29所	45,150 瓩
鋼鐵廠	7所	42,566.8 瓩
煤炭鑛公司	12所	49,562 瓩
水泥廠	4所	9,100 瓩
製糖廠	2所	4,750 瓩
麵粉廠	1所	1,000 瓩
紙烟廠	1所	1,350 瓩
火柴廠	1所	1.8 瓩
其他×	3所	5,750 瓩

*三所係日人所設共4,250瓩

×均倭人所設

以上統計僅限於透平發電機之容量，與建委會報告略有出入。製造工業個別電廠總量依工商部調查，占全國26.2%。可見工業電動化之一般矣。

今後電氣事業發展之趨勢

(1) 圖2示1910至1921年間全國透平發電機容量長速之增加，尤以

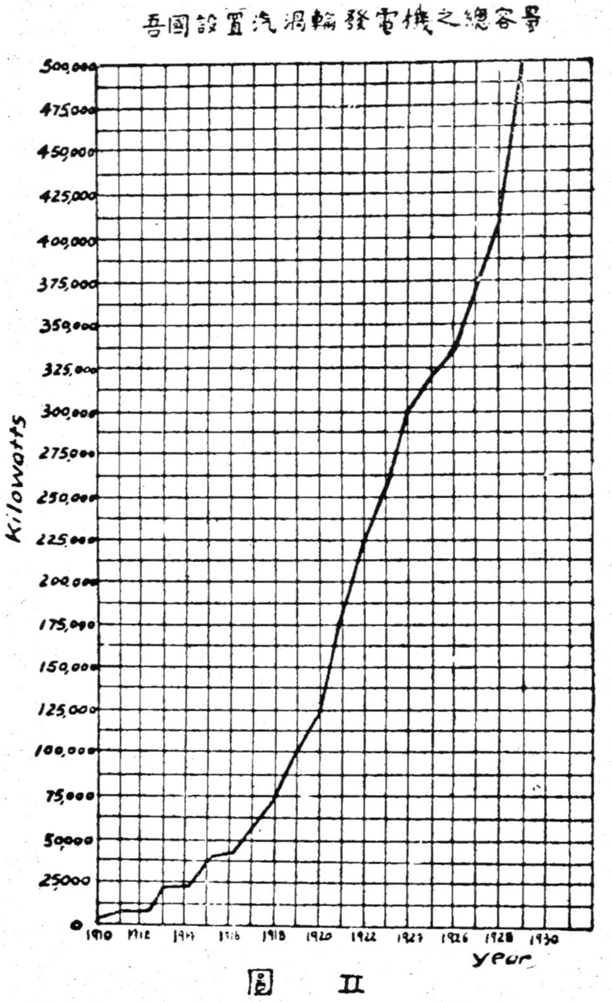

圖　II

1928至1929年爲最盛。於今又已兩載，正確統計尚無從訪覓，而數量之增與今後之發達，當可藉圖形而預測也。

（2）大容量發電機與高壓送電之採用。

圖3示1910至1929年間全國發電機平均容量，近年趨勢單獨，電機之容量當與時俱增，良以電機之容量愈大每瓩之價值愈廉，效率愈高也。

高壓送電與輸送線路之增長進展極速。各地採用二萬二千及三萬三千伏以送電者相繼而起。今後趨勢當依建委會電化全國之計劃之愈益增長，當於下節詳述之。

（3）建設委員會之努力

建設委員會負提倡全國電業之重任，進行規劃，不遺餘力，可自下

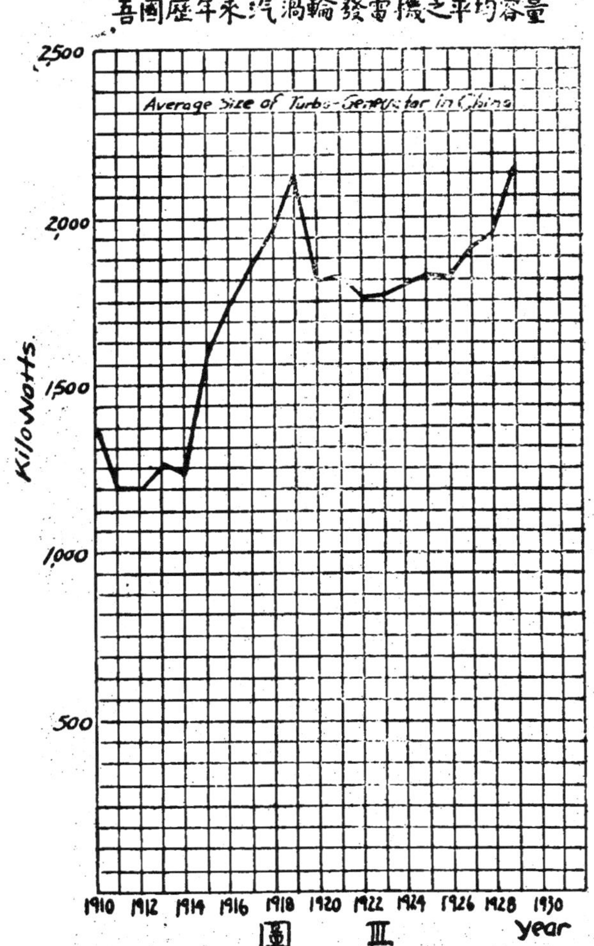

圖 III

列計劃窺其要。

電化全國最要之計劃，厥惟採用電氣網制。全國各大發電站俱以高壓輸送線聯通之，形似鐵柵，故又稱為 Grid System。

電網主要之利益有三：

甲. 資本減省

(1) 電網愈大，單獨機器之容量亦愈大，則每瓩之成本亦愈廉。

(2) 電網系統之各電站相互適應，則各站備用 (Reserved) 之機器減少。全廠效率 (Plant Factor) 因以增高。

(3) 電網之區域既大，各地用電最多之時不同，則同時間最大負荷，必較無電網時各站單獨最大負荷之總和為小故電網總量必較無電網時各站容量總數為多，彰彰甚明。

(4) 地方工業時有興衰，電力需要隨時增減，連以電網，此與彼替，以過剩之電，供不足之用，極有伸縮之餘地，免無謂局部之擴充。

(5)凡用電取自電網，可免自立小站（如上述之個別發電廠）受種種無形之損失。

乙. 管理費用減省

旣有高壓線以連接各站，則電站可設於煤賤水多交通便利之區。

(1)巨量電機效率高，而管理得以集中。

(2)效率高者充基本站，低者備而不用。

丙. 電力要求擴大

電網所經之地均獲廉價電力之供給，需要自必增加，農村電化尤易實行。電網之成功必有賴於下列條件之履行。

(1)電壓與周波之標準化——電網之各站旣連接而相互適應，則各站送電電壓及周波必須統一。

(2)法規與準則之制定。

(3)現有電廠之擴充與改善——各地電力需求旣不斷長速的增加，現有電廠難以勝任，擴充設備，添置新機，實爲當務之急。

(4)各地新廠之籌設—在建設委員會整個計劃之下，相當容量之新站，當依次擇地設立，詳見下節。

(5)處置民營小廠之辦法——民營小廠容量小而效率低，發電成本自不能與電網供給之電相比擬，勢難支持。救濟辦法先停止其發電，由電網廉價售與相當之電力，再分別轉售於用戶，每度收數成之經手費。

長江下游爲全國電業最盛之區，西自南京，東至滬杭，其間廣大區域，電廠櫛比，然除蕪湖南京鎮江戚墅堰蘇州上海杭州諸廠較大外，餘廠容量旣小，設備又簡，自5瓩至400瓩不等。且大部賴油力引擎爲動力，粗油 (Crude Oil) 旣無國產，仰給外洋漏泄甚鉅。建委會有鑒於此，遂有首先以電網電化長江下游之計劃，在南京江陰杭州三處立主站各一，每站容量六萬瓩，於長興無錫嘉興三處，立副站，每站一萬五千瓩，輔以民營電廠之容量在三千至四萬瓩者四五所，各站以送電線相互連接，更置開關站於相當地點，用以供給用戶區域之需。夫長江下游，擁京滬滬杭甬兩大幹路交通之便，東南擅蠶桑之利，重要製造工業進展滋長，電網完成以後，工業興盛，農村繁榮，必能有更大之進步，以每站周圍三十哩內，為其供電區域，則下游全部咸被其澤矣。

計劃概要：

(1)周波 國內大多數電廠均採五十周波，故電網送電系統，將以三相五十周波交流電為標準。

(2)電壓—察各國之輸送電壓，均採高壓，若十一萬伏，十三萬二千伏，二十二萬伏，甚至三十三萬伏。吾國環境與各國不同，各電站之距離不過六十至八十哩，且均設立於各地負荷之中心，電網輸送電力，先擬採用六萬六千伏。此項電壓在歐美有一致用於副輸送線之趨向。將來電業進步，總輸送線之電壓，或將提高至十一萬伏，而副輸送線電壓則仍為六萬六千伏也。

(4)水力發電之趨勢

夫以電網計劃之優越，火力發電仍不能不耗相當之煤量，國內礦業幼稚，煤源有恐慌之虞，誠不若以天然水力發電之經濟。吾國疆域廣闊，擁長江黃河珠江三大流域，經緯國中。上游崇山峻嶺，地形各異。或以水頭(Head)之高，(在矩距離間水平面之差)，位力宏富，或以流量(Discharge Capacity)之巨，終年不變，尤以長江上游川峽為最優。此皆天然蘊蓄之潛力，乃無價之寶藏，有待于吾人之開發而利用也。總理實業計劃，有謂長江三峽之水力，有三千餘萬匹馬力，黃河龍門之水力，有一千餘萬匹馬力，兩廣西江北江之上游，總計亦可生二百萬匹馬力。過去旣未施精密之測量，不能證實斯說之確否，然我之得天獨厚，不可磨滅也。

吾國倘能充分利用水力，其利之大固不僅發電成本之經濟已也。請列舉于下：

1. 水力發電建設費用，遠超火力發電廠。耗費，最巨者為開渠及建造蓄水池與堤壩之偉大工程，凡此需要大量之原料，與衆多之人工也。上游山嶺起伏，砂石等物，取之不竭，更兼吾國失業人衆，工資在世界為最廉，是故工程雖屬浩大，吾皆可以自給。火力電廠則不然，以吾國製造工業之幼稚，自鍋爐汽輪機凝汽器，以至抽水打風等機，無一可以自造。即然，亦難與歐美各廠經長期研究之出品，並駕齊驅，勢必仰給外洋，漏卮將隨金價以俱增。火力發電廠開辦費用，固較水力者為廉，而權衡得失，何者於民生經濟有利，當知所適從矣。

2. 水力電廠除堰堤貯水池水管等外，發力部分之主要機械，僅惟水車 Water Turbine。水車之設計與構造，較汽鍋輪機為簡，良以前者為低速，後者為高速。水流之速度，遠不若蒸汽之大，水流之溫度，更遠在高壓蒸汽溫度之下。是故構造水車之原料，又不必如汽鍋輪機之非精鍊之純鋼不可也。則吾可設廠自造，開辦伊始，可購歐美最新式之出品，作將來自造或仿造之參考。

3. 上游水源旣因堤壩，蓄水池之調節作用，雖有洪水，下游亦無泛濫之虞，而水災巨患得以免除。

4. 銅鐵，硝石為近代製造工業之最要原素，電氣鍊鋼，與人工造硝，非有極廉價之電力，難以成功，水力發電之經濟，足以促進此項工業之勃興。

5. 利用水電，以灌溉上游高原之農田，發展礦業，興辦衣食住行--

切之工廠，其利更不勝枚舉。

夫水力發電，不可一蹴而實現，必經長期之努力，始克有成。關於地形之調査，地質之探討，河川流量四季正確之記載，一年雨量正確之記錄，當地氣候之變化，影響于地面蒸發量而間接影響于流量等等之艱鉅工作，尤必賴實地測量從速整個的實施，而後擇地築堤建廠，方克次第舉辦。

吾國幼稚之製造工業，固無需大量動力之開發。水力調査曠時長久，費用浩大，宜乎不加注意者矣。然歐風美雨，咄咄逼人，各地亦稍稍覺悟奮起作實地之考察。下列三計劃卽得自實際考察之記載而定者，容量雖小，尤可見吾國水電事業發達之有望，不僅限于巨大流域，卽內地瀑布，亦不可勝數也。茲摘要彙集以供參考。

(1)長江上游三峽之靑石峽水力發電廠計劃

江海關 Sidney Powell 氏水道測量，記載長江三峽之水力如下：

最低流量	75,000 立方呎/秒
平時流量	774,000 立方呎/秒
最高流量(豐水期)	1,065,000 立呎/秒
倘橫亙靑石峽築五十呎高之壩堤則可得	
有效水差	50 呎
最小流量時可得電力	320,000 匹馬力
平時流量 „ „	3,300,000 „

在發電量三十二萬匹馬力時，開創費預算一萬二千萬元。

宜昌重慶間水位之差度爲四百七十六呎，兩城之間，可建立八個同量之發電站，倘能建築巨量之貯水池，以調節此偉大之水力，俾力源供給，終年不變，耗費甚鉅，非短期所能辦到者也。

(2)永定河官廳但里計劃

官廳位于懷來平原之東，值永定河入羣山之口，官廳與但里之間，根據華北水利委員會測量記載，永定河平均闊度爲三百六十呎。

最小流量	178立方呎/秒
河身斜度	1/286

倘于官廳築蓄水池（Detention Reservoir），其前築三和土堰堤一座，橫亙河床，並用高架水管引官廳水池之水，迤迴山谷之間，下注但里貯水池，池位小山之側，發電站在其下，則

官廳水面標高	1378.62呎
水管斜度	1/2800
但里水面標高	479呎

以每五哩落差(Head)損失120呎計，則水管中磨擦損失之落差共160呎。

總落差	780呎
有效落差	620呎

最低流量178呎/秒時，可生水力九千四馬力。估價如下：

1. 開辦費（一應建築設備成在內）

設發電量爲6000 K.W.，以每K.W.五百元計需費3,000,000元。

2. 開支門

資本年利（利率10%）	300,000元
折舊	10,000元
經常費用（維持費，修理費）	180,000元
管理費（每月萬元）	120,000元
每年總支出	700,000元

3. 收入門

設每日供電二十四小時負荷因數30/100，平均每度售價五分，計日入三千二百元。

每年收入	1,152,000元

4. 每年淨利 452,000元

（3）福建龍亭瀑布計劃

福建省建設廳測量閩江龍亭瀑布，所得

有效落差	60呎
最低流量	1,170立方呎/秒

倘以適當貯水調節流量，可以倍增瀑布，前地形平坦，縱橫十萬方呎。最初計劃，利用最低流量與落差，可發電六千匹馬力。

凡此不過滄海一粟，僅足示國內隨處有水力發電之可能，俟全部測量調查工作完成，獲得充分之記載後，再加通盤籌劃，而樹整個發展全國水力之大計也。

結　論

統上所述吾國電氣事業，值國家多難之秋，仍有長足之進展，差足告慰。將來趨勢，電網完成以後，發電站有集中化之傾向，水力發電，必將次第興起。要在循世界電氣事業進步之成規，迎頭趕去，俾以最經濟之代價，獲巨量之電力而爲發展全國實業交通之源流也。誠以電力發展，爲國家工業化之推進與加增機械力設備中最要之原素，蘇俄五年計劃即以發展電力爲最先最急之任務，必統一而後可言建設，然以今日國內分崩之局勢，恐非工程家可得效力者也。

參考書

Far Eastern Review

電　工

World Power Conference, Tokyo Sectional Meeting

中國之電氣事業

德國實業考察團特脫麥博士 Prof. Dr. Ing. Dettmar 報告

史鍾奇譯

去歲德國實業考察團。應國民政府之請，來華調查。以為建議發展中國工商業之根據。該團遍游各重要工商區域後。即返德將其考察所得之結果。報告於德國中央實業公會。就中最足引吾人注意者。厥惟電工專家特脫麥博士之報告。內有數篇。散見柏林電工雜誌中。

據特氏之言。中國輸入之電料。德貨僅佔百分之一一·五。但將來之增加。當非難事。所奇者。其中日貨竟獨佔百分之三三。此外英貨佔百分之一七。美貨佔百分之一六。而德國則位居第四。惟一旦商業情形穩定後。對華營業之增加。預計必甚發達也。

德國所供給中國之電料。其中電纜及皮線佔百分之二五。電話電報機件佔百分之十四。電燈佔百分之十。電機佔百分之九。日本對華營業所以能獨佔勝利者。一則以其與中國毘隣。得地理之利。一則以其貨品價廉也。英美雖無優越之特點。然其進口貨亦年有增加。德國廠家苟不急起競爭。則將來英美各貨必激增無已。是在德人之努力而已。

考對華電機貿易雖屬可能。然該國之特殊情形。為德國及其他市場所不見者。不可不加以注意也。第一，中國土地遼闊有過全歐。故電力供給甚感困難。且其出產物總量平均。每人僅及德人百分之一。故就中國之經濟現狀觀之。大規模之電廠電網尚非其時。數十年之後。或有相當之發展。

然中國用電所以如此之少者。亦非全由居民密度之關係。蓋華人多貧窮寡慾有以致之耳。華人入款大都甚微。除生計必需各費外。實不容再有其他消費。欲其情形改進。使大多數人民能利用電氣。則爲時尙久。以是所需電料與他國比較。相差遠甚。然中國地廣人衆。將來電料需要之增加必無限量。實在意料之中。因此種種特殊情形。故中國目前之電廠。大半皆規模狹小。間有少數較大之發電廠。及長距離之輸電網焉。

吾人苟以中國之電業情形。與他國相較。則特殊之點。尙不勝枚舉。如工程師工匠之缺乏。交通運輸之不便。籌畫經費之困難。在在皆足妨礙電機事業之發展。而吾人所最感棘手者。尤在與華人作交易之接洽。每一談判。因循遷延。費日良久。與歐美各國之情形不可同日而語。例如接洽某一問題。在歐洲祇須數月或至多一二年卽可解决者。在中國每每須經數年之考量。其尤甚者。卽輕而易舉之事業。亦延宕不决。竟達十數年之久焉。且華人語言難通。遇事游移不決。與之處理事務。尤屬困難。

華人購貨。多以價廉爲原則。而不顧物質之良窳。若該物商標久享盛名。則又不問其眞僞貴賤而購之。除此以外。則惟價廉是問。

此外更有足爲發展電氣事業之阻梗者。蓋華人宗族觀念之深由來久矣。無論何人。建設一廠。或僅任事其中。亦必極其能力。廣引親友。以致尸位素餐者充斥。營業因以不振。

中國電廠。向無可靠之調查。惟最近建設委員會曾發表『中國電廠之統計』一文。據其調查。截至一九二九年止。所有電廠總數如下：

民營電廠	五二三所
官營電廠	一七所
外商電廠	三五所
工廠自備發電廠	一四九所

在一九一七年以前。全國僅有九十餘廠。故最近數年增加不啻六倍

之多焉。

以容量比較則如下表。

民營	二〇六,一三八基羅瓦特
官營	四七,八四〇基羅瓦特
外商	二七三,二七二基羅瓦特
工廠自備電力	三〇八,一二六基羅瓦特

以電廠總數比較則如下。

民營	百分之七二·三
官營	百分之 二·三
外商	百分之 四·八
工廠自備	百分之二〇·六

其發電容量以百分數計之則如下表。

民營	百分之二四·七
官營	百分之 五·七
外商	百分之三二·七
工廠自備	百分之三六·九

如不計工廠自備之電力。則截至一九二九年底。全國有公用電廠五七五所。其總電量爲五二七·二四〇基羅瓦特。其中計

民營	佔百分之九一
官營	佔百分之 三
外商	佔百分之 六

論其容量則

民營	佔百分之三九
官營	佔百分之 九
外商	佔百分之五二

其資本如下

民營	墨洋	五五·四〇七·二九四·〇〇
官營		一六·七九五·〇八二·〇〇

外　商	一四八·八二二·一八三·〇〇
總　計	墨洋二二一·〇二四·五五九·〇〇

以上統計尚未言及發電度數。但據專家推測。每年發電總量。若併廠家計之。約爲二萬萬度左右。即每一居民約有·四五度。德國發電總度。全年約爲三十一萬萬度。即每人平均得四九·〇度。兩者相較。可知中國每人所享用電力。不及德人百分之一。

此外尚有少數之短距離輸電網。其中一部份則位居滿洲。其地點如下：

上海閘北水電廠	三三基羅伏爾次
雲南省城	二三基羅伏爾次
戚墅堰	三五基羅伏爾次
南滿電氣公司(日辦)	四四基羅伏爾次
北截河	三五基羅伏爾次
大連(日辦)	三五基羅伏爾次

戚墅堰至常錫各線。將來擬延長線路。使西至南京。東至上海杭州各處。

中國現有各電廠。大都用煤力發動。間有少數用油者。至於用水力發電者。不及該國水力總數之百分之一。蓋水源皆距用電之處甚遠。以目前之狀況而論。長距離之電力輸送。甚爲不經濟也。且交通不便。故透平及發電機運輸甚感困難。煤鑛幾無處無之。然開採者殊少。而鐵道亦不發達。但用電之處。附近產煤亦頗豐盛焉。

此外尚有可異者。中國各電廠均無運煤器之設置。即最新之閘北電廠。其容量達三萬基羅瓦特。亦付缺如。(當余在華時此廠尚未峻工)惟照其廠房計劃。則將來或有裝置之一日耳。蓋中國工資極廉。故所用之煤。除少數用小車裝運外。大率由苦力用籮盛之。由碼頭直接運至汽鍋。惟僅上海電力公司。設有自動運煤機。該廠發電容量。約爲十三萬基羅瓦特。

中國所用佈電之法亦甚特異。蓋皆係舊式。難與歐美比擬也。即在大城市中。亦用空線佈電。其電桿電線。類皆破舊不堪。至於電流供給。除極大城市日夜不斷外。其餘小城。則僅傍晚至夜間二時。始有電流。尤堪發噱者。往往電燈多不設置電鑰。即或有之。亦廢置不用。僅在炎夏。則下午二時以後。負荷較重。因使用電風扇增多故也。當此時未設電鑰之電燈。固仍放光明。即已設電鑰之電燈亦不熄滅。任其浪費電力。蓋用戶因公司收費用包燈制。故亦不欲多此一舉也。

電線間距離相隔甚小。電壓高低變化之大。初非吾人所逆料。往往有二百二十伏爾次之電壓。竟降至九十伏爾次以下者。用戶如覺二百二十伏爾次之燈泡光度不足。則易以一百十或六十五伏爾次之燈泡。待各工廠電力熄止後。則復恢復原狀。亦云奇矣。

中國目前用電雖少。然將來各電廠之擴充不待言也。在最近之將來。則小電廠最屬需要。若長距離之饋電。則僅工商業繁盛之區。或有實現之希望也。

在鄉村小鎮中。洋燭及油燈仍極通行。中國無瓦斯廠之設立。故可不必經過煤氣燈之時期。是以將來小電廠必林立。

係中山先生建國方略。對於全國之電氣化提倡甚力。國民政府遵奉遺教。於一九二八年春。特設建設委員會以督策全國電廠之進行。

中國電氣事業之發展。除上述各困難外。尚有一最大製肘之事在焉。蓋大部分之電力。皆不獲償價也。其結果非價格特別提高。則公司必致虧本。據特氏之調查所得。償價之電力。在廣州約為百分之三十。在濟南約為百分之四十。在北京約為百分之四十。蓋各電廠非特須免費供給路燈之電流。即政府機關。及該廠之職工，債權人，股東。甚至股東之親戚。皆不付電費。於此吾人當思華人之視屬。又何其廣泛也。且公司收費。大都係包燈制。用戶又從不熄燈。故消耗電力自多。此外復多永不兌現之支票。以及偸接電燈等弊端。故電廠之損失極大。如遇紀念日或舊歷年節。公司又須免費供給慶祝所用之電燈。往往達數日之久。

電廠方面。妨礙已如此之多。而各省市政府又力主減低電價。致各電廠難於維持。例如廣州電廠。其所收入之電費。尙不及總數之三分之一。而市政府竟令其將電價從二角五分減至二角。僅建委會所轄之戚墅堰電廠。曾設法徵收總數百分之八五之電費焉。

各廠現徵之電價如下表：

廣州	二角
無錫	一角六分二厘
常州	一角八分
上海閘北	一角八分至一角〇八厘
南市	一角至一角〇八厘
浦東	三角二分至二角二分
翔華	一角八分至一角〇八厘
寶明	二角三分至一角六分一厘
眞茹	二角三分至一角三分八厘
電力公司	一角五分至九分二厘
法商電廠	一角八分至一角三分六厘

此外尙有影響於電機事業之發展者。蓋自建設委員會強將戚墅堰及杭州電廠收歸國有後。各廠家皆岌岌自危。恐同樣事件發生。新廠之設立。因是大受打擊。惟政府及建委會近亦鑒及合理主權若不與以保障。大足爲電氣事業前途之障礙。則將來此項法規。或有取消之希望。在目前狀況之下。外商苟欲投資。必先獲充分之保障乃可。否則在此無合法主權之國家。託辭接收。隨時均可發生。但若能洞察情形。收費又有確實保障。則中國在電氣事業上。實外人投資最大之市場。

在各省市政府監督下之各民營電廠。困難較少。如能管理適當。收入頗可樂觀。蓋電力之需要既大。電廠之發展自易也。且有多數地方。電燈及各零件之裝置。並非賣諸用戶。是又廠方之一利也。

中國之電廠。大都係用諸電光。僅在盛夏。有少數之電扇而已。供給電力者。僅楊樹浦及戚墅堰等數廠。日間負荷。亦頗爲重。其餘各廠之負荷曲線。大都皆甚壞也。

中國電氣事業。實際上之改進必易達到。蓋近今工業日益進發。電動機日見增加。惟苦力之工資。遠賤於機器。故於此事。欲有所大發展。亦非易事。童工在中國亦甚盛行。廣州附近各產絲縣治。女工每日作工十一時許。其工資照去年之匯兌。僅合〇·四馬克而已。因此之故。機器背難與競爭。僅在紡織洋灰製糖等廠。機器尚得其用耳。租界中工資較貴。且有日漲之勢焉。

但此情形亦隨地而異。在沿海岸之各大城市。機器之效用。差可與苦力競爭。至於內地則不然。工資既極低微。而機器之運輸。又甚困難。工程人員又非高其酬資。莫肯前往。且各電廠僅夜間供給電流。是亦電動機不見增加之一原因也。

在戚墅堰電廠。則利用馬達灌溉。甚爲通行。變壓機之設備。係屬固定馬達。則臨時在田間裝置電力灌溉。在福州亦極發達。杭州近亦在進行計劃之中。

中國現行法規。有二則頗堪注意。其一爲「關於電氣事業之法規。」其中對於公司之組織登記及地點皆有規定。即如電線之如何越過河道及馬路。以至樹木之修削。亦皆有條文。其二則關於民營公用電廠之管理。凡廠中雇用之職員。皆須經政府之審查。工程及營業各項情形。亦須隨時報告。如獲利及百分之二五。并須減輕電費。苟廠中情形腐敗。則必嚴受取締。此外對於外商入股。亦有所限止。且條例中曾示政府二十年後。有出價將廠務收回公有之權焉。

由此觀之。政府法規對於電廠有組織之發展。其設計尚欠周到。如偷電竊線等事。在中國甚爲盛行。急須嚴厲制止者。現行條文中。並無此議。此外對於免費給電。亦須重行愼重核定。否則公司實難臻於經濟地位。蓋足爲公司營業妨害之人太多也。除此以外。其他必需之條文尚多。故最好能採行一種特別法規。將一切重要之點詳爲規定。

至於電廠工程方面之法規。尤屬寥寥。但卽此極少之條例。亦未見奉行。各電廠之計劃。皆憑個人裁定。蓋祇求價廉而已。至於材料之佳否不問也。故往往經過短時期後。該廠卽不能順利進行。

電光廣告。在中國甚爲盛行。此項廣告。效力頗大。而以大城市中爲尤甚。至於電動機及其他機件。則以最簡單最堅固之貨品爲佳。蓋中國有經驗之工人甚少。修理殊爲不便耳。

各城市之設有電車者。計有上海天津北平遼甯哈爾濱及大連（日辦）香港（英辦）等處。電車之所以如此之少者。一則因人力車甚爲通行。二則因中國街道狹窄曲折。故電車道之設計甚感困難。惟放寬街道及建築橋樑。各處現正積極進行。將來必可改進。

國民政府對於電話電報之設置。甚爲努力。其中以無線電爲多。有線電報及電話則較少。然此項事業可發展之處尚多。觀其前數年進口貨。竟達六百萬馬克。卽可知之矣。

各城市之設有電話交換所者雖多。然用戶總數亦僅十二萬左右。（其中滬平津三處佔百分之七十）約佔全世界二百分之一耳。德國平均每萬人有電話四百個。美國則每萬人有一千五百個。反觀中國。則每萬人僅有三戶電話而已。其電話線總長約計三十一萬五千基羅米達。故電話事業。在中國將來必大有發展。

平常之電話電報局。皆屬交通部管轄。無線電臺曾一度隸屬於建委會。但自一九二九年八月。卽改隸於交通部。中國無線電台頗多。蓋內戰時期。甚爲需用也。現今已成立之電台。約有三十餘所。此外復有少數之大通訊台。正在建築中云。

中國內地各處街道多無路燈。故手提燈甚爲需要。其中以美貨爲多。至於發電機電動機電燈電話電報機件等。在中國亦有製造廠。但規模狹小。尙待發展。

中國內部情形穩定後。則國外信用必增。舉債亦易辦到。蓋現在中國所負之債。平均每人負担尙輕也。且人民負擔稅率亦小。故一俟時局鞏固。中央威信確立。則稅收當可盡量增加。至此時期。則外人投資亦甚穩當。如電車電話電報以至給水。皆可次第建設。全國經濟狀况。必日見改進。各項事業皆可發達矣。往常中國資本。多有投資於租界者。如時局平穩則此項國內資本亦可爲用矣。

綜觀以上各情形。可知中國電機事業之發展。尙在萌芽。各地之設有電廠者寥寥無幾。用戶(大都用作電燈及風扇)亦爲數尙少也。多數鄉鎭。仍用洋燭及油燈取光。故將來電力需要必多。且電燈之設置。於中國式房屋之安全。亦大有裨益。華人多喜用電光廣告。可於各碼棧及店舖見之。將來工資日漸增加。電光電表必隨之而增。故電廠之負荷曲線。必可日見改良。再則中國將來必實行實業化。故電氣事業之發展。亦必猛進無已也。

總之中國實電氣事業之最大市場。但有志於斯者。必須謹愼從事。蓋照目前情形觀之。危險尙多也。

亥　氣 (Helium)

康時清

（按此氣之化學新名詞爲氦，茲爲便利讀者起見，以亥氣二字代之。）

亥氣之爲物，輕而不助燃燒，乃希有原素之一，不與他原素成何化合物。一公升之亥氣，比同量輕氣，約重兩倍，爲宇宙間第二最輕之氣。其昇浮力約合輕氣百份之九二。惟因其不助燃燒，不能爆炸，故最適宜於飛艇氣球之用，其洩漏之損耗(Loss Through Diffusion)，比輕氣少三成，其昇浮力與熱度成正比例，所以飛艇之盛此氣者，可用電力或別種方法，增減其氣溫，使艇身升降自如。又飛艇之用亥氣者，機件一切可暗藏於氣袋之內，有改良現行構造之可能。凡此種種優點皆輕氣之所無者。

亥氣散布於地球內外，爲量至少，取之維艱。歐戰以前，全地球祇聚集十五立方呎。此區區希貴品，大半爲荷蘭萊登(Leiden)大學教授翁氏(Prof K. Onnes)所有。歐戰發生以後，各政府各科學家，爭相研究此氣之來源，與採集方法。加拿大方面設廠置機，採集六萬立方呎。美國方面採集兩百三十餘萬立方呎，但均不甚潔淨。當時僱五廠同時產氣，每日最高產額，可達三萬至四萬立方呎，其平均亥氣量在百份之九三及九五之間。

空氣中亥氣容量，約佔十八萬五千份之一。海水河水礦泉及古代礦物岩石中，皆蘊藏此氣，惟爲量極微。各大恆星及太陽定亦包含是氣，圍繞太陽之燦爛氣體，約厚一萬英里，純係亥氣與輕氣所組成。地球而出自太陽，則其內外保存少量亥氣，亦理之當然。職是之故，天然瓦斯（Natural Gas）中包含亥氣最多。所謂天然瓦斯者，係一種炭輕氣化合物，富於沼氣（Marsh Gas），緼藏地下可掘井放出，以管子通達城市或工廠區域，作上等燃燒品。

亥氣既常包含在天然瓦斯中，自應在在皆有，而世界各國惟美國獨藏大量天然瓦斯，富於亥氣者。他如墨西哥俄羅斯等國，不乏天然瓦斯而無亥氣可採，是誠可奇之事，對於此點，科學家尚無圓滿解說。以美國全年所用天然瓦斯計之，每年無形之中，消耗亥氣不下五萬萬立方呎。倘設廠採取此有用之副產品，每年至少可獲五千萬立方呎亥氣。聞美國國會中早有人提議具體方案，提倡此氣之收集，及嚴禁其輸出。

美國現有十二省發現天然瓦斯，內有三省藏亥氣最富，常與淡氣共聚一處，惟淡氣多者未必是亥氣多。倘天然瓦斯包含百份之十至三十淡氣，則亥氣必旺，倘淡氣增至七十或八十分，則亥氣存在之機會甚少。在德克士省中有一十英方里之天然瓦斯區，僅包含少量亥氣，但單獨此區之瓦斯已可採取八千萬立方呎亥氣。以每一大飛艇盛裝四百萬立方呎亥氣計，此區之氣足供二十艇之用，且可浮空數年之久。

天然瓦斯包含百份之〇·五亥氣，已足從事採取。在美國祇須設五六廠於相當地位，每年可採取壹萬萬立方呎以外之亥氣。所以一旦美國與他國開戰，而同時能取守勢，則短期時內，二百號飛艇可翺翔於空中，與敵周旋四五年之久。政府方面若節制浪費，努力收集，則所聚之氣足供海陸空軍二十五年之用。卽使在太平時代駕駛少數飛艇，航行全球作通商工[illegible]，其裨益人類當亦不淺。

飛艇浮於空中時間較久，無論用輕氣或亥氣，其週圍空氣侵入艇袋，而袋內氣體漸漸外洩，倘原有氣量減少至百份之八四或八五，則須另換新氣，以維持升浮力。其已經用過之濁氣，可用幾種方法澄清之，法之最驗者，莫如用木炭，因該物於熱度低時，能吸淡氣而不能吸亥氣，且用此方法，亥氣的淨度可達百份之九九·九云。

亥氣既於國防文化上有極大關係，吾人急須研究此地大物博之中國，有無可採之亥氣。茲再於其來源補述數點以資參考。

大宗亥氣除寓天然瓦斯外，常與兩種礦物鈾與釷（Uraninite and Thoranite）爲伍，其他礦物中所含亥氣，一視此兩礦物之多少而定，大約鬆碎之礦物，如釩鈾鉀礦（Cornotite）發出亥氣，比堅硬之礦物，如獨居石Monazite）與釷爲容易。每一克蘭姆之釷，經酸化後，可得六或七公厘亥氣。

凡礦物之能受酸化者，均可驗其亥氣之有無，其不能酸化者，可用炭酸鈉及炭酸鉀鎔化之以探亥氣之有無，惟熱度須高，時間須長如：

獨居石須經廿四小時攝氏九百度之鎔化，而後盡釋其所含之亥氣。

釷石須經三十小時攝氏一千度之鎔化，而後盡釋其所含之亥氣。

凡各種礦物含放射能（Radioactive）者，往往蓄亥氣。各種礦泉所發之氣，亦有蓄亥氣之可能。有幾處泉水之氣，竟含一成多之亥氣，法國某泉所出之氣，其百份之七含有亥氣，可惜氣量少無採取之價值。此外泉水之含亥氣較多者有紐立斯（Neris Allier），每年產亥氣千二百立方呎；鮑旁蘭（Bourbonne—Lancy）泉，僅年給三百五十立方呎。二泉亦均在法國，於此可見泉水中亥氣之少矣。

除美國外祗有加拿大及意大利發現少量亥氣，前者蓄氣較旺，然比美國，則相去遠矣。

或問亥氣既如此希貴，爲經濟起見，亥氣飛艇袋內可否酌加輕氣？此種辦法未始不可，惟所加輕氣量，不得逾百份之二十六，過此限度，則易燃燒極其危險。大約加一成五輕氣，可仍舊維持昇浮力；但亥氣一經與輕氣混合，多少帶燃燒性，且不易澄清；故兩氣並用一法，實不合算也。

亥氣之其他功用尚多，但均不及上述之重要。此篇材料取諸摩氏(R. B. Moore)論文者爲多。氏曾充美政府礦務局總化驗師，謹附誌之。

求連續構架函值淺說

楊培琫

（一）起端 所謂函值有三，一曰擠壓力註一(Thrust)，二曰剪力(Shear)，三曰旋量(moment)。三者之中以旋量爲最要，倘旋量求得，餘可迎刃而解。

平常尋求之法有三，一曰坡度與擺度法(Slope-deflection method)二曰最少工作原理(Theory of Least Work)三曰彈性能力原理(Elastic Energy Theory)三者之中以坡擺法最爲普通，蓋各種構架之方式，經已有人演出註二，應用殊爲便當，但於正負符號，宜小心觀察，否則一符號有錯，則全功盡廢，至于最少工作及彈性能力原理，須應用微積分，今漸不爲工程家所喜用矣。最近則有克洛思捷法(見 頁)，此法於實際工作用之，省時省事不少，但初學者用之，有知其然，不知其所以然之弊，似嫌過於機械，非研究學問之道也。今擬以材料力學最顯淺之基本原理分析一二種簡單構架，其餘複雜的仍無暇詳細研究也。

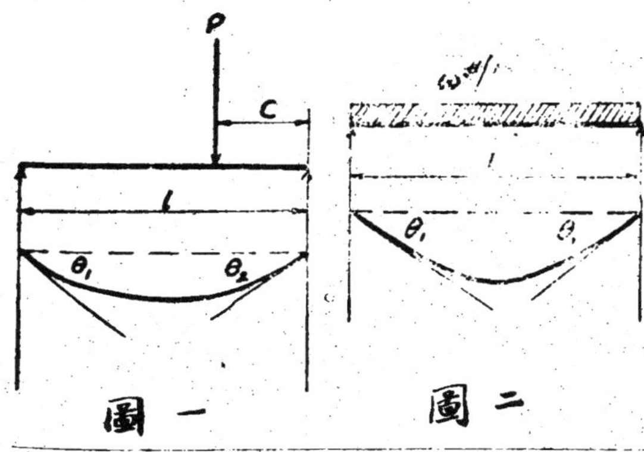

（二）基本原理 無論由任何材料力學書，都可覓得以下兩方式：—

$$\Theta_1 = \frac{Pc\,(l^2-c^2)}{6lEI} \quad \cdots（式一）$$

$$\Theta_2 = \frac{Pc\,(l-c)(2l-c)}{6lEI} \quad \cdots（式二）$$

$$\Theta_1 = \Theta_2 = \frac{1}{24}\,\frac{\omega l^3}{EI} \quad \cdots（式三）$$

註一 因端梁擠壓力甚微，平常含而不計

註二 參閱美國意利諾大學特刊第108卷

以下各方式，可於較為完備之材料力學書如 Timoshenko 氏所著者，覓得之。

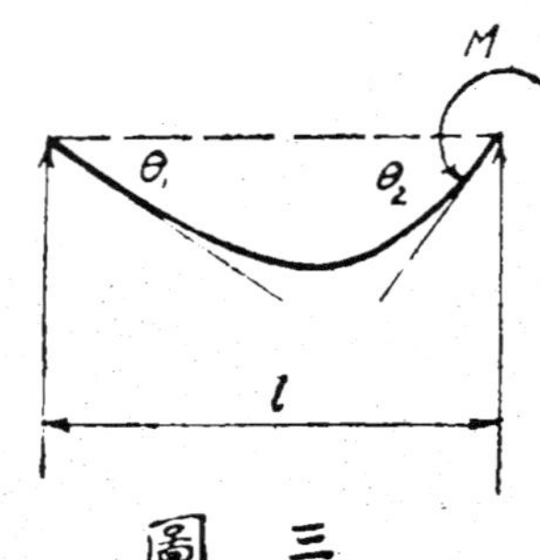

圖　三

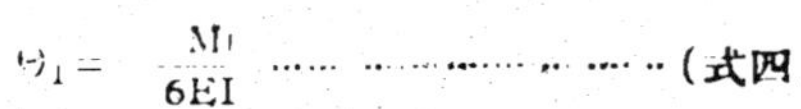

$$\Theta_1 = \frac{Ml}{6EI} \quad \text{(式四)}$$

$$\Theta_2 = \frac{Ml}{3EI} \quad \text{(式五)}$$

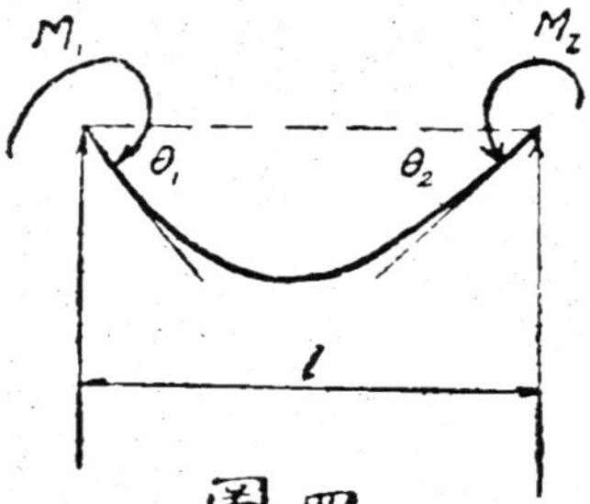

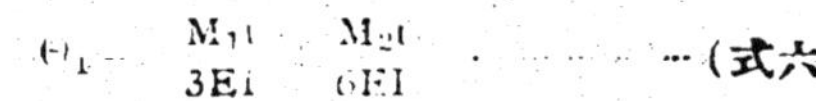

$$\Theta_1 = \frac{M_1 l}{3EI} + \frac{M_2 l}{6EI} \quad \text{(式六)}$$

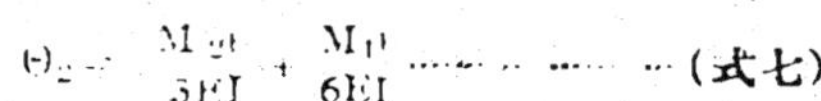

$$\Theta_2 = \frac{M_2 l}{3EI} + \frac{M_1 l}{6EI} \quad \text{(式七)}$$

圖　四

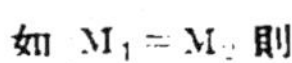

如 $M_1 = M_2$ 則

$$\Theta_1 = \Theta_2 = \frac{Ml}{2EI} \quad \text{(式八)}$$

如旋量方向如圖五者則得

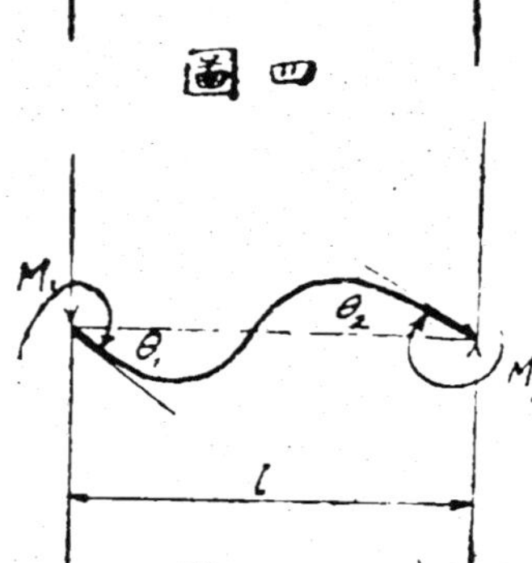

$$\Theta_1 = \frac{M_1 l}{3EI} - \frac{M_2 l}{6EI} \quad \text{(公式九)}$$

$$\Theta_2 = \frac{M_2 l}{3EI} - \frac{M_1 l}{6EI} \quad \text{(公式十)}$$

圖　五

以下公式材料力學書中所少有，但可用（式一）求得，今不贅詳，錄其結果於下：—

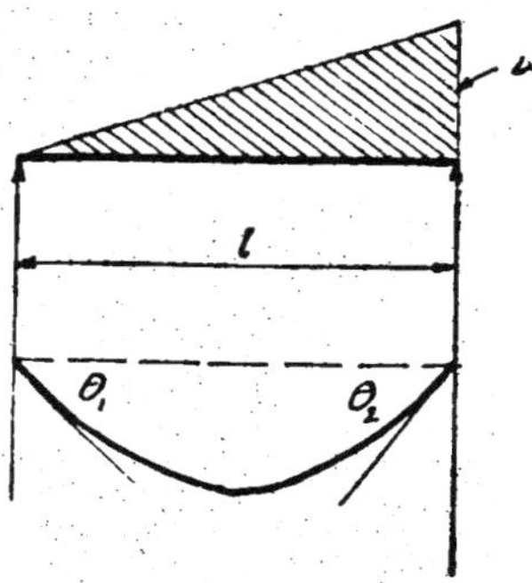

圖六

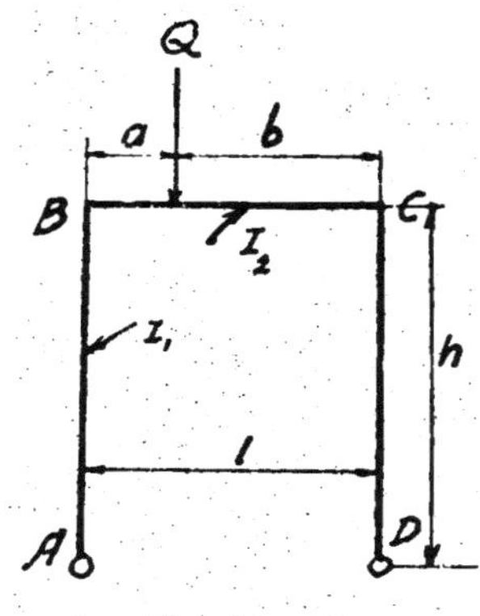

圖七

$$\Theta_1=\frac{7}{360}\cdot\frac{\omega l^3}{EI}\quad\text{……………（式十一）}$$

$$\Theta_2=\frac{8}{360}\cdot\frac{\omega l^3}{EI}\quad\text{……………（式十二）}$$

（三）舉例　玆舉例題四則於後，以明各式之應用。

例題一　有構架如圖七，B及C連接處是固定的，A及D連接處是鉸定的，求B及C連接處之旋量。

解　如將兩鉸移去，易以各函值得圖七(a)，此題之目的在求H，如H求得則求旋量殊甚易也。

如將H移去祇留Q力下垂，兩脚必分開如圖七(b)所示，依(式一)及(式二)

$$\Theta_1=\frac{Qb(l^2-b^2)}{6lEI_2}$$

$$\Theta_2=\frac{Qb(l-b)(2l-b)}{6lEI_2}$$

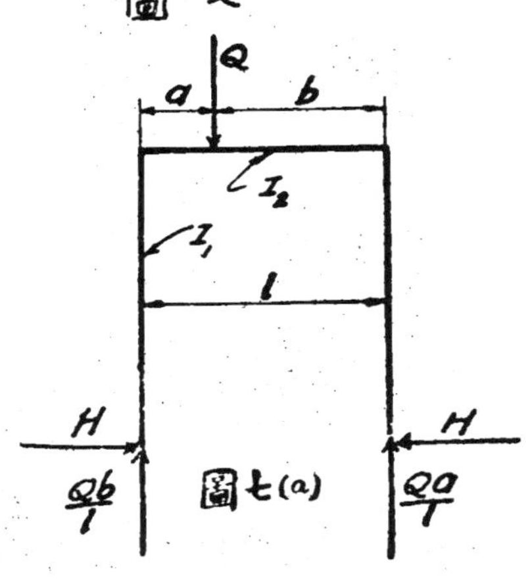

圖七(a)

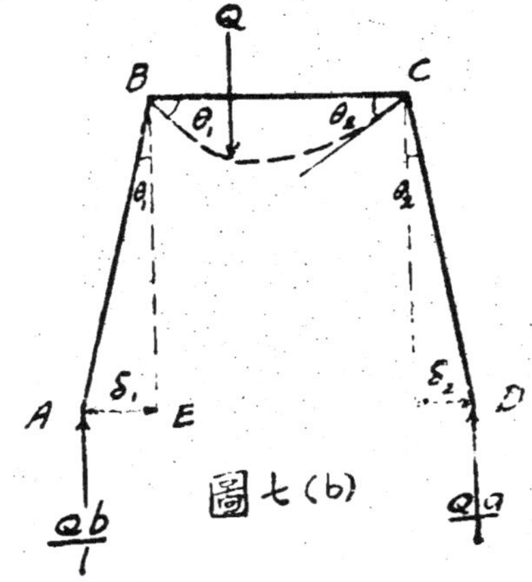

圖七(b)

$\delta_1 = \Theta_1 h$ （說明：Θ_1 及 Θ_2 之角度甚小，故 $\sin\Theta_1$ 可作爲 Θ_1，

$\delta_2 = \Theta_2 h$ $\sin\Theta_2$ 可作爲 Θ_2 又BT與BA成直角，所以 Θ_1 等於∠ABE）

∴分開總距離 $= \delta_1 + \delta_2$

$$= \frac{\Theta bh(l^2-b^2)}{6EI_2} + \frac{\Theta bh(l-b)(2l-6)}{6lEI_2}$$

$$= \frac{\Theta abh}{2EI_2}$$

兩脚分開，必須由B及C點之旋量阻止之，故得圖七(c)及(d)：—

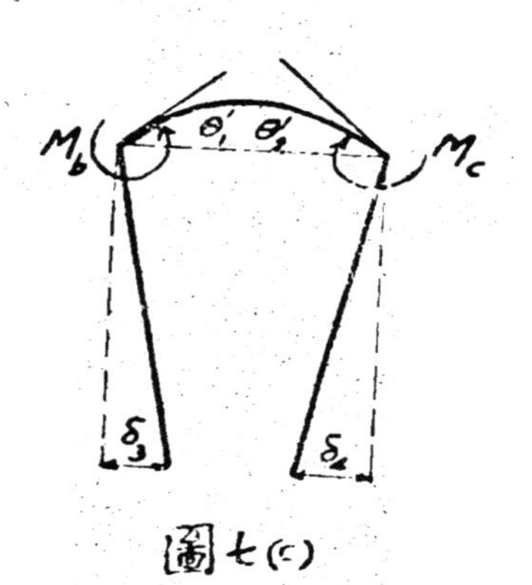

圖七(c)

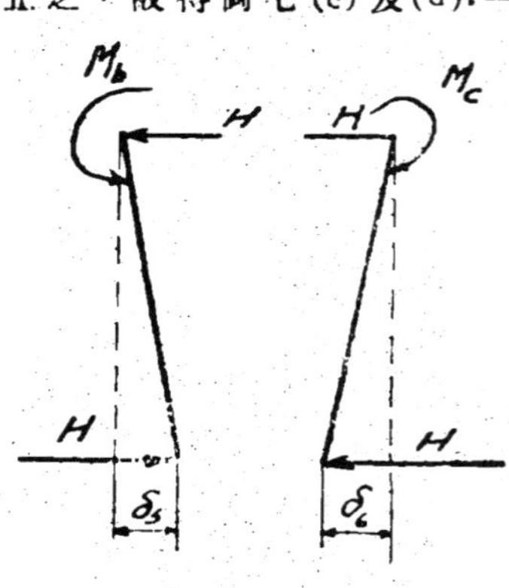

圖七(d)

依式（四）及式（五）

$$\Theta_1' = \frac{M_b l}{3EI_2} + \frac{M_c l}{6EI_2}$$

$$\Theta_2' = \frac{M_c l}{3EI_2} + \frac{M_b l}{6EI_2}$$

$$\delta_3 = \Theta_1' h \; ; \; \delta_4 = \Theta_2' h$$

又

$$\Theta_3' = \frac{M_b h}{3EI_1} \; ; \; \Theta_4' = \frac{M_c h}{3EI_1}$$

$$\delta_5 = \Theta_3' h \; ; \; \delta_6 = \Theta_4' h$$

但實際上構架之脚並未移動，所以分開總距離＝收合總距離，即

$$\delta_1+\delta_2=\delta_3+\delta_4+\delta_5+\delta_6$$

$$\frac{Q_a bh}{2EI_2}=\frac{M_b lh}{2EI_2}+\frac{M_c lh}{2EI_2}+\frac{M_b h^2}{3EI_1}+\frac{M_c h^2}{3EI_1}$$

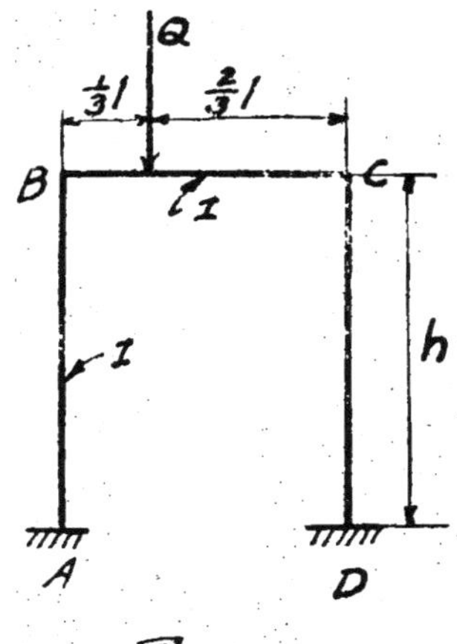

圖八

但如以B或A為旋量中心點，(參閱圖七(d))依靜力學原理，得

$$M_b=M_c=Hh$$

$$\therefore\ \frac{\Theta abh}{2I_2}=H\left[\frac{lh^2}{2I_2}+\frac{lh^2}{2I_2}+\frac{h^3}{3I_1}+\frac{h^3}{3I_1}\right]$$

$$H=\frac{3QabI_1}{2(2I_2h^2+3I_1hl)}$$

例題二　有構架如下圖八所示A,B,C,D諸連接處俱固定

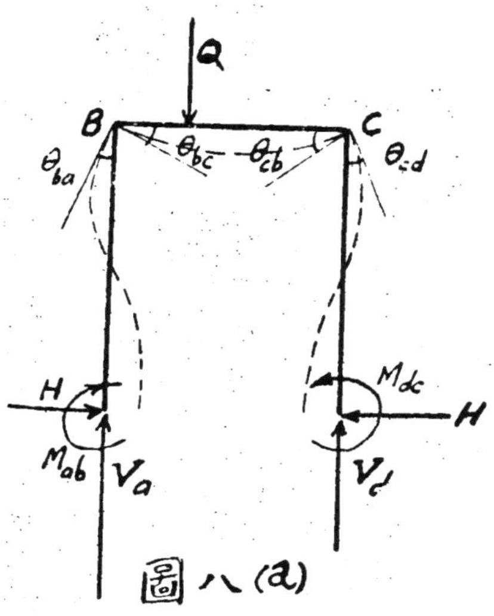

圖八(a)

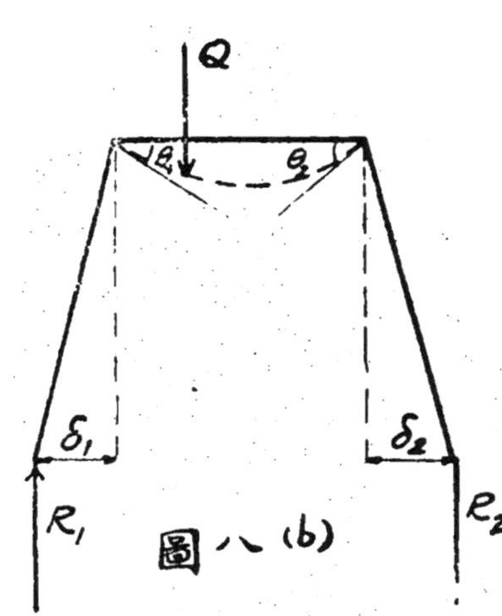

圖八(b)

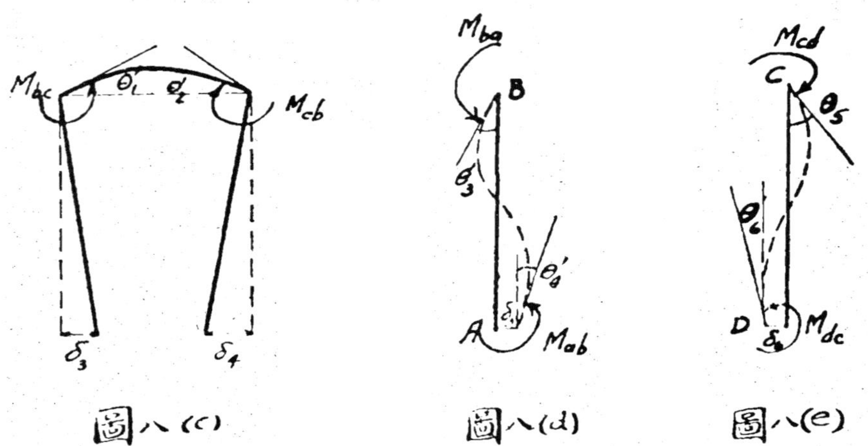

圖八(c)　圖八(d)　圖八(e)

解，此題共有四個未知之旋量，必須有四個方式始能解決之。由靜力學得式如下：—

$$\Sigma F_x = H_a - H_d = O \quad \cdots\cdots (1)$$

$$\Sigma F_y = V_a + V_d - Q = O \quad \cdots\cdots (2)$$

$$\Sigma M_B = M_d + V_d l - M_a - \frac{Ql}{3} = O \quad \cdots\cdots (3)$$

$$\Sigma M_A = V_d l - \frac{Ql}{3} - M_c - M_b \quad \cdots\cdots (4)$$

由以上四式祇得

$$M_d - M_a - M_b + M_c = O \quad \cdots\cdots (第一)$$

此外尚須三個方式，始有解決之可能，今求之如下：

(一) 根據例題一之法

分開總距離＝收合總距離

(二) 由幾何學知

$\Theta_{c} = \Theta_{cd}$　(注意：祇其值相等)

當然　$\Theta_{dc} = \Theta_{ad}$ 亦可作爲一個方式，但用二者之和較爲妥當，即

$$\Theta_{bc} + \Theta_{cb} = \Theta_{ba} + \Theta_{ad}$$

由圖八(b)

$$\Theta_1=\frac{Q\frac{2}{3}l\left[l^2-\left(\frac{2}{3}l\right)^2\right]}{6lEI}=\frac{5}{81}\frac{Ql^2}{EI}$$

$$\Theta_2=\frac{Q\frac{2}{3}l\left(l-\frac{2}{3}l\right)\left(2l-\frac{2}{3}l\right)}{6lEI}=\frac{4}{81}\frac{Ql^2}{EI}$$

$$\delta_1=\Theta_1 h;\quad \delta_2=\Theta_2 h$$

$$\therefore\ \delta_1+\delta_2=\frac{Ql^2h}{9EI}$$

由圖八(c)

$$\Theta_1'=\frac{M_{bc}l}{3EI}+\frac{M_{cb}l}{6EI}$$

$$\Theta_2'=\frac{M_{cb}l}{3EI}+\frac{M_{bc}l}{6EI}$$

$$\delta_3=\Theta_1'h,\qquad \delta_4=\Theta_2'h$$

$$\delta_3+\delta_4=\frac{M_{bc}lh}{2EI}+\frac{M_{cb}lh}{2EI}$$

由圖八(e)及(d)得

$$\delta_5=\Theta_3'h,\quad \delta_6=\Theta_4'h$$

$$\delta_5=\frac{M_{ba}h^2}{3EI}-\frac{M_{ab}h^2}{6EI}$$

$$\delta_6=\frac{M_{cd}h^2}{3EI}-\frac{M_{dc}h^2}{6EI}$$

$$\delta_1+\delta_2=\delta_3+\delta_4+\delta_5+\delta_6$$

$$\frac{Ql^2h}{9EI}=\frac{M_{bc}lh}{2EI}+\frac{M_{cb}lh}{2EI}+\frac{M_{ba}h^2}{3EI}-\frac{M_{ab}h^2}{6EI}+\frac{M_{cd}h^2}{3EI}-\frac{M_{dc}h^2}{6EI}$$

但 $M_{ba}=M_{bc}$ 及 $M_{cb}=M_{cd}$ 所以可用 M_b 及 M_c 代表之，其餘 M_{ab} 及 M_{dc} 亦可用 M_a 與 M_d 代表之，如是

$$\frac{Ql^2}{9}=M_b\left(\frac{l}{2}+\frac{h}{3}\right)+M_c\left(\frac{l}{2}+\frac{h}{3}\right)-\frac{M_a h}{6}-\frac{M_d h}{6}$$

$$\frac{2}{3}Ql^2=M_b(3l+2h)+M_c(3l+2h)-M_a h-M_d h\cdots\cdots\cdots\cdots(\text{第二})$$

由圖八(a)(b)(c)

$$\Theta_{bc}=\Theta_1-\Theta_1'=\frac{5}{81}\frac{Ql^2}{EI}-\frac{M_b l}{3EI}-\frac{M_c l}{3EI}$$

$$\Theta_{ba}=\Theta_3'-\Theta_4'=\frac{M_b h}{3EI}-\frac{M_a h}{6EI}-\left(\frac{M_a h}{3EI}-\frac{M_b h}{6EI}\right)=\frac{M_b h}{2EI}-\frac{M_a h}{2EI}$$

但 $\Theta_{bc}=\Theta_{ba}$

$$\frac{5}{81}Ql^2-\frac{M_b l}{3}-\frac{M_c l}{6}=\frac{M_b h}{2}-\frac{M_a h}{2}$$

$$3M_a h-M_b(2l+3h)-M_c l+\frac{10}{27}Ql^2=0 \cdots\cdots\cdots\cdots(第三)$$

由前所得結果

$$\Theta_{bc}+\Theta_{cb}=\frac{5}{81}\frac{Ql^2}{EI}-\frac{M_b l}{3EI}-\frac{M_c l}{6EI}+\frac{4}{81}\frac{Ql^2}{EI}-\frac{M_b l}{6EI}-\frac{M_c l}{3EI}$$

$$=\frac{1}{9}\frac{Ql^2}{EI}-\frac{M_b l}{2EI}-\frac{M_c l}{2EI}$$

$$\Theta_{ba}+\Theta_{cd}=\frac{M_b h}{2EI}-\frac{M_a h}{2EI}+\frac{M_c h}{2EI}-\frac{M_d h}{2EI}$$

但 $\Theta_{bc}+\Theta_{cb}=\Theta_{ba}+\Theta_{cd}$

$$\frac{1}{9}Ql^2-\frac{M_b l}{2}-\frac{M_c l}{2}=\frac{M_b h}{2}-\frac{M_a h}{2}+\frac{M_c h}{2}-\frac{M_d h}{2}$$

$$M_a h-M_b(l+h)-M_c(l+h)+M_d h+\frac{2}{9}Ql^2=0\cdots\cdots\cdots\cdots(第四)$$

將第一，第二，第三及第四式解決之，得

$$M_b=\frac{Ql^2(37h+8l)}{27(6h^2+13hl+2l^2)}$$

其餘各旋量，均可依靜力學原理求得，不贅。但有一點宜注意者卽各角度（Θ）俱祗論其值是也。倘兩邊亦受力則當注意其方向，方向之記號見例題四

上例題可用彈性能力原理解析之，見 J. A. Van Den Brock 氏所著 Elastic Energy Theory 一書第79—87頁，因其過於冗長，未能轉錄于此。

例題三　有構架如圖九，所有連接處俱是固定的，求 a, b, c, d 各連接處之旋量。

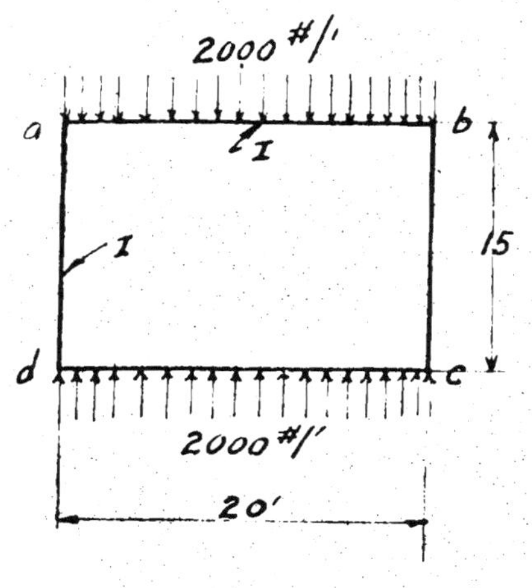

圖九

解： 因架所載重量相稱，所以知

$$\Theta_{ab} = \Theta_{ad}$$

$$M_{ab} = M_{ba}$$

$$M_{ab} = M_{ad}$$

$$M_{ad} = M_{da}$$

$$\therefore \quad M_{ab} = M_{ad} = M_{da} = M_{ba}$$

依「式三」及上例題做法

$$\Theta_{ab} = \Theta_1 - \Theta_1' = \frac{1}{24}\frac{\omega l^3}{EI} - \frac{M_{ab}l}{3EI} - \frac{M_{ba}l}{6EI}$$

$$\Theta_{ad} = \frac{M_{ad}h}{3EI} + \frac{M_{da}h}{6EI}$$

$$\therefore \quad \frac{1}{24}\frac{\omega l^3}{EI} - \frac{M_{ab}l}{3EI} - \frac{M_{ba}l}{6EI} = \frac{M_{ad}h}{3EI} + \frac{M_{da}h}{6EI}$$

$$\frac{1}{24}\omega l^3 - \frac{M_a l}{3} - \frac{M_a l}{6} = \frac{M_a h}{3} + \frac{M_a h}{6}$$

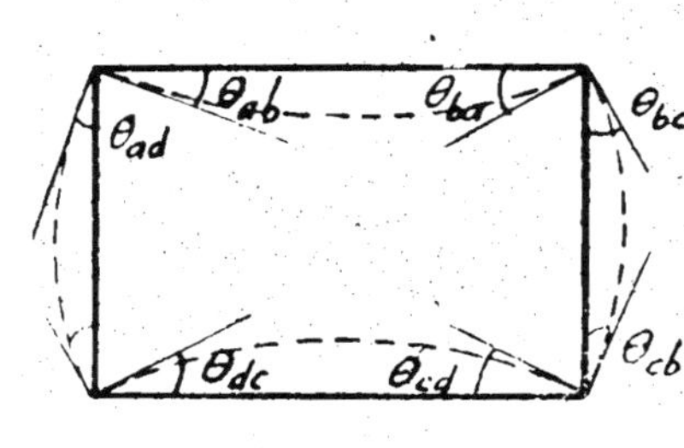

圖九 (a)

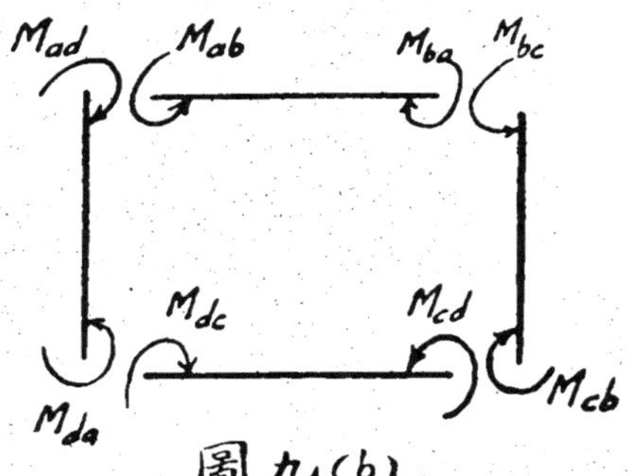

圖九 (b)

$$\frac{1}{24}\omega l^3 = M_a\left[\frac{l}{3} + \frac{l}{6} + \frac{h}{3} + \frac{h}{6}\right]$$

$$\frac{1}{12}\omega l^3 = M_a(l+h)$$

$$M_a = \frac{1}{12} \times \frac{2000 \times 20 \times 20 \times 20}{(20+15)}$$

$$= 38100'/\#$$

上題用最少工作原理演解，詳見Sutherland及Clifford'氏所著鋼筋混凝土計畫學第178頁，今轉錄於此，藉資比較。

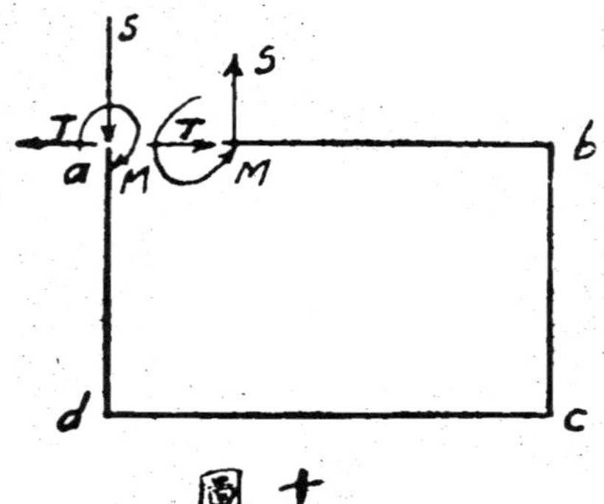

圖十

S = 20,000#
a
M
M_x
x

圖十(a)

按照力學原理 S = 20000# 卽20 磅（英文名 Kip, 今譯爲 磅）T = O, 否則在 ad 豎線，上有二個相等並方向相同的力於平衡原理不符，在距離 a 點 X 尺處作一截面如圖十(b)則得

$$M\chi = -M - \frac{(\omega)\chi^2}{2} + S\chi$$

$$= -M - \frac{2\chi^2}{2} + 20\chi$$

全架之工作(work)等於

$$W = 2\int_0^{20}\frac{(-M-\chi^2+20\chi)^2 d\chi}{2EI} + 2\int_0^{15}\frac{M^2 d\chi}{2EI} + 2\left(\frac{\overline{20}^2 \times 15}{2AE}\right.$$

對 M 微分之，微分後將所得結果等於零，卽

$$\frac{dw}{dM} = 2\int_0^{20}\frac{2(-M\chi^2+20\chi)(-1)d\chi}{2EI} + \int_0^{15}\frac{2Md\chi}{2EI}$$

$$\left(M\chi + \frac{\chi^3}{3} - 10\chi^2\right)\Big|_0^{20} + (M\chi)\Big|_0^{15} = O$$

$$20M + \frac{8000}{3} - 4000 + 15M = O$$

M = + 38 磅尺

= + 38000′ #

所得正符號，表明旋量的假定方向不錯也。上兩法比較觀之，孰繁孰簡，孰易孰難，讀者當能決定，不待贅言矣。

例題四　有構架(溝渠截面)如圖十一，a, b, c, d, 四角俱是固定的，ab 及 dc 每尺寬度之隋性旋量 (I) = 1000,^{114} ad 及 bc 之 I = 80 ^{114}. 所有構肢之 E 俱相等，求各連接處之旋量。

解　構架左右兩邊受重相等，而 5000# 之聚點力又在 ab 當中，吾人

知 $M_{ab}=M_{ba}$；$M_{dc}=M_{cd}$，故如將 M_{ab} 及 M_{dc} 求得，餘皆可知也。又各旋量如 M_{ab}, M_{ba}, M_{ad} 等，其值雖相等而其方向容或不同：今一一假定如圖十一，(a)(b)(c)(d)所示，欲免坡角(Θ)方向之錯誤最好將架拆開，將各肢載重一一翻至垂直向下地位，然後以左落，及右上者為正向；右落，及左上，為負向〔右落，左上為負向，左落，右上為正向亦可，但一經定後，全題解析須依之〕如圖十二(a)(b)(c)(d)所示。

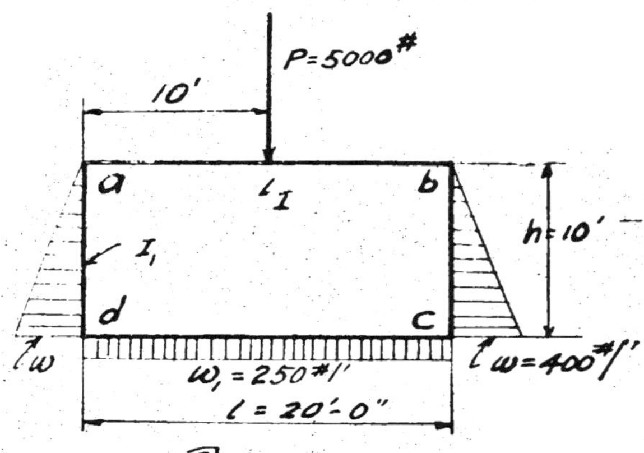

圖十一

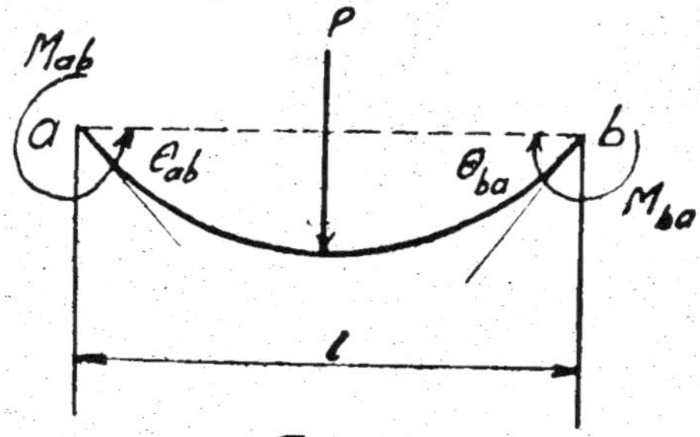

圖十二(a)

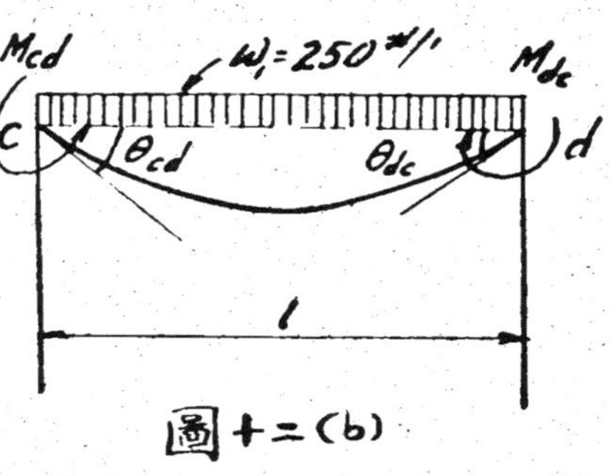

圖十二(b)

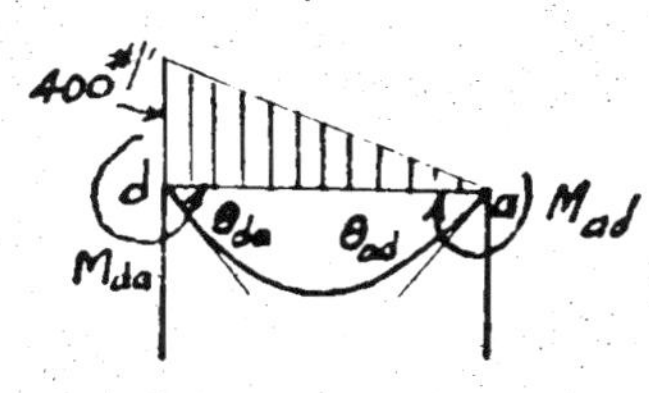

圖十二(c)

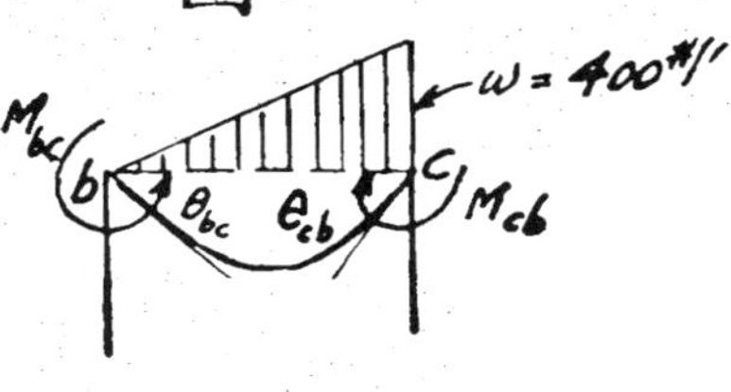

圖十二(d)

根據例題一二三做法

$$\Theta_{ab} = \Theta_1 - \Theta_1'$$

$$\Theta_1 = \frac{Pc\,(l^2 - c^2)}{6lEI} = \frac{Pl \times 3l^2}{2 \times 4 \times 6lEI} = \frac{Pl^2}{16EI}$$

$$\Theta_1' = \frac{M_{ab}l}{3EI} + \frac{M_{ba}l}{6EI}$$

$$\Theta_{ab} = \frac{Pl^2}{16EI} - \frac{M_{ab}l}{3EI} - \frac{M_{ba}l}{6EI}$$

但依圖十二(a), $M_{ab} = M_{ba}$

$$\Theta_{ab} = \frac{Pl^2}{16EI} - \frac{M_{ab}l}{2EI}$$

$$M_{ab} = \frac{Pl}{8} - \frac{2EI\Theta_{ab}}{l}$$

以K代表 $\frac{I}{l}$，得

$$M_{ab} = \frac{Pl}{8} - 2KE\Theta_{ab}$$

$$= 150{,}000''\# - 2KE\Theta_{ab} \cdots\cdots\cdots\cdots (式一)$$

由圖十二(c)並根據(式十一)得

$$\frac{7}{360}\ \frac{\omega h^3}{EI_1} - \frac{M_{ad}h}{3EI_1} - \frac{M_{da}h}{6EI_1} = -\Theta_a \ \cdots\cdots\ (A)$$

注意——坡角右落爲負

由圖十二(d)並根據(式十二)

$$\frac{8}{360}\ \frac{\omega h^3}{EI_1} - \frac{M_{da}h}{3EI_1} - \frac{M_{ad}h}{6EI_1} = \Theta_{da} \cdots\cdots\cdots\ (B)$$

將(A)及(B)兩式合併之，得

$$\frac{6}{360}\ \frac{\omega h^3}{EI_1} - \frac{M_{ad}h}{2EI_1} = -(2\Theta_{ad} + \Theta_{da})$$

$$M_{ad} = \frac{1}{30}\omega h^2 + 2K_1E(2\Theta_{ad} + \Theta_{da})$$

注意——此處 k_1 代表 $\frac{I_1}{h}$ 如以 $\frac{I_1}{I} = n$，則 $k_1 = nk$ 如是得

$$M_{ad} = \frac{1}{30}\omega h^2 + 2KNE(2\Theta_{ad} + \Theta_{da})$$

$$= 16000''\# + 2knE(2\Theta_{ad} + \Theta_{da}) \cdots\cdots\cdots (式二)$$

根據上法亦可得

$$M_{da}=\frac{1}{20}\omega h^2-2KNE(2\Theta_{bc}+\Theta_{cb})$$

$$=24000''\# -2knE\,(2\Theta_{bc}+\Theta_{cb})\cdots\cdots\cdots\cdots\cdots(\text{式三})$$

由圖十二(b)並根據前法

$$-\Theta_{dc}=\frac{1}{24}\frac{\omega l^3}{EI}-\frac{M_{dc}l}{3EI}-\frac{M_{cd}l}{6EI}$$

但 $M_{dc}=M_{cd}$

$$-\theta_{dc}=\frac{1}{24}\frac{\omega_1 l^3}{EI}-\frac{M_{dc}l}{2EI}$$

$$M_{dc}=2EK\Theta_{dc}+\frac{1}{12}\omega l^2$$

$$\therefore M_{dc}=100{,}000''\# +2EK\Theta_{dc}\cdots\cdots\cdots\cdots\cdots(\text{式四})$$

將(式一)(式二)(式三)及式(四)合併之，合併時須注意$\Theta_{ab}=-\Theta_{ad}$；$\Theta_{dc}=-\Theta_{da}$；$M_{ab}=M_{ad}$；$M_{da}=M_{dc}$；則得

$$2kE(4.2\Theta_{ab}+1.6\Theta_{dc})=134{,}000''\#$$

$$2KE(1.6\Theta_{ab}+4.2\Theta_{dc})=-76{,}000$$

將上兩式解決而求Θ_{ab}及Θ_{dc}之值，然後以值代入(式一)與(式四)則得

$$M_{ab}=104{,}600''\#$$

$$M_{dc}=64{,}400''\#$$

因所載重量兩邊相稱，

$$\therefore\ M_{ba}=M_{ab}=M_{ad}=M_{bc}=104{,}600''\#$$

$$M_{dc}=M_{cd}=M_{da}=M_{cb}=64{,}450''\#$$

注意:——各旋量之值雖相等，而各有各的方向，如圖十二所示。

上例題，用坡度及擺度法演解，詳見 Sutherland 及 clifford 氏所著鋼筋混凝土計畫學書第189至190頁，茲轉錄於下，以便比較。

坡度及擺度法之普通方式如下

$$M_{ab}=2EK(2\Theta_a+\Theta_b-3R)\pm C_{ab}$$

依題 $C_{ab}=\frac{-PL}{8}=\frac{-5000\times20\times12}{8}=-150{,}000''\#$ 按$C_{ab}=\frac{Pl}{8}$係由表檢得，C_{ab}

爲負號，因其方向與鐘針旋行相反，$C_{ba} = +150,000''\#$（方向與鐘針旋行相同）$C_{dc} = \frac{WL}{12} = 160,000''\#$；$C_{ad} = \frac{Wl}{15} = 16,000''\#$ $C_{da} = \frac{-Wl}{10} = -24,000''\#$

因構架載重相稱，所以$\Theta_a = -\Theta_b$；$\Theta_d = -\Theta_c$又因構架四處都連接，無擺度可言所以$R = O$.以上所得，代入方式，得以下結果:—

$$M_{ab} = 2EK(2\theta_a + \theta_b - 3R) \pm C_{ab}$$

$$= 2EK\Theta_a - 150,000 \cdots\cdots\cdots (1)$$

$$M_{ad} = 2EK(2n\theta_a + 1.6\theta_d) + 16,000$$

$$= 2EK(3.2\theta_a + 1.6\theta_d) + 16,000 \cdots\cdots\cdots (2)$$

$$M_{da} = 2EK(3.2\theta_d + 1.6\theta_a) - 24,000 \cdots\cdots\cdots (3)$$

$$M_{dc} = 2EK\theta_d + 100,000 \cdots\cdots\cdots (4)$$

k, n等值詳前。

構架左半邊與右半邊各值相同而符號相反不贅演，又由靜力學原理得:—

$$M_{ab} + M_{ad} = O$$

$$M_{da} + M_{dc} = O$$

以上兩式與(1)(2)(3)(4)各式合併，得

$$4.2\theta_a + 1.6\theta_d = 134,000$$

$$1.6\theta_a + 4.2\theta_d = -76,000$$

上式照原書轉錄似漏去2KE之值，此或著者故意爲之因2KE之值終歸消滅。

將上兩方式解決則得

$$M_{ab} = -104,600''\#$$

$$M_{dc} = +64,400''\#$$

由上兩法之演解而比較之，則知基本原理法與坡擺度法不同之點，在於符號，例如用基本法則得 $M_{ab} = 150,000 - 2KE\theta_{ab}$ 用坡擺度法則得

$M_{ab}=2KE\theta_a-150,000$而結果，用前法則$M_{ab}=+104,600$用後法則$-104,600$，此負號之由來，則因演求坡攜法普通方式時係假定旋量方向與鐘針旋行相反者爲負，與鐘針旋行相同者爲正，今所得結果爲負則M_{ab}方向與鐘針旋行相反，至於用基本法則得正號其所以然者則因演解之初，必須依照牛頓氏運動律第三條假定各旋量之方向如結果得正號，則假定不錯，如得負號則必須將方向更改與所假定者相反。觀圖十二(a)則知M_{ab}之方向與鐘針旋行相反，故雖兩法結果相反，然於原理及事實皆相符也。

又在基本法吾人用$M_{ab}=M_{ad}$即$M_{ab}-M_{ad}=O$而在坡攜度法則用$M_{ab}+M_{ad}=O$，符號又相反，其原因一則於演解之初，假定M_{ab}與M_{ad}之方向相反參閱圖十二(a)(b)(c)(d)〕故依靜力學第三個方式〔旋量之和等於零〕即$\Sigma M=O$，得$M_{ab}-M_{ad}=O$一則祗應用$\Sigma M=O$第吾人須知在$M_{ab}+M_{ad}=O$式中之＋號，是代數加號而非算術加號也。

由例題三四之演解，可知長方形或方形連續構架，共有十六個方式。如上下左右載重俱相等，或上下載重相等而左右無載重（如例題三）或上下無載重而左右載重相等，則祗用三個方式合併而爲一，則可將連接處之旋量求得。如上下載重不相等而左右相等（如例題四）或左右載重不等而上下相等，則祗用六個方式合併而爲二，即可求得旋量。如上下左右載重俱不相等，則用十六個方式，合併而爲八而求之，故其難處在於如何解決多數之方式也。

（四）結論　或曰子之所謂基本法，不過利用坡角及攜度各方式與坡攜度法相較僅差一間耳，將坡攜度顯淺說明則有之，第集合各方式時，手續既繁，反不若坡攜度方式之便當，未見有若何優點。應之曰，所言誠然，然學問之道首重明理，治工程之學尤宜明白基本原理，苟祇能運用各方式而無誤，而不問原理之明白與否，無乃機械動作。余予坡擺度法，嘗取諸家之說而讀之，有說之綦詳而意義反晦，有言之太簡而意不達，故未習坡擺度之法者，取諸問題探索之，對於正負符號自不致紛然莫決。旣習坡擺度法者，得余說而擴伸之，更可洞明原理，是則余作是說之目的已達而未遑問其優點之所在也。

综合卷（第五册） 交大季刊 第八期 工程号（1932）

解析連續構架之新法

林致平譯

是法係美國意利諾大學 Prof. Hardy Cross 所探討而得，原文載 A. S. C. E. Proceedings. 五十六卷第五期。亦名克洛司法，用以誌其人也。往昔解析連續構架之法，繁複異常，人人視爲畏途，是法則大殊，向之埋首終日，不獲一解者，今可得之於俄頃之間，實晚近土木工程之一大貢獻也。

引言

是文之作，在示讀者一解析連續構架之法。吾人知連續構架，爲靜力學方式所不能解決者，其解析必須應用『彎度原理』；平常所用之法至繁，此法則祗需最單簡之算術。雖事前應尋求名常數之值，但其尋求之法，昔人論之綦詳，非本文所欲言者也。

本文所欲言者，僅於尋求連續構架肢端在支柱上之旋量爲止，蓋知此則根據以作設計諸值，均可迎刃而解矣。

定義

爲便於查考起見，本文中有三個常用名辭先定其義如次：

(一) 定端旋量： 設有構肢，其兩端皆固定不能轉動，則兩端因負重或其他原因而發生旋量，此種旋量名曰定端旋量，而該構肢名曰固定構肢。

(二) 堅韌度： 設固定構肢之一端，使他端發生一單位轉動，其所須旋量之值，卽本文所稱之堅韌度也。（構肢兩端之支柱，須無移動。）

（三）攜過因數：設有位於不移支柱上之構肢，轉動其一端，而固定其另一端，則在定端所生之旋量與他端發生轉動之旋量之比，名曰攜過因數。

接點轉動之效果

設有結構於此，各構肢以負重或他種原因而發生彎度，其接點初固定不使有所轉動，後乃鬆放之；則在固定時所須旋量，必等於此接點所連接各構肢的定端旋量之代數和；設名此代數和曰不衡定端旋量，則鬆放後接點旋量之變更，必與此值相等，以鬆放後各接點旋量之代數和，必為零無疑也。換言之，則鬆放後，此不衡定端旋量，必依某種規例分佈於連接之各構肢，可斷言也。

更進言之，接點鬆放後，各連接之構肢，必轉過一同值角度；肢端轉動，則其旋量亦必隨之而變。由此，知肢端旋量之變更，與各構肢之堅韌度成正比例，蓋彰彰也。

是以吾人得一結論曰：接點鬆放後，其不衡定端旋量，必依堅韌度而分佈於各構肢。

接點轉動，必影響其連接之構肢之他端，而發生一旋量；此旋量之值，必等於所分佈之旋量與攜過因數之積，此由攜過因數之定義可知也。

旋量之分佈

旋量之分佈，法如下列：

（一）設想結構之各接點，固定不使有所轉動，計算在此情狀下兩端旋量之值。

（二）依堅韌度分佈各接點之不衡定端旋量於連接之各構肢。

（三）置分佈之旋量與攜過因數之積於各該構肢之另一端。

(四) 如上法分佈所攜過之旋量於各構肢。

(五) 重演此法，直至所攜過之旋量細小至可省略不計爲止。

(六) 求構肢各端之『定端旋量』，『分佈旋量』與『攜過旋量』之代數和，卽各該端之旋量也。

由是觀之，自數學之立場，此法蓋可視爲解求一串聯立方程式之逐步近似法；自工程之立場，則所取步驟，可純視爲解决一種物理事變之捷徑也。蓋設想一結構之各構肢因負重或他種原因而發生彎度，而各接點始則固定不使有轉動，繼而鬆放任何一接點，使不衡旋量分佈而攜過鄰近之各接點，終乃令其他各接點，一一如法鬆動，以至於平衡，於事於理，固纖毫不悖也。

構肢之常數

由上觀之，知應用是法，須先决定三常數之値，卽决定各構肢定端之旋量，堅韌度及攜過因數之値是也。由材料力學，知截面恆等之構肢，其堅韌度與惰性旋量除以長度之商數成正比，其攜過因數爲一½，證法則留諸讀者矣。定端旋量各公式，通常結構書中，均有，可一索而得也。

旋量之記號

旋量之正負號，著者意仍依習例爲妥。其於橫梁，凡能使其下凹者爲正旋量，反是爲負；其於柱體，若在右旁觀之，則儼然一橫梁也，故記號亦如之。

設在右旁觀圖，如觀書中之橫圖然，則在柱頂之旋量，須書於該柱之上方，在柱脚則書於下方，因如是則橫梁右端與端頂之正旋量，均將使接點依鐘針之順次轉動也。至橫梁之旋量，則書於該梁之上方或下方皆無別。橫梁之旋量，須書與橫梁平行；柱體之旋量，須書與柱體平行。

設記號如上法，則若接點左右兩方旋量和之數值與記號完全相同，該接點必平衡。因不衡旋量，係兩方旋量和之代數差也。

應用之範圍

由堅韌度與攜過因數之定義，知構肢須位於不移之支柱，故是法之直接應用，僅限於旋量分佈時，接點不移之構架。

設如上述，接點不移，而三常數可設法求得，則是法皆可應用之，固不僅囿於直形與截面均一之構肢也。

由實例，知答數之準確，大都繫於定端旋量之值，其所分佈與攜過之旋量，關係並不甚大。

下節之例題，其結構係假定爲直形與截面均一之構肢所組成。如是則堅韌度與惰性旋量(I)除以長度(L)之商數即 $\frac{I}{L}$ 之成正比，題中知此商數已足，固不必得堅韌度之確值也。

如截面不均，此商數亦可適用，惟攜過因數將非－½矣。

例　　題

第一圖中之構架，係直形之構肢所組成，而接點是固定者。其負重悉如圖中所示。圓圈中之數，即各構肢 $\frac{I}{L}$ 之值也。

各構肢之定端旋量，須先求得而如法寫下，假定在A點爲0；B點在BA爲0，在BC爲－100；C點在CB爲－100，在CF爲＋80。在CD爲－200，在CG爲－50；F點爲＋60；G點爲－50；D點在DC爲－100，在DE爲0；E點在ED爲0，在支臂爲－10。

解題之時，須注意算式之排列。其定端旋量，須書於各該肢端之次而與之平行

柱體之旋量，如法書之如次：如就右方觀圖，柱頂之旋量，則書於

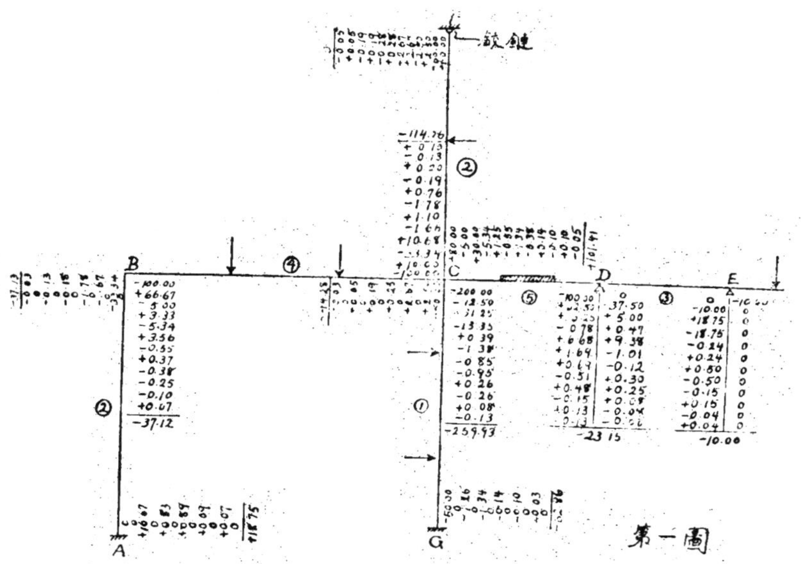

第一圖

該柱之上方，如 B, F, C 等點是；柱脚之旋量則反是，如 A, C, G 等點是。蓋此書法與記號之選定，大有關係也。

橫梁BC之C點旋量，現書於該梁之上方，因留出空白以書柱體之旋量也。

定端旋量正負號之決定，一如前節所述，兹不復贅。

讀者幸識斯意，此法純係逐步造成，故其書法，至爲重要，蓋所以免舛誤也。

各接點之不衡旋量，分佈如下列：

（一）A 點： 無旋量。

（二）B 點： 其不衡旋量爲 −100。將此旋量以 2 與 4 之比，分佈於 BA 與 BC，則 BA 得 33,33，BC 得 66,67，此旋量分佈後，接點左方與右方旋量之和必相等，故決定記號之唯一方法，在使兩方之代數和相等，卽各爲—33.33也。

(三) C點： 其旋量在CB爲—100，在CG爲—50，故在接點左方爲—150；在CF爲+80，在CD爲—200，故在右方爲—120。是以其不衡旋量，卽爲—150與—120之差30。將此值以4,2,5與1之比，分佈於CB, CF, CD與CG，則CB得10，CF得5，CD得12.5，而CG得2.5。其決定記號之唯一方法，卽增加右方之負旋量，而減少左方多餘之負旋量也。

(四) F點： 其不衡旋量爲+60。因鉸鏈可轉動，故堅韌度爲零；全部之旋量，盡分佈於FC。

(五) G點： 其不衡旋量爲—50。然因柱礅之堅韌度至大，肢端不能轉動，故全部之旋量，盡入於柱礅，GC所佈及者零而已。

(六) D點： 其不衡旋量爲—100。以5與3之比，分佈於DC與DE。

(七) E點： 其不衡旋量爲申臂之—10。因申臂之一端可動，故其堅韌度爲零；全部之旋量，盡分佈於ED。

各接點之旋量，分佈平衡後，攜過所分佈之旋量之半於各該構肢之他端，而易其記號，以攜過因數爲—½也。是以在AB則由A至B爲0，由B至A爲+16.67；在BC則由B至C爲—33.34，由C至B爲—5.0；在CG則由G至C爲0，由C至G爲—1.25；在CD則由C至D爲+6.25，由D至C爲—31.25；在DE則由D至E爲+18.75，由E至D爲+5.00。

旋量攜過後，再分佈其所攜過之旋量，一如上法。是以在A點則不衡旋量+16.67分0於AB(肢端固定)；在B點則—5.0以—1.67與+3.33分佈之；在C點則—32.09以+2.67，+10.68，—5.34與—13.35分佈之；在F點則+2.50分佈—2.50於該肢；在G點則所分者爲0，以肢端固定也；在D點則+1.25以—0.78與+0.47分佈之；在E點則—18.75以+18.75分佈於該肢。

所分佈之旋量，再如上法攜過而分佈之；重演此法，至適可而止。

所須注意者，則每次分佈後，須覆按各接點之旋量，觀其是否平衡也。

如認爲適可矣，則末次分佈後，求各端旋量之和，卽該端在接點之旋量也。此旋量求得後，所基以設計之諸值，均可用靜力定理求之。

結果之收歛

上圖所示，其分佈之次數，已較通常所需者爲多，蓋目的在顯示結果之收歛性也。每次分佈後，各肢端之旋量，可於下表見之。

肢端逐步之旋量		分佈一次（兩行相加）	分佈二次（四行相加）	分佈三次（六行相加）	分佈四次（八行相加）	分佈五次（十行相加）	分佈六次（十二行相加）
A……		0	+16.67	+17.50	+18.39	+18.48	+18.55
B……		−33.34	−35.01	−36.79	−36.97	−37.10	−37.13
C	在 CB	−90.00	−112.66	−113.22	−114.21	−114.23	−114.26
	在 CF	+75.00	+99.66	+100.36	+101.32	+101.36	+101.41
	在 CD	−212.50	−257.10	−258.09	−259.89	−259.88	−259.93
	在 CG	−47.50	−44.83	−44.55	−44.36	−44.31	−44.28
D……		−37.50	−32.03	−23.66	−23.48	−23.15	−23.15
E……		−10.00	−10.00	−10.00	−10.00	−10.00	−10.00
F……		0	0	0	0	0	0
G……		−50.00	−51.25	−52.59	−52.73	−52.83	−52.86

由此表，可知其結果收歛之速矣，故通常分佈兩次至三次已足。是言雖未必盡然，然其結果之準確與否，要可由每次攜過之值見之也。如攜過者已微，卽可至此而止。第二圖係指示分佈兩次後之值。

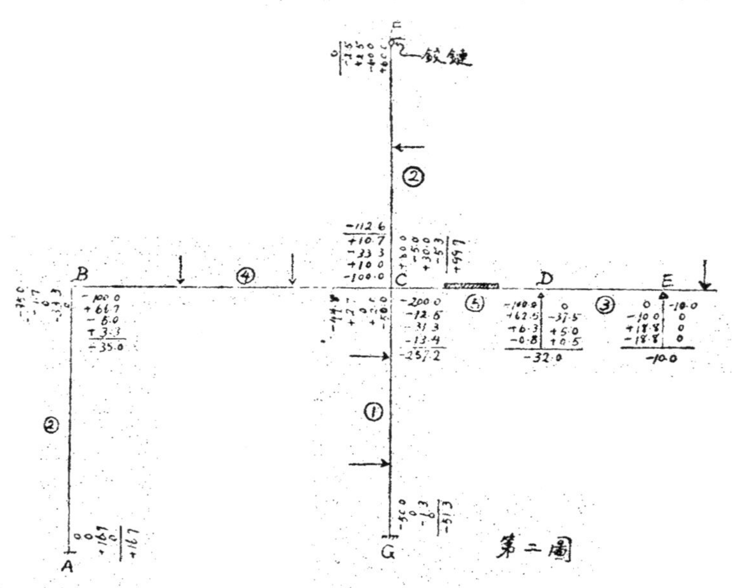

第二圖

結　　論

是文止於是矣。是法之直接應用，雖僅限於支柱不移之構架，然於支柱移動者，著者意亦可間接應用之也。至其應用之法以及是法應用之於一般構造之問題，著者雖曾纔解一二，而泰半則尚有待於讀者之研求探討也。特此聊為先聲耳！

讀者幸識之，解析之法，取其有效於設計耳，匪有他也。常人對於解析之法，恆有三見：一以為營造種切，在在足以影響其值，故視求解為多事。一以為解法以簡捷得近似值為尚，初不必過費時間以知其確值。一以為須含有種種因變之數，使得值愈確為尚。著者之意，屬於次者，以前者將歸淘汰而後者似欠實用也。讀者諸君有與著者同見者，當知斯法之有裨於設計矣。對於後者之見，著者將申一言曰：是法可求值至任何確度，故爲確切法，而非近似法也，特其值逐步近似耳。

附　　錄

本文重要譯名：

連續構架	Continuous Frames
彎度理論	Theory of Deflection
構　　肢	Member of a Structure
定端旋量	Fixed-End Moment
堅 韌 度	Stiffness
擕過因數	Carry-over Factor
移　　動	Translation
轉　　動	Rotation
支　　柱	Support
接　　點	Joint
惰性旋量	Moment of Inertia

克洛司法之討論

顧連德著 L. E. Grinter

林致平譯

克氏之法既佈，工程學藝相額手，年來討論所得，益臻完善，茲復擇要迻譯之：

克氏之法，用以解析連續構架，其有俾于土木工程之設計，爲人所共覩，無待著者嘵嘵費辭。按是法實一逐次較正之法也，初求得其定端旋量，後由接點繼續鬆放，影響肢端旋量之故，逐次較正其值，至任何所須之確度。其所得值之差誤，可中途逐步審知之，以達於所須確度，其優于他法者以此。不甯惟是，此外優點有三：一曰便捷，以可不必過費時間以知其不須之確度；二曰單簡，以計算時僅用算術已足；三曰易記憶，以每步均寓有物理之意義也。

著者之意，是法所以簡捷者，泰半因可視爲一種物理事態，一一懸擬而履踐之也。至若存其意而異其轍，以臻于完善，著者不敏，願貢鄙見：

克氏文中之『分佈』二字，著者意用『平衡』爲妥。以前者寓有分一構肢之旋量于各肢之意，而後者係分一外加之旋量于各肢，此外加之旋量，即接點固定時所須之值也。徵諸實狀，似後者爲適也。

著者採用之記號與結果之求法，與克氏雖取徑相同，而取法大殊，究何者爲便，則繫於讀者之明辨矣。

克氏之記號法，對于橫梁，與通常材料力學中所取之法相同，對于柱體，則須循鐘針轉過一直角而視若橫梁。是法著者意有所不慊，以鮮實義且易混淆也。著者所取者如此：肢端之旋量，若能使接點順鐘針方向而轉動者，皆視爲正，反則爲負。此法於橫豎傾斜之構肢，皆可應用之。應用是法之前，可先作一簡圖，以示各構肢偏彎之向，以藉此不僅可定其記號，兼可明示事態之實狀也。其記號與偏彎之向，約如第一圖。由是圖，可知如構肢無異曲點，則兩端旋量之記號相反。異曲點者，卽肢軸中彎曲反向之一點也。是點之旋量爲零。如構肢之異曲點有一，則兩端旋量之記號相同；有二則記號復反矣。凡此種種，悉可由載重之實狀見之也。

如用是法，則肢端平衡旋量之正負號，取決易於反掌。設接點之不衡旋量爲正。則各肢之平衡旋量皆爲負，反是則爲正。各肢平衡旋量之和，卽等於該接點不衡旋量記號相反之値；故平衡後，接點旋量之代數和，必等於零。克氏之法則異乎是，讀者盍一較之。

如構肢截面均一，則其攜過因數爲二分之一，記號與平衡旋量相同。此可由第一圖(乙)見之，以轉動一端而固定他端，僅一點異曲也。

斯法記號之優點，有下列諸端：

(一) 橫梁與柱體，不論傾斜，均可以同法處之。

(二) 如接點已平衡，則該接點旋量之代數和，必等于零。

(三) 每次平衡時，一接點各肢之平衡旋量，記號皆同；其各肢平衡旋量之和與該接點之不衡旋量，等值而異號。

(四) 攜過旋量與平衡旋量同號。

以上種切，雖無關宏旨，要亦所以簡捷而免舛誤之方也。若與克氏之法相較，當知斯言之不誣矣。

不僅此也，如平衡一接點時，不衡旋量平衡後，立卽攜過之於肢之他端；然後及于他接點，一一依次平衡而立卽攜過之，則收斂較速，得値較確。克氏之法，則各接點完全平衡後，然後同時攜過之也。抑更有進者，如先平衡不衡旋量較巨之各接點，則收斂尤速，此易明者。若每次平衡後，畫一橫線于各該旋量之下，則平衡之際，何者爲先，一望而知之矣。

總言之：求解時，先平衡不衡旋量較巨之接點，平衡後立卽攜過之，然後及于次接點，如是則所求之值，收歛最速。

處置位于碪礅固定之肢端，與有鉸鏈可轉動之肢端，均可由實狀知之。固定之肢端，不能轉動，故平衡乃屬不可能；其原有之定端旋量與逐次攜過旋量之代數和，卽該端之旋量也。有鉸鏈之肢端，可任意轉動，故旋量爲零；其轉動可視爲由於一與定端旋量等值異號之旋量，加於鉸鏈而致之。

以闡明此法，特舉例如下：第二圖中之構架，卽克氏所舉之例。平衡始於B接點，因該點之不衡旋量爲+100，較他點爲巨也。D接點之不衡旋量與B點同值，故始於D點亦可。設自B點始，因BC之堅剛度倍於BA，故B點之平衡旋量在BC爲—67，在BA爲—33；記此數後，各畫一橫線於其下，以示平衡，卽該接點橫線上旋量之代數總和必爲零也；平衡後，立將—67之半—33，由B攜過至C，—33之半—16，由B攜過至A。次則平衡D接點之不衡旋量—100，如同法以5與3之比平衡之，是以D點在DC爲+63，在DE爲+37；畫橫線後，卽攜平衡旋量之半，於各肢之他端C與E。

續用是法，使偏於全架，各接點平衡之次序如下：B,D,F,E,C,B,F與C依他種次序亦可，惟收歛或不若玆法之速耳。所須注意者，第二第三次平衡時，僅須總加末條橫線下之旋量而平衡之，則已足矣。

圖中首行之數值，卽各該肢端之定端旋量；末行之數值，卽所求之旋量也，由該端各行之旋量總加卽得。因明晰起見，柱體之旋量，書於該柱之上，橫梁則書于該梁之上方與下方均可。

用是法解析，平衡接點八次，結果之確度，已達百分之四，克氏之法則須三十次也。克氏之法，每接點平衡兩次，即共平衡十次，其中D點之差誤，仍達百分之三十八。雖每接點平衡三次，即共平衡十五次，可得一較可靠之值，然視此法，則仍有所不逮也。若標準確度已定，則是法尤便。

第二圖中，各值皆用整數，其所有差誤，不外二端：33.33記如33，一差誤也；擕過一奇數之半而記如整數，二差誤也。由此，可知各值最大可能之差誤爲2，如最後所得結果之最小值爲50，則差誤必小於百分之四。定端旋量較小，有效數值可用至三位。如記值時設法使差誤相消，則得值更確。其例可於第二圖見之，A接點之旋量，初擕過者小於二分之一，繼之者則大於二分之一，如是則差誤相消矣。讀者熟其法，自可一一融會而貫通之也。

是法於錯誤之改正，可不牽動全局，如發覺中途遺漏擕過一旋量，可單獨平衡之若一不衡旋量。此平衡之結果與前者相加之和，卽得眞值。其他錯誤，均可以同法處之。如平衡有誤，覆按該接點之旋量，視其是否爲零，卽可知之。

上述之法，實逐步較正法之一特例耳。凡平衡時接點不移之構架，皆可直接應用之。如接點旁傾，則是法所得之值，爲原有之載重，與外加於接點以防止旁傾之橫力，合併所得之結果。設此等外加之力甚小，則得值近于確切。

設構架接點旁傾，一如常態，則可以下法解之：先假定接點無旁傾求肢端之旋量；求得後，用靜力學定理，求所須加於接點以防止旁傾之橫力；然後以等值異號之橫力以平衡此不衡剪力，構架卽如常態旁傾，至於應達之位置矣。求得由此等平衡剪力所生之定端旋量，與無旁傾時之值相加，卽幾其確值矣。其所取步驟，可分如下列：

(一)假定接點無移動，如上法平衡其不衡定端旋量。

（二）求所須以防止接點旁傾之不衡剪力，卽柱體兩端剪力之差。

（三）使每層如下法逐次受一假定之力，以求各肢端因此而引起之旋量：

（甲）加一橫力于第一層之橫梁，使發生一欲得之旋量於下層之各柱體，如常法平衡之。

（乙）假定第一層無移動，加任何橫力於第二層之橫梁，復如法平衡之。

（丙）由聯立方程式，求所須以防止旁傾之力與所假定之力之比。此比亦卽由上述二力所生之旋量之比也。由假定之力所生之旋量與此比之積，卽各肢端因旁傾而引起之旋量也。

（四）求各肢端因旁傾而引起之旋量，與假定接點無移動時所得之旋量之代數和，卽得確值矣。

玆舉例如次：

第三圖中，因載重不對稱，故接點旁傾。定端旋量與堅韌度，悉如圖中所示。圓圈內之值，乃一接點各肢堅韌度之百分比；此值與不衡定端旋量相乘之積，卽該肢之平衡旋量也。其解法如下：

第一步：平衡而播過，一如常法。其結果見第四圖。其接點平衡之次序如下：A,B,E,F,C,A,B,G,E,F,C,A,D,B,G,H,E.

第二步：第二層柱體內之剪力，求得為 －86.9，＋58.5，－10.4，與＋1.4，故是層不衡剪力之值為37.4。用同法得第一層柱體之不衡剪力為11.1；故欲使第一層平衡，其所須之橫力為37.4與11.1之和48.5。

第三步（甲）：其解法詳示於第五圖。因所加之橫力與所生之旋量，相生相因，故可先假定一旋量，而求所須以發生此旋量之橫力。所須注意者，其假定之旋量，必須使各柱發生一相等之旁傾，於理始合；卽假定之旋量，必須與各柱 $\frac{I}{L^2}$ 之值，成正比也。設加旋量 －1,000 於第一層各柱之兩端，如常法平衡之，求其剪力之合併值，此值即相當於假定旋量之不衡剪力也。其接點平衡之次序如下：E, H, F, G, A, D, B, F, C, E, H, B, G, A, D.

第三步(乙)：如同法加旋量 +1000 於第二層之各柱，求其相當之不衡剪力。解法見第六圖。其接點平衡之次序如下：A, D, F, C, G, H, E, B, F, C, D, A, B, E, H, G, F, A, D, C.

第三步(丙)：由上值，得下列聯立方程式：

$$\begin{cases} 136.2\,A + 303.0\,B = 37.4 \\ 544.2\,A + 391.1\,B = 48.5 \end{cases}$$

解此聯立方程式，得A之值爲0.011，B之值爲0.123。此值與由假定之力所生之旋量相乘，其積即各肢因旁傾而引起之旋量也。

第四步：旁傾引起之旋量，與接點不移所得之旋量相加，即得確值。見第七圖。

由此題之結果，知接點之旁傾，影響甚小，於實際設計，似可省略不計之也。

——附　錄——

本文重要譯名：

"Distributing"	『分佈』
"Balancing"	『平衡』
Point of Contraflexture	彎曲點
Side-Sway	旁　傾

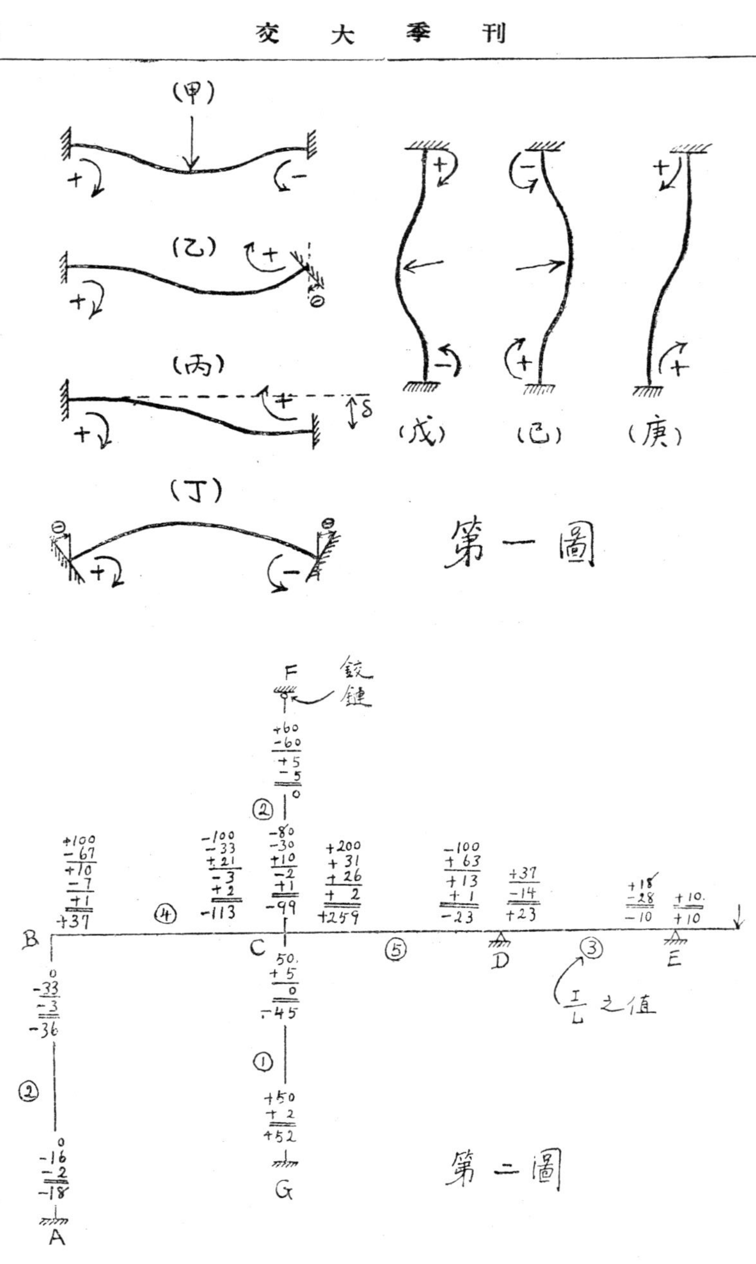

第一圖

第二圖

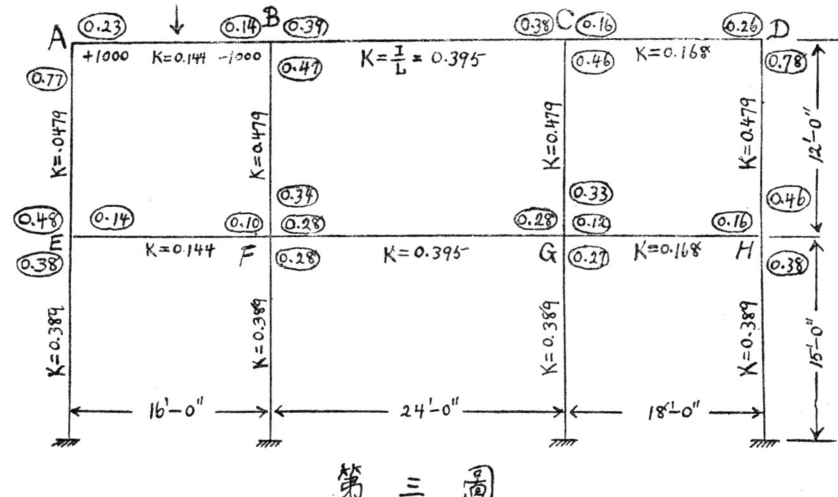

第三圖

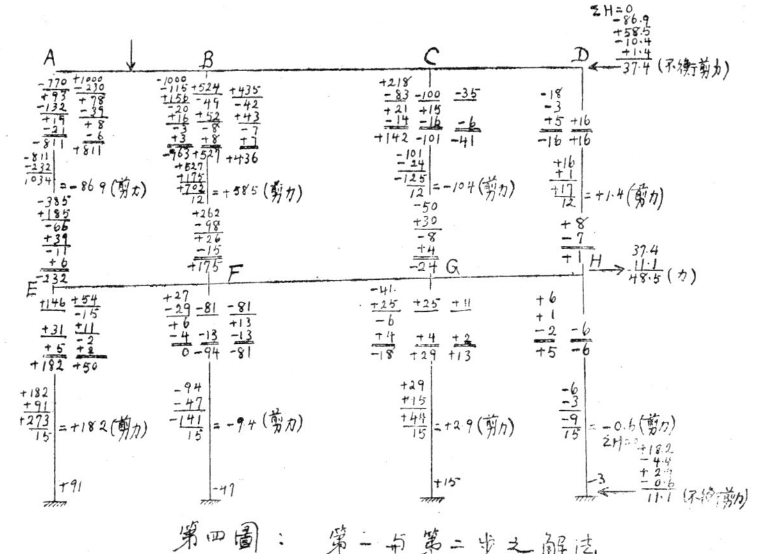

第四圖：第二节第二步之解法

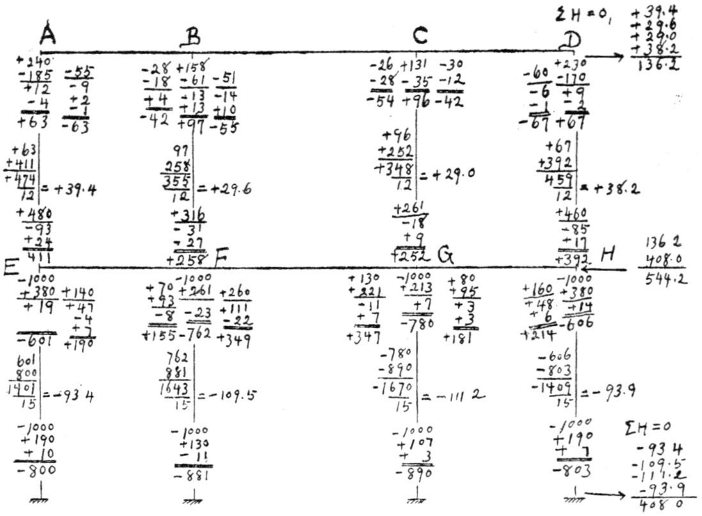

第五圖：第三步(甲)之解法

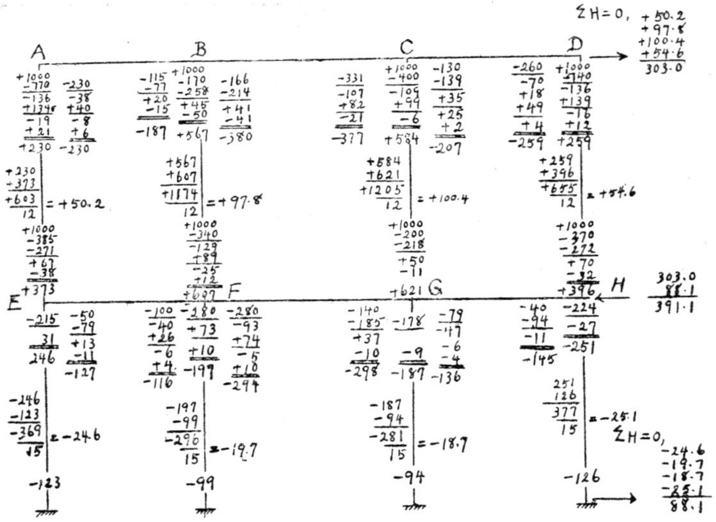

第六圖 第五步(2)之解法

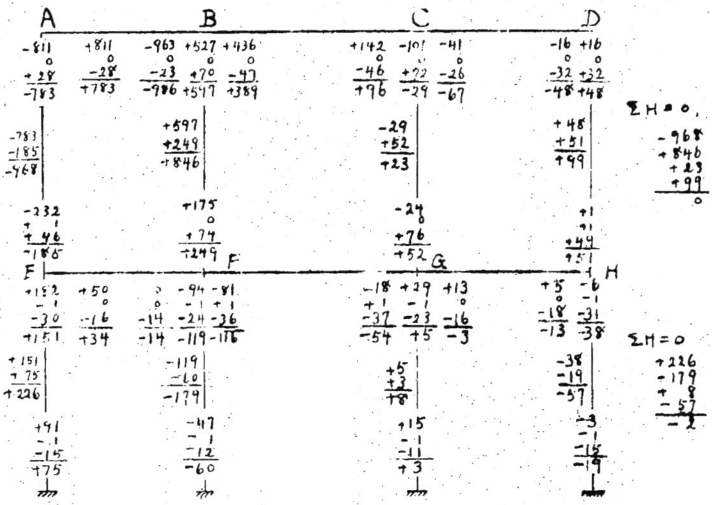

第七圖 第四步之解法

THE MEAN PISTON SPEED AND NODAL TORSIONAL VIBRATIONS OF THE DIESEL ENGINE

INTRODUCTION:

This article embodies part of my experience while in charge of the affairs concerning the Vibration problems in McIntosh & Seymour Oil Engine Corporation, Auburn, N. Y., U.S.A. The writer wishes to express here his appreciation for the opportunity given to him which makes the appearance of this article possible. He also wishes to express his indebtness to Mr. P. A. Ritter, Chief Engineer of the Corporation, for his criticism and suggestions; the typical illustrations in the last part of this article chiefly interpret the results of his sound judgements in an analytic manner.

C. KING.

With the tendency of increasing speed and power, the application to constant as well as to variable speed service, and with the present system of standardized production, the problem of torsional vibrations of the Diesel engine has become one of the series questions forced into the attention of Diesel engineers. The same problem has been repeatedly treated by previous writers. Thus far any dangerous critical speed arising from torsional resonance in any Diesel installation with its driven machinery may be precisely predicted, analyzed and therefore at least avoided within the important range of operating speeds. However, it should be admitted that it is rather difficult to cure the trouble if once get into, or if the engine is not properly rated to meet the requirements of the problem.

The article is intended to suggest some simple relations among the weights of the moving parts of the engine, the diameter of crankshaft and general proportion of the engine in order to fulfill the desired and necessary running quality of the engine at certain range of contemplated mean piston speed, so far as torsional vibration is concerned. It also gives some comparatively simple methods, which may be utilized to most people with a general idea of this problem, for checking purposes, as to the natural frequencies and consequently the location of critical speeds of bad orders for a most common arrangement of Diesel installations. Though it is true that the natural frequency of the whole system depends not only the engine alone, but also on the mass and subsequent shafting of its load in connection the writer believes that if the engine itself is well proportioned as it should be, it will be free from objectionable nodal vibrations on the part of the engine, that is, at the contemplated mean piston speed range, the engine will be free from series torsional vibrations of that form having a node within the engine shaft, which may otherwise prove detrimental to many parts of the engine itself, for any other arrangement apart from the one this article is based.

The natural frequencies of torsional oscillations of a mass system linked by elastic shafting under torsion, as a Diesel engine, may be calculated by the principle of expressing the periods in terms of traferation of kinetic and potential energy, assuming the motion of every oscillating mass is harmonic. If we take any portion from any node to its corresponding antinode out of the whole system and take position of twist due to mean torque as neutral, at this position the amplitude is zero, but the velocity of the mass is maximum either positive or negative in sense and so is its kinetic energy of motion. As soon as the same mass has travelled to its maximum amplitude, its kinetic torque is completely absorbed by its adjacent shafting and thus the kinetic energy is transformed into resilience. Then the spring effect of the same portions of shafting will drag the mass backward and its stored energy is again transformed into kinetic form. Such transferations maintained by the same quantity of energy will adjust the equilibrium of oscillations at a definite congfiuration, which may take the one-node form, two-node form, and so on. If no disturbance occurs, the oscillations continue until damped out by internal and external frictional forces. The latter forces in mathematical treatment are generally assumed proportional to the velocity of the moving mass and play very important parts to insure safely running through but widening the range of resonant conditions.

Two methods have been devised for the calculation of the natural periods, namely, the Concentrated mass method and the Distributed mass method. Both have been described by Professor Lewis in a paper read before the American Society of Naval Architects and Marine Engineers, 1925; and both will yield results equally accurate if with equally sound judgements for there still are certain factors not quite amenable to strict calculations, for example, the stiffness ratio of the crankshaft of the engine, the effect of the keys for the flywheel and load driven, the lost motion of the crankpins etc. Fortunately all these factors are compensating one with another. Reasonable errors from such sources are not appreciable for engines of more than two cylinders.

The Concentrated mass method may be tedious to an inexperienced calculator. However its procedure is straight forward and yields every detail information for intensity analysis and stress calculations.

It is possible to combine the merits of both methods. The result is a combination of the two. We may treat the engine proper as a cylindrical column with the same elastic property of the crankshaft. and calculate the amplitude and torque at the center of the last main bearing of the engine. With these results available we may continue the calculation by the concentrated mass process. In this manner we reach several simple formulas.

Take the simple case of uniform shaft of diameter D, and length L, fixed in such a manner to prevent twisting motion at the built-in end and free at the other. (Fig. I) The fixed end forms the stationary section or a node. The remainder of the shaft may have a twisting movement. The wall, into which the shaft is built in, may be assumed as an infinite mass.

M = mass = $\dfrac{\text{Mass moment of inertia, lb-in}^2}{g}$

g = 386 inches per second per second

D = Outside diameter,

d = Inside diameter,

L = Equivalent length at diameter (D-d),

G = Shearing modulus of elasticity,

H = Polar moment of inertia = $\dfrac{\pi}{32}(D^4\text{-}d^4)$

θ = Amplitude in radians

ω = Oscillations in radians per second (take one complete oscillation as 2π radians)

C = Torsional rigidity

= Torque to affect a twist of one radian

= $\dfrac{GH}{L}$

The kinetic torque of motion due to increment of mass, dM, is

$$dK = \frac{M}{L}\theta_x\omega^2 dx; \quad \cdots\cdots\cdots (1)$$

The troque absorbed by increment of length of shafting, dx, is

$$dP = GH \frac{d^2\theta}{dx^2} dx; \quad \cdots\cdots (2)$$

Equating (2) and (2)

$$\frac{d^2\theta}{dx^2} = \frac{M\omega^2\theta_x}{LGH}; \quad \cdots\cdots (3)$$

let $b = \sqrt{\frac{M}{LGH}}$, and solve (3),

Amplitude distant x from the free end is

$$\theta_x = a\cos(b\omega x) \text{ where } a = \text{amplitude at the free end} \quad \cdots\cdots (4)$$

Substitute (4) into (1) and integrate,

$$K = -GHb\, a \sin(b\omega x) \quad \cdots\cdots (5)$$

Since $\theta_L = O$ at $x = L$ for the frequency of one-node oscillations, therefore the frequency of one-node is

$$1 = \frac{\pi}{2bL} = \frac{\pi}{2}\sqrt{\frac{C}{M}} \quad \cdots\cdots (6)$$

and

$$\theta_x = a\cos\left(\frac{b\pi x}{2bL}\right) = a\cos\left(\frac{\pi x}{2L}\right) \quad (7)$$

If the mass, M, is in direct proportion to H as in the case of ordinary circular shaft, the frequency of the one-node form per minute is

$$N_1 = \frac{15}{L}\sqrt{\frac{Gg}{\delta}}$$

Where δ = specific gravity of the shaft material.

In this simple case, the frequency is independent on the diameter of the shaft, but inversely proportional to its length.

If M is not in direct proportion to H, equations (4) and (5) always hold true.

Fig. II shows a uniform shaft similar to that in Fig. I. However, the mass in this case attached to the fixed end is a flywheel of finite magnitude. As a result, certain motion will take place at the fixed end and therefore the node of the one-node oscillations in shifted to the right at x distance from the free end.

From (4)

$$\theta_L = a\cos(b\omega_1 L);$$

let M_W = mass of the flywheel;

the torque at M_w is

$$K_w = M_w\omega_1^2\theta_L$$

Torque absorbed by the shafting is PL,

$$P_L = K_L = -(\sqrt{CM})\omega_1 a \sin(b\omega_1 L)$$

At a state of equilibrium,

$$K_L + K_w = 0,$$

$$-M_w\omega_1^2 a x\cos(b\omega_1 L) = \sqrt{CM}\,\omega_1 a x\sin(b\omega_1 L),$$

$$\tan(b\omega_1 L) = \frac{-M_w\omega_1}{\sqrt{CM}}$$

let $\phi_1 = \sqrt{\frac{ML}{GH}}\,X = \sqrt{\frac{M}{C}}\,X\omega_1$, and $f = \frac{M_w}{M}$

By substitution,

$$\tan(b\omega_1 L) = \tan\phi_1 = -f$$

or $\frac{\tan\phi_1}{\phi} = -f$ .... (8)

Full line Curves on Page 6 show the relation of ϕ and $\frac{\tan\phi_1}{\phi}$ for values of from 0.2 to 2.6 radians. The horizontal Asymptote is $\phi = \frac{\pi}{2}$; different Curves of similar form repeat for every 2π radians.

If f is known, $\frac{\tan\phi_1}{\phi_1}$ may be picked up from these Curves at $-f = \phi$; ω_1 may be thus readily solved.

In Fig. III we have L length of shafting representing the elastic length of the crankshaft of a Diesel engine from its forward end to the center of last main bearing, and M its total mass; l the equivalent length of shafting at the diameter of crankshaft from the engine to a flywheel of mass Mw.

let $f = \frac{M_w}{M}$, $h = \frac{L}{l}$, and $e = \frac{d}{D}$;

As before,

Amplitude at L distance from forward end =

$$\theta_L = a\cos\left(\omega_1 x\sqrt{\frac{M}{C_L}}\right)$$

Torque absorbed by the engine shaft $= K_L$

$$K_L = -a\sqrt{C_L M}\,x\omega_1\sin\left(\omega_1 x\sqrt{\frac{M}{C_L}}\right);$$

For one-node oscillations we may assume that the mass for ι part of shafting near the node be negligible.

Amplitude at the flywheel = θ_W

$$\theta_W = (\theta_L + \frac{K_L}{C_L})$$

Torque at the flywheel = K_W

$$K_W = -M_W \, x\omega_1^2\theta_W$$

$$= -a\, M^W\omega_1^2 \left[\operatorname{Cos}(\omega_1 \times \frac{M}{C_L} O - \frac{\sqrt{C_L M}\, x\omega_1 \sin(\omega_1 \times \sqrt{\frac{M}{C_L}})}{C_L} \right]$$

Since K^W is balanced by K_L;

$$M_W\, \omega_1^2 \left[\cos(\omega_1 \times \frac{M}{C_L}) - \frac{\sqrt{C_L M}}{C_L} \times \omega_1 \sin(\omega_1 \times \sqrt{\frac{M}{C_L}}) \right]$$

$$= -\sqrt{C_L M} \times \omega_1 \sin(\omega_1 \times \sqrt{\frac{M}{C_L}}); \qquad (9)$$

Substitute $\phi_1 = \omega_1 \times \sqrt{\frac{M}{C_L}}$ and solve (9), we arrive

$$\tan\phi_1 = \frac{f\phi_1}{\frac{f\phi_1^2 - 1}{h}} \qquad (10)$$

$$\text{and}\ \omega_1 = \phi_1 \times \sqrt{\frac{C_L}{M}} \qquad (11)$$

It is evident from (10) that the constant ϕ_1 may be controlled by the location and mass of the engine flywheel.

Page 9 shows Curves, for various values of f, the relation of h and ϕ_1 There are two interesting features worthy of note as following:

(1) that at a constant mass of flywheel, the rate of change of ϕ_1 and therefore the natural frequency, increases at a decreasing ratio of L and

(2) and that for the same position of flywheel, the rate of change of ϕ_1 and therefore the natural frequency, increases at a decreasing ratio of Mw and M.

The frequency per minute of the system is,

$$N_1 = \frac{30}{\pi} \times \phi_1 \times \sqrt{\frac{C_L}{M}} \qquad (12)$$

Let 2R = stroke of the Main cylinders in inches;

W = reduced weight per cylinder at radius of gyration equal R;

M = $\frac{pWR^2}{g}$, where p = total number of Main cylinders;

S = Center distance between two adjacent Main cylinders;

r_o = Stiffness ratio of the crankshaft at diameter (D-d);

L = r_o pS for engines with equal center distance for all Main cylinders. (for engines with longer bearing between center cylinders, due allowance to L will correct the discrepancy)

From (12),

$$N_1 = \frac{30D^2\phi_1}{pR} \times \sqrt{\frac{Gg(1-e4)}{32WS/r_o}} \quad (13)$$

In (13), let other values be as they are, G is in inverse proportion to r_o. Therefore if the probable errors of G and r_o, in calculations, are of opposite sign, they tend to compensate each other and consequently the result is still accurate. For this reason careful judgment should be exercised in adapting these two constants in order to reduce the possible error to minimum.

If G is taken as 11,800,000 pounds per square inch, we may find that r_o varying from 1.04 to 1.12 in cases the webs of crankshaft are designed according to the least strength resisting bending specified by the rule of American Bureau of Shipping. As a matter of fact, this rule, while applicable to slow speed Diesels of mean piston speed less than 1000 feet per minute, generally speaking, of years ago, will find hardly consistant with the trend of design of Diesel engines of today.

Thus, by substitution,

$$N_1 = \frac{202,000\ D^2\sqrt{1-e^4}}{pR\sqrt{WS/r_o}} \quad (14)$$

A Diesel engine, whatsoever may be its normal speed in revolutions per minute, is generally rated with mean piston speed as basis, and built up of standardized units in combinations from two to as many as ten cylinders or even more in the V-type engines. By this means a large range of sizes may be covered with a minimum of stock, jigs, etc. It is obvious that the same size of crankshaft suitable to one engine may not be favorable for another of different number of cylinders of the same type for the same range of piston speeds.

Let V = Mean piston speed, feet per minute,

Q = order number of critical speed,

n = Critical speed in revolutions per minute,

then $N_1 = Qn$.

and $n = \frac{12V}{4R} = \frac{3V}{R}$,

From (14)

$$QV = \frac{67400\phi_1 D^2\sqrt{e^4}}{P\sqrt{WS/r_0}} \qquad (15)$$

The mean piston speed of the Qth order is

$$V = \frac{67{,}400\phi_1 D^2\sqrt{1-e^4}}{QP\sqrt{WS/r_0}}$$

$$= \frac{\phi_1 k}{QP} \qquad (16)$$

Where

$$K = \frac{67{,}400 \times D^2\sqrt{1-e^4}}{\sqrt{WS/r_0}}$$

For evenly distributed intervals of firing among the main cylinders, the series of major orders follows an arithmatic progression. The constant difference as well as the first term is ½p for 4-cycle engines or p for 2-cycle engines. Other conditions being equal, the harmonic torque gaging the intensity of criticals is approximately twice as great in 2-cycle engines for the same orders.

In 4-cycle engines,

$Q_1 + Q_2 + Q_3 + \cdots\cdots = \frac{1}{2}P + P + 1\frac{1}{2}P + \cdots\cdots$

or $Q_1 = \frac{1}{2}p$, $Q_2 = p$, $Q_3 = 1\frac{1}{2}p$, $\cdots\cdots$

In 2-cycle engines,

$Q_1 + Q_2 + Q_3 + \cdots\cdots = p + 2p + 3p + \cdots\cdots$

or

$Q_1 = p$, $Q_2 = 2p$, $Q_3 = 3p$, $\cdots\cdots$

The following table shows the mean piston speed of major orders worthy of attention from 4 to 10 cylinders per engine. To a large extent, the intensity of minor orders within the operating speed may be reduced to minimum by choosing the most favorable order of firing; and then, if necessary, set the relations of cranks in accordance with this firing order. The balance of the engine, of course, should not be thus greatly impaired. Besides, there are other factors forced in, hand in hand, with selecting order of firing, which must be considered simultaneously.

EFFECTIVE RECIPROCATING WEIGHT Let w_r = total recip. weight per cyld. and θ = crank angle from top center.

Ignoring the angularity due to the presence of connecting rod, the effective radius of gyration perpendicular to the action of gravity is always a component of the crank radius, R, and is equal to $R\sin\theta$.

$\therefore$ the instantaneous mass moment of inertia $= w_r R^2 \sin^2\theta$; since mean value of $\sin^2\theta = \frac{1}{2}$, $\therefore$ mean effective recip. weight is only $\frac{1}{2}w_r$.

P	Q_1	V_1	Q_2	V_2	Q_3	V_3	Q_4	V_4
4	2nd	$0.125\ \phi_1 k$	4th	$0.0625\phi_1 k$	6th	$0.0416\phi_1 k$	8th	$0.0312\phi_1 k$
5	$2\frac{1}{2}$th	$0.080\ \phi_1 k$	5th	$0.040\ \phi_1 k$	$7\frac{1}{2}$th	$0.0267\phi_1 k$		
6	3rd	$0.0556\phi_1 k$	6th	$0.0278\phi_1 k$	9th	$0.0185\phi_1 k$		
7	$3\frac{1}{2}$th	$0.0408\phi_1 k$	7th	$0.0204\phi_1 k$				
8	4th	$0.0312\ \phi_1 k$	8th	$0.0156\phi_1 k$				
9	$4\frac{1}{2}$th	$0.0247\phi_1 k$	9th	$0.0123\phi_1 k$				
10	5th	$0.0200\phi_1 k$	10th	$0.0111\phi_1 k$				

W in (16) consists of:

(1) W = Half of the total recipracating weight plus rotating weight of connecting rod complete;

(2) w_w = Weight of a pair of crankwebs;

(3) w_p = Weight of main crankpin;

(4) w_b = Weignt of shafting at main bearing.

All above 4 items are to be reduced to equivalent weights of radius of gyration equal to R.

Let R_{ww}, R_{wp}, and R_{wb}, be the respective true radius of gyration of Ww, Wp, and Wb.

$$W' = w + \frac{w_w R_{ww}^2}{R^2} + \frac{w_p R_{wp}^2}{R^2} + \frac{w_b R_{wb}^2}{R^2} \quad \text{(17)}$$

For equal size of cylinder bore, Dc, and equal diameter of shaft, w likely increases slightly with the crank throw, R. As to the extent it will increase merely is a matter of practice. In this discussion, let it be assumed that

$$w = (0.8 + 0.2\frac{R}{R_1})\,w_1$$

w_1 = Known weight of w at crank throw R_1.

Let Fig. IV physically represent one of similar sections of an average crankshaft of a Diesel engine, and let the inside diameter, d, temporarily equal to zero for the sake of simplicity, and δ equal to the specific gravity of shaft material.

$$\frac{w_p R_{w_p}^2}{R^2} = \frac{\pi}{4} D^2 t_p \times \delta \left(\frac{D^2}{8} + R^2\right) + R^2$$

$$\frac{w_p R_{w_p}^2}{R^2} = \frac{\pi}{32} \frac{D^4 t_b \times \delta}{R^2}$$

and

$$\frac{w_w R_{w_w}^2}{R^2} = 4ct \times \delta (R + D) \left\{ \left(\frac{R}{2}\right)^2 + \frac{1}{3} \left[\left(\frac{R}{2} + \frac{D}{2}\right)^2 - c^2 \right] \right\} R^2 ;$$

By substitution, aud rearranging,

$$W = 0.8 w_1 + \frac{\pi}{4} D^2 t_p \delta + 2ct\delta D + R \left[\frac{0.2 w_1}{R_1} + \frac{4ct\delta}{3} \right]$$

$$+ \frac{ct\delta D^2}{R} + \frac{\delta}{R^2} \frac{ctD^3}{3} + \frac{D^4}{32} (t_p + t_b) + \frac{c^2}{3} \quad \cdots\cdots\cdots (18)$$

In (18) the first three terms are constant and consists of from 60% to 70% of W; the fourth term increases with R, while the fifth and the sixth tend to concel this increase. As a result, W practically remains constant for equal cylinder bore and shaft diameter, D; and is independent on the stroke of the engine if the design is following the same practice. On this ground it appears very logical to express the critical speed in terms of mean piston speed instead of revolutions per unit time. This renders a simple means to compare and locate at a glance the probable critical speed of a certain order, even without resorting to laborious calculations, of any existing engine if the observer has a general experience alone this line. Of course, equation (16) gives no criterion for any other form of oscillations except the one often times noticeable with one of the nodes within the engine.

Whenever the node is close to engine flywheel as it usually does, the maximum stress at the node at critical speed may be approximated by Professor Lewis method based on the result of Rowett on elastic hysteresis test of a mild steel tube. With due reductions to take care of other damping losses beside hysteresis, it is rather remarkable to have found that the involved error in most cases are within 10% as proved by amplitude registered on torsiongrams.

Hysteresis in inch-pound per oscillation *per radian amplitude* at the forward end is given as

$$\frac{2\pi\times 1.37}{10^{10}}\iint S^m\, r\, dr\, dx;$$

where r = shaft radius in inches,

m = 2.3 for S < 8,000 lbs per sq.-inch.

(For m 2.3 or S 8,000 lbs per sq-in., calculated results are not quite consistant)

$$\text{Since } S = rG\frac{d\theta}{dx} = -\frac{\phi_1}{L} rG \sin\phi;$$

$$\text{and } dx = \frac{L}{\phi_1} d\phi;$$

therefore, if $D=2r_1$ and $d=2r_2$ *uniformly from forward and to flywheel,* hysteresis from $x=0$ to $x=L$, is

$$H_1 = \frac{2\pi\times 1.37}{10^{10}}\left[\frac{\phi_1 G}{L}\right]^m \times \frac{L}{\phi_1}\int_{r=r_2}^{r=r_1} r^{m1}\, dr \int_{x=L}^{x=0} \sin^m\left(\frac{\phi_1 x}{L}\right) dx$$

$$= \frac{2\pi 1.37}{(m+2)\,10^{10}}\left(\frac{\phi_1}{L}\right)^{m-1} \times r^{m+2}\,(1-e^{m+2})\, G^m \int_{\phi_1}^{0} \sin^m\phi\, d\phi.$$

And from $x=L$ to flywheel, hysteresis is

$$H_2 = \frac{2\pi\times 1.37}{10^{10}(m+2)}\times l\times r^{m+2}\,(1-e^{m+2})\left[\frac{r_1 G\phi_1 \sin\phi_1}{L}\right]^m$$

$$H_1+H_2 = \frac{2\pi 1.37}{(m+2)\,10^{10}}\left[\frac{\phi_1}{L}\right]^{m-1}\times r^2\times(1-e^{m+2})\, G^m\left[U+\frac{l}{L}Z\right] \quad (19)$$

where $U = \int_{\phi_1}^{0}\sin^m\phi\, d\phi$, and $Z = \phi_1 \sin^m\phi_1$

$$Sr = \sin\phi_1\left[\frac{(m+2)(1-v)\; 10^{10}\; Dc\; R\; F_R\; \Sigma B}{8\times 1.37\,(1-e^{m+2})\,(U+\frac{l}{L}Z)\,G r_1^3}\right]^{\frac{1}{m-1}} \text{ when } \frac{}{2} \quad (22)$$

and the node falls within portion of shaft.

or

$$Sr = \left[\frac{(m-2)(1-y)\; 10^{10}\; Dc\; R\; F_R\; \Sigma B}{8\times 1.37(1-e^{m+2})\,(U+\frac{l}{L}Z)\,G r_1^3}\right] \quad (24)$$

when $\phi_1 > \frac{\pi}{2}$ and the node falls within L portion of shaft,

Curves on page 17 show values of sin ϕ_1, U. Z, & C β, as ordinate with as abscisea; where U are calculated by means of graphical integration. From (23) or (24) the advantage of liberous size of crankshaft is very evident. Not only that the natural frequency is raised up nearly in proportion to the diameter to the square as shown in (14), but also the damping hysteresis increases even more rapidly than that ratio.

While all the above equations for Fig. III applicable to solid injection engines where we have no mass attached to the forward end, they may be extended to other types.

According to current practice, the piston speed of Injection compressor, if any attached to the forward end, usually is less than 60% of that of main piston. Assuming its total moving weight amounts to 60% of that per cylinder, the equivalent weight due to Injection compressor is W_c.

$$W_c \lesseqq 0.60 \times 0.60^2 \ W \lessapprox 0.21W.$$

As mentioned before the accuracy of frequency calculations more or less depends upon the judgement of the calculator and we have assumed that the masses of main cylinders all evenly distributed alone the crankshaft center to center from the first to the last main bearing while actually it is not the case. For instance, beyond the first crankweb there is practically no mass at all, yet we have assumed that the mass of the first cylinder be extended to the center of first main bearing. Since this is done and the assumption has been justified by obser ved results; for the same reason it will be entirely justifiable to assume the comparatively light mass of Injection compressor, as we, be part of the distributed mass with proportional length of shafting added without exceeding its due influence. However, this is by no means a rule to cases of oversized compressors.

The relative importance of a mass or portion of shafting, on the natural frequency of any mode of oscillations of the whole system, may be determined upon its capacity of absorbing or giving up energy and depends on its position along the normal elastic curve of oscillations of that mode. For instance, near the node the influence of elasticity of shafting is great, but a slight variation of the magnitude of mass will not alter the period to any appreciable extent. The reverse is true at the anti-node position.

Fig. V shows a system consisting of three concentrated mass, M_c, M_w, M_1, and the distributed mass, M, r representing the engine proper.

Let $C_L\phi^2 = M\omega^2$ and $f_c = \frac{M_c}{M}$

The torque at M_c, M_w, M_1, and $x=L$ are K_c, K_w, K_1, and K_L;

$K_c = -aM_c\ {}^2 = -f_c C_L a\phi^2$;

$K_L = -aC_L\phi\sin(\phi+r)$,

Since at $\phi = 0$, $K_L = K_c$, therefore $\sin r = f_c$

$K_w = -M_w\ \theta_w\omega^2 + K_L = -afC_L\phi^2\theta_w - aC_L\phi\sin(\phi+r)$;

and $K_1 = -M_1\theta_1\omega_1^2 + K_w = -af_1C_L\phi^2\theta_1 + K_w = 0$;

or $M_1\theta_1\omega^2 + M_w\theta_w\omega^2 + aC_L\phi\sin(\phi+r) = 0$, ... (25)

$\theta_L = a\cos(\phi+r)$;

$$\theta_w = \theta_L + \frac{K_L}{C_L} = a\cos(\phi+r) - \frac{a\phi}{h}\sin(\phi+r);$$

$$\theta_1 = \theta_w + \frac{K_w}{C_1} = \theta_w\left(1-\frac{f\phi^2}{h_1}\right) - \frac{a\phi}{h_1}\sin(\phi+r)$$

$$= a\left[\cos(\phi+r) - \frac{\phi}{h}\sin(\phi+r)\right]\left[1-\frac{f}{h_1}\phi^2\right] - \frac{a}{h_1}\sin(\phi+r)$$

From (25) by substitution and rearranging, we obtain

$$\frac{\tan(\phi+r)}{\phi} = \frac{f_1+f-\frac{f_1f}{h_1}\phi^2}{\left[\frac{f_1+f}{h}+\frac{f_1}{h_1}-\frac{f_1f}{h_1h}\phi^2\right]\phi^2-1} \qquad (26)$$

or substitute $\tan r = \frac{f_c\ \phi}{=1-f_c\ {}^2\ {}^2}$ into (26), finally we have

$$\frac{\tan}{} = \frac{BE-f_cA}{f_c\ {}^2B+AE} \qquad (27)$$

where $A = \left[\frac{f_1+f}{h}+\frac{f_1}{h_1}-\frac{f_1f}{h_1h}\phi^2\right]\phi^2-1$,

$B = \left[f_1+f-\frac{f_1f}{h_1}\phi^2\right]$,

and $E = \sqrt{1\ \ f_c^2\phi^2}$.

If $M_c = 0$ as shown by Fig. VI, then $r = 0$, $E = 1$, (27) becomes

$$\frac{\tan\phi}{\phi} = \frac{B}{A} \cdots\cdots\cdots\cdots(28)$$

If $M_1 = 0$ or $f_1 = 0$,

$$\frac{\tan\phi}{\phi} = \frac{fE - f_0\left[\frac{f}{h}\phi^2 - 1\right]}{\left[\frac{f}{h}\phi^2 - 1\right]E + ff_0\phi^2} \quad (29)$$

Either (27), (28) or (29) may be solved graphically, that is, by plotting the calculated results, for valuse of ϕ from 0 to, say, 25, of both the left and right hand terms with ϕ as ordinate common. The intersections give the correct ϕ satisfying the equation to be solved. We find, thus far, frequencies having corresponding ϕ greater than 2.5 always are too high to be noticeable. Unless M_c is abnormally heavy, we may, at least for the present, ignore ϕ equal or above 2.5 in practical calculations.

Exciting Forces. In the past six years, much has been done in the analysis of the harmonic torque, which are the exciting forces from the uneven tangential effort, due to gas pressure and reciprocating forces of the main cylinders of a Diesel engine. For detail the reader is best refered to Professor Lewis' paper which gives the most complete results. The following equation shows the harmonics of a 3-stage Injection compressor of the step-piston type under the stated conditions.

Clearance Volume— L.P.=5%,
I.P.=9%,
H.P.=3%,

Injection pressure based on H.P. indicator card=1,100 lbs per sq-in.
Ratio of effective piston area:

$$H.P. : I.P. : L.P. = \frac{1}{24} : \frac{1}{4} : 1.$$

Tangential effort per sq-in. of L.P. piston per inch of crank radius of Compressor, in in-lbs.

$$\begin{aligned}
&= 20 - 12.8\cos\Theta + 11.6\cos 2\Theta + 8.24\cos 3\Theta + 8.87\cos 4\Theta \\
&\quad + 3.2\cos 5\Theta - 1.05\cos 6\Theta \cdots\cdots \\
&\quad - 0.76\sin\Theta + 31.90\sin 2\Theta + 6.20\sin 3\Theta - 0.52\sin 4\Theta \\
&\quad - 1.43\sin\Theta - 1.61\sin\Theta \cdots\cdots \\
&= 20 + 12.81\cos(\Theta - 183.4^0) + 3319\cos(2\Theta - 70^0) \\
&\quad + 10.30\cos(3\Theta - 49^0) + 8.9\cos(4\Theta + 3.3^0) \\
&\quad + 3.6\cos(5\Theta + 24^0) + 1.92\cos(6\theta + 123^0) \cdots\cdots
\end{aligned}$$

θ refers from top dead center crank position.

ILLUSTRATION 1. Design the crankshaft and analyze the nodal vibrations of the following 4-cycle engines of the trunkpiston air injection type from four to ten cylinders per engine. The rated piston speed will cover a range from 900 to 1200 feet per minute. The following data are carefully proportioned from existing engines.

Main cylinder bore =20 inches,
Stroke =24 inches,
Weight of main piston, piston pin, and cooling equipment=1050 lbs.
Weight of connecting rod complete=1100 lbs.
Distance, center to center, between two adjacent cylinders=35 inches.
Length of main bearing=Length of crank pin=11 inches.
Equivalent length, l, from the center of last main bearing to center of flywheel=43 inches. (at crank shaft diameter for all engines of the same type).

SOLUTION:—The six and eight cylinder engines of the 4-cycle type are practically in perfect balance. The solution will base upon these two engines for Direct Current service with the electric generator rigidly connected to the engine flywheel. For this kind of service, we likely have to rate the engine at wide speed range in order to meet demand, and, on the other hand, the mass of the generator rotor not only comparatively is great but also hardly manageable. To kill the least possibility of any trace of 2-node vibrations, the shafting between the rotor and flywheel will be designed so stiff that, in the following calculations, they are considered as a combinded mass. Any error from this source will not be appreciable, since for this kind of service the node is always near the flywheel on the engine side, and energy absorbed by the stiff shaft under very small twist, comparatively speaking, is negligible.

We are forced to adopt a still heavier mass for flywheel for alternating current service, the speed, however, is fixed in strict accord with the cycles of generator driven. Its variation requirement is very limited, especially so when operating with other source of power in parallel. Only a narrow safe range of speed will be suffice to satisfy the service condition of this kind. The demanding situation is practically covered up in direct current service.

Provisions and ample space will be provided at the compressor end inside the engine frame, for the purpose of attaching a sufficient size of concentrated mass in case of necessity. We will note latter that, with such provisions ready, it is possible to elimilate all the criticals of nodal vibrations for the 8 or even 10 cylinder engines under the severest service condition of a submarine, assuming all other requirements being satisfactory for such service.

For coupled drives a relatively light flywheel primarily as turning gear, is permissible; by choosing a proper combination of its mass and elastic length of shafting in connection with the load, bad criticals may be placed to whatever location considered most favorable.

For the time-being the strength of the crankwebs will be proportioned according to the insurance rule of American Bureau of Shipping. By this rule (up to the date this article is written)

$$2ct^2 \geqq 0.4D^3; \text{ (see Fig. IV) and } 4c^2t \geqq D^3$$

where minimum $D = a_0 \sqrt[3]{\dfrac{D_c^2 P(2t + ip + 1)}{f_c}}$ where $f_c = 7500, P = 52$, lbs per sq in

$a = \text{constantant} = 1.3$ in this case.

$$\text{minimum } D = 1.3 \sqrt[3]{\frac{400 \times 525 \times 25}{7500}}$$

$= 11.55$ in. according to the same rule

From Table on page 12 we note the sixth order mean piston speed of a 6-cylinder engine is

$$V_2 = 0.0278 \phi_1 k;$$

The fourth and eighth order mean piston speed of the eight cylinder engine are

$$V_1 = 0.0312 \phi_1 k;$$

and

$$V_2 = 0.0156 \phi_1 k;$$

(ϕ_1 varies with number of cylinders)

Allowing 6% for speed regulation from full to no load and 10% in addition for its range, the 6th order mean piston speed for the 6-cylinder engine will have to be

$V2 = 1.16 \times 1200 = 1390$ feet per minute $= 0.0278 \phi 1k$; or take $G = 11{,}800{,}000$,

$$\phi_1 k = 50{,}000 = \frac{67.400 \, \frac{1}{4} D^2 \sqrt{1 - e^4}}{/WS/r_0}$$

At 1200 feet piston speed (300 R.P.M.) the combined mass moment of inertia of flywheel and generator rotor is equal to 100,000 and 140,000 lbs-ft^2 for the respective 6-cylinder and 8-cylinder unit.

Let $e = \frac{1}{3}$ and $r_0 = 1.08$ in the preliminary calculations.

Assume D=11.75 inches, t=(35—22)÷2—6.5 inches, then c—7.9 or 8.0 inches.

$w = 0.88 \times 1100 + 1050 \div 2 = 1440$ lbs $= w_1$ in equation (18)

Substitute D, t, and w_1 into (18) we have

w=1440+1225=2665 lbs. for crankshaft of 11.75 inch diameter 6-cylinder unit.

Equivalent weight of Air Compressor at forward end=300 lbs,

Equivalent length of shafting between Compressor & Cyld. No. 1=5 in. at crankshaft diameter.

$$f = \frac{100,000}{2665 \times 6 + 300} = 6.14, \quad h = \left(\frac{6 \times 35}{1.08} + 5\right) \div 43 = 0.64 \qquad \phi_1 = 1.391 \text{ from Curve}$$

$$\text{6th order, } V_2 = 0.0278 \times 1.391 \times \frac{67400 \times 11.75^2 \times 0.995}{\frac{2715 \times 35.83}{1.08}}$$

=1200 feet per minute, this is just the maximum normal speed of the engine.

REVISION:— Let D=13.00 inches, t—6.5 inches as before,

c=10.375 in.

W=3065 lbs.

By (18)

$$f = \frac{100,000}{6 \times 3065 + 300} = 5.35, \quad h = 4.64 \qquad \zeta = 1.405$$

$$\text{6th order, } = 0.0278 \times 1.405 \times \frac{67400 \times 13^2 \times 0.995}{\frac{3115 \times 35.84}{1.08}}$$

=1390 feet per minute.

Therefore, a diameter of 13 inches is finally adopted; and k=35400 for this diameter.

For 8-cylinder unit,

Equivalent weight of air compressor at forward end=400 lbs;

$$\left.\begin{aligned} f &= \frac{140000}{8 \times 3065 + 400} = 5.61 \\ h &= \left(\frac{8 \times 35}{1.08} + 5\right) \div 43 = 6.14 \end{aligned}\right\} \phi_1 = 1.462$$

4th order, $V_1 = 0.0312 \times 1.462 \times 35400 = 1610$ feet per minute,

8th order, $V_2 =$ 805 feet per minute,

In like manner extend the analysis to 4, 5, 7, 9, and 10 cylinder units, (for D=13 inches) the results are shown by the following tables:—

p, No. of cylds,	WR^2 of flyw'l and Rotor combined	f	L	h	ϕ_1	N_1	$\Sigma\beta$	U	Z	$\sin\phi_1$
4	100,000	8.00	135.0	3.14	1.260	2810	3.04	0.490	1.112	0.905
5	120,000	6.43	167.0	3.88	1.340	2390	3.66	0.562	1.260	0.975
6	100,000	5.35	200.0	4.65	1.405	2090	4.20	0.625	1.370	0.988
7	120,000	5.50	232.4	5.40	1.400	1810	4.84	0.660	1.420	0.993
8	140,000	5.60	264.8	6.14	1.462	1620	5.46	0.680	1.450	0.998
9	140,000	5.00	297.2	6.91	1.492	1470	6.03	0.710	1.495	0.999
10	140,000	4.50	329.6	7.67	1.521	1360	6.00	0.749	1.536	0.999

m is assumed to be 2.3 in equation (23)

From (23), taking y=25% due to other damping losses, the torsional stress is simplified to

$$S_T = 1510 \sin\phi_1 \left[\frac{F_R \times \Sigma B}{U + \frac{l}{L} \times Z}\right]^{\frac{1}{1.3}} \text{ lbs per sq.in,}$$

=Shearing stress at a minimum diameter of 13 inches in l portion of shafting.

P, No. of cylds	Q Order No.	n R.P.M	V Pist. Speed	*FR Harm Coef. 90/0''	ST Stress /''	Q Order No.	n R.P.M.	V Pist. Speed	FR Harm. Coef. 90/0''	ST Stress /''
4	8th	350	1400	1.79	5700	10th	281	1125	0.80	3080
5	7½th	319	1276	2.24	7100	10th	239	957	0.80	3760
6	6th	348	3901	4.20	15800	9th	232	928	2.20	5500
7	7th	263	1050	2.81	11900	10½th	175	700	0.55	3940
8	8th	202	805	1.79	9300					
9	4½th	327	1210	11.20	41600	9th	163	655	1.20	7400
10	5th	272	1090	8.40	34500	10th	136	545	0.80	5660

The stress, ST, shown in above table is the maximum under constant speed. It would be considerably less than shown if merely running through a critical. We note all engines with odd number of cylinders are unfavorable for generator service, each having a bad critical at a different speed but within the range of 900 to 1200 feet piston speed per minute. The 7, 9, and 10-cylinder engines are not suitable to couple rigidly with a generator. However, the location of the 7½th order of the 5-cylinder unit may be effectively lowered to clear a limited range of 1100 to 1200 feet piston speed, if the rating calls for such range. Otherwise this unit should not operate at 1200 feet piston speed due to its 7½th order near the correcponding no load speed.

To eliminate a bad critical entirely yet without impairing other desirable feature, for instance, like the 8th order of a 8-cylinder unit, a floating mass method, to alter the frequency when running into this critical, has been suggested. The principle is to attach a mass by means of flexible spring to the compressor end. When not at critical speed, this mass is free from and floats on the whole system, rotating at practically constant speed similar to the inertia disk of a Torsiograph. Therefore the frequency of the whole system is not affected when this mass is floating. As soon as a detrimental critical is reached, this mass will be automatically dragged along by pressure through frictional surface or other means to make it adhering to the vibrating system as a part of it. The natural frequency and the shape of the normal vibrating curve are thus changed and so is the critical speed. It is quite possible to produce another bad critical of another order at the same speed though the critical original is sufficiently lowered. So this method needs very careful analysis. The floating mass may be operated by the position of the engine governor through its sleeve by means of an electric contactor which controls electric current to open and close a hydraulic pressure valve if hydraulic pressure is used to hold the mass, or magnetize demagnetize the coils of a magnetic clutch if magnetic pressure is used.

*See plate 7 & 8, paper No. 9 by Lewis, Am. Soc. M.E. & N.A., 1925.

ILLUSTRATION II. Calculate the 1-node and 2-node frequencies of Motor tanker "Caliche." The arrangement of machinery consists of a 6-cylinder, 4-cycle, single acting engine directly connected to the propeller through a short line and propeller shaft. The injection compressor is attached to the forward end of the engine.

Compressor stroke = 20 inches
Engine stroke = 48 ,,
WR^2 of injection compressor = 580,000 lb-in.^{2},
WR^2 of 6 main cylinders = 6x9,980,000 lb-in.^{2},
WR^2 of flywheel = 45,800,000 lb-in.^{2},
WR^2 of propeller and water entrained
= 23,730,000 lb-in.^{2},
Stiffness ratio of Crankshaft = 1.13,
Shearing modulus = 11,800,000 lbs per sq.-in.,

Equivalent length of crankshaft from Compressor to center of last main bearing $= \frac{62 \times 6 + 8.2}{1.13} = 336.2$ in. of $17\frac{1}{4}$ in. dia. = L in Fig. VI

Equivalent length of shafting between centers of last main bearing and flywheel $= \iota = 97.2$ in. of $17\frac{1}{4}$ in. dia.

Equivalent length of shafting between centers of flywheel and propeller

$$= \iota_1' = 595 \text{ in. of } 17\frac{1}{4} \text{ in. dia.}$$

Engine mass = M = (580,000 + 59,840,000) ÷ 386 = 156,000 Flywheel mass = Mw = 45,800,000 ÷ 386 = 118,000

Propeller mass including water entrained

$$= M_1 = 23,730,000 \div 386 = 61,400$$

$$f = \frac{118\,000}{156,000} = 0.758;$$

$$f_1 = \frac{61400}{156,000} = 0.395;$$

$$h = \frac{336.2}{97.2} = 3.460;$$

$$h_1 = \frac{336.2}{595} = 0.565;$$

$$\frac{30}{\pi}\sqrt{\frac{C_L}{M}} = \frac{30}{\pi}\sqrt{\frac{\frac{\pi}{32}\times 17.25^2 \times 11.8\times 10^6}{336.2 \times 156{,}000}} = 422$$

By substitution, from equation (28) we reach

$$\frac{\tan\phi}{\phi} = \frac{1.1540 - 0.530\phi^2}{(1.0335 - 0.1535\phi^2)\phi^2 - 1}$$

Plot this equation on page 6, the intersections show the lowest values of for the one-node and two-node vibrations,

$$\phi_1 = 1.209$$

By equotion (12),

1-node natural frequency$=N$ $=1.209 \times 422$

$=510$ oscillations per minute;

$\phi_2=1.956,$ $=1.956 \times 422$

By (12), 2-node frequency$=N_2$ $=825$ Oscillations per minute.

The actual 1-node frequency observed in this installation is 516 oscillations per minute. Due to the relatively high amplitude of propeller and consequently its unusual damping ability, only the 6th order of 1-node is bearly noticeable in Torsiograms taken at the forward end of the engine at a range from 80 to 90 revolutions per minute. The estimated stress on the line shaft is 1700 per sq.-in. The normal operating speed is 105 revolutions per minute.

ILLUSTRATION III. The 10-cylinder engine in illustration I is to be coupled to a Dredging Pump operating normally at 280 revolutions per minute. Engine output at this speed is 1800 Brake H.P. with corresponding M.I.P. equal to 90 lbs per sq-in. The torsional elastic property of the pump shaft is equivalent to 200 inches of 13-inch shaft. Mass moment of inertia of the pump runner and water entrained is equal to 109,000 lb-ft.^{2} when newly installed. It is expected that this value will reduce to 50,400 lb-ft^2 when the runner is worn out before replacement through grinding of sand, etc. Require to arrange this installation so that there will be no objectionable critical speed within a range from 180 to 330 revolutions per minute. Firing intervals are to be evenly spaced and crank relations should be such that there will be no unbalanced free forces or free couples.

SOLUTION: There are two arrangements seem feasible to suit the above requirements. The first, (A), is to connect the engine and pump either rigidly, or by a torsionally non-elastic coupling to take care of any possible misalignment between the engine and and pump; and is the more economical one. The second, (B), is to connect the engine and pump through a torsionally elastic coupling, which, besides taking care of any misalignment, also represent a certain equivalent length of shafting in torsion. In both arrangements the fifth order of 1-node oscillations must be adjusted to a speed far below 180 R.P.M., yet with its corresponding second order above 330 R.P.M., since it is definitely established from Illustration I that it is impractical to raise the fifth order above the operating range due to the burden, as we may call, it, of the mass of the pump and its shafting. Neither is it adviceable to put the second order of 1-node below 180 R.P.M. because the required flexibility of coupling will make itself too weak. The second order is mainly excited by the second order harmonic torque of the 3-stage Air compressor.

ARRANGEMENT (A). Choose the mass of the flywheel so that the 1-node natural frequency, N_1, is 720 oscillations per minute; and analyze the 2-node oscillations, for the flywheel thus determined, of the whole system.

The Arrangement is similar to Fig. VI., so equation (28) is applicable.

$$L = 329.6 \text{ inches},$$

$$l = 43.0 \text{ ,, },$$

$$l_1 = 200.0 \text{ ,,}$$

$$h = \frac{329.6}{43} = 7.67,$$

$$h_1 = \frac{329.6}{200} = 1.648,$$

$$M = \frac{(3,065+50)\times 10\times 144}{386} = 11,600$$

$$\left.\begin{aligned} M_1 &= \frac{10,900\times 144}{386} = 40,600 \\ f_1 &= \frac{40,600}{10,600} = 3,500 \end{aligned}\right\} \text{ when runner is new;}$$

$$\left.\begin{aligned} M_1 &= 20,300 \\ f_1 &= 1,750 \end{aligned}\right\} \text{ runner worn-out,}$$

By (12,) $N_1 = \phi_1 \times \frac{30}{\pi} \times \sqrt{\frac{C_L}{M}} = 886\phi_1 = 720$ per minute;

therefore, $1 = \frac{720}{886} = 0.813$ radians or 46.6 degrees.

substitute above known quantities into (28), we have, when runner is new,

$$\frac{\tan\phi_1'}{\phi_1} = \frac{1.0538}{0.813} = 1.300,$$

$$\frac{B}{A} = \frac{5.760 - 0.667f}{1.165 - 0.0578f} = 1.300,$$

Solving, $f = \frac{4.245}{0.592} = 7.16$

and, Mass of flywheel $= \frac{7.16 \times 11{,}600 \times 386}{144} = 223{,}000$ lb $-$ ft.^{2}

To find the 2-node frequency with this mass of flywheel, it is necessary to repeat the process in Illustration II, that is, by plotting for a range of φ from 1.300 to 1.5200 the following equation (in simplified form) on curve sheet similar to that shown on P. 6.

$$\frac{\tan\phi_2'}{\phi_2} = \frac{10.61 - 15.21\phi_2^2}{(3.515 - 1.983\phi_2^2)\phi_2^2 - 1}$$

The second lowest intersection thus found is $_2$ =1.482 radians therefore, $N_2 = 886 \times 1.482 = 1310$ oscillations per minute.

We note here this frequency, N_2 is very close to 1360, the 1-node frequency for D.C. service shown in table in Illustration I.

The 5th order, of 2-node at 262 R.P.M., makes it necessary to discard this Arrangement (A).

Arrangement (B). After a careful consideration on the possibilities of 2-node oscillations, the best result practicable probably is to adjust N_2 to 1950, but at the same time retain N_1 at 720. To satisfy these, the mass of flywheel and equivalent length of flexible coupling may be solved from equation (28)

$$\phi_1' = \frac{720}{886} = 0.813,$$

$$\frac{\tan\phi_1}{\phi_1} = 1.300;$$

$$\phi_2 = \frac{1950}{886} = 2.200,$$

$$\frac{\tan\phi 2}{\phi 2} = -0.621;$$

$$f_1 = 3.500,$$

$$\left.\begin{aligned} B &= (fh_1 + 3.500h_1 - 2.315)\frac{1}{h_1} \\ A &= (.0864fh_1 + 0.698h_1 - 0.2f + 2.315)\frac{1}{h_1} \end{aligned}\right\} \text{ for } \phi_1$$

and
$$\frac{B}{A} = \frac{fh_1 + 3.5h_1 - 2.315f}{0.0864fh_1 + 0.698h_1 - 0.2f2.315} = 1.500 \qquad \text{(a)}$$

$$\left.\begin{aligned} B &= (fh_1 + 3.5h_1 - 16.96)\frac{1}{h_1} \\ A &= (0.631fh_1 + 1.212h_1 - 10.7f19.96)\frac{1}{h_1} \end{aligned}\right\} \text{ for } {}_2$$

and
$$\frac{B}{A} = \frac{fh_1 + 315h_1 - 16.95f}{0.631fh_1 + 1.212h_1 - 10.7f + 16.96} = 2.200 \qquad \text{(b)}$$

Solving (a) and (b), we find

$h_1 = 0.875,$

and $f = 0.633;$

therefore, the required Mass of flywheel, Mw,

$= 11,600 \times 0.633 = 7,340$

or $= 7,340 \times 386 = 2,840,000$ lb-in^2. $= 19,700$ lb-ft.^{2} and, the required equivalent length of coupling,

$$= \frac{329.6}{0.875} - 200$$

$= 177$ inches of 13-inch shaft.

For worn-out runner, $f = 1.750$; equation (28) becomes

$$\frac{\tan\phi}{\phi} = \frac{2.383 - 1.267\phi^2}{(2.311 - 0.165\phi^2)\phi^2 - 1}.$$

From this, $\phi_1 = 0.936$ and $N_1 = 830$ per minute;

$\phi_2 = 2.210$ and $N_2 = 1960$ per minute.

PHASE DIAGRAMS, FIRING ORDER, AND CRANK RELATIONS

A phase diagram shows the timing, in one complete oscillation, of the harmonic torques of a certain order of the main cylinders according to the sequence of firing, assuming all the main cylinders have the same indicator card. If the harmonic torque of Injection compressor should be counted in the diagram, the position of its vestor is not only determined from the crank position of the compressor but also from the phase relation of the harmonic torques from a common reference point between a main cylinder and the compressor.

Since each circle or 360 degrees in the phase diagram represents one complete oscillation, therefore, for the ½th order, one circle means two revolutions in crank angle; the phase diagram of this order completes in one circle, the position of the harmonic torques of the main cylinders following the sequence of firing, and their spacing proportionately divided as the spacing of firing.

For the first order there is one oscillation in one revolution of the engine, therefore the diagram completes in two circles.

In like manner, phase diagrams of other orders may be easily constructed. The vector position of each main cylinder is best indicated by its cylinder number counting from the forward end of the engine; this is in accord to the current practice of counting firing order.

For this problem at hand, let us take mean values of ϕ_1 and ϕ_2 from a new to a worn-out runner in the following analysis for the best firing order to be adopted. The phase diagrams for a perfectly balanced 10-cylinder engine may be divided into two groups,—one of them composes five vestor components, namely, (1+10), (2+9), (3+8), (4+7), and (5+6); the other also composes five vector components, namely, (1-10), (2-9), (3-8), (4-7), and (5-6). The intensity of a critical depends not only on the magnitude of the exciting harmonic torque, but also on its position of application along the elastic curve of oscillations. In general the nearer to the anti-node, the more effective is the harmonic terque in building up the amplitude of oscillations. This is analogous to that an equal bending force on a supported bean may produce unequal deflection if applied at another position along the bean.

Mean ϕ_1 =(0.813 + 0.936) ÷ 2—0.874 radians,

Mean ϕ_2 =2.205 radians (practically not affected by the mass of the pump runner)

Assuming amplitude at forward end equal to one, the relative amplitudes at the center of main cylinders may be calculated by equation (20a). Thus we have the vestor components as following:

VECTOR COMPONENT:	1-NODE	2-NODE	
(1-10)	= :0.999-0.677 = 1.676	:0.994-0.501 = 0.493 :	
(2- 9)	= :0.991-0.737 = 1.728	:0.852-0.084 = 0.768 :	For all integral orders, as 1, 2, 3, etc.
(3- 8)	= :0.976-0.793 = 1.769	:0.852-0.084 = 0.768 :	
(4- 7)	= :0.953-0.843 = 1.799	:0.716-0.136 = 0.852 :	
(5- 6)	= :0.924-0.887 = 1.811	:0.547-0.350 = 0.897 :	
(1-10)	= :0.999-0.677 = 2.322	:0.994-0.501 = 1.495 :	
(2- 9)	= :0.991-0.737 = 0.254	:1.852-0.084 = 0.936 :	For all (integral ½ orders, as ½, 1½, etc.
(3- 8)	= :0.976-0.193 = 0.185	:0.852-0.084 = 0.936 :	
(4- 7)	= :0.954-0.843 = 0.111	:0.716-0.136 = 0.580 :	
(5- 6)	= :0.924-0.887 = 0.037	:0.547-0.350 = 0.197 :	

Above table shows that the vector components of the integral orders of 1-node are almost of equal magnitude, and those of (integral+half) orders are small. So we expect that, with the exception of the 5th order, all criticals of the 1-node inside the operating range, will have balanced or nearly balance diagrams, whatever the firing sequence is.

Due to the great variation of the vector components of the 5½th, 6½th and 7½th etc. orders of the 2-node, the firing sequence should be choosen to suit these criticals such that no excessive stress will incur to the crank shaft.

In order to simplify the task of choosing firing sequence, let us base upon 5,500 lbs. per sq-in. as tolerable stress on the crankshaft due to torsionals alone. From this stress the maximum limit of vector resultant, $\Sigma\beta_2$, for each order of the 2-node may be calculated as shown in the following table.

Maximum fuel pump capacity approximately corresponds to 120 lbs. M.I.P. per sq-in.

Approximately $M.I.P. = 20 + \frac{(R.P.M.)^2 X70}{280^2}$; From (24), take $y = 25\%$,

$$\text{Maximum } \Sigma B_2 \leq \frac{7.75}{F_R}$$

N_2 = 1955 per minute, ϕ_2 = 2,205

ORDER NUMBER	R.P.M.	M.I.P.	F_R	$\Sigma\beta$ MAXIMUM ALLOWANCE
5½	355	120	6.0	1.290
6	325	114	4.5	1.725
6½	301	101	3.5	2.214
7	279	90	2.8	2.768
7½	269	80	2.3	3.370
8	244	73	1.9	4.075
8½	230	67	1.6	4.840
9	217	62	1.4	5.540
9½	206	58	1.2	6.450
10	195	54	1.1	7.050
10½	186	51	1.0	7.750
11	177	48	0.9	8.610

From a set of preliminary phase diagrams, we note that the 4½th, 5½th, 9½th, and 10½th orders partake a common diagram. At 1950 oscillations per minute, the 4½th, and 5½th order are above 330 R.P.M.; though the 9½th and 10½th orders fall within the range, we expect that the vector resultant would not reach the maximum limit shown in above table, for any firing sequence adopted.

It is necessary to minimize the vector resultants of the 6½th, 7½th orders. To find the best results, the most simple way, according to the experience of the writer, is to set the 5½th order vectors in a very unfavorable relation. We shall find that other diagrams automatically will appear in a more or less balanced condition.

By setting 5½th order as shown in Fig. VII, firing sequence therefrom is

1-3-5-9-7-10-8-6-2-4

By setting 5½th order as shown in Fig. VIII, firing sequence therefrom is

1-3-6-9-10-8-5-2-4.

Both are satisfactory. P. 36 shows the complete results of $\Sigma\beta$ for these firing sequences. In Fig. VII. and VIII if we should interchange the positions of (2-9) and (4-7), still better results for the 6½th and 7½th orders are obtainable. However, by so doing we would put the adjacent cylinders 1, 2 and 9, 10 firing in succession.

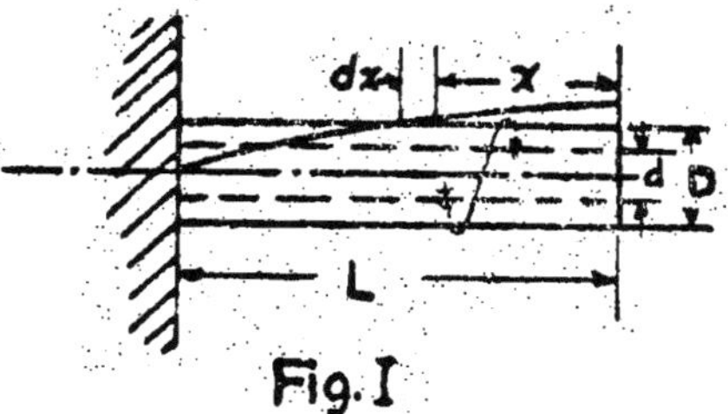

Fig. I

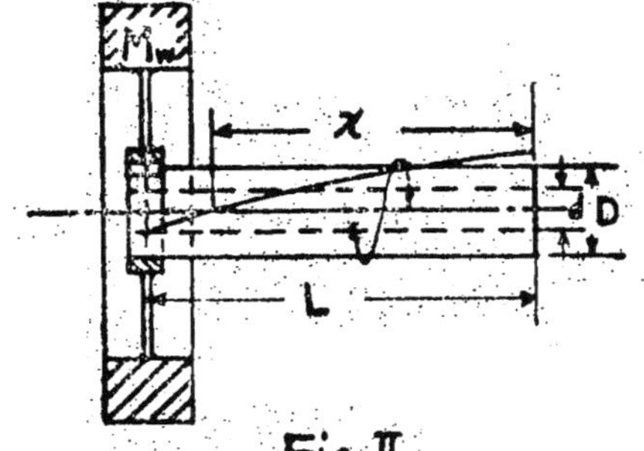

Fig. II

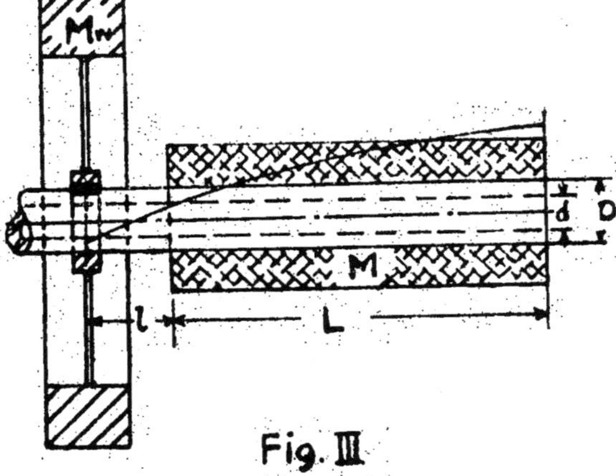

Fig. III

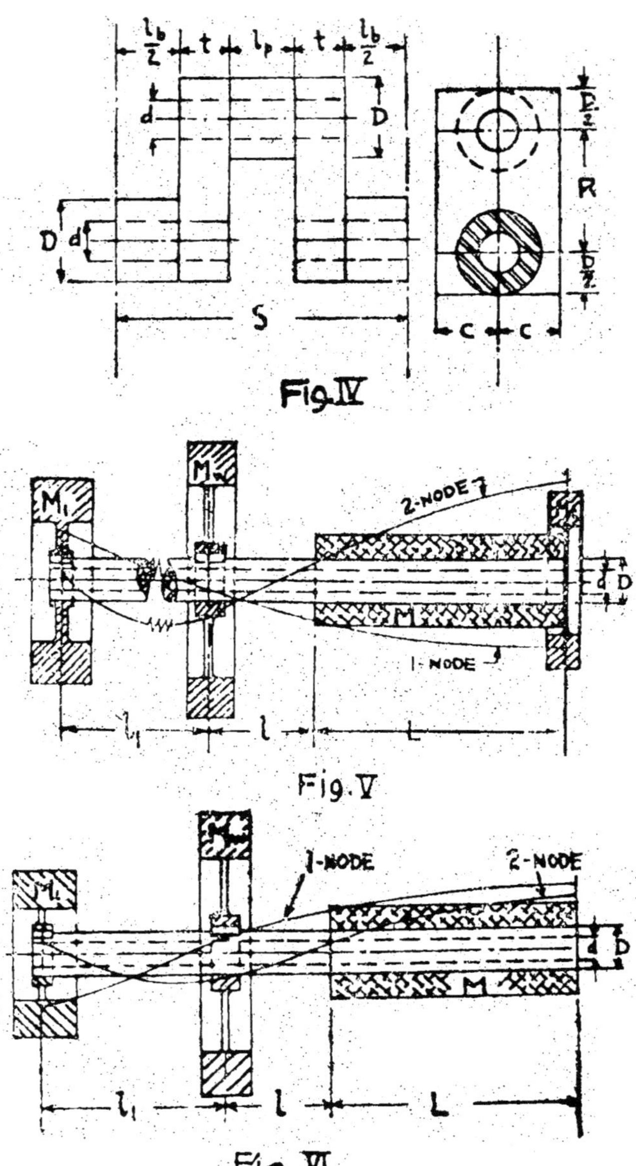

Fig. IV

Fig. V

Fig. VI

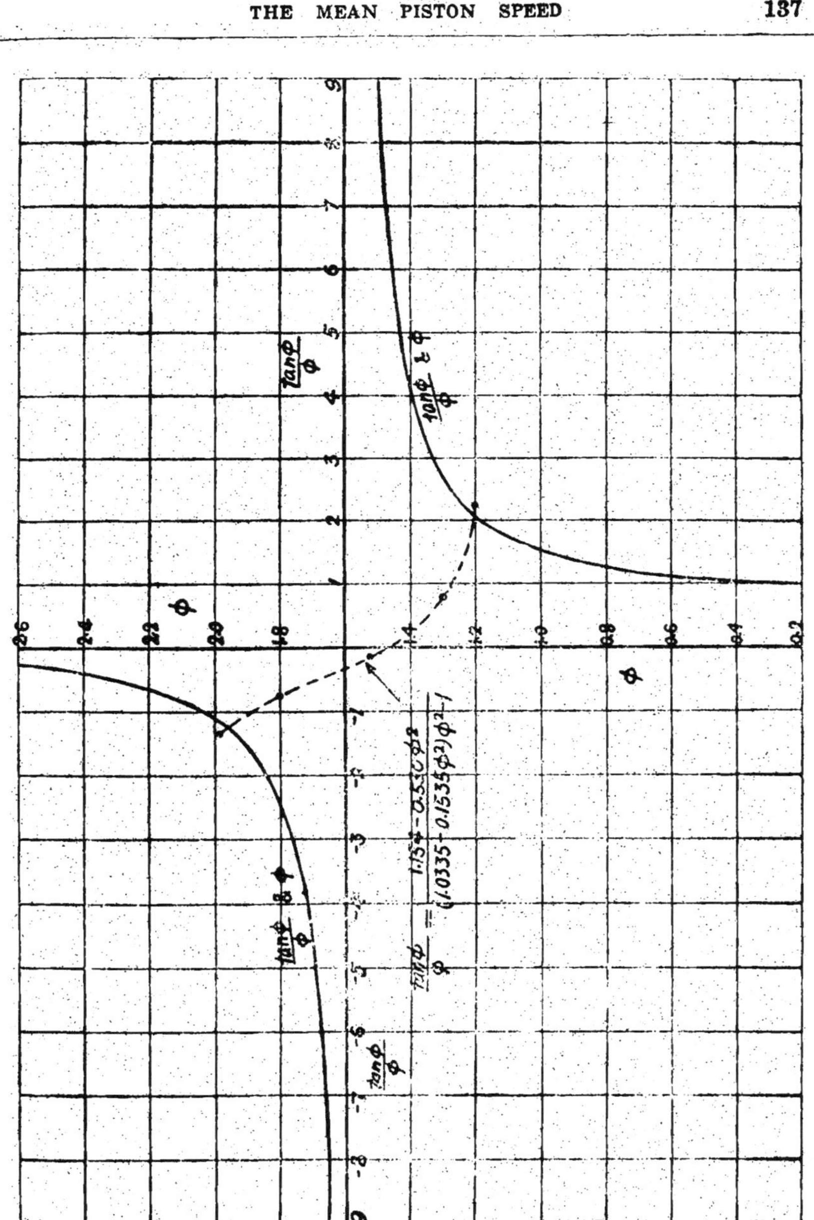

$\frac{\tan\phi}{\phi}$ & ϕ
$\frac{\tan\phi}{\phi}$
ϕ
$\frac{\tan\phi}{\phi} = \frac{1.15\phi - 0.55(\phi)^3}{(1.0335 - 0.1535\phi^2)\phi^2 - 1}$

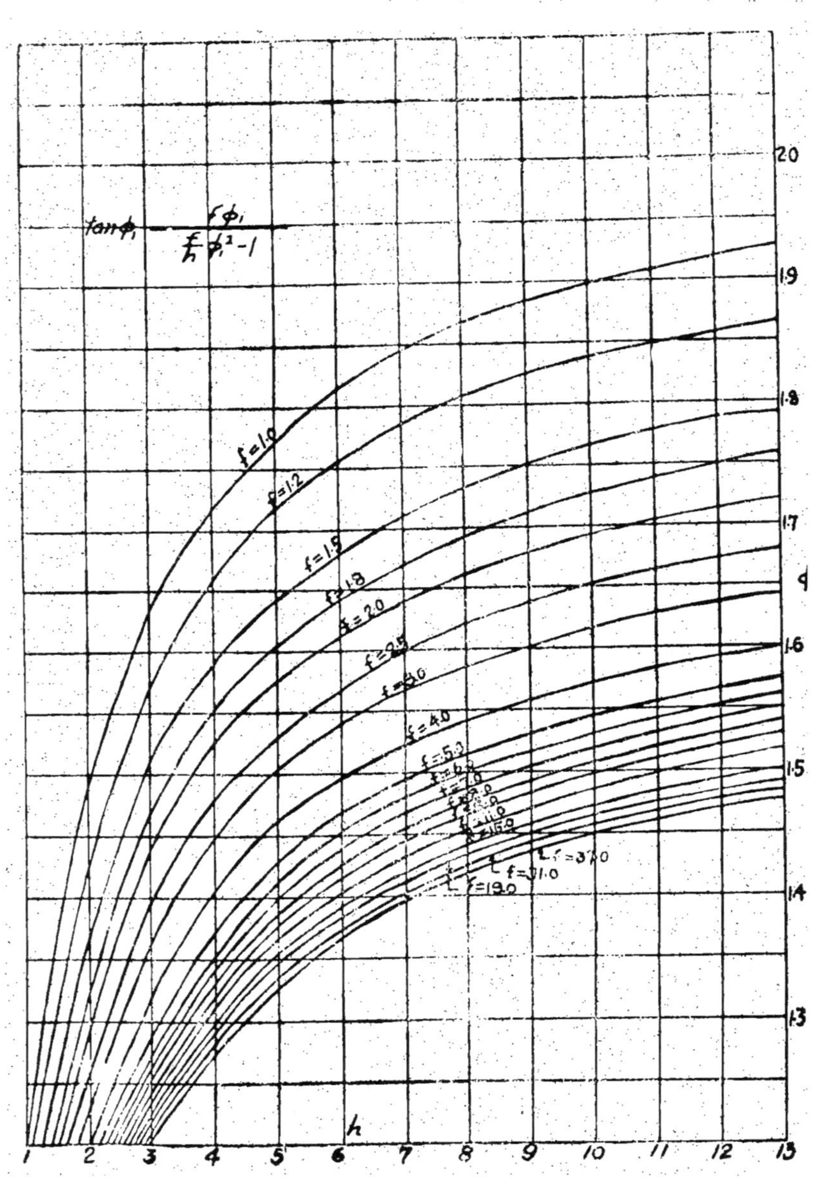

$\tan\phi_1 = \frac{f\phi_1}{\frac{f}{h}\phi_1^2-1}$
f=1.0
f=1.2
f=1.5
f=1.8
f=2.0
f=2.5
f=3.0
f=4.0
f=5.0
f=11.0
f=15.0
f=31.0
f=19.0
h
φ
1
2
3
4
5
6
7
8
9
10
11
12
13
1.3
1.4
1.5
1.6
1.7
1.8
1.9
2.0

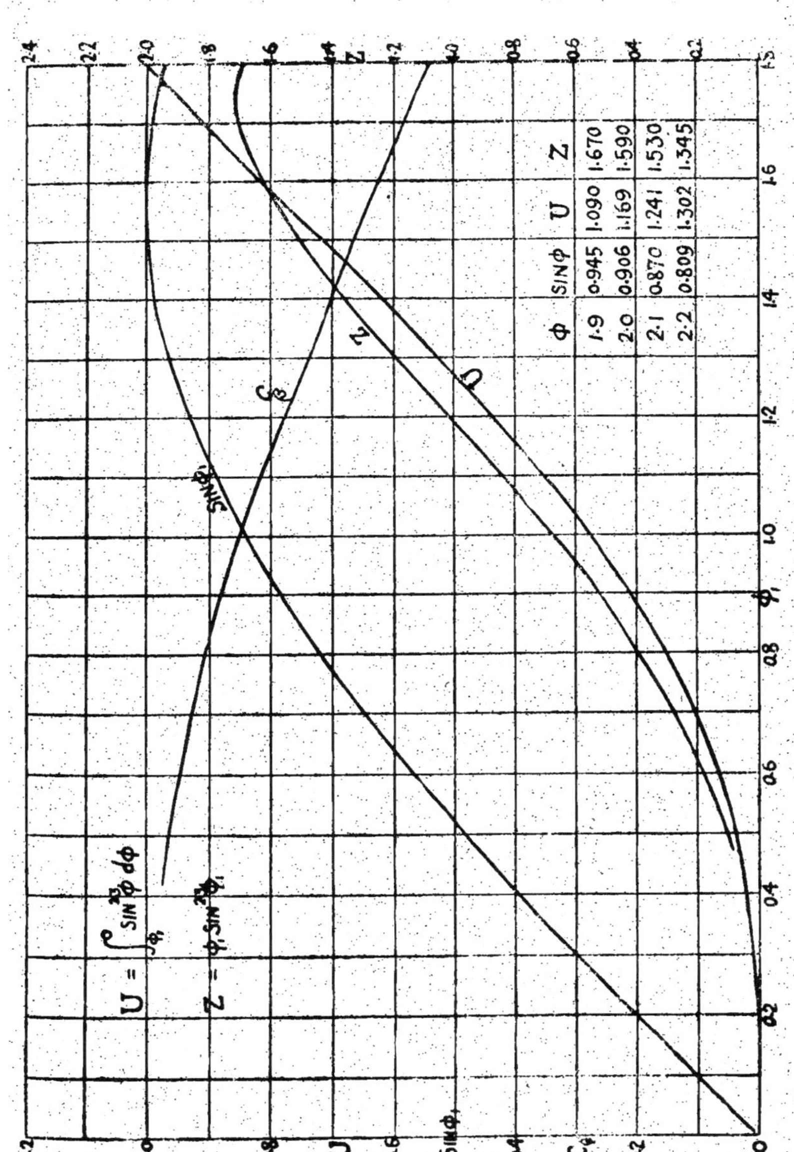

ϕ	SIN ϕ	U	Z
1.9	0.945	1.090	1.670
2.0	0.906	1.169	1.590
2.1	0.870	1.241	1.530
2.2	0.809	1.302	1.345

PHASE DIAGRAMS

FOR FIRING SEQUENCE : 1·3·5·9·7·10·8·6·2·4

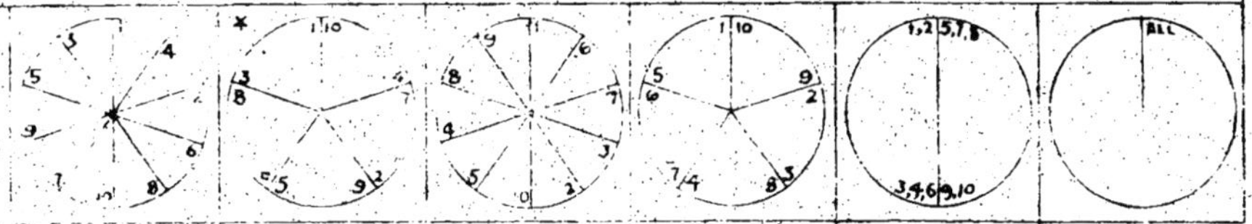

ORDER NUMBER	$\frac{1}{2}$, $4\frac{1}{2}$, $5\frac{1}{2}$, $9\frac{1}{2}$, $10\frac{1}{2}$	1, 4, 6, 9, 11	$1\frac{1}{2}$, $3\frac{1}{2}$, $6\frac{1}{2}$, $8\frac{1}{2}$	2, 3, 7, 8	$2\frac{1}{2}$, $7\frac{1}{2}$,	5, 10, 15	$\frac{1}{2}$, $4\frac{1}{2}$, $5\frac{1}{2}$, $9\frac{1}{2}$, $10\frac{1}{2}$ FIG VII
1-NODE $\Sigma\beta_1$	0.670	0.0850	0.196	0.147	0.319	8.780	
2-NODE $\Sigma\beta_2$	3.2[illegible]	0.265	0.965	0.445	1.422	2.759	

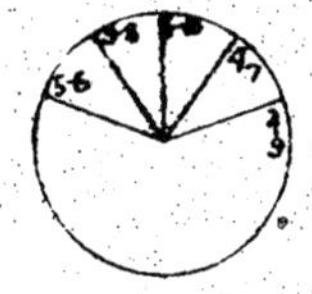

PHASE DIAGRAMS

FOR FIRING SEQUENCE : 1-3-6-9-7-10-8-5-2-4

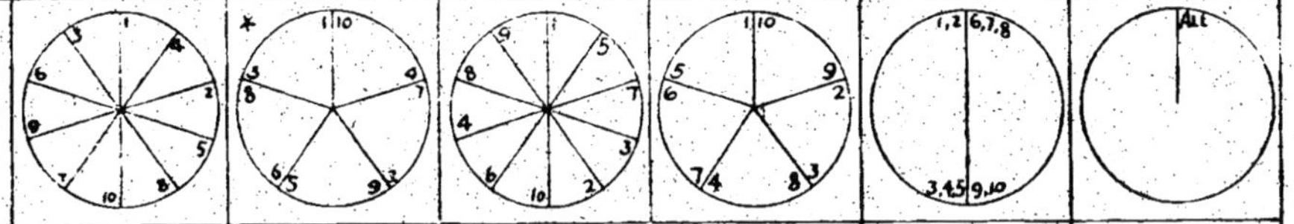

ORDER NUMBER	$\frac{1}{2}$, $4\frac{1}{2}$, $5\frac{1}{2}$, $9\frac{1}{2}$, $10\frac{1}{2}$	1, 4, 6, 9, 11	$1\frac{1}{2}$, $3\frac{1}{2}$, $6\frac{1}{2}$, $8\frac{1}{2}$	2, 3, 7, 8	$2\frac{1}{2}$, $7\frac{1}{2}$,	5, 10, 15	$\frac{1}{2}$, $4\frac{1}{2}$, $5\frac{1}{2}$, $9\frac{1}{2}$, $10\frac{1}{2}$ FIG VIII
1-NODE $\Sigma\beta_1$	0.670	0.0850	0.240	0.147	0.245	8.780	
2-NODE $\Sigma\beta_2$	3.260	0.265	1.190	0.445	1.028	2.759	

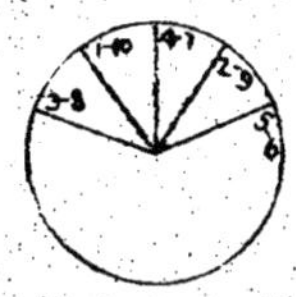

* ALSO REPRESENT THE RELATION OF CRANKS

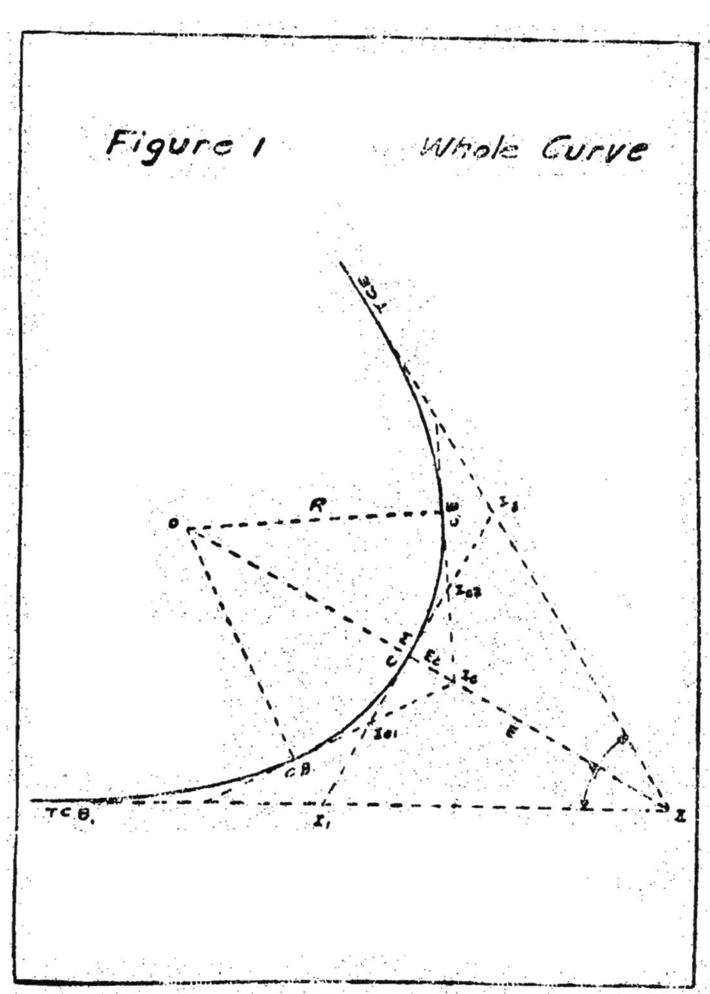
Figure 1
Whole Curve
R
O
CB
E

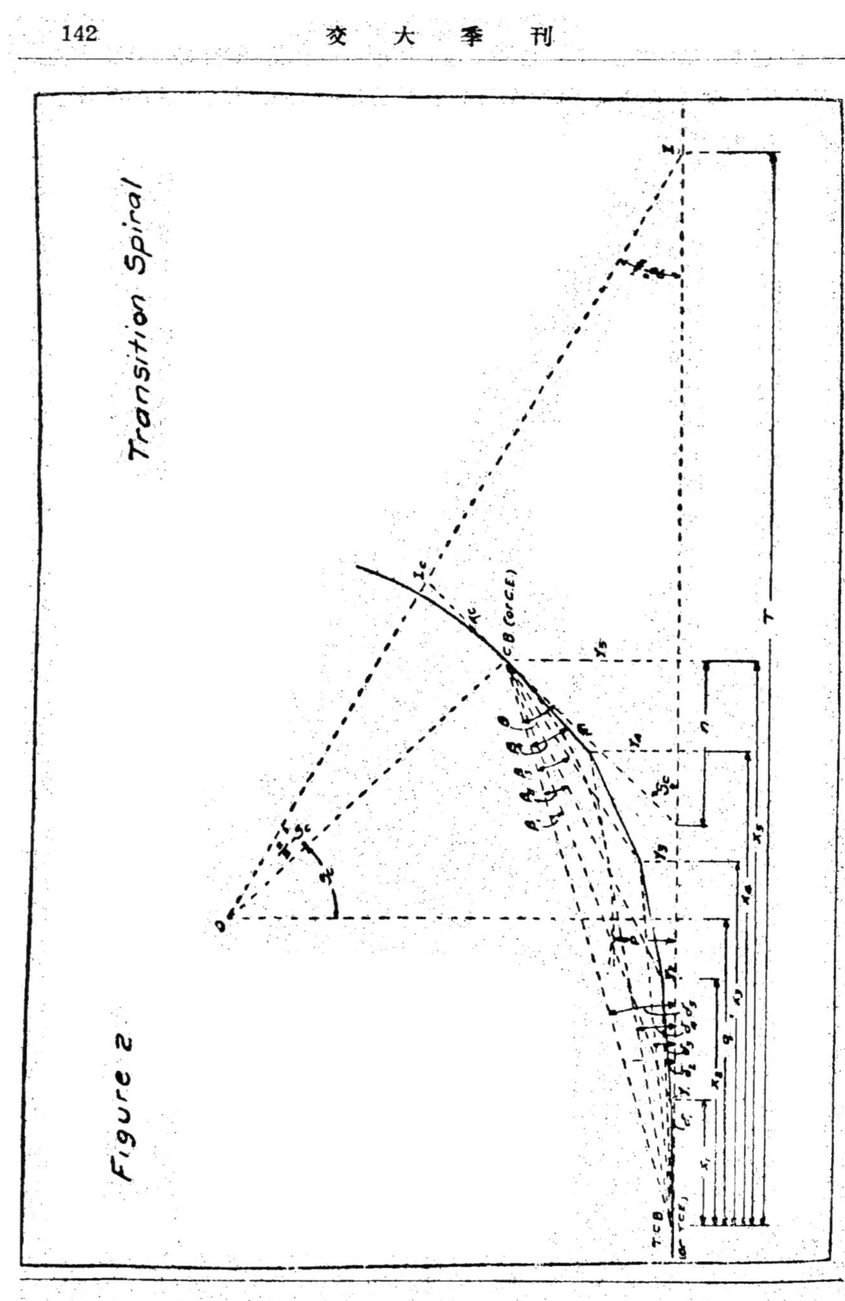
Figure 2
Transition Spiral
C.B (or C.E)
T.C.B
T

Elements
For Locating
Transition Spirals

By

C. H. Shu.

Formulæ

(Metre is taken as unit for length; and degree, for angle.)

Let I = intersection angle (Def. ∠ of 2 tangents);

D = the central angle subtended by a chord of 20 m;

R = radius of circular curve $= 10/\sin\frac{D}{2}$;

l_s = total length of spiral (50m);

l = distance from T. C. B. (or T. C. E.) to any point on spiral;

the length of spiral, in field, be measured by chords (5 equal chords, 10m each).

Then $x = l - \frac{l^5}{40\,R^2\,l_s^2}$; $\qquad y = \frac{l^3}{6\,R\,l_s}$;

$S_c = \frac{5729.5779513\,l_s}{200R}$ $\qquad$ or $= \frac{Dl_s}{40} = \frac{5}{4}D$ (approx);

$\delta_5 = \frac{S_c}{3}$; $\theta = \frac{2S_c}{3}$; $\qquad I_c = I - 2S_c$;

$\delta_1 = \frac{\delta_5}{5^2}$; $\delta_2 = \frac{2^2\,\delta_5}{5^2}$; $\qquad \delta_3 = \frac{3^2\,\delta_5}{5^2}$; $\delta_4 = \frac{4^2\,\delta_5}{5^2}$;

$m = y_5 \cdot \operatorname{cosec} S_c$; $\qquad n = y_5 \cdot \cot S_c$;

$p = y_5 - R\cdot\operatorname{vers} S_c$; $\qquad q = x_5 - R\cdot\sin S_c$;

$T = q + (R+p)\tan\frac{I}{2}$; $\qquad E = p + (R+p)\operatorname{exsec}\frac{I}{2}$;

$T_c = R\cdot\tan\frac{I_c}{2}$; $\qquad E_c = R\cdot\operatorname{exsec}\frac{I_c}{2}$;

Curve length $= C.L. = 2l_s + \frac{\pi R I_c}{180}$ or $= 2l_s + \frac{20\,I_c}{D}$.

To find β: from the following triangle,

$$\Phi_1 = \tan^{-1}\frac{y_5 - y_1}{x_5 - x_1};\ \beta_1 = \Psi_1 - \delta_5 = \tan^{-1}\frac{y_5 - y_1}{x_5 - x_1} - \delta_1$$

Similary, $\beta_2 = \tan^{-1}\frac{y_5 - y_2}{x_5 - x_2} - \delta_5$ and so on

Or:—

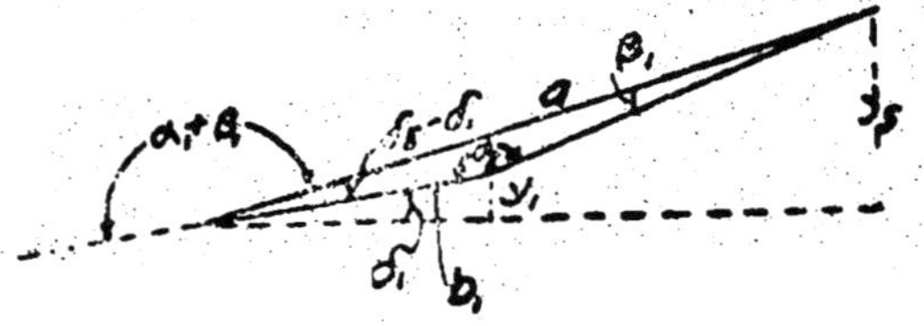

From the above triangle, we have

$$\frac{1}{2}(\beta_1 + \alpha_1) = \frac{1}{2}\left\{ 180^0 - (\delta_5 - \delta_1) \right\};$$

$$\tan\frac{1}{2}(\beta_1 - \alpha_1) = \frac{b_1 - a}{b_1 + a}\tan\frac{1}{2}(\beta_1 + \alpha_1);$$

$$\text{and } \beta_1 = \frac{1}{2}(\beta_1 + \alpha_1) + \frac{1}{2}(\beta_1 - \alpha_1)$$

Similarly the values of β_2, β_3 and β_4 may be easily found.

0°—20′ (R=3437.75)

	°	′	°	′	
δ_1	0	00.33	359	59.67	δ_1
δ_2	0	01.33	359	58.67	δ_2
δ_3	0	03.00	359	57.00	δ_3
δ_4	0	05.33	359	54.67	δ_4
δ_5	0	08.33	359	51.67	δ_5
β_1	0	02.00	359	58.00	β_1
β_2	0	04.67	359	55.33	β_2
β_3	0	08.00	359	52.00	β_3
β_4	0	12.00	359	48.00	β_4
θ	0	16.67	359	43.33	θ

x_1	10.000	y_1	0.001
x_2	20.000	y_2	0.008
x_3	30.000	y_3	0.026
x_4	40.000	y_4	0.062
x_5	49.999	y_5	0.121
p	0.030	q	25.000
m	16.667	n	16.666
S	0°25′.00	I_c	I—0° 50′.00

$$T = 25.00 + 3437.78 \tan \frac{I}{2}.$$

$$T_c = 3437.75 \tan \frac{I_c}{2}.$$

$$E = 0.03 + 3437.78 \text{ exsec } \frac{I}{2}.$$

$$E_c = 3437.75 \text{ exsec } \frac{I_c}{2}.$$

$$C.L. = 100 + 60 I_c.$$

0°—30′ (R=2291.84)

	°	′	°	′	
δ_1	0	00.50	359	59.50	δ_1
δ_2	0	02.00	359	58.00	δ_2
δ_3	0	04.50	359	55.50	δ_3
δ_4	0	08.00	359	52.00	δ_4
δ_5	0	12.50	359	47.50	δ_5
β_1	0	03.01	359	56.99	β_1
β_2	0	07.00	359	53.00	β_2
β_3	0	12.00	359	48.00	β_3
β_4	0	18.00	359	42.00	β_4
θ	0	25.00	359	35.00	θ

x_1	10.000	y_1	0.001
x_2	20.000	y_2	0.012
x_3	30.000	y_3	0.039
x_4	40.000	y_4	0.093
x_5	49.999	y_5	0.182
p	0.045	q	25.000
m	16.667	n	16.666
S_c	0°37′.50	I_c	I—1°15′.00

$$T = 25.000 + 2291.885 \tan \frac{I}{2}.$$

$$T_c = 2291.84 \tan \frac{I_c}{2}.$$

$$E = 0.045 + 2291.885 \operatorname{exsec} \frac{I}{2}.$$

$$E_c = 2291.84 \operatorname{exsec} \frac{I_c}{2}.$$

$$C.L. = 100 + 40 I_c .$$

0°—40′ (R=1718.89)

	°	′	°	′	
δ_1	0	00.67	359	59.33	δ_1
δ_2	0	02.67	359	57.33	δ_2
δ_3	0	06.00	359	54.00	δ_3
δ_4	0	10.67	359	49.33	δ_4
δ_5	0	16.67	359	43.33	δ_5
β_1	0	04.01	359	55.99	β_1
β_2	0	09.33	359	50.67	β_2
β_3	0	16.00	359	44.00	β_3
β_4	0	24.00	359	36.00	β_4
θ	0	33.33	359	26.67	θ

x_1	10.000	y_1	0.002
x_2	20.000	y_2	0.016
x_3	30.000	y_3	0.052
x_4	39.999	y_4	0.124
x_5	49.998	y_5	0.242
p	0.061	q	25.000
m	16.667	n	16.665
S_o	0°50′.00	I_c	I—1°40′.00

$$T = 25.000 + 1718.951 \tan \frac{I}{2}.$$

$$T_c = 1718.89 \tan \frac{I_c}{2}.$$

$$E = 0.061 + 1718.951 \operatorname{exsec} \frac{I}{2}.$$

$$E_c = 1718.89 \operatorname{exsec} \frac{I_c}{2}.$$

$$C.L. = 100 + 30 I_c.$$

$0°—50'$ $(R=1375.11)$

	°	′	°	′	
δ_1	0	00.83	359	59.17	δ_1
δ_2	0	03.33	359	56.67	δ_2
δ_3	0	07.50	359	52.50	δ_3
δ_4	0	13.33	359	46.67	δ_4
δ_5	0	20.83	359	39.17	δ_5
β_1	0	05.01	359	54.99	β_1
β_2	0	11.67	359	48.33	β_2
β_3	0	20.00	359	40.00	β_3
β_4	0	30.00	359	30.00	β_4
θ	0	41.67	359	18.33	θ

x_1	10.000	y_1	0.002
x_2	20.000	y_2	0.019
x_3	30.000	y_3	0.066
x_4	39.999	y_4	0.155
x_5	49.998	y_5	0.303
p	0.076	q	25.000
m	16.667	n	16.665
S_c	$1°02'.50$	I_c	$I—2°05'.00$

$$T = 25.00 + 1375.186 \tan \frac{I}{2}.$$

$$T_c = 1375.11 \tan \frac{I_c}{2}.$$

$$E = 0.076 + 1375.186 \operatorname{exsec} \frac{I}{2}.$$

$$E_c = 1375.11 \operatorname{exsec} \frac{I_c}{2}.$$

$$C.L. = 100 + 24\ I_c.$$

$1°—00'$ $(R=1145.93)$

	°	'	°	'	
δ_1	0	01.00	359	59.00	δ_1
δ_2	0	04.00	359	56.00	δ_2
δ_3	0	09.00	359	51.00	δ_3
δ_4	0	16.00	359	44.00	δ_4
δ_5	0	25.00	359	35.00	δ_5
β_1	0	06.01	359	53.99	β_1
β_2	0	14.00	359	46.00	β_2
β_3	0	24.00	359	36.00	β_3
β_4	0	36.00	359	24.00	β_4
Θ	0	50.00	359	10.00	θ

x_1	10.000	y_1	0.003
x_2	20.000	y_2	0.023
x_3	30.000	y_3	0.079
x_4	39.999	y_4	0.186
x_5	49.998	y_5	0.364
p	0.090	q	25.000
m	16.668	n	16.664
S_c	1°15'.00	I_c	I—2°30'.00

$$T = 25.00 + 1146.02 \tan \frac{I}{2}.$$

$$T_c = 1145.93 \tan \frac{I_c}{2}.$$

$$E = 0.09 + 1146.02 \operatorname{exsec} \frac{I}{2}.$$

$$E_c = 1145.93 \operatorname{exsec} \frac{I_c}{2}.$$

$$C.L. = 100 + 20\, I_c.$$

1°—10′ (R=982.23)

	°	′	°	′	
δ_1	0	01.17	359	58.83	δ_1
δ_2	0	04.67	359	55.33	δ_2
δ_3	0	10.50	359	49.50	δ_3
δ_4	0	18.67	359	41.33	δ_4
δ_5	0	29.17	359	30.83	δ_5
β_1	0	07.01	359	52.99	β_1
β_2	0	16.33	359	43.67	β_2
β_3	0	28.00	359	32.00	β_3
β_4	0	42.00	359	18.00	β_4
θ	0	58.33	359	01.67	θ

x_1	10.000	y_1	0.003
x_2	20.000	y_2	0.027
x_3	30.000	y_3	0.092
x_4	39.999	y_4	0.217
x_5	49.997	y_5	0.424
p	0.105	q	25.000
m	16.669	n	16.663
S	1°27′.50	I_c	I—2° 55′.00

$$T = 25.000 + 982.335 \tan \frac{I}{2}.$$

$$T_c = 982.23 \tan \frac{I_c}{2}.$$

$$E = 0.105 + 982.335 \text{ exsec } \frac{I}{2}.$$

$$E_c = 982.23 \text{ exsec } \frac{I_c}{2}.$$

$$C.L. = 100 + \frac{120}{7} I_c ;$$

1°—20′ (R=859.46)

	°	′	°	′	
δ_1	0	01.33	359	58.67	δ_1
δ_2	0	05.33	359	54.67	δ_2
δ_3	0	12.00	359	48.00	δ_3
δ_4	0	21.33	359	38.67	δ_4
δ_5	0	33.33	359	26.67	δ_5
β_1	0	08.01	359	51.99	β_1
β_2	0	18.67	359	41.33	β_2
β_3	0	32.00	359	28.00	β_3
β_4	0	48.00	359	12.00	β_4
θ	1	06.66	358	53.34	θ

x_1	10.000	y_1	0.004
x_2	20.000	y_2	0.031
x_3	30.000	y_3	0.105
x_4	39.999	y_4	0.248
x_5	49.996	y_5	0.485
p	0.120	q	24.999
m	16.669	n	16.662
S_c	1°40′.00	I_c	I—3° 20′.00

$$T = 24.999 + 859.58 \tan \frac{I}{2}.$$

$$T_c = 859.46 \tan \frac{I_c}{2}.$$

$$E = 0.120 + 859.58 \text{ exsec } \frac{I}{2}.$$

$$E_c = 859.46 \text{ exsec } \frac{I_c}{2}.$$

$$C.L. = 100 + 15\, I_c.$$

1°—30′ (R=763.97)

	°	′	°	′	
δ_1	0	01.50	359	58.50	δ_1
δ_2	0	06.00	359	54.00	δ_2
δ_3	0	13.50	359	46.50	δ_3
δ_4	0	24.00	359	36.00	δ_4
δ_5	0	37.50	359	22.50	δ_5
β_1	0	09.01	359	50.99	β_1
β_2	0	21.00	359	39.00	β_2
β_3	0	36.00	359	24.00	β_3
β_4	0	54.00	359	06.00	β_4
θ	1	15.00	358	45.00	θ

x_1	10.000	y_1	0.004
x_2	20.000	y_2	0.035
x_3	30.000	y_3	0.118
x_4	39.998	y_4	0.279
x_5	49.995	y_5	0.545
p	0.136	q	24.998
m	16.670	n	16.660
S_c	1°52′.50	I_c	I—3°45′.00

$$T = 24.998 + 764.106 \tan \frac{I}{2}.$$

$$T_c = 763.97 \tan \frac{I_c}{2}.$$

$$E = 0.136 + 764.106 \operatorname{exsec} \frac{I}{2}$$

$$E_c = 763.97 \operatorname{exsec} \frac{I_c}{2}.$$

$$C.L. = 100 + \frac{40}{3} I_c.$$

1°—40′ (R=687.57)

	°	′	°	′	
δ_1	0	01.67	359	58.33	δ_1
δ_2	0	06.67	359	53.33	δ_2
δ_3	0	15.00	359	45.00	δ_3
δ_4	0	26.67	359	33.33	δ_4
δ_5	0	41.67	359	18.33	δ_5
β_1	0	10.01	359	49.99	β_1
β_2	0	23.33	359	36.67	β_2
β_3	0	40.00	359	20.00	β_3
β_4	1	00.01	358	59.99	β_4
θ	1	23.33	358	36.67	θ

x_1	10.000	y_1	0.005
x_2	20.000	y_2	0.039
x_3	29.999	y_3	0.131
x_4	39.999	y_4	0.310
x_5	49.993	y_5	0.606
p	0.152	q	24.997
m	16.670	n	16.659
S_c	2°05′.00	I_c	I—4°10′.00

$$T = 24.997 + 687.722 \tan\frac{I}{2}.$$

$$T_c = 687.57 \tan\frac{I_c}{2}.$$

$$E = 0.152 + 687.722 \text{ exsec } \frac{I}{2}.$$

$$E_c = 687.57 \text{ exsec } \frac{I_c}{2}.$$

$$C.L. = 100 + 12\, I_c\,.$$

1°—50′ (R=625.07)

	°	′	°	′	
δ_1	0	01.83	359	58.17	δ_1
δ_2	0	07.33	359	52.67	δ_2
δ_3	0	16.50	359	43.50	δ_3
δ_4	0	29.33	359	30.67	δ_4
δ_5	0	45.83	359	14.17	δ_5
β_1	0	11.01	359	48.99	β_1
β_2	0	25.67	359	34.33	β_2
β_3	0	44.00	359	16.00	β_3
β_4	1	06.01	358	53.99	β_4
θ	1	31.66	358	28.34	θ

x_1	10.000	y_1	0.005
x_2	20.000	y_2	0.043
x_3	29.999	y_3	0.144
x_4	39.997	y_4	0.341
x_5	49.992	y_5	0.667
p	0.167	q	24.997
m	16.671	n	16.657
S_c	2°17′.49	I_c	I—4°34′.98

$$T = 24.997 + 625{,}237 \tan \frac{I}{2}.$$

$$T_c = 625.07 \tan \frac{I_c}{2}.$$

$$E = 0.167 + 625.237 \text{ exsec } \frac{I}{2}.$$

$$E_c = 625.07 \text{ exsec } \frac{I_c}{2}.$$

$$O.L. = 100 + \frac{120}{11} I_c.$$

2°—00′ (R=572.99)

	°	′	°	′	
δ_1	0	02.00	359	58.00	δ_1'
δ_2	0	08.00	359	52.00	δ_2
δ_3	0	18.00	359	42.00	δ_3
δ_4	0	32.00	359	28.00	δ_4
δ_5	0	50.00	359	10.00	δ_5
β_1	0	12.01	359	47.99	β_1
β_2	0	28.00	359	32.00	β_2
β_3	0	48.00	359	12.00	β_3
β_4	1	12.02	358	47.98	β_4
θ	1	39.99	358	20.01	θ

x_1	10.000	y_1	0.006
x_2	20.000	y_2	0.047
x_3	29.999	y_3	0.157
x_4	39.997	y_4	0.372
x_5	49.990	y_5	0.727
p	0.183	q	24.996
m	16.672	n	16.656
S_c	2°29′.99	I_c	I—4°59′.98

$$T = 24.996 + 573.173 \tan \frac{I}{2}.$$

$$T_c = 572.99 \tan \frac{I_c}{2}.$$

$$E = 0.183 + 573.173 \operatorname{exsec} \frac{I}{2}.$$

$$E_c = 572\ 99 \operatorname{exsec} \frac{I_c}{2}.$$

$$C.L. = 100 + 10\, I_c.$$

2°—10′ (R=528.92)

	°	′	°	′	
δ_1	0	02.16	359	57.84	δ_1
δ_2	0	08.66	359	51.34	δ_2
δ_3	0	19.50	359	40.50	δ_3
δ_4	0	34.66	359	25.34	δ_4
δ_5	0	54.16	359	05.84	δ_5
β_1	0	13.01	359	46.99	β_1
β_2	0	30.33	359	29.67	β_2
β_3	0	52.00	359	08.00	β_3
β_4	1	18.02	358	41.98	β_4
θ	1	48.32	358	11.68	θ

x_1	10.000	y_1	0.006
x_2	20.000	y_2	0.050
x_3	29.999	y_3	0.170
x_4	39.996	y_4	0.493
x_5	49.989	y_5	0.788
p	0.198	q	24.996
m	16.673	n	16.654
S_c	2°42′.49	I_c	I—5°24′.98

$$T = 24.996 + 529.118 \tan \frac{I}{2}.$$

$$T_c = 528.92 \tan \frac{I_c}{2}.$$

$$E = 0.198 + 529.118 \operatorname{exsec} \frac{I}{2}.$$

$$E_c = 528.92 \operatorname{exsec} \frac{I_c}{2}.$$

$$O.L. = 100 + \frac{120}{13} I_c .$$

2°—20′ (R=491.14)

	°	′	°	′	
δ_1	0	02.33	359	57.67	δ_1
δ_2	0	09.33	359	50.67	δ_2
δ_3	0	21.00	359	39.00	δ_3
δ_4	0	37.33	359	22.67	δ_4
δ_5	0	58.33	359	01.67	δ_5
β_1	0	14.01	359	45.99	β_1
β_2	0	32.67	359	27.33	β_2
β_3	0	56.00	359	04.00	β_3
β_4	1	24.03	358	35.97	β_4
θ	1	56.66	358	03.34	θ

x_1	10.000	y_1	0.007
x_2	20.000	y_2	0.054
x_3	29.999	y_3	0.183
x_4	39.996	y_4	0.434
x_5	49.987	y_5	0.848
p	0.213	q	24.996
m	16.674	n	16.652
S_c	2°54′.98	I_c	I—5° 49′.96

$$T = 24.996 + 491.353 \tan \frac{I}{2}.$$

$$T_c = 491.14 \tan \frac{I_c}{2}.$$

$$E = 0.213 + 491.353 \operatorname{exsec} \frac{I}{2}.$$

$$E_c = 491.14 \operatorname{exsec} \frac{I_c}{2}.$$

$$C.L. = 100 + \frac{60}{7} I_c.$$

$2°—30'$ $(R=458.40)$

	°	′	°	′	
δ_1	0	02.49	359	57.51	δ_1
δ_2	0	09.99	359	50.01	δ_2
δ_3	0	22.50	359	37.50	δ_3
δ_4	0	39.99	359	20.01	δ_4
δ_5	1	02.49	358	57.51	δ_5
β_1	0	15.01	359	44.99	β_1
β_2	0	35.00	359	25.00	β_2
β_3	1	00.00	359	00.00	β_3
β_4	1	30.03	358	29.97	β_4
θ	2	04.99	357	55.01	θ

x_1	10.000	y_1	0.007
x_2	20.000	y_2	0.058
x_3	29.999	y_3	0.196
x_4	39.995	y_4	0.465
x_5	49.985	y_5	0.909
p	0.228	q	24.996
m	16.675	n	16.649
S_c	$3°07'.48$	I_c	$I—6°\ 14'.96$

$$T = 24.996 + 458.628 \tan\frac{I}{2}.$$

$$T_c = 458.40 \tan\frac{I_c}{2}.$$

$$E = 0.228 + 458.628 \operatorname{exsec}\frac{I_c}{2}.$$

$$E_c = 458.40 \operatorname{exsec}\frac{I_c}{2}.$$

$$C.L. = 100 + 8\,I_c;$$

2°—40′ (R=429.76)

	°	′	°	′	
δ_1	0	02.66	359	57.34	δ_1
δ_2	0	10.66	359	49.34	δ_2
δ_3	0	24.00	359	36.00	δ_3
δ_4	0	42.66	359	17.34	δ_4
δ_5	1	06.66	358	53.34	δ_5
β_1	0	16.01	359	43.99	β_1
β_2	0	37.33	359	22.67	β_2
β_3	1	04.00	358	56.00	β_3
β_4	1	36.04	358	23.96	β_4
θ	2	13.32	357	46.68	θ

x_1	10.000	y_1	0.008
x_2	20.000	y_2	0.062
x_3	29.999	y_3	0.209
x_4	39.994	y_4	0.496
x_5	49.983	y_5	0.970
p	0.243	q	24.995
m	16.676	n	16.647
S_c	3°19′.98	I_c	I—6° 39′.96

$$T = 24.995 + 430.003 \tan \frac{I}{2}.$$

$$T_c = 429.76 \tan \frac{I_c}{2}.$$

$$E = 0.243 + 430.003 \text{ exsec } \frac{I}{2}.$$

$$E_c = 429.76 \text{ exsec } \frac{I_c}{2}.$$

$$C.L. = 100 + \frac{15}{2} I_c.$$

$2°—50'$ $(R=404.48)$

	°	′	°	′	
δ_1	0	02.83	359	57.17	δ_1
δ_2	0	11.33	359	48.67	δ_2
δ_3	0	25.50	359	34.50	δ_3
δ_4	0	45.33	359	14.67	δ_4
δ_5	1	10.83	358	49.17	δ_5
β_1	0	17.01	359	42.99	β_1
β_2	0	39.67	359	20.33	β_2
β_3	1	08.00	358	52.00	β_3
β_4	1	42.04	358	17.96	β_4
θ	2	21.65	357	38.35	θ

x_1	10.000	y_1	0.008
x_2	20.000	y_2	0.066
x_3	29.998	y_3	0.223
x_4	39.994	y_4	0.527
x_5	49.981	y_5	1.030
p	0.258	q	24.995
m	16.677	n	16.645
S_c	3°32′.48	I_c	I—7°04′.96

$$T = 24.995 + 404.738 \tan\frac{I}{2}.$$

$$T_c = 404.48 \tan\frac{I_c}{2}.$$

$$E = 0.258 + 404.738 \text{ exsec }\frac{I}{2}.$$

$$E_c = 404.48 \text{ exsec }\frac{I_c}{2}.$$

$$C.L. = 100 + \frac{120}{17} I_c.$$

3°—00′ (R=382.02)

	°	′	°	′	
δ_1	0	03.00	359	57.00	δ_1
δ_2	0	12.00	359	48.00	δ_2
δ_3	0	27.00	359	33.00	δ_3
δ_4	0	48.00	359	12.00	δ_4
δ_5	1	15.00	358	45.00	δ_5
β_1	0	18.01	359	41.99	β_1
β_2	0	42.00	359	18.00	β_2
β_3	1	12.00	358	48.00	β_3
β_4	1	48.05	358	11.95	β_4
θ	2	29.98	357	30.02	θ

x_1	10.000	y_1	0.009
x_2	20.000	y_2	0.070
x_3	29.998	y_3	0.236
x_4	39.993	y_4	0.558
x_5	49.979	y_5	1.091
p	0.273	q	24.995
m	16.678	n	16.642
S	3°44′.98	I_c	I—7°29′.96

$$T = 24.995 + 382.293 \tan \frac{I}{2}.$$

$$T_c = 382.02 \tan \frac{I_c}{2}.$$

$$E = 0.273 + 382.293 \operatorname{exsec} \frac{I}{2}.$$

$$E_c = 382.02 \operatorname{exsec} \frac{I_c}{2}.$$

$$C.L. = 100 + \frac{20}{3} I_c.$$

3°—10′ (R=361.91)

	°	′	°	′	
δ_1	0	03.17	359	56.83	δ_1
δ_2	0	12.66	359	47.34	δ_2
δ_3	0	28.50	359	31.50	δ_3
δ_4	0	50.66	359	09.34	δ_4
δ_5	1	19.16	358	40.84	δ_5
β_1	0	19.01	359	40.99	β_1
β_2	0	44.33	359	15.67	β_2
β_3	1	16.00	358	44.00	β_3
β_4	1	54.05	358	05.95	β_4
θ	2	38.31	357	21.69	θ

x_1	10.000	y_1	0.009
x_2	20.000	y_2	0.074
x_3	29.993	y_3	0.249
x_4	39.992	y_4	0.589
x_5	49.976	y_5	1.151
p	0.288	q	24.995
[illegible]	16.680	[illegible]	16.629
[illegible]	3°57′.47	I	I—7°54′.94

$$T = 24.995 + 362.198 \tan \frac{I}{2}.$$

$$T_c = 361.91 \tan \frac{I}{2}.$$

$$E = 0.288 + 362.198 \operatorname{exsec} \frac{I}{2}.$$

$$E_c = 361.91 \operatorname{exsec} \frac{I}{2}.$$

$$C.L. = 100 + \frac{120}{19} I.$$

3°—20′ (R=343.82)

	°	′	°	′	
δ_1	0	03.33	359	56.67	δ_1
δ_2	0	13.33	359	46.67	δ_2
δ_3	0	30.00	359	30.00	δ_3
δ_4	0	53.33	359	06.67	δ_4
δ_5	1	23.33	358	36.67	δ_5
β_1	0	20.01	359	39.99	β_1
β_2	0	46.67	359	13.33	β_2
β_3	1	20.00	358	40.00	β_3
β_4	2	00.06	357	59.94	β_4
θ	2	46.64	357	13.36	θ

x_1	10.000	y_1	0.010
x_2	20.000	y_2	0.078
x_3	29.998	y_3	0.263
x_4	39.991	y_4	0.622
x_5	49.973	y_5	1.212
p	0.303	q	24.994
m	16.681	n	16.636
S	4°09′.97	I_c	I—8°19′.94

$$T = 24.994 + 344.123 \tan \frac{I}{2}.$$

$$T_c = 343.82 \tan \frac{I_c}{2}.$$

$$E = 0.303 + 344.123 \operatorname{exsec} \frac{I}{2}.$$

$$E_c = 343.82 \operatorname{exsec} \frac{I_c}{2}.$$

$$C.L. = 100 + 6 I_c.$$

3°—30′ (R=327.46)

	°	′	°	′	
δ_1	0	03.50	359	56.50	δ_1
δ_2	0	13.99	359	46.01	δ_2
δ_3	0	31.50	359	28.50	δ_3
δ_4	0	55.99	359	04.01	δ_4
δ_5	1	27.49	358	32.51	δ_5
β_1	0	21.01	359	38.99	β_1
β_2	0	49.00	359	11.00	β_2
β_3	1	24.00	358	36.00	β_3
β_4	2	06.06	357	53.94	β_4
θ	2	54.97	357	05.03	θ

x_1	10.000	y_1	0.010
x_2	20.000	y_2	0.081
x_3	29.998	y_3	0.275
x_4	39.990	y_4	0.651
x_5	49.971	y_5	1.273
p	0.318	q	24.994
m	16.683	n	16.633
S	4°22′.47	I_c	I—8°44′.94

$$T = 24.994 + 327.778 \tan \frac{I}{2}.$$

$$T_c = 27.46 \tan \frac{I_c}{2}.$$

$$E = 0.318 + 327.778 \operatorname{exsec} \frac{I}{2}.$$

$$E_c = 327.46 \operatorname{exsec} \frac{I_c}{2}.$$

$$C.L. = 100 + \frac{40}{7} I.$$

3°—40′ (R=312.58)

	°	′	°	′	
δ_1	0	03.67	359	56.33	δ_1
δ_2	0	14.66	359	45.34	δ_2
δ_3	0	33.00	359	27.00	δ_3
δ_4	0	58.66	359	01.34	δ_4
δ_5	1	31.66	358	28.34	δ_5
β_1	0	22.01	359	37.99	β_1
β_2	0	51.33	359	08.67	β_2
β_3	1	28.00	358	32.00	β_3
β_4	2	12.07	357	47.93	β_4
θ	3	03.30	356	56.70	θ

x_1	10.000	y_1	0.011
x_2	20.000	y_2	0.085
x_3	29.997	y_3	0.288
x_4	39.990	y_4	0.680
x_5	49.968	y_5	1.333
p	0.333	q	24.993
m	16.684	n	16.630
S	4°34′.96	I_c	I—9°09′.92

$$T = 24.993 + 312.913 \tan \frac{I}{2}.$$

$$T_c = 312.58 \tan \frac{I_c}{2}.$$

$$E = 0.333 + 312.913 \operatorname{exsec} \frac{I}{2}.$$

$$E_c = 312.58 \operatorname{exsec} \frac{I_c}{2}.$$

$$C.L. = 100 + \frac{60}{11} I_c.$$

3°—50′　　(R=298.99)

	°	′	°	′	
δ_1	0	03.83	359	56.17	δ_1
δ_2	0	15.33	359	44.67	δ_2
δ_3	0	34.49	359	25.51	δ_3
δ_4	1	01.32	358	58.68	δ_4
δ_5	1	35.82	358	24.18	δ_5
β_1	0	23.01	359	36.99	β_1
β_2	0	53.67	359	06.33	β_2
β_3	1	32.00	358	28.00	β_3
β_4	2	18.07	357	41.93	β_4
θ	3	11.63	356	48.37	θ

x_1	10.000	y_1	0.011
x_2	20.000	y_2	0.089
x_3	29.997	y_3	0.301
x_4	39.989	y_4	0.714
x_5	49.965	y_5	1.394
p	0.348	q	24.993
m	16.686	n	16.627
S	4°47′.45	I	I—9°34′.90

$$T = 24.993 + 299.338 \tan \frac{I}{2}.$$

$$T_c = 298.99 \tan \frac{I_c}{2}.$$

$$E = 0.348 + 299.338 \operatorname{exsec} \frac{I}{2}.$$

$$E_c = 298.99 \operatorname{exsec} \frac{I_c}{2}.$$

$$C.L. = 100 + \frac{120}{23} I_c.$$

4°—00′ (R=286.54)

	°	′	°	′	
δ_1	0	04.00	359	56.00	δ_1
δ_2	0	16.00	359	44.00	δ_2
δ_3	0	35.99	359	24.01	δ_3
δ_4	1	03.99	358	56.01	δ_4
δ_5	1	39.98	358	20.02	δ_5
β_1	0	24.01	359	35.99	β_1
β_2	0	56.00	359	04.00	β_2
β_3	1	36.00	358	24.00	β_3
β_4	2	24.08	357	35.92	β_4
θ	3	19.96	356	40.04	θ

x_1	10.000	y_1	0.012
x_2	20.000	y_2	0.093
x_3	29.997	y_3	0.314
x_4	39.987	y_4	0.744
x_5	49.962	y_5	1.454
p	0.363	q	24.993
m	16.688	n	16.624
S_c	4°59′.94	I_c	I—9°59′.88

$$T = 24.993 + 286.903 \tan \frac{I}{2}.$$

$$T_c = 286.54 \tan \frac{I_c}{2}.$$

$$E = 0.363 + 286.903 \text{ exsec } \frac{I}{2}$$

$$E_c = 286.54 \text{ exsec } \frac{I_c}{2}.$$

$$C.L. = 100 + 5\, I_c.$$

4°—$10'$　　$(R=275.08)$

	°	′	°	′	
δ_1	0	04.17	359	55.83	δ_1
δ_2	0	16.66	359	43.34	δ_2
δ_3	0	37.49	359	22.51	δ_3
δ_4	1	06.65	358	53.35	δ_4
δ_5	1	44.14	358	15.86	δ_5
β_1	0	25.01	359	34.99	β_1
β_2	0	58.33	359	01.67	β_2
β_3	1	40.00	358	20.00	β_3
β_4	2	30.08	357	29.92	β_4
θ	3	28.29	356	31.71	θ

x_1	10.000	y_1	0.012
x_2	20.000	y_2	0.097
x_3	29.997	y_3	0.327
x_4	39.986	y_4	0.776
x_5	49.958	y_5	1.515
p	0.378	q	24.993
m	16.690	n	16.620
S_c	$5^\circ 12'.43$	I_c	$I-10^\circ 24'.86$

$$T = 24.993 + 275.458 \tan \frac{I}{2}.$$

$$T_c = 275.08 \tan \frac{I_c}{2}.$$

$$E = 0.378 + 275.458 \operatorname{exsec} \frac{I}{2}.$$

$$E_c = 275.08 + \operatorname{exsec} \frac{I_c}{2}.$$

$$C.L. = 100 + \frac{24}{5} I_c.$$

4°—20′ (R=264.51)

	°	′	°	′	
δ_1	0	04.33	359	55.67	δ_1
δ_2	0	17.33	359	42.67	δ_2
δ_3	0	38.99	359	21.01	δ_3
δ_4	1	09.32	358	50.68	δ_4
δ_5	1	48.31	358	11.69	δ_5
β_1	0	26.01	359	33.99	β_1
β_2	1	00.67	358	59.33	β_2
β_3	1	44.00	358	16.00	β_3
β_4	2	36.09	357	23.91	β_4
θ	3	36.62	356	23.38	θ

x_1	10.000	y_1	0.013
x_2	20.000	y_2	0.101
x_3	29.996	y_3	0.340
x_4	39.985	y_4	0.807
x_5	49.955	y_5	1.575
p	0.394	q	24.992
m	16.692	n	16.617
S_c	5°24′.92	I_c	I—10° 49′.84

$$T = 24.992 + 264.904 \tan \frac{I}{2}.$$

$$T_c = 264.51 \tan \frac{I_c}{2}.$$

$$E = 0.394 + 264.904 \operatorname{exsec} \frac{I}{2}.$$

$$E_c = 264.51 \operatorname{exsec} \frac{I_c}{2}.$$

$$C.L. = 100 + \frac{60}{13} I_c .$$

4°—30′ (R=254.71)

δ_1	0	04.50	359	55.50	δ_1
δ_2	0	17.99	359	42.01	δ_2
δ_3	0	40.49	359	19.51	δ_3
δ_4	1	11.98	358	48.02	δ_4
δ_5	1	52.47	358	07.53	δ_5
β_1	0	27.01	359	32.99	β_1
β_2	1	03.00	358	57.00	β_2
β_3	1	48.00	358	12.00	β_3
β_4	2	42.09	357	17.91	β_4
θ	3	44.95	356	15.05	θ

x_1	10.000	y_1	0.013
x_2	20.000	y_2	0.105
x_3	29.996	y_3	0.353
x_4	39.984	y_4	0.838
x_5	49.952	y_5	1.636
p	0.409	q	24.992
m	16.693	n	16.613
S_c	5°37′.41	I_c	I—11°14′.82

$$T = 24.992 + 255.119 \tan \frac{I}{2}.$$

$$T_c = 254.71 \tan \frac{I_c}{2}.$$

$$E = 0.409 + 255.119 \operatorname{exsec} \frac{I}{2}.$$

$$E_c = 254.71 \operatorname{exsec} \frac{I_c}{2}.$$

$$C.L. = 100 + \frac{40}{9} I_c .$$

4°—40′ (R=245.62)

	°	′	°	′	
δ_1	0	04.66	359	55.34	δ_1
δ_2	0	18.66	359	41.34	δ_2
δ_3	0	41.99	359	18.01	δ_3
δ_4	1	14.65	358	45.35	δ_4
δ_5	1	56.63	358	03.37	δ_5
β_1	0	28.01	359	31.99	β_1
β_2	1	05.33	358	54.67	β_2
β_3	1	52.00	358	08.00	β_3
β_4	2	48.10	357	11.90	β_4
θ	3	53.27	356	06.73	θ

x_1	10.000	y_1	0.014
x_2	19.999	y_2	0.109
x_3	29.996	y_3	0.366
x_4	39.983	y_4	0.869
x_5	49.948	y_5	1.696
p	0.425	q	24.991
m	16.695	n	16.609
S_c	5° 49′.90	I_c	I—11° 39′.80

$$T = 24.991 + 246.045 \tan \frac{I}{2}.$$

$$T_c = 245.62 \tan \frac{I_c}{2}.$$

$$E = 0.425 + 246.045 \operatorname{exsec} \frac{I}{2}.$$

$$E_c = 245.62 \operatorname{exsec} \frac{I_c}{2}.$$

$$C.L. = 100 + \frac{30}{7} I_c.$$

4°—50′ ($R=237.16$)

	°	′	°	′	
δ_1	0	04.83	359	55.17	δ_1
δ_2	0	19.33	359	40.67	δ_2
δ_3	0	43.49	359	16.51	δ_3
δ_4	1	17.31	358	42.69	δ_4
δ_5	2	00.80	357	59.20	δ_5
β_1	0	29.01	359	30.99	β_1
β_2	1	07.67	358	52.33	β_2
β_3	1	56.00	358	04.00	β_3
β_4	2	54.10	357	05.90	β_4
θ	4	01.59	355	58.41	θ

x_1	10.000	y_1	0.014
x_2	19.999	y_2	0.112
x_3	29.996	y_3	0.379
x_4	39.982	y_4	0.900
x_5	49.944	y_5	1.757
p	0.441	q	24.991
m	16.698	n	16.605
S_c	6° 02′.39	I_c	I—12° 04′.78

$$T = 24.991 + 237.601 \tan \frac{I}{2}.$$

$$T_c = 237.16 \tan \frac{I_c}{2}.$$

$$E = 0.441 + 237.601 \operatorname{exsec} \frac{I}{2}.$$

$$E_c = 237.16 \operatorname{exsec} \frac{I_c}{2}.$$

$$C.L. = 100 + \frac{120}{29} I_c.$$

5°—00′ (R=229.26)

	°	′	°	′	
δ_1	0	05.00	359	55.00	δ_1
δ_2	0	20.00	359	40.00	δ_2
δ_3	0	44.99	359	15.01	δ_3
δ_4	1	19.97	358	40.03	δ_4
δ_5	2	04.96	357	55.04	δ_5
β_1	0	30.01	359	29.99	β_1
β_2	1	10.00	358	50.00	β_2
β_3	2	00.00	358	00.00	β_3
β_4	3	00.10	356	59.90	β_4
θ	4	09.92	355	50.08	θ

x_1	10.000	y_1	0.015
x_2	19.999	y_2	0.116
x_3	29.995	y_3	0.393
x_4	39.980	y_4	0.931
x_5	49.940	y_5	1.818
p	0.456	q	24.990
m	16.700	n	16.601
S	6° 14′.87	I_c	I—12° 29′.74

$$T = 24.990 + 229.716 \tan \frac{I}{2}.$$

$$T_c = 229.26 \tan \frac{I_c}{2}.$$

$$E = 0.456 + 229.716 \operatorname{exsec} \frac{I}{2}.$$

$$E_c = 229.26 \operatorname{exsec} \frac{I_c}{2}.$$

$$C.L. = 100 + 4\, I_c.$$

5°—10′ (R=221.87)

	°	′	°	′	
δ_1	0	05.16	359	54.84	δ_1
δ_2	0	20.66	359	39.34	δ_2
δ_3	0	46.48	359	13.52	δ_3
δ_4	1	22.64	358	37.36	δ_4
δ_5	2	09.12	357	50.88	δ_5
β_1	0	31.01	359	28.99	β_1
β_2	1	12.33	358	47.67	β_2
β_3	2	04.00	357	56.00	β_3
β_4	3	06.10	356	53.90	β_4
θ	4	18.24	355	41.76	θ

x_1	10.000	y_1	0.015
x_2	19.999	y_2	0.120
x_3	29.995	y_3	0.406
x_4	39.979	y_4	0.962
x_5	49.937	y_5	1.879
p	0.471	q	24.990
m	16.702	n	16.596
S	6° 27′.36	I_c	I—12° 54′.72

$$T = 24.990 + 222.341 \tan \frac{I}{2}.$$

$$T_c = 221.87 \tan \frac{I_c}{2}.$$

$$E = 0.471 + 222.341 \text{ exsec } \frac{I}{2}.$$

$$E_c = 221.87 \text{ exsec } \frac{I_c}{2}.$$

$$C.L. = 100 + \frac{120}{31} I_c.$$

5°—20′ ($R=214.94$)

	°	′	°	′	
δ_1	0	05.33	359	54.67	δ_1
δ_2	0	21.33	359	38.67	δ_2
δ_3	0	47.98	359	12.02	δ_3
δ_4	1	25.31	358	34.69	δ_4
δ_5	2	13.29	357	46.71	δ_5
β_1	0	32.01	359	27.99	β_1
β_2	1	14.67	358	45.33	β_2
β_3	2	08.00	357	52.00	β_3
β_4	3	12.11	356	47.89	β_4
θ	4	26.57	355	33.43	θ

x_1	10.000	y_1	0.015
x_2	19.999	y_2	0.124
x_3	29.995	y_3	0.419
x_4	39.978	y_4	0.993
x_5	49.932	y_5	1.939
p	0.486	q	24.989
m	16.704	n	16.592
S	6° 39′.85	I_c	I—13° 19′.70

$$T = 24.989 + 215.426 \tan \frac{I}{2}.$$

$$T_c = 214.94 \tan \frac{I_c}{2}.$$

$$E = 0.486 + 215.426 \operatorname{exsec} \frac{I}{2}.$$

$$E_c = 214.94 \operatorname{exsec} \frac{I_c}{2}.$$

$$C.L. = 100 + \frac{15}{4} I_c.$$

5°—30′ (R=208.43)

	°	′	°	′	
δ_1	0	05.49	359	54.51	δ_1
δ_2	0	21.99	359	38.01	δ_2
δ_3	0	49.48	359	10.52	δ_3
δ_4	1	27.97	358	32.03	δ_4
δ_5	2	17.45	357	42.55	δ_5
β_1	0	33.01	359	26.99	β_1
β_2	1	17.00	358	43.00	β_2
β_3	2	12.00	357	48.00	β_3
β_4	3	18.11	356	41.89	β_4
θ	4	34.89	355	25.11	θ

x_1	10.000	y_1	0.016
x_2	19.999	y_2	0.128
x_3	29.994	y_3	0.432
x_4	39.976	y_4	1.024
x_5	49.928	y_5	2.000
p	0.501	q	24.989
m	16.707	n	16.587
S	6° 52′.34	I_c	I—13° 44′.68

$$T = 24.989 + 208.931 \tan \frac{I}{2},$$

$$T_c = 208.43 \tan \frac{I_c}{2},$$

$$E = 0.501 + 208.931 \operatorname{exsec} \frac{I}{2},$$

$$E_c = 208.43 \operatorname{exsec} \frac{I_c}{2}.$$

$$C.L. = 100 + \frac{40}{11} I.$$

5°—40′ ($R=202.30$)

	°	′	°	′	
δ_1	0	05.66	359	54.34	δ_1
δ_2	0	22.66	359	37.34	δ_2
δ_3	0	50.98	359	09.02	δ_3
δ_4	1	30.63	358	29.37	δ_4
δ_5	2	21.61	357	38.39	δ_5
β_1	0	34.01	359	25.99	β_1
β_2	1	19.33	358	40.67	β_2
β_3	2	16.00	357	44.00	β_3
β_4	3	24.11	356	35.89	β_4
θ	4	43.21	355	16.79	θ

x_1	10.000	y_1	0.016
x_2	19.999	y_2	0.132
x_3	29.994	y_3	0.445
x_4	39.975	y_4	1.055
x_5	49.923	y_5	2.060
p	0.516	q	24.988
m	16.709	n	16.583
S_c	7° 04′.82	I_c	I—14° 09′.64

$$T = 24.988 + 202.816 \tan \frac{I}{2}.$$

$$T_c = 202.30 \tan \frac{I_c}{2}.$$

$$E = 0.516 + 201.816 \text{ exsec } \frac{I}{2}.$$

$$E_c = 202.30 \text{ exsec } \frac{I_c}{2}.$$

$$C.L. = 100 + \frac{60}{17} I_c.$$

5°—$50'$ $(R=196.53)$

	°	′	°	′	
δ_1	0	05.82	359	54.18	δ_1
δ_2	0	23.32	359	36.68	δ_2
δ_3	0	52.48	359	07.52	δ_3
δ_4	1	33.29	358	26.71	δ_4
δ_5	2	25.77	357	34.23	δ_5
β_1	0	35.01	359	24.99	β_1
β_2	1	21.67	358	38.33	β_2
β_3	2	19.99	357	40.01	β_3
β_4	3	30.11	356	29.89	β_4
θ	4	51.54	355	08.46	θ

x_1	10.000	y_1	0.017
x_2	19.999	y_2	0.136
x_3	29.994	y_3	0.458
x_4	39.973	y_4	1.086
x_5	49.919	y_5	2.121
p	0.531	q	24.987
u	16.711	v	16.577
S	$7^\circ\ 17'.31$	L	$I-11^\circ\ 34'.62$

$$T=24.987+197.061\tan\frac{I}{2}.$$

$$T=196.53\tan\frac{I}{2}.$$

$$E=0.531+197.061\ \text{exsec}\ \frac{I}{2}.$$

$$E=196.53\ \text{exsec}\ \frac{I}{2}.$$

$$C.L.=100+\frac{24}{7}I.$$

6°—00′ (R=191.07)

	°	′	°	′	
δ_1	0	06.00	359	54.00	δ_1
δ_2	0	23.99	359	36.01	δ_2
δ_3	0	53.97	359	06.03	δ_3
δ_4	1	35.96	358	24.04	δ_4
δ_5	2	29.93	357	30.07	δ_5
β_1	0	36.01	359	23.99	β_1
β_2	1	24.00	358	36.00	β_2
β_3	2	23.99	357	36.01	β_3
β_4	3	36.11	356	23.89	β_4
θ	4	59.87	355	00.13	θ

x_1	10.000	y_1	0.017
x_2	19.999	y_2	0.140
x_3	29.993	y_3	0.471
x_4	39.972	y_4	1.117
x_5	49.914	y_5	2.182
p	0.546	q	24.987
m	16.714	n	16.572
S	7° 29′.80	I_c	I—14° 59′.60

$$T = 24.987 + 191.616 \tan \frac{I}{2}.$$

$$T_c = 191.07 \tan \frac{I_c}{2}.$$

$$E = 0.546 + 191.616 \operatorname{exsec} \frac{I}{2}.$$

$$E_c = 191.07 \operatorname{exsec} \frac{I_c}{2}.$$

$$C.L. = 100 + \frac{10}{3} I_c.$$

6°—10 $(R=185.91)$

δ_1	0	06.16	359	53.84	δ_1
δ_2	0	24.65	359	35.35	δ_2
δ_3	0	55.47	359	04.53	δ_3
δ_4	1	38.62	358	21.38	δ_4
δ_5	2	34.09	357	25.91	δ_5
β_1	0	37.01	359	22.99	β_1
β_2	1	26.33	358	33.67	β_2
β_3	2	27.99	357	32.01	β_3
β_4	3	42.11	356	17.89	β_4
θ	5	08.19	354	51.81	θ

x_1	10.000	y_1	0.018
x_2	19.999	y_2	0.143
x_3	29.993	y_3	0.484
x_4	39.970	y_4	1.148
x_5	49.909	y_5	2.242
p	0.562	q	24.986
m	16.717	n	16.566
S	7 42′.28	I_c	I—15°24′.56

$$T = 24.986 + 186.472 \tan \frac{I}{2}.$$

$$T_c = 185.91 \tan \frac{I_c}{2}$$

$$E = 0.562 + 186.472 \operatorname{exsec} \frac{I}{2}.$$

$$E = 185.91 \operatorname{exsec} \frac{I_c}{2}.$$

$$C.L. = 100 + \frac{120}{37} I .$$

6°—20′ (R=181.03)

δ_1	0	06.33	359	53.67	δ_1
δ_2	0	25.32	359	34.68	δ_2
δ_3	0	56.97	359	03.03	δ_3
δ_4	1	41.28	358	18.72	δ_4
δ_5	2	38.25	357	21.75	δ_5
β_1	0	38.01	359	21.99	β_1
β_2	1	28.67	358	31.33	β_2
β_3	2	31.99	357	28.01	β_3
β_4	3	48.11	356	11.89	β_4
θ	5	16.51	354	43.49	θ

x_1	10.000	y_1	0.013
x_2	19.999	y_2	0.147
x_3	29.993	y_3	0.497
x_4	39.969	y_4	1.179
x_5	49.905	y_5	2.303
p	0.577	q	24.985
m	16.719	n	16.561
S_c	7° 54′.76	I_c	I—15° 49′.52

$$T = 24.985 + 181.607 \tan \frac{I}{2}.$$

$$T_c = 181.03 \tan \frac{I_c}{2}.$$

$$E = 0.577 + 181.607 \text{ exsec } \frac{I}{2}.$$

$$E_c = 181.03 \text{ exsec } \frac{I_c}{2}.$$

$$C.L. = 100 + \frac{60}{19} I_c .$$

6°—30′ ($R=176.39$)

	°	′	°	′	
δ_1	0	06.50	359	53.50	δ_1
δ_2	0	25.99	359	34.01	δ_2
δ_3	0	58.47	359	01.53	δ_3
δ_4	1	43.94	358	16.06	δ_4
δ_5	2	42.41	357	17.59	δ_5
β_1	0	39.01	359	20.99	β_1
β_2	1	31.00	358	29.00	β_2
β_3	2	35.99	357	24.01	β_3
β_4	3	54.11	356	05.89	β_4
θ	5	24.83	354	35.17	θ

x_1	10.000	y_1	0.019
x_2	19.999	y_2	0.151
x_3	29.992	y_3	0.510
x_4	39.967	y_4	1.210
x_5	49.900	y_5	2.363
p	0.593	q	24.984
m	16.722	[illegible]	16.555
S_c	8°07′.21	I_c	I—16° 14′.48

$$T = 24.984 + 176.983 \tan \frac{I}{2}.$$

$$T_c = 176.39 \tan \frac{I_c}{2}.$$

$$E = 0.593 + 276.983 \text{ exsec } \frac{I}{2}.$$

$$E_c = 176.39 \text{ exsec } \frac{I_c}{2}.$$

$$C.L. = 100 + \frac{40}{13} I_c .$$

6°—40′ (R=171.98)

	°	′	°	′	
δ_1	0	06.66	359	53.34	δ_1
δ_2	0	26.65	359	33.35	δ_2
δ_3	0	59.97	359	00.03	δ_3
δ_4	1	46.60	358	13.40	δ_4
δ_5	2	46.57	357	13.43	δ_5
β_1	0	40.01	359	19.99	β_1
β_2	1	33.33	358	26.67	β_2
β_3	2	39.99	357	20.01	β_3
β_4	4	00.11	355	59.89	β_4
θ	5	33.15	354	26.85	θ

x_1	10.000	y_1	0.019
x_2	19.999	y_2	0.155
x_3	29.992	y_3	0.523
x_4	39.965	y_4	1.241
x_5	49.894	y_5	2.424
p	0.608	q	24.983
m	16.725	n	16.549
S_c	8° 19′.72	I_c	I—16° 39′.44

$$T = 24.983 + 172.588 \tan \frac{I}{2}.$$

$$T_c = 171.98 \tan \frac{I_c}{2}$$

$$E = 0.608 + 172.588 \text{ exsec } \frac{I}{2}.$$

$$E_c = 171.98 \text{ exsec } \frac{I_c}{2}.$$

$$C.L. = 100 + 3\, I_c\,.$$

6°—50′ (R=167.79)

	°	′	°	′	
δ_1	0	06.83	359	53.17	δ_1
δ_2	0	27.32	359	32.68	δ_2
δ_3	1	01.46	358	58.54	δ_3
δ_4	1	49.27	358	10.73	δ_4
δ_5	2	50.73	357	09.27	δ_5
β_1	0	41.01	359	18.99	β_1
β_2	1	35.67	358	24.33	β_2
β_3	2	43.99	357	16.01	β_3
β_4	4	06.11	355	53.89	β_4
θ	5	41.47	354	18.53	θ

x_1	10.000	y_1	0.020
x_2	19.999	y_2	0.159
x_3	29.991	y_3	0.536
x_4	39.964	y_4	1.272
x_5	49.889	y_5	2.484
p	0.624	q	24.982
m	16.728	n	16.543
S	8° 32′.20	I_c	I—17° 04′.40

$$T = 24.982 + 168.414 \tan \frac{I}{2}.$$

$$T_c = 167.79 \tan \frac{I_c}{2}.$$

$$E = 0.624 + 168.414 \operatorname{exsec} \frac{I}{2}.$$

$$E_c = 167.79 \operatorname{exsec} \frac{I_c}{2}.$$

$$C.L. = 100 - \frac{120}{41} I.$$

7°—00′ (R=163.80)

	°	′	°	′	
δ_1	0	07.00	359	53.00	δ_1
δ_2	0	27.98	359	32.02	δ_2
δ_3	1	02.96	358	57.04	δ_3
δ_4	1	51.93	358	08.07	δ_4
δ_5	2	54.89	357	05.11	δ_5
β_1	0	42.01	359	17.99	β_1
β_2	1	38.00	358	22.00	β_2
β_3	2	47.99	357	12.01	β_3
β_4	4	12.11	355	47.89	β_4
θ	5	49.79	354	10.21	θ

x_1	10.000	y_1	0.020
x_2	19.999	y_2	0.163
x_3	29.991	y_3	0.549
x_4	39.962	y_4	1.302
x_5	49.884	y_5	2.544
p	0.640	q	24.980
m	16.731	n	16.537
S_c	8° 44′.68	I_c	I—17° 29′.36

$$T = 24.98 + 164.44 \tan \frac{I}{2}.$$

$$T_c = 163.80 \tan \frac{I_c}{2}.$$

$$E = 0.64 + 164.44 \operatorname{exsec} \frac{I}{2}.$$

$$E_c = 163.80 \operatorname{exsec} \frac{I_c}{2}.$$

$$O.L. = 100 + \frac{20}{7} I_c.$$

7°—10′ (R=160.00)

	°	′	°	′	
δ_1	0	07.16	359	52.84	δ_1
δ_2	0	28.65	359	31.35	δ_2
δ_3	1	04.46	358	55.54	δ_3
δ_4	1	54.59	358	05.41	δ_4
δ_5	2	59.05	357	00.95	δ_5
β_1	0	43.01	359	16.99	β_1
β_2	1	40.34	358	19.66	β_2
β_3	2	51.99	357	08.01	β_3
β_4	4	18.11	355	41.89	β_4
θ	5	58.10	354	01.90	θ

x_1	10.000	y_1	0.021
x_2	19.999	y_2	0.167
x_3	29.991	y_3	0.562
x_4	39.960	y_4	1.333
x_5	49.878	y_5	2.604
p	0.655	q	24.980
m	16.735	n	16.531
S_c	8° 57′.15	I_c	I—17° 54′.30

$$T = 24.980 + 160.655 \tan \frac{I}{2}.$$

$$T_c = 160 \tan \frac{I_c}{2}.$$

$$E = 0.655 + 160.655 \operatorname{exsec} \frac{I}{2}.$$

$$E_c = 160 \operatorname{exsec} \frac{I_c}{2}.$$

$$C.L. = 100 + \frac{120}{43} I_c.$$

$7°—20'$ $(R=156.37)$

	°	′	°	′	
δ_1	0	07.33	359	52.67	δ_1
δ_2	0	29.31	359	30.69	δ_2
δ_3	1	05.96	358	54.04	δ_3
δ_4	1	57.25	358	02.75	δ_4
δ_5	3	03.21	356	56.79	δ_5
β_1	0	44.01	359	15.99	β_1
β_2	1	42.68	358	17.32	β_2
β_3	2	55.99	357	04.01	β_3
β_4	4	24.08	355	35.92	β_4
θ	6	06.41	353	53.59	θ

x_1	10.000	y_1	0.021
x_2	19.999	y_2	0.170
x_3	29.990	y_3	0.575
x_4	39.958	y_4	1.364
x_5	49.872	y_5	2.665
p	0.671	q	24.978
m	16.737	n	16.524
S_c	9° 09′.62	I_c	I—18° 19′.24

$$T = 24.978 + 157.041 \tan \frac{I}{2}.$$

$$T_c = 156.37 \tan \frac{I_c}{2}.$$

$$E = 0.671 + 157.041 \text{ exsec } \frac{I}{2}.$$

$$E_c = 156.32 \text{ exsec } \frac{I_c}{2}.$$

$$C.L. = 100 + \frac{30}{11} I_c.$$

7°—30′ (R=152.90)

	°	′	°	′	
δ_1	0	07.49	359	52.51	δ_1
δ_2	0	29.98	359	30.02	δ_2
δ_3	1	07.45	358	52.55	δ_3
δ_4	1	59.91	358	00.09	δ_4
δ_5	3	07.36	356	52.64	δ_5
β_1	0	45.01	359	14.99	β_1
β_2	1	45.01	358	14.99	β_2
β_3	2	59.99	357	00.01	β_3
β_4	4	30.04	355	29.96	β_4
θ	6	14.73	353	45.27	θ

x_1	10.000	y_1	0.022
x_2	19.999	y_2	0.174
x_3	29.989	y_3	0.589
x_4	39.956	y_4	1.395
x_5	49.866	y_5	2.725
p	0.686	q	24.977
m	16.741	n	16.517
S	9° 22′.09	I_c	I—18° 44′.18

$$T = 24.977 + 153.586 \tan \frac{I}{2}.$$

$$T_c = 152.90 \tan \frac{I_c}{2}.$$

$$E = 0.686 + 153.356 \operatorname{exsec} \frac{I}{2}.$$

$$E_c = 152.90 \operatorname{exsec} \frac{I_c}{2}.$$

$$C.L. = 100 + \frac{8}{3} I_c.$$

$7°—40'$ ($R=149.58$)

	°				
δ_1	0	07.66	359	52.34	δ_1
δ_2	0	30.64	359	29.36	δ_2
δ_3	1	08.95	358	51.05	δ_3
δ_4	2	02.57	357	57.43	δ_4
δ_5	3	11.52	356	48.48	δ_5
β_1	0	46.01	359	13.99	β_1
β_2	1	47.34	358	12.66	β_2
β_3	3	03.99	356	56.01	β_3
β_4	4	36.00	355	24.00	β_4
θ	6	23.05	353	36.95	θ

x_1	10.000	y_1	0.022
x_2	19.999	y_2	0.178
x_3	29.989	y_3	0.602
x_4	39.954	y_4	1.426
x_5	49.860	y_5	2.785
p	0.702	q	24.976
m	16.744	n	16.511
S_c	9° 34'.57	I_c	I—19° 09'.14

$$T = 24.976 + 150.282 \tan \frac{I}{2}.$$

$$T_c = 149.58 \tan \frac{I_c}{2}.$$

$$E = 0.702 + 150.282 \text{ exsec } \frac{I}{2}.$$

$$E_c = 149.58 \text{ exsec } \frac{I_c}{2}.$$

$$C.L. = 100 + \frac{60}{23} I_c .$$

7°—50′ (R=146.40)

	°	′	°	′	
δ_1	0	07.83	359	52.17	δ_1
δ_2	0	31.31	359	28.69	δ_2
δ_3	1	10.44	358	49.56	δ_3
δ_4	2	05.24	357	54.76	δ_4
δ_5	3	15.68	356	44.32	δ_5
β_1	0	47.02	359	12.98	β_1
β_2	1	49.68	358	10.32	β_2
β_3	3	07.99	356	52.01	β_3
β_4	4	41.96	355	18.04	β_4
θ	6	31.37	353	28.63	θ

x_1	10.000	y_1	0.023
x_2	19.998	y_2	0.132
x_3	29.983	y_3	0.615
x_4	39.952	y_4	1.457
x_5	49.854	y_5	2.846
p	0.717	q	24.975
m	16.748	n	16.504
S	9° 47′.05	I_c	I—19° 34′.10

$$T = 24.975 + 147.117 \tan \frac{I}{2}.$$

$$T_c = 146.40 \tan \frac{I_c}{2}.$$

$$E = 0.717 + 147.117 \operatorname{exsec} \frac{I}{2}.$$

$$E_c = 146.40 \operatorname{exsec} \frac{I_c}{2}.$$

$$C.L. = 100 + \frac{120}{47} I_c.$$

8°—00′ (R=143.36)

	°	′	°	′	
δ_1	0	07.99	359	52.01	δ_1
δ_2	0	31.97	359	28.03	δ_2
δ_3	1	11.94	358	48.06	δ_3
δ_4	2	07.89	357	52.11	δ_4
δ_5	3	19.83	356	40.17	δ_5
β_1	0	48.02	359	11.98	β_1
β_2	1	52.01	358	07.99	β_2
β_3	3	11.99	356	48.01	β_3
β_4	4	47.92	355	12.08	β_4
θ	6	39.67	353	20.33	θ

x_1	10.000	y_1	0.023
x_2	19.998	y_2	0.186
x_3	29.988	y_3	0.628
x_4	39.950	y_4	1.488
x_5	49.848	y_5	2.906
p	0.733	q	24.974
m	16.751	n	16.497
S	9° 59′.50	I_c	I—19° 59′.00

$$T = 24.974 + 144.093 \tan \frac{I}{2}.$$

$$T_c = 143.36 \tan \frac{I_c}{2}.$$

$$E = 0.733 + 144.093 \operatorname{exsec} \frac{I}{2}.$$

$$E_c = 143.36 \operatorname{exsec} \frac{I}{2}.$$

$$C.L. = 100 + \frac{5}{2} I_c.$$

中華民國廿一年　月出版

交大季刊 第八期 工程號

出版者
上海交通大學出版委員會

發行者
上海徐家匯交通大學

印刷者
上海文瑞印書館
四川路三十二號

每册定價
大洋四角

交通大學刊行

交大季刊

管理號

第九期

中華民國二十一年七月出版

總理遺像

革命尚未成功

同志仍須努力

總理遺囑

余致力國民革命凡四十年其目的在求中國之自由平等積四十年之經驗深知欲達到此目的必須喚起民衆及聯合世界上以平等待我之民族共同奮鬥

現在革命尚未成功凡我同志務須依照余所著建國方略建國大綱三民主義及第一次全國代表大會宣言繼續努力以求貫澈最近主張開國民會議及廢除不平等條約尤須於最短期間促其實現是所至囑

交大季刊管理號目錄

專載

興築公路之理財方法

顧康樂

國家富強，視實業之發達爲準衡；實業進展，賴交通之便捷爲命脈。我國開化雖早，而五千年來，渾渾噩噩，尚鮮建設。遷延迄今，始知貧弱老國不能存立於此世界。孫中山先生之提倡建設，殆爲斯歟！夫建設之事業，千緒萬端。若路，電，郵，航，農林，礦冶，市政，水利，等項，無一不爲目今要圖。然交通爲一國之命脈、百事興發端賴運輸暢達。道路既爲運輸之利器，則其興築費之籌措，尤稱當世之急。爰集歐美道路理財書冊，彙著成篇，備參考焉。

道路起源於狹徑，經地主允可，成爲公用小道。自政治發展，道路之通行與安全俱爲法律所保障。英國稱道路爲王路，蓋以國土爲帝王私產。美邦則以道路爲公路。按諸律例，路有破壞或阻塞時，得繞旁地行之。法院能指出公欵以償私產農田損失，而無有禁止繞行者。因此之故倘欲避免農產損傷，其附近地主應每年工作於修路數次。是故道路爲通行之權利，而非僅爲踐踏之行徑已也。美國舊以人丁稅充修路費，今之道路稅則已數次更易。大概可分爲公私兩項之收入：

私欵築路　公路之私人捐建者，首推美國特拉回挨省之賓邦路，貫通該省南北，耗去美金三百餘萬元云。又山林茂盛之地，恆有林木或礦務公司經營闢路，並開放公用，蓋具有廣告性質在焉。船埠貨場附近之道路，雖係輪船或鐵路公司所修築，大都任人通行，以招顧客。歐美鐵路未發達前，征稅路(Toll road)之興築，輒若實業公司之投資，私人資本有達百萬元以上者。第以火車盛行，征稅路漸被收歸公有。昔日按載重及里數計稅之道路，幾均改爲捐照矣。

公欵築路　政府之財力均藉人民扶助。以理論言，道路修築費亦可得自人民納稅。往昔歐美路政尙未考究，修築簡單，而用徵工制度。附近居民按戶攤派工作；惟管理無方，勞工每以談笑吸煙爲消閑之計，待夕陽西下，則工事告畢。蓋其工程尙無一定之配置與檢察也。晚近路政改良，修築又多複雜，需欵浩大，人民納稅義務因之增加。若人口稅，財產稅，所得稅，職業稅，娛樂稅，照會捐，及其他特稅等，或由政府之直接徵收，或以印花之銷售粘貼，皆能充築路之經費。以上稅名并可以直接稅，間接稅，及特稅等，名目包括之。

直接稅　凡向人民或財產徵收者，謂之直接稅。其稅額視財產多寡爲比例。人丁稅則徵自二十一至五十歲之男子。所得稅視各人所入薪俸而定。應課之稅於交付前由稅局通知。道路稅之徵收，亦可以路旁人口財產計之。惟運輸要道，修築費用甚巨，勢必取之於較大範圍。若關於一鎭，一縣，或一省，之公共利益者，捐稅亦依次推廣之。

間接稅　非直接取自人民或其財產之稅，謂之間接稅。凡附屬於消耗品，製造物，輸入品，出口品，或娛樂等，稅費之徵收，政府向承稅商人。廠家，或劇場經理接洽。稅費則於貨物或票券出售時加收。汽車之牌照捐，與汽油之出售稅，俱稱間接稅。因車輛損傷道路，乘者應負補償之責。公共汽車或其他車輛之營業捐。取自公司，公司中卽加入於營業費內，而終出之於乘客囊中。

特別稅　凡因公共事業之建設，而征稅於任何資產者，謂之特別稅。其稅額之多寡，視其事業影響於其地之利益爲標準。此種稅法最適用於築路。大道兩邊之地產，在一定範圍內，應納稅欵充修築費。此項地產，謂之邊產。凡道路之修築，其附近地所受利益，與道路距離相關，惟不能以簡單比例計之耳。按美國立法機關制定法規，築路之正稅價，以地離路之遠度之平方根爲比例，示於下式：

$$y^2 = 1000x$$

y 爲稅價，x 爲距離。（見第1圖）以一直線十均分，每份之中點作垂直線。依公式計算曲線之各點，連接如圖。

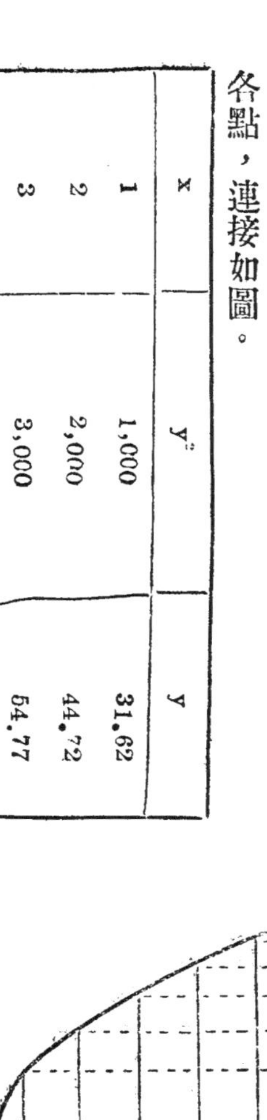

x	y^2	y
1	1,000	31.62
2	2,000	44.72
3	3,000	54.77

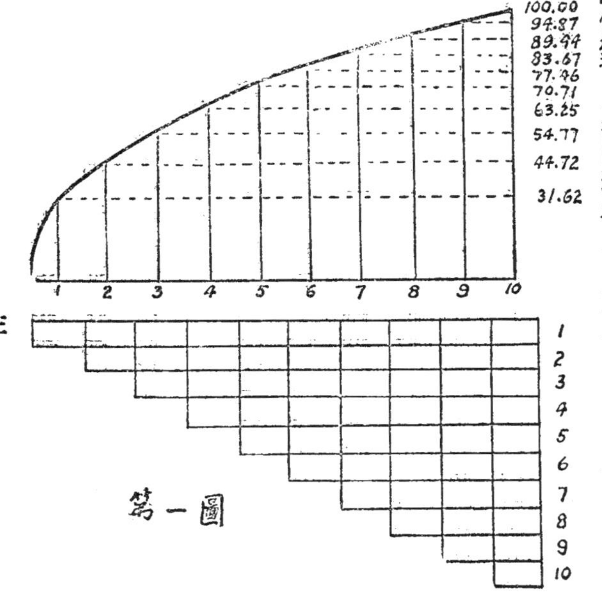

第一圖

4	4,000	63,25
5	5,000	70,71
6	6,000	77,46
7	7,000	83,67
8	8,000	89,44
9	9,000	94,87
10	10,000	100,00

例如第一圖。在靠近路線之一單位地積，應納課稅31.62元。又在靠近之二單位地積，應納課稅44,72元。由是推算，離路尤遠，稅額尤低。

築路之先，每不能確述費用之銀元數。故以邊尺數計之爲便。按邊尺即沿路邊之長度也。但每一地積，雖非貼近路界者，亦可假定其爲若干邊尺。課稅之推算，以邊尺數合成銀元數。設有一英里之道路，兩邊共計二英里（或 10560 呎）。即兩邊課稅地積共有 10560 邊尺。課稅額之多少，旣以其地離路邊之遠度爲準，則任一地積，可分爲無數稅額遞變之小積。然在實際上，欲使計算便利，以道路兩岸課稅地區分爲帶區，與路之方向平行，而後計算每帶區之稅額。

帶區之分量　欲定帶區之稅額分量，需先繪曲線 A C，如第二圖，與第一圖畫法同。並分基線 A B 爲若干段數（帶區數），以每段之中點作垂直線，與曲線相交而得中距。（見第二表）表中第三項之百分數，以中距乘 100 除 94.87 得之。第四項之分量，即爲第三項差數，第五項之調和分量，即爲第四項之整齊數。第六項爲連續總數。

第二表　　五帶區之分量

帶區	中 距	百分數	分 量	調和分量	總 數
1	31.62	33.3	33.3	$33\frac{1}{3}$	$33\frac{1}{3}$
2	54.77	57.7	24.4	25	$58\frac{1}{3}$
3	70.71	74.6	18.9	$16\frac{2}{3}$	75
4	83.67	88.5	13.9	15	90
5	94.87	100.0	11.5	10	100

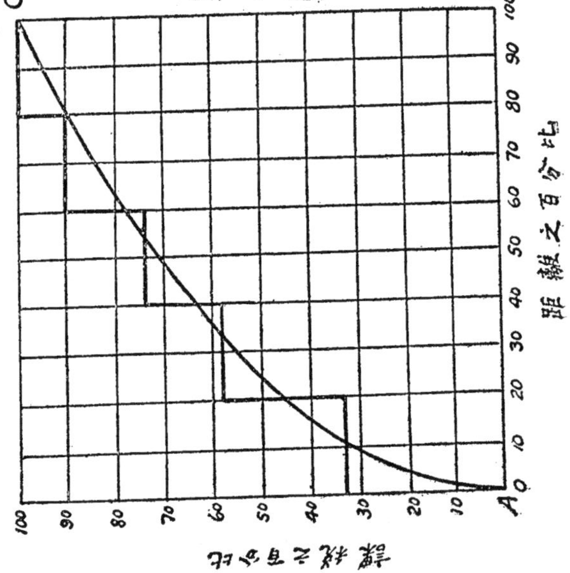

又如一地分爲六帶區，其離路邊之百分比爲$8\frac{1}{3}$，25，$41\frac{2}{3}$，$58\frac{1}{3}$，75，及$91\frac{2}{3}$，下表第二項各數，仍以公式 $y^2=1000x$ 計之，設 $x=\frac{8\frac{1}{3}}{100}$，則$y=28.86$ 等等。

第二圖

距離之百分比

第三表　六帶區之分量

帶區	中 距	百分數	分量	調和分量	總數	調和分量之又一法	總數
1	28.86	31	31	30	30	$33\frac{1}{3}$	$33\frac{1}{3}$
2	50.00	52	21	20	50	20	$53\frac{1}{3}$
3	64.45	67	15	15	65	$16\frac{2}{3}$	70

4	76.70	80	13	$12\frac{1}{2}$	$77\frac{1}{2}$	10	80
5	87.02	91	11	$12\frac{1}{2}$	90	10	90
6	95.73	100	9	10	100	10	100

邊尺之核算　假定路之兩岸二英里以內，爲課稅之範圍。劃分其地爲四帶區。以公式計算，則第一帶區之課數分量爲 50，卽其地邊尺數之半。第二帶區之分量爲 25，卽邊尺數百分之二十五。第三帶區之分量爲 15，第四帶區之分量爲 10，在一英里之道路，共有 10560 邊尺。此數以四平方英里分攤之，靠近路邊之第一帶區應派

$$10560 \times \frac{50}{100} = 5280 \text{ 邊尺。}$$

但此帶區之面積爲一方英里，（兩岸合計）合 640 英畝。故在第一帶區，每畝合有

$$\frac{5280}{640} = 8\frac{1}{4} \text{ 邊尺。（見第四表）}$$

第四表　　每畝之邊尺數

帶區	分量	每英里之邊尺數	邊尺數 1畝	10畝	20畝	40畝	80畝	160畝
1	50	5280	8.250	82.50	165.0	330	630	1320
2	25	2640	4.125	41.25	82.5	165	330	660
3	15	1584	2.475	24.75	49.5	99	198	396
4	10	1056	1.650	16.50	33.0	66	132	264

設有面積相等之二地，各爲800畝。惟其與路之位置關係不同。（見第三圖）二地之邊尺數，遂亦不同。計算之結果如第五表。

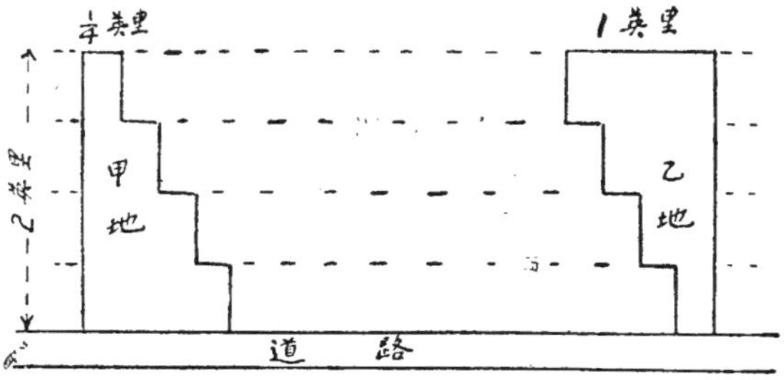

甲地　乙地　道路　1英里

第三圖

第五表　甲乙二地之課稅計算（第三圖）

帶區	分量	甲地 畝數	甲地 邊尺數	乙地 畝數	乙地 邊尺數
1	50	320	2640	80	660
2	25	240	990	160	660
3	15	160	396	240	594
4	10	80	132	320	528
總計	…	800	4158	800	2442

實際上，任何一地之帶區，每不均等，地形亦不方正，計算原理大致相似，惟稍見複雜耳。第四圖示一較複雜之地積，各地之邊尺數。詳見第六表。築路費用除以邊尺，得每邊尺之銀數。每一地積之課稅，由是得之。

每帶區之寬30尺

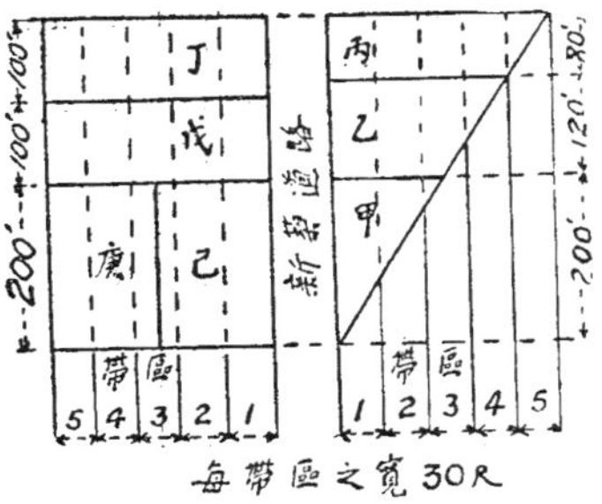

第四圖

邊尺數＝800.

每邊尺之分量面積

$$=\frac{1936000}{800}=2420.$$

每地之邊尺數

$$=\frac{\text{分量面積}}{2420}$$

第六表　邊尺之計算（第四圖）

帶區	分量	帶區 面積	帶區 分量面積	甲地 面積	甲地 分量面積	乙地 面積	乙地 分量面積	丙地 面積	丙地 分量面積
1	$33\frac{1}{3}$	22800	760000	4800	160000	3600	120000	2400	80000
2	25	20400	510000	2400	60000	3600	90000	2400	60000
3	$16\frac{2}{3}$	18000	300000	300	5000	3300	55000	2400	40000
4	15	15600	234000			1200	18000	2400	36000
5	10	13200	132000					1200	12000
總計		90000	1936000	7500	225000	11700	283000	10800	228000
邊尺數			800		93.1		116.7		94.3

帶區	分量	丁地 面積	丁地 分量面積	戊地 面積	戊地 分量面積	己積 面積	己積 分量面積	庚地 面積	庚地 分量面積
		3000	100000	3000	100000	6000	200000		
		3000	75000	3000	75000	6000	150000		
		3000	50000	3000	50000	3000	50000	3000	50000
		3000	45000	3000	45000			6000	90000
		3000	30000	3000	30000			6000	60000
總計		15000	300000	15000	300000	15000	400000	15000	200000
邊尺數			124.0		124.0		165.1		82.8

公債 課稅方法，每不足以應付修築全費。一路興築，既不能分年而成。故巨欵來源，告貸於富者，而分期償還之 償還金即以課稅作擔保。蓋道路工程一旦成功，百年受賜，由公債方法以均其負擔於將來，自公平之觀念言之，亦屬不可缺之舉也。公債之種類及計算方法，詳工程經濟，茲不贅述。

管夷吾與歐文費休之貨幣數量學說

唐慶永

今人之談貨幣價值者，輒推重美國歐文費休教授(Prof. Irving Fisher)之數量學說，或安德生教授(Prof P.m. Anderson)之商品學說，(註一)一、若此少數學說，為天下未有之圭臬者。吾不禁嘆曰。是乃捨本逐末之流亞耳！何以言之？夫歐文費休氏，固為今日貨幣數量學說派中之健將，其學說自有不磨之論，使吾人深印腦海，不能遺忘。不過數量學說，亦頗有不合事實之處。且該說最早倡自一五六八年法國鮑亭氏 (Jean Bodin)，經英之亞丹斯密司 (Adam Smith) 李嘉圖氏(Darid Ricardo) 甚至今日之歐文費休氏始告大成。(註二)吾人若以歷史眼光論之，實不足為奇。路史有言，伏羲聚天下之銅制棘幣，黃帝範金為貨 以金，刀，泉，布，帛，立為五幣。(註三)周太公呂尙立九府圜法，貨賫於金，利於刀，流於泉，布於布，束於帛，(註四)此實為吾國應用貨幣之嚆矢 雖無數量學說之意義，而為時約在紀元前二千七百年，固絕早也。洎乎管夷吾出，倡經濟理財分配之說，而涉及貨幣說者甚夥，(註五)有貨幣數量說之眞意義。考管夷吾相齊之時，約在紀元前六百八十五年，其學說盛行較今日歐文費休氏之貨幣數量說為早，即一班歐美經濟家所承認提倡數量學說最早之鮑亭氏亦尙在其後。夫管夷吾之貨幣數量學說，重貨幣輕重之論，重貨幣數量分配流通調劑之法以救濟國家金融，而及於貨幣價值之論。歐文費休氏之貨幣數量學說，重貨幣價值，重購買力，或物價水平，從數量方面論貨幣價值之變化，(註六)所有近代之信用器具，一併在詳細討論之列，立說較新穎，蓋所處之時代及經濟環境全與管夷吾不同，故兩說之性質，亦有互異者也。

浙江徐青甫氏嘗於其『經濟革命救國之要旨』講演中有言曰：『……我同胞有二種毛病；一種是學習新學的，滿腹外來的學說，覺得本國事事不如人，以爲這是我古人所未知，以致成了崇拜外人的奴性。一種是泥古不化的，以爲古人未經說過，這是夷狄之言，不曉得採長補短，隨時求進步的。此類人逐漸減少，將要絕滅了！但是前一種毛病，愈傳愈廣，大爲可懼，如果奴性遍成，眞是要亡國、使我數千年文化埋沒於沉冤之中！……我們既生在現世，與古來情形不同，自應急其所急，讀現在應用的書，不必於古紙堆中枉費許多功夫。不過曉得外國情形現在勝於我們，是他的環境造成，並非我們人的資質聰明不如他。他的長處我們應該盡量吸收，他的短處我們亦應該辨別唾棄，不驕傲，頑固，自封進步，却亦不囫圇崇拜，盲效瞎從。……一面虛衷吸收，一面自尊判斷，如遇自覺前日主張有誤，立行捨去，毫不廻護，方能漸成確切之智識，…………云云。（註七）此說確爲金科玉律。以言研究貨幣數量說，最近雖有歐文費休氏，然吾國昔日亦何嘗無關於是項學說之倡行耶？本文之作，目的在敘述管夷吾與歐文費休氏兩家之說，附以簡單之討論，不重批評及比較，而尤要者，深盼今後之一班經濟學者，勿以得歐美區區之皮毛而自詡，致墮爲捨本逐末之流亞也！

管夷吾之貨幣數量學說

（國蓄篇）凡五穀者，萬物之主也，穀貴則萬物必賤，穀賤則萬物必貴，兩者爲敵，則不俱平。故人君御穀物之秩相勝，而操事於其不平之間。

（又）夫物多則賤，寡則貴，散則輕，聚則重。人君知其然，故視國之羨不足，而御其財物。穀賤，則以幣予食，布帛賤，則以幣予衣，視物之輕重，而御之以准，故貴賤可調。

（又）歲適美，則市糶無予，而狗彘食人食，歲適凶，則市糴釜十鏹，而道有餓民。然則豈壤力固不足，而食固不贍也哉？夫往歲之糶賤，狗彘食人食，故來歲之民不足也。物適賤，則半力而無予，民事不償其本，物適貴，則什倍而不可得，民失其用。然則豈財物固寡而本委不足也哉？夫民利之時失，而物利之不平也。故善者委施於民之所不足，操事於民之所有餘，夫民有餘則輕之，故人君斂之以輕、民不足則重之，故人君散之以重，斂積之以輕，散行之以重，故君必有什倍之利，而財之櫎可得而平也。

（山國軌篇）然後調立環乘之幣，田軌之有餘於其人食者，謹置公幣焉。大家衆，小家寡，山田間田，曰終歲其食不足於其人若干，則置公幣焉，以滿其准。重歲豐年五穀登，謂高田之萌曰，吾所寄幣於子者若干，鄉穀之櫎若干，請爲子什減三，穀爲上，幣爲下，高田撫間田，山不被穀十倍，山田以君寄幣，振其不贍，未淫失也，高田以時撫於主上，坐長加十也。女貢織帛，苟合於國奉者，皆置而券之。以鄉擴市准曰，上無幣有穀，以穀准幣，環穀而應筴，國奉決穀，反准賦軌幣，穀廩重有加十，謂大家委貲家曰，上且修遊，人出若干幣，謂鄰縣曰，有實者：皆勿左右，不贍，則且爲人馬假其食民，鄰縣四面皆櫎穀，坐長而十倍，上下令曰，貲，假幣、皆以穀准幣，直幣而庚之，穀爲下，幣爲上，百都百縣軌，據穀坐長十倍，環穀而應假幣，國幣之九在上，一在下，幣重，而萬物輕，斂萬物，應之以幣，幣在下，萬物皆在上，萬物重十倍，府官以市櫎出萬物，隆而止，國軌布於未形，據其已成，乘令而進退，無求於民，謂之國軌。

（又）桓公問管子曰，請問幣乘馬。管子對曰，始取夫三大夫之家，方六里而一乘，二十七人而奉一乘，幣乘馬者，方六里，田之美惡若干，穀之多寡若干，穀之貴賤若干，凡方六里，用幣若干，穀之重，用幣若干，故幣乘馬者，布幣於國，幣爲一國陸地之數，謂之幣乘馬。桓公曰，行幣乘馬之數，奈何？管子對曰，士受資以幣，大夫受邑以幣，人馬受食以幣，以幣則一國之穀貲在上，幣貲在下，國穀什倍，數也，萬物財物去什二，筴也，皮革筋角羽毛竹箭器械財物，苟合於國器君用者，皆有矩券於上，君實鄉州藏焉，曰某月某日，苟從責者，鄉決州決，故曰，就庸一日而決，國筴出於穀，軌國之筴，貨幣乘馬者也。今刀布藏於官府，巧幣萬物輕重，皆在賈之，彼幣重而萬物輕，幣輕而萬物重，彼穀重而穀輕，人君操穀幣金衡，而天下可定也，此守天下之數也。

（輕重乙篇）桓公曰，吾欲殺正商賈之利，而益農夫之事，爲此有道乎？管子對曰，粟重而萬物輕，粟輕而萬物重，兩者不衡立，故殺正商賈之利，而益農夫之事，則請重粟之價金三百。若是，則田野大辟，而農夫勤其事矣。桓公曰，重之有道乎？管子對曰，請以令與大夫城藏，使卿諸侯藏千鍾，令大夫藏五百鍾，列大夫藏百鍾，富商當賈藏五十鍾，內可以爲國委，外可以益農夫之事。

（又）桓公問於管子曰，衡有數乎？管子對曰，衡無數也。衡者使物一高一下，不得常固。桓公曰，然則衡數不可調耶：管子對曰，不可調、調則澄，澄則常，常則高下不貳，高下不貳，則萬物不可得而使固。桓公曰，然則何以守時？管子對曰，夫歲有四秋，而分有四時，大春農事且作，請以什伍農夫，賦耜鐵，此之謂春之秋，大夏且至，絲纊之所作，此之謂夏之秋，而大秋成，五穀之所會，此之謂秋之秋，大冬營室中，女事紡織緝縷之所作也，此之謂冬之秋。故歲有四秋，而分有四時，已有四者之序，發號出令，物之輕重，相什而相伯，故物不得有常固，故曰，衡無數。（註八）

按管夷吾所謂財橫，即今之金融也。蓋社會金融之變化，倏忽萬千，同一地也，或寬或緊，因時而異。吾人若能善用之，足以影響國計民生。制止之法，惟有設立中央機關，以資調劑，故應先視全國所需貨幣之多少，準其數而鑄造之，名曰公幣，其數量不可太多，亦不可太少，太多則其價格低落，價格低落，物價昂貴。反之，物價低落。貨幣之流通數量既足影響物價，此所以謹置公幣之法尙矣。然則，全國貨幣數量究應置若干？其需要多少究如何而定耶？管氏曾有言曰，可考諸全國民衆互相交易之物品總計若干，總値若干，再定其數之多少。故尤須察一國之田若干，其所產穀若干，及其他皮革，筋角，羽毛，竹箭，器械，財物等，悉行註簿，準其數以鑄幣，則幣常能與國民之供求相符合。又視當時國民之需要與否而伸縮其流通額，社會金融寬泛，事業衰頹，則將貨幣收回於中央金庫中，金融迫切，經濟恐慌，則將貨幣散布於市場間。管子國蓄篇所謂，『民有餘則輕之，人君斂之以輕，民不足則重之，人君散之以重』是操縱或平準物價之道也。當管夷吾之時，仍有用穀類爲貨幣者，故有置公幣而須調查穀產之說，蓋穀猶今日之實幣。有時作爲準備者。至此調劑穀幣之法，實與今日各國中央銀行制之紙幣政策之伸縮法大同小異。試以今日美國聯邦準備銀行制度（Federal Reserv System）而言，美國聯合準備銀行每視社會之需要與否，而頒發紙幣，如耶穌誕節及農業品出產收穫時，社會一般人士暨農夫需要金融，聯合準備銀行可得聯合準備會（Federal Reserve Board）之許可，經聯合準備總理處（Federal Reserve Agent）增發紙幣，同時增加放款額於會員銀行，扶助民衆之需。當需要過去，於是將所發紙幣收回，儲存於華盛頓之聯合準備總理處，（註九）是確與管夷吾之金融政策無甚差異也。

管氏之貨幣調劑分配說如此，其所及範圍甚廣，由貨幣數量而貨幣價值，由貨幣價值而物價，而政策，可謂至矣。以其言之善也，於是吾人不得不思今日之歐文費休氏，蓋二家之學說，雖有國界之隔閡。為時容有先後，然不少雷同者，乃後世人專崇視歐文費休氏為數量學說之鼻祖，何識見之小哉？然則管氏之學說，固不無可供討論處，視其鑄公幣之法，（即山至數篇所謂幣乘馬已見上文）欲行之今日之世。恐岌岌乎甚難！蓋在今日動態經濟社會之中，國民之生產力及消費力隨時有伸縮，而其所起之原因極形複雜，決不能以全國民所有財產劃為簿籍，而即準之以求民衆所需要貨幣之數量也，此其一。同一貨幣之數，而流通之速率，應用次數之多寡，效用之大小，彼此不同，設與現有財產比，欲固定其量，則貨幣伸縮之用不顯，此其二。貨幣之流通，不限於一國，常互相流動於國際之間，今雖準本國所有財產以鑄幣，其流動極自然，於議置公幣數何尤？蓋幣多，不必常存國內，幣少，國外貨幣可以流入以抵補其缺。今僅以本國財產為標準，自不盡然，此其三（註十）。凡此三者，以近代經濟環境言，似不可行。蓋今日機器發達，實業繁興，國民生產消費變遷甚速也，不過此法行之於管子之時，為經國妙用也固無疑義耳！

（一）貨幣數量學說之觀念。（甲）價格之定義。——費休教授之意見，謂吾人調查世間物件之方法，概可用數學公式表明之，（註十一）換言之，數學中加減乘除及等號公式，可以應用有效。數量學說之於物價亦然，是故推而進之，凡每件物品單位之價格，與每件貨幣單位交易時輒相等，即左方有若干貨幣單位。右方即有若干相等之貨物，彼此平衡。

（二）物價水平說。——貨幣數量學說之對於物價，並非指各個商品之物價而言，乃指物價水平。（Price Lerel），（註十二）費休教授反對一般人所論物價之說，以為物價水平乃多數各個物價之平均，而各個物品之價格，由於供求關係及市場情形所支配。費休教授意謂當物價水平一高一低時，社會之供求力量，決不因水平之變動至有伸縮或上下。即社會供求力。仍可十分發展於物價水平低落之時也。例如某甲出洋十元，購鞋一雙，彼之所以出洋十元者，因其他一切物價亦高之故也。故物價水平，乃各個物品價格高漲之定奪者，各個物品價格之有高下，於物價水平，如海潮之汹湧起伏於水平線之上下。海潮之起，緣於風力，而海之水平，乃水量及海面大小所造成之結果。價格之與物價水平亦然，物價水平乃供求力彼此分離之結果。故貨幣數量學說乃一物價水平之學說，並非價格之學說，

（丙）貨幣之特殊性。——物品價值，全由效用迭減律（Law of Diminishing Utility）所支配。故吾人之食蘋果，第一個時，效用程度最高，第二個時，程度漸減，第三個時，更爲退減，所食愈多，效用愈少，故吾人每以物品供給太多而銳減其需求程度。貨幣之應用，異于物品。故貨幣對於供求律不發生何等關係。貨幣乃交易之中介，僅用以換得其他需要之物件者也，此貨幣特性之一。貨幣之於要求伸縮律，（Law of Elastic Demand）亦無關係，而物品則否。今如麥價高漲，而麥產量無問題時，吾人可將麥多置於市場間，以平其價，若其價格再行高漲，仍可增其供給，以滿足社會之需要。反之，可減少其銷售量，提高其價格。但貨幣則無論如何，必常流通於市場間，若物價高漲，人民購買力爲鮮少，而存金錢於銀行，銀行每貸其所收存款於市場上其他需用款項之人。惟其如是，故貨幣得以流通於金融市場，而金融市場，亦因之活動工作。要求伸縮律不能行諸貨幣，蓋貨幣並無滿足人類慾望之可能性，祇具購買力量而已，（註十三）此貨幣之特性之二也。

（丁）貨幣之重要不在金銀屬成份而在數量。——假使今有一無對外貿易之國家，白米百袋，需價百元，卽每袋之價值一元。所謂一元者，直等於一袋白米耳。今若政府鑄新幣百元，使每元之值，倍於昔日之一元幣，於是社會間實際將有二百元，而與往時相較，每元之價值，將變爲白米半袋無疑矣。再若政府將舊有一元幣收回，而每幣加以兩元之章記，則此時之一元幣，祇值白米半袋矣。反之，政府方面，可將一元中提去百份之五十之金或銀的成份，其仍爲一元一也，苟與白米相易時，當仍可得一袋之量。推言之，卽提取其百份之九十之金或銀的成份時，其仍爲一元也亦同，而一元值。仍等於白米一袋也。是故貨幣之價值，並不在其成份之多少，而在交易時應用之數量。

（三）貨幣數量學說之解釋。　（甲）貨幣數量學說之主旨。——貨幣數量學說之主旨謂當貨幣流通及貿易速率不變時，物價水平與貨幣數量之變更。彼此相同。換言之，苟其他情形不變，則貨幣之價值與其數量爲反比例，數量加增，其值降落

。反之，價值高漲。今進而分析之，吾人可以數學方式作代表。即 MV＝PT。M代表貨幣流通之數量，包括一切實幣及紙幣。V代表在某時間內貨幣應用之次數。P代表物價水平，（物價指數可作根據）。T代表在某時間內平均貨物單位買賣之數。今如V及T無變動，則P倍增時，M亦必倍增。PT之數量，等於相當時期中一切買賣貨物價格之總和。凡每件重賣之貨物（Repeated Sales）亦計之，故PT於貨物轉展之速率，亦有助力。惟今日銀行方面，對於付款方法，又增加一種支票或活期存款賬之制度，是以此方式乃有更改之必要，即應添銀行存款之可應用支票收付者一項，及其在一定時間內轉展之速率一項，得下式；

$$MV+M'V'=PT$$

M'代表存款之可用支票收付者。V'代表此種存款往來之速率，故此方式之大意，即『在某時期中流通之貨幣，加銀行存款之可用支票收付者每與貨物之銷售的平均價相等』，而M'M'及V'彼此相等時，若T有變動，則P必隨之而變動，此費休教授貨幣數量學說之大意也。（註十四）

（乙）貨幣數量學說解釋之證明。——（1）M如有所變動，足以影響或變動M'。（2）M如於變動，不致變動V,V'，及T。（3）P有變動，並不致M,M',V,V'及T亦受影響而變動。即V,V'及T之變動，與M無關。

茲一一解釋之，何以M有變動足以影響或變動M'耶？曰，商人往往喜置現金少許於手頭，同時欲稍事儲蓄，故又存若干款項於銀行，所以預備活動商業之需也。設現在貨幣流通數增加百倍，而物價亦同樣增高，某商人必有加倍增置其現款於手頭及加倍存款於銀行之趨勢。其他商人亦然，雖爲數或大或小，不必一定加倍，但M與M'之現象，每有亦步亦趨之勢，此其一。社會上一般人，亦每喜置若干小款於手頭，謂之袋內金融，（Pocket Currency）以備不時購物之用。今若貨幣驟增，物價亦漲，社會人士每增置其手中現存小款，蓋付款之需有所增加故也，此其二。銀行方面，須保持一種法定率之存款準備金目的所以防止擠兌，一旦現金增加，銀行間之存款每亦增加，故結果M增加，乃影響M'之增加此其三。視上述三理由，吾人愈信M'與M之變更，必同道無疑矣。

再說明M之變動何以不致使V及V'變動，曰，貨幣轉展速率增加，未見其數量之必增加也。且貨幣流通速率增加原因，

與其數量之增加，有如風馬牛不相及者。茲略述貨幣流通速率增加之故如後：（註十五）

(子)關於個人習慣方面者。

(1)節儉與儲藏，

(2)付給銀行信用存款之增多，

(3)支票用途之增加，

(丑)關於社會支付制度方面者。

(1)社會收付之增加，

(2)社會收付之有素，

(3)社會收付次數與收付額之常相符合，

(寅)一般原因。

(1)人口繁殖，

(2)交通便利，

V及V'兩者之變動，有時亦有之，不過甚遲滯，且不皆以貨幣數量有變更，而有變更也。

三則曰M有變動不必定影響于T，今復證述其理。吾人欲證述其理，當先驗明貿易量增加與減少之原因並非完全由於貨幣足矣，貿易量增減之原因，略述於左：（註十六）

(子)關係於生產家者。

(1)天然物產因地利關係之互異，

(2)分工制之發達與退化，

(3)生產方法及術技上，智識上，之善良與否，

(4)資本之堆積與敗壞，

(丑)關係於生產者及消費者。

(1)交通之便利，

(2)貿易之自由，

(3)貨幣與銀行制度特性之發達，

(4)商業信用之活動與可靠，

是故貿易數量變動之結果，並無貨幣數量關係也。

最後再證明P之變動（若與M之變更獨立無關），不足以變動M,M',V,V'或T。吾人有時每謂物價之增減，足影響商業之增減，或增減M,M',V及V'。今假使承認價格可以增加一倍，則非T當減少一半，併M及M'或亦大增，而V及V'繼之。夫物價增高，貿易不必減少，有時或反形增加，在今日貿易習慣狀況之下，V與V'之劇變，每易引起交易上種種之不便，故兩者實際上不易變動也。而M及M'間或有物質上之變動而已，不過M每不能增加。蓋由於物價抬高，常足以阻止本國貨物之出口，亦即減少金銀之入口。同時金銀鑛山無力開發；而民衆因物價高貴多用金銀於文化藝術上。職是之故，M實有退減之趨勢，並無增加之可能，而信用亦因之退減，所以P之變動，並不影響此交易公式中之M,M',V,V'或T。伸言之，P之變動可能性極少，不過爲此交易公式中各項元素變動之結果而已。是故吾人可得一結論曰，假若P既不能爲變更此公式中各元素之主，而M之變動又不足影響V,V'及T，M'與M復比例的變動，則P其當與M之變動同進退矣。

(丙)轉換時期中之例外。——當國民經濟在轉換時期，(Transition Period)此交易公式中各項元素之關係，每全被推翻。何謂轉換時期？曰，轉換時期者，乃指一定之時間，於此時期中，社會間物價水平，忽現變動。或自上而下，或自下而上之謂也。例如一九一九年，美國物價水平高漲，當一九二〇年至一九二一年，忽又下落，當此時期，吾人應注意下列數象徵。

(1)M與M'之普通關係斷絕。蓋在物價高漲時期中，工資與利率每下落，此實予一般商人以絕大盈利機會，商人盈利機會愈多，商業澎漲愈甚，而銀行方面欲放信用亦愈夥，則M'當大增，遠超過其平日間與B之關係矣。

(2)V及V'在社會間之流通速率同時增進，因人民將其存款之付出手續愈速也。

(3)倘M增加，足使貿易增進。因利率低落，放款較易，盈利之機會多，貿易藉茲激發也。

所謂轉換時期，爲時並不長久，十數年間，不過占極少之時間而已，餘均得謂之平常時期，(Normal Period)故雖有例外，價格之忽上忽下，總易見諸事實，則貨幣數量學說之仍可通行，自無問題也。

(三)貨幣數量學說價值之統計證明。　物價之上下，與貨幣數量之增減，每如同一轍，視昔日英國之物價統計而益信，即當物價高漲，貨幣量亦增，物價低落，貨幣量減少是也，茲列表說明之：(註十七)

年份	物價情形		貨幣數量
一七八九—一八〇九	漲	八五—一五七	增加
一八〇九—一八四九	跌	一五七—六四	如舊
一八四九—一八七三	漲	六四—八六	增加
一八七三—一八九六	跌	八六—四七	微增
一八九六—一九〇九	漲	四七—五七	增加

當一七八九年至一八〇九年間，貨幣數量增加。照數量學說，物價例應增高，在下一時期，貨幣數量照常，而貿易增加物價例應低落。今視此表，彼此若合符節，歷歷不爽，所有異者。不過一八七三年至一八九六年，實因當時各大國間均從事減削銀之本位，及貿易量驟增之故有以致之耳。

吾人試再以一八七三年至一八九六年間，諸銀本位國家與金本位國家之彼此物價與貨幣數量關係比較，所得結果仍與前論相同，茲以物價指數表作根據，列比較表于下：(註十八)

用金用銀各國物價指數比較表（註十九）

銀本位國家	年份 一七八三	年份 一八九六
印度	一〇七	一四〇
日本	一〇四	一三三
中國	一〇〇	一〇九

年份	用金國	用銀國
一八七三—一八七六	一一〇	一〇〇
一八九〇—一八九三	八九	一一七

自一八七三年後，銀量驟增，蓋由於銀鑛發見之增多、及各用銀國之更改本位，于是銀之用途，乃更形減少。倘貨幣數量學說而確，則用銀國之物價應增高。今視此指數表，與數量學說之論調相脗合。再視當時用金各國，所有金之數量較少，而物價跌，是亦與此說同道而馳也。

（四）貨幣數量學說之批評。 關於貨幣數量學說之批評，不可謂少，不過有精采者寥寥不多覯耳。茲引述今人美國哈佛大學叨雪格教授（Professor F. W. Tanssig）之意見，（註二十）似較有價值。叨雪格教授謂費休氏貨幣數量學說之大概自無不合處，惟討論須擇要，且當着重落筆。夫所謂購買力，豈祇錢幣及存款之可應用支票者兩項耶？他如票據，存單等，亦均為促進貿易之工具，故貨幣數量學說，應將此等遺漏者加入，以成全之，此宜注意者一，再視該學說中T之範圍僅包括貨物之貿易於市場者一項，意T祇代表流動於市場間預備貿易之貨物而已，不知社會上尚有許多貨物生產後並不入市場買賣者，若T而包括全部生產物，則又未免太廣泛，此宜注意者二。費休氏謂購買力之總和，或貨幣總數及貿易總數量，乃絕然兩事，無甚關係，且並不影響彼此，此說不甚可靠。試以存款與貿易數量關係言，則存款每視貿易數量之增減而增減。換言之，貿易數量有增減，足以使存款有上下。蓋貿易數量增加，即人民需求銀行之放款愈奢，於是造成存款之機會亦愈大。至於銀行鈔票亦然，銀行發行鈔票之多寡，例應視社會上商業情形如何而定，設商業澎漲，貿易增多、鈔票之需求增加，於是銀行應發鈔以應付社會之需要。反之，當收回已發鈔，以平定經濟恐慌。所謂商業澎漲貿易增多者，即貨物傾銷量之增進耳，此宜注意者三。銀行發鈔與短期存款數及銀行準備之與現金法償幣額，其關係，實際上不甚密切。夫銀行方面對於現金及準備額，雖定有規章，必須保持一最低率，不過此率，各銀行間彼此互異，且常有變動，銀行準備之於存款及發鈔關係，有以下數因：（甲）實幣之需要，（乙）人民之習慣，（丙）法律之關係，（丁）存款鈔票及信用器具應用之變遷、（戊）商人營業程度之活躍。凡此數因，變動甚大。M與M'間之關係亦然，蓋當商人對於其將來之經營無甚把握而抱悲觀態度時，向銀行間之借貸必少，於是銀行間呆資漸增，故可抬高準備金額，以為補充昔日準備不足之用。反之，商人營業前途樂觀，乃多向銀行要求放款，於是銀行準備低落，M與M'間之關係遂形寬弛，此宜注意者四。M與M'有時或彼此互助。如社會信用十分發展，貨幣驟形銳減，交易乃需要大宗款項以資付款，財政當局或銀行不得不加鑄貨幣，以資流通市場間，此宜注意者五。關於視生活指數表而伸縮貨幣之流通量以安定物價之議，時至今日，其成立之價值，已屬疑問。費休氏之意，當生活指數表上，物價跌落時，則多發貨幣使之流通，物價高升時，則將貨幣收回，以補救經濟不良狀態。此說每有假定物價之上下，與現金流通數量，及其他一切與現金同性質之器具，同行進退之持見。其實因 M, M', P 及 T 之間無大關係，故所影響物價亦錯綜龐雜。當貨幣增加時，物價或有跌落之兆。貨幣減少時，物價或反上升。故貨幣一時之增減，並不影響於物價，吾人更安得從容預料於先哉？此宜注意者六。凡此六端，皆叨雪格教授對於數量學說之批評，雖不足以言包羅萬有，然犖犖大者，似已盡於斯，而為歷來一班數量學說者所未能確切置答者也。

附註

（註一）歐文費休氏貨幣數量學說及安德生氏貨幣商品學說，為近日歐美論貨幣價值之兩大相對學說。詳見拙著現代歐美兩大貨幣對抗學說一文，載之江學報創刊號現在印刷中。本文與商品學說無關故不列論。

（註二）讀勞夫林氏著貨幣學原理（I. L. Laughlin, Principles of Money）第七章第二百二十六頁。

（註三）參讀雪門曉峯雷琳等輯經餘必讀全編卷下第二十一至二十五頁。

（註四）新安江永愼修編四書古人典林卷三第三十三頁有言，周官太府，王府，內府，外府，泉府，天府，職內，職金，職幣，皆掌財幣之官。圜謂均而通也，刀泉皆錢之名。

（註五）見下文。

（註六）詳見拙著現代歐美兩大貨幣對抗學說一文載之江學報創刊號，現在印刷中。

（註七）參閱浙江財務人員養成所印行之徐青甫演講稿之二第十八及十九頁。

（註八）詳讀管子數篇。

（註九）參讀拙著銀行學問答一文載銀行週報第六百七十一號，及阿格氏著組織銀行學（E. E. Agger, Organized Banking）第二百五十一頁及二百五十二頁。

（註十）參讀熊夢氏著晚周諸子經濟思想史第六章第一百二十一頁及第一百二十二頁。

（註十一）參見歐文費休氏著貨幣之購買力（Irving Fisher, The Purchasing Power of Money）第二章第二十一頁至第三十二頁。

（註十二）仝上第八章第一百七十四頁至第一百八十一頁。

（註十三）歐文費休氏謂貨幣即購買力量。（Money is the Purchasing Power）。

（註十四）詳見歐文費休氏著貨幣之購買力第八章第一百四十九頁起至第一百八十三頁。

（註十五）仝上第五章第七十九頁。

（註十六）仝上第五章第七十四頁及七十五頁。

（註十七）仝上第十一章第二百三十九頁。

（註十八）參閱阿金生氏著印度之銀價一文載一八九七年四月之英國統計社報(F.J. Atkinson, "Silver Prices in India' Journal of The Royal Statistical Society, March, 1897) 第九十二頁及日本一八九五年之幣制報告(Japanese Monetary Report, 1895)。

（註十九）參見歐文費休氏著貨幣之購買力 (Irving Fisher, The Purchasing Power of Money) 第十一章第二百四十四頁。

（註二十）見叨雪格氏着經濟學原理 (F.W. Taussig, Principles of Economics, Vol, I)第一卷第十八章第二百三十二頁至二百四十八頁。及第三十章第四百十五頁至第四百三十三頁。叨雪格教授之批評，較一斑有相當立場及有偏見者，公允多多，蓋渠並非商品學說派耳。此外如伊地氏 (L.D. Edie) 福司透氏 (W.T. Foster) 及恰卿司氏 (W. Catchings) 之批評亦不失爲光明正大，意見與叨雪格氏相彷，故略。

敍「產業規則化之遠大設計」

研究所陳伯莊

盲目的，浪費的、混亂的，資本經濟這種種敗徵，自從一九二九後全世界經濟不景普遍化嚴重化之後，誰也不能不承認了。資本世界鬧了兩年半的經濟不景，失業廣遍，生產減縮，物價跌落，金融失調、財政拮蹶，以極富强極地大物博的美國，欲關門自理自救而不可得；以帝國系統遍佈全球的英國，受世界經濟結構，自大戰後基本變遷的影響，已陷入陵谷滄桑，轉灣不易的苦運；法國則以其本身經濟結構比較穩定。張牙舞爪，雄霸歐陸。嗾使歐陸小國，壓迫德國，其擾亂世界經濟，有同火上加油。至於以農產品原料品爲主幹生產的南美各國，因跌價滯銷的關係，對外購買力，一落千丈。整個經濟失調，各起政治革命。今年賠欵會議，經濟會議，英帝國經濟會議，都是直接間接的以救濟經濟不景氣爲目的。其成就如何，自難預料。總之，每個國民經濟沒有有計劃的意志，去調協其本身。各個國民經濟間。沒有互相調協的意志，或者在極有限的程度內。雖有此意志。而不能使其有効。這是資本世界的經濟缺憾。戰債和賠欵，國家本位的關稅圍墻和金融政策，係政治作用所增加的經濟障礙。其總原因爲勞資易趣，及國家主義的作祟。

同時俄國關了大門，以專政的政黨，循計劃經濟的步驟，去達他無階級社會的目標。他的五年計劃，成績昭著。於是沒有統一意志的資本經濟，益覺相形見絀。受兩重夾攻，一係自身紊亂，不能振拔。一係比較之下，益覺難堪。

美國的生產効能，向來係最高的。而且又是泰羅氏(Taylor)的科學管理法發祥之地。可是鬧了兩年的經濟不景氣，一籌莫展。大家都覺得盲目亂動，「各人自掃門前雪」，結果是治絲而愈棼。況且向來經濟循環的推進，含孕有兩種不同方向的力量，一種是累積的，一種是矯正的。現在只見累積的如水益深，而不見矯正的導流使復。連資本界企業界都着急起來了，要講計劃經濟了。其最著的計劃，一爲美國總商會(Chamber of Commerce of U.S.)的「企業及勞工雇用的繼續」策劃委員會(Committee on Continuity of Business and Employment)所提的；其二爲通用電氣公司素蒲氏(Mr. Gerard Swope, General Electric Co.)所提的。

總商會的計劃，係設一全國經濟委員會(National Economic Council)爲獻議機關。附屬於總商會。素蒲計劃，主張以各業協會爲設計基礎，由聯邦政府設立一監督機關，以範圍之。此外羅文(Dr. L. G. Lorwin)及素耳(George Soule)皆主張設立全國經濟委員會，其性質爲代表利益份子的，其職權爲獻議的。羅文的建議，係以法德兩國全國經濟委員會爲借鏡。素耳的建議，則再加一總設計機關，「所謂經濟參謀」又於全國經濟委員會之下。設三個委員會。(甲)關於投資設計的，(乙)關於勞工市場的，(丙)關於地理分工的。

❁ ❁ ❁ ❁

一九三一年春，美國參議院有五個負有盛名的參議員 Norris, Costigau, Cutting, La Follette, and Wheeler. 召集一個全國進步份子會議，討論改進政治及經濟的方案，以爲下屆國會開會時提案之準備。他們聲明并非另組政黨，而且五人中。三人爲共和黨黨員，二人爲民主黨黨員。當時四方赴會人士，盛極一時，到會者二百餘人。有下院議員，有農產協會，全國工會、鐵路總工會，等等團體的總理，有急先鋒的市長、有政治經濟的學者，有宗教團團的代表，有報界領袖的份子。五參議員的召會聲明，以政治和經濟，都缺乏領導爲憂。開會後，對於救濟經濟，對於實現經濟最大需要，—提高生活程度，縮短工作時間，—皆側重全國經濟設計。當時對於各種問題，皆交分組委員會詳加研究，草擬報告。「產業規則化之遠大設計」，(Long-Range Peanning for the Regularization of Industry)即負研究勞工雇用及產業安定化的分組委員會的報告。(The Report of a Subcommittee of the Committee on Unemployment and Industrial Stabilization) 其主席委員爲克拉克 I. M. Clark，委員爲羅素斯密 I. Russell Smith，意文斯密 Edwin S. Smith，及素耳 George Soule。

他們提議由國會立法設一全國經濟委員會，委員七人至九人。由大總統徵集各方意見，得參議院同意委任之。人數極少，任期極長，（七年或五年），人選極高，地位極隆，與德法兩國的全國經濟委員會（法四七人，德三二六人）不同。委員會的四大職權，爲：（1）調查全國經濟，(2)成立各業永久組織的籌備委員會，(3)參與及指導各業永久組織之設立，(4)建議關於組織及計劃之一切法案。至於各業之永久組織，所以分別執行全國經濟計劃者，其方式可有種種：(一)以產業協會爲主幹，參加勞方及消費方之代表共同組織之團體，(二)有支配生產權力之組織，(三)派定全業各家生產額之組織，(四)私有企業組合，使受公用事業法之制裁者，(五)病態工業，改爲公有企業會社者。至於某種產業應取某種方式，全視實際情形而定。而決擇標準，以社會全體利益爲主。籌備委員會，係臨時過渡機關，以產生永久組織爲目的，期限不得過兩年。全國經濟委員會本身雖沒有強制權：但如各產業不接受他的計劃，則委員會可以建議法案，一經國會通過成立後，便成法律。

✻　✻　✻　✻

關乎經濟設計兩大問題是：

(一)沒有強制權的機關，能使計劃經濟實現否？

(二)資本經濟本身，能與計劃經濟相容否？

加芬胡佛 Calvin Hoover 由美國社會科學研究會 (Social Science Research Council) 派赴蘇俄研究了兩年，他的結論，以爲俄國五年計劃之所以能邁進，由於權力統一，精神澈底，所以命出令行。這樣的結果是否非有超於一切的霸力不能辦的。胡氏雖不敢下斷語。但是霸力的作用於五年計劃之雷厲風行中處處可以看見。關於這問題胡氏便懷疑到資本經濟是否可以用計劃經濟得着蘇俄的成績。

今年美國經濟學會年會，對於計劃經濟，有很多討論，德惠教授 R.G. Tugwell 提出一篇極長的論文，以爲計劃經濟之目的在調協。欲實現調協，則不得不息爭。然而資本經濟的「產業司令官，有如軍閥割據，有如國家分峙，要他們不爭，是不可能的，要他們自動退出優越權位，更是不可能的。計劃經濟之目的，在安定。然而企業界的巨擘，「王之所大欲」在赫奕煊眩的億兆富，非投機手段不爲功。總要使經濟界發生動擾，發生偏畸進步，維持供求不相應的狀態。方才有機可投。變動愈急劇，則機會愈大，成功愈赫奕。如果經濟的進步有了規則化，生產與購買力，時時調協相應，那便「四海一家無一事，將軍携鏡泣霜毛」了。所以安定與投機，又是根本不相容的。並且美國許多法制，都是建築在自由主義，放任哲學之上，計劃便是反手放任 Lassez Taire ，非把這些法制改革去掉，也無計劃經濟之可言。但是國人的心理，沾戀於甘棠喬本，頹垣廢址，被以藤蘿，翠碧欲流，總要依依不捨呢。所以德惠教授，以爲大家很時髦的談計劃經濟。不深探其內容，不知其內藏革命性。但是德惠教授以爲歷史的前進，係向着不見的方向盲摸去的，當時身歷其境，不但不知所屆，並且目迷所在。歷史的意義，都從反首回顧才看出來的。社會幷不是要到甚麼目的地，社會祗是在走着。往往非等到奔到最後一程，才恍然大悟，知道到了甚麼地方了。德惠教授，並覺得美國經濟現狀，已富積有爆炸性。

羅文 Lorwin 以爲計劃經濟可以分爲四種：（一）絕對社會主義的，（二）半國家社會主義的，（三）企業界自動的，（四）社會主義兼進步的。德惠教授以爲從實際看去，這種分法，徒成蛇足，一切計劃經濟，要就是行不通，要就是百川曲屈，終至於海，——俄國社會？——但是，在美國經濟學會年會席上，羅文仍堅持他的分類，以爲每一種設計經濟，都有他社會制度的背境。但是我欲問羅文，社會制度，是繼續變遷的呢？還是靜止的呢？德惠教授的意思，是計劃經濟，促川流之赴海，羅文並沒有說，另有一種計劃經濟，可以選徙川流方向，不使赴海。

※　※　※　※

杜威怎樣說？他說：

（一）一個挾有科學和技術設備的社會，斷不願自殺。從現在的經濟混亂，到經濟秩序，是不可免的。舍舊謀新的途徑，則有計劃經濟。

（二）企業界祇是水流柴的泛着。現在決沒有聯合起來替社會全體謀幸福的意志。所以要求設計經濟的實現，非有政治行動不爲功。（他主張組織第三黨）

（三）俄國是俄國，美國係美國，一個缺乏人權自由等等習尙的民族，剛向工業化的途徑開步邁進。一個係富有自由自助等等習尙的民族，要改造工業化到十分成熟的境界。所以政治的，經濟的一切，都很不同。

（四）我們拿定一種意思有意底逐步底求某種社會効果的實現，這樣，在相當範圍之內，可以把人方面的素因和事的實現之關係尋出來。而這件社會事實的全部，也便可以明白了。所謂社會事實的全部無非是有關係的人的素因來顯於外成了一件事的經過。我們要導裁社會，不是先有社會科學來供給我們研究這樣去努力於社會的導裁。社會科學所以成立的途徑，剛剛是相反的。把社會設計試驗之後，發生了許多事實，尋出事實的種種有意義的關係，集合起來，便是社會科學。

❀ ❀ ❀ ❀

「產業規則化之遠大設計」似乎也很充分的表現，杜威行以求知的哲學。從第一步試驗的教訓，去決定第二步的進行方略。他所提的計劃，祇是第一步的方略，所謂「吾人建議，即所以與企業界自救之機會，……此試驗之結果不論其或成或敗，其影響於將來之命運，決定將來之行動者，至鉅也」。於此可見他的精神。

產業規則化之遠大設計

研究所曾克家譯

第一章　總述

一　敍言

私有企業依現在的經營方法而論，有嚴重之錯誤，乃一般公認之事實。彼利用機器生產之技能，雖有驚人之效率，若論科學之貢獻，技術之設備，是否得盡其用一層，則慘然失敗矣。

由生產而得之收入，分配常爲不均，此遂影響於消費之性質及數量，消費既受影響，則生產能力，亦因此而受限制。

即在最繁榮之時期，失業與貧窮，仍然存在。各企業之總合利潤雖甚鉅，而營業成績平庸之會社，其所獲得。尙不足以維持其安全與鞏固者，仍居多數。

有週期性之企業不景，常引起不可言狀之不幸與痛苦。當企業繁榮之際，經濟之進步，固日見其繼長增高；及其轉入不景時期，當時消費之要求如故，而供給此要求之力量，如天然財源，勞工力量，生產設備，及工藝技巧等等亦如故，而吾人竟不能運用此絲毫未減之力量，以供給此消費之要求，此無他，生產力量常被誤用已矣。近代社會，何能長此容忍生產力量之誤用，蓋此力量，乃自然界之惠，與科學之賜也。

謂「集產經濟」Collective Economy可以救濟此嚴重之錯誤者，事至今日，已實繁有徒。私有企業制度所發生之缺憾，既顯著若此，設無補偏救弊之方，而再經數度較大之經濟不景也者，則集產經濟之要求，將愈見尖銳化矣。最適宜之方法，似當在引用集產設計於吾人現存之制度中，以窺其效果若何。此事必須試驗爲之。吾人惟信賴經驗以定將來之行動，一切方法之取捨，一惟經驗之所詔，彼泥於保護私有企業，而一味惟私有企業之保持者，與乎他一方面，醉心於集產經濟，而一味求集產經濟之實現者，胥非吾人所重視；吾人所重視者，在乎使財源得盡其用，苟能達此目的，不論採任何組織，任何方法，均無不可。欲達此目的所要求之組織，吾人以爲並未超出人類能力之外，且此種工作之開始，必須立即着手，其結果如何，自無從預料，而開始之步驟，則可詳慎規劃者也。

因之，吾人主張設一富有彈性之設計組織，倚賴各方面之自願行動爲基礎，務使一切行動，以全個社會利益爲依歸，同時各方面之利益，得有相當之保障。

各種企業，就其本業之全體而施行設計制度，此種主張，持之者已不乏人。此種主張，側重於限制生產，以防其超過需要。專就一業本身而求解決，則限制生產，自爲有利，此種各自爲謀之政策，乃各個企業別之組織所優爲者也。雖然，今日之經濟制度，其首要之罪惡，在乎財源之不盡其用。限制政策之實行，對於首要罪惡，何能末減，彰彰甚明。錄普遍之生產限制、決不能產生普遍之繁榮。

在現今企業不景之緊急時期中，對於某幾種過剩生產，施行限制，救急之道，雖似若甚宜、然而，因此之故，此種主張之危險，愈益重大。調節生產之權，不能賦與局部，必其團體之組織，所包括之份子甚廣，足以代表利在維持生產，而非限制生產者，乃可賦以調節生產之權也。

維持生產之方略，其實現之困難，自遠超於限制生產之方畧。且須有更長之時間，而後能表顯其結果。然惟各方利益皆能兼籌並顧者，方足當「國家設計」之美名，此與工業設計，或爲個別企業利益之設計，固大相逕庭者也。

二 「國家設計」之目的

「國家設計」須有之目的如下：

(1)非在普遍之生產限制，乃在總生產之增加。設計之眞目的，不在乎生產減少，而在乎生產加多。不在乎使生產停滯於任何一定之程限，以求其安定；而在乎使生產有有規則之增進。須盡量利用吾人繼續增進之生產力，以使吾人之消費，得以一致之增進。附於此基本目的者，尚有其他各種特別之目的。

(2)使國民經濟全部所得，多歸於低級所得之階級。彼等即可多用此增加之所得，以購買大規模生產之生產品。

（3）下層之勞工工資，應特別提高。因此階級之工資、常不足以維持安適與衞生生活之需要。而且此階級之生活需要、較奢侈品之需要、預測較易，故對於設計經濟之成功、亦不無小補。

（4）改良或關閉最高生產費之工廠、因此等工廠財政竭蹶 既不能支給較高工資、卽爲壓低工資至最低率之負責者。

（5）用失業準備金及失業保險金之救濟 使購買力有穩定之繼續。換言之、卽使購買力所由出之生產，發生劇變。而購買力之本身，不致受同等之震撼也。

（6）研究生產設備與需要間合理之均衡、而求其實現、同時並計及相當之發展。

（7）研究並促進使用資本之新方法，不使其與現有生產設備，發生重複而致耗費。

（8）用於工廠設備原料等之資本基金，其支用與蓄積，使有相當之均衡。兩者順序發展所需諸條件。使之實現。

（9）生產歷程之順次推進、—卽原料，半製成品、製成品在製造與輸售之歷程、—與資本之支用，使有規則化。其目的在防止基本生產因設備之增加，與屯貨之堆積而發生劇變。蓋消費品出售之推進、常較平穩。假如生產歷程之起端部份發生劇烈變動，則其末程部份，必至受其牽累也。

（10）就可能範圍內、設法使物價穩定。但此絕非將物價呆定於某一點。

(二)關於消費之預測，宜以有統系之方法考察之。勞動階級，由雇用之比較盡量，及比較穩定，或因工資之提高，其消費需要必較前改變，或激增一層，亦當計及。

三　提議設立之機關

吾人提議設一全國經濟委員會 The National Economic Board，由大總統先徵集各種全國團體之意見，並取得參議院之同意任命之。委員之人選，取其具有特種專門智識，而非代表特種經濟利益者。財政專家，科學管理法專家，勞工問題專家，經濟學專家，農業或農業經濟專家，皆爲應有之人選。而且不論其爲何種專家，必須就其具有代表公共利益之能力者而選任之。委員會應有若干統計專家，經濟專家，及技術專家爲其輔助。委員會之職責應如下：

(一)辦理全國經濟之總測量。　搜集種種必需材料以爲全國生產設計，及全國消費設計(消費亦可就可能範圍內設計之)之用。蓋種種經濟要素，有相互關係，其進行必須互相照應，互相調和，然後整個經濟機械，方能順利進行。是種測量，乃有效設計必須之基礎。

(二)成立各業永久組織之籌備委員會 Organizing Council.　凡各主要生產事業輸售事業資金事業各皆依其業別，組織永久機關，由組織籌備委員會辦理之，永久機關之組織，當適合於各工業之特殊狀況與需要，對於現有之設計成績，亦宜與以相當之保存。此等組織籌備委員會及永久機關，可利用現有之組織，爲之基礎。惟組織籌備委員會，應以能代表各主要關係利益爲主旨。凡工會，消費者，同業各大小企業者，皆應有代表參加，即原生產者，亦併宜有代表，在永久機關內，此種種利益代表，應就可能範圍內，使之盡量參加。至因事實障礙，無從產生相當代表之份子，則其利益，應由政府之參加！或監督，而加以保護。

(三)參預組織各業永久機關之工作。　對於各業之組織計劃，得修改，贊成。或反對之。並得另提代替計劃。但對於任何組織計劃，委員會均無強制權使工業界接受之。惟於相當時期內，如委員會認為該項機關之設立，對於全部設計之成功，有密切關係者，經過相當時期，尚被拒絕者，委員會當有權建議設立此種機關之法案。最後，此種機關之全國聯合會之設立，或成必要；而地方聯合成為區域設計委員會，以與現存之各區域設計機關相合作，亦或成為必要。

(四)建議各種法案。　(甲)關於上項機關之設立，及其職權之施行者。(乙)關於公共利益之保障者。凡一切政策，足以助成改進吾人經濟制度之目的者，委員會亦有建議之權。委員會建議法案，應與有關係之現有政府機關—例如聯邦商務委員會 The Federal Trade Commission，—相商榷。

永久機關之職責，在使各工業本服務之精神，增進其最充分及最有效之經營。各永久機關應接受全國經濟委員會之合作，指導，及利用其有統系之經濟測量所得之結果。

各永久機關之組織，自當就各業性質之分別—例如農業，煤礦，鋼鐵，貿易，信用等，—而異其形式。為重視實際起見，對於各業永久機關之組織形式，可盡量採用各業本身之建議。

該組織形式有種種之可能，從現有企業協會之組織及職權之推廣，至公用事業地位之採用，甚至對於某幾種產業之經營，以公營或國營會社方式出之，胥爲永久機關可採用之方式。致於某業應取某種形式，則將來進行組織時，設計之責也。

五　政策

全國設計機關，在其職權範圍內，當採用下述各政策。在各政策之有國家性而論，則正爲其爲產業規則化之必要條件。

(1)關於生產額之限制者　假如資本之動用已有規則化之實現，生產設備、已有合理之限制，不復有過度擴張之虞；因此生產額之限制，除偶爾用作臨時救濟之策略外，就其本身而論，似已非爲必要。凡無獨佔性之企業，雖無限制價格及利潤之正式機關，儘可容許企業本身決定臨時生產額之限制。惟關於生產額之永久限制，則不論其企業之有無獨佔性，皆當施與有效之監督。此項監督權、如事實上有必要時，應包括產品價格之限制。

(2)關於價格及價格之限制者　價格得相當之穩定，自爲最要。但將某數種物價，强爲呆定，則應避免。維持各價格間，及價格與生產及所得之間之調和，較之確定某幾種重要物價，或將物價指數定於一定之高度，更爲重要。假如基本原料品之價格發生變動，則製造之價格亦當隨而變動，以得相當之調和。並當減免變動阻力至最小限度。

(3)關於信用、投資，及投機事業者　在各永久機關中　其負有調節信用與投資之責任者，至爲重要。蓋其責任在使借欵與興業間之調節，比現有制度得較一致與較有力之效果。現行之貼現制度、專就其本身而論，實不足盡調節之用。應由詳細之研究，規定信用之各種用途，並須制定調節此等用途之方法，以求其適合於規則化之目的。

假如此種目的，無他途可以達到，則惟有以聯邦註册制度，實行格式劃一之公司報告，對於股票債票之發行，加以嚴格管理。

（4）關於勞工政策者　吾人對於勞動之雇傭，主張全國的組織化。設立全國勞工職業介紹所，對於失業工人，加以職業之指導，及新職業教育。

吾人認爲失業準備金，或失業保險制度之普遍實施，非但必要，而且其效能足以使企業安定。蓋此種制度之施行。則社會之購買力得以繼續維持其穩定，而不受企業波動之影響，企業方面，因購買力之維持，而減少其波動。

勞工普遍組織化之推進，足以提高最低工資率，而一切安定經濟之政策，胥受其裨助。

設遇失業時期，可縮短工作時間，使待雇工作，足以分配於勞工全體。但在正常時期，每週工作時間，應逐漸縮短，每週工資，應逐漸增加。其目的在利用工業生產力之增加，以其一部份增加工人之收入，其又一部份增加工人之閒暇。此與現行臨時急救失業之方法異，蓋現今所行者，實奪取被雇工人之工作時間，以救濟失業之工人而已。

（5）關於政府之工務建設者　吾人主張一種富有彈性之工務建設制度，遇經濟不景之時，其範圍可有極大之擴充。政府須先事綢繆，預先制定方案，務使調劑救濟可以敏活的，充分的實現。此雖不足以遏制經濟不景之洪潮，但能成爲遠大設計政策之一有用部份。此種政策對於民間建築規則化，亦包括在內。

(6)關於國家財政者　爲使政府之工人雇用，可有救濟經濟不景之功用，而無增加經濟不景之惡果起見，則値稅收低減之際，正爲政府支出當加以增加之時。假如國家稅收足以應付各年度支出之平均，則當不景時期，政府仍可放手利用借欵，以增加支出而無所顧忌。此種支出政策，有安定經濟效力，較之斤斤於每年度收支適合之預算政策，優越多矣。

一切租稅，其形式不當使生產活動受直接之負擔，（如貿易稅卽惡例之一）。而於經濟不景之時爲尤甚。

(7)關於戰債者　國際戰債之償付，凡足以深礙歐洲之恢復，或動搖其經濟安定之繼續者，吾人不欲要求其履行。吾人之國際經濟政策，必當以適合國內及世界安定之需要爲依歸。

上述各提議之詳細內容及其理由，詳舉於后。

第二章　設計理想之發展

以一業爲範圍之經濟設計，在有地位之私人及團體間，似已得有廣泛之接受。如素蒲計劃(The Swope Plan)及全國總商會委員會所提之計劃，即其例也。本報告書盡量採取此等計劃之優點，而對於保護公共利益一層，更加注重；對於設計當以全國爲範圍，而不囿於一業，且當代表全國之一切利益一層，尤爲注重。所以然者，其重要之理由，乃因獨個工業之利益，在乎限制生產額，而全國各方之綜合利益，則在乎增加生產額也。

就美國情形而論，設無反對托辣斯之立法之爲限制，至少有多種生產事業，當已集中管理矣。法律上所以施此限制者，因其有一種觀念，以爲此種權力，不應由企業份子自由行使之也。此種觀念，在某種場合之下，有其相當理由。夫限制生產額，首受其損者，則爲工人工作之減少，與收入之減低也。必也對於限制生產之作用，先能充分證其非以保障企業利潤之鞏固爲目的者，然後可以容許。卽如以穩定勞工之雇用而論，不論其辦法如何良好，其用意如何誠懇，苟非有切膚利害關係之勞工本身，亦加贊同，仍不宜貿然採之也。

設計經濟之運動，近代歷史上與經驗上已有若干事實，爲之先驅。每一事實，對此種理想之發展上，皆有所促進，有所貢獻。然而過往之歷史，與當前情狀異，故其教訓，亦無一足爲當合行動之模型者也。

大戰之經驗，卽史跡上之一例也。當時爲國家富源集中動員起見，集中管理，遂爲必要。然卽在此緊急時期內，私有企業之各個單位，仍保持其私營生產。蓋私有企業之最大效能，即在於此耳。

此外則爲蘇俄之五年計劃。於强行社會化制度之下，爲和平時代之生產集中管理化。此雖非吾人所欲効法者、而吾人欲於現行經濟制度內尋出辦法、以施行設計原理，則蘇俄五年計劃，與吾人有極大之激刺。但吾人不願有[illegible]之國家，故其成績，又顯為無用之模型耳。

近三十年來、在私有企業自身內所發生之設計，以泰羅氏(F. W. Taylor)為始。泰羅氏之試驗，雖不如戰時管理以及蘇俄計劃之顯為設計經濟，然其足資吾人之借鏡，則迨有過之也。泰羅氏之成績，實與近代工業內部組織以革命的進展，工作效能上之激增，亦因之而有最長足之進步，往者雇主之經營企業，徒賴其雇工之技能，除以工資制度、鞭策工人之外，已無他技，更不知有其他責任也。其管理方法，僅僅從淺薄經驗得來，章法淆雜，其結果遂使全局銜接，無由得當。今則企業家皆設立獨立的專家設計部，與負實際責任之管理部併行不悖。由設計部以科學的準確方法，尋求一廠內最善之工作程序，及工作程序間最善之關聯矣。譬以軍事，則考察設計，「參謀」之職也，執行管理，前方隊伍之責也。二者分立而互助，工作效能之激增，即由此而得之結果也。

是故受有此種方法之訓練者，對於無計劃之淆雜法，現仍存於各個企業之關係間、及全部經濟制度各部份之關聯間者，力思改革，且自覺其力足以改革之，誠不足詫矣。往者多數之觀察者，常以為集中管理，當不能較無計劃之自由競爭為更優：且自由交易而無中央設計，確有自然秩序存乎於其間，（即自由主義之經濟學）。往日對於大規模組織之原理，及企業不景之性質，一般皆茫無所知，此種態度，固無足異，而今則不然矣。

泰羅氏之科學管理、用諸工廠組織，已有革命的進展，若施之於更大之經濟範圍，亦有同等之功效者，則其結果，當然更爲重大。範圍擴大，困難愈多，雖冀得同等功效，自亦希望過奢，然抱絕望之態度，則顯爲不當也，

此種種模型，無一完全適合吾人之需要者。若任擇其一，强爲仿效，亦必不足以解決吾人之問題。美國在戰時無生產過剩之患，現今之蘇俄亦無之，此一異也。蘇俄共產以及科學管理、皆直接指揮生產，而吾人對於各個獨立企業，既不能以命令支配其生產，而又不得不設法左右其活動，此二異也。在私有企業制度之下，而行全國的經濟設計，則必須對現行制度中引起不安定之諸原因，加以攻擊，以改變規定工業生產程序之諸條件，故其工作，更爲倍難矣。

然而，吾人亦能於此等先例中求得借鏡。由大戰之經驗及五年計劃方面，吾人可效法其對於富源及需要之根本調查；由一業內之科學管理方面，吾人亦能效法其設計與管理之分立，使其各不相屬，各用其適當之人材。惟吾人不能全事模效，必須將此等要素置於一新創組織之內耳。

第三章　經濟現狀中亟待矯正之缺憾

在現在經濟現狀中，最顯著之缺憾，激使吾人不得不趨於全國設計之途者，厥有多種，歸納言之，則有(一)病態工業，(二)技術失業，(三)商業循環與企業不景。夫合理之設計，首在

探本窮源，故考究此種種現狀之原因，乃爲必要者也。茲分論之如下：

(一)病態工業　病態工業，其受病癥結，固有種種。而其最普通者，則爲有頑化性之生產能量過剩，及偶然發生之實際生產過剩是也。此等情狀，其本身即含有歷史的與現時的原因。且此種生產能量之過剩，非僅在含有餘利價格之下，供給全市十足需要之後，仍有未用之生產能量之謂。—在此種意義下之過剩，尙爲正常狀態。—而實際上則有若干工業，不論在任何價格下，其生產能量之過剩，仍超過實際之需。

(二)「技術」失業　因機器改良，人工爲所拚替，爲所減少，遂發生所謂「技術」失業。所以然者。蓋因在經濟社會中，工人重行吸用之進行，只能尾蹤「技術」失業之步武，其間落後之距離，則時時存在也。夫用以滿足現存欲望所需之勞力，既已減少，則勞力之可用以滿足新慾望者愈多，宜若爲經濟進步之徵象矣。然而，工人既已失業，則其購買力缺，購買力缺，則其慾望不能成爲有效之需要。故爲求市而生產之企業，必受頓挫，欲其重行吸用「技術」失業之工人，自非嗟咄間可辦。雖然，假以相當時日，企業亦能克此困難。蓋企業家莫不急於求市，彼預料種種消費需要，初不待其發現於市場，固已先事生產。而且新慾望新需要又往往由企業家以廣告術，信用購買制等等手段喚醒之鼓動之也，生產之輪。一經轉動，則失業勞工，可以重行吸用矣。且失業工人既被吸用，則其由工作而獲得之購買力，亦足以發生極多之需要，以消納此擴大生產之總額矣。(雖有若干貨品，失其時尙，不能暢銷，此例外耳)。

但企業界固不能依此推進生產，以至於無限也。企業界對失業工人之吸用，常繫於機器改良對工人之排除，乃自然之理。救之之道，在促進工人重行吸用之進行率，其方法不外尋出新需要之所在，使其爲此等需要而生產，更由生產之進行，而給與工人以必需之購買力也。假如因顧慮生產過剩而不敢放手從事生產，則自技術失業方面論之，實爲最壞之結果。蓋此種結果，無異將失業之首要自然療治劑，摒而不用也。

(三)商業循環與企業不景　商業循環與企業不景之起端，由於幾種擾動力之發生與湊合。此種擾動力，其本身並非屬於循環性者，企業制度，既受擾動，其結果使擾動益加傳播與積增。所以然者，以其原因甚爲複雜，有屬於機械的，有屬於金融的，亦有屬於心理的。

物價隨循環之擺動而升降，其中躉售物價之變動，較諸生活費之變動爲劇烈。信用亦隨循環而縮張。此種動作之效果，恆爲累積的。此外物價除循環升降之外，尚有較長期的變動，如大戰後全世界物價下趨是也。此次企業不景，所以嚴重若此者，則此物價下趨，有以助虐也。

需要衰減，生產費侵及盈利，於是各企業爲自救計，各各收縮營業，以避損失。而因收縮所致之損失，則轉嫁於他人。蓋此種損失，有轉嫁於原料之供給者；有轉嫁於本業之勞工；最後且轉嫁於一切之工業及工人。蓋因某一企業之收縮營業，其結果遂減低其工人之購買力；購買力低減，遂使其他一切工業及工人之出產品亦受需要減低之損失也。此則又一重大而有累積性之擾動力所產生之事實也。以代表利益範圍更廣之組織而論，其行動或當異於個別企業各不相謀之自救行動；而在代表全部有關利益之組織，其行動必絕異於此，則又可斷言者也。

是種收縮之進程。顯有累積之力量，而引起因果相生之惡環動作。蓋收縮生產，購買力隨之縮減，而需要遂以縮減；需要既縮減，則生產又不得不更加收縮也。

更有進者，消費品之需要雖不縮減，而生產設備品—機器及工廠建設品，—之需要，亦可發生縮減。何則？生產設備品之製造，其大部份所以擴充消費企業之設備，設消費需要之進展，稍形緩頓，卽可使其生產發生絕對之縮減。而此縮減所引起之失業，又引起消費需要之減削，其影響之波動，不但可使擴充設備之需要，幾盡停止，卽維持拆舊之補充需要，亦能暫時絕滅。

因此又成爲另一因果相生之惡環動作，其起端則像資本設備品之生產，論理應按年勻攤者，往往擠集於企業活躍時期，有以致之也。資本設備品之生產，其變動恆較消費品之生產爲劇。在私有企業制度中，有一怪現狀，卽消費品之生產率發展至最高之際，亦卽爲資本設備品集擠生產之時，往往對年所需之生產設計，擠在一年生產，擁擠生產之結果，適令生產能力蒙無謂之損耗。以往事而論，此種耗損蓋不下生產能力百分之五也。資本設備之建置業而外，則住宅建築業，亦往往有此擁擠生產之現狀。

第四章　國家設計之目的

上述各種問題，已給吾人以決定經濟設計目的之背境。惟目的之選擇，亦常易錯誤。假如有若干產業確受生產過剩之弊，而多數人之感覺，又以為生產過剩，乃一般產業之基本癥結，因之設計之目的，遂最易流為一般的生產限制。但上述之經濟病癥舉概，已顯示此種方法，乃完全錯誤。用限制生產之法，吾人絕不能得全體之繁榮，彰彰明甚也，

生產之安定化，宜若為設計之眞目的矣，然此猶未為足也。安定之生產活動，需要勞力及資本皆較少。因之一部份之生產力遂以釋出而可騰挪供作他用。雖然，生產活動之安定化，就其自身而論，并不能自動創闢利用餘力之機會，但鼓勵生產餘力之利用，則事或有之。蓋於規則化之產業中，剩餘工人，顯須另求他種職業，以維持其生活，此種趨向，顯與現在無規則化之產業異，失業工人，往往株守舊業，希冀其再榮而重謀半飽，則屢見不鮮之現狀也。大戰而後，生產技術日進，發生所謂技術失業，按諸已往經驗。吾人對於私有企業制度，誠不能信賴其自行吸用閒餘勞工之能力，足以消納技術失業。蓋吸收之作用，恒較緩也。減削工作時間，以周濟失業者，雖有攤勻損失之作用，然并不能免去損失。總之生產量與購買力不能相應，則兩者皆受縛束，又彰彰明甚也。

（1）設計之眞目的，不在乎靜止不前之安定化，而在乎繼續進展之規則化。務使繼長增高之生產力，得以盡量利用，而吾人之消費享用，亦隨之俱泰而俱增。欲達此，則平民之購買力維持之擴充之，實莫由致也。自他方面言之，則設計之眞目的，在盡量發揮生產增加之能力

、使其繼續提高人民之購買力，及其生活程度。生產之增加與生活程度之提高，必須相輔而行，此兩目的決不能漠視其一？而冀達其他也，

（2）設計之目的縱如上述，而斬斷惡環之辦法，尙待研究也。用於消費購買之所得金，宜設法保障之，務使其量數變動較諸經營生產金額之變動，爲末減。苟於此而得一解決，未始不爲一助也。消費者之所得金，得相當之安定化，斯有生活安定之感覺，而消費支出亦舍突變而就平流。如此，生產亦得其安定化，生產安定，則所得金之安定化，又加一層保障矣。向安定之途推進，其所發生效果亦爲累積的，正與目前不安定之展轉發生，變本加厲，同具此累積性也。欲求達此安定，則失業準備金與失業保險制度爲必要矣。

（3）經濟設計之又其一目的，則爲使生產所得之分配，比較平均。務使工資勞動者，低級薪資者，農業者，以及其他低級所得者之所得比例，較前擴大。其結果自然使所得金之支出，多流於消費之途，如此，則許多大規模之製造，渴待需要恢復者，可轉其生產之輪矣。而且增加平民之消費，遠勝於增加富豪之歛聚，蓋富豪餘資，常耗於維持股票市塲之投機人氣，或耗於生產設備之重複建置也。

提高最低工資率，尤屬重要。蓋此級勞工，曾不能得人生應有之安適與衞生。同時設計之成功，亦因之不無小補，蓋必需消費之預測，較諸奢侈消費品易於準確也。

比較特殊之目的，尙有下列六項：

（4）改良或關閉最高生產費之工廠，因此等工廠財政竭蹶，既不能支給較高工資，即爲壓低工資至最低率之負責者。

（5）尋出供（生產設備）求（需要）間之適當均衡，而使之實現，然此應併計及相當之發展。

（6）對於剩餘資本，不必投諸現有產業，徒供無謂之擴張者，應爲另尋新企業，俾資本得盡其用。如製造新物品，採用節省人工機器之類。但同時應得適當均衡，勿使發生技術失業。

（7）供給生產設備之資本金，其蓄積與支用兩者間之均衡，應維持之。蓄積率與支用率應平流幷進。凡足以助其達此目的之條件，應設法使其實現。

（8）凡一切條件，足使產業各部份發生波動，較消費購買之波動爲劇烈者，皆應監督之。使此步伐不齊之現狀，勿再發生，欲致此，則生產歷程之順次推進——即原料，半製品，製成品在製造與輸售之歷程，——與資本之支用，應使有規則化。貨品屯積量之變動，致少在產業統系之一部份中，亦爲擾亂步伐之源也。

（9）一切物價及價格高度，在可能範圍內，應盡量實現穩定化。然此幷非呆定價格之謂。

（10）考察一切需要（潛伏的及實際的），幷計算其可能之實現。（此項詳具經濟總測章）

第五章 組織

（大致已具第一章從略未譯）

第六章　經濟現狀之基測量

綱領註備之經濟總測。應卽舉辦，且當繼續進行，務使當前狀況時時有瞭如指掌之紀錄。關於消費，貯蓄，投資，及工廠生產能量等等問題現有之資料，尙不足以應總測之求，當作進一步之搜集。關於利潤一項，便當改用新型式之統計資料，方足以正確表示其內容也。

此項經濟測量應包括：（1）述總過往之經驗（2）表示下列各項之趨向：

（一）各種製造事業之生產增加量，以及各種輸售事業之售出增加量，其主要數量，并當以人口單位分析之。

（二）生產能力之增加，以及剩餘生產能量之歷史。該項歷史之內容，不易確定，因現有之資料，對於生產設備之標準效能，與其次標準效能，未加分別也。生產設備其中有所謂後備設備者。後備云者，卽其生產効能頗低，在企業平常之際，不免有些許折舊之損耗，然而常常用之，則生產費過高，反致虧損。但遇市場需要非常活躍之時，用其動員，又足供利潤之獲得者也。現在所有之効能紀錄，僅爲以工程司眼光所審定之機器成績之百分率，對於生產總費（卽總務費與經營費之和）與能量使用程度率之關係，一無所顯示也。

（三）消費量與各業工人之生活程度，以及其所得金；各項之總額及每人平均額；又所得金之分用於下列各項之情形。

(甲)固有產業之擴張。

(乙)新產業之創設及進展，例如無綫電播音器及新電器用品。

(丙)職業的及對人服務的服務，例如教育醫生之服務。

(丁)儲蓄及其用途，—若干耗於生產設備之重複建置、社會保險發展之影響，以及擬定計劃發展之預測。

(四)所得，消費，支出，消費信用，(卽貴重消費品分期付價之信用購買)，儲蓄等等之循環運動，該運動之時間步驟，應詳爲測錄。易毀品，耐久品，半耐久品，必需品，時尙品等等運動之各殊性，亦應紀錄。

雇用與失業。

失敗及其原因。

企業之淨收入，以及其與(1)營業總量，(2)營業資本，(3)工資薪水等之各個關係。各項之業別及廠別數量，亦當搜集。

(五)欲求產業經營之比較盡量、生活程度比較提高，則凡有實現可能之消費需要，必當先爲研究。此項消費測算，雖極困難，然仍爲主要之問題也。消費需要其形式之變遷，卽在認爲富有恆度之大宗生產品，如食料者，亦不能免。他若衣料需要式樣上之變遷甚大，更勿論矣。故此項研究，實乃一極易致錯誤之工作也，若就奢侈品而論，則其困難當愈大矣。例如欲估計一家庭對於無線電播音機之未來需要。與其對於電氣冰箱之需要相比較，實乃不可能之工作也。然而生活上對於安適之最低需要，爲一般人所欲求，而現尙爲大多數人所未獲得者。固有若干種數，可估而計之也。此等需要上之商品，卽住宅，熱水汀，自來水等等是也。

例如欲研究對此等商品，其有實現可能之需要，可由下述各項目決定之。

(a)依區域及城市大小之分別，調査其戶數。

(b)依區域及城市大小之分別，調査其每戶住室之數目。

(c)調査缺少最低限住室需要之戶數：

(d)調査缺少方便間，沐浴室，熱水汀，及電力，煤氣，電話等享用之戶數。

欲使此等調査之結果得有意義之應用，則必須研究下述各點：

(a)現有工廠能供給此等需要之程度。

(b)在原料產業，製造品產業，建築業，公用事業，躉售業，零售業各範圍內，因供給上項需要所能發生之勞工雇用量，及勞工所得金額，其數量幾何。

(c)由上述生產活動之結果，消費支出之增加量若何。

(d)根據(b)(c)的總購買力所發的消費購買，（仍以工人及其他生產份子之家庭預算方式預計其內容）爲如何。更因此消費購買之要求，而再增之勞工雇用爲如何。復從此再增之勞工雇用所發生之，又再增之購買力爲如何。（此爲連鎖原則之勞工雇用與購買力之展轉相生說。其每個新生之絕對量，因經遞生之歷程，而較前者爲遞減，故終有止境。）

，（c）此逐層推進而發生之新購買力。多用於住宅之設備，故受惠最大者，亦爲建築業，及其有連帶關係之產業 其受惠程度如何，亦應研究。

從另一研究點出發 則應研究之內容次序如下：

（a）在生產設備有相當充分之使用，生產所得有相當公平之分配等情狀之下，假設一消費購買之預算。

（b）估定各項消費之內容。

（c）依據消費比較確定之各項而計畫其生產。

（d）對於比較不確定之各項消費品，應研究現時生產計畫，是否至少與（a）（b）所估計之購買能力及其內容相符合。換言之，即吾人所計畫之生產，是否與購買能力相稱。

在上述各項之計算內，對於經濟之自然發展一層，應時時計及。

（a）計算所得之結果，即可視爲生產進行之標準。各產業之實際進行，與此標準比較，是否有過量擴張之弊，即可由此斷定之。即認爲應有急進擴充性之新貨品、製造業，亦應作如是觀。

（b）對於與民生有迫切關係，而其需要量又最易預計之消費品，經此一度計算，即不啻喚起企業界之注意，而指示以應致力生產之途徑。

（c）上項計算亦所以詔示企業界，金融界，投資界，孰爲可舉辦之新企業。此亦合理化之生產及消費預算之一部份也。

經濟總測所需之統計資料極多，其中有爲向來未經搜集者，亦有爲極難搜集者。更有與產業前途有密切關係，若隨便公開，企業本身將受其害者。比種危險，尙遇經濟發生恐慌時爲尤甚。對於此類統計資料之搜集，應守秘密，即平時亦當愼藏，非至有緊急形勢發生，亟待策劃救濟方法之時，不宜隨便使用也，非至經過相當時間，失其時效之後，不可刊行，即刊行亦祇宜用其總數也。至於材料之搜集，應時時辦到合於當前之情況，更不言而喻矣。

凡治統計者，莫不知周詳計劃易，實行搜集難。故總測之成績，必不能如預懸之理想。然此亦不足爲病，凡依計劃搜集得來之材料，均能致極大之用。吾人並主張此後凡一新公司成立，於發給註冊證書時，均應附給以與其營業有關之統計報告。如此則創闢新事業之危險。可以末減，而基於錯誤觀察之錯誤希望，可以先事打消也。

第七章　政策

（大致已具第一章從略未譯）

第八章　關於設計成績之希望

吾人所主張之經濟設計，以企業本自願合作之精神，受設計機關之指導爲宗旨。並不採取以政府權力命令生產。雖然，掀動經濟不景之洪潮，企業家雖竭力抗禦，而終不能稍殺其奔湃潰決者，乃欲望區區自願合作之設計，砥柱狂瀾，可乎不可乎，是固人人所得問者也。

風濤既集，敗勢既成，設計雖工，恐自無補於潰決。雖然，設計之功用，端在乎先事預防，疏塞節宣於涓涓之初發耳。請以一九二九股票市場之劇崩爲鑑。當股票狂熱！利令智昏之際，苟能即時制止，則不景氣象之臨降，縱不能免，亦何至創鉅痛深之若此。蓋歐洲之流動資本爲紐約股票狂熱所鯨取，一時造成資源枯竭之勢，而風潮遂愈大。此次世界物價之低跌，迨爲必然之趨勢，無關經濟之衰落；然其嚴重尖銳至此，則不得不責先事預防之乏術也。

設計之功用，斷不能制止一切經濟擾亂。吾人所期望於設計者，正在其防範與減殺致亂之源耳。且擾亂之推進，累積而益厲，故消弭之於初萌之際，則力省而用宏，迨乎擾亂既萌，潛行適進，全部企業，雖繁榮未已，而實際則均衡已失，駸駸乎成頭重脚輕之勢。外力乘之，立見顚躓。故維持均衡於未傾之際，則保健全而外邪不能入。雖然，斯已難乎言之矣。

吾人所建議之設計機關，能否勝此責任，自不能預爲斷定。即使不能完全勝任，容或仍有相當之成績。由此言之，即努力終於失敗，仍不害其爲過渡之辦法也。而且吾人對於所欲解決之問題，其內容必因設計經驗而愈顯。至於經濟狀況之基本測量，則無論用何制度，胥爲必要，即使將來採行較有强制性之經濟設計，亦非有此不可也。

使吾人抱樂觀希望者，其又一原因，則企業界之自覺是也。現在經濟形勢之嚴重，來日大難，方興未艾，企業界亦已覺之而思有以拯救之矣。吾人建議，即所以與企業界自救之機會，取何途徑，用何方法，亦與企業界以相當的自由選擇。企業界有謂阻止企業自身之規則化者，厥爲反托辣斯立法，此論固非吾人所容許；若廢除此種法律，准企業界自由實現企業之規則化，亦非吾人所贊成。吾人之建議，蓋欲於社會公共利益有相當的安全保障之下，而賦與企業界以自救之機會也。此著不論如何必應辦到。此試驗之結果，不論其或成或敗，其影響於將來之命運，決定將來之行動者，至鉅也。私有企業尚未算失敗，而放任制度，曾不能使人人有工作，機器盡使用，又不能保持其成就，事勢緊迫至此，則舍舊謀新，予企業界以試行設計之路，豈非合乎邏輯者乎。

以科學的調查，窮求經濟不穩定之種種原因。以永久的設計機關，擔任經濟謀參之能事。以各利益份子之代表，確立政策之趨向，使安定產業之設施，不以各業自救爲立場，而以全體利益爲依歸。斯三者單獨進行，雖無濟於事，若同時並舉，則其綜合之總效果，或可差強人意，是則吾人之希望也。

企業家習用科學的調查統計之後，對於往日競爭貿易之態度，群就目前市況，推廣生產，各不相謀，爭先恐後者，當發覺其爲蜃樓幻想。計算錯誤，必漸遂改就科學實測，以爲企業之指導矣。當企業繁榮之際，往往將數年所需之資本設建，槩聚於一年。信用購買之推行，往往將數月所需之消費購買，蝟集於一月。此種密集動作，迨其累積推進力衰歇之際，往往發生反動，而產生不景氣象。明乎此，則對於昔日所謂「新繁榮時代」之驟降者，當不復羣趨苦驚，而必先以冷靜的懷疑考問之矣。此則經濟設計之具體效用之一也。

其又一具體效用，則使企業家辨別利潤來源之性質是也。利潤之獲得，有因供給不足以應需要者，如果屬此場合，則擴張生產，自爲適當。但有時因原料價，製品價，工資利息等等之貨幣價值，發生變動，使其各各相互比例，大異原狀，亦可獲得利潤者，若因此而擴張生產，則大錯特錯矣。其原因究屬於前者，抑屬於後者，在私人企地業位，往往無包舉一切之調查，使得正確之判斷；是則惟有國家舉辦之全部經濟調查，方足盡其實測矣。

其最足以使吾人抱無窮之希望者，其一(1)則經濟體系之相互間，確有一種累積推進力。此累積推進力，在現行經濟制度中，使恐慌之發生，勢若連鷄，江河日下者，苟能納諸軌範之中，變易其推進方向，則安定與繁榮，亦由此而掇級以升。其二(2)則經濟體系中，最足以發生擾亂之泉源，厥爲限於建築業、及資本設備之建置業，擒賊擒王，端在致力而已。雖然，解決新問題必須新技術，是又不得不深長思者也。

混亂的原因

譯者

前週萬國商會英國委員會分佈一個報告，對于世界危機的原因的敘述，沒有比它更爲單簡的了。英國停止現金幣支付，及對于世界之影響，所造成之新局面，實出商會意料之外，而當另尋新的解決方法。這種新局面，更要對于混亂的原因。澈底了解，然後國際的行動，才能奏效。所以我們胆敢提出這個報告的主文：

世界經濟的危機

一，七月間，萬國商會大會在華盛頓舉行，討論的主題，就是世界經濟的危機，當英國代表回來時，對英國商會全國委員會，就提出一個總報告，并任命副委員會來作更詳細的報告。

世界與英國的經濟危機，發展得這樣迅速，副委員會就相信英國全國委員會必急速的想知道副委員會以爲何者是主要的原因，并想他們解釋英國應用何種步驟，來保障他自己的經濟地位，并開始來改進國際貿易的環境。

二，下面的報告是由副委員會起草的，其目的就是想英國全國委員會主席盧克卿（Lord Luke）散佈于英國全國委員會的選區中，并希望他們公開的接納。

三，大戰後幾年間，經濟與財政的平衡，已經由以下的原因所傾覆：

(甲)生產能力如農業，鑛業與工業不平均的發展；

(乙)國際債務的存在；

(丙)戰後高關稅率的政策；及

(丁)金證券不平均的分配。

四，在大戰期間；參戰國平常生產力受了損害，而中立國的生產就致有越出常軌的發展。戰後生產力的回復與新生產力的增加，就供求方面來講，變成許多種物品的出產過剩。

五，國際債務一定要由物品或服務或金幣或長期與短期的國際投資的清算，然後可以清除。提高關稅率，使貨物償債的辦法，受了最嚴重的阻碍，而用這些方法，來清償債務、就使國際貿易，趨向畸形的發展。用短期借債，以清償債務，就使財政失了穩定性，因爲短期借債，忽然結束，就使匯兌發生急激的變化的危險。新債權國幷未堅持巨量的國外長期投資政策，或者願意堅忍來聽到用貨物或服務以抵償債務。

六，國際債務不能夠用貨物授受，或國外投資來作清償的方法，結果就要運輸現金。現金特別的需求，就把金價抬高，人人都知道的，金價抬高，結果就是物價低落。

七，現在現金不平均的分配，直接是因爲債權國要出口貨及國際債務的利息。要有現金的支付，而同時同樣的債權國不要貨物或服務來作清償的方法，更不想他們巨額的國外投資，保持充分的平衡。

八，大戰後，對于將來的担保要有實物的抵押，有時就改變了國際事件的眼光。而不利于一般的經濟情形。大戰後情況混亂，變動激烈，有時就卽刻改變了債權國與債務國的地位。債務國所能實行的關稅政策，他們以爲可以協助國家的進步者，就變爲高關稅率，他們並不顧到他們已由債務國的地位變爲債權國的地位所應担負的義務了。

九，債權國並不認識他們的義務，即是不要阻止債務國支付的能力。巨大的輸出及債權國並不認識這種眞理，除非他們做僱客或做穩定的投資者，來維持國際市場，則他們就不能夠販賣的。因爲在國際市場中，巨大的債權國，對于自由販賣與不肯購買這兩種政策，是不能並容的。一定要堅持這兩種相反的政策，就是破壞國際貿易的線索。

十，這種政策的矛盾，就致到兩種不能抵抗的力量衝突起來。人類中富有與活潑的部份，已經破壞了國際貿易的線索，他們于不知不覺中已經摧殘了全世界，而在摧殘世界的過程中，他們把他們自己摧殘了。

十一，債權國對于其財富的附屬條件，就要承變一種逆勢的貿易平衡，不然，就要維持其固定的國外投資的平流額。除非明白這種道理，則繼續的不景氣，失業的增加，預算之不均，衝突自是必然的趨勢。這些因素。已經危害了英國，奥大利，德國及其他國家的穩定性。

十二，上面所述生產力不平衡的發展，金分配的不平均，已經令到躉賣的價格巨大的低落，這就是世界不景氣的特徵。價格的低落，同時使製造品與原料的成本失調。這兩種貨品在世界市場的變動，所以一切的貿易低減，而失業增加。

十三，特別是英國，價格低落的直接與間接的影響，就是英國無形的輸出額已經發生嚴重的減縮爲輸運費銀行保險及其他的服務，及海外投資的出息。英國輸出額的減縮，同時使英國的國際貿易減縮，這種減縮額，在英國現存的賦稅制度之下，有巨額的輸出的擴張，才可以救濟。這種擴張，卽是要維持現在輸出暴跌的情勢，在情理來講，不論用何種方法來改進英國的工業，到了任何種程度的成功，是不易做到的。

十四，在國際貿易中，英國對外貿易，除非英國貨成本費使其生產力與價格能與其他工業抗衡，實無恢復之希望。成本費的調劑，須要很長的時期。在此期間，最重要的是要把貿易平衡平等，而英國除了用完全禁止或用關稅來急速減少輸入外，沒有其他的方法。大家都知道，英國採用關稅政策，廢除現在的自由貿易的制度，則對于國際債務的清償，會發生障碍，因爲英國輸運，銀行，及對外投資的利息，會發生影響。

十五，但是現在情形的嚴重性，就會把這些理由置之度外。使各國注意，以擴大國際危機，－由于巨大的英國市場部份的封鎖－則這篇備忘錄對于國際貿易所發表的眞理就是英國在現在的危機中唯一可行的途徑。

十六，但是，實行了這種步驟之後，則英國應首先提倡一個新的國際經濟會義，其目的就是要招集各種大會，以調劑歐洲及世界的關稅，可以保證國際貿易達到最高度的發展。在此種關係上英帝國屬地及其他各國應有協商，或對于關稅權有相互的讓步，在會議之後，應該立刻廢除最惠國條款，因爲廢止現存的商務條約所必要的。

十七，祇是採用關稅政策，還不無救濟英國工業的困難。除非英國準備犧牲其偉大的國際地位，則英國的工業一定要用各種方法，使其價格低至與各國相等。他們現在每個單位的生產成本費一定要低減。利率：地租，薪俸，工金要同時低減，而組織，搆造，及活動能率一切要改良，到英國貨物的成本費在世界市場上，可以有競爭的地位爲止。

十八，當這個目的已經達到，則現在已經消沈的國際貿易已經恢復原狀，而維持上中下三等生活的世界生產能力的總額再行發展，雖至所得額在鎊與先令的數目上較爲微小，而作工者與現在不能找到工作者有消費品與服務的機會，則他們就不致失業了。

除了上面的分拆之外，我們更可以說，高度關稅率，不特使債權國與債務國之間通常清償的手續，因貨幣的困難，因而停止，而在各國間，因爲想謀某種貨品的自給的政策，及工業的謂的重複，就使生產更加過剩。這種政策，因爲世界各國不知到某種貨品世界的有限制的需求額，而應該使其無業的人民，及工業的資財投向新的途徑，所以發生出來。我們更可以說，就是世界各大國對于金本位沒有一定的標準，而十年前如在德國這種的國家幣制的低落，使中產階級崩壞，而使家庭儲蓄與消費的平常比率改變，又是擾亂的重要因素。

對于委員會的結論有關于關稅政策者，我們最後想加多一種意思。在這個時期，他們狠清楚的，想保護關稅的國家變更其對于商務的障碍物，使國際貿易可以發展。我們的批評是，若果我們的商務政策運用得十分敏銳的，則這個國家，不必經過增加關稅與低減關稅的手續，而可以達到其所希冀的目的了。若果我們對其他的國家說，你們對待英國貨品取自由貿易政策，則我們也保證對你們的貨品也是一樣的，則自然可以達到我們的目的了。但是，我們是贊同委員會的說話，即是世界各國對于經濟事件狠難立刻有聰明的見解的，所以要達到這個目的，則我們一定要改變最惠國條欵的傳統政策。

美國之對外投資

（譯自經濟家雜誌第四卷五九七期）

在現在世界『信用危機』中，美國對于其他各國的經濟命運的關係。是一樁十分重要的事情。看看美國商務部對于美國對外投資的數額及分配的估計，對于這個問題，就可以瞭解多少。他們所研究的投資，分爲二類：(1)直接投資，包含美國所統轄的工業及販賣機關的集團投資；外人統轄的工業及販賣公司的股票及債劵；及購買機關；煤油區的煤油及分配機關；礦務及煤礦的產業，公用事業，農場及其他的產業；(2)政府的投資，即所謂外國公債，在美國股票交易所買賣的外國公司的股票，或直接買賣的股票外國公司支店的債劵，及美國公司直接借出海外的債券。短期債券並不包含在此種分析中。

下表指出一九三十年前對外私人長期投資估計的總額，及地域的分配：

美國一九三十年前對外私人長期投資的種類及地域分配表

（以千金圓爲單位）

地域	直接的	政府的	總額
加拿大	二、〇四八、七八七	一、八九二、九〇六	三、九四一、六九三
歐洲	一、四六八、六四八	三、四六〇、六二九	四、九二九、二七七
墨西哥與中美洲	九三〇、八四三	三七、七三三	九六八、五七六
南美洲	一、六三一、一〇五	一、四一〇、八二一	三、〇四一、九二六
西印度群島	一、〇七二、〇〇〇	一六一、四八四	一、二三三、四八四
非洲	一一五、三二九	二、五〇〇	一一七、八二九
亞洲	四一九、五〇四	六〇三、四四五	一、〇二二、九四九
大洋洲	一五四、五九四	二六四、七〇〇	四一九、二九四
總額	七、八四〇、八一〇	七、八三四、二一八	一五、六七五、〇二八

數目上有多少的出入，但總額竟到一五、一七〇、〇二八金圓。依次序則歐洲，加拿大及南美洲，實爲美國對外投資最重要的區域。普通的趨向，對于那些有巨大未開發的富源，或政

治混亂的國家，佔直接投資的優勢，英國因爲文化及商務的關係，直接投資，亦佔優勢。

美國在加拿大的投資，較多於其他任何單獨的國家，而公共事業的投資有九九八、九一六、〇〇〇金圓，超出政府與市府的股票之外，其總數不過八五七、一八五、〇〇〇金圓而已。除公共事業股票外，美國公民仍買有値四一二，六七四，〇〇〇金圓的政府保證的鐵路股票。加拿大工業的投資額，到達五八四、七四七，〇〇〇金圓，大多數是直接投資的；礦產及煤礦的直接投資達四二八，〇五二，〇〇〇金圓；而紙業與紙業原料的投資達四一三、二五三，〇〇〇金圓，其中有二八四、五二五，〇〇〇金圓是直接的投資。

地域上最重要的部份是歐洲，而下表指出美國對歐洲各國的投資額。

美國私人對歐洲的長期投資的類別（一九三十年止）

（以千元爲單位）

國別	直接的	政府的	總額
奧大利	一七、三七七	九七、六八八	一一五、〇六五
比利時	六五、二四六	一八八、九六五	二五四、二一一
布加利亞	八一二	一三、二八一	一四、〇九三
捷克斯拉夫	四、八七五	三〇、五一八	三五、三九三
丹麥	一五、九二四	一六七、七九九	一八三、七二三

芬蘭	一、二〇六	七八、〇四三	七九、二四九
其他波羅的的國家	一〇、一二四	六、八六七	一六、九九一
法國	一六一、八〇九	三〇九、五二五	四七一、三三四
德國	二四三、九六九	一、一七六、九八八	一、四二〇、九五七
英國	四九七、三〇五	一四三、五八七	六四〇、八九二
希臘	一〇、一三六	四二、八五一	五二、九八七
匈牙利	九、五二〇	一〇九。三五八	一一八、八七八
愛爾蘭	三、一二九	三、四九七	六、六二六
意大利	一二一、二二六	二七九、九二四	四〇一、一四〇
盧森堡	六〇〇	六、九五七	七、五五七
荷蘭	四四、〇二四	一二二、五七四	一六六、五九八
那威	二三、四七〇	一九〇、八七八	二一四、三四八
葡萄牙	一七、五四六	—	一七、五四六
波蘭	五三、一九三	一二四、一三〇	一七七、三二三
羅馬尼亞	一五、八三六	九、三七五	二五、二一一
沙王領地	—	七、九五二	七、九五二

西班牙	九一、四八〇	三、〇〇〇	九四、四八〇
瑞典	一九、二三〇	二五三、五三六	二七二、七六六
瑞士	一七、八三四	四三、五〇三	六一、三三七
土耳其	一三、七五五	—	一三、七五五
猶哥斯拉夫	八、一三二	四九、八三三	五七、九六五
總額	一、四六八、六四八	三、四六〇、六二九	四、九二九、二七七

德國的巨額投資、幾乎全部份都由一九二四年杜威斯借債時起。政府，市政及政府保證的股票的總額，不過值政府的投資的三七六、二七三、〇〇〇金元而已。私人公司債券，大部份是投向工業公司的。在歐洲各國的投資中，英國佔第二位，其三份二以上是直接投資，而其中大半是製造的企業。美國對于英國債券的保有品，大抵是政府的債券，或『美國的股票』。比利時的直接投資，特別是工業的投資，是巨額的，但美國在比利時的投資，有三份二是政府的公債。美國在法國的投資，大部份是政府公債，及少數的私人公司的債券，但最近政府公債已收回許多。直接投資，大抵是工業，煤油及公用事業，特別是電話。荷蘭的數額，頗容易引起誤會，比如皇家荷蘭公司的運用，實在是國際性的，也佔了狠大的數額。美國在北歐各國的投資，主要的是公債。美國在巴爾幹的投資狠少，而在俄國的投資，並不包括在此數額之中。

美國人在拉丁區美洲的投資，幾乎都要有直接管理的權利，由這種事實可以表明出來，在五百二十五萬金元的投資中，祇有十分三是公債。美國在古巴的總投資額，爲一、〇六六、五五一、〇〇〇金元，除加拿大及德國之外，比較大于其他的國家。在拉丁區美洲之後，就算墨西哥·直接投資爲六九四、七八六、〇〇〇金元，而政府的投資，在墨西哥國有鐵路公債問題未解決前，是不能估計的。阿根廷的資投爲八〇七、七七七、七〇〇金元，智利爲七〇〇，九三五、〇〇〇金元，巴西爲五五七、〇〇一、〇〇〇金元。美國在大洋洲及非洲的投資是狠少的，而在亞洲的投資，日本有四四四，六三九，〇〇〇金元，荷屬東印度有二〇一，三三三、〇〇〇金元，這是最重要的。

由此研究，可以知到美國的經濟命運，與世界各國有狠密切的關係，尤其是歐洲，那是十分明顯的。很慶幸的，這種事實，在美洲已經開始有人認識的朕兆，因爲要美國明白之後，當然世界的困難的解決，才有多少希望。

美國鐵路貨站站帳之概觀

沈奏廷

第一節 概論

貨站者，裝卸并保管貨物之站也。美國鐵路貨站之較大者，都與旅客車站分立。其站長及站上人員除實際收交裝卸并保管貨物外，所有會計上之職務，亦至爲繁複，至爲重要。蓋鐵路全部貨運進款會計，以貨站站帳爲根據，無站帳，即無貨運會計可言也。貨物之運輸上代表物稱曰貨票 Waybin 、故貨物站帳之唯一依據亦爲貨票；因一切貨站之會計報告均直接或間接由貨票發生者也。貨票內容，可由附式覘之。其中會計上最重要之項目，莫如下列三項：

（一）運費項 Freight

（二）代收項 Advances

（三）預付項 Prepaid

欲明瞭貨物站帳之原則，非先了解上列三項之意義不可。運費者卽自運出站至貨票到達站應收之規定運費也。例如自甲站至辛站某件貨物應收運費五十元，則此五十元之數字卽應在貨票運費項下塡註之。如此運費在起運站交付，則預付項下，亦應列以五十元之數字。否則如由到達站收貨人繳付，則預付一項應任其空白，無須塡註，此運費與預付兩項之意義也。至於代收一項則常由下列兩種情形產生。其一爲代表他路或其他運輸機關應得之運費，其二爲代表貨運雜項收入託由到達站代收者。試申述之。例如貨站因聯運關係，由某輪船公司收到貨物一批，係由水道運來。轉交鐵路運往最後目的地者。該貨運費，自水道起運站至鐵路貨站假定爲三十元，自鐵路起運貨站至最後到達站假定爲五十元　合計八十元，均須由最後到達站向收貨人收取。故輪船公司雖應得運費三十元，而不能直接向收貨人收取。且聯運清算辦法，鐵路與輪船公司間又不適用。爲便利輪船公司計，此三十元之運費不得不由鐵路起運站墊付。是以起運貨站於造具貨票時，將三十元列入「代付」項下，而以五十元列入「運費」項下．因「代付」一項對於起運站爲貸項　Credit　故也。起運站得此貸項，故得向輪船公司墊付運費。至於到達站方面．則應將代收項三十元與運費項五十元同時如數收取，蓋代收項與運費項均爲到達站之借項 Debit 也。

其二則因有時運出之貨物發生附帶之雜項收入，如棧租，延車費，改運費等，因商業交易上關係，應由到達地收貨人繳付者，亦應列入貨票之代收項下，由到達站收取。例如某批貨物於未交齊之前，先在貨站存儲，俟交齊裝出，則存儲已逾四十八小時之限期，照例應徵棧租 Platform Storage 。茲假定棧租爲一元五角，而運費爲二十五元．均由到達站收取，則該票貨運費項下。應列二十五元，代收項下應列一元五角。因代收項對於起運站爲貸項，故起運站因此取得貸項一元五角。爲抵銷此貸項起見。起運站應將棧租一元五角在貨運雜項收入報單內呈報會計處，作爲該站之借項。兩相抵冲，站帳仍不受其影響。上述棧租不過其中之一例，其他類似情形尙多。例如鮮貨煤炭等物，在美均許以改運權利 Diversion or Reconsignment Privilege。貨物可先行裝運，至一臨時地點，再行通知鐵路轉運他站。此種改運，不免稍費手續，故鐵路得徵收改運費，以資補償。但此種改運費往往須由最後到達站收取，故改運之貨站往往另具貨票一紙，在代收項下專註以改運費之金額，連同原有貨票送往到達站，是爲「代收貨票」Advances Only Waybill。一面將此項改運費列入雜項收入報單內，作爲借項。以資抵冲。同時改運之貨如在改運站停留二十四小時以上者，每日或不滿一日須征延車費 Demurrage 二元。此項延車費往往與改運費一併列入代收貨票，由到達站代收，一面亦在雜項收入報單內作爲借項列報。

代收款項之類如此者不一而足。試再舉一二例以明之。運輸中之牲畜，每隔二十八小時或三十六小時例須給以飲料並飼以食料。此項飲食料費應由收貨人支付，故中途飼料之貨站應另具代收貨票，將料費列入代收項下，以便由到達站收取。一面在雜項收入報單內列報，以資抵冲。如食料由起運站供給，則料費卽在原有貨票代收項下列註，無須另備代收貨票矣。又如鮮貨之冷藏費 Icing and Refrigeration Charges 往往由到達站收取，亦應列入貨票代收項下者也。

預付項之金額有等於運費項者，有少於運費項者，有多於運費項者。如運費全數由起運人支付，則預付貨與運費項相等。如運費一部分由起運人支付，則預付項將較運費項爲少。至預付項多於運費項之情形則由他路運費於起運站預付而生。例如某貨由鐵路甲站運至乙站，運費爲四十元；在乙站轉交沿岸輪船公司運至最後目的地，假定此水道運費爲二十元，故運費總數當爲六十元，一併由甲站向起運人收足。起運站造具貨票時，應將六十元列入預付項下，以四十元列入運費項下，故預付項較運費項多出二十元。此二十元之水道運費由乙站交付輪船公司。因預付項對到達站爲貸項，乙站得此貸項之溢額，故得向輪船公司墊付也。

綜上所述，可見貨票中上列三項對於起運站與到達站之會計的關係，可綜括叙述如次：

（一）運費項爲到達站之借項，而與起運站無關；

（二）代收項爲起運站之貸項，到達站之借項；

（三）預付項爲起運站之借項，到達站之貸項。

借項者，貨站欠公司之款項也；貸項者，公司欠貨站之款項也。貨站所有之借項必以收款或其他貸項抵銷之；所有之貸項必以付款或其他借項抵銷之，而後站帳乃得平衡，此其要旨也。例如某日某站起運之貨票總計，如得預付項四百五十元，代收項五十元，則是日貨站欠公司；在起運方面應爲四百元。其所有四百五十元之借項必以收入現款及其他貸項抵冲；所有五十元之貸款，必以支付他路運費及雜項收入或其他報單內之借項抵冲之。在到達方面亦然：如是日到達之貨票計有運費項五百元，代收項六十元，預付項二百元，則應得借項總數三百六十元。此種借項，必以收入現款及其他會計處核准之貸項抵冲之。如貨票中有預付項多於運費項者、則其溢額爲到達站之貸項，將以付出他路運費抵冲之。

貨站因貨運而發生之會計報告，可大別之爲九種；一曰運出本路貨物報單，一曰運出聯運貨物報單，一曰到達本路貨物報單，一曰到達聯運貨物報單，一曰貨票更正報單，一曰貨運雜項收入報單。一曰貨站貸項報單，而總括各種報單之結果，則編成一總報告，曰平準表。茲分別叙述之如后。

第二節　運出本路貨物報單

本路貨物者，由本路甲站運至本路乙站，未經他路運輸或其貨票祇限於本路之貨物也。水陸聯運之貨物，其貨票起訖以本路爲限者，亦當視爲本路貨物，而非聯運貨物也。美國聯運清算辦法，尚未普及全國各路，凡與不適用聯運清算辦法各路聯運之貨物，其貨票僅做至本路，故自會計的立場視之，亦爲本路貨物也。鐵路貨物計分兩種，一爲整車貨物 Carload Freight，一爲零担貨物 Less than Carload Freight。整車貨由起運人自行裝車，而零担貨則由鐵路在貨站內代裝之。無論整車或零担，每批貨物，起運人必自備提單及下貨單 Bill of Lading & Shipping order 各一紙，而下貨單即提單之副本也。貨站收到貨物後，將提單蓋戳，送還起運人，而下貨單則留存站內，以備編造貨票之用。按照下貨單所列之貨物名稱及其到達地點，由運價員核定運價，註下貨單之運價欄內。然後由計算員就所註運價及貨物重量計算運費全額，註入運費欄內。每一下貨單乃給以一號數，是爲貨票號數 Waybill Number 。此項貨票號數，各站大都每年特換一次，卽每年一月一日第一張下貨單給以第一號是也。總合下貨單之全部，乃分析之爲預付 Prepay 與應收 Collect 兩種、預付者卽運費由起付人交付者也；應收者運費由收貨人交付者也。所謂預付，有交貨卽付欵者，有候運費收據 Freight Bill 送達始付欵者，要皆由起運站收取者也。

下貨單分爲預付及應收兩類後，乃交製票員 Billing Clerks 打字機打製貨票。美國鐵路本路貨票，有採用「一鞭制」Manibill System 者，卽每一貨票，同時用複寫方法，打製下列之副本是也：

（一）貨票副本 Waybill Copy
（二）運費收據 Freight Bill
（三）運費收據副本 Freight Bill Copy
（四）到達通知書 Arrival Notice
（五）交貨收據 Delivery Receipt

凡由「預付」下貨單編製之貨票，其運費收據爲預付收據 Prepaid Freight Bill；由「應收」下貨單編製之貨票，其運費收據爲應收收據 Collect Freight Bill。兩者，式樣不同，因前者備起運站用，後者備到達站用，此下貨單之所以有分爲預付與應收之必要也。

貨票製成之後，其屬於整車貨物者，僅將貨票副本批下，其預付者幷將運費收據批下，其餘屬貨票正本及其他副本均交調車場，隨同貨物列車運送至目的地。其屬於零担貨物者，亦將貨票副本與預付運費收據批下；同時將貨票正本暨其他副本分別到達站名，寄送至目的地點，而不隨車運送 其隨車運送者，乃另備之硬紙貨票 Card Waybill 或貨票封袋 Waybill Envelope 。因零担貨物，每車有貨票多張，不若整車之僅一張，不便由車守携帶；而由鐵路郵寄，則又可先貨物送到，俾到達站得從早卸貨也。惟此種辦法，對於沿途裝卸之零担貨車 Peddler or Way Car，在裝卸區域內，不能適用耳。

其貨票中有代收項者，最好另備「代收副本」Adrances Copy 一紙，亦由起運站扯下備用。貨票副本扯下後，均按貨票號數排列，預付運費收據與代收副本亦照貨票號數排列之。然後一併交給報告員 Report clerk ，從事編造「運出本路貨物報單」Report of Local Waybills Forwarded。報單之內容，各路繁簡不一。其最簡者僅列（一）貨票號數（二）預付項金額（三）代收項金額，按貨票號數順序排列。其較繁者則須列報下列項目：

一、貨票號數 Waybill Number

二、車輛記號及號數 Car Initial & Number

三、到達站名稱 Station Waybilled To

四、貨物種類 Description of Freight

五、重量 Weight

六、運費 Freight

七、代收 Advances

八、預付 Prepaid

上列項目之中與起運站會計有直接關係者，僅代收與預付兩項及其總數而已。其餘各項均爲編製統計及備查攷之用耳。代收項爲起運站之貸項，預付項爲起運站之借項，故此兩項在會計上最爲重要。爲求此兩項數字之準確無誤起見，於報告造就之後，應與預付運費收據及代收副本分別核對。其法即將所有預付收據之預付項一一加之，加得之總數應與報單內之預付項總數相等。否則必有錯誤，應將報單內列報之數字再行一一與貨票校對，至錯誤發覺爲止。代收項亦然，將代收副本之代收項一一加之，加得之總數應與報單內之代收項總數相等。否則必有錯誤，應即校對如前。如是貨票副本之數字與預付收據及代收副本既經核對，則兩方數字之無誤也必矣。此求準確應有之方法也。

報單造就核對準確後，連同貨票副本交由編造平準表之職員備編造平準表之用。至於預付運費收據，應再與貨站出納處之收欵簿 Cash Book 核對；其運費已由出納處收到者，所有收據可廢置之；其餘未收者，則一併列單交給收欵員 Collecters 收取。一面將收據郵寄起運人，作爲收費之通知。在收欵員未經收到現款以前，此項票款，作爲未收票款，蓋貨站資產之一部分也。代收副本則交由代收清帳員 Advances Desk 過入簿內，以便清結，其法當另詳之。

第三節　運出聯運貨物報單

聯運貨物者，本路與他路聯絡運輸之貨物，以直達貨票 Through Billing 運送者也。聯運貨票之編造與本路貨票大同小異，亦由下貨單爲根據。下貨單之屬於聯運者，於註明運貨，算出運費金額之後，與本路貨票分爲兩起。每一聯運下貨單亦給以一號數，是爲聯運貨票號數，此項號數往往與本路貨票號數不同，有年換者，有月換者。聯運下貨單亦分爲應收與預付兩種。其屬於預付者，標以「預付」字樣，以便造具預付收據。

聯運貨票，在美尚無有用一轆制者，因本路之副本未必適用於他路也。故每一聯運貨票屬於應收者，僅製貨票正本與副本各一紙；屬於預付者，則添製預付運費收據一紙。其有代收項者應另製，代收副本一紙，均用複寫方法一起製成者也。

聯運貨票正本屬於整車者均隨列車送達最後目的地。其屬於零担者，往往備一簡單貨票或貨票封袋，註明正式貨票隨後即到 Revenue Billing To Fellow 字樣，隨車運至他路。而正式貨票則由鐵路郵遞。蓋聯運零担貨物之運送法計分二種：一爲直接裝車至他路之轉裝站 Transfer，一爲僅將貨物裝至銜接站 Junction，再行轉裝他路。如甲路運往乙路之貨物衆多，則適用第一法。卽將所有運往乙路之零担貨物。裝成一車或數車，直接送往乙路之轉裝站，再由乙路自行分別轉裝。其聯運貨物較少者，則適用第二法。即將運往乙路零担貨物，與其他貨物同裝一車，運往與乙路銜接之站，再由銜接站轉裝至乙路。蓋銜接站為貨物萃集之點，必有他站之貨運往乙路者，可從事合併裝成一車或數整車也。其用第一法者，上述之簡單貨聯票隨車送至乙路之轉裝站；用第二法者則僅送至本路之銜接站；而正式貨票亦寄交銜接站，備轉車之用。銜接站於轉車之後，再行另備簡單貨票，運至乙路，幷將正式貨票轉寄乙路焉。

聯運貨票副本，亦由正本扯下；如有預付運費收據或代收副本者，亦一倂扯下，分別按貨票號數排列。然後轉交報告員編造「運出聯運貨物報單」Report of Inter ine Waybills Forwarded。聯運報單與本路報單相同，亦有繁簡之列。其項目均與本路報單無異也。

報單編就後，亦應將扯下之預付運費收據內之預付項，一一相加，其總數應與報單內預付項之總數相等。代收一項，亦應就代收副本同樣核時。如有錯誤，應校對如前述。

預付運費收據，如查收款簿已經收取者，可廢棄之。其餘則分別寄達起運人，作收費之通知，幷一面列成清單，責成收款員收取。至代收副本，貨票副本及報單，處理亦與本路貨運同。

第四節　運到本路貨物報單

由本路各站起運，運到本站起卸之貨物，是為運到本路貨物 Local Freight Received。運到本路貨物之貨票，整車者都隨車送來，零担者大都先貨物寄到。因零担貨物須由鐵路自卸，貨票先到，則可從早起卸也。貨票收到之後，第一部手續，卽爲修改運價運費等 Revision；所應注意之錯誤，不外下列四種：

一、貨物分類之錯誤

二、運費之錯誤

三、運費金額之錯誤

四、運費總金額之錯誤

如發覺上述錯誤，應卽在貨票上改正。所有改正貨票之副本，如運費收據，到達通知書及交貨收據等原由起運站備就者，均須從新改製，以正所發覺之錯誤。所有貨票全部，乃一一印以運費收據號數 Freighht Bill Number，是爲連續號數 "Pro Number"。此後到達貨票，卽按此種號數排列，因貨票由各站送來，不能按貨票號數排列也。貨票副本中之交貨收據一一扯下，交由檢貨員 Checkers 作檢貨出車之用，然後再交交貨員，備交貨時用。惟屬於整車者，則因無須由鐵路檢貨起卸，僅將交貨收據交由車場交貨員 Yard Delivery Clerk 備交貨之用而已。到達通知書亦同時扯下交由通知員 Notice Clerks 郵寄收貨人。

貨票正本，運費收據及收據副本三物，乃按連續號數排列，交由報告員編製「運到本路貨物報單」Report of Local Waybills Received。報單內容，將貨票按連續號數順序列報。其所列項目，亦有繁簡之別。簡者僅須列報（一）連續號數（二）運費項（三）代收項（四）預付項溢額 Over-Prepaid 四者而已。凡預付項等於運費項者，僅須運費連續號數一項，其餘任其空白，蓋運費項爲到達站之借項，而預付項爲其貸項，兩者相抵，故可無須列報也。如預付項少於運費項則僅將其差額列之。反之如預付多於運費，則其溢額於到達站之貸項，應圍以圓圈列入報單，以示非借項之意。其較繁者則大都須列報下列項目：

一、運費收據號數 Freight Bill Number
二、貨票號數及日期 Waybill Number & Date
三、車輛記號及號數 Car Initial & Number
四、起運站名 Station From
五、貨物種類 Description of Freight
六、貨物重量 Weight
七、運費 Freight
八、代收 Adrances
九、預付 Prepaid

報單內之運費及代收兩項爲到達站之借項而預付項則爲其貸項，故報單之淨金額應爲前者與後者之差額。

報單編就後，應就運費收據，將所有運費項代收項，及預付項，分別用 Mnchine Tape 加得總數　其總數應與報單內之上述三項由貨票正本取得者相等。否則必有錯誤、應將報單與貨票逐一核對。如仍無錯誤發覺，則應將運費收據逐一與計算單 Mnchine Tape 核對，至發現錯誤並糾正爲止。經此核對後，始確知報單總金額與運費收據之總金額相符，易言之，即貨站向會計處呈報之數與由收貨人收取之數兩相符合也。

報單核對後，乃將運費收據及副本從貨票分別扯下。扯下時，應注意運費收據上之數字與貨票上之數字是否一一相符以便糾正，蓋總數雖已校對符合，而每一貨票之數字或仍不免有誤。例如貨票之運貨項爲三十元，而其運費收據之運費項爲二十三元；同時另一貨票之運費項爲二十七圓而其運費收據之運費項爲三十四圓，兩票均有錯誤。然總數則均爲五十七圓，於核對報單時未嘗能察覺也。此項錯誤名爲互銷之錯誤 Offsetting Error。自用複寫方法後，此項錯誤大爲減少矣。

運費收據副本按連合號數排列，裝訂成册，以備查攷之用。至運費收據正本則先行分成兩部：一爲現款部分 Cash ，一爲記帳部分 Credit。凡收貨人不在鐵路信用單 Credit List 上列有姓名，須繳付運費而後始可取貨者，其收據概屬現款部分，分出後交由貨站出納處Cash Office備用，其處理法另詳之。收貨人之記帳者，可先行取貨，於四十八小時或九十六小時內繳納運費。所有記帳收據再行按照收貨人姓氏字母分列，分別列單交由站內收欵員 Collectors 收取。

上海交通大学百年报刊集成·第一辑（1896—1949）·学术学科

蓋收欵員各有專司，例如收貨人姓名爲A起首者由甲收款員收取，爲B者由乙收款員收取，餘類推。除一面列單責成收款員收款外，一面將運費收據分別郵寄收貨人，作爲收費之通知。

報單與貨票交由平準表編製員，備編造平準表用。

第四節　運到聯運貨物報單

由他路各站運到之貨物，是爲運到聯運貨物。聯運貨票收到後，第一部手續亦爲修正運價等項，然後印以連續號數，按此號數排列。因聯運貨票概無副本，故所有交貨收據，到達通知書，運費收據，及運費收據副本等，均須由到達站從聯運貨票自行用複寫法製備。副本製備後，分別處理如下：

一、交貨收據　零担者交由檢貨員檢貨出車；整車者交由車場交貨員備用；

二、到達通知書　交由通知員郵寄收貨人；

三、貨票　連同運費收據及其副本交由報告員作編報單用。

聯運運到貨物報單 Report of Interline Waybills Received 之內容，除有繁簡之別外，並有分路列報與不分路列報之不同。分路列報者，須先將聯運貨票按起運路分析之。美國各大鐵路均各有一路號 Road No. 由全國鐵路會計聯合會 R. A.O. A. 規定之。此路號印在貨票中之路名兩旁，上下共計四處。分析貨票時，即按此路號區別之。其較小之路無獨立路號者概入千號，不再區分。貨票分析後，乃按站逐一列入報單，而貨票亦按路號順次排列。故送到會計處時無須再行分析，便利聯運清算不少。每一起運路之貨票仍按連續號數 Pro Number 報列，故仍有次序可循也。其不分析列報者，祇按連續號數排列，與本路貨票無異。所有分路手續，由會計處自行辦理之。

報單之核對及運費收據之處理，一如本路貨票，不必贅述。報單暨貨票於編造完畢後，交平準表編造員備用。

第五節　貨票更正報單

一、　貨票更正書之性質

貨票更正書 Waybill Correction 之發生，有由於貨票錯誤者，有非由於錯誤者。貨票製成並列報之後，往往發見種種錯誤，而有更正之必要。錯誤之主要者列之如左：

一、運價之錯誤

二、貨物重量之錯誤

三、貨物分類之錯誤

四、貨物數量之錯誤

五、金額之錯誤

六、應收貨票作爲預付貨票或預付作爲應收之錯誤

七、代收項列爲運費項或運費項作爲代收項之錯誤

八、運費全部預付之貨票其預付項仍少於運費項之錯誤

九、運輸路徑及到達站名之錯誤

貨票之更正，亦有非因錯誤而發生者。例如起運人欲將輪船水道運費與鐵路運費一併付清，而起運站以未備輪船公司運章。不知水道運費之多寡，暫以一約數列入貨票，幷在貨票上註以「修正運價幷更正之」"Rate & Correct" 字樣。到達站收到此項貨票後，應將水道運費査明，備就貨票更正書，送達起運站及會計處，以便更正站帳及會計處之帳目。又如起運站或無軌道稱重機 Track Seal，不得不將整車貨之重量，僅以約數 Estimated Weight 列入貨票，以致運費項及預付項金額，均係約數，必待更正。凡代爲稱重之站稱得確實重量之後 如貨票有預付項者，應將更正書送達起運站及會計處。此種貨票大都註有「稱重幷更正」Weigh & Correct字樣。

論貨票更正書之性質，則可別爲二種：一曰借項更正書 Debit Correction，一曰貸項更正書 Cebit Correction。凡增加本站之借項或減少本站之貸項者，均爲借項更正書；反之則爲貸項更正書。故就起運及到達兩站之立場觀之，更正書之爲借爲貸可分別之如次：

甲、起運站方面之借項更正書

（一）增加貨票之預付項者

（二）減少貨票之代收項者

乙、起貨站方面之貸項更正書

（一）減少貨票之預付項者

（二）增加貨票之代收項者

丙、到達站方面之借項更正書

（一）增加貨票之運費項者

（二）增加貨票之代收項者

（三）減少貨票之預付項者

丁、到達站方面之貸項更正書

（一）減少貨票之運費項者

（二）減少貨票之代收項者

（三）增加貨票之預付項者

爲求明瞭計。可設數例以明之。例如某貨票之運費及預付項原各爲十五元五角，代收項原爲二元二角五分。因運價錯誤，運費及預付項應改爲十元五角。又因計算錯誤，代收項應改爲一元五角。結果，更正書內減少預付項五元、減少代收項七角五分，對於起運站應爲貸項更正書，因淨得貸項四元二角五分也。對於到達站亦爲貸項更正書，因其減少代收項七角五分也。又如原有貨票之運費項爲五十元、預付項爲五元。而貨票則註明「全部預付」Fully Prepaid，顯有錯誤。經到達站查明，發出更正書與起運站及會計處，將預付項由五元改爲五十元。此種更正書對於起運站應爲借項更正書，對於到達站應爲貸項更正書，因其增加預付項四十五元也。

更正書又分本路及聯運兩種：應分別列報。茲分論之：

二、本路貨票更正報單

凡更正本路貨票者，曰本路貨票更正書。本路貨票更正書之來源有三：一爲本站，一爲他站，一爲會計處。發源於本站者，皆因貨票呈報會計處後，發覺錯誤，自行備製更正書更正之。例加到達之貨票內運費項原爲一百元，故寄達收貨人之運費收據亦爲一百元。旋收貨人發覺運價錯誤，運費應爲八十元，來函請求更正。經稽核後，如運費果應爲八十元，卽應製備更正書一份，將原有貨票之運費減少二十元。如運費已經收取，應發償還通知書 Refund Notice 與收貨人，以便取還溢收之款。此本站發生更正書之一例也。發源於他站者，如某貨站運費項及預付項各爲四十元，經到達站稽核之後，發覺貨物分類有誤，運費應爲五十五元，故預付項亦應增爲五十五元。到達站乃備製更正書一份，將原有貨票之運費及預付兩項各增加十五元，送達起運站及會計處。假設本站爲起運站，則於收到更正書後。再加核對，如更正書無錯誤，應卽將更正書之副本一份，作爲追收運費通知書，交由收款員送交起運人，從事追收十五元之差額。一面將更正書呈報會計處。其三，會計處於修正貨價時，亦常發見種種錯誤，於是發出更正書與有關係之貨站。囑其遵照辦理幷依式呈報。貨站收到會計處之貨票更正書，應與他站之更正書同樣處理，卽凡係借項更正書，應追收少收之運費；凡係貸項更正書，應退還溢收之運費也。

凡借項更正書，收到或自行發出後，卽應呈報會計處。貸項更正書則須俟溢收額償還後始行呈報之。呈報本路更正書之報單曰本路貨票更正報單 Report of Local Corrections，往往由一人專負其責。所有應行列報之借貸更正書，均一一給以連續號數 Pro Number。報單內卽按此號數順序報列。凡借項列入借項欄，貸項列入貸項欄，借貸兩項合計，得一淨額，或借或貸，視兩項孰多而定。報單編就，連同更正書交平準表編製員備用。

三、 聯運貨票更正報單

凡更正聯運貨票者曰聯運貨票更正書，其式與本路貨票更正書同。其來源有四：一爲本站，一爲他路貨站，一爲本路會計處，一爲他路會計處。凡本站起運之貨票由本站發見錯誤時，如有關運費或代收兩項，應將更正書送達他路之到達站，一面由本站呈報會計處。凡本站收到之貨票由本站發見錯誤而錯誤有關預付或代收兩項者，其更正書亦應送達他路之起運站，一面由本站列報會計處。此本站發生之更正書也。他路起運站或到達站發見上項錯誤，亦同樣將更正書送達本站。稽核無訛後，凡屬借項，卽行呈報，貸項則俟還償溢額後列報之。此外本路及他路會計處修正聯運貨票發見錯誤時，如錯誤與本站之借貸有關，亦必向本站發出更正書，以便更正站帳，或追收運費缺額，或償還運費溢額，其處理法無間本路或他路也。

聯運貨票更正報單 Report of Interline Corrections 亦按更正書連續號數列報。備就後交平準表編製員備用。

第七節　貨運雜項收入報單

由甲地運輸貨物至乙地，乃鐵路貨運之主要業務。其所得運貨收入，乃鐵路貨運之主要收入。然鐵路於純粹運輸之外，兼事種種雜項業務，或爲一般貨運所必不可少者，或爲特種貨運所必不可少者。由此所得之收入，曰貨運雜項收入，應在貨運雜項收入報單 Report of Misellaneous Freight Rec ipts 內列報會計處。貨運雜項收入之種類，不一而足，茲就其最著者，敘述如左：

一、　延車費 Car Demurrage

鐵路爲限制商人濫用貨車起見，得征收延車費，由各路共同頒訂之延車章程 Demurrage Tariff 規定之，延車或由裝貨發生，或由卸貨發生。茲先就裝貨言之：在美運貨人計分叁種，一爲有私有岔道 Private Siding 者，一爲無私有岔道者，一爲自行調車 Switching 者。凡無私有岔道者，其所定之空貨車，由鐵路備就後，置於貨站外之裝卸貨物軌道內 Plced on Team Tracks。此項軌道爲鐵路公司所有，供整車貨商裝卸貨物之用、自放置軌道內後第一上午七時起 From First 7:00 A.M. after Placement、貨商應在四十八小時內裝車；如滿四十八小時尚未裝竣、每延期一日征延車費二元，不滿一日者亦作一日算。四日以後，一日或不滿一日征費五元，例如某貨車於二月五日下午二時放置裝卸軌道內，備定車人裝貨之用。其免費期限當自二月六日上午七時起至二月八日上午七時止。如貨商始於二月十日上午十時裝竣，則應作延期三日算，應征延車費六元。如始於二月十二日上午十時裝竣，則應作延期五日算、應征延車費十三元，因第五日須征五元也、凡有私有岔道者，其所定貨車應由鐵路放置其私有岔道內，以便裝貨。免費期限亦爲四十八小時、自放置私有岔道內後第一上午七時起算，征費與前同。至自行調車者，則往往爲極大企業，備有複雜之岔道、自備機車從事調車。其岔道與鐵路車場銜接之處名曰交車軌道 Interchange Track 。凡此項貨商所定之車祇須移置交車軌道，即行了事、其應調至何處、由商人自理。故免費期限由移置交車軌道後第一上午七時起算，征費及期限如前述。

就卸貨方面言之，亦應將貨商分爲三種。凡無私有岔道者，其所有到達待卸之貨車，由鐵路放置裝卸軌道內，以便起卸。一面發給到達通知書，俾收貨人知貨車已到，可前來卸貨也。自發給通知書後第一上午七時起，貨商應在四十八小時內卸貨。否則每延期一日，或不滿一日，每車得征收車費二元，第五日起，每日或不滿一日得征五元。例如某貨車於二月五日晚間三時到達，上午六時放置裝卸軌道內，上午十時發給到達通知書。其免費期限應自二月六日上午七時起算，而非自放置後第一上午七時（即二月五日上午七時）起算　因未通知以前，不能責貨商知貨車之已到達也。如該貨商於二月十三日始將該車卸竣，則延期已達六日，前四日應征延車費八元，後二日十元，合計十八元之多，凡有私有岔道者，其免費期限自貨車放置私有岔道內後第一日上午七時起算，無須發給通知書。自行調車者，其四十八小時免費期限亦自貨車放入交車軌道後第一日上午七時起算，亦無須發給通知書，蓋貨車放在私有岔道內或交車軌道內者，貨商不待通知而知之，且軌道既屬專有，更無示以車輛號數以資識別之必要也。如遇私有岔道或交車軌道擁擠時，鐵路得作「假放置」Constractive Placement，雖貨車仍在鐵路軌道內，而認爲業經交付收貨人。假放置者由貨站發給假放置通知書 Constractive Placement Notices 與收貨人也，延車免費期限自發給假放置通知書後第一上午七時起算。滿四十八小時，即應照例征收延車費。故鐵路收入及車輛利用得不因私有軌道擁擠而受影響也。

凡運貨較多之商人得與鐵路公司訂立平均計算合同 Average Agreement。按此合同之規定，凡貨車之在二十四小時內裝畢者作爲一正點 a Credit，在二十四小時以外四十八小時以內裝畢者，不計正負，在四十八小時以外裝畢者作爲一負點 a Debit。正負點數得以相銷。如全月正點多於負點，則該商無繳納延車貨之必要。反之負點較多，則每一負點征延車費二元。惟每車之負點得與正點相銷者以四點爲限。第五點起每點須征延車費五元是爲 Arbitravy 或 Exees

。此就裝貨方面而言也。卸貨亦如之。惟裝貨卸貨之車輛應分別記錄，不得混淆。即裝車之正負點不得與卸車之正負點相銷是也。又本月之正負點亦不得與下月之正負點沖銷，此皆平均計算合同之制限也。

訂有平均合同之延車費曰平均延車費 Average Demurrage；不訂有合同者曰普通延車費 Straight Demurrage 。兩者之報告少有不同。茲先就普通延車費述之。普通延車費之記錄及報告通常分單獨式及合併式兩種：單獨式者每車備一紙報告，合併式者則將各車併列一紙。前者可按貨商姓氏或車號排列，便於查攷。後者則佔地位較少且可一望而得全站延車之狀況。蓋各有利弊者也。無論單獨式或合併式，除記錄貨商姓名，貨物種類，貨票日期及號數，起運或到達站名，車輛記號及號數等項外，所載之重要項目如次：

一、到達日期及時刻 Arrival

二、發給通知書日期及時刻 Notice of Arrival

三、發給假放置通知書日期及時刻 Constructive Notice

四、實在放置日期及時刻 Actual Placement

五、裝卸完畢日期及時刻 Released

六、延車日數

七、延車費金額

上述各項，視情形而適用之。例如裝貨之車僅適用第四項至七項；卸貨之車放置於貨站裝卸軌道者適用第一、二、四、至第七項；放置於私有岔道或交車軌道者適用第一第三至第七項是也。茲分別述其記錄方法於后．

凡裝貨之車放置於貨站裝卸軌道，私有軌道或交車軌道時，每車由調車場車守 Yard Conduc'or 製備「放置票」 Put Ticket 一紙，送交貨站。該票註明車輛記號及號數，運貨人姓名，軌道或岔道名稱及所在地、放置時刻及日期等。貨站憑此票之所載，將放置日期及時刻記入延車報告，以便計算免費期限及延車日數。迨貨物裝竣、運貨人將提單及下貨單送交貨站時，乃將裝畢日期及時刻註入報告。大概本日收到提單及下貨單者即作爲本日下午六時裝畢、蓋不滿一日亦作一日計，實在裝竣之時刻無須考究也。就放置日期及時刻與裝畢日期及時刻二者核算，即可求得延車日數及延車費金額。例如某某在報告內註明一月十日上午六時放置一月十五日下午六時裝畢，即可知免費期限自十日上午七時起至十二日上午七時止，故該車延期計共四日，應征延車費八元也。

次述到車之待卸者：到車之到達日期及時刻，由到達貨票背後之車場到達時刻圖記 Yard Stamp 得之。其放置於貨站裝卸軌道者，須發給到達通知書，應將通知日期及時刻記入報告。實在放置之時刻亦由車守之放置票得之。其應放置於私有岔道或交車軌道而因擁擠不能即行放置者，須發給「假放置」通知書。此項假放置通知時刻亦應註入報告。至於卸畢時刻及日期、則由逐日軌道檢查錄 Track Check 得之。每日上午七時左右，貨站應派人分赴各軌道岔道檢查各種到車是否已經卸空，一一註入檢查錄。如查已卸空者，即作爲前一日下午六時卸畢。例如某車在二月五日檢查錄內註明已經卸空，則延車報告內之卸畢日期及時刻應載「二月四日下午六時」是也。茲舉數例以明計算之法：

例一、 到車第一一三六五號

到達 六月二十日上午五時

到達通知 六月二十日上午十時

實在放置 六月二十日上午六時

卸畢 六月二十四日下午六時

此車之免費期限自六月二十一日上午七時起至六月二十三日上午七時止。延車二日，應征延車費四元。

例二、 到車第三四五六〇號

到達 六月二十日上午五時

放置私有岔道 六月二十日上午六時

卸畢 六月二十四日下午六時

此車之免費期限自六月二十日上午七時起至六月二十二日上午七時止。延期三日應征六元。

例三、 到車第五六七八〇號

到達 六月二十日上午五時

假放置 六月二十日上午十時

實在放置 六月二十二日上午十一時

卸畢 六月二十五日下午六時

此車之免費期限自六月二十一日上午七時起，至六月二十三日上午七時止。延期三日，征延車費六元。

如遇星期日及法定假日應除去不計。

平均延車費報告，與普通者不同。每一運貨人之起運車輛及到達車輛各備報告一紙，逐日記錄。其所記項目與普通延車報告大同小異，列之如左：

一、車輛記號及號數

二、貨物種類

三、到達日期及時刻

四、到達通知日期及時刻

五、假放置通知日期及時刻

六、實在放置日期及時刻

七、裝卸完畢日期及時刻

八、停留日數

九、負點數

十、正點數

十一、負點超過數 Excess or Arbirary

上列各項之來源與普通延車報告同，不必贅述。所不同者僅負點正點及負點超過數而已。

例如某月某商之到達車輛延期報告，共計貨車二十五輛，其延期狀況假設如次：

車輛	停留日數	負點	正點	負點超過	
1	1		1		
2	1		1		
3	1		1		
4	3	1			
5	4	2			29—10= 19
6	8	4		2	$2×16=$38
7	1		1		$5×5 =$25
8	1		1		$63

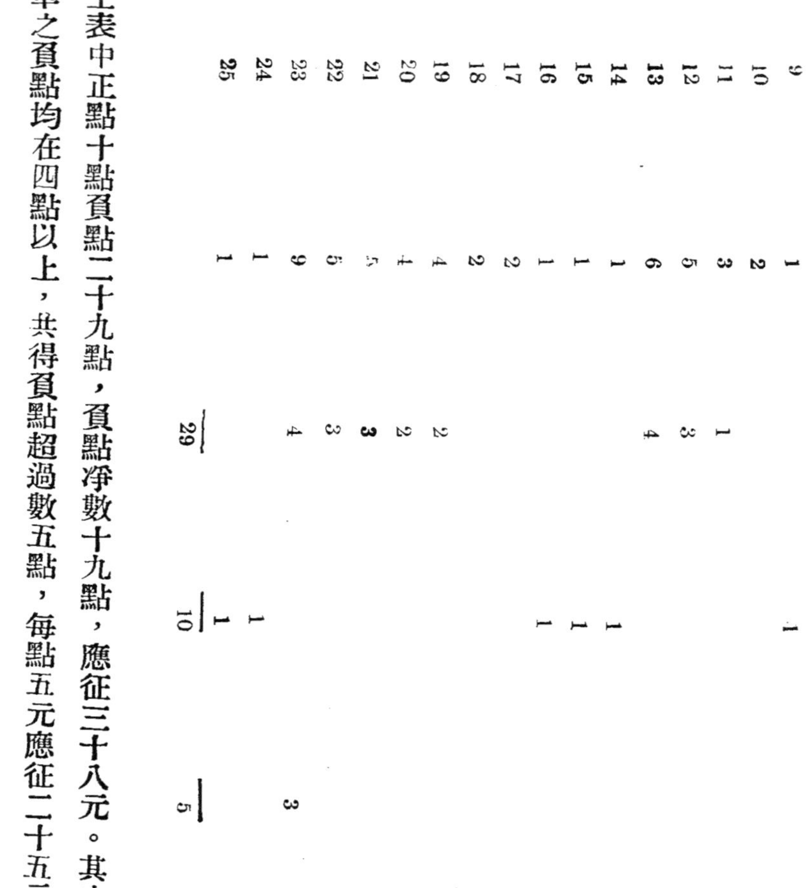

9	1		1	
10	2			
11	3	1		
12	5	3		
13	6	4		
14	1		1	
15	1		1	
16	1		1	
17	2			
18	2			
19	4	2		
20	4	2		
21	5	3		
22	5	3		
23	9	4		3
24	1		1	
25	1		1	
		29	10	5

上表中正點十點負點二十九點，負點淨數十九點，應征三十八元。其中第六號車及第二十三號車之負點均在四點以上，共得負點超過數五點，每點五元應征二十五元，合計延車費六十三元。

凡延車報告內之車輛至月終尚未裝卸完畢者，應不計其正負點，轉入下月報告。

月終按延車報告，分別製備延車費收據 Demmurrage Bill，分送運貨人，作爲收費通知。并將收據副本。及延車報告連同雜項收入報單呈報會計處。延車報告大都製備三份，除一份呈報會計處外，以一份送運貨人，一份留站備查。

二、冷藏費 Icing & Refrigeration Charges

鐵路爲保全鮮貨運輸以免中途潰爛起見，辦理所謂冷藏業務 Icing and Refrigeration Serrice、即備置特種冷藏貨車，兩端裝以冰箱 Ice Bunkers，以盛冰鹽，藉以保護車內貨物是也。美國鐵路冷藏貨物大都均由外間冷藏公司代辦，所得收入由鐵路代收，轉付代辦之公司，故鐵路往往無直接利益可沾，所得者貨運收入之增加耳。冷藏業務大別之可分兩種：一爲標準冷藏 Standard Refrigeration，一爲非標準冷藏 Icing。標準冷藏者除起運加冰外，沿途每運一冰站 Icing Station，加冰一次，不得間斷。所有冰箱內之冰，以不降落其容積四分之三爲原則。標準冷藏即按運輸遠近及區域規定之。大都由起運站按站章核定冷藏費金額，列入貨票內之代收項下，註明「標準冷藏」字樣。一面以貨票之副本（即運費收據）連同雜項收入報單呈報會計處。

非標準冷藏者，或僅爲起運時加冰，或在中途某站加冰一次，或就某指定之冰站加冰一次，一隨運貨人之便。總之不外起運加冰 Initial Icing 及中途加冰 Transit Icing 兩種。究應如何加冰，運貨人應在下貨單內註明，以便轉註貨票。此項非標準冷藏業務，僅收冰及鹽之規定成本，及附帶標準冷藏費之若干成，一視距離而定，是爲冰箱費 Bunker Charge 或稱區域費 zone Charge。所用冰鹽之數量，由冷藏公司代理人通知貨站。貨站如爲起運站，即將費額列入貨票之代收項下；如爲中途貨站，應另備代收貨票 Advances only Waybill，在該貨票之代收費欄內塡以此種冷藏費額，連同原有貨票送往到達站。一面將副本在雜項收入報單內列報之。

三、棧租 Platform Storage

零担貨物到達後，由鐵路自行卸車，將貨物堆存貨站之到達棧房 Inbound House。一面發給通知書與收貨人 俾收貨人來站領取。堆存期限以四十八小時爲限，自發給通知後上午七時起算。逾限不取，應徵棧租。此項棧租各路已有統一之規定，其定額如左：

一、期限滿後堆存五日以內者　每日或不滿一日，每百磅征費一分五厘，

二、第六日起每日或不滿一日，每百磅征費三分。

到達通知書發出之前，往往印以巨章，說明何時起租，俾見者一目瞭然。收貨人遣人來站提貨時，應帶同通知書，交由交貨員驗看。如查已逾限，交貨員應囑收貨人前往貨站出納處繳納棧租，始准提貨。出納處收到租金，應卽給以棧租收據 Storage Bill。一面將收據副本轉交雜項收入報告員，以便入單列報。

起運貨物亦有須征棧租者，惟爲數較少耳。此項棧租往往因起運貨物一時不能全數送到貨站，迨全部到達，已逾四十八小時之期限，或因貨已到站，而下貨單未來，不能裝出，以致逾

期堆存。應由收貨員隨時注意，責成收貨人向出納處付租，始得給回提單。出納處之手續與到貨同。

四、 改運費 Diversion & Reconsignment Charges

改運乃鐵路運務上之專名詞，其所含意義不下數種，即（一）貨票上收貨人之更改（二）貨票上運貨人之更改（三）到達地點之更改（四）運輸路徑之更改。皆所謂「改運」也，其中以第一第三兩項爲最多。蓋美國鮮貨及煤炭等物往往於起運前尙未決定出售地點或買主：但爲避免潰爛或壓積起見，以從速運出爲上策。候貨已起運在中途輸送之時，再行探聽市況，決定買主及銷地。故最初指定之到達站，往往爲一臨時地點便於改運他處者。故在途時或到達後，仍有改運之必要也。運貨人於擇定銷地或買主後，發給「改運囑托書」Diversion Order 與鐵路負責人（負責人或爲站長或爲業務代理人 Traffic Representative），轉達段長辦公處 Division Superintendents Off ce。由段長辦公處通知調車場，說明車輛記號及號數暨應改運何處或運交何人。調車場於列車經過時檢查貨票，如有該車在內，即將貨票之到達地點或收貨人姓名更改，以便改送新地點。一面列單通知附近之貨站，以便征收改運費。此改運之一種，即所謂 Diversion 是也。

有時貨已到站始接改運囑托書者，則由到達站自行更改貨票，轉送更改地點。一面備具代收貨票，填以改運費金額，以便由新到達站征收。同時以代收貨票副本列入雜項收入報單呈報會計處。此改運之又一種即所謂 Reconsignment 是也。

凡改運須費調車手續者。每次每車大都征費六元三角，不須調車手續者僅征二元七角，此通例也。改運時僅將原貨票更改，不必另備新貨票也。

五、　稱重費 Weighing & Re-weighing Charges

凡貨物因核計運費而稱重，概不收費，蓋確定重量爲鐵路應有之職責，運貨人無出費之必要也。惟運貨人或收貨人有時疑鐵路之重量不確要求路方作第二次稱重時，如第二次所得重量不超過所規定之公差，路方得酌收稱重費，以資補償手續之損失，除少數笨重貨物外，重量公差，在美皆定爲原重百分之一，而每車貨物以五百磅爲最低限度，例如某車貨物原重爲二六、五〇〇磅。第二次稱重時爲二五、〇〇〇磅，已超過百分之一之公差：按照稱重條例應作第三次之稱重。如第三次所稱爲二五、〇五〇磅，則該車重量應以較低者即二五、〇〇〇磅爲準，而路方雖費兩次手續不得收費，因其重量超過公差也。若第二次稱重爲二六、三〇〇磅。則未超過公差，應以原重爲準，而路方得酌收稱重費。此外貨主因有他種用途亦得請求路方代爲稱重，此項稱重與運輸無關，更得徵收手續費。

稱重費由各路自定，隨地方而殊。惟稱重之種類各有一律之標準。茲將某路稱重費表列如左：

（一）在鐵路稱重機上稱重者

（甲）到達貨物	
1.貨車放置以前稱重者	每車一元三角五分
2.貨車放置以後稱重者	
（一）稱重機離收貨人營業地址一哩以內者	每車一元三角五分
（二）一哩以上五里以下者	每車三元一角五分
（三）五哩以上者	每車六元三角
3.卸貨後空車稱重	每車一元三角五分
（乙）起運貨物	
1.空車未放置前稱重者	每車一元三角五分
2.空車放置以後稱重者	
（一）稱重機離運貨營業地址一哩以內者	每車一元三角五分
（二）一哩以上五哩以內者	每車三元一角五分
（三）五哩以上者	每車六元三角
3.稱重非爲運輸用者	每車一元三角五分
4.中途稱重者	每車三元六角

（二）在貨主營業地點所有稱重機上稱重者

（甲）到達貨物

1. 放置前稱重者　每車六角三分

2. 放置後稱重者　每車一元三角五分

3. 空車未離貨主所在地稱重者　每車六角三分

（乙）起運貨物

1. 空車放置前稱重者　每車六角三分

2. 空車放置後稱重者　每車一元三角五分

3. 裝貨後稱重非爲運輸用者　每車六角三分

觀上表可見稱重費之多寡，視貨車已否放置 Placed 而定，其未放置者，可順道調至稱重地點，再行置於私有岔道，可不費若何手續，故收費較少。已放置者，須重新調至稱重地點，手續較繁。且稱重機離私有岔道愈遠，則調車之里程愈長，故收費亦愈昂。至若中途稱重，亦頗費調車手續，故收費亦頗高。在私有稱重機稱重者，因稱重機在私有岔道內，不必論里程之多少，僅分已放置及未放置兩種，以高下其費額蓋已放置者終須稍費手續始能調至稱重機所在地也。

稱重收費時，由稱重員Weigh master塡具報告，然後由貨站備具收費據，以正本交達運貨人或收費人作爲通知，以副本列入雜項收入報單呈報會計處。

六、駁船費及渡船費 Lighterage & Floatage

凡貨站所在地與貨主營業地點或輪船公司碼頭相隔一水道者，貨物須由鐵道分批駁送或整車渡運而後運輸職務始告完竣。駁運區域以美國紐約爲最巨。紐約四週均圍以水。紐約城中之輪船碼頭及各業工場商店，均與對岸之鐵路終點被水道隔絕。故終點各站到達之貨物欲運送至輪船碼頭出口或營業地點應用者，均非駁送不可。鐵路備有許多駁船 Lighters，往來於紐約港專事輸送貨物。凡整車貨物先在對岸之貨站卸車，暫存站內；候接貨主之請托書，即爲裝入駁船，分送至指定各處。每一整車貨物，得免費駁送兩次。兩次以上者，得按重量征收駁船費。又駁船區域有詳細規定。如須駁至區域以外，得征收額外駁送費 Extra Towing Charge。

如貨主不欲分批駁送者，亦得請求鐵路用渡船 Car Floats 渡送。渡送者將貨車整個的移至渡船上，復以拖輪 Tug Boat 將渡船拖至對岸是也。此項輸送必對岸亦有鐵軌方可行之。渡船能容車輛數不一，大約以六輛八輛十輛者居多。鐵路爲充分利用渡船容積計，對於免費渡送設有制限。如紐約港須有貨車六輛，費城須有四輛，始得免費渡運。不足此數者，在紐約每車征渡費十一元五角。在費城按所不足重量征收，即每百磅征三分五厘或每噸征七角六分是也。

貨站征收駁費或渡費時，備具收據 Bill 送達貨主。並以副本列報會計處。

× × × × ×

上述雜項收入堪稱最主要者，其他因某地特種情形發生之雜項進款，尚不在論列，然其處理手續固無不同也。雜項收入報單既包羅種種不同之報告，故每一附送之報告或收據副本均一一給以連續號數，報單內之金額數字卽按此號數排列之。報單連同延車報告收據副本等送呈會計處備核。

第八節　貨站貸項報單

貸項者貨站支出之款項或不能收取之款項須請求會計處准予銷帳者是也。貨站貸項之種類大別之得下列數種：

一、政府所欠之運費

二、聯運本路材料之運費

三、不能收取之普通運費

四、被刼或被竊之損失

五、支出之必要款項

一、政府所欠之運費　中央及地方政府所運貨物之運費，在美不得由貨站自行收取，須由會計處直接向政府機關收之。貨站收到政府貨物之貨票與普通貨票同樣呈報，是政府所欠運費已入站帳，作爲借項。但貨站既不能向政府收款，此種借項，除列作貸項呈報外，無由抵銷。呈報時應將政府所繳提單及運費收據正本呈繳會計處。

二、聯運本路材料之運費　本路材料僅由本路運輸者，其貨票註「免費」"Free for Company use"字樣，自無運費之可言。但如聯運，則他路之起運站必照例核計運費，註入貨票之運費項內，與普通商貨無殊。本路貨站收到此項貨票亦與他種貨票同樣列報，以故本路材料之運費已入站帳作爲借項。但此項運費既爲本公司所欠，貨站自無從收取。爲抵銷此項借項計，貨站得列入貸項報單，作爲貸款呈報。所有收據正本應連同報單呈繳。

三、不能收取之普通運費　普通運費不能收取之原因不一：如貨物短少，貨物損壞，貨物拒受，貨主避匿或破產，運價等問題之爭執皆是也。整零擔貨物往往全部或一部短少，卽有貨票而無貨物到達，或所到貨物之數量少於貨票所註之數量，皆稱短少貨物 Short Freight。貨物既經短少，其運費自不能向貨主收取。各路大都規定三十日後，貨站得作貸項報銷之。卽自貨票到後三十日內如仍不能收取，得作貸項列報，所以規定三十日者，因短少之貨物往往在相當期間內得從他站覓獲，若遽作貸項呈報未免多費手續也。呈報短少貨物之運費時，應將短少報告 Short Report 附送。

貨物因運輸而損壞，貨主拒絕收受時，其運費之一部或全部自亦不能收取，因貨既損壞不堪用，貨主自不肯繳納運費也。呈報損壞貨物運費時應將損壞報告 Damage Report 附送。

完好之貨物有時貨主或不來領取，或拒絕收受。前者爲未領貨物 Unclaimed Freight，後者爲拒領貨物 Refused Freight。對于此種貨物，貨站應於規定期間內，通知起運人，俾其處理。

如貨主不予處理，貨站得變賣之，以其所得收入充抵運費。如充抵不足，則不足之額得作貸項列報。所有運費收據正本應隨報單附送。

貨主有時因種種關係，或停業，或避匿，或破產，或無力付款，以致應收之運費不能收得時，貨站得備具請求貸項書，連同關係文件呈請會計處核准銷帳。他如因運價爭執等問題以致延欠者，爲免除貨站責任計，亦得請求列作貸項呈報。

四、被刼或被竊之損失　貨站有時因盜竊而失去現款，經會計處派員查明，非由於站長或站員之疏忽或過失者，其損失之款，往往准貨站銷帳。貨站即根據會計處之准函列入貸項報單呈報。

五、支出之必要款項　貨站因貨運業務上之必要，往往須支出款項，如因追收運費所用之電報費，滙款所用之滙費等是也，因此減少之現金，貨站得作貸項報銷之。呈報時應附送付款證據，如電報費收據，滙費收據等是。

貨站貸項報單 Report of Agent's Relief Claims 編就連同單報，交平準表編製員備用。

第九節　運費等款之收解

貨站之大者收解運費等款，大部分兩部分。一爲現金出納部 Cash Office，一爲信用收款部 Collectors of Credit Zones。前者往往設在貨站之樓下與交貨月台 Delivery Platform 相近，從事收取「現款」貨主之運費等款並從事溢收運費之償還。後者由多數收欵員 Collectors 組織而成，從事收取「信用」貨主之運費等款，所收大都皆支票而非現金也。玆先將現金出納處之手續敘述如次：

凡到貨之運費收據屬於「現款」貨主（即不能欠帳之貨主）者，逐日列成清單，連同收據，交給現金出納部收取，前曾言之矣。出納部收到收據及清單後，將收據與清單一一核對，察其有無錯誤，並注意此項收據是否有屬於「信用」貨主者，旋就清單總數，查檢其有否錯誤。如有屬於「信用」貨主之收據，因誤而發下者，應即轉給信用收款部，是爲本部之轉移款項 Transfers，對於出納部，與現金收入無異也。如有數字上之錯誤，應通知報告員更正報單，庶站帳乃得平衡。核對無錯誤或錯誤矯正後，乃將所有運費收據按照收貨人姓氏之第一字母順序安置架內。此架共分二十六格，自A至Z，每格代表一字母。例如收據之屬於Adams & Co. 者即置入A格，屬於 Lit Brothers 者置L格，餘類推。迨收貨人遣人來站提貨時，如爲「現欵」貨主，交貨員必囑其先向出納部繳費，始准提貨。該提貨人乃將提單及到達通知書送交出納部。出納部根據提單，及通知書上之收貨人姓名，從架內檢出其運費收據，乃將運費金額通知該提貨人，收得現款，然後蓋「收訖」印於收據之右下角，交給提貨人收執。提貨人即將收據送交貨員驗明提貨，並將收據帶回，充付欵之證明。此出納部收取到貨運費之情形也。

出納部於收取運費時，應注意到達通知書上之通知日期及時間，如已逾四十八小時之限期，應令按照棧租章程繳納棧租，一面掣給棧租收據，以便貨主收執，並供呈報會計處用。「信用」貨主應繳之棧租，有由出納部收取者有先行發給通知書，由信用收款部收取者，要皆須由交貨員隨時注意，始得免遺漏之弊也。

到貨如屬直接提單 Straight Bill of Lading，其提單往往不必呈繳。但如屬「命令」提單 Order Bill of Lading 可以移轉押款者，出納部必須令提貨人交出提單，并在提單上印以註銷 Accomplished 圖章，愼重保管，或送呈會計處。蓋命令提單可以轉讓，有提單者即貨物所有人，故非收回提單不能交貨也。至貨物是否屬於命令提單。則由通知書或運費收據可以察見，蓋兩者均爲貨票之副本，而貨票內之收貨人欄註有 Order so & so Notify so & so 字樣也。

起運貨物之預付運貨屬於「現款」貨主者，亦由出納部收取。運貨人送來貨物時，將提單交給出納部，預備預付運費。出納部乃向運價部詢明運價，算出運費金額，囑運貨人如數以現款繳納，然後在提單上印以「付訖」圖章，不必易給收據。此項預付運費收入，應逐一註入現金簿 Cash Book，書明運貨人姓名及貨物種類等，以便識別。蓋既如前述，運出貨票報告員須從現金簿查核預付運費，以定孰項已收孰項未收故也。

凡運費溢收，由更正書更正之後，貨站對於貨主，發給償還通知書，前既述之矣。貨主收到償還通知書後，得持向出納部請求償還現款。出納部乃向專司更正書之職員取得更正書，核對無誤，即應償還之款以現金付給，一面將更正書送還該員，以便列入貨票更正報單呈報會計處。更正書對於出納部，視同現金，其全日償還之金額，應列入現金簿之貸方。

如因貨物短少，損壞等情，以致運費不能收取者，三十日後，出納部應將該收據取出，作為貸項列入現金簿內，並將該收據送交貸項報告員，以便呈報會計處。此種貸項對於出納部亦與現款無異。如遇一部分運費不能收取，則原收據仍應交提貨人，註以收到之金額，同時另備一「假收據」Dummy Bill，填以未收之金額。如三十日期滿。仍未收取，即將此假收據呈報會計處。

每日於一定時間，須將所收現金，除留少數備零找外，一併匯送財務處指定之銀行。匯送時，備存款單 Deposit Slip 三聯，連同現金，或直接存入銀行，或由捷運公司代存，一視地方而異。凡本日滙款後收入之款，概作次日之收入。

出納部備有現金簿，前既言之。每日應將出納情形按照下式記錄該簿。俾知未收票款之金額。其借貸兩方大體如次：

借方 Debits

一、上日未收票款金額 Balance of Uncollected Bills from Previous Day

二、本日清單內票款金額 Amount of Bills Charged for the Day

三、本日由信用收款部轉入票款金額 Transfers form Credit Zones for the Day

貸方 Credits

一、本日匯出現款金額 Remittance

二、本日向信用收款部轉出票款 Transfers to Credit Zones for the Day

三、償還之更正書金額 Credit Corrections

四、貸項 Relief Claims

五、現存金額 Cash on Hand

六、未收票款 Uncollected Bills Carried forward to Next Day

借貸兩方確定符合之後，再就未收票據之在架內者，一一用計算機加之。所得總數應與現全簿貸方之未收票欵一項相符，是猶商人帳簿上之存貨應與實際點驗之存貨相符也。全日借貸情形，如上述者，應抄送平準表編製員，備編平準表用。

次論信用收款部。是部由多數收款員組織而成。收款員之職務往往按貨主之姓氏而分。例如貨主姓氏之首字母爲ＡＢＣ者由第一收款員辦理，爲ＤＥ者由第二收款員辦理、爲ＦＧＨＩ者由第三收款員辦理，一視工作數量而定。故到貨之運費收據均按收貨人姓氏之首字母區分，前已述及。區分後以正本寄交收貨人，副本列單分別交給收欵員，是爲收欵員備忘副本 Cashier's Memorandum。亦有不用此項副本而以清單代之者，即每一貨主備一清單，載以收據號數及金額，供收款員統計未收票欵之用，其功用與備忘副本無異也。茲以備忘副本應用者較多，特就此法加以說明焉。收款員接到此種備忘副本後，首先察其有無屬於現金出納部者及其總金額有否錯誤。然後順序保存之，以備收欵時之攷查。所收之欵均屬支票，連同未蓋戳之運費收據，由郵寄來或遣人送來者。收款員收到收據及支票，先行核對其金額，然後檢出其備忘副本，標明已付字樣，另行保存，一面在寄來之收據上加蓋「付訖」圖章，寄回付款人收執。此收款之簡要手續也。

但通常收款之時往往尚有枝節在焉。有時貨主以爲運費有誤，僅付以渠認爲正確之數。并附以說明，告以錯誤之原因。收款員收到此種書函，應轉交管理更正書之職員從事審核，一面在收據上註以所付金額，蓋以「付訖」圖章，送回付款人；并就備忘副本，另備一假副本 Dummy Copy，填以未收金額，而在原副本上註明已付金額，作爲已付副本保存之。迨更正書管理員審核結果，認爲運費確有錯誤，即行發出貸項更正書 Credit Correction，交收款員銷帳。收款員乃將假副本取出，註以貸項更正書字樣，作爲已付，一面將貸項更正書之金額記入現金簿，并將更正書送回管理更正書者，以便呈報會計處。如審核結果運費并無錯誤時，應由收款員追索，至償付清楚爲止。

有時運費已經付訖，發生貨票更正，須將溢收之款償還時，付款人或不向現金出納部取款，而由下次付款時扣除。收款員應取得未呈報之貸項更正書，用以抵銷扣除之數。記入現金簿後，乃將更正書送還專司其事者以便呈報會計處。

運費尚未收取而發生貸項更正書者，收款員應取得更正書全份，并將更正運費收據寄交付款人。他日付款時，即將所付之欵與原徵之款之差額　用此更正書抵銷。隨將更正書送還專司其事者，以便呈報會計處，是以貸項更正書必待溢收之款償付後始行呈報也。

除到貨之運費收據外，所有起運貨物之運費收據 Prepaid Freight Bills，借項更正書之追加運費收據 Corrected Freight Bills（此種款項無論「現欵」或「信用」概歸信用收欵部收取）以及雜項收入收據等屬於信用貨主均用收欵員分別收取，與到貨之運費無殊也。信用貨主付欵之期限通常爲四十八小時，自送出收據之翌日上午一時起算　亦有因特別規定，展長至九十六小時者，蓋爲聯邦法規所許也。追加之運費，期限稍寬，有長至一個月者。

每一收欵員於每日一定時間，將所收欵項，自行列入三聯式之存欵單，遣人存入財務處指定之銀行。所有存入之支票，背面均一一蓋以 Deposit for Account of ... Railroad-Date-Month Year 字樣圖章。

收欵員之現金簿與上述出納部所用者同，可不贅述。未收票款金額，亦應就實存之收據副本一一加得總數，核對無誤，始稱蕆事。

第十節　溢收或預收欵項之處理

溢收款項 Over-Collections 者因付款人之錯誤而多收之款項也。預收款項 Advance Collections者在呈報會計處前所收之款項也。例如某運費收據僅須一三五、〇〇元，而付款人誤付一

五五、〇〇元，以致溢出二〇元之多，是爲溢收款項。收款員應如數收下，并在現金簿之借方添列溢收款項二十元，以資平衡。一面備一溢收便條 Overd Advance Collection Slip 交溢收及預收款項記錄員再行處理，故所有各收款員之溢收款項咸萃集於該記錄員一人，以便集中辦理。記錄員備一記錄簿專從溢收便條記錄溢收款項，註明金額，收據號數，付款人等項，以資識別，一面發出償還通知書與付款人，囑來取還溢付之款。付款人如向出納部取還現款，出納部乃向記錄員取得溢收便條，註明「用過」Applied 字樣送回，記錄員以款既歸還，即在記錄簿內註銷此款，即印以償還之年月日是也。如付款人於下次付款扣除，則收款員應向記錄員取得溢收便條，以抵缺收之款，註明「用過」字樣送回，以便註銷記錄簿。

預收款項與溢收者稍有不同。其最顯著之例，爲留待改運貨物 Reconsigned Freight 之運費。在某站某種貨物往往例需改運，故貨到之後貨票不即呈報，以待改運他處，此爲會計處所許者，以其情形特殊也。然貨主如不欲改運往往先繳運費，而後卸貨，以致貨票尚未呈報，而運費業已收到，易言之，即站帳之借項未生而相銷之貸項已得也。是爲預付款項，出納部或收款員對於預收款項，處理一如溢收者，即備一預收便條送交記錄員，一面在現金簿之借方添列預收之款是也。記錄員即據以記入記錄簿，亦一如溢收之款，惟以分別記之爲佳耳。迨貨票呈報會計處時，其運費收據不再送達貨主，而送交記錄員矣。記錄員乃據以註銷所已呈報之各款，而後站帳乃平。

每日未經償還之溢收款項及未經呈報之預收款項，由記錄員統計其總數，通知平準表編製員。蓋此種溢收及預收款項未經註銷者，其性質與未收之運費等款適相反，因前者爲貨站之負債後者爲其資產也。

第十一節　代收項及預付溢額項之處理

凡起運貨票之有代收項 Advances 者，應備有「代收」副本，既如前述。此項代收副本交由記錄員之專司其事者一一記入記錄，註明貨票號數，性質，金額等項，以便結束。吾人當猶憶及此種代收項計分兩種性質，一爲本站之雜項收入託由到達站代收者，一爲他路之運費應由本站墊付者。加屬前者記錄員即爲之備具雜項進款收據，交由雜項收入報告員列入報單呈報，一面將記錄簿之款註銷，以平站帳。如屬後者，則按期備具貨站支票 Agents Drafts on Treasurer，交付他路或輪船公司之應得此項運費者，一面註銷簿內之款。此項支票之總金額每日在平準表上作爲借款呈報，并另列一單載明每一支票號數及金額，以便會計處之稽核。

到達貨票之預付溢額 Over-Prepaid 亦爲他路或輪船公司之運費應由本站墊付者，其運費收據亦應交此記錄員記入記錄簿，以便與他路清算。其清算法亦用貨站支票，與上述同。

反之，本路運費應由他路墊付者亦由此記錄員處理。凡起運貨物由他路送來，其運費已預付而聯運清算方法不適用於該路者，本站應另備貨票 Re-dill，載明運費預付，在通常情形之下，此種預付運費應由起運人繳納，但起運人已向他路或輪公司繳費，本路自應轉向該公司收取。是爲聯站清算 Junction Settlement。又運到貨物應轉送他路或輪公司賡續輸送，其運費爲應收 Collect 而聯運清算方法不適用於該公司者，其本路應得之運費應向該公司收取。故此種貨物之預付運費收據（起運費）及應收運費收據（到達貨）均不送達運貨人及收貨人，而交由此記錄員記入簿內，按期向他路或輪公司收取。收得時乃將記錄之欵註銷之。

每日記錄簿內之未結束款項，應分別下列項目結其餘額，知照平準表編製員備用：

一、代收項餘額 Balance of Adrances Unsettled

二、預付溢額餘額 Balance of Orer-prepaid (or prepaid Beyond) Unsettled

三、他路所欠起運貨物運費餘額 Balance of Prepaid Freight Charges Due from Connecting Lines

四、他路所欠運到貨物運費餘款 Balance of Collect Freight Charges Due from Connecting Lines

前二者爲本站之負債，後二者爲本站之資產，凈額或爲借或爲貸，一視孰多而定。

第十二節 平準表

平準表者站帳之總結果也。其式各路大同小異，要皆用以表現全站業務之總數者。平準表之數字咸取自各種報單及出納部與收款員所給之金額，按日記入記錄簿。是爲貨站綜合記錄簿 Agen.'s Consolidated Record。平準表即由此記錄簿編製而來也。茲將記錄簿及平準表之形狀，具體表現於后，閱者請觀附式，卽可了然。

綜合記錄簿內之各種數字，其來源已爲吾人所熟知，茲再逐一敘之，以期明瞭：

一、上期餘額　由上期平準表中來卽上期之轉入下期餘額是也。

二、本路起運貨物預付項及代收項　由本路起運貨物報單得之

三、聯運起運貨物預付項及代收項　由聯運起運貨物報單得之

四、本路到達貨物之運費代收及預付三項　由本路運到貨物報單得之

五、聯運到達貨物之運費代收及項付三項　由聯運運到貨物報單得之

六、本路更正書借貸兩項　由本路貨票更正報單得之

七、聯運更正書借貸兩項　由聯運貨票更正報單得之

八、雜項收入　由貨運雜項收入報單內得之

九、貨站貸項(註)　由貨站貸項報單得之

十、匯出欵項　由出納部及各收欵員報告之

十一、未收票欵　集合出納部及各收欵員之票欵餘額而成，連他路所欠運費在內

十二、本路欠他路運費　由代收項及預付溢額記錄簿得之

十三、溢收及預收欵項　由溢收及預收記錄簿得之

十四、存站現金　由出納部報告之

取綜合記錄簿之上列各項而稍加改編，即得如附式之平準表，內有正誤一項，容後詳之。平準表編就，連同各種報單送呈會計處，大站都每日呈送，小站則有按週或按月呈報者。每月月終所有按日或按週呈報之站均須編造全月平準表 Monthly Balance Sheet，以示全月之營業狀況。

（註）貨站支票有在貸項報單內列在借項呈報者否則平準表內應另有「貨站支票」一項。

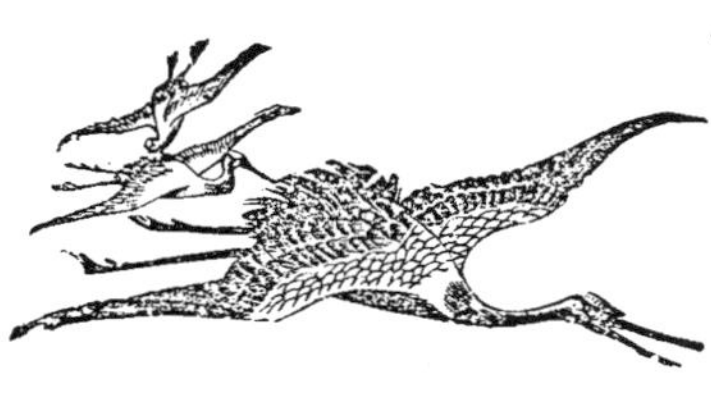

貨站綜合記錄簿

站名 Station..................　　借方 Debits　　年月 Month of———19——

日期 Date	上期餘額 Balance Brct' f. r'd	本路起運貨物預付項 Local Farwarded Prepaid	本路起運貨物代收項 Advances	聯運起運貨物預付項 Interline Farwarded Prepaid	聯運起運貨物代收項 Advances	本路到達貨物運費項 Local Received Freight	本路到達貨物代收項 Advances	本路到達貨物預付項 Prepaid	聯運到達貨運費項 Interline Freight	聯運到達貨代收項 Advances
1	5364.00	1342.50	445.25	568.90	26.4	5643.50	663.80	1445.45	3645.89	234.85

日期 Date	物預付項 Received Prepaid	本路更正書借項 Local crrections Debil	本路更正書貸項 Credit	聯運更正書借項 Int. Corrections Debil	聯運更正書貸項 credit	雜項收入 Miscillauevus Recipt	貨站貸項 Relief Claims	借方總計 Tolal Debit
	895.39	565.75	32.35	243.85	125.35	758.95	894.75	15167.02

貨站綜合記錄簿

站名 Slation……………… 貸方 Credits 年 月 month of ——19——

日期 Date	匯出款項 Remittance	未收票款 Unsettled Bills 起運貨物票款 Outbound	到達貨物票款 Inbound	更正書票款 Corrctions	雜項收入票款 miscellaueous	未結束之貸項 Unsettled Credit 代收項 Advances	預付溢額 Over-prepaid
1	5560.60	1806.50	7465.75	545.45	775.80	256.80	154.50

日期 Date	溢收及預收款項 Ouer & Adv. Collectons 溢收款 over	預收款 Advance	存站現金 Cash on Hand	貸方總計 tatol Credit
1	280.50	434.68	150.60	15167.02

平 準 表

站 名……… Balawe Shiet 年 月 日

Station……… ……………………………19—

		借方 Debits	貸方 Credit
1.上期餘額 Balance Bro't For'd		5364.00	
2.正誤 Error			
3.本路起運貨物—預付項 Local Forwarded-prepaid		1342.60	
4. " " " —代收項 " " Advances			445.25
5.聯運起運貨物—預付項 Int. Forwarded-prepaid		568.90	
6. " " " —代收項 " " Advances			26.45
7.本路到達貨物—運費項 Local Received-Freight		5643.50	
8. " " " —代收項 " " Advance		663.80	
9. " " " —預付項 " " Prepaid			1445.45
10.聯運到達貨物—運費項 Int Rececived-Freight		3645.89	
11. " " " —代收項 " " Advance		234.85	
12. " " " —預付項 " " prepaid			895.85
13.本路更正書—Local Collections		565.75	32.35
14.聯運更正書—Interlne "		243.85	125.33
15.雜項收入—Miscellaneous Freight Receits		758.95	
16.結 項—Relief Credits			894.75
		19031.99	3864.97
借方總計 Totol Deliits			15167.02
1.匯出款項 Remittances			5560.00
2.未收票款 Uusettled Bills		10583.50	
3.除去—未結束之貸項 運費 Less-Unsettld Credito	411.30		
4.除去—溢收及預收 Less-O.&A. Collections	715.18	1126.48	
		9457.02	
5.存站現金 Cash on Hand		150.00	
		9607.02	
6.轉入下期餘額			9607.02
			15167.02

鐵路貨車支配之管理法

黃宗瑜

貨物運輸直接受市塲交易之影響、間接隨經濟及政治而變動、受授之數量與時期、雖商人亦難以預測、車站員司尤難估計、考現時託運貨物、除煤炭木料糧食及其他大宗貨物、其到站及數量大致有定、證之統計、略見大概、其餘貨物眞不易知其出貨狀況。是以路局對於支配貨車、欲以精微之點、一一考查、誠非易事、且過於精密、亦徒耗金錢時間與勞力、於實際上俾益殊少、故最高幹部如調度處行車課、只能參酌已往之成績、益以目前之狀態、計以未來之需要、劃分區域、指定方針、以大數觀察、預定貨車支配方法、以求得公平分配、達供求相應、而效用最大之結果本章所論乃貨車支配之實務、即討論如何方能達此最後之目的也、計共六節分述之如左

第一節　貨車需要之估計

鐵路備置車輛、應以平時運輸情形而定、不能以每季最高之須要 Peak Load 或商業驟增之數量爲衡、蓋不如是則運輸清淡之時、大宗貨車必形擱置鐵路將受資本及利息之損失、其結果提高運價、減省業務、人民直受其害、故鐵路當局、只須對於日常運輸之需要貨車之確數、

預爲計及、俾貨物到站、卽可起運、無屯積損失之患、而鐵路供給適宜業務 Aduqwecy of Eervices 之責盡矣、欲知客商運貨所需車輛之數、可用左列各要素求估計之、

1 貨運之方向噸量及其種類、

2 貨運物生產消費之變更、

3 貨運季節之情形、

4 沿綫工商業及經濟狀況、

上列四大要素、其估計不外集採統計及報告以爲計算標準茲將方法論之、

1貨運之數量方向及種類　此三種情形、對於貨運支配之重要已如前述、貨物運輸數量之估計、可以起運噸數、延噸里數、或商貨裝車之次數計算、（一）起運噸數、有以到站貨物數量、或貨物噸數之總數、除以貨車在站之數、得貨車每車之客貨、以爲貨運量之統計、美國鐵路常用之、我國國有鐵路僅計貨物之噸數、除部頒之貨物統計、總記貨物總數量外、更有各路所編之統計、其主要分二種、（一）各站運入運出貨物統計、以沿綫站名爲目、而以貨物之數量系之、一爲重要貨物統計以貨物爲目以每種之數量系之、其統計有一月一年或每日三種、均由站長彙齊、交由段長呈送貨務處行車股卽可以此爲根據、而測到站貨物之數量、法至便也、（二）貨物延噸、乃以貨物到站之噸量乘某一時期貨車所行之里程、其數字均由貨車日報單及車守報告而得、用以測貨車運用之效能也、至於裝車次數、雖未計及噸

位及里程、但由其數字、可知車輛運轉之次數、及確定需車之多少、故可用爲估計車輛需要之單位、我國鐵道統計、向無是項單位之規定、歐美各國亦以美國此項統計爲詳、自一九一七年十月起美國鐵路聯合會車輛處、向國內各會員鐵路（凡一等路點站路及岔路公司均在內）、徵集每星期平均裝車次數、此項裝車次數統計分八類編造、卽穀類、穀類產品、牲畜、煤、焦炭、材料、鐵、礦苗、零擔品、及其他雜貨是也、又爲編造此項統計起美國各鐵路分爲七區、每處每日將裝車次數、彙齊呈報統計處、其最好成績於一九二七年已達每星期平均裝車達一百萬次、其貨車分配之靈活可想見矣、

明晰貨車運行之方向可減少空車里程、間接亦可減少貨車需要、其進行之順序、可以貨物列車上下行及貨車摘掛表比較測之、或由調車處之車輛運行板（Nain Broad）以推測、此項設備我國鐵路均已具備、惟路員未加利用、故其效甚少、英美鐵路對貨運送之方向、極爲注意、尤其美國對西方農業區運往車方工業區之貨車、其進行之方向、節節註意、以防車輛之虛縻及站軌之擁塞、至於貨車之種數、可由部頒貨物統計表、或各路各站重要貨物統計表參考之、蓋各種貨物既需各種車輛、則各種貨物互相之消長可測定、所需車輛之種類、用上列之貨運統計參之、以歷年裝車之數及噸量各段站所需要之貨車種類可以知矣、

2貨物生產消費之變更　貨物之產銷、隨市塲之供求而增減、因而鐵路貨運之多寡亦隨之而變動、此乃工商實業之經濟原動力之銷回興旺也、此乃經濟學者所稱商業循環、一往一復、

年有常軌、似可測知其他變遷現代商業統計至爲完備、如出產、定貨、出口、進口、存貨、期貨、貨價、銀行清算、金融行市股票債劵市塲、均有統計、由各地商會或市政府搜集、製有刋物鐵路人員卽可取其材料編爲統計、藉以視商業趨勢、交易市况、而定鐵路營業之盛衰、各種貨運之銷長、需車之多寡、循跡以求亦不繁難也、

3 貨物於一年中之季節　各季貨運之變遷、頗有恆軌、大率自春至夏運輸漸落、及由夏及秋貨運轉旺、至冬初而極盛、迨隆冬至春季、則又低落、此並非受經濟情形或車輛供給之影響、乃由農產之收穫氣候之變更、工廠之出產及消費、乃因其需要、及採買貨品之不同、有以致之、貨物季節之變動有二特點：

一、爲最多之裝載、大都在下半年、而最少之裝載、則在上半年、此種程序、大概相同、雖因地方情形、畧有差異、然其差甚微、然考之逐年之調查之報告、及統計亦可預料、其變動情形、也惟遇有天災人禍、則非估計所及、當另測之、

二、爲每月每季之營業與每年營業總數之比例、逐年測推無甚差別、卽用去年之統計、以測今年之營業、亦可略知大要、

有二特點、支配貨車者鑒於大宗貨物之運輸率在下半年、而設法將某項貨物改由上半年運送、則車輛及設備可得繼續不斷充分之利用、而因營業均衡、四季運輸、可以調節、商人有完備業務、敏捷輸運之益、鐵路得車輛流通、虛糜減少之利、而供車之困難改決大半矣、一九二五年

美國車輛處有平均各節運輸之舉、設法與煤商合作、其將煤於夏季買存、並將本路需用之煤斤及材料于夏季運送、以防下半年車輛供給困難、惟煤炭屯積過久、其性質潮溼發熱之能力減少、且易自燃、故煤商多不願于消費較少之時期、預爲輸送、惟鐵路告以車輛支配之困難、或畀以低廉運價、則調節之效可以達矣、

4鐵路沿綫情形　貨物之來源、基於人類之需要、運量之多寡、則須依沿綫之財產及人口密度、天然富源及工業區域爲衡、人口之密度、可以各村市之戶口調查、糧食銷費之數量、殖民地面之廣闊計之、而益以年歲豐歉、時災流行、及天災死亡之損折、人民之財富則可以工商業資本統計、交易所之市價歲收之統計、貿易之總額以推測、工業區域及天然富源則可就出品之數量銷塲及性質、編爲統計、以爲運進運出貨物之標準、但參之歷來經驗、沿綫情形、足以影響、貨車運行者、有二大特點、

1農產物多由人口較少之農田區運至人口較爲稠密之工區、其貨物多爲整車、而運回之貨物、大都爲製造品、非但重量減輕、而且製造品質量結實、其出產地點、亦多集中、故需送車輛爲數較少、多爲零批貨物、故裝車難盡其量也、

2工業區人民購買力無甚變遷、各季所備置貨品、大都一致、而農之購買力、則恆有季節、夏秋收穫糧食及其他農產品、運出銷售農夫得錢、即購買大批製造品、以供運用、或以春季農事繁忙、無暇入市、則於本年秋季將翌年所需之貨物、預爲置備、以故鐵路貨

運、於秋冬之交、至爲忙碌、過此則日見淸淡矣、

各路沿綫情形、用上列方法、可以知其大概、貨車支配者、本此方針、以定貨車之需要、事功過半、如能益之以估計方法、則效大備矣、預計車輛需要之方法、種類甚多、要不外就上論到之四大要素、各客商及其他實業團體之報告、本路所編製之統計、加以研究、然後估計、美國鐵路車輛處其採行之估計法、其預算乃根據每年每季營業之變動、參以各區車務管理主任之經濟調查及各區商運參議會中之貨物委員所編製之每季車輛需要及營業狀況之報告、根據此數種統計、則各地貨運需要車輛之數目、可於三月以前估計之、玆將車輛處所用方法述之如下：

先將每年正二三月裝車次數之估計、其方法：

1、將上年最後三月之實在裝車之次數、與前數年最後三個月之數比較、以求得其增減之率、

2、以此增減之率、加入上年正二三月實在裝車次數、

3、凡與裝車次數有關係之要素均須給予相當之考量、而增減之、如每區運輸及經濟報告及本年商業趨勢等是、

次計其餘九個月裝車次數、其方法：

1、將本年正二三月裝車次數、與上年同時期之實數、或與上數年同時期平均之數比較求其增減率、

2以此項增減率、加入上年或數年前其餘九個月與全年之總數之比例率、

3測定本年份各站最高裝車次數之時期、

4注意沿綫天災人事之變遷、加以損益、如罷工兵禍之類、

車輛處用前法、以估計裝車次數、用以爲車輛需要之標準、大體可靠、其估計數與實裝車數之差、至多不及百分之三云、

第二節 貨車供給之估計

鐵路供給車輛必以運輸需要爲標準、已如前述、惟鐵路所置之貨車是否可以供運輸之要求、則須視其保養之狀態、及運用效率而有所增減、此二者均可述之如左、

1車輛之保養之狀況 卽所以求車輛每年之損壞之程度、考車輛之損折、不外二大原因、卽磨擦之耗損、腐蝕之損耗是也。其程度與車輛之運用年數成比例、大都新置車輛損折甚少、愈久而車輛之損折愈多、據此則車輛損折或保養情形、可以每年修理及折舊費之比例推測、我國及英美鐵路對於貨車折舊、備有專賬、修理費亦別有項目、故貨車支配人員可用之以測貨車保養及損折情形、至爲簡易、並同時可于各段站長之報告中、計算損壞及待修車輛數目、損壞車輛數與現有車輛總數之比例、卽可測定鐵路現有車輛運輸效能、

2車輛運輸之能力 運輸能力固視現有完整適用之車輛而定、然車輛行駛之速率、空車里

程、貨車載重三者、關係尤切、茲將四者分別論之、

（a）車輛完整適用之數目　鐵路車輛數目之增減、變動甚少、惟是否完整適用、則須時常調查、其調查方法、有用電話詢問者、有由站長造具修理車輛日報單、呈車務處查閱者、支配人員根據此項報告、可知各站完整適用之車輛數目。

（b）車輛行駛之速率　行駛速率以時間定之、普通計算法以平均每日每車行駛里程、即以每日在路車數、除車駛行總里程之得數、此車數及里程英美鐵路均可於車守報告中求之我國鐵路可於部頒之行車統計中求之、所謂每日在路車數者、除軌上運行之車輛外、並包括留站待用及停站裝卸之貨車、車行之速度、以時間計算之、其要素有三、一爲貨車停站裝卸時間、二爲鐵路在貨廠調車時間、包括運車至裝卸地、修理軌道、及由掛摘于列車之調度、三爲貨車在路行駛之時間、包括沿途各站之甩掛調度、據美國商聯會之報告、貨車平均行駛時間之支配如左、

貨車週轉一次約十四天、九〇、其分配：

中途路上行駛	一、四九日
中途路上行駛之延誤	〇、一五
車輛交換軌線之行駛及延誤	二、四八
中途貨廠之行駛	一、五五

屯貨軌道之行動及延誤	〇、七五
修理軌道之駛行及延誤	一、三四
修理裝卸之行駛	一、七四
裝卸	四、〇〇
抵站不卸復又轉運及待命卸貨	〇、五〇
因星期及假期之延誤	〇、九〇
共計	一四、九〇

據上列計算、可知車輛在中途行駛時間、與在起運及達到站之裝卸貨物摘掛車輛之時間、相較爲數甚少、故支配人員欲貨車運用靈敏、必須勸導商人、督責路員、使車輛停站之時間、減至最低、貨車到站卽運裝載地點、以供運用、至於裝卸貨車是否迅速、可由延期費之多少定之、其法最爲簡便、

(c)空車里程　空車里程亦估計車輛運用效能之要素、空車里程之增加不外二大原因、一卽將空車自卸貨地點放回以裝運相反方向之貨物、如多數空車由工業地運回農業區、由銷售地運回出產區、乃由運出站貨物數量甚大需車多、運回站貨物少需車少、或市場附近、站廠狹小、不足以容受大批車輛也、此爲兩站間各貨來往數量不均而發生 Uubalance of Traffic 者也、二爲由於單程貨物如煤炭牲畜鮮貨及一部糧食、運到站後、均將重車卸空送回、裝運地點以備

繼續運轉、以上二者、爲鐵路經濟上必要之空車里程、英美二國均約佔百分九十二三、我國則約佔百分六十六七其他如貨物淡少、車輛缺乏、站軌擁塞、車輛適用不良、或依照使用互換規則將空車送回原路、此非經濟所必須之空程、而支配人員應設法減少者也、其數在英美約百分之七八、我國約百分三十三四至於空車里程可于車輛登記簿、車守報告及貨物列車日報單中求之、由空車里程之總數、除以每日在路車輛平均數、而得每車平均空車里程、用之爲測驗貨車效用之標準也、

(d)貨車載重　測量平均每車載重、可以知車輛利用之程度、係以載重車及車輛里程除延噸里總數而得、而其數字之多寡、依所運貨物之性質及種類而異、礦產載重最大、其次食糧木料、工藝品及牲畜載重最低、其比例可於貨物統計中求之、其求得之數、可爲車輛分配之標準、以估計其供給、但各站歷來客商運貨、單位之大小、是否一律、所運之貨物是否爲整車或零批、且其車輛停站數量與客人需要之比例、均宜隨時留意、以爲損益、惟車輛載重增減、最大關鍵、在博得運商及收貨人之贊助、苟能彼此合作、車輛裝載可以盡量、裝貨可以迅速、能增加車輛之載重、亦可促進車輛之效用、美國鐵路聯合會車輛處、會會各運商參議會宣傳增加車輛載重增加之重要、並根據貨物統計報告、編造每年車輛載重報單、分別各種貨物、每車裝載噸數、及各站關于車輛載重效率之比較、此項報單、用以測劃加重車輛載重頗有價值、各地運輸會、亦編製各路主要貨物、每車噸數、並懸賞于裝載成績最良之路、以促其進步也、

估計貨車供給能力除上四大要素外、尙有其他事實、如機車牽引力、站軌容受力、列車之編次、機車機件之完缺、材料豐缺、修理之遲速、以及列車調撥之效能、均足以影響車輛之效能、如我國鐵路尤以此項情形阻礙車輛之供給、故支配者宜特別注意也、

第三節　支配貨車之計劃

支配貨車者對一定時期以內本路車輛之供求既依上論方法有所估計、則第二步手續卽在明定貨車支配計劃、蓋貨物移動甚爲複雜、車輛需要每不能與鐵路供給之能力互相調和、故欲求以有限之設備、供大量運輸、而能獲得最大利益、故必有具體方針、以資調節、況在現行貨車支配制度之下、各路貨車、每年增加之數量、恆未能與貨物增加一致、故計劃之規定尤爲重要、英美鐵路支配貨車其計劃之內容大都不外下列數端、

一、用車規定　在路綫較長貨運激增之路、雖有良好之通信機關、調撥車輛、難求完善、故行車課欲規定調節方針使之具體實現、則當於每一定時間、預先規定各站車輛使用之數目、有餘之車輛、運往規定之站、不足之數、由規定之站調給、此種用車規定乃按照全路貨運情形及站場之容受力與設備由行車課訂定比例、幷指定其運往他站之貨物以若干車爲限、如是則（一）全路貨車可依實在需要平均分配（二）貨物之終點站不致擁塞（三）車輛虛糜可以減少（四）需車之站不感缺乏（五）轉運靈活路軌車場均無阻礙則貨運數量可以增加、收入自多、而鐵路之利

大矣、惟此項規定其時期不宜過長、至多二三日爲限、時期已滿、則須參酌站上報告、以已過及將來之情形、加以修正、是故此項方法只在平日行之、支配貨車、尙可適宜、在商人方面亦無甚不便、且規定計畫之人除將規定各站出貨之數量及運往之站地—（卽貨車供求之估計）—知之詳明外尤須得客商之合作、換言之、卽鐵路與商人於一定時間須預定輸出貨物某日若干噸、大批貨物、分幾日轉運、然後依此行之、則用車之規定不難實行矣、

二、撥給空車　規定用車及行車課預測貨運情形、而定支配之標準、旣立標準、則段長及行車股、在一定時間之內、逐日執行之事務、卽在如何撥給車輛、或由到站重車多數之車站、撥給貨車不足之站、或由需車較緩積有空車之地段撥給貨運淸淡車輛過剩之時、行車股可由此項方法規定某站每日將空車若干運往某段、以符規定標準、旣可有節空車哩程、而運出車輛之站以每日需供給他站貨車若干、則於到站之車必設法促其從速裝卸以免本站貨運驟增、貨車缺乏、是則貨車效用無形增加矣、惟於貨物擁擠之時、是項空車撥給未可固守計畫、段長及車輛支配員宜以站長需要貨車之報告預測各站貨物之情形、及各站貨車之狀況不足之數量、衡定需要之緩急、幷根據規定使用車輛之總數按日分配、務使車輛之虛糜減至最低、而運用效能斯盡

三、輸送重車　上爲將各站之空車運往他站、以供裝用、使貨物不至堆積、其最大目的卽在減少空程、第二步卽將已經裝載之重車預備送出者須從速設法掛運、以免積壓此項方針應參照各站之貨車狀況預備送出貨車數量之消長、他段送入貨車之多寡、各站軌車場容受能力裝卸

人工及設備之情狀、並參酌行車狀況、列車速率、隨時注意 以重車離站及到站不失時機爲宜、故最大目的卽在促車輛輸送之適宜、裝卸之敏捷、用運之盡量、並同時須注意列車之編掛、使列車載重Train load rating與機車拖力分配平均、不致以拖車過重或車身太長而遲鈍、或損折、計畫運送重車計畫之大要也、並於鮮貨魚肉須提前掛運、煤炭糧食須從速輸出、乃由於貨物者也、性質不同、地方法令之規定而變更爲一時一地之需求未必時常如是、此又爲行車課宜另訂計畫

四、調節貨車　貨車支配人員除大體方針、預先規定、但有時因特別情形、預定方針、亦宜設計調節、俾符供求、普通方法、乃由行車課隨時按需要情況、規定臨時方針、指令調節、各站段奉到指令後、無論本站車輛狀況若何、均須絕對服從、將應當運出之貨車、依令掛出、此種調節之指令、可由兩種方法、傳達車站、一則于於貨車未到該站以前先行指令、該項貨車於到站卸貨之後、卽送往某車站、一則俟貨車到站之後、再行指示、送往方向及車站、至於貨車或直接送往撥給車輛之站、或先送往一集中之車站、則由該站分配於各站、有時因距離及行車系統關係、均須由指令規定、此項指定出發、車務處亦有臨行計畫、以期適合於某站貨運之特別要求、並同時統籌沿線各站情形、貨車供求之狀況、加以伸縮、務使全路貨運之進行、不至因一地之變化而停滯、需車最多、貨物堆積之站、亦宜節節疏通使站軌倉庫不致擁塞、貨車調掛不生遲緩、是則車站事務、可減繁難、車站分配、可保平均、商人路局均蒙其利、此項指令之發出乃先由各站站長於臨時依該站貨車及需要之狀況、用電報告知行車課、再由行車課發

出指令、先致貨車運出之站、囑將貨車運出、惟因是項調節之命令在各站是否遵行行車課當時無從詳知、故必有諸多不澈底之事、行車股亦須將指令電告有關係之車站、使之預先知有何種車輛到站、設法預備、若逾期不至、則可電詢撥車之站、以便稽核、送出之站、亦應於車站掛出時、電告行車課及段長、以便明晰各站對於支配貨車、臨時命令是否實行、並藉以清查車輛分佈之狀況以爲規定貨車分配之標準、

以上所述計畫之大要、乃車務處平日支配貨車之情形、各路情形並不一致故支配計畫、未能嚴格盡同、必須依本路設備及地方情形、以最適宜之法行之、雖原則均須遵守、實施計畫、固不必墨守成規也、至於貨運以季節關係、驟然增加、車輛以機力不良、流轉阻滯、此乃貨車支配上之困難、車務人員所應設法應付者也、普通所用計劃約有二種、

一、停止一段貨運　如某站以貨運季節貨物堆積、不克疏通、且其重車運送之方向、又與全路貨車支配情形不合、是則規定各站用車數目既難實行而用指令調節貨車、又不勝其繁、其惟一方法、則將一段貨物稀少之站暫停貨運、使貨物堆積之地、稍事疏通、然後再恢復原定計劃、否則他站之重車疊次依原定方針輸送、其方向與貨運擁擠車輛缺少之站貨運方向相反、因之使貨物堆積之站、無法疏通、久之而全線呆滯矣、例如北甯綫之天津東站、每屆舊歷年終、貨運擁擠、亟待貨車運往關外、此時假使唐山或皇姑屯有大批貨車到站若根據原定計畫須於卸貨後裝運往北段之貨物、則天津貨物將無法疏通、際此情形、惟有將唐山及皇姑屯之貨車、除

有特別情形外、停止北上、或加以限制、俾將空車送往天津東站、以應急需、一方使關外車站作業不致困難、一方可使沿途各站貨物不致阻滯、則車輛之週轉得以靈便、而全部貨車得以調節、否則徒使車輛積壓、虛糜無形、甚非經濟之道也、

二、調節機車之引力　列車之輸送能力、對於貨車支配之關係、前已詳論、各路往往因機車損壞、或因路橋梁之載力有限、弧度斜坡過高之地段、列車駛行往往不能迅速、因之常有多數車站貨物重車、或已卸空車、不克流轉、坐糜車幀、殊爲可惜、且常有車站兩端其路軌之容受力迥異、一端路基平坦、列車行駛甚速、拖力甚大、他一端則因坡道傾斜、機車拖力減低、（如京綏綫之南口及美國落磯山地段）故其貨物列車到站、必須另換機車、方始運行、故車輛運轉遲鈍、支配不靈、使一端需車孔急、他端雖有空車、以輸送力之限制、不能供給、坐失時機、補救方法、惟將一部分之機車空車運往急需之地、專供往返於一空區間、不使越過某一定站、以免車輛缺乏時空車周轉不靈之弊、此種方法一方所以調節輸送力、一方面可以疏運貨運、惟實行之際、支配者對於區間及時間、當預爲計劃、否則全綫只一區間之貨運繁忙、車行如織、其兩端之站則車站阻塞、無法流通、積累日多、而全路行車系統阻塞、不克流通矣、

以上論列不過以支配貨車上之困難原定計畫窒礙難行、行車課應熟察各種情形、隨時對付、但結果之良窳、則視其調度若何以定、非短章所能申述也、

第四節　貨車支配計劃之施行

貨車支配計畫一經規定、車務處應指派負責人員切實遵行、普通由行車課或總調度員任之其辦法大要如下、

一、通告商人凡請求車輛、不得遲於須要裝載前一日正午十二時、俾站長能將次日需車實數、設法供給、

二、各站應於每日正午編造車輛報告、傳達行車課、列明現存掛出掛入、或貨車輛、以及次日裝載需用空車、及須要增加或有剩餘之空車數目、

三、站長於每日應向車守或車隊長徵集關於列車運轉車輛掛摘情形之報告、彙呈車務處、

四、由調度室或行車課發出必要之飭令、不得遲於施行前一日下午之時、收發後、再用電報證明之、

五、為稽核各站請車輛數目、及對於接收車輛之使用、應由各站編造日報用電報送呈行車課以為分配之基礎、於此、日報中須列明、掛出接收及現存之車輛數目、車輛需要及空間情形、或有需用特種形式之車輛及外路貨車、均須註明、又外路貨車不裝貨或經由或空回主有路、此種情形亦宜註明、以便考核車輛之增減、

五、調度室接到各站車輛日報後、登入車輛登記簿、並編造分配總表、將車輛日報加以分

析、使調度室確知貨車實況、分佈情形、以便配量調濟、

六、行車課編造車務貨運商務及其他有關係之統計、

第五節　貨車之請撥

各站車輛請求大都中外一致無所差異、通常由商人向站長索購車輛、請求單（Car order form）塡明下列項目、

1請求車輛單號數（由商人自編）　2請求者商號姓名住址　3需車數目需要若干車　4需要車輛之種類噸量　5內裝何種貨物　6件數　7待運噸數　8訖站及經過路綫（後者惟英國之請求單有之）　9撥車單號數（此項於車輛已撥後、由貨廠司事按照撥車單塡寫）　10收到時期收到請求車輛單之時刻　11掛號由貨廠司於收到請求車輛單時按其先後而編定之　12備考　13請求者簽字

商人於塡寫以上各項後（由九至十二項不塡）將此單交與站長、貨廠司事即按收到之先後編列號數、並塡寫十一十二兩項、此單每次用三張、一張交商人收執、以便於撥車時爲據、一張呈總局、一張存站備查、商人持其一紙於相當時間至貨廠等候分配、斯時站長已將站內所有空車按其號數噸量種類列成車輛分配表、當商人持其請求車輛單時、按其掛號號數排列、以便分別先後、處置公平、掛妥後、即開始分配、如車輛充足、即按所需要者完全與之、如不足、

則與先請求者或平分之、每撥車與一商人、即於撥車草單內塡明商號貨品到達站名噸數種類、並由站長簽字、此項草單亦爲三張、一張爲撥車單、交與商人持向車輛司事塡寫正式撥車單、第二張爲甩車單、交與倒車夫甩車、第三張存根、商人按當班站長所給之撥車草單到貨廠司事處請求塡寫正式撥車單、該司事即司事將存站一張請求車輛單抽出與撥車草單同作爲根據而塡寫正式撥車單、其應塡項目如下、1撥車單號數、2請求者姓名住址、3請求車輛單號、4何路車輛、5已撥車輛之號數種類及噸量、6車停何股道、7撥車時間、8達到站、

塡完之後、於其上加蓋商號圖章、並塡撥車單號數於請求單上、撥車單每次三張、一呈車務處、一交商人、一存備查、

此種車輛請撥手續、視前稍繁、惟車輛分配可以平均、站長一切把持、貨車居奇扣押之弊可盡去、而商人無貨請車盜賣車皮之風亦可稍戢、惟手續過繁、商人難求遵行、其弊足助長轉運公司包攬貨運代請車輛、使直接報運難以發展、斯爲疵耳、歐美鐵路車輛請求亦由商人塡具請求書、向站長或調度員請求、站上員司根據此項請求向車務處請求、以所分得之車輛平均支配、惟遇有車輛缺乏分配不均之時、商人可直接向車務處行車課請求車輛、則站長舞弊之風自戢、

第六節　貨車之編組

貨車之編組乃列車管理之事務、然於分配貨車甚重要、蓋貨車編組欠當則貨車掛甩不靈、

而支配之途亦多所阻礙、普通施行之方法有下列數端：

1定列車軸數　通常計軸之法、十噸車爲二軸、廿噸車四軸、二十五噸卅十噸車爲五軸、四十噸及冷藏車空爲六軸、其餘貨車以噸量爲比例而增計車軸、每列車可掛若干軸數視機車之牽引而定、通常機車可掛軸百一十根左右若在冬日冰凍車軸之油凝結、機車引力減小則須少掛一二十軸、計編列車軸數務精確、多掛則有損機車、少掛有虛糜拖力、故必掛搭適當也、

2編車輛之次序、編車之次序有三種標準：

(a)以輕重爲標準　組車時應令重車在前、輕車居後、因輕車車身短少、其車重及車鈎不甚堅固若將其掛於列車前部或中間、則因後部重量太大、車鈎易於損壞且如兩車相撞、輕車中居易於躍起、損及前後各車、重車壓力大、無此損害、惟車輛依此法編組、中途掛甩不甚方便、

(b)依達到次序爲標準　其第一站摘下之車、距機車最近、第二站甩下者次以後依序遞推、如此則貨車到站時卽刻摘下、既省時間、且減機力、

(c)依貨車性質爲標準　帶有危險性質之貨品如爆炸品火藥等、及易燃之貨物如棉花、須距機車較遠、以免危險、零担貨物掛於守車最近、以便照料及裝卸、

以上乃貨車編組方法、爲站長所必知、否則車輛編組凌亂、掛摘困難、耗費時間、而貨車支配

之進行遲鈍矣。

英美法制下之鐵路客運責任

民國二十一年六月作于交大　湯心濟

英美法制取材於習慣與成例者爲多、美國法制謂之根據英國之法律而加以變化者亦無不可、而美國之鐵路爲民業民營、與英國鐵路爲民業民營又復相去無幾、故研究美國法制者、亟欲通曉英國法制、而治美邦鐵路運輸學者、亦莫不借鏡於英國之鐵路運輸、本篇專論英美鐵路客運責任、冠以英美二字並非指摘兩者之異同作任何比較、祇以兩國對於各本國私營鐵路法庭依據之法律、除極少情形外、如出一轍、故有歸併一氣之價値、

英美法上鐵路之貨運責任、與其客運責任、顯然不同然、在某種情形之下、兩種責任亦甚相似、鐵路接收貨運時起迄達目的地止、在此過程中、鐵路之責任爲貨物保存者、（insurer of good）倘有遺失錯誤、屬諸路方、則應負賠償之責任、至於客運則不然、因路方非旅客保存者、雖路方有負旅客安全之責任、然使有疏忽其罪名爲權利侵犯罪、（Actin in tort）如旅客携帶行李扣牌交艙、路局卽變爲行李保存者、而所負之責任與其所負之貨運責任相同、至於路方

與旅客因車票發生之關係、及一切問題、則屬諸契約責任、（Centractnl liability）蓋契約責任與權利侵犯罪意義甚似、而實非一物也、

由上觀之、吾人已畧知在英美法制下鐵路客貨運責任逈不相同、則客貨運責任究竟如何、此爲本篇所急欲知者、茲試述其梗概如次：

（1）旅客之安全　篇首曾述鐵路非旅客保存者、故鐵路祇負旅客一切安全之責任、然安全二字意義甚廣、因按諸法理、鐵路務盡力爲之、然爲至如何程度、卽法庭亦不能作具體之解釋、一旦事故發生、法庭必曰路方對於本案關于旅客之安全、事先須有相當之顧慮、或作疑問曰、究竟有否、客方如應曰無、路方曰有之、法庭爲重視人命計、必搜集事實、藉作左證、而作判詞曰、路局關於旅客安全之設備、必事前按理智上所能及者而盡力爲之、此幾爲一種機械式的口頭禪、英文"as far as human careand fove sight will go" 今爲澈底明瞭法庭用意之所在、特用下列分析之法詳細研究之、

（甲）謹愼載運　謹愼載運爲何、卽關於旅客火車上下車門之步階月台與火車之步階銜接與否、車停而後請乘客下車、車必停靠月台而月台長短須預先規定、庶不致客車甚長、而不

敷用致生危險等等、以上須預先籌劃之、不然事故發生、路方即缺少履行謹愼之責任、

（乙）車輛損壞與責任　路局爲謹愼載運計、當常時視察車輛之整全合用與否、但路局不負任何車輛或機器部份之一切隱弊、(latent defct) 及附帶發生事變之責任、何謂隱弊、設甲鐵路局掛用本路或乙路局之客車、車之大小寬狹以及外觀等等均無不適用、事前甲路局曾作一度之審察、開車之後、機輪因內部損壞發生事故、此種破壞雖有理智之人決不於事前將機輪內部一一拆開細審一週而後使用、故路局事前無從防止、事故之發生非唯防止且亦意料所不及、故路局不負任何責任、

（丙）維持路局房產安全之責任　本項責任與（甲）有連帶關係、路局在本項內幷非負一切之責任、舉凡屬於情理以內而應爲者、須負全責、設車站之階沿已經損壞、冬令雨雪凝結、旅客雖十分謹愼、亦難免傾跌、或月台不佳、雨霧交幷時易發生危險、倘不幸而事故發生、路方須負其責、反之若事出偶然、或旅客自不謹愼致有意外、路局不能負任何責任、

（丁）第三者之行爲路局不負責　設列車經過某站、第三者阻止車輛之進行、致車輛出軌、

或其他事故發生、結果乘客受傷、路局不負其咎、又如非本路僱用之工人在路綫近旁作路局上正當之工作、倘不幸旅客遭受損傷、路局亦不能負責、

（戊）聯運責任　關於此點、英美法律立場略異、英國主張售票之鐵路負其全責、在本路上固然、在聯運綫上亦由其負責、美國主張在原綫上由原綫負之、在異綫上、或聯票綫上、由異綫或聯票綫負之、英之目光在便利旅客、美之立場則爲法律之公正、（equity of the low）然法理亦有時隨實情而轉移、故卽在英國亦非絕對的、由原售票之鐵路負旅客一切安全之責任也、

（巳）旅客明知故犯而遭受之損傷路局不負責　此意在英文上極易明瞭、卽Contributary negligence 例如乘客不待火車停止、而急躍下站、或行人過軌道柵門火車將逼近不待門開而自動的開柵門越軌、凡由上情之一而獲到損害之結果、路局不能負責、

（庚）鐵路之權利侵犯罪（action in tort）凡鐵路因疏忽職權致乘客受損傷、而證明責任與疏忽之罪確屬路方者、旅客得根據權利被侵佔而控告路局於法庭、貨商控告路局普通根據契約之不履行、但客運除行李及因車票之契約關係外、則不然也、

（二）路局與旅客契約上之關係　本節專論路局與旅客因契約而發生之關係、盖此契約實因有車票而發生也、所謂關係者、卽相互遵行之條件也、茲一一論之如次、

（甲）車票　車票卽路局與旅客有契約關係之明證、持票登車者皆爲旅客、路局發售車票收取票值卽負有按照車票所付之值載客至所欲達之地之責任、如路局不遵照契約、致客方蒙受損失、如路程與票值不符、較目的地爲短、旅客受種種不便利等等、路局須負賠償之責任、如路方在車票上有附帶條件減少責任等等、在法理上幷無不可、但必使乘客易于明悉、否則不能脫卸責任、試舉例以明之、設某路局發售之車票、正面載起站及終站票值多少及日期等等、而反面則附載在某種情形之下本路不負任何損失責任等等、此種申明不甚令人注意、故不得爲有效、倘車票之式樣如護照式或書本式、內有頁數幷刊有運載條件、將不負責任諸項一一載入、使合於理、均發生效力、其故因其式樣既爲書本持票者、應一一翻閱之也、

（乙）行車時刻表　按諸法理鐵路既印有車表、即負有按時開車之責任、使不履行卽爲破壞契約、旅客可據理控告、請求法庭強制執行、償還因此蒙受之直接損失、（如買票而無車

是）

（丙）票價須合理且須印成表格　此項所以昭示公允也、至於票價如何爲合理、則以社會經濟狀況、政府鐵路政策、與其他情形爲轉移、蓋難作一定之標準、

（丁）須有相當之設備　此項在法律上不過一具文而已、如何爲相當之設備須視環境與法庭之解釋而定、

（戊）載運旅客行李　此項責任由車票契約關係而發生、與鐵路貨運責任大致相同、故本篇不論及之、

以上不過畧舉其凡、去詳徹尚遠、祈讀者敎之、

廿一，四，卅

路工怠惰

湯心濟譯

（見美國鐵路協會一九二九年第九次之鐵路安全會議報告書、作者柯的斯爲丹佛鐵路Denver & Rio grande westirn R.R. 安全與消防段段長、是篇爲氏代表該路赴會之論文。）

本篇命題須待說明者、即無任何人倘爲人服務者須抱忠實於工作之主義、而不得稍事苟且、倘彼必須僱用別人而分其勞役者、則僱人者除本人應有之責任外、須負被僱者行爲上一切之責任、故僱人者必希望被僱者能使工作滿意、其有須訓練者則訓練之指導之、若有不堪造就者則罷斥之。

鐵路工作之常識甚多、本篇所論者祇鐵路員工工作之一部份、曰怠惰或疏忽、此僅從安全一方面着想而已。

在本篇中員工怠惰、可解釋之曰職務疏忽。

今爲明瞭員工怠惰在鐵路肇禍統計上所處之地位、故試舉下列最顯著數例以明之：

在一九二七年中火車肇禍共爲一八、九七六次、由於路工疏忽而發生者爲五、九八七次、或全數百分之三十一、撞車佔全數百分之二十五、出軌佔五十一、而百分之八十八撞車事件—總數爲四二五六—直接原因多發生於員工疏忽—平均每兩小時一次—而百分之九十三產業損失亦爲員工疏忽、在出軌禍變中百分之十二—共爲一三四〇—原因亦爲疏忽而起。

吾人此時固不能確除上述之數外、其應加之由於員工疏忽之遠因而發生之案件研究爲多少、然亦不難推測之、蓋其數必甚多也。

試觀一九二七年聯邦商務委員會圖表第六十二、關於火車撞車分類說明上所載、撞車類都由於員工疏忽而起之驚人統計：

撞車在車身之後者佔百分之九十九、

側面撞車佔百分之九十八、

頂頭或迎面撞車佔百分之九十七、

過街撞車佔百分之九十四、

調車撞車佔百分之八十八、

其他各式撞車佔百分之七十七、

吾人知道火車蒸爐爆炸因工人疏忽而肇禍者、佔百分之八十六、

吾人更可從下列各種之措施失當、致有上述各種疏忽與其所獲得之結果、

死九人、傷二百人、原因於行車時刻表與行車調度不得當、

死十人、傷二百九十五人、原因不注意行車記號、

死十人、傷一百四十八人、原因由於車輛調度失所、

死二十八、傷一百人、原因由於不遵守規定行車速率、

死二十三人、傷十七人、原因蒸爐中水量太低、而最後之結果、單列車肇禍一種、死者共有一百二十六人、傷者共爲一七〇九人、故除去行人目不經心、路工不在職務時間、與列車向上駛穿越等等所發生之意外外、路上員工應負鐵路行車肇禍發端於疏忽之責任、彼佔百分之十有生命危險者與百分之五輕傷者皆是也、

如將新近發表之聯邦商務委員會一九二八年四十種火車肇禍調查報告—包括該年份後八個月—除去斷軌三案、及汽車肇禍一項外、總計死者有七十三人、受傷者有七百四十七人、肇禍種別計撞車爲四十、出軌爲四、出軌與撞車合併爲二、

百分之二十由於越出規定之旗號或記號、

百分之十五由於誤會旗號、

百分之十由於速率、

百分之十由於缺少等待、

百分之七、五由於御馭之術、

百分之七、五由於列車支配失當、

百分之七、五由於駛過交車之點、

百分之五由於車輛審察不良、

百分之五由於交軌軌道開閉不一、

百分之五由於軌道損壞、

百分之五由於誤用或壅塞主要軌道、

百分之一、五由於壓道車之錯誤、

自以上四十種報告觀之、幾無一報告不直接與路工責任有急切的關係、其中祇極少數可責爲路局當局辦事或監視不週密。

今者吾人更有研究另一重要問題之必要－非行車部份所肇之禍 Non-Train Casualites 、此種肇禍吾人因無統計、但從吾人以往之鐵路經驗言之、設以員工疏忽一項之成數間接或直接方面作一臆斷、定爲作該種肇禍百分之七十五、其誰曰不可？

故吾人如謂員工疏忽可見到方面或如是設想者、皆爲良善鐵路管理之蛀虫、亦誰曰不然？

如吾人詳細研究疏忽之所以發生、下述數端誠不可忽視：

若干員工本非食鐵路飯者、故其性格等等均格格不相入、

有者對於工作毫無興趣、記得一次著者曾撤去一工人之職、彼固當地之政客也、

個人家庭經濟或健康等等發生問題、使無心於工作、

其他如缺乏休息、妄自誇大、故意怠惰、生性暴燥、身體欠佳、多愁畏慚懼、上神經有病、自尊一味、依賴旁人、越軌放肆等等、皆爲肇禍之遠因。

果然、則將如何抵制之乎？

最首急之辦法、吾人當確實認定負鐵路管理之責者、須辦事有毅力、見地須準確、而於錄取新員工時尤當嚴格注意及之。

如發爲責問式、吾人可問曰爲何不按照事之種類而施以適當的心理品格測驗、庶幾人得其事？

何不給以相當的測驗與演習、一如學徒規制、較之素習無制定的標準不爲佳耶？

何不設法使工人集中其散漫不振作之精神而增添其工作興趣耶？

爲何不常將按期規察員工工作狀況耶？

何不常時審訂現行之員工工作測驗與演習方法而加以改良耶？

何不劃一所有之旗號與信記之制度耶？

何不注意章程上印載各條規章耶？

何不正式反對侵犯規章之人、而反閉目默認之耶？須知祇有按步切實做去、勝於一味求速成。

最後爲何不秉公執理將不良份子一一淘汰之？

著者深信以上步驟必須牢記心頭、凡吾輩負鐵路行車安全責任者、須酌量採納、至少亦可減免員工一半疏忽、然決不可認此爲盡善之法、須知理想非事實疏忽、決不能全免、惟有時刻注意期使減少而已。

寄語諸君、凡不能負安全責任之僱員、必須解僱、而自其餘在職職員選勝任斯缺者替代之。

今待著者重新申述本篇之命題—無任何人倘爲人服務者、須抱忠實於工作之主義、而不得稍事苟且、倘彼必須僱用別人而分其勞役者、則僱人者除本人應有之責任外須負被僱者行爲上一切之責任、故僱人者必希望被僱者能使工作滿意、其有須訓練者則訓練之指導之、若有不堪造就者則罷斥之。

近有人倡言曰·每一鐵路人員須擬設至少五年後之計劃將如何?

凡吾輩供職路界而負有安全之使命者、須捫心自問、吾曾行使吾崇偉之職權約束工人之怠惰否?吾曾想到五年後之計劃應如何否?吾合格否?

二十一、六、十六、

鐵路研究所現在之工作及其將來之希望

黃宗瑜譯

論研究所對鐵路之重要及與購辦材料之關係並述已往之成績及減低研究工作之危機

美國實業之所以勃興、雖大半得力於研究所工作之結果、但一般人士、近年以來、始知研究工作之重要、成立專所、從事研究、該項工作、在昔僅限於工業學校、不甚發達、惟德國、則早有實業研究所之設、成績斐然、戰前日耳曼工商業之繁興、論者均歸功於此、

數年前、有人提議於美國鐵道聯合會中、設一研究所、歸該會機械部之總務委員管轄、當時意見紛紜、莫衷一是、反對者以各路情形不一、公共機關所得結果、未必隨處通用、此項言論、余意（原著者）殊欠正確、蓋總研究所之設、唯一原因，在能節省經費、各項試驗，既可集中、各路同樣試驗及設備、因以減少、於是支出用費因以撙節矣、且使用試驗、亦爲研究所基本工作、無論何種物品、在研究所試驗室中考驗之後、雖覺合宜、仍須由購用之路、加以試驗、認爲滿意、始規定採用、各廠家雖有良好售貨方法、然亦希望其出品、經過此種試驗、俾克永用勿替、昔年各路購買材料、常以廣告之吸引、昧焉採用、以致每耗巨欵、從事改造、此種情形、苟有一總研究所先事試驗、則可免除矣、

在此種研究試驗室未設立之先、小規模之氣閘 air Brake 研究所、曾由美國各省聯合商務

委員指定美國鐵路聯合會辦理、由會中指派委員一人、專司其事、各種所需器械、則向普渡大學試驗室中借用、由是而氣閘運用方法、大加改良、同時復于自動氣閘 automatic Brake 及各種鐵道號誌、亦有改良、一九二七年普渡大學乃有特別試驗室之設立、專以研究 nraft geor 由美國鐵路聯合會之車鈎委員會 Conpcor and draft gear Committe 指導其事、一切手續、均照一九一八年合衆國鐵路管理局、及其後各路所定研究方法進行、

自一九一三年鐵路軌道應力試驗、由美國鐵路工程學會及美國土木工程學會聯合調查、其一切用費及設備、均由該會供給、試驗室則設于伊里諾大學內、去年二月、開始考察橫斷裂開(Fransverse fissures)發生之原因、仍在伊里諾大學內實行試驗工作、預定五年完成、經費爲美金二五、〇〇〇元、由美國鐵路聯合會工務部及鋼軌製造業聯合會、平勻擔負、將來他項工事之調查、亦可依此次第進行、於是集中數年前發起之集中研究組織始見其實現、惟是項工作、不僅設于各大工廠及學校內、各鐵路亦備有試驗所、其事務常多由特設之試驗部管理、其中工程師專心致志研求探討、常因試驗所得、而有新發明、惜乎社會人士、對於該所之工作、及其貢獻於鐵路界者尙大都不知耳、

森達非鐵路擴大其試驗所之工作

森達非鐵路之試驗所、設于工廠林立土培卡城內、其職員多爲工業學校畢業生、且曾在鐵路上受相當之訓練、就中除化學試驗員外、大部分均係學習期滿之實習生、惟材料稽查員、多

非專門學校畢業、因其工作毋需此種訓練也、

該所設備齊全、各種器械、應有盡有、小如試驗機器皮帶之手提器、大如試驗載重六〇〇〇〇〇磅鋼鐵之機械、均已裝置、又有三和土及水門汀試驗所、裝設各種特殊器械、又有下墜試驗 drop-test 器一架、用以測驗車軸及輪盤等、近年、以 draft gear 之試驗、日見重要、其運用之試驗、尤爲急切、故該所復有試驗設備、以便研究而改良之、

該所爲求搜集工業界各種書報、設立工業圖書館、由本所遣派工程師于美國機械工程學會美國材料試驗社及美國鐵路聯合會中、從事試驗、以所得資料、編成報告、以供法庭及各省聯合商務委員會之參考、又編製客貨運事變及損失表、以爲賠償部（claim pept）處理意外事變之根據、該圖書館、復有攝影部及各種器械、用攝影記錄法、以供試驗、且攝製各種影片及幻燈、其有功教育、至大且鉅、

規定標準圖式以便購買材料

規定機器標準圖式、點驗製造材料品質、均森達非鐵路試驗所重要工作、因該路每年所購材料價值在六七十萬元以上、其所付之物價、是否與所購之物品相稱、與購買時所定之圖樣、大有關係、必須立有一定標準、而後便于採購、昔時各路常有訂購大批劣質貨品、致價錢耗費、毫無實用、雖半由判斷能力不强、而最大原因、實以無標準圖式所致也、自有各項圖式訂立之後、經由各廠家一再研究、然後評定採用、以此常有良好意見、可供參考、乖誤之處、亦得

以免除、但廠家每存有利私之心、且彼等對於鐵路情形、亦有不熟悉者、故規定標準圖樣、仍須具有經驗、不能專以廠家之意見爲斷也、

各種圖式規定之後、以物品製造方法、及其需要、常有變更、須隨時修改、故購買材料後驗收時、仍須具有正確之判斷力、且規定圖式、無論如何精細、事實上决不能將各種條件、包括無遺、苟非精密檢查、每多損失、虛耗金錢、實爲可惜、惟檢驗員判斷力之運用、亦有相當限制、若過于吹毛求疵、則于廠方多耗金錢、而對於鐵路並無多大利益、是故製定標準圖樣及檢驗材料、須採行公開政策、使廠家明其實情、所製物品、自易就範矣、

增設機械試驗器具及試驗以明其效能

試驗所第二部分最大工作、即設置車輛、鐵路機車、工廠以及鐵路上各部份各種機械試驗室及其試驗工作、各工廠所有新式機器、可先經鐵路當軸試用、苟每次出品、送達鐵路、均須試驗，則非有多數設備不可、且手續亦極麻煩、若委託該所代辦、則可由該所管理員、將各種已試驗機器選送各路、然後由路局支出巨欵、將收到之物件、精細試驗、擇其合宜者、留路應用、餘者送回、因送來試驗之物、未必盡合該路之需要也、

試驗所內機械測驗方法、分爲二部、均爲測量運用效能、先行室內試驗、次于試驗室內佈置各種器械、與實際運用時情形相同、用此方法、以行使用試驗、惟于器械單簡時、其使用法、自可試行、而多數及複雜之機械、仍須于路上試驗、因常有特別情形、于室內試驗、未有結

果、必于路上試驗時、始可得之者、惟經過一次室內試驗、具有資料、路上試驗、較爲減省、且所支用欵亦可減省、

裝設電動車及軌道試驗車以定軌道壓力

電動車用于路軌及機車拖引率之試驗、可以記錄最大機車之拖引力、及十萬磅以上轅架之承受力、用此項記錄、可知現用各式機車、是否已達最大効力、煤油及其他燃料之消費量、何種機車最適于何處駛行、能拖帶之車輛噸位及數目、每一列車在某種機車拖引之下駛行於某一段斜度內所費之煤水及時間最爲經濟、且用此種電動車、又可測驗列車阻力、坡度減輕率、氣閘運用之効能機車車輛之效値、以及其他一切關于業務成本及行車效能之測驗、

電動車之外、該所更有軌道試驗車一具、此車上裝彈簧式轉旋架 spring gyroscope 及其他測量器、當車機經過軌上、此器能自用鉛筆于一平扳上轉動、記錄鐵路軌條移離軌釘之距間、軌距之大小、軌條之橫度、車行之速度及時間、路基損折之地點、其最大用處、尤在記錄路面及軌距之情形、以及其對于車輛震動 riding gualitatels 之影響、此種情形、均於車輛載重速行時測之、其結果與日常軌上靜止時、軌道夫所測得者不同、且爲車輛行經軌重不一之軌道上記錄、故極正確、若取之加以分析及比較、可供將來養路工程上材料購買及改良之標準、此種資料登記之後、再用藍紙曬印、則沿線損折點之高低度、一一詳示、用此分給各路養路工程段、即可按圖修理、且可按其損折程度之强弱、分定先後、故其效用、誠非淺鮮也、

創設試驗專所以測機廠工作之效率

檢驗機廠工作之效率、亦爲森達非鐵路試驗所中計劃之一、因有試驗室之設、專以測量每磅蒸氣之成本、所發蒸氣之支配、各種燃料之比較成本、零件之需量等事、昔時此項試驗、均將各種器械全部裝箱、由一廠運至他廠、以供運用、此項手續、非但器具易于損折、時間消耗、且亦多不便、自有試驗車之設、車上裝有最靈敏之試驗器、指示每小時流過鍋爐氣量、其溫度及壓力、火表內所生馬力、煙內所消失之煙量及熱力、同時有一種測驗器、可以測驗蒸氣水量及壓製空氣于各種器械內分配情形、至發電機所生電流、復有一種測量器、以供試驗、氣熱力表gas caloriter 及煙氣密度表 gas density dalancuae用以分析、燃料中天然氣nuture gas之成分、但以消費甚多、則多用試驗車以測之、各路煤及燃料樣本、多送至研究所試驗室、作定性及定量分析、以爲採購之根據、有此種種試驗、則各路工廠之效率及成本、均可精密計算、不經濟之工作、漸次改少、遇有特別有效之方法、即可分由各機廠試行、以故效率增加、成本減少、鐵路業務、益形進步、

考驗軌道以利機車設計

森達非試驗部設備中、更有 strematographe 測壓力繪圖器一具、以測驗軌道壓力之強弱、裝于軌道下、當列車經過時、此器即記錄軌道上所受壓力、其線跡記于一種特製玻璃板上、須用顯微鏡以窺測之、此種圖器發明之後、機車設計頗有改革、機車飛輪上所受重量、昔時以前

後相等、經此試驗、知其不當、故現在將最重量、置於主動輪軸上、而主動輪軸前後助動輪軸所受負重、則依次減輕、又無邊輪胎與路軌所發生之影響、較有邊輪胎反大、故近來機車上不再採用無邊輪胎矣、

自有測壓力圖器之後、其最大效果、卽爲機車上裝橫稱重器、以便壓力平衡 crass counter-balanceing 蓋此種樣式、在歐州鐵道通行日久、美國鐵路尙未採用、始于是年添設、採用後、結果頗佳、機軸輪軸每軸載重可增加約五千磅、而軌道上所受壓力並不增加、此均用壓力測繪器以驗得之、認爲滿意、因以通用、該所又以支線多用電氣馬達轉動車裝運客貨、軌道上壓力、必須試驗、以定養路標準、因之有定計劃以測驗此處鐵道所受壓力、其工作正在進行、將來完成于行車上、定多裨益

試驗天氣對於機油之影響以防其凝結

森達非鐵路試驗所內、有冷室一間、裝置各種試冷器械、以驗機油于各種溫度下變態、試冷器爲輪盤一對、裝于軸上、上置標準式之軸、軸箱、juneral and junesalbox a bras es 及銅版而輪軸上、可以隨意安置各種載重量、而輪軸可以轉動、一如在機車行動時、轉動時用各種潤滑油以研究其各種狀態、此種試冷器、裝于冷室之內、室內溫度可使之降至冰點下50度、各種油類、在某種溫度其狀態如何、均可于此室中驗之、而觀察之人儘可在室外行之、自用此種測驗器之後、驗明各種油類之硬度 stickness 及廢渣 warte garlle 之多寡、在各種溫度每有不

同、從此研究以後、求得一種潤滑油、在夏日有極高之黏度 vesosity 但于最冷之時、亦無多量之硬質、及廢渣、嗣後美國三大公司、鑒于該所之成績優良、乃設同樣冷室於油廠內、以做各種測試、因之美國鐵道機車之加油法、car enbrican 年來大有進步、

各路機車車輛、其折損之部分、均送試驗所、以檢驗其損壞原因、推求抑爲設計之誤、或爲質料過劣、考驗所得、編爲報告、以便改良、此種工作、最有價值、非但於車輛業務有所改良、維持費減少、而各工廠製造法、亦可改進、以故各廠家常派人前來參預其事、

研究車輛構造法以求節省用費

自該所有種種研究之後、鐵路用費頗資節省、因進而有車輪構造之研究、此種方法、始先考察各式車輪之弊病、將其材料詳爲考驗及分析、求得一種確實紀錄以作決定車輪使用期限之參考、藉以節省養路用費、其工作在四年前、該所卽曾派人分赴各路、將是項方法、以教導各稽查員、第一年、卽節省百餘萬元、以後每年、均有同樣成績、其收效不可謂不大也、

研究所預定之工作計畫

現時設立研究所之目的、卽在改良路基機車車輛設備及其他一切行車營業方法、俾鐵道以最經濟之支出、能供給民衆穩速舒適之業務、使其營業發達、藉可抵制各項競爭、以故各路、所設研究所、均側重於此、現森達非鐵路爲求適合此點起見、因定有下列各種計畫、

（一）高壓汽之採用　此項高壓汽用于機車及發動力廠中、始自德國、現在美國及加拿大

均已採用、其結果燃料可省百分二十、惟仍在試用期中、須繼續試驗、方可定一標準計畫、

（二）採用內燃機之發展　現時大規模之工廠內、多用內燃機　其機器或為汽油機或提狄塞爾。Deisel機、此種機器、能用少量、燃料、發生極大熱力、惟維持費之節用與否尚待研究、將來必須有一計畫、設法推行方可收效、且此項工作、須各路局繼續研究、立一標準、俾各廠家知所取法、

（三）輕質合金之採用　鋁及其他金屬之輕質合金、自發明之後、製造家認為將來車輛構造最要材料、惟須精細化驗、方可決定、是項工作研究所即正在進行、鋼鐵合金、昔時因其使用非常煩難、故只充鐵路軌基之用。現由該所試驗、認為于車輛及機車製造、亦所必需、惟其定性分析仍須進行、茲由鐵路研究所與製造業、共同研究、決定其於車輛機車運用時、頗為經濟、惟製造此種機車於工廠設備、亦須改良、彈簧之彈力性及其使用期限之延長、亦曾由該所試驗、認為現在彈簧使用時期之延長、及彈力性之改善、甚為重要、鋼鐵淡化Nitreding of steel法為所中試驗工作之一因該項方法、可以減少機器維持費、因器機不易磨折損壞也、

（四）車中通氣法之改良　車中通氣法之改良、為該所研究得成工作之一、將來乘坐旅客、必更舒適、且足以廣招徠、貨車上自動致冷器之裝設、亦在進行、鮮貨運送、將來更為利便：

（五）機油質料之改良　機車汽門潤滑油、每發生炭質之澄澱、致機車行駛效率減低、維

持費增加、該所現正設法研究、使各種油類、於任何溫度之下、均可適用無沈澱及炭凝物之發生、軸箱內所用潤滑油亦可適用任何溫度者故軸箱內不必因寒熱之不同、即宜更換潤滑油等如時可省周折而燒油缸之事亦可減少多矣、

以上各種工作不過畧舉數端而言以後鐵路及各大工廠、宜聯合進行、作各種研究務使鐵道工程及機械得以改良、藉以減少成本、而改良鐵道業務也、

研究所工作之減少及危機

年來經濟界以不景氣之故、商業凋敝、各項經費均須核減、研究所工作亦因而稀少、事少人多、必須裁汰、惟減少此項工作及人員、鐵路當注意政府監督改訂運費之綦嚴、以及改變人員工資之困難、每以此項工作減輕之故管理者時感棘手、所幸機械試驗工作、尚繼續進行、故業務時有改良、旅客增多、俾各鐵路尚可以最經濟方法、以禦不公平之競爭、且此項工作、機會甚多、鐵路員司及工廠工友、務希注意及此、毋使錯失、研究所數年來已成之工作、及所定將來之計劃、苟非有不得已之原因，勿使中止、則於路政前途、必多裨益、發揮光大、所是賴也、

二十一年四月

北寧鐵路改革文書制度之成功

金士宣 廿一、三、五、

一 緒言

夫書契之用，本以作事實之根據，所書敍事明晰，達入我之意，流傳久遠，用備遺忘，自宜以顯豁淺近為目的，使人易于執筆，一望即知，方足以竟文字之功用。我國數千年來，文人結習，偏重詞章，流風所被，以致官署日行公牘，亦多鄰于艱深，而遠于實用，在執筆者，文飾詞藻，不免勞思而成，乃閱讀者，反有難了索解之苦。

在前清時代，辦理公文，幾乎公認為『紹興師爺』之一種專門事業。而『紹興師爺』亦自以辦理公文，為奇貨可居，舞文弄墨，故示繁難，甚至把持政務，左右長官，全國官署之文案，多為紹興師爺號稱刀筆吏，他處人士，每不敢問津。

舊式公文，其文則文章典故，稿紙則有稿面，收文則有到面，發文則摺疊成扣，不能增減。用紙之耗費，已不經濟，而繕寫多用正楷，收文摘由掛面手續又極繁瑣。且遇下行之文，例無摘成之由，收文者非將原文通盤細閱，不能得其概要，虛糜時間，尤覺無謂。於是演進而有十八年中央頒行之新公文程式，然僅於公文用紙上，有所改變，將公文面加入摘由擬辦批示各欄，以免收文機關另掛到文面，並將紙張大小劃一，改用毛邊紙，而對于文字上，一仍其舊，仍不免有繁難之感。

吾國各鐵路多藉外資而建築，外人因借款關係，而得參與管理之權。舉凡鐵路一切設備，均屬歐美之物，故處理事務之文書，亦均習用洋文（如北寧京滬習用英文，平漢隴海習用法文），至今數十年猶未更張。蓋因洋文公牘，積有數百年之進步，文字簡明，手續便捷，對于商業上用之，確甚便利也。況文書既為處理事務之根據，其目的祗在詞能達意，本無特別藻飾之必要，鐵路為營業機關，凡事應力求經濟，具有商業精神，所有公文，尤應從事實上之便利，删繁就簡，以期迅捷而合實用。

二　北甯鐵路改革文書之經過

北甯鐵路借英款而成，各處處長暨外段高級首領，多屬英人，故自創辦以來，所有公牘，亦習用英文。自近年改用國文，外站人員對于國文，多少研究，驟改習尚，求其了解，已覺難能，復何能令其執筆以強就文章典雅之舊公文程式之範圍哉。余主持運輸處文牘課，奉承王處長鍫瑞之意旨，幾經攷慮，爰參照英文書牘，斟酌損益，於十九年三月改訂暫行新公文程式一種，公佈試行。並經調各段站司事到處，而爲指導。行之數月，結果簡便而易行，成效大著。

同時本路改進委員戴委員戴君麟書，擬將本局文書歷來承轉手續，及各項公文程式、酌加釐訂，彙齊編輯，意在多用固定表式，減少辦理文稿手續，乃由局召集文書會議，以策進行。迭經會議多方討論，僉以運輸處所改訂暫行新公文程式，適于實用。復經高局長紀毅毅然決定採行，遂將文書承轉手續暨各種表單簿册格式重加釐訂，一併訂爲北甯鐵路管理局處理文書暫行規則，由局公佈，自民國二十年一月起實行。但此項公文程式，純爲本路各部份對內行文時取時間經濟手續便捷之用，對外行文，仍遵　中央頒布之程式理辦也。

三　舊公文程式之弊端

(1)關于文字方面者。篇幅冗長，動則千餘言，少亦數百字，辦文者竟日吟哦，始成一稿，例行公事，固無問題，如過緊急之件，事機迫促，寧有餘時，俟其從容擬稿。

偏重詞章，每爲一稿，詞藻修飾，所用典雅，惟恐不多，字斟句酌，力求深奥，祇顧辦稿者性之所至，不計閱讀者之能否了解。以此項公文，付之外站素少研究國文之員司，欲其斷句，猶覺爲難，安望其了解而遵行之。

不能普及。吾國文字深奥，國人程度不齊，以普通人而欲其盡能執筆以從事，于公文殊不可得。能辦事務者，未必盡能辦公文，能辦公文者，未必盡能辦事務，是以經管事務之人員，遇有文稿，每須另由擬稿人辦理，不惟時間上之不經濟，幾乎一事佔用二人。

(2)關于程式方面者　遇有與幾部份有關係之案件，即須辦稿幾份，分致各部份。例如運輸處將某副站長罰薪，須令段長一份，令站長一份，令計核課一份，函會計處一份，呈局一份，同時須擬稿五份，繕寫亦然。

(3)關于用紙方面者　稿紙均為雙幅，一頁用畢，雖僅餘數字，亦須再用一頁，空白地位，佔十之八九者，事所恒有。公文用紙，係摺疊式，無論內容之長短，須用一扣，不得增減。來文如無摘成之由，尚須由收發部份另備到文面為之摘由。

四　新公文程式之要素

(1)關于文字方面者　注重事實，凡為文稿，以簡明淺近為要素，祇須將案之原委，及處理辦法，詳細聲敍，屏除藻飾，其目的在求執筆者之易于從事，閱讀者之易于瞭解。

(2)關于程式方面者　此為參合中央公牘體例而新創之程式，所定分抄關係部份之辦法，極為便利，確能減省分辦稿文手續。例如運輸處將某站司事調站，只須擬一令該管段長之文稿，而於文後寫明抄呈局長副局長鑒核備案，抄致會計處及抄發文牘課計核課，與該管站長查照等字樣，全文勿須更改，而同時抄送之一部，亦可知此案已通知其他各部。繕寫之時，只將公文紙七份，夾墊炭紙，用華文打字機或用抄寫鉛筆 Copying Pencil 繕成一份，其餘數份，同時印成。

所有公文，均按情形，酌分段落，本文之第一行低一字。如分段時，每段之首行。均低一字，以清眉目。若謂每段末行原文未到底者，恐有添加字句之弊，則有標點以限制之，或再加以句讀」亦無不可。

原文用點句法，以免有上下句聯解之誤會或糾紛。

摘由務須概括全文事實，力求詳備，俾閱讀者一目了然。如閱讀者過于繁忙，直不必翻閱全文，僅據事由，即可批擬辦法。

文尾署名簽字，以明責任。

(3)關于用紙方面者　公文用紙，均係單頁，既便複寫，且資節省。稿紙亦用單頁。或曰，稿紙用單頁，易滋流弊，因公文主要意義，多在末段，當在第二或第三頁，而畫行則在第一頁，反處于不重要之地位，易滋抽換之弊。殊不知公文蓋印時，卽須將稿紙逐頁加蓋騎縫印，況事由與畫行地位同在一處，緊密相接。此外除原稿外，尚有與發出公文同樣之印底一份，可與原稿互照，按事實論，所有原稿在公文發出以後，卽廢除之亦無不可。

(4)關于繕寫方面者　繕寫公文，將公文紙按其需要之張數，夾墊炭紙，除打字外，用抄寫鉛筆繕成一份，其他各份同時印成，較之逐份須繕者。其省便爲何如耶。

五　新公文種類

(1)局令　局對所屬各部有所宣示或委任職員時用之（式一・並有說明）。

(2)訓令　局處對所屬部份或警段對所屬有所宣示時用之（式一）。

(3)指令　局處或警段對所屬之陳請有所批答時用之（式二）。

(4)呈　全路各部下級對其主管上級有所陳請時用之（式三）。

(5)函　各處會及其他部份，對同等及不相隸屬部份，或運輸工務各段及工廠對所屬各部份用之（式四）。

(6)批　局處批答普通商民及離職員工或其家屬適用之（式五）。

(7)抄轉文件之令・呈・函（式六・七・八・九・並有說明）。

(8)從前所用之傳單通告仍舊。

『附註』查本局所用之傳單，計有二種，一爲局處傳批或傳轉公文之傳單，一爲運輸處通傳各處之重要事件之傳單。

（式一）訓令（附例）（附說明）

（式二）指令（附例）

（式三）呈　（附例）

（式四）函　（附例）

（式五）批　（附例）

（式六）鈔轉文件之令（附例）（附說明）

（式七）鈔轉文件之呈（附例）

（式八）鈔轉文件之函（附例）

（式九）轉呈文件之呈

辦理公文應行注意各事項：

(1)凡公文應在（呈）或（函致復）字樣之下，註明收文機關之地址。

(2)謄寫公文，不必限於正楷，但以整齊清楚爲限。

(3)用數目字分段時，如用阿拉伯字，應橫寫，如（1）（2）（78）（196）括弧，亦橫書于數目字之左右兩端。如用漢寫，須豎寫，如（一）（二）（二五）（一七八）括弧亦卽縱書于數目字之上下兩端。

(4)抄送査照之件至二份以上，應以手指標誌指示收文機關。

(5)繕寫或打字人，須在公文底下左角縮簽。

(6)繕寫之公文，原張由擬稿部份存查，第二張較爲清晰，用以送往收文機關。但打字者仍以首份發出。

六 施行以來之利益

北寧路新訂公文程式，自試用而實行，至今已有二年之歷史，從未發現何項弊端，茲將施行以後之利益，約舉于次：

(1)內外員司凡文理通順者均能執筆辦理公牘，稍明文理者，亦能了解之。現除電報以及與洋員有關之公牘，仍用洋文外，所有公牘一律改用國文，毫無窒碍，本路數十年沿用英文之積習，竟得藉此而改革之。

(2)普通文稿，每件祗須數十分鐘，即可辦出。

(3)繕寫公文，利用複寫辦法，費時少收效多。

(4)公文用紙，以前因文字之冗長，與夫摺疊之式樣，頗不經濟。現在文字簡約，紙式全係單頁，打字所佔地位復少，每件公文，至多不過用紙二頁，較之以前，節省過半。

本路內部現行之公文程式，與舊公文程式施行之難易，既如上述。我鐵路既爲營業機關，凡事應以便捷爲先務，舊公文程式既然煩難，未易普及，應將此項暫行公文程式。盡量推行，以利事務，未始非革新之一道也。

(式一) 北寧鐵路○○○(局訓)令　字第　號　第　頁

令○○○

爲。。。。。。。。。。。。。。。。。。。。由

本文。。

。。。

。。

。。。。。。。。此令

主管職銜（署名蓋官章）

鈔致 鈔呈

某職 查照 鑒核

主管職銜（署名蓋官章）

中華民國　年　月　日（關防或鈐記）（覆文時將原文字號敘內）

（式一）之說明

(1) 令某職之令字在全紙縱長五分之三處

(2) 事由行之第一字較前行令字高一格如事由字數過多可在爲字字下分兩行寫餘仿此

(3) 本文之第一行低一字如分段時每段之首行均低一字餘仿此

(4) 主管職銜之第一字在全紙縱長二分之一處在職銜下署名蓋章如本件係鈔致某機關者則此處不蓋章

(5) 對同等或下級用鈔致查照字樣對上級用鈔呈鑒核或備案字樣均於必要時用惟鈔呈鈔致之件應在鑒核查照等字之左角下署名蓋章用以表示專對於鈔呈鈔致之機關也

(6) 鈔送者如不止一處送給某處者可以箭簇示之如下 →（用木刻）餘仿此

(7) 公佈規章或委任職員時可不用事由一行

（式一）『舉例』

令文人字第二、三、一六、一九號

令皋姑屯營口通遼車務段長

為調回辦理負責貨運之人員薪金改在總局開支由

查本處九月十五日電令文人四一六號調回在瀋陽營口通遼辦理負責貨運之人員其薪金即由本月份起改在總局開支仰

即遵照此令

運輸處長

鈔呈

副局長
局長 鑒核備案 運輸處長

鈔致

會計處
計核課 查照 運輸處長

中華民國十九年九月二十日

（式二）北寧鐵路〇〇〇指令 第 號 第 頁

令〇〇〇

呈一件為。。。。。。。。。。。。。。。。由

〇字第 號呈悉。。

。。。。。。。。。。。。。。。。。。。。。。。。。。。。。。。。。。。。。。。此令

主管職銜（署名蓋官章）

鈔呈致

某職　查照 鑒核

主管職銜（署名蓋官章）

中華民國　年　月　日

（式二）『舉例』

指令　字第　號

令皐姑屯車務段長

呈一件為呈請派〇〇〇充段長室司事由

〇字第〇號呈悉所請派〇〇〇充皐姑屯車務段長室司事一節現因節省經費礙難照准仰即知照此令

運輸處長

中華民國　年　月　日

（式三）北寧鐵路〇〇〇呈　字第　號　第　頁

呈

某職

為○○○○○○○○○○○○○○○○○○○○○○由

本文○○○○○○○○○○○○○○○○○○○○○○○○○○○○○○○○○○○

奉 月 日 字第 號令函開（如係呈覆用）

○○○○○○○○○○○○○○○○○○○○○○○○○○○○○○○○○○謹呈

某職署名（蓋官章或私章）

鈔致呈

某 職 鑒核查照

某職署名（蓋官章或私章）

中 華 民 國 年 月 日

（說明）本文起始可直敘從前沿用之「為呈請事」等字樣可刪因事由已列在前勿須多贅也

（式三）『舉例』

呈運客字第三五、二一四、三〇號

呈

局長 副局長

爲奉諭電燈車置掛于支路之客車備用俟此
項車輛出廠送交職處卽當遵撥乞　鑒核由

案奉八月三十日

鈞諭開着運輸廠務兩處考查本路電燈車置掛于支路之客車備用其原站用一三等車者或改換他車或兼作守車仰核辦等因

查職處前已擬議幹支各綫列車均須附掛電燈客車以便行旅現在此項車輛尚未改造齊備一俟出廠送交職處卽當遵

諭撥交各支綫應用理合備文呈復伏乞

鑒核謹呈

運輸處長

鈔致

廠務處　查照

運輸處長

中華民國　　年　　月　　日

（式四）北寧鐵路〇〇〇函　字第　　號　　第　　頁

某部份（或機關）

函覆致

爲〇〇〇〇〇〇〇〇〇〇〇〇〇〇〇〇〇〇〇〇由

本文〇〇〇

。。。。。。。。。。。。。。。。。。。。。。。。。。。。。。。。。。。。。此啓覆

某職署名（蓋官章或私章）

鈔呈致 某某 鑒核查照

某職署名（蓋官章或私章）

中華民國　年　月　日

（說明）本文起始可直叙不必用逕啓覆者字樣理由與式三說明同

（式四）『舉例』

函營客字第二六一、四一、三〇號

函致

警務課

爲八月一日一〇二次列車長查獲煙土請查照見復由

據山海關車務段長轉呈列車長劉越籛呈稱八月一日第一〇二次車內查獲旅客齊國全私帶烟土兩包經交車警葉長春帶至山海關警段辦理等情相應函達

貴課查照並希將辦理情形見復爲荷此啟

運輸處長

鈔致

山海關車務段長　査照

運輸處長

中華民國　年　月　日

（式五）北寧鐵路〇〇〇批　字第　號　第　頁

批〇〇〇

呈一件爲〇〇〇〇〇〇〇〇〇〇〇〇〇〇〇〇〇〇〇由

〇字第　號呈悉〇〇〇〇〇〇〇〇〇〇〇〇〇〇〇〇〇〇〇〇〇〇〇〇〇〇〇〇〇〇〇〇〇〇〇〇〇〇

〇〇〇〇〇〇〇〇〇〇〇〇〇〇〇〇〇〇〇〇〇〇〇〇〇〇〇〇〇〇〇〇〇〇〇此批

某職署名（蓋官章）

鈔致

某某　査照　（附抄原呈）（必要時用）

某職署名（蓋官章）

中華民國　年　月　日

（式五）『舉例』

批〇〇〇

呈一件為請發積欠獎金由

呈悉查該員前在職時所應得各年份未發之獎金仰仍向該管站長索取格式紙填妥轉處核辦可也此批

北寧鐵路運輸處長

中華民國　　年　　月　　日

（式六）北寧鐵路〇〇〇令　字第　　號　　第　頁

令某職

茲鈔發〇〇〇來〇關於。。。。。。。。。。。。。。。。。一案仰（查照／查覆／遵辦具覆／查照辦理／聲覆／飭屬遵照）此令

附鈔原〇

主管職銜（署名蓋官章）

「。。。。。。。。。。。。。。。。。。。。。。。。。。。。。。。。。。。。」

中華民國　　年　　月　　日

（式六）之說明

(1) 此式內仰字下各字樣係略舉數例可斟酌案情變通（式六）（式七）請字下之字樣同

(2) 如須附加意見者可在「一案」下接敘例如「查此案。。。。。。。。。。。。。。。」結尾仍用「此令」（式六）（式七）仿此結尾仍用「謹呈」或「此啓覆」

(3) 凡原文如可簡敘者仍照舊式如「據某某呈以。。。。。。。。。。。。。。。。等情」勿庸照鈔以免多寫（式六）（式七）

（式六）『舉例』

令運客字第五、七〇、三〇號

令東便門站長

茲抄發總務處八月二十九日第五六七號函關于註銷鉅成義記租用東便門道岔合同請停止撥車一案仰即查照此令

運輸處長

附抄原函

『據地畝課呈稱案查第一九〇二號合同東便門租戶鉅成義記積欠地畝道岔租金共洋一千七百二十五元一案前據平塘地務段呈報該號現已歇業其經理人楊仲賢根究無着業經職課簽准註銷該戶原訂合同看管租地建築物並登報公告該戶務於本年底出面清還在案此外尚有道岔三百尺應請運輸處停止撥車等情請查照辦理』

中華民國　年　月　日

（式七）轉文件之呈文

北寧鐵路〇〇〇呈　字第　號　第　頁

呈

某職

茲鈔呈〇〇〇來〇關于。。。。。。。。。。。。。。。。。。。。。。。。。。。。。。一案請

鑒　核

核　示

轉呈〇〇〇核示謹呈

轉函〇〇〇核辦

轉知〇〇〇查照

某職署名（蓋章）

附鈔原〇

『。。。』

中華民國　　年　　月　　日

（式七）『舉例』

呈運貨字第一、二、三、一九號

呈

局長

副局長

茲抄呈大虎山段長來呈關於遼寧商埠局裝運條石一案請

鑒核備案謹呈

運輸處長

附抄來呈

「案奉 鈞處轉奉 管理局發交遼寧商埠局函請由石山站裝運條石三百丈請援案半價付現飭即照辦等因遵即轉飭石山站俟該局報運時按半價核收運費理合呈覆鑒核」

中華民國十九年九月二十四日

（式八）鈔轉文件之函

北寧鐵路○○○函 字第 號 第 頁

函致
覆

某部份職

茲鈔送○○○來○關於○○○○○○○○○○○○○○○○○○○○○○○○○○○○○○○一案請

查照

核覆

查覆 啟

飭屬查照 此覆

查照辦理見覆

核辦見覆

某職署名（蓋章）

附鈔原○

『○○○○○○○○○○○○○○○○○○○○○○○○○○○○○○○○○○』

中華民國　　年　　月　　日

（式八）『舉例』

函營貨字第四六二、七、三○號

函致

會計處

鈔轉敝處呈文關于鄭家屯至營口負責聯運票第三一二五號遺失大豆三包共應賠償大洋二十四元○六分乞核准一案請查照辦理見覆爲荷此啟

運輸處長

附抄呈文

『爲呈請事據營口站長八月一日電稱七月二十七日由四洮路鄭家屯至營口負責聯運貨票第三一二五號三十噸蓬車第三○九一號所裝大豆於三十一日十四點三十五分上行加車到營口站發現封印失落協同貨主及保安隊檢查少貨三包該次加車責任人大虎山車守王翼孫押運保安隊耿煥德張永崴趙燚五王福堂周步山毛懷忠等情並附貨物短少證明書一聯到處復據萬通棧函送損失賠償請求書請求賠償計洋三十三元四角八分核與證明書所列價值相符惟查該第三○九一號車全車大豆原重二十九噸九成八到達營口復行過磅重二十九噸七成五計短少二成三合二百三十公斤卽舊制三百八十五斤三兩餘以此項大豆起運日鄭家屯之市價每斗四十四斤合洋二元六角計共值洋二十二元七角八分又運費一噸之二成三計洋一元二角八分

共應賠償洋二十四元○六分理合備文呈請鑒核轉飭會計處照發以符信用謹呈』

中華民國十九年九月二十日

（式九）轉呈文件之呈文

北寧鐵路○○呈　字　號　第　頁

呈

處長

副處長　轉呈

局長

副局長

本文。。。。。。。。。。。。爲。。。。。。。。。。。。由

。。。。。。。。。。。。。。。。。。。。謹呈

某職署名（蓋官章）

○○○處長轉呈（蓋官章）

中華民國　年　月　日

（式九）

呈

處長

副處長 轉呈

局長

副局長

為請調工務處服務以免用非所學由

竊○○前在大連學校畢業之後遽蒙逾格栽植派充本處課員自應努力從公以報　優遇惟○○所學係土本工程科對於運輸事務素少研究若從此致力運輸則以前所學即須拋棄未免可惜可否轉調工務處服務以免學用相背之處敬乞

示遵謹呈

課員○○○

運輸處長轉呈

中華民國　　年　　月　　日

總說明

(1) 公文用紙似以本國連史紙或毛邊紙為宜打字或複寫時不妨將副張參用外國紙

(2) 將來歸檔以在上端裝訂為宜

(3) 凡鈔件用紙可以紅色在正中鈎印「鈔件」二字以示區別（附式樣）

(4) 勿論正文鈔件在左下角均印「覆文時將原文字號敘明」字樣
如（式一）在左上角橫印北寧路字右上角橫印總若干號

(5) 各項公文均用單頁其尺幅可以現用稿紙之半頁爲度其上端須留出約一寸之空地以便裝訂

(6) 稿紙式另附

(7) 公文用紙如在上端橫印路線名稱則公文起首發文部份可改簡如「管理局車務處」之類而將左上角之路名删去

三年以來在北寧鐵路運輸處之工作

金宣士

廿一、五、一、

第一章 緒言

我國各鐵路局各處—總務、車務、工務、機務、會計等—均設文牘一課，掌理各該處之文書與機要，組織與人事，以及不屬於他課之事務。文牘課爲各處首席之課，與一處設計之得失，辦事之效能，最有密切之關係。至各處文牘課之工作，雖大致相彷彿，而其質與量，固大有不同也。

余主持北寧鐵路車務處、及以後車務機務兩處改組而成之運輸處之文牘課，已逾三載。運輸處既合車機而成，其事務之繁，責任之重，遠非他處所可比擬，而文牘課工作之繁重，自亦在意料之中。余自忘簡陋，爰將三年來運輸處文牘課之主要工作與心得，舉筆述之，以供我國研究鐵路管理者之參考焉。

茲先略述本課之沿革，次再詳舉其工作之方針與經過。余於民國十八年四月，奉調北寧鐵路時，本路管轄範圍，爲北平至灤州一段，車務處亦祇有文牘、運輸、計核三課，事務尙屬清簡。迨至是年九月十五日、瀋局歸併津局，全路統一以後，事務遽見激增。同年十二月，原隸總務處之電務課，及十九年七月營業課，先後改隸車務處。八月一日車務機務兩處合併，改爲運輸處，計分文牘、營業、運轉、機工、電信、計核等六課。自是而後，文牘課之工作，量與質兩者，乃日益擴大而複雜矣。蓋疇昔處內三課，今則改爲六課。昔屬車務處，僅管理車務部份之文書與人事，今屬運輸處，則管理車、機、電三部份之文書與人事。現在外段，車務計有十一段，機務八段，電信亦六段，車站則有一百二十八站，機車房一十六所，上下員工約計一萬二千餘人。事務之繁雜，應付之艱難，奚止三倍於往昔矣。

第二章　關於文書

第一節　本處改用華文及改良公文程式之經過

本處對於日用公文，向係沿用英文．在民國十五年以前，一切公文並無華文，且無華文文具之設備。自民國十五年，管理局取銷通譯課，自是局來令文始用華文，此爲本處得見華文之始。其餘日行公文，依然英文，更無所謂公文程式。十八年六月十九日、遵行部頒公文用紙劃一公文式樣，經俟舊有紙張用罄，於是年十月一日實用新格式紙張，幷經本處照部頒格式樣張，擬具意見書　呈局，此僅對部頒格式加以改良，其內部及各站間之公文，依然沿用英文也。

十八年九月全路統一，管理局以鐵路事業，端緒紛繁，公文必期敏捷，重訂處理公文程序，簡捷辦法。於十八年十一月二十五日在局召集文書會議，討論改良辦法，由本處提出議案，候決施行。此不過於現行公文及各項文書程序，有所議改，至於澈底改善程式，在此會議本處略有所提。此項會議後，本處以所有提案審査，尙須時日，致各處情形不同．實際亦難以劃一，爲便利公務起見，經參酌習慣擬訂處理文書暫行簡章十三條，分爲文書種類文書處理規則文書統計三章，呈局備案，處試行。此爲本處公文改用華文之漸，而改變公文程式之始，然猶未普遍而盡善也。

十九年二月本處王副處長以本處正值銳意興革之際，各站設施，正在積極進行，往復文電，較前加繁。鐵路爲營業機關，本處所掌事務最繁，運輸處管轄全路行車對內往來文件，尤應以簡捷爲務。舊日所用國文文件，擬辦之時，既爲程式所限，而收發抄繕歸擋等手續，又爲積習束縛，繁重遲滯．深感不便。本處公文既改用華文，部頒程式，又難一律通用。經參酌內外情形，在不與普通公文程式相抵觸範圍以內、擬訂車務處暫行公文程式，由處試用。又恐外段站對此不甚明瞭。並調集各段站辦理華文司事到處學習。較之從前便捷數倍。卽公文用紙，亦節省甚多。抄寫之時，能用華文打字機只打一次，卽可印成數張。如無打字機，則用複寫紙，夾墊藍炭紙，用複寫鉛筆寫之，不如從前之用毛筆，每次祇能繕寫一張。如本文與其他部份處課有關時，僅於抄繕時，多繕一張，即得省却舊日重抄之繁。收文之時，新程式內對於來文機關名稱及事由，均有固定地位。便於核閱，無須另挂收文面。并採照洋文辦法，同時打印四紙，一張送發，一張交擬辦課股，一張交總檔存查，一張隨卷收存，試用以來內外稱便。遂於十九年三月六日以文字第一〇、三〇號通告通飭實行。猶恐各部份未能明瞭，復規定應行注意者五條，於十九年三月十五日以文字第一三、三〇號通告通飭遵知。至於用紙亦改新式紙張，應用，惟因舊紙尚多，暫用以前洋文用紙，此本處自行改良新公文程式之經過也。

行之未久，因管理局文書會議函送文書草案一份來處，由本處將其中不便之點，詳加簽註。於是年四月二日函送文書會議嗣本處所行之新公文程式實行後，便利異常，時間經濟，均有節省。奉局諭由車務處主稿，擬具文書程式。爰於十九年七月卅一日，將本處所實行之程式草案送呈 嗣又檢呈印行之車務處暫行公文程式單行册，送局備案。自此以後，本處內外文件及呈局文件，亦均完全改用此項新程式。旋由 管理局就所呈程式，飭主管課審核增訂附編，所有規定之單式表簿，定名爲北寧路處理文書暫行規則。於十九年十一月六日通令各處課，訂爲本路各部份對內行文之用，印行單行本，附表式三十八種，令全局各部份一體遵照。自二十年一月實行。此本處改良公文程式，及由管理局採用之經過情形也。

註：（關於此項程式之說明，參看拙著「北寧鐵路改革文書制度之成功」一文）

至於繕校方面，以前統用毛筆繕寫，須用書法端正者辦之。自改用新程式後，文字較前簡明，先後購用華文打字機七部，所有一切文件均用炭紙墊打。同時可得多份，省却重抄之繁，工作效率，較前增加。

第二節 文件收發及寄遞方法之改良

一、 寄遞文件信袋

本處管轄車務機務電務之部份，外段站所轄機關二百餘所。逐日寄發文件極夥。以前每件公文報單，均用信封封寄，交站登簽字簿送交車守轉遞，不特虛耗信封，爲數不貲，而各站各列單輾轉傳遞，手續既繁尤慮遺失。經自十九年起，一律改用信袋辦法，袋以厚帆布製成，釘以銅扒，再用鐵條穿扣，以便加鎖。各段站將每日公文報單依次裝入一次寄處。本處發文時，將文件納入隨時寄還原站。

二、 改用報單清單及文件稽查表

本處各項行車營業人事機務電信報單，關係極爲重要，每日報單不下二百餘種之多，遇有遺失，無法稽考。自十九年起，改用報單清單，由各段站各車房將每日所寄報單目錄塡列清單內，隨報單寄處，以便核對，如有遺失，當卽追補。嗣以各段站用信袋裝寄文件，仍恐有遺失或短裝之虞，復用稽査文件表一種，每日封發各件均依次列入表內，俾收袋人按件點收，庶無遺失錯誤之虞。

三、 改用信架

本處以前寄發文件，登發文簿後，亦用信封逐件封發，每日發件旣多，逐個封發，依序亦易凌亂，而堆疊棹上，處理亦感困難。經本處詳核之下按照郵局收發信件分地辦法，將各站各車房分製木架，每格指定站名，遇發某站文件登簿後，卽投入木格內，按規定時間次數，取出納入信袋，交車寄發。遇有特急重要之件，仍用信封單獨封寄，以示愼重。自此法行後，逐日文件，遂無堆疊零亂之虞。

第三節 創刊運輸公報之經過

本處轄站百餘，逐日由處發出之通告傳單，爲數極多，處內收發及各站收受，均感煩苦，且有遺失，又關於本處經管事項，各種統計報單圖表，異常繁多，倘不設法公開，則本處一切工作，不但外界對之，不甚明瞭，卽在路員司，亦多未能悉數瞭解。且全處員司旣多。分駐各站，感情旣少聯絡之具，卽智識亦少交換之機，於業務硏究上，缺憾亦多。爲補救起見，由本處發行一種公報，每星期六日出版一次，其宗旨在公開運輸行政、省略行文手續，增進員工智識。擬具簡章六條，於十九年一月廿四日呈奉 管理局准予刊行，第一期於十九年三月廿九日創刊，至是年七月十九日第十六期，因車務機務改組運輸處，自第十七期起更名為運輸公報。刊行至第二卷第八期，印奉 局轉 部令將鐵路公報停刊，改為日刊，月刊兩種，本處運輸公報，亦於是時遵令停刊。此創辦運輸公報之經過情形也。

第四節 編纂法規

本處各項規章，以前除由部局頒行者外，遇有需用，多隨時編訂以資遵守。二十年九月由改進委員會編製法規制度表送處，本處當以所有各項章則，在法規中，寔佔最大部份，尤以人事營業運轉機務為最繁。材料之收集，分類，規章之編撰補訂，寔非一二人兼辦所能辦理。為迅赴事功起見，爰於二十年八月組織運輸處法規起草委員會，由所屬各課每課指派一員，為法規起草委員，仍責成各課股負責，搜集所有應需材料。自是年八月起至十一月二十日，編就部局核准之成文法規甲編，送改進委員會。自後繼續編訂不成文法規乙編，現正進行中。惟本處以部局所頒法規，雖經蒐集編送，而本處歷年因實際之需要，由處自行編用之不成文章程規則，為數亦夥，零星散佚，定有編訂整理之必要，經飭主管人員討論搜編，以資審覈而成完帙。

第三章 關於人事

第一節 人事管理之原則

鐵路事業經緯萬端，欲期事業之舉，首在得人，得人之方，不外職制分明，進退有度，因材器使，視事酬庸，賞罰有則，待遇一致。故薪給之多寡，須以職責之繁簡輕重為標衡，而升轉之途階，尤須有一定不移之程序，然後人安於事，奮勉圖功，斯事無不成，業無不舉矣。本處在未改組前，所屬車務員工五千餘人，嗣電信員工歸併，增加九百餘人，機務員工歸併，又增加五千餘人，總計車機電員工，約一萬二千人。其職務均係掌理營業行車運轉電信等項，與人民社會多發生直接關係，職責至爲重要。以職責如是之重要，數額如彼之多，故管理之者，須竭其極大之努力，施其最善之方法，而後有濟。本處三年來辦理人事，除遵照　部局命令及原頒一切章制外，更依照下列四項原則：

（一）公平無私　公則無私，平則不偏，無私不偏，則員工之進退，一一按照章規定之，毫無喜惜關說於其間。秉大公無私之精神，以人才勞績爲升賞之準繩，杜倖進之門，而堅其服務之心。使在職者，人人有自見之機，而無偏枯之患。則員工雖衆，自必勤奮守職，日趨向上，路務自亦因之而發展矣。

（二）人才主義　員工之進退升降，視其人之經驗學識體格資格，考績若何。換言之，即視其人才若何。故才高者處較高之位置，才次者處較次之位置，位置之高低，係基於各個之才能，則員工多安職，而事易舉。其欲向上者，自必先增進其才能，斯員工之程度，將日見提高，故注重人才，一方可待有用之才以任事，一方可培植後進以期進步。

（三）賞罰公明　賞罰所以鼓勵員工向上之精神，儆戒錯誤之行爲。惟明而後，賞有實徵，罰有實過。惟公而後，賞可勸衆，罰可懲非。故準繩員工，必須賞罰，賞罰有效，必須公明。本處自謹守此項原則，所有一切員工胥能激發其服務之精神，而犯過行爲，亦漸見減少矣。

（四）待遇優厚　在路員工，各有身家，一切維持費用，自需相當數目。苟費用不足，難以維持，必致懈怠，其服務之精神，是於路務前途，不無影響。故員工待遇以從優爲原則，凡在可能範圍內，苟能照辦者，應予照辦，俾員工無後顧之憂，自必努力向上，則路務之發展，自可計日而待矣。

以上四點僅略述管理人事之原則，至於一切章制，多已編訂，遵循有自，不虞隕越，其三年來關於人事方面工作之較重要者，試分段述之。

第二節　關於事務

（一）車務員工待遇規章之釐訂

本處所屬外段車務員工五千餘人，其職稱約七十種，所有標準名稱薪資等級等項，向屬參差不齊，而關於加給薪資任用等項辦法。向亦無詳細規定，以故處理事務，雖如何審慎斟酌，終易感紛歧。本處有見及此，因擬具車務員工薪資等級表四種，車站分等表一種，等級施行辦法及說明書各一份，及任用與加薪暫行規則各一份。於十九年三月二十日呈奉 管理局指令略開，查該處員工薪級系統既極混亂，而所屬人員職名甚繁，職稱各別，所擬此項薪級規則，雖未能完全按照部章辦理，然有此規定，自可為用人行政之根據，所見甚是，至堪嘉慰。嗣又遵照 局令略加修正，呈准施行。復與其他對於員工待遇之已有規定者，如郵金、養老金、請假、公務證、免費運單、旅費、醫費、及年終獎金等項，彙同編訂為車務員工待遇規章、共資遵守，自後關於員工之加薪任免升降等等，均有正軌可循矣。

（二）車務員工標準額之規定

員工名額之標準，自其原則言之，應視各站營業與行車狀況為定。本路幹支各綫之車站，大小一百二十八站，自站長以至工役之名額，向無規定，以故多寡不同，勞逸互異。不特過勞過逸者，足以餒其向上之心，減其工作之效率，抑且過多過少，亦足以虛糜路帑，影響營業。故員工標準額之規定，至屬需要。本處前於十九年六月即派員分赴各段站切實考查營業行車情形，工作設備狀況，並與各段站首領核議，擬定各該站員工標準數額，將員工現有數額與標準數額，分別列表，以便互證彙總後，復發交各該管段長核簽意見，再行修正始正式呈局。此項標準數額，既經規定，嗣後員工派補，均有一定標準，略無溢冗或不足之弊，路務公帑，兩有裨益。

（三）員工考績制度之釐訂

欲期員工賞罰之嚴明，升降調遷之得宜，首須詳訂考績制度。在今日之各項大事業機關，其最新之人事科學管理法，殆無不收效，於詳確之考績矣。本處車務員工考績，在十八年前，僅有考績簿一種內容、登記、均不完全。至員工總登記冊、員工證等，則更付闕如。故對於員工之考績查核，極感困難，亦鮮成效。本處自十九年先將考績簿補充完備？並陸續添置員工總登記冊，製定員工證，臂章等項。至員工考績規則亦經詳細擬訂，現在呈局審核之中，其關於考績之辦法，謹述如下

：

甲、考績簿　考績簿登記員工之姓名年齡籍貫家族出身，保薦人經歷，及在路之委派調遷升降薪津請假賞罰等項，及其卷宗日期號數，右上貼有該員工之二寸半身像片，下左附有該員工之親筆簽字，此項考績簿，無論員工，自其入路之日起，卽須設置，分別按站名職稱存貯於考績箱內。

乙、員工總登記册　員工總登記册，計有三種，(子)員工服務號碼登記册，本處自處長以下之內外員工，均給與服務號碼一號，新派員工亦然。此號碼記於考績簿而上，以便檢查，此後雖有升降調遷，而號碼則始終如一。(丑)爲按站名職稱次序登記之員工登記册，此册僅將員工之職稱薪津調遷升降，事項登記。(寅)爲按姓氏次序登記之員工登記册，此册僅將員工之職稱服務號碼調遷事項登記。

丙、員工證　各站冒名頂替之事，雖經本處嚴令查禁，然亦間有發現者。爲澈底免除此項情弊起見，曾製定員工證一種，分發各員工携帶。此證下貼各員工之像片，像片右角，用本處壓印機壓印，俾不易更換。證中詳塡該員工之姓名職稱年歲籍貫，以便識別。此證須隨身携帶，以備隨時查驗。

此項員工證，可爲員工値班時之證明，又可爲發給薪工時之證明，此外尙可爲對外界之一種識別。

丁、臂章　查歷來各次車上，時有身着制服之路員乘坐，惟是否隨車服務，抑或私自出行，無從考査，與行車秩序亦有妨碍，特定限制檢查辦法，凡隨車工作之員工，均須佩帶臂章，庶可一目瞭然而易識別。

（四）考試制度之採行

鐵路爲商業機關，自須實才實用，實才之得，首賴考試。本處對於新雇員工及員工升級，均以考試行之。其標準大概新雇之員工，以學識經驗體格資格定之，升級之員工，以學識經驗考績體格定之，實行以來，內外員工皆知努力向上，工人程度提高甚多。至遇大批缺額，或感特別需要，添置人員時，曾呈奉　局准登報公開招考，卽以平津瀋三處。爲招考報名地點，不收報名費，而資格限制亦嚴。平津瀋三處，爲華北學風最盛之區，凡青年飽學之士，而苦於謀出路者均來報告考試，以求一售。本處數次大批考試，概取密封辦法，關防綦嚴，閱卷判分，極爲公允，蓋所以務崇考試之精神，而達選拔眞才之本旨。其歷辦情形簡述如下：

甲、考用女客票司事　奉　局諭爲提倡女子職業起見，招考女客票司事三十名，因女子售票心思細密，對待旅客態度，亦較和藹，故於此項工作，至爲相宜。因在平津瀋三處公開招考，報名者一百餘人，皆中等以上畢業之學生，錄取後先在皇姑屯設所講習，期滿分發平津瀋等大站服務，成績尙佳。

乙、招考貨物員八十名　本路實行負責貨運，貨運必將增加，人員不敷分配，爰有招考貨物員八十名之舉。十九年九月間在平津瀋三處公開招考，報名者一千五百餘名之多，命題閱卷，備極嚴整，計共取八十名，錄取後分批酌派各貨運負責站服務。

丙、考選並訓練舊有辦理貨運人員　自十九年八月起，本處以實行貨運負責在即，對於原有辦理貨運人員，亟應加以甄別後，入所傳習，授以貨運負責應具之知識，以爲日後本路辦理負責運輸之基本隊員，計由舊有人員中考取爲貨物員者八十二人，十月二日開始授課，六十日期滿後，分派各站服務。此項員司既已具相當經驗，又入所傳習，愈臻以新舊人員相輔爲用，貨運前途，實利賴焉。

丁、招考新車僮併對於舊車僮施以訓練及甄別　本路從前車僮，常染惡習，爲澈底改革起見，曾奉　局諭公開招考新車僮一百五十名，於十九年四月，分於平津瀋三處舉行，計報名者達一千五百餘人。考選後，在津訓練三月，再行服務。舊車僮亦經先後傳處訓練，以成績之優劣，分別剔選，以期旅客列車得恭謹勤順之僕役。

戊、考補車站司事　關外各站因業務遞增，又因辦理負責貨運，抽調人員不少，加以隨時降黜出缺之空額多未添補，乃藉招考負責貨物員之便，多取四十四人，分發各段站遞補，各項中下級員司缺額，以利公務。

己、招考新閘夫　因運輸業務之繁忙，外站工役驟感缺乏，尤以閘夫爲甚。爰於十九年十月五日召集各段站所保送之工人二百八十餘人，指定考試專員，逐一口試，檢驗身體，第一試及格，始予參加筆試，計正取八十名，備取三十六名。此項考取之閘夫，匪特體格強健，適於操勞之役，抑且識字程度，均較舊有工役多勝一籌，其成績故均較他項工役爲優。

庚、考選沿綫所有正副站長缺額　本處前以各大小站正副站長缺額甚多，值此運輸繁忙之時，亟待補充，經呈奉　局准正站長由課員副站長中考選，副站長自車守號誌員交大畢業生實習滿一年以上者，及各項領班司事等中考選。於十九年十一月三日由局派專員本處處長課長親自典試，關於命題彌封等手續至爲鄭重，應試者約百人，考試嚴肅整齊，爲歷次考試所罕見，考試成績甚佳，優良者分別提升加薪。此項正副站長考試，實爲本路內部升級之第一端，而站長一職以考試擢用，亦爲全國鐵路中所僅見也。

二十年七月又考選副站長一次

辛、考選車上驗票司事站務司事行李司事等　本處以甄別車上驗票司事等缺額尚多，因於二十年七月正式考選一次。

壬、舉行歷次零星升級考試以補大批考試之不足　大批考試緩不濟急，且車務員工五千餘人，升遷調補，又刻不容緩。故遇三五缺額必須添補者，隨時由各段站保送低級之員工，來處應試，以選賢才。迨廿年管理局公佈考試辦法後，所有員司升級試驗，均由局交考試委員會負責辦理矣。

（五）車站與列車組織及員工職掌之編訂

我國鐵路類多借資外國，各路情形常有不同，關於車站列車之組織及其員工職掌之事項，亦互有差別。歷年以來，部中對於車站列車之組織及其所屬員司之職掌，未有明文規定，積習相沿，組織不一，職掌紛歧　名稱互異，馴致異名同職同名異職之事常有發生，實非所以鄭重公事分明責任之道。本處於十九年之初，首將車務員工職稱分別性質妥加規定，釐定一律。次將各項員工職掌條文一一編訂，蔚然成帙，俾各項員工曉然於其職責之所當爲，努力工作，有軌可循。次又將車站及列車之組織，遵照　部局命令，詳加規定，系統井然，有條不紊，所有此項已編成條文規則，均經正式呈局，如蒙批准，嗣後員工辦理事務，當感迅便矣。

（六）取締各段車冒名頂替員工

本處部屬車機電員工，萬二千人，人數既多，良莠不齊，尤以工役中往往有假借名義頂替工作等情弊。歷年既久，陳陳相因。張冠李戴，頂替假名，以致責任之心渙散，形成游離之徵，殊非鄭重公務之道。本處自十九年三月以來，決心整飭，迭申嚴令，凡有冒名員工，概須由段站長負責飭送本處考驗，先用口試，詳詢其頂替之經過，核對像片，驗視體格年齡，再加以筆試。凡體格不健，年齡過老、過幼、頂替時期在一年以下，目不識丁者，概予剔退。如體格年齡筆試合格及頂替時間超過一年，平日尚無過犯者，方准改正姓名，正式錄用。或有稍不稱職及薪金過高者，亦予分別降黜，以求適合個人才能，而免倖僭進之弊。經予驗正更名者，車務部分凡二百餘人，機務部分，凡一百餘人，嗣後如再發覺，定予斥革不貸。所有前後經過情形，均經呈局核准備案。

（七）關內外員工支配之調劑

從前本路業務，注重關內，而忽視關外，是故對於外段站員工之支配，亦多注重於關內。而關外各段（尤其是新近建築之大通及北票各支綫）員工之數額及程度，遠不及關內各段之整齊。自十八年九月，全綫統一之後，本處以關外各段創辦聯運，業務發達，而事繁人少，與關內各段情形，適正相反，支配失宜，亟應矯正。爰通盤籌劃，幾經斟酌，將關內各段可以抽調人員，及累次考試錄取人員，擇其優秀者，陸續調派關外。此項優秀人員，經長期之服務，與嚴格之考試，學識經驗，均屬豐富，體格亦極強健。調往之後，處理事務，應對客商，均極迅敏活潑。故三年以來，關外各段，工作秩序，營業情形，率能與日俱進。而自東西四路聯運實行，因員工辦事敏捷經驗充足之故，營業更有超前之增進。是關外營業之增加，與員工之整齊，有相當之關係，而本處於支配調劑上，實盡極大之努力。

（八）提高工役之待遇

各站工役，如調車夫、閘夫、鈎夫、號誌夫、路簽夫等職務，既極辛勞，責任尤極重要。但關於其待遇問題，以前均未加以深切之注意。本處於全路統一之後，首定工人之雇用升級考試辦法，其程度既逐漸提高，故對於其待遇，亦爲之詳細規定呈奉　局准。即各項工役其薪率一律月支者，自十二元起碼，日支者，四角起碼，凡不及此數者，經酌予加給，以示體恤而資鼓勵。

且關外生活程度，較關內爲高。而工役薪率，關外反較關內爲低，此種畸形狀態，在情理上實有即速糾正之必要。故本處將關外段工役，比照關內待遇，分別情形，酌予提高，以免見絀，而安其心。二載以來，各項工役，欣然於同職之待遇，有一定，安然於異地之生計無差別，故能奮勉盡職，謹慎將事，而行率亦因以日趨安全也。

（九）員工賞罰情形及賞罰規則之編訂

賞者，所以獎員工之勤勞，而勵他人之奮起，罰者，所以懲員工之過誤，而戒他人之效尤。但賞必當其功，而後人乃重賞，罰必當其過，而後人乃懼罰。故賞一人而衆人勸，罰一人而衆人懼。蓋非賞罰得當，不足以正員工之視聽，增其服務之精神，關係至爲重大也。本處對於員工之賞罰，一事之來，常常斟酌情形，暨當事人員之平日考績，互相比較，以定賞罰。但審慎再三，終不免略有紛歧。故特編擬員工賞罰規則，以資準繩，規則中對於賞罰辦法，及其原由，一一分別詳細縷列。嗣奉　局諭員工停班等項辦法取銷，代以記過處分等因，遵又將前擬規則，再加修正，現尚在管理局審核之中。

大概員工賞罰，貴乎適中，不可過嚴過寬。過嚴則本路有經驗之員工，一旦因些微之不小心，而遽被開除，殊非所以愛惜人才之道。過寬則章制廢棄，紀綱不立，亦非所以鄭重公事之方。斟酌輕重，參照　部局歷來命令成案，大概初犯者，或屬粗心，酌予警告申斥，俾憬然知改而不再犯。再犯者，情節較重，應予處罰。三犯者是屢誡不聽，怙惡不悛。無可教導，自應斥革矣。

至於獎賞，凡服務勤勞者，嘉獎，有特著勞績者，記功或加薪。處理事變，迅敏活潑，消滅禍患者，加薪升級，或酌給獎金。以上係略述賞罰大概辦法，其詳已分別條列於規則中。

（十）其他

以上爲三年來本處車務部分人事工作之較著者。其他如清釐員工保證金保單，以清責任，整理員工徽章號牌，以便識別，調驗有烟癖員工，以除惡習，擬定通遼等站員工津貼辦法，以鼓勵示優遇等等，爲項甚多，不便詳述焉。

註：關於車務人事管理，容當另文詳細討論之。

第三節　關於機務

（一）機務員工標準額之規定

機務員工在未改組前，其員工數額，未經正式規定，各車房視工作情形，隨時由機務段長添雇、故工匠數額，與實際工作情形，未甚吻合。自改組後，本處首按各站營業行車情形，分配各車房機車數目，次按各車房具有機車數目，及每日經行列車次數，規定工匠標準數額。此項標準，務極準確，適合需要，計各車房工役標準數額，爲五千四百一十七人。凡某車房現有人數多於標準人數者，其多數人數分別調至現有人數，少於標準人數之車房。其多餘人數，無可調遷者，俟該車房工役死亡開革出缺時，概不添補，俾其現有人數逐漸適合於標準。又於二十年三月解雇臨時工役二百餘人。年歲過高、不能服務之工匠養老退休者，九十餘人。先後計減三百餘人，節省路帑，爲數不少，而於工作秩序，較前更爲整飭。

（二）機務員工考績之整理

機務員工在未改組前，因分爲兩總段關係，其考績事項，略有參差，關內每較爲完備，關外段則多數缺欠。考績簿中最重要之員工像片，均未粘貼。故考核頗感困難。本處接管後，即將此項考績簿，分別關內外段核考參證，不定者補作登記，不全者補記。並將員工像片完全添貼，上蓋處印，復飭各員工簽字；或加蓋拇指印，添入年歲家屬籍貫，以昭鄭重，而便查核。至外段所備之員工考績，向用極小之卡片登記，既不方便，又難完備，因另印新考績簿，分發各車房應用，俾處內外考績簿均屬一律，自然易於查考。此外並按車務考績辦法，設置機務員工總登記三種，一爲登記員工服務號碼之用，一爲按車房職名登記員工經歷之用，一爲按姓氏次序登記員工經歷之用。又員工證臂章，亦均先後製定發出，飭令佩帶矣。

（三）考試辦法之確定

機務員工最重技術，故其考試，應首重技能，次考績，再次學識體格。本處自接管以來，首將各段新工役之雇用考試，工匠之升級考試，明白規定。如新雇小工，由處考試文字，察看體格年歲，工匠由處考試文字，察看體格年歲，再送唐皇兩廠考試技能。升級考試亦如之。擦車夫司爐司機之考試，均須先由部院檢驗體格目力，聽力合格後，再考文字書寫誦讀，如屬合格，除擦車夫外，再以考績技能定之。實行以來，各工役之程度技能，均見增進。抑更有進者，機務工役之考試，率於有缺額而以同類資格最高之工役應之。故在上者易得技能較優之工役，在下者可堅其服務之決心，以希冀於升級考試之一售，此於工作方面之效力，至爲重大。

（四）臨時工役之解僱

查臨時工役之僱用，或因緊急事項，或緣暫時需要，其性質既非永久，即應於僱用之目的過去，隨時解僱以示撙節。改組以後，本處最注意於各車房之員工數目，乃查各車房先後所僱臨時工役數目，達二百餘人之多，其中且有已在本路服務至二年以上者。本處以此項工役待遇，既與普通工役不同，管理亦感困難，且值本路一切均待撙節之際，故於二十年三月二十七日將此項工役二百餘人，全體解僱並鄭重聲明，嗣後各車房不准再僱臨時工役，以節路帑。

（五）老弱員工之養老退休

本路前爲促進工作效率，及使員工安心服務起見，對於在職員工，年在六十以上，或服務已達相當年限者，曾經規定特准告給資養老辦法，並歷經辦理在案。各機務每自改隸本處以來，所有一切事件，業已逐漸整理，惟上述事項亦須着手。本處有見及此，曾經令飭各機務段將所屬員工有年逾六十，或年雖未至六十而因不克服務者，切實調查，彙開職稱姓名年歲入路時期現支薪額及服務年限，並附註詳細情形，列表呈報，以憑核辦。嗣據各段先後呈送所屬員工調查表，共計九十八人。率爲年高或不堪服務者，當經呈局核准，分別飭令養老退休，以示體恤，而重公務。

（六）關內外員工之調劑

本處外段員工　關內較關外爲多，車務方面經統盤籌劃設法調劑，歷年餘之努力，關內外各站，漸臻均勻，辦理就緒。至機務工役，關內外相差尤鉅，先後迭據關外各機務段以司機司爐人數不足分配，致機車無人開駛，呈請添派，反從關內各段調往。旋經本處細加考慮。統盤籌劃，凡關內各機務段，視機車運轉情形，如司機司爐確有富餘。即分別調往關外段服務、以資調劑，並經呈局酌加薪津以示鼓勵。計共由天津豐台前門調去司機二十人，司爐四十四人。其他工匠，亦不在少數。

（七）添派機車調度人員以利運轉

本處爲便利調度行車起見，十九年改組之後，分別於總局山海關瀋陽三調度所添設機車調度員，並由各機務段選調副段長，充任此項職務。嗣因各機務段自副段長被調後於辦理事務上，稍感困難，復於二十年將該副段長等分別調往事務繁忙之段。而以各車房中資歷較優之監工調補。所有此項調派人員，均經正式呈奉 局准，現行車運轉，因有機務調度人員，較前迅便多矣。

（八）其他

此外如甄考外路司機司爐，以期行車安全，各段分設鍋爐，副稽查，以利運轉，取締冒名頂替員工，以杜冒濫，訂正機務員工中英職稱，以正名義，劃一關內外司爐等薪率，以免紛歧，等等，亦爲改組後機務部分人事工作之較大者，未能一一詳述焉。

註：關於機務人事管理，容當另文詳細討論之。

第四章 車務機務兩處改組之籌劃與經過

十九年六月本路爲求運輸業務統轄便利辦事敏捷起見，將車務機務兩處，酌量改組，設立運輸處廠務處，並將工務處所屬之山海關工廠，撥歸廠務處，總務處所屬之營業課，改隸於運輸處，限於七月十五日改組完成。當以事關改組，頭緒紛繁，關係既極重大，不能不會同關係各處，及改進委員會，求詳討論，細加研究。自十九年七月十五日至七月二十二日止，共開大會五次審查會四次，先後議決，（一）運輸處與廠務處職務之劃分，（二）電燈電力各項管理之分配，（三）機工課組織大綱，（四）電信課名稱，（五）運輸處外段之組織，（六）各段站車房與處間往來公文呈轉之手續，（七）英文名詞之規定，所有以上議決情形，經會同機務處正式呈局。

八月一日，本處遵　令正式改爲運輸處，掌理全路營業行車電信及車站車房碼頭一切事宜，計處內設文牘，營業、機工、運轉、電信、計核六課，外部暫仍照車機各段分立辦法，各設車機電段長，以專職責。

八月六日，本處召集所屬各課會議，關於本處各課權限問題，當將機工電信兩課職掌，及其他事項議決。九月一日，召集運輸處與機務段會議，議決，(一)運輸處與機務總段辦事之手續四項，(二)運轉課與機工課辦事手續之關係三項，(三)機務員工請假辦法一項，(四)機務員工乘車證請領手續一項，(五) 機務員工升遷降調任免賞罰辦事手續一項，(六)修車材料單簽發次序一項，(七)機車大修辦法一項，九月二日又會議一次，議決關於機務員司之設置，及呈請派委各員姓名。

各車機段，雖仍分立，但爲力求辦事敏捷，分段劃一起見，本處經根據車機兩方面之設備及需要，暨車房與驗車站之位置，救險車之行駛，將車機各段所轄區域，重行規定，以利公務。

車務機務段兩方面有關事務，須由車機段長會同處理者，並規定原則兩條，即(一)車機兩方面有關事務，應由該管車機段長，於可能範圍內，互商解決之，其重要者，並應會呈運輸處長核辦，其不能互商解決時，須會呈運輸處長解決之。(二)車機兩方面有關事務，應報運輸處長者，於可能範圍內，亦應由車機段長會簽，或分別簽註意見。

總局山海關瀋陽三調度所，增設機車調度人員，俾機車之行駛調度，更感迅便。

上述三項，即(一)車機段重行劃分，力求吻合，(二)車機兩方面有關之事務，車機段長會同處理之原則，(三)調度所中之增設機車調度人員，均所以圖車機人員之切實合作，力謀共濟，以謀一切運轉事務之迅使發展。此外並規定合作之辦法三條，(一)機車出房，歸車務段長指揮。如有不服指揮，請由機務段長罰辦，(二)車機段務會議，(三)行車事變報告，由車機段長會簽。

自合作方案公佈後，各車機段長，均能切實合作，共謀互助，所有行車事務之辦理，較前更感迅便，而一切無謂之糾紛，日見減少。即如營業情形變更，統籌調度，均可一致籌劃，毫無困難，斯亦改組之成績，而堪予報告者也。

註：（關於車機改組之詳細辦法，參看拙編「北甯鐵路運輸處之組織及車機兩處改組之經過」一書）由北甯鐵路局發行

第五章　運輸段務站務會議之舉行

從前處與各段，同區域之各段，以及段與轄站，站與所處各部分之間，除公文往來外，向之情感之聯絡，隔閡既久，彼此間遂往往因誤會而發生無謂之意見，內外上下，不相愜洽，路務進行，殊受影響。處中有見於此，爰於民國十八年八月，舉行車務會議，各課長及段長一一出席，討論全處興革之事務。此後每月或每兩月舉行一次。嗣於十九年二月，又制定段務站務二項會議規則。迄十九年八月，本處改組，將車務會議，改為運輸會議。段務會議之外，另設同區間各段首領之段務會議，分別按期舉行。使處內與各段，同區域之各段，段與轄站之首領，站與站內各部分首領，以時相聚，晤對一堂，各抒個人意見，以討論重要事務。此種辦法，不惟集思廣益，於路務進行，收效極宏，而化除隔閡，使彼此互悉處境，不至再互相猜疑，於團體合作之效率上，價值尤大。本處自舉行會議以來，（自廿年九月十八日發生事變後，以國事日急，工作更忙，各段站首領不便離站開會，故會議暫停），所有規定專章，編印議案等責任，均交由文牘課担任，現在處段站相互之間，精神團結，意見一致，分工合作之效率，日見增進，成效昭著，大非舊日情形矣。

第六章　國難期中之應付

本路近三年來所受事變影響之最大者，為十八年之抗俄，十九年八月之水災，二十年八月之石變，屢次事變，本處籌劃調度，至為審慎。而所屬員工，率能堅忍不撓，奮勇服務，為國內外所共欽。惟上述三次事變，時間尚短，員工所受之痛苦較少，所以獎慰之者，亦未有若何之規定。至九一八國難發生，東北要地，相繼失陷，本路首當其衝，卒以各段站員工訓練有素，不惜一切犧牲，奮勇服務。關外行車，仍能維持。迄十二月二十九日，錦州失陷，關外一段，從此中斷，我關外各站

員工，絕不以畏禍之故，而懈於職務。其間如九月廿三四日，自臯姑屯至新民各站情勢之危急，九月廿三日起日軍之數次攻炸通遼，十月十四日之蒙匪攻通遼，十月八日日軍在錦州之投擲炸彈，十一月下旬日軍之西侵，十二月下旬日軍之攻錦，以及土匪屢次刼車，日軍再三破壞，炸彈轟於前，機槍掃於後，各站之受驚受刼，日有所聞。本處於屢次事變之發生，無不立即去電嘉慰　剴切勉導，於其所受之痛苦，予以深切同情，對其未來職責，勗以善爲固守。其有特殊勞績者，並經分別呈請加薪進級，以示鼓勵。其有受傷死亡，並經分別呈請給以免費受醫給與救助費，及加薪給卹。以示特別撫卹。其有被刼損失者，並經分別呈請酌予償恤。其在危險區域服務者，並給予補助津貼及一次獎金。所有特別獎勵辦法，特別撫卹償恤辦法，均係本處之建議呈請：而後分別公佈實行。至是員工知獎勵撫卹之有一定辦法，雖受危險而無怨，無恐。故克使四個月以來關內外之交通，得以維持，關內外之消息，得以暢通無阻，備受國內外輿論之稱讚。

在事變之始，本處即遵照局令，轉飭所屬全體員工，不得擅離職守，亦不得擅請事假，其有不遵命令者，按其情節輕重，分別開除，或處罰。誠以冒危險忠職守者，固應膺獎，而退縮離職者，亦應予以相當之賞罰，賞罰明而後可以示勸戒，鼓人心，處事變之際，尤宜然也。

迨我軍退出錦縣後，關外員工退集津楡唐者，約一千五百餘人。此項員工，雖於本年一月間曾經本處令巴克高賓携領出關，終以關外日軍阻碍通車，致未成功。於是該項員工，乃全數來津，並提出要求數項，經本處派員剴切啟導，妥擬辦法，呈奉　局准，將此項員工，分別派至各段站待命，總計一千零零三人。在待命期間，各發給生活費，俟有缺出，首先派補。嗣因錦楡間客車已通、此項待命員工，返關外原處服務者，不乏其人，當將其待命資格取銷，所以防其冒領生活費也。

總之，自九一八國難發生以來，本路員工，固已備受蹂躪，而所以安慰撫卹獎勵之者，本處亦實已竭其最大之努力。所幸在事員工，均能秉承局處命令，其始也冒危險守職，堅忍不撓，以維交通，其終也遵派待命，刻苦生活，以守秩序，其博內外之稱讚同情，宜矣。

中華民國二十一年七月出版

交大季刊 第九期 管理號

出版者
上海交通大學出版委員會

發行者
上海徐家滙交通大學

印刷者
上海太平洋印刷公司

每册定價
大洋二角

交通大學刊行

交大季刊

第十期

國民政府內政部登記證警字第一七五三號
中華郵政特准掛號認為新聞紙類

中華民國二十二年二月出版

總理遺像

革命尚未成功

同志仍須努力

總理遺囑

余致力國民革命凡四十年其目的在求中國之自由平等積四十年之經驗深知欲達到此目的必須喚起民衆及聯合世界上以平等待我之民族共同奮鬥

現在革命尚未成功凡我同志務須依照余所著建國方略建國大綱三民主義及第一次全國代表大會宣言繼續努力以求貫澈最近主張開國民會議及廢除不平等條約尤須於最短期間促其實現是所至囑

卷 頭 語

本校的交大季刊，已經刊印到第十期了。關於科學的文字，也登載了很多。不過科學專號，還是有交大季刊以來第一次。這一期的科學專號，本應當早就刊印，因爲徵集稿件，很費時間，所以到現在方纔印好。覺得很抱歉。同時我要感謝投稿的諸君，有了他們的幫助，這一期方纔有現在的成績。我希望以後各位先生各位同學能夠多研究關於科學的各種問題多發表關於科學的文字，將來我們出第二次科學專號的時候，一定比現在這一期更有進步。

裘維裕

目　　錄

❀（學術界之巨擘）❀（交通界之喉舌）❀

（豐富材料）

交通雜誌

（出版按月）

第一卷 第五期

交通插畫

社論：最近一年航政之檢討與今後應取之途徑

一年來之各省交通建設

交通紀述

（預告）

本誌下期爲「鐵道整理專號」，篇幅加厚，材料尤爲豐富，所有擔任編纂諸君，俱係鐵道界知名之士，共有文字三十餘篇，凡常年定戶槪不增價，以示優待，附此預告。

（定價） 每月一册零售三角預定半年連郵一元六角全年連郵三元

（總發行所） 南京大豐富巷淳德里四號交通雜誌社

科學思想的訓練，應當是大學的一種使命。

裘維裕

大學課程的宗旨，究竟應當怎麼樣？現在一般人的主張：大學的課程，尤其其工科，應該注重職業，學生到了畢業以後，就可以出外擔任社會上的工作，關於基本科學，覺得是沒有那麼重要。不過據我看起來；大學的使命，並不是教學生一種吃飯的本領，或者解決學生的出路問題，大學的使命，是要養成學生一種健全的人格，訓練一種相當的科學思想，有了這種訓練，畢業以後，無論什麼工作，就都可以擔負，都可以勝任。

大學的學生，常常對我說；科學對我們將來的工作，是沒有用的，最好少讀些。我知道他們在中學裏讀科學的時候，一定也有仝樣的見解，覺得所讀的科學，將來沒有用處。但是他們沒有知道，在不知不覺之間，他們已經受了一番科學思想的訓練，到大學讀書的時候，覺得容易得多。大學所讀的各種科學，是給他們更進一步的科學思想的訓練，他們畢業以後，到社會上去做事的時候，一定要覺得容易得多了。

大學的課程，決沒有像現在一般人主張職業化的道理，職業的情形，是隨地不同的。大學的課程，決不能盡量的增加。即使能够盡量的增加，一個學生在四年裏讀得到的，也必定有限，以有限的職業知識，決不能應付各種社會上的問題。譬如修理汽車，決不能當作一種學課。汽車日新月異的在那裏改良。一個學生，沒有懂得汽車的基本科學原理，只懂得修理一種汽車，隔了三年五年，他知道的東西，已經不適用了。駕駛汽車，也決不成一種學課，汽車要懂得駕駛 那末電車，輪船，火車，飛機，等等，也應當懂得駕駛。試問四年的功夫，那有這許多空閑的時間來學許多職業上的知識呢？以前曾聽得人說過，假使汽車駕駛也列入學課，那末烟紙店學，客棧管理學，小車駕駛學，也應當都列入學程了。舍本逐末，斷然不能希望有良好的結果。我相信一個學生，果眞有了相當科學思想的訓練，畢業以後，隨時隨地，都可以得到實用的學識。我認識一個讀化學的人，他並不讀工程，尤其不是無線電工程，不過他對於物理，有貫澈的了解，所以他後來要研究無線電工程，應用他以前在學校裏得到的科學思想的訓練，基本科學的原理，不到一年，他的無線電學識，比較專讀無線電工程的，也差不了多少。這個可以證明，大學重要的使命，是給學生一種科學思想的訓練，並不是灌輸給他們一種職業上的知識。

新近接到美國寄來的一份刊物，上面有竇荷脫（R. E. Doherty）和凱羅（E. G. Keller）著的『用數學來做解決工程問題的工具』，頗有價值。我現在把牠譯出來，介紹給大家：

『工科對於數學還沒有盡量的應用。現在的用途，可以分做兩種：一種是用公式來做簡便計算方法，這種用法不能叫做數學；第二種是灌輸初步數學觀念，像圓角函數，積分等，用來讀工程科學裏的基本方式。第二種學習完畢，大約在大學二年級終了或三年級開始的時候。以後關於數學的用途，才過應用公式。這兩種用途，在工程上固然很重要，不過除了這兩種用途以外，還有一種用途，在實用工程上比較的更爲重要，這一種就是利用數學來幫助發展理想的能力。換一句說，就是把數學做一種眞確思想的工具，把基本物理原理來解決工程上的問題。根據這個理由，所以據我看起來，現在工科對於數學，還沒有用到應當可以用到的地步。

讀工程的，不能盡量利用數學的緣故，並非教數學的教得不得法，不過因爲學生受了初步基本數學以後，教工程的再不把數學最重要的用途，教給學生。也許是因爲時間不够。但是倘使要理想力有相當的發展，一定也要有相當的時間，據我看起來，似乎學生大半的時間。是用在記憶別人求得的結果，和學習運用這種結果的方法。只有很少的時間，學生用自己的能力來思想和判斷。

由經驗上看起來，敎育的方法，有更改的必要。尤其是有特別天才的學生，現在的敎育方法，是不很適用的。實際上的問題，隨着情形機械天然境遇而變易，決沒有像書本的上問題，可以用文字來說得明明白白。所以僅乎記了幾個公式，或者做幾個習題，決不能用來完滿解決新的實際上的問題。因爲這個緣故，非但灌輸物理和工程上基本的科學原理是必需的，並且要能够訓練一個眞確思想。這種思想，或者是演繹的，或者是歸納的。換一句說，就是要有一個有科學的全學者的態度的思想。講到這一點，我想到奇異電氣公司在十五或二十年以前，大多數工程問題，要用到科學分析的，都是請少數幾個人，這幾個人，大都是在國外留學的。現在這個公司裏，有許多青年能自己解决這種問題了。現在和以前不仝的一點，因爲這些青年與以前的工程師不同。他們已經受了這個公司給他們高等工程的學科，所以有眞確思想的訓練。我們現在可以明瞭，這種訓練，一定應當在大學裏起始，决不能像現在大學裏的辦法，到了三四年級就沒有這種訓練的。所以比較好的學生，學業進步的時候，應當逐漸增加他們注意科學思想的時間，仝時減少別種職業知識灌輸的時間。

照現在大學所訂的課程，已經覺得很繁重，這件事實際上很難辦到，再讀一二年研究院，也不是一個辦法。我們要知道工程的教育問題，是一貫的。不像別的職業，法律或者醫學，研究院是必需的。工程的實地工作，也是教育的一部份。學生在大學畢業以後就可以做工程上的工作。能進研究院，固然很好。但照二十年來的情形。優秀的工程學生，只有很少數讀研究院。假定說研究院是應當進的，也應該在沒有進研究院以前，先有相當科學思想的發展，進了研究院以後，再增加相當基本職業學識的課程。這種辦法，卽使一個學生不進研究院，也可以多受些科學思想的訓練。倘使工程大學畢業生，自己能够有眞確思想的能力，他一定能够隨時隨地獲得別種需要的工程學識，倘使他沒有發展他科學習慣的想思，無論他有多少工程的智識，仝工程的方式，他遇到實地的問題，一定無法解决。所以唯一的方法，一定要先脩改大學的課程。研究院的課程，也應當有相當的脩改。脩改的目的，是要養成學生有科學習慣的思想。這種思想，可以用數學，物理及力學的基本原理解决各種問題來訓練。所以在四年級以及研究院的課程內，應當增加這幾種課程。（下略）』

磁路單位之現勢

褚應璜譯

序言 本文係美國電氣學會會長 Kennelly 博士最近論文之集晶，曾在日本東京仙台等處講演，其主要目的，在羅列四十年來磁路單位（Magnetic circuit units）演進之沿革及最近狀況，並擇要指示將來發展之趨向，爰輯譯其要旨，以求正于閱者諸君。

第一次巴黎萬國電氣會議（International Congress of Electricians）（1881年）

自 Oersted 氏發現電流于懸垂磁針指向之影響，公佈其學說以後，1820 年 Ampere 氏首先作磁針特性之量的分析，氏採任意單位制，迨 1833 年，Gauss 氏首創絕對量度制（長度，質量，時間單位）；後七年，氏復與 Weber 氏協作，結果發明用正切測電計（Tangent gulyanometer）及電流量力計（Electrodynamometer）以測勻靜電流之絕對量，其時所用磁氣單位爲千分米（mm.）千分克（mg）秒（Second）制，（M. M. S. System）與國際標準米突度量衡制爲一體。

地球磁力觀測台之設，始于 1850 年，專司測量各處之地球磁場，各台測量之記載，均用 M. M. S. 制，迨 1875 年。英國科學改進會努力提倡糎克秒制（C. G. S. System），一時風靡歐陸，疾速演進于是各台之記載，相繼改用 C. G. S. 單立。然此項習用單位之國際化，實以1881年巴黎萬國電氣會議爲嚆矢，重要電氣單位，胥于是會制定，流澤至今，誠世界電氣科學界有史以來最足紀念之盛舉也。會中以 C. G. S. 制電磁單位爲基本原則，制定五種實用單位，（Practical Units）即歐 Ohm，安Ampere，伏 Volt，庫 Coulomb，法 Farad 是也。歐之定義爲 10^9 C.G. S.電阻單位，而伏之定義爲10^8 C. G. S. 電壓單位，至安，庫，法則各依其單元之關係而定，同時指定一國際委員會，規定標準錶歐之條件。

第二次巴黎萬國電氣會議（1889年）

1889 年巴黎會議復于上述實用單位中再增三種單位，即朱爾 Jaule，瓦特 Watt，與 Guadrant（即今之亨利 Henry）是也。其朱爾定爲 10^7 C. G. S. 單立能力，瓦特定爲

10^7C.G.S.單位工率，亨利定爲10^9C.G.S.單位磁力自感量。大會更提出韋勃Weber爲磁流（Flux）實用單位等於10^8C.G.S.磁流單位，與哥斯Gauss爲磁場強度（Field Intensity）實用單位等於10^8C.G.S.磁場強度單位，但未正式執行耳。

1880年後電機工程呈激急之進步，磁氣單位之亟須審定，而用以分析磁路各部之關係者，遂成電機工程學者一致之要求。

1891年，美國電氣學會（A.I.E.E.），特組標準單位委員會，專以探討磁氣單位爲職務，是年報告，提出磁動力(M.M.F.)，磁流(Flux)，磁感密度(Magneti induction density)，磁阻(Reluctance)等之實用單位，然僅付討論而未成爲標準之定名也。

第三次萬國電氣會議(1891年)

1891年九月在德之Frankfort舉行，提案有以Gauss, Weber列入實用單位之系列者，但仍未實行。

第四次萬國電氣會議(1893年)

1893年之大會，舉行于美國芝加哥，仍以討論磁氣單位爲主題，會中一致主張採用C.G.S.制，且無須定名。當是時，各地磁氣觀測台之大地磁氣記載，均係採用C.G.S.制，故一般磁學家咸主磁氣單位，無須再入于實用單位系列；然一切國際間制定之標準電學單位，皆屬實用系統。C.G.S.制之必須保留，致使各單位定名發生困難；益以電機製造家爲求設計磁路各部之利便計，又堅持單位定名之實用化，矛盾之現象，于是乎形成。

美國電氣學會之標準單位委員會，1894年三月正式報告，主張暫定磁氣單位之名稱如下：

(1) Gilbert 爲C.G.S.制磁動力單位相當$\frac{10}{4\pi}$安匝（Amp. turn），

(2) Weber 爲C.G.S.制磁流單位，

(3) Oersted爲C.G.S.制磁阻單位；

(4) Gauss 爲C.G.S.制磁流密度單位，

1895年，英國電氣標準委員會，亦提出下列磁氣單位與定名：

(1) Weber爲磁流單位，相當 10^8 C.G.S. 制磁氣單位，

(2) Gauss 爲 C.G.S.制磁動力單位，

1900 年五月，美國電氣學會之標準單位委員會仍主採用 C.G.S. 制及其合理化(磁動力單位中 4π 之删去)，其論文準備提出是年八月巴黎舉行之萬國電氣會議。

第五次萬國電氣會議(1900年)

1900 年八月在巴黎舉行，對于各單位之原則上，雖仍與芝加哥會議爲一轍，而名稱上則意見紛歧，爭辯異常猛烈，最後以投票法表決，審定 Gauss 爲 C.G.S. 制磁場強度單位，與 Maxwell 爲 C.G.S. 制磁流單位。

第六次萬國電氣會議(1904年)

1904 年在聖路易 St. Louis 舉行，大會對於單位之問題，無甚舉措，僅有下列兩項之決議：

(一)票决由各國政府代表組織一國際委員會，從事探討電磁單位與其標準之國際化的實現。

(二)促成全世界工業團體，推舉代表，組織委員會，以協作之精神，研究電氣機械名稱，與定額之標準化。

溯自 1900 年世界電氣會議以還，歷屆大會，對于電磁單位之採用，均無標準方案，施諸實行，大會雖竭力以求統一國際間之電氣標準，終以各國成見之深，保守觀念之頑固，爲效殊微，然聖路易大會之兩項决議，終能引起萬國電氣單位會議，與萬國電工會議接踵之舉行。

萬國電工會議 (International Electrotechnical Commission) 1906年

此會議自 1906 年首集于倫敦，迄今已先後舉行十九次，參加者三十餘國，全部工作，分配于十三個工業特別委員會 (Technical Advisory Committee)，其列席之委員，悉係各國電業團體及電氣工會之代表。討論範圍專及電機定額，說明與各部定名之諸問題。

1911 年之 Turin 會議，制定國際電磁量標準符號凡三端：

(1) 歐姆定律爲 $I=\frac{E}{R}$

(2) 交流電向量圖 (Vector diagram) 旋相之標準方向。

(3) 線圈電阻抗 (Impedance)複量之公式爲 R+jx。

1900—1927年間磁氣單位之鳥瞰

1900 年後磁氣單位之定名，搖搖未定，致使 Gauss 一字之習用，各國電工學者，各自爲政，或作磁化力之單位 (Magnetizing force)，或示磁流之密度，甚至H與B兩字淆混互用，此不特對於單位名辭，發生混亂，且影響于基本定義觀念，爲弊尤大。著作家或有以B與H代表同一數量，則其比率（即導磁率 Permeability），將僅示一數字；或有視B與H兩者爲純粹不同之數量，則即使並存于真空，其比率將仍含有物理的量次(Dimension)。是以B與H倘性質上果不能全同，論理決不可同時以 Gauss 並代。夫磁學之應用于工程者，誠以運用公式中習用單位國際標準化爲最要，至若磁場現象之物理觀念，猶其次焉者也。

1927年萬國電工會議之舉措

1927 年在意之 Ballagio 舉行，意國代表團提案，主張採用磁流（ϕ）之國際單位爲 Maxwell或Voltseond，相當於10^3C.G.S. 制磁流單位。大會特組專門小組委員會（法，德，英，美，俄，意，荷），於 1928-29 兩年中先後討論，意見終未能融洽，但磁氣單位名稱與定義必須統一之原則，即于焉決定。

1930年萬國電工會議之舉措

磁氣單位專門委員會集議之下，僉謂先決問題，首在導磁率之是否應有物理的量次，須由國際規定之，其決議如下：

(1) 公式$B=u_oH$。示真空內磁氣狀態之物理的關係，而 u_o確含有物理的量次在焉。

(2) 在磁性物體內，上列之公式變爲$B=uH$，u與u_o同含有物理的量次。

是故某種磁性物體之比較導磁率 (Relative Permeability u與u_o之比) 僅示一純粹之數字。專門委員旋擴充至十二國代表，更名爲特別委員會 (Advisoery Committee)，從事審定重要之電磁單位四種：

(1) Maxwell (ϕ) C.G.S.制之磁流單位

(2) Gauss (B)　C.G.S.制之磁流密度單位

(3) Oersted(H) C.G.S.制之磁場強度單位

(4) Gilbert($\mathcal{F}$) C.G.S.制之磁動力單位

實用單位系列中之磁流單位定名曰 Pramaxwell，相當 Maxwell 之 10^8倍，C. G. S. 單位之冠以"Pra"者，概屬實用單位。

Oersted 嘗以名 C.G.S. 制之磁阻單位(R)，至是因挪威代表團之提議，乃改用以名 C. G. S.制之磁場強度單位(H)，良以 Gauss 一字，因空間導磁率最新觀念之確立，已不能適用于(H)矣。

1930 年萬國電工會議迄 1931 年九月間之經過

自 Oslo 大會發表其磁氣單位之決議文後，全球各電工之雜誌，均有深長之討論，不厭其詳，集中批評之意見，凡有二端：

(a) 專家名稱，不宜用以名 C.G.S. 制之單位，而以用于實用單位之系列爲妥。

(b) 用 Gauss 以名磁流單位，似嫌不妥，最好仍以名磁化力單位爲善，蓋所以符合各地磁氣測量所固有之習用也。

此二點之解釋如下：

(a) 1893年芝加哥大會雖有『專家名稱，僅可作實用單位之命名』之決議，而1900年巴黎大會仍主用 Gauss 與 Maxwoll 以命名C.G.S. 制之磁氣單位，是故 1931 年之萬國電工會議，僅追踵其步武而已。

(b) 歷年大地磁場之記錄，悉用 Gouss，或 Gammas (等于10^{-5} Gauss)，要知此場係實在空氣中測量而得，故其記錄，即空氣中地球磁流之密度，彰彰甚明；雖實際在空氣中B與H相差極微。而地球磁場之以 Gammas 命名者，論理上固完全正確也。

1931 年九月倫敦舉行之電磁量單位小組委員會，即以解決各派意見之紛紜而設。

S.U.N.委員會之組立

1931 年九月，萬國物理學會，舉行于比京，首設 S.U.N. 委員會 (Sympols, Units and Nomenolature) 卽符號，單位，名辭之委員會是也，會長爲 Glazebrook 氏。電工單位，既屬于 S.U.N 之一部，故該會會員，遂被邀列席 1931 年九月十八倫敦舉行之 E.M.M.U.委員會 (Electrical and Magnetic Magnitudes and Units) 即電磁量與單位之委員會也。

E.M.M.U.倫敦會議之舉措

會長 A. F. Enstrom 氏祕書長 LeMaitre 氏以下均蒞止，參加者有英美德法意荷等十國代表，討論程序，以美國代表團之提案爲準：(一)維持 Oslo 會議所制定之C.G.S.制磁氣單位與名稱。(二)實用磁氣單位，統以 Volt-second 或 Pramaxwell 爲基礎，而安匝 (Ampereturn) 則定爲磁動力之單位。磁動力（$\mathcal{F}$）之通用單位，即 I 安之勻靜電流通過 N 捲之線圈時，$\mathcal{F}$應爲 $4\pi NI$ 抑 NI。一案，經激烈辯論之結果，仍不得要領。

閉會之際，全場一致票決努力促成萬國電氣會議之 E.M.M.U. 委員會與萬國物理協會之合作，組織聯合委員會，以共同之興趣，從事研究電工之單位。

倫敦會議之結果與今日磁路單位之情勢

自採用 C.G.S. 制磁氣單位以還，引起世界電磁工學文字之糾紛者，垂三十年，倫敦會議之結果，則能一掃此糾紛以盡，其貢獻于國際電工業者，詎不偉哉。下表即示其成就之一般：

第 一 表

C. G. S. 制磁氣單位與名稱及其制定期

項次	項　　目	符號	名　稱	制定期	習用性質
1	磁動力 Magnetomotive force	$\mathcal{F}$	Gilbert	1930	
2	磁化力 Magnetizing force	H	Oersted	1930	
3	磁流 Magnetic flux	ϕ	Maxwell	1900與1930	
4	磁流密度 Magnetic flux density	B	Gauss	1900與1930	
5	磁導 magnetic permeance	$\mathcal{P}$			
6	磁導率 Permeability (absolute)	u		1930	量次的
7	空間磁導率 Space Permeability	u_0		1930	量次的
8	比較磁導率 Relative Permeability	u/u_0		1930	數值的

9	磁阻 magnetic reluctance	R			
10	磁阻率 Magneticreluctivity	r			
11	磁極強度 Magnetic Pole Strength	m			
12	磁化強度 Intensty of magnetization	$\mathfrak{I}$			

上表名稱定義之採用，始于 1930 年 Oslo 會議，復經一年來公開討論，方于 1931 年倫敦 E.M.M.U. 會議獲得最後之認可，今後電氣工學，當依此爲歸宿，而成普遍之習用矣。然一致上表內容，其磁導，磁導率，磁阻及磁阻率等，迄今仍無相當之命名。然以今日工程上之運用而言，則磁動力，磁化力，磁流與磁流密度四單位既定名稱，實已足敷應用矣。

凡此種種咸以『空間磁導率非僅單純之數值』爲基礎，世界物理學者與工程家，對此習用，迄猶未能歸于一致，是則國際習用之統一，實爲免除今後糾紛必要之條件也。

萬國電工會議決議案對今後工程事業之影響

1930 年萬國電工會議之磁氣單位決議案，對于工程應用上磁力曲線，概有下列三項規程：

(a) 磁性氣質之 H—B 曲線，或名『飽和曲線 (Saturation Curve)』用 C G.S. 制時，橫標 H 爲 Oersted ，縱標 B 爲 Gauss 者又名 Gilbert Per Cm

(b) 磁性物質之 H—u 曲線，或名『磁化力與磁導率曲線 (Force--Permeability Curve)』用 C. G. S. 制時，橫標爲 Oersted，縱標則爲磁導率之絕對單位 u，迄今 u 尙無相當之定名，卽其物理的量次亦未嘗確定也。同曲綫又可作爲『比較磁導率曲線』，其縱標變爲 $\frac{u}{u_0}$，僅代表數值而已。

(c) 磁路之 $\mathfrak{F}$—ϕ 曲線或『勵磁曲線』用 C. G. S. 制時，橫標 $\mathfrak{F}$ 爲 Gilbert，縱標 ϕ 則爲 Maxwell。

萬國電工會議議決案與磁學文字之影響

各國流行之著作，對於磁化某項物體之公式，統爲

$$B = H + 4u\mathfrak{I} \cdots\cdots(1)$$

單位爲 Gauss,式中之 H,爲加于某均質物體之勻布磁化力；$\mathfrak{J}$ 爲該物體循 H 方向之勻布磁化強度；B 爲與H同方向之勻布磁流密度。

但上列公式，必須列如下式，方克與萬國電工會議之習用單位相吻合。

$$B=u_0H+4\pi\mathfrak{J}\ (\text{Gauss})\ \cdots\cdots(2)$$

式中之 u_0 爲眞空磁導率 (Gauss per Oersted) 在 C.G.S. 制中等於一。

C.G.S. 附屬制中眞空磁導率 u 之備註

C.G.S. 制磁路單位歷史之演進，已概如上述，茲更進以及學者個人之見解與特殊用途而論之：

1881 年 Maxwell 氏之論曰『空間通感性 (Space Permittivity) n_0 或空間通感常數 (Dielectric Constant) 與空間磁導率之相乘積，等于電磁波在空間傳佈速率平方之逆數』即 $n_0\ u_0=\frac{1}{v^2}\left(\frac{sec}{Cm}\right)^2$ ……(3)

今日電磁學上通用之單位，厥惟 C.G.S.制磁氣單位與 C.G.S.制電氣單位二種：前者自懸垂磁針之磁極間斥引力遞蛻而來（假定 $u_0=1$），後者自懸垂電荷間斥引力遞蛻而來（假定 $n_0=1$）。上述兩制之空間常數，既舍而未用，而其值復均隱定爲 $\frac{1}{v_0}$；馬氏復宣稱此假定之結果，將引起每個電氣或磁氣量有兩種不同之單位而無疑。然以論理的觀察，則任何電氣單位不論其自電荷間或磁極間之關係而得，均應統一。

欲謀 C.G.S. 制磁電兩種單位之絕對統一，吾人試解公式 (3)，得 $n_0=\frac{1}{v}=u$，即每個空間常數之值，悉爲 $\frac{1}{v}$ 所謂傳播之遲鈍率者是也。誠如是，則 n_0 與 u_0 之量次相同，而一切電氣或磁氣量，在兩種 C. G. S. 附屬制中之單位，其量次將全同，此種習用，可名曰『等量次之習用 (Equidimensional Convention)。』第二表示各主要電磁量依上法所得之量次，而以長度，質量，時間表明者也。例如電動力，磁動力與電磁流，I $\frac{dQ}{dt}$，$\frac{d\phi}{dt}$ 之量次，悉爲 $(1,\frac{1}{2},-\frac{3}{2})$ 或 $L^{+1}M^{+\frac{1}{2}}T^{-\frac{3}{2}}$，與動力平方根之量次相等 ($\sqrt{P}$)。

第二表

『等量次習用』制度之電磁量量次表

項次	特性公式	電氣 動電		電氣 靜電		等量次公式 L	M	T	磁氣 靜磁	磁氣 動磁
1	W	能	W	能EQ=	W	2	1	-2	W=Fφ能	W=Fφ能
2	$P=\frac{W}{T}$	率$\left\{\begin{matrix}EG\\EI\\I^2R\end{matrix}\right\}$=P		工率E$\frac{dQ}{dt}$=	P	2	1	-3	P=F$\frac{d\phi}{dt}$工率	P=F$\frac{d\phi}{dt}$工率
3	1/V	…………		通感性 Permittivity	k	1	0	1	α(Permeability)磁導率	…………
4	V	…………		電彈性 Elastivity	$\frac{1}{k}$	1	0	-1	υ(Reluctivity)磁阻率	…………
5	√P	電動力Electromotiveforce	E	E. M. F.	E	1	$\frac{1}{2}$	$-\frac{3}{2}$	F(M. M. F.)磁動力	F M. M. F.
	√P	電位 Potentiol	V	電位	V				Potential 磁位	磁位
	√P	電流 Current	I	電流 $\frac{dQ}{dt}$=	I				$\frac{d\phi}{dt}$(MagneticCurrent) 磁流	$\frac{d\phi}{dt}$磁流
6	$\frac{1}{T}$	…………		電彈 Elastance	S	0	0	-1	R(Reluctance)磁阻	…………
7	T	時間常數Ele.time.Cost.	CR	電容 Capacitance	C	0	0	1	P(Permeance)磁導	L 自感量 L/R 磁氣時間常數
8	√TW or T√P	電量 Quantity	IT	電荷 Charge	Q	1	$\frac{1}{2}$	$-\frac{1}{2}$	m(Polestrength)磁極強度	m 磁量
		…………		靜電磁流 Static flux	φe				φ(Mag. flux)磁流	
9	√TW/s or T√P/s	…………		表面密度Surface density	F	-1	$\frac{1}{2}$	$-\frac{1}{2}$	m/s(Pole density)磁極密度	
		…………		磁流密度 Flux density	Be				B(Mag. flux density)磁流密度	
10	√P/L	電力 Elec. force	He	電力	He	0	$\frac{1}{2}$	$-\frac{3}{2}$	H(Magnetic force)磁力	
11	0	電阻 Resistance	R	…………		0	0	0	…………	
		電抗 Reactance	X	…………						
		電阻抗 Impedance	Z	…………						
		電導 Conductance	G	…………						
		電納 Susceptance	B	…………						
		電導納 Admittance	Y	…………						
12	L	電阻率 Resistivity	P	…………		1	0	0	…………	
13	$\frac{1}{L}$	電導率 Conquctivity	V	…………		-1	0	0	…………	

雖等量次習用法，可使一切電磁量之量次(Dimension)，呈簡明化，然其最大之缺點，在忽視各個數量之物理的特性而無術以闡明之；例如電容，磁導 Permeance，電感之量次，悉爲『時間』(秒)，而電抗，電導 Conductance 之量次，悉爲零，僅爲一純粹之數值，或竟似調整電路電工率之數字係數而已。

曩者每個 C.G.S. 制電磁量，皆有兩種絕不相同之單位數值，自等量次習用法成立之後，卽併而爲一，且其數値適等于此兩値之幾何平均數。例如電動力一項在 C.G.S. 制磁氣單位中曰 Abvolt，相當 10^{-8}volt；同時在 C.G.S. 制靜電單位中曰 Statvolt，相當 300 volt 左右；則在等量次習用法中之 C.G.S. 制電動力單位，其數値必爲 $\sqrt{300\times10^{-8}}=\sqrt{3}\times10^{3}$ 伏(＝1.73毫伏)無疑；此可命名曰 eovolt（見第三表）

第三表

實用單位與 C. G. S. 制單位數值對照表

量	符號	單位名稱	C. G. S. 磁氣單位 (ab—)	C. G. S. 靜電單位 (stat)	C. G. S. 等量次習用單位 (eo—)
E.M.F.	E	伏volt	10^{8} abvolts	$\frac{1}{300}$Statvolts	$1000/\sqrt{3}$eovolts
Resistance	R	歐ohm	10^{9} abohms	$\frac{10}{6}\times10^{-12}$Statohm	$\frac{1}{30}$eohm
Current	I	安Ampere	10^{-1} abamp	3×10^{9}Statamp	$\sqrt{3}\times10^{4}$eoampere
Quantity	Q	庫Coulomb	10^{-1} abcoulombs	3×10^{11}Statcoul	$\sqrt{3}\times10^{4}$ [illegible]mb
Capacitance	C	法 Farad	10^{-9} abfarads	9×10^{11}statfarad	30 eofarad
Inductance	L	亨利(henry)	10^{9} abhenrys	$\frac{10}{9}\times10^{-12}$Stathy	$\frac{1}{30}$ eohenry
Energy	W	米爾(Joule)	10^{7} ergs	10^{7} ergs	10^{7} ergs
Power	P	瓦(Watt)	10^{7} abwatt	10^{7} Statwatts	10^{7}eowatts

實用單位系(Practical unit series)之擴充問題

1930 年萬國電氣學會全體大會，首先制定實用單位系中之磁氣單位成爲國際化者，當推『Pramaxwell』相當 10^{8} maxwell C.G.S. 制磁氣單位，固足供今日電學上之一切應用而遠計將來，仍有擴充增進之必要，且擴充之途徑，尤必循下列兩種國際之協定方謂合理：(一)謀實用單位系列之合理化；(二)謀實用單位系列之絕對制之形成。茲分晉之：

(一)合理化問題　Heaviside 氏嘗指出 C.G.S. 制運用上之缺點，謂磁極強度m與電量 q 之基本定義公式，顯有缺點，遂致直線問題中，每含有 4π，而球面問題中，此因數亦望其存在者，反付缺如，對此海氏名爲『不合理狀態』。故氏倡合理化單位，俾以簡化 C.G.S. 制與實用制中之公式，其所取步驟，係將磁學電學中推吸之基本公式由

$$F=\frac{m^2}{u_o r^2}\quad \text{dynes}\cdots\cdots(4)$$

變爲

$$F=\frac{m^2}{4\pi u_o r^2}\quad \text{dynes}\cdots\cdots(5)$$

m 爲兩相等互斥磁極之強度，r.爲其相距之釐數，u_o 在兩式中皆爲一。此種合理化方法之推行，將以單位磁極之值改爲$\sqrt{4\pi}$倍，其結果必盡舉標準歐安伏之數值全部更改之。4π 本身之值既非一簡單整數，則重行校正一切標準電阻，電壓表與電流表，費時長久，工作繁複，宜乎其不能通過也。

1895 年間，學者有謂如(4)式中 u_o之值改爲4π，則(4)式變爲(5)式而m 之數值不變。苟一切運用公式，均經同法更易，則合理化種種優點仍能保留，標準單位之值數，復無須更改之勞，誠一舉兩得之利也；

實用單位系列之應否如是合理化或嚴格的半合理化問題，時至今日，猶無定見，此殆磁動力之實用單位尚未制定也，何以言之：設磁動力之新單位爲安匝 (ampere-turn)，即一安培之電流通過線圈一匝時，磁動力爲一，則實用磁氣單位之全部合理化，在理論上可謂完全確定。然設此新單位爲 4π 分之一安匝時，意即在上述情態下，磁動力爲 4π單位，此係列顯不合理矣，安匝爲磁動力之新單位時，H, P, u, R, r, m, M 與 γ 之單位，將有一變動，至 ϕ，B，L 則仍如舊，第四表示合理化後磁氣運用公式簡化之一般：

第四表

磁路單位之制度

不合理	合理化後

1. 兩個相同磁極，強度均爲 m，在磁導率 u 之媒質中相距 r，其相斥之力爲：

$F=\frac{m^2}{ur^2}$ ………………………… $F=\frac{m^2}{4\pi ur^2}$ (5)

2. 電流 I 安過 N 匝線圈時，其所生之磁動力爲：

$F=4\pi NI$ ………………………… $F=NI$ (6)

3. 強度 m 之磁極，所放射之磁流 ϕ 爲：

$\phi=4\pi m$ ………………………… $\phi=m$ (7)

4. 含有勻靜磁動力 $\mathcal{F}$ 之線圈，當移動時，設所鏈磁流總數之變化爲 ϕ 個單位則所需工作之値爲：

$W=\frac{\mathcal{F}\phi}{4\pi}$ ………………………… $W=\mathcal{F}\phi$ (8)

5. 一強度 m 之磁極，繞 I 安電流而運行一周，所需工作之値爲：

$W=4\pi mI$ ………………………… $W=mI$ (9)

6. 在磁導率 u 之空間，含有勻布磁流密度 B 之兩相對平行磁極面，每單位有效面積之吸引力爲：

$f=\frac{B^2}{8\pi u_o}$ ………………………… $f=\frac{B^2}{2u_o}$ (10)

7. 磁導率 u 之媒質物，挾有勻布之磁流密度 B 時，每單位體積內蘊蓄之磁能爲：

$W=\frac{B^2}{8\pi u}$ ………………………… $W=\frac{B^2}{2u_o}$ (11)

8. 某磁性物質，施以周率之磁化作用，其單位體積每周之磁遲損耗（Hysteresis-loss）爲：

Ewing 環（Loop）之面積除以 4π， Ewing 環（Loop）之面積

$W=\frac{1}{4\pi}\int HdB$ ………………………… $W=\int HdB$ (12)

實用磁氣單位合理化之缺點，在其新運用公式與基本 C.G.S.制公式之兩岐，故至今國際間對此尚無何等舉措，然關于 I 安電流過線圈 N匝時之磁動力，應否 NI 或4πNI 單位之取舍問題，終必解決于最近之將來也。

(2) 絕對實用單位制問題 實用單位之最先確立者，爲volt與 Ohm，舉凡一切電氣工程度量之實用單位，皆由此推蛻而出。Maxwell氏嘗曰：『設長度之單位爲 10^9cm（按即地球之象限），質量之單位爲 10^{-11}克。時間單位爲（秒），則實用系列將與絕對動力學系（Absolute Dynamicol Syst em）相符合，成爲：象限 10^{-11}克，秒制（Quadrant-eleventh-gram-second），或簡稱 Q.E.S.制（$u_0=1$）。

1904 年，Ascoli氏謂："倘空間常數u_0果能依10n倍而任意改變，則上述實用單位系列，將成爲無限止的絕對制度，其長度單位，等于 10^1 糎；質量單位，等于 10^m 克，而 $21+m=7$"。此說係根據質量 m克之物體，以等速度每秒V糎運動時，其動能爲$\frac{MV^2}{2}$ drgs 而來：

$$V=\frac{L}{T} \qquad L=\text{糎} \qquad T=\text{秒}$$

$$\frac{MV^2}{2}=\frac{1}{2}\frac{ML^2}{T^2}=\left[\frac{ML^2}{T^2}\right]$$

一切絕對制度中之時間，既悉以秒爲單位，則 $ML^2=10m\times10^2L=10^7=1$ Joule 中所含 ergs 數。是制倘經採用，Joule 將成爲能之單位，Watt 成爲工率之單位，前列 Maxwell 氏之 Q.E.S.制中，$l=9$，$m=-11$，即與此理相符合者也。

第五表羅列最近實用單位絕對化之可能度，其擴充之範圍無窮（祇需適合公式 $m+^2L=7$），要在運用之便利爲準也。其中 (a)，(c)，(e) 三制，較切實用：

第五表

	L(CM) (糎)	M(Gm) (克)	T(sec) (之)	提出者	制名	u_0之値 合理	不合理
a	10^9	10^{-11}	1	Maxwell	Q.E.S. Quadrant-eleventh-gm-sec.	4π	1
b	10^3	10^1	1				
c	10^2	10^3	1	Giorgi	M.K.S. Meter-kilogram-sec.	$4\pi\times10^{-7}$	10^7
d	10^1	10^5	1		Decimeter-gram-five-sec.	$4\pi\times10^{-8}$	10^{-5}
e	10^0	10^7	1	Dellinger-Bennett	Cm.-gram-seven-sec. C.G.S.S.	$4\pi\times10^{-9}$	10^{-9}
f	10^{-1}	10^9	1		Mm.-gram-Nine-sec.	$4\pi\times10^{-10}$	10^{-10}

(a) 制源于 Maxwell 氏，採用後影響如下：面積之單爲平方象限(Square-quadrant) 體積之單位爲立方象限（Cubic quadrant）質量之單位爲 10^{-11} 克。斯三者在工程上運算繁複，難期實用。

(c) 制源于 Giorgi 氏，希望較大，蓋公尺與公斤兩單位，爲一般所樂用故也。是制推行之結果，影響如次：

電流密度將爲每平方公尺之安培數；

磁流密度將爲每平方公尺之 Pramaxwell 數；

空間電位變率（Space gradient）將爲每公尺之伏數；

空間磁位變率（Space gradient）將爲每公尺之安匝數。

此制惟一之缺點，乃以每立方公尺之公斤數爲密度之單位，僅相當水密度千分之一倍。

(e) 制源于 Dellinger 與 Bennett 兩氏，以糎爲長度之單位，常爲電工學者所樂用，然其質量以十公頓（Metric Tod）爲單位，密度成爲每立方糎之 10^7 克數，可謂龐大無比，抑亦美中之不足也。

綜上所述，在一般不含質量之電工問題中，C. G. S. S.制，實尙運用滿意；而在科學問題中，M.K.S. 制要亦有其相當之地位，不可埋沒也。是故變率(Gradient)或密度之實用單位，一旦經國際之規定，則某種絕對實用單位系列制，必將合理的確立，毫無疑義。

第六表羅列 C.G.S.制磁氣單位與上述(a)，(c)；(e)三制之比較。

備註： 文中譯名咸依中國工程學會所出之英漢對照『工程名詞草案』爲標準，及學者姓名各地地名，均用原文。

參考書： 電氣學會雜誌。 Transactions A.I.E E.

第　　六　　表

基本 C. G. S. 單位及三種遞蛻面得之實用制度表

項次	量		符號	基本的 C. G. S.	實用的 Q. E. S. Maxwell 1881	相當 C.G.S. 單位	M.K.S.R Giorgi, 1901	相當 C.G.S. 單位	C.G.S.S. Delliger-Bennett	相當 C.G.S. 單位
1	力學方面	長度 Length	L	公分 Cm.	Quadrant	10^{9}	公尺 meter	10^{2}	cm.	1
2		質量 mass	M	克 g.	eleventh-g.	10^{-11}	公斤 kilogram	10^{3}	g-seven	10^{7}
3		時間 Time	T	秒 Second	second	1	second	1	second	1
4		面積 Area	S	平方公分 sq. cm.	Sq. quad.	10^{18}	sq. meter	10^{4}	sq. cm.	1
5		體積 Volume	V	平方公分Cu. Cm.	cubic. quad.	10^{-7}	Cubic meter	10^{6}	C. C.	1
6		密度 Density	d	gm/cc	eleventh-g/quad³	10^{-38}	Kg/m .	10^{-3}	g^{7}/c.c.	10^{7}
7		速度 Velocity	v	Cm/sec..	quad./sec.	10^{9}	m./sec.	10^{2}	Cm./sec.	1
8		加速度 Acceleration	a	Cm./sec².	quad./sec².	10^{9}	m./sec².	10^{2}	Cm/sec²	1
9		力 force	F	dyne	Centidyne	10^{-2}	dyne-five	10^{5}	dyne-seven	10^{7}
10		壓力 Pressure		dyne/sq.cm..	Cntdyne/sg.guad	10^{-20}	dyne⁵/sq.m.	10	Dyne-⁷cm².	10^{7}
11		旋量 Torque		dyne⊥cm	Cntdyne⊥guad	10^{7}	Dyne-5⊥m.	10^{7}	Dyne-⁷⊥cm.	10^{7}
12		隋矩 Moment of inertia	J	gm-cm².	llth-gm-guad .	10^{7}	Kg.-m².	10^{7}	g-cm²	1
13		工作 Work	W	erg	Joule	10^{7}	Joule	10^{7}	Joule	10^{7}
14		工率 Power	P	erg/sec.	Watt	10^{7}	Watt	10^{7}	Watt	10^{7}
15	熱學光學方面	熱 Heat	H	gm-calorie	llth-g-cal.	10^{-11}	Kg-Colorie	10^{3}	g-Calorie	1
16		溫度 Temperature	t	Deg.(C.or abs)	Deg. C. or Abs.	1	Deg.C.or abs.	1	Deg.C.or Abs.	1
17		光束 Flux	F	Lumen	Lumen	1	Lumen	1	Lumen	1
18		照明 Illumination	E	phot.	Lumen/quad².	10^{-18}	Lux. Lumen/m²	10^{-4}	Phot	1
19		強度 Intensity	I	Int. candle	Int. candle	1	Int. Candle	1	Inter. Candle	1
20		耀度 Brightness	B	Candles/cm².	Candles/quad.	10^{-18}	Condles/m².	10^{-4}	Candles/cm²	1
21		Focal Power		cm.⁻¹	quad.⁻¹	10^{-9}	Diopter	10^{-2}	cm⁻¹	1
22	電學方面	電動力 Electromotive force	E	abvolt	volt	10^{8}	volt	10^{8}	volt	10^{8}
23		電場強度 Ele. Field intensity	e	abvolt/cm.	volt/guad.	10^{-1}	volt/m	10^{-2}	volt/cm.	10^{8}
24		電阻 Resistance	R	abohm	Ohm	10^{9}	Ohm	10^{9}	Ohm	10^{9}
25		電阻率 Resistivity	p	abohm-cm.	Ohm-guad.	10^{18}	Ohm-m.	10^{-11}	Ohm-cm.	10^{9}
26		電流 Current	I	abampere	ampere	10^{-1}	ampere	10^{-1}	ampere	10^{-1}
27		電流密度 Current density	i	abamp./cm².	Amp./sq.quad.	10^{-19}	Amp./sq.m.	10^{-5}	amp./sg.cm.	10^{-1}
28		電導 Conductance	G	abmho	mho	10^{-9}	mho	10^{-9}	mho	10^{-9}
29		電導率 Conductivity	Y	abmho/cm.	mho/quad.	10^{-18}	mho/m.	10^{11}	mho/cm.	10^{-9}
30		電量 El. Quantity	Q	abcoulomb	Coulomb.	10^{-1}	Coulomb	10^{-1}	Coulomb	10^{-1}
31		電位變 El. Displacement	D	abcoulomb/cm².	coulomb/quad².	10^{-19}	Coulomb/m².	10^{-5}	Coulomb/cm².	10^{-1}
32		電容 Copacitance	C	abfarad.	farad	10^{-9}	farad	10^{-9}	farad	10^{-9}
33		通感性 Permittivity	k_{o}	(abfarad/cm) = 1	farad/quad=	$\frac{1}{4\pi v^{2}}$	farad/m².	$\frac{10^{7}}{4v^{2}\pi}$	farad/cm.	$\frac{10^{-9}}{4\pi v^{2}}$
34		周波率 Freguency	f	cycle/sec	cycles./sec..	1	cycles/sec.	1	cycles/sec.	1
35	磁學方面	磁動力 Magnetomotiveforce	$\mathcal{F}$	Gilbert	ampeturn	$\frac{4\pi}{10}$	amp-turn	$\frac{4\pi}{10^{3}}$	amp-turn	$\frac{4\pi}{10}$
36		磁場強度 Magnetic field intensity.	H	Gilbert/cm.	ampereturn/quad.	$4\pi/10^{10}$	amp turn/m.	$4\pi/10$	amp-turn/cm.	$4\pi/10$
37		空間磁導率 Space permeability	u	abhenry/cm.	henryquad.	$\frac{1}{4\pi}$	henry m	$10^{7}/4\pi$	henrycm.	$10^{9}/4\pi$
38		磁流 Mag. flux	ϕ	Maxwell	Volt-second	10^{8}	volt second	10^{8}	volt-second	10^{8}
39		磁流密度 Magnetic Hxduensity	B	Maxwell/cm².	vdt-sec.guad².	10^{-10}	volt sec./m²	10^{4}	volt-sec/cm².	10^{8}
40		磁導 Permeance	P	(Oerrsted⁻¹)	henry	$\frac{10^{9}}{4\pi}$	henry	$10^{9}/4\pi$	henry	$10^{9}/4\pi$
41		磁阻 Reluctance	R	Oersted.	yrneh	$\frac{4\pi}{10^{9}}$	yrneh	$4\pi/10^{9}$	yrneh	$4\pi/10^{9}$
42		磁感應係數 Inductance	L	abhenry	henry	10^{9}	henry	10^{9}	henry	10^{9}
43		磁化 Magnetization	I		volt-sec/guad².	$10^{10}/4\pi$	volt sec./m²	$10^{4}/4\pi$	volt-sec/cm .	$10^{8}/4\pi$
44		磁極 Magnetic Pole	m	maxwell/4π	volt-sec.	$10^{8}\times 4\pi$	volt-second	$10^{8}\times 4\pi$	volt-second	$10^{8}\times 4\pi$

光電池(Photoelectric Cells)之種類及應用概況

林 致 平

光電池者，爲一能因光線投射之影響，而產生電流或變更電流之器具。此電流雖爲値甚微，然可設法而用以運用或控御多種事物。如停駛機件，顯示標誌，以及制御某種器械，胥屬於是。下文所及，係略述最近發展之各種光電池，及其最適之應用。

光電池應用時排列方法，略如第一圖。L 係表示投射於光電池 C之光源，此光電池係與某種示電器及通常一電池串聯之。如射於 C 之光度變更，則影響此電絡中之電流，而可由示電器知之。通常光度之變更愈大，則電流之變更亦愈大。G 可爲一量電計或一繼電器以控御某種機件。上圖僅略示接連之情形，至實際之排列法，則因光電池及示電器之種類而異。

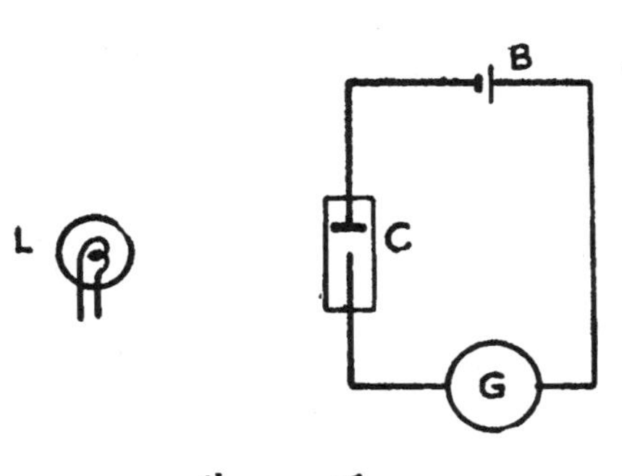

第一圖

光電池可依其物理的性質，分爲四類：一爲硒電池（Selenium Cell），二爲鹼金屬電池（Alkali metal Cell），三爲氧化銅整流器（Copper Oxide rectifier），四爲電解物電池（Eletrolytic Cell），玆分述之。

硒電池——爲光電池中最舊式之一種，光感物爲原質硒。問世不久之 Thalofide Cell，亦屬於此類，其光感物爲硫氧化鉈（Thallium Oxysulfide）。此類光感物之電阻，依投射之光度而減低，故如第一圖所列，若以光投射於一定量電壓下之電池，則線絡內之電流增大。設所加於電池之電壓增大，則電流之變更愈大。市上此種電池，在暗處之電阻，約達十兆歐，用光投射，可減至約半兆歐。所加之電壓，最高可達二百伏，故經電池之電流，最大可達百萬分安。此類電池之構造，見第二圖。

上海交通大学百年报刊集成·第一辑（1896—1949）·学术学科

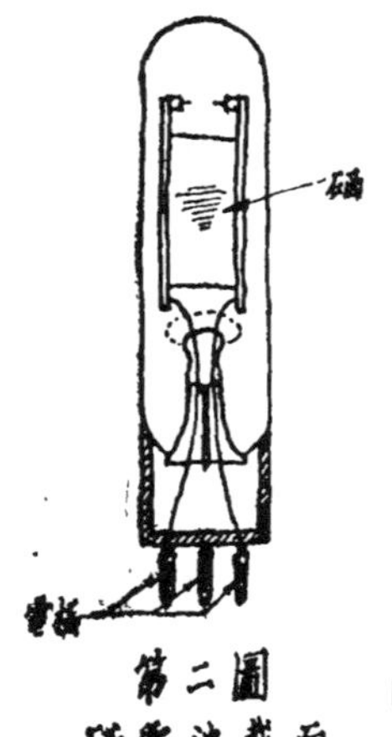

第二圖
硒電池截面

此類電池，與他類相較，光感特敏。光感之敏鈍與否，可以敏感度示之。敏感度者，卽每單位光度所投射而生之電流變更也。此電池之電阻，依光度之增加而減低；光度愈增強，則減低愈少；故該電池於少量光度投射時之敏感爲最大。如光度增加而復減低，則其影響不甚規則，以電阻不因減低而立增也。且此類電池之溫度係數甚高，即電阻依溫度俱增甚速，是以不適於精密度量之用。

鹼金屬電池——此類電池爲次條之一種，能因光感作用而自陰極放射一定量之電子，其放射情形與自三極眞空管中之燈絲加熱時相似。電池之陰極，爲一金屬板，上塗以某種鹼金屬，如鏭(Caesium)鉀(Potassium)之類。此類電池可爲眞空式，或爲盛以低壓惰氣之盛氣式。

眞空式之電池，如所加之電壓過十伏，則電流之產生，與增加之電壓無關，如投射光之性質不變，則電流之變更與投射之光度成正比。最佳之眞空式電池，每光度(Lumen)能生電流達三十麥安。每光度約等於自一六十華特之白熱燈所發出光度之六百分之一；是以用一六十華特之白熱燈泡，使市上供給之電池生五麥安，殊爲易事。眞空式之電池見第三圖。設兩極間之空隙。盛以低壓之氣體，因電子放射之故，此氣體呈電離現象，是以一定量光度投射時所生之電流，將爲值較大；如所加之電壓增大，其值激增，至兩極生火花爲止。此處所得之最大電流，僅約五麥安，惟所須之光度，與眞空式相較，則爲值低小多多。盛氣式電池每光度所生之電流，約爲眞空式中之十倍，此值如小於五麥安，則與投射之光度，近於正比。鹼金屬電池之電流，於光度之影響，至爲規則，與溫度可云全無關係，其中尤以眞空式爲最顯著。故此類電池，用於精密之度量，至爲妥適。

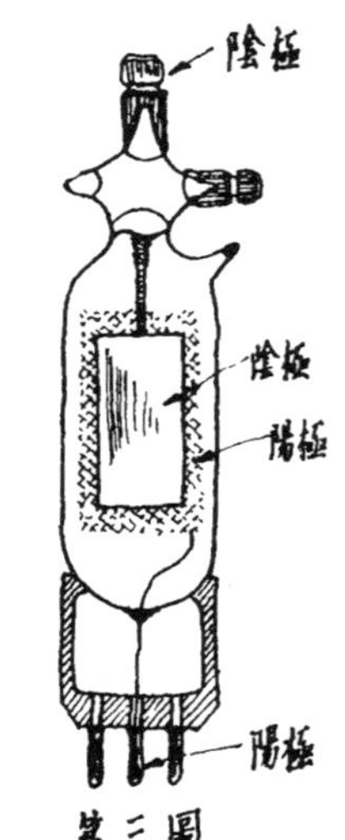

第三圖
鹼金屬電池截面

氧化銅整流器——其次兩種光電池，皆係最近聞世者。其氧化銅整流器，含有一層塗於銅片上之第一氧化銅（Cuprous Oxide），如於此氧化銅之表面，置一金屬細絲網，則能因光經網投射於此氧化銅之故，於網與銅片間生一電流，而無須另加電壓。Sperrschicht cell 即依據斯理構成，此類電池，在德國外形發達。相似之作用，可用硒塗於鉛片得之。其所生之電流與投射之光度成正比，作用至為規則，故適於度量之用。惟因此種電池之內阻甚低，故為用不廣，其理詳見下文。每光度之光投射，約可產生四十兆分安。第四圖係示此式電池之狀。

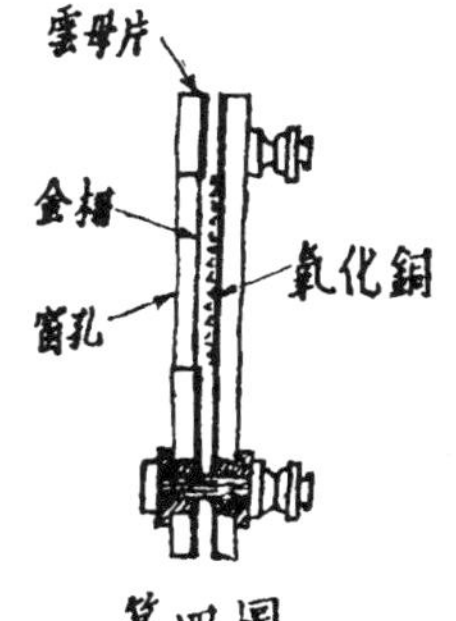

第四圖 氧化銅電池

電解物電池——電解物電池之原理，係依據柏克勒作（Becquerel effect）。某種物體，如第一氧化銅，浸於硫酸鉀鉻液中，能因光之投射而生一電動力（E. M. F.）。如以一白金電極置於此溶液中，則雖無外加之電壓，兩極間亦能生一電流。此種電流，其光感雖較上述兩種電池為敏銳，而與硒電池比，則較遲鈍，至對於光度變更之影響，則較硒電池為規則，而次於其他兩種電池。所生之電流，僅能達數兆分安，且壽命甚短，如空置不用，亦將如乾電池逐漸損壞，為其最大之缺憾。式見第五圖。

上文所述及四種電池特性之比較，茲總列如下表：

電池之種類	光感之影響	優點	缺點
硒	電阻變更	敏銳	不規則
鹹金屬	電流變更	規則	欠敏銳
Sperrschicht	電流變更	規則，不外加電壓	能應用之工率甚低
電解物	E.M.F.變更	敏銳，不外加電壓	不規則，並易損壞

電解物
玻璃窗孔
電極

第五圖 電解物電池截面

電池線絡與擴大——吾人今將詳論光電池中所產生電流之應用方法，此電流之值，係介於五至一百兆分安之間，此等電流之工率（Power）甚小，遠低於一華特，蓋雖小如百分之一華特，在光電池已視為極大之工率矣。是以僅由光電池所生之電流，至為微弱，事實上不能直接任負何種控御，因通常控御器所需之工率，須達十至一百華特之間也。若能達一百華特，則任何電機工程上笨重之開閉器，皆能控御之矣。更進言之，其所需以運用此等繼電器之電流，約須數千分安，而光電池所能供給者，僅數兆分安而已。其用于自動電話最敏銳之繼電器，須電流二千分安，於輸出方面可達二十五華特；至市上舊製之繼電器，則須電流五至十千分安之間。

現時之問題，爲如何可由光電池所供給之小於百分之一之工率，而獲一約十千分安之電流。此可用一眞空管（Thermionic Valve）以擴大之。故電池除用於最精密之度量外，類皆必須用一眞空管連接於電池，則任何實際工作，皆克勝任矣。硒量池有時或可直接連接於繼電器，他種電池則均不能也。

擴大線絡之連接，通常排列如第六圖。光電池 C 所生之電流經電阻 R，則 R 內生一電壓低落，此電壓之低落，連接於眞空管之柵上，則能變更管中陽極之電流。此電流與電池發出之電流相較，爲值大至數千倍，故適於用以控御繼電器矣。如繼電器之輸出量達一百華特，則此繼電器能控御任何輸送電力之線絡。如用一 P.610 或 P.240 之眞空管，而由鹼金屬電池中生一僅十分之一千分安之電流，則吾人可得變更達十千分安之陽極電流。光電池中此值之電流，可用一六十華特之白熱燈於距一公尺處投射而發生之，如是則該電池之輸出量，將小於一分兆華特。較舊式眞空管尤優者，爲盛氣式繼電器，或名 Thyratron，現時用之者尚稀，以聞世尚不久，將來之應用必溥。以此器僅需一兆分華特，卽可獲一輸出量達十至二十華特之間，而原來之繼電器，可省去不用矣。

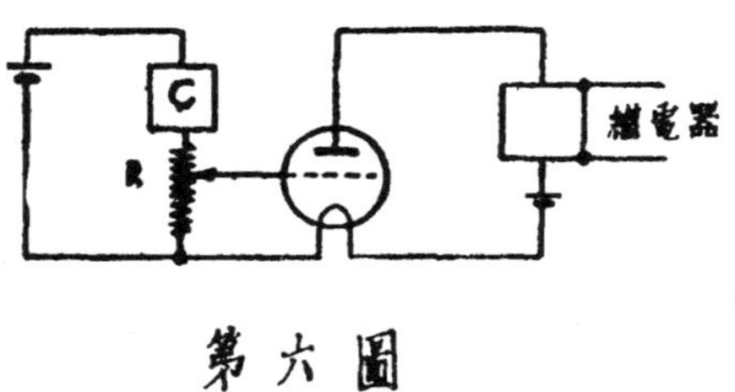

第六圖

眞空管之缺點，亦有數端：其壽命甚短，不適於長期運用至數月之久。故若能於光電池得一電流達十兆分安，則宜省去眞空管不用，而直接連接於一高度敏銳之機械繼電器（Mechanical Relay），且也，如用擴大，則電流之限值，將緊於眞空管之性質，而非由於電池之敏感度。故若鹼金屬電池之電流，以眞空管擴大之，則他種電池較高之敏感度，皆爲具文矣。

重由第六圖，知 R 如小於電池之內電阻時，則敏感度隨 R 俱增。由是知電池之內電阻低者，則不能任高度之擴大，此所以氧化銅電池與電解物電池不適於擴大也。眞空式之鹼金屬電池，最宜於擴大，以其內電阻爲値至高也。

光電池之應用——次將言及光電池之應用。吾人所須注意者，即光電池雖爲一種機械之眼，然與吾人眼目相較，則缺乏鑑別判斷之能力。蓋人之眼目，不僅能感光而辨物，兼能知行動與光色之變更，光電池則不能也。故色爲眼目之特性，例如有色兩種，雖以殊異之光波併合之，而人目所見每盡同。至電池之見物，則僅能如一藏於匱中之人頭，經毛玻璃之窗孔外視，不能判別物體之形式，只能判別某種波長內光之強度而已。換言之，光電池之所能，不過能依據由物體自身放射之光度或吸收由他種光源所射出之光度，而判別其物體而已。

(一)放射光之物體—— 放射光之物體。如燈燭之類是。燈燭之製造者，對於光之度量，至爲重要，曩時所用人目觀察之量光法，已幾廢棄不用，而以光電法代之，因不僅精密多多，且蕆事尤速也。他如由銅鐵之發光，而測其高溫，皆屬於此類。

(二)吸收光之物體——舉目所見，大都爲不發光體，此等不發光體，僅能對於投射之光、吸收反射或透過，感於目以辨其物。玆可別爲二類：一爲由於行動而變更光度，例如以手障於光源與電池之間。則投射於電池之光度變矣。一爲由於物體物理性質之變更，例如以物置於光源與電池間，設此物之反射係數透光係數屈曲率等等，任一有所變更，則投射於電池之光度自亦隨之而異。前者係包含大部工程上之問題，以可依據行動而成機械的動作也。至物理性質之變更，而影響於光線之吸收，則係包含大半化學上之問題。玆分述之。

偵視行動——此類大都爲計數物件之問題，如計車輛經路中之數，或計紙上小孔之數皆是，以及或因物體之行動而顯示標誌之類，如一不速之客闖入室內，則可鳴鈴示警，知所戒備。至排列之原理，恒係投射光線於電池，如爲經過之物體所遮蔽，則電池顯其作用。然如不應用光電池之裝置，則他種相當之機械方法，亦未嘗不適。然則應用之際，抉擇於兩者之間，究光電池與機械方法，孰爲利便？下列數端，則光電池優越較適：(甲)如該物件爲不透明體內之小孔，或爲透明體中之斑點，則孔透光而斑阻光，光電池皆能效其用矣。如法應用，可用以偵測紙張之裂縫，金屬箔之針孔，以及假象牙中之疵斑等。他如用於安全設備，設法排列之，如人之手或足介其間，則光阻而機停矣。只此種種，皆光電池爲適也。（乙）如係計數質輕而形狀不甚規則之物件，則機械方法甚難處理，而光電池則優爲之。（丙）其他如地址缺乏，無處可置放機件，則惟光電池是尙，以占地甚小也，光可由光源用鏡反射入內。（丁）光電池之量法，得値常正確可靠，而機械方法則常有韌性之影響，及其他多種阻礙。

上文所言，盡屬優點，然究光電池果百利而無一弊乎？則又不然，其缺點有二：（甲此法甚爲敏銳，每易引入自身之差誤。因如欲由光線之阻遮而計數進入室內之人數，設入內者攜一篋，則易計數爲二。（乙）光電池須帶有附件，有時他種方法，較爲利易。

吾人次將言各電池最適宜之應用：如上所述，欲用一簡單之法，以控制一百華特之工率，則其抉擇，係介於硒電池與鹼金屬電池二者之間，其他兩種電池，皆不適用。斯二者各有其適，據吾人之見，若運用之期久、則棄現而用硒電池爲妥。若用一眞空管，則鹼金屬電池爲最佳而無疑。若用一 Thyratron，則硒電池易於校正，鹼金屬電池較爲規則，兩者相差無幾也。

性質變更之偵視——此類大都爲化學上之問題，如對於微量混濁之偵視，及兩種光色之確分，皆屬此類，此等問題困難之點，常非光感之敏銳，而爲偵視之正確，以甚易相淆也。電池與人目相較，敏感多多，最熟練之眼，常不易區別兩溶液吸收之差達 0.5%，而電池達0.01%，固易易也。至度量之法，玆舉例說明之如下。

設欲由某種有色物溶液對於光線吸收之性質，而定其濃度，則須先察溶液中有無他物存在。如無他物存在。則可用任何波長之光投射；有，則須察其對於光線之吸收，與題中之物是否在同光帶之內，投射之光，須僅爲題中之物所吸收者，得値方不致相淆。由此，定溶液存在時與不存在時，兩者投射於電池之光度之比；知此比，即可求其濃度，或可與標準溶液比較而得之。至光度之値，可由量電計測之。是以適用之電池，須含有二要素：（一）如以同量之光度投射，至少在實驗時之短時間內，須生同量之電流。（二）所生之電流，最好須與投射之光度成正比。職是之故，硒電池毫不適用，而眞空式鹼電池與整流式電池，則優於他式也。整流式電池所以爲優者，以無外加之蓄電池，且價値較廉，不易受損，惟須一不甚通用之電量計，爲其缺憾。現時二者，優劣相當，他日改進，整流器或且較優。

今當論及此法窒碍之點：

(一)須一量電計能感受 10^{-8} 安。此式之量電計，僅適於實驗室之用。此可設法擴大之，惟擴大後之電流，常非僅為一直線函數，即其指示之值，將不復與光度成正比，故校正須甚完密。

(二)須一光度不變之光源。通常之電燈光，變異甚巨。如電燈之電壓有百分之一之差異，則電池之電流至少有百分之四之變動。此可由下法改善之，即溶液存在時，同時用另一電池量光源之光度，則可校正之矣。

(三)如光度幾全為溶液所吸收，則得值不易正確，為量電計所限也，然設用一正確之分路裝置 (Shunt)，或僅量其與標準溶液之差，則亦不成問題矣。

由上觀之，知各有一同等之希求，即如何可獲一完滿抵消差誤之法也。一完滿之排列法，可完全抵消差誤，用真空管擴大之線絡，見第七圖。為免除燈光光度變動之差誤計，故使燈光同時投射於兩電池，一電池之前，置一窗孔，使光經窗孔投射，而溶液則置於另一電池之前。因兩電池所受之光度不同，故所生電流之值亦異，由是生一電壓之差異，此電壓加於真空管之柵上。為抵消由真空管陽極所加電壓變動之差誤計，故用一同狀之真空管使成一惠斯登電橋 (Wheatstone's Bridge)。此橋可變動真空管陽極線絡內之電阻，以平衡之。此電阻之值，可用多種已知標準溶液以校正之。

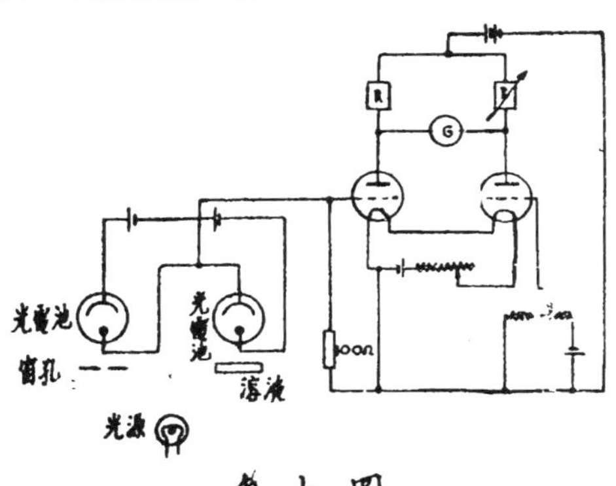

第七圖

由上種切：如應用上述之排列法，各窒碍之點，皆可避免之矣。故斯法認為解決此類問題最完善之排列法。此外復有一法，亦有注意之價值，即用一轉動之鏡，使由光源之光度與由溶液存在後之光度，交互投射於電池，如兩者電流之量不同，則電池所生之電流為交流，反是，如兩光度相等，則為一等值之直流。設更用擴大交流之法以擴大之，則任何變異，皆易察之矣。惟交流之頻率，至少每秒須達二百周波，否則不易正確也。

上述之法，應用之範圍，至爲廣大，大部化學上之問題，皆可迎刃而解矣，

光電池對於色之測量——光電池可設法以使僅敏於光帶中某一波長之光。此可由特殊之構造，或使投射之光先經一濾色之裝置，或兩法併合之而成。設有一電池僅敏於紅色，一僅敏於綠色，一僅敏於藍色，則可由同光度投射時三電池所生電流之値，而約略辨其色之深淺。惟以度量時，每易因微量之錯差，而引入極大之謬誤，故使用之際，須加注意。雖然，欲證明兩色相同，可由僅敏於各個不同波長之兩電池量其電流，如電流之比等，則兩色相同，各種錯誤皆可避免矣。此法用於白熱燈燈光之度量，至爲美滿，以色之界限甚小，且僅有一變數(温度)也。一般而言，現今尙無一簡單而切實際之法，適用於一切量色之問題，然如使用謹妥，則光電法可免除人目量色時諸多困難與不確定之點，自在意中。總之，每一量色之問題，須用個別之方法處理之，法之適用於一問題者，不經審愼攷慮，未必能適用於他問題也。

餘言——光電器械，爲晚近物理界與工程界新闢之途徑，其應用範圍之廣大，旣如上述矣，雖年來發展殊速，然究尙未臻最完美之境也。構造上及應用上，尙希諸多改進與研究。此簇新之園地，如望有更滿意更燦爛之收穫者，則耕耘漑灌，尙有待於我人今後之努力也。

參攷書： Chemistry & Industry, Vol. 51, No. 21.

Electric Journal, March-July, 1930.

測量液體表面張力(Surface-Tension)新法兩則

賈 存 鑑

引言　測量液體表面張力之法夥矣，舉凡試有成績者，已十數種。而今人猶孜孜研究，不遺餘力，新創之法。時有所聞，統觀習見諸法，雖設備之繁簡，手續之難易，以及結果之精確程度，各有不同，然均不出下列諸種：或爲液體薄膜法 (Liquid Film) 或爲微管上升法 (Rise of Liquid in a Capillary Tube)；或爲點滴法 (Liquid Drop)；或爲雙面氣泡法 (Doeble Surface Bubble)；或爲單面氣泡法 (Single Surface Bubble)。其所需之液體，多則在數十立方糎以上，至少亦需二三立方糎，方足應用，倘所試之液體，爲量甚微，或竟不滿十分之一立方糎，則普通方法，均將不能應付矣。頃讀雜誌，檢得新法兩則，所試液體，僅需三五立方耗，此一九三二年之新創作也，玆特譯之於后以供有興乎此者之參考焉。

1. 第一法 (By Dr. Allan Ferguson)

設備：如第一圖

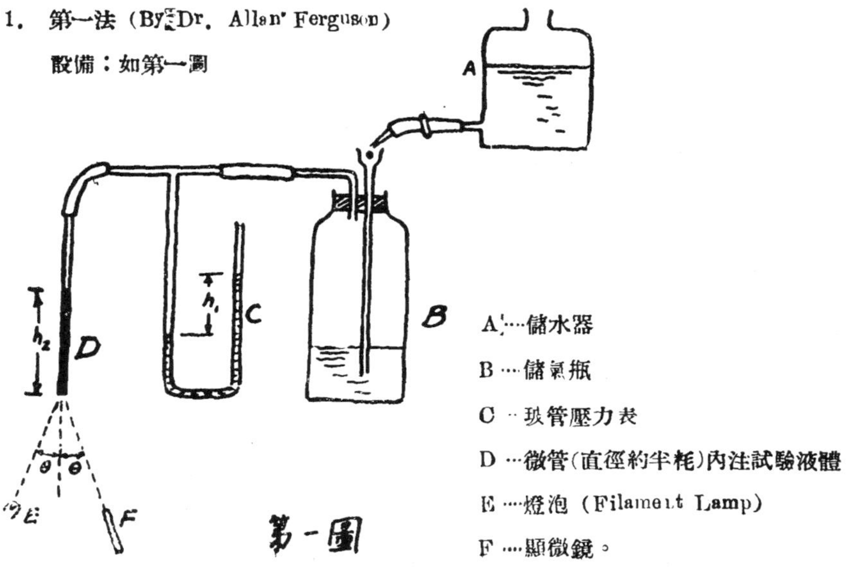

第一圖

A…儲水器

B…儲氣瓶

C…玻管壓力表

D…微管(直徑約半耗)內注試驗液體

E…燈泡 (Filament Lamp)

F…顯微鏡。

試驗程序： 吸試驗液體入微管，俟液線長約數耗，然後裝置如圖。C 及 D兩部，務求垂直，水滴由A器漸入B瓶，使瓶內所預儲之空氣漸減其體積，而漸增其壓力。當瓶內壓力未增之前，微管內液線之兩端，均向內凹；倘壓力漸增，液線之下端，漸成平面。迨燈絲之像（Image），可於顯微鏡(放大力微小者)窺得，則獲一眞正之平面，是時A器內流出之水，應立卽停止。因壓力再增，液線之下端，將由平面而外凸，非所欲也。水滴既停，乃量得壓力計C內兩液柱之差，稱之曰h_1；復量得D管內液線之長，稱之曰h_2此二者可用測微顯微鏡（Comparator）求之。

計算方法： 設液線底端爲眞正平面時，壓力計內液柱之差爲h_1，其中液體之密度爲d_1則D管內液線頂面以上所受之壓力當爲『d_1h_1g＋大氣壓力』；同時，頂面以下之壓力，當爲『大氣壓力—(液線重量/微管截面)』。因此頂面之兩面壓力之差爲

$$d_1h_1g+\frac{\text{液線重量}}{\text{微管截面}}\text{。}$$

設液線之長爲h_2，微管之半徑爲R，試液與微管之接觸角爲零度，試液之密度爲d_2，則

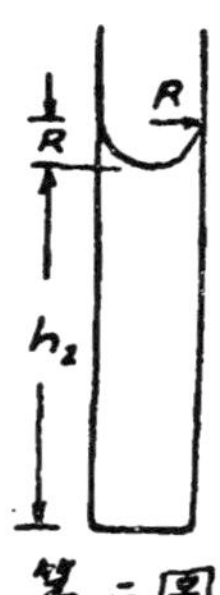

液線之重量，應爲

$$d_2h_2g\pi R^2+d_2g\left(\pi R\,R^2-\frac{2}{3}\pi R^3\right)$$

因微管之截面爲πR^2，故液線頂面上下壓力之差爲

$$d_1h_1g+d_2h_2g+\frac{1}{3}d_2Rg$$

因液線底端已爲平面，故上述壓力之差，自當全因頂端之表面張力所致，因之

$$\frac{2\pi RT}{\pi R^2}=d_1h_1g+d_2h_2g+\frac{1}{3}d_2Rg$$

或表面張力

$$T=\frac{1}{2}Rg(d_1h_1+d_2h_2)+\frac{1}{6}d_2R^2g\cdots\cdots\cdots\cdots(1)$$

欲由第一式，求試液之表面張力(T)，除測量h_1，h_2，R，及d_1外，仍必需求得試液之密度(d_2)而後可，倘試液之量甚微，欲求其密度，殊非易事。茲將第一式整理爲。

$$h_1=-\frac{d_2}{d_1}\left(h_2+\frac{1}{3}R\right)+\frac{2T}{d_1Rg}\cdots\cdots\cdots\cdots(2)$$

倘以不同之h_2重復上述之試驗七八次，並以縱橫坐標表示h_1及$\left(h_1+\frac{R}{3}\right)$之關係，則可

得直一線，此線與H_1軸之交點，即等於

$$\frac{2T}{d_1Rg},$$

而T之値，亦於是乎得之矣：

2，第二法 (By Allan Ferguson and S.T. Kennedy)

設備： 所有設備，盡如前圖。惟微管 D之裝置，與前法適異，前者縱懸，此則爲橫陳。

試驗程序： 吸被試液體入微管 D，横陳之，使水平，然後徐徐放水入 B，以增壓力，待 D管開端之液體，成平面而後止。

計算方法： 因微管係橫陳，倘其直徑在半耗以內，管中液體之重量，雖能影響管內壓力，然爲量甚微，事實上可略去不計；故當開端液體成平面時，另端液面所施壓力即可認爲等於壓力計內所誌之量。倘壓力計內，液柱之差爲H_1，則得下列之關係：

$$\frac{2\pi RT}{\pi R^2}=d_1h^1g$$

由此，求得表面張力(T)爲

$$T=\frac{1}{2}Rd_2h_1g \cdots\cdots (1^1)$$

式中無需測定d_2之值，故無一再重複試驗及圖解之勞，是其優於前法者也。苟微管之直徑稍大，則差誤必增，此其不逮前法者。

3，結果比較：倘以被試液體作壓力計中之液柱，而其密度均爲 d 則前列兩式 (1)與(1^1)當爲

$$T \quad \frac{1}{2} \quad (\quad +h_2 \quad \frac{1}{3}R) \cdots\cdots (1)$$

與 $$T=\frac{1}{2}Rd_2h_1 \cdots\cdots (1')$$

茲本此理，比較兩法之成績，得結果如后：

第一試：

微管直徑＝0.045糎；　溫度16.5°C；

試驗液體，Aniline；　壓力計液體，Aniline。

h_1'(糎)：	1.936	1.936	1.937	1.938	1.933
$h_1+h_2+\frac{1}{3}R$(糎)：	1.938	1.938	1.935	1.935	1.934

h_1'之平均值…………………1.935

$h_1+h_2+\frac{1}{3}R$之平均值…………1.936

第二試：

試驗液體，水； 壓力表液體，Aniline

（下列表中（$h_2+\frac{1}{3}R$）之值已化作 Aniline 之相當值）

微管直徑(糎)	h_1'(糎)	$h_1+h_2+\frac{1}{3}R$(糎)
0.126	2.410	2.407
	2.379	2.389
	2.422	2.418
	2.368	2.362
0.100	3.064	3.054
	3.145	3.139
	3.051	3.058
	3.023	3.031
0-09.]	3.213	3.225
	3.227	3.218
	3.213	3.202
	3.176	3.167

第三試（用第二法）：

第一微管直徑，0.036糎； 溫度，15'C.

h_1'(糎)	4.070	4.060	4.069	4.069	4.064	4.068

h_1'之平均值 4.067糎

T=每糎 73.47 達因

第二微管直徑，0.046糎； 溫度，15.C.

h_1'(糎)	3.188	3.184	3.189	3.181	3.182	3.191

h_1'之平均值 3.186 糎

T＝每糎 73.55 達因

第三微管直徑，0.063糎： 溫度，15.C.

h_1'(糎)	2.320	2.323	2.317	2.322	2.320	2.321

h_1'之平均值 2.320 糎

T＝每糎 73.38 達因

攝氏十五度純水之表面張力平均值＝每糎 73.47 達因

由 Jaeger 氏法之結果，得

攝氏零度純水之表面張力＝每糎 75.8 達因。

攝氏十五度純水表面張力 ＝ 75.8 － 0.15×15＋ 每糎 73.5 達因

求電感量之陰極線示波器法

林 致 平 譯

緒言： 設在某種實驗時，須求某種振盪電絡內電感之量，而此電絡之頻率，爲實驗時所不易决定者，則惟是法爲倘。

下文所述之陰極線示波器法，可求線絡內線圈之電感量，而以開離充電線絡時電流之量，及已知電容間最大電壓之值表示之，可不必定其自然頻率。換言之，如頻率可求，則電絡中電感電容之量，皆可知之矣。

理論： 第一圖 L C R 線絡中，如電鍵開離，則其方程式爲

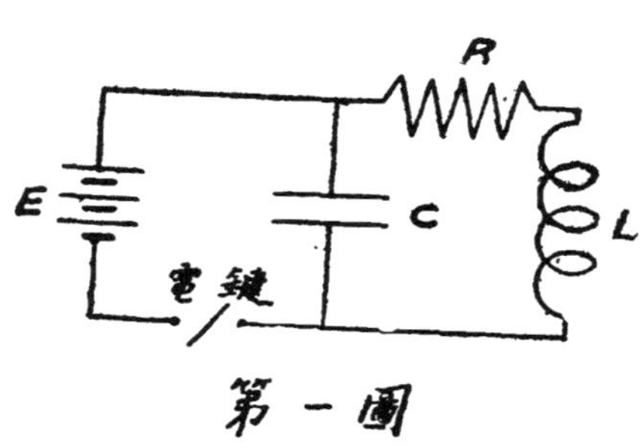

第一圖

$$L\frac{di}{dt}+Ri+V=0,$$

此 V 爲電容 C 間之電壓。

因 $i=C\frac{dV}{dt}$，故得

$$\frac{d^2V}{dt^2}+\frac{R}{L}\cdot\frac{dV}{dt}+\frac{V}{LC}=0。$$

當 $\frac{R^2}{4L^2}<\frac{1}{LC}$，則該線絡爲減幅振盪，其微分方程之解法爲

$$V=e^{-kt}(A\ Cos\ wt+B\ sin\ wt)。$$

此 $K=\frac{R}{2L}$，而 $w=\left(\frac{1}{LC}-\frac{R^2}{4L^2}\right)^{\frac{1}{2}}$.

由此式用微分求 $\frac{dV}{dt}$ 之值，代入 $i=C\frac{dV}{dt}$，得

$$i=Ce^{-kt}\left[(Bw-Ak)\ Cos\ wt-(Aw+Bk)\ Sin\ wt\right].$$

當電鍵初開離時，$t=0, i=i_0$，其 $V-Ri_0=-E$，此 E 爲電池之E. M. F.，是以得

$i_0=C(B-Ak)$，

$A=-Ri_0$，

及 $B=\left(1+\frac{R^2C}{2L}\right)\cdot\frac{i}{wC}$

i之式可記如下狀，

$$i=Ce^{-kt}\left[(Bw-Ak)^2(Aw+Bk)^2\right]^{\frac{1}{2}}Cos(wt+\theta)$$

$$=Ce^{-kt}\left[(A^2+B^2)(w^2+k^2)\right]^{\frac{1}{2}}Cos(wt+\theta)$$

此 θ 之值可由下式得之； $\tan\theta=\frac{Aw+Bk}{Bw-Ak}=-\frac{R}{2wL}$.

當t=O時，亦即 $Cos(wt=\theta)=O$ 時，或 $wt+\theta=\frac{\pi}{2}$，$\frac{3\pi}{2}$ 等值時，或即 wt 等於 $\frac{\pi}{2}-\theta$，$\frac{3\pi}{2}-\theta$ 等值時。V之值爲最高。故V之最高值，可由下式得之，

$$V=e^{-kt}(A\,Sin\,\theta+B\,Cos\,\theta)$$

$$=e^{-kt}w\left[\frac{A^2+B^2}{w^2+k^2}\right]^{\frac{1}{2}}$$

此 $t=\left(\frac{\pi}{2}-\theta\right)\frac{1}{w}$，$\left(\frac{3\pi}{2}-\theta\right)\frac{1}{w}$ 等值。

因 $w^2=+k^2=\frac{1}{LC}$，及 $A^2+B=\frac{i_o^2}{w^2C}\left[R^2C^2w^2+\left(1+\frac{R^2C}{2L}\right)^2\right]=\frac{i_o^2}{w^2C^2}$，代入得，

$$V=i_o\left(\frac{L}{C}\right)^{\frac{1}{2}}e^{-kt}$$

設命 V_1 與 V_2 爲振盪電絡中V之首次與二次之最高值(Peak Value)，則

$$V_1=i_o\left(\frac{L}{C}\right)^{\frac{1}{2}}e^{-\left(\frac{\pi}{2}-\theta\right)\frac{k}{w}},$$

$$V_2=i_o\left(\frac{L}{C}\right)^{\frac{1}{2}}e^{-\left(\frac{\pi}{2}-\theta\right)\frac{k}{w}},$$

由此，知對數減幅數 λ 爲 $\frac{k\pi}{w}$.

$$\therefore \quad V=i\left(\frac{L}{C}\right) e^{-\left(\frac{\pi}{2}-\theta\right)\frac{\lambda}{\pi}}$$

因 $\tan\theta=-\frac{R}{2wL}=-\frac{\lambda}{\pi}$ 如 θ 之值甚小，則可略去 λ^3 之項數，得

$$\tan\theta=\theta=-\frac{\lambda}{\pi}.$$

$$\therefore \quad V_1=i_0\left(\frac{L}{C}\right)^{\frac{1}{2}} e^{-\frac{\lambda}{2}-\frac{\lambda^2}{\pi^2}} \qquad \therefore \quad L=\frac{CV_1^2}{i_0}\cdot e^{\lambda+\frac{2\lambda^2}{\pi^2}}$$

$$=\frac{CV_1^2}{i}\left[1+\lambda+\left(\frac{1}{2}+\frac{2}{\pi}\right)\lambda^2+\left(\frac{1}{6}+\frac{2}{\pi^2}\right)\lambda^3\right].$$

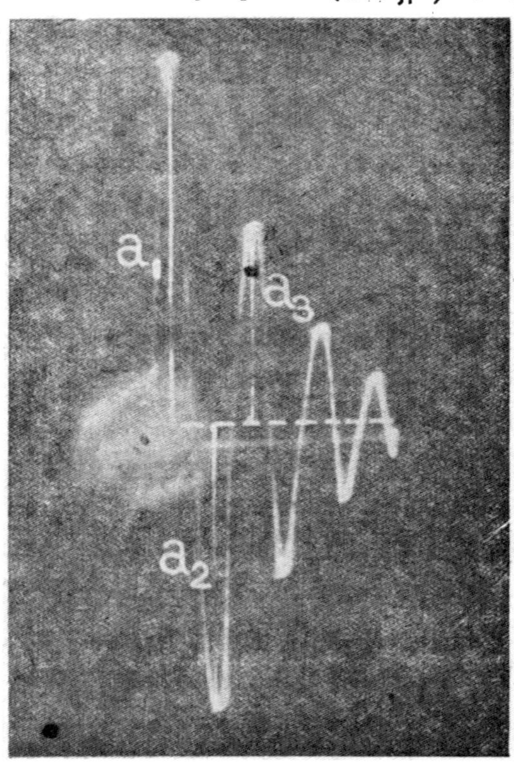

其中 λ^4 以上之項數皆略去之。由是知電感之量，可由已知電容C間之最高電壓，及陰極線示波器中所記錄之振盪電絡內之對數減幅數求得之。第二圖所示，即振盪減幅之狀也。

實驗： 由陰極線示波器所記錄之圖，其代表時間之軸之底線，不能明示，然可由下法定之：第二圖中，命 a_1, a_2, a_3, 等值示由底線計算起逐次之振幅；惟 A_1，A_2 等值，可由圖量得之，此

$$A_1=a_1+a_2$$

$$A_2=a_2+a_3$$

....

因 $\frac{a_2}{a_1}=\frac{a_3}{a_2}$........d—減幅數

$$\therefore \quad A_1 = a_1 + a_1 d = a_1(1+d),$$

$$A_2 = a_2(1+d)$$

$$\therefore \quad \frac{A_2}{A_1} = d。$$

由是可得對數減幅數。

設 d 之值，由此求得，則 a_1 a_2 a_3 等值，皆可得之，因

$$a_1 = \frac{A_1}{1+d},$$

$$a_2 = \frac{A_2}{1+d},$$

....

如是則底線定矣。底線有定，其餘悉迎及解矣。實驗時，爲由闕量度正確計，須注意比例大小之選擇也。

蒸汽動力用水之討論

吳 興 生

以蒸汽與發生動力存有密切之關係，又於其他方面亦有廣大之應用，故發生水汽一事，遂爲極重要之問題。夫液體之水轉變爲氣體之水，本爲一簡單之歷程，然在工業上用之以轉變，務須鑒察至微，不可忽視。本篇所論，即爲其歷程中之種種重要問題。而鍋爐中發生水汽之時，水中含有雜質一端，尤爲困難，玆當首先論之。

凡諸天然間之水中 以化學的眼光鑒察之，必含有幾種雜質，常人以爲純粹者矣，然其間亦含有固體之有機物與礦物之類，蓋因空中雜有風塵與烟灰而被洗入者也，且在實際上據近今公認之學理，亦謂雨之生成，必須以塵埃爲中心，乃得成圓滴之雨。故地上所集之水，不論其在地面與地下，其間均含有其所接觸之礦石或泥土所溶入之物質。深處之水，若非水，其所含雜質常較地面者尤多，因此水曾越極大之岩石與遇有可溶之物質更多也。地近花崗石沙石與粘土質者，其水含溶解之礦質較少，近石灰石者則較多。岩石較難溶解，故近岩石者，其所含之雜質又較少於近岩石已化爲粘土(Clay)之區，是以泉水總較純潔，以少與粘土接觸故耳。水中除含有溶解物質外，又含有浮懸之物質如矽氧粘土及有機物等，而地面河水之中，含有諸物之量尤著。

硬水 水中含有溶解之鈣，鎂與鐵之硫酸及重炭酸化物或氯化物者，謂之硬水。此種水質與肥皂相遇，卽生沈澱，待諸金屬根沈澱完結，肥皂始成泡沫（Lather）而得浮懸水面。其反應有如下式：

$$2Na(C_{12}H_{35}O_2)+CaSO_4 \longrightarrow Ca(C_{18}H_{35}O_2)_2+Na_2SO_4$$

以硬水煮之，重炭酸物分解爲炭酸化物與二氧化炭，後者逸出於空氣中。煮沸作用，對於溶解之硫酸化物與氯化物則無影響；是以硬水之因有重炭酸物之存在者，謂之暫硬水；由於硫酸化物與氯化物者，謂之永硬水。水源來自石灰石區域，該地且有有機物之腐敗而放二氧化炭者，則此水常成暫硬性質，生成作用，有如下式：

$$H_2O+CO_2 \longrightarrow H_2CO_3$$

$$CaCO_3+H_2CO_3 \longrightarrow Ca(HCO_3)_2$$

泥炭石（marl）者，是炭酸鈣與有機物之混成，故水近此石，質常暫硬。然水亦有能呈酸性者，如自礦山排出之水是也，因白鐵礦（marcasite）或硫鐵礦經氧化之後，可成多量之硫酸：

$$4FeS_2+15O_2+16H_2O \longrightarrow 4Fe(OH)SO_4+4H_2SO_4$$

水中所含溶解之硫酸根及重炭酸根等物，其分量較諸水之本身相差遠甚，然其極微之分量，已能使鍋爐生有至大之障礙。如依分析報告所言，含於固體分量爲百分之0.03或0.04者，其數實屬至微也，由常人觀之，此水亦可謂有百分之99.97之純粹矣，然此水猶在不良之列，其數至小，故在普通分析上之計算，太覺不便，是以不用百分計算而用每兆之法（Parts per million 即 P.P.M.）；此數如再以 0.0583 乘之，則爲每加侖單位（grins per U.S. gallon）；加侖單位乘以 17.1，則復得每兆法。用此標準，乃可分別何種之水適於製造蒸汽之用。茲列一表，用示其暫硬度之優劣，至於永硬度，則以下列各數，以四除之，即爲其限度矣。

等級	grins per gallon	P.P.M.	%
最優等	小於 8	小於 137	小於0.0137
優等	12-15	206-256	0.0206-0.0256
普通	15-20	256-342	0.0256-0.0342
劣等	20-30	342-513	0.0342-0.0513
最劣等	大於 30	大於 513	大於0.0513

鍋爐中之固體沈積　水經變爲水汽，則其間之溶解物質與浮懸物質自必沈澱於鍋爐之內，蓋加熱則水蒸汽發，水氣蒸發，水乃濃厚，水濃則其溶解度減小而沈澱生矣。惟亦能因溶解物質之情形轉變而生沈澱者。如上所言，硫酸鈣在溫度升高與壓力加大時，其溶解度即能轉小，又增加溫度，二氧化炭任其逸出，重炭酸物則變爲難溶之正炭酸物。其作用有如下式：

$$Ca(HCO_3)_2 \longrightarrow Co_2+HCO+CaCO_3$$

然炭酸物之溶解度，又因温度與二氧化炭之存在而不同，如炭酸鈣與炭酸鎂二者，温度增高，炭酸鈣之溶解度略增而炭酸鎂則減低，玆列表如下：

溶解度表 (P.P.M.單位)

物　類	在 60°F 之水	60°F 含 CO_2 之水	在 212°F 之水
$CaCO_3$	12	1100	20
$MgCO_3$	385	27500	近零

由斯得知沈積之生成，可因水中物質之成分而不同，或因鍋爐間之温度與壓力以及其他情形而不同，于是能成爲浮懸而疏鬆之渣滓， 或結爲堅結之膜層， 惟其主要之原因，倘由其成分而定之。如硫酸鈣或硫酸鎂之物質不多，或浮懸物質甚高時，其膜層則爲疏鬆，可以去之如渣滓；如水澄清，而含有高量之硫酸鎂與高量之硫酸鈣時，則其膜層堅實難去矣。故堅膜爲礙甚於鬆膜，然二者之弊，則均爲阻止導熱與費較大費用以掃除之也。膜層地位之生成與成分亦有關係，在水入口之地，水初遇熱，二氧化炭在該處逃逸，正炭酸物即在管口沈積，而硫酸鈣則須至鍋爐最熱之區方能沈積之。鍋爐之上既蓋有沈積之膜層，則其傳熱之效力，必形減低，而該區之金屬亦將受熱過分，甚至改變其形狀；更因在同温度時，金屬與膜層之澎漲率與收縮率各不相同，鍋水已淺，金屬過熱，膜層與之分離，再經冷水加入，膜層冷縮較快，金屬不能隨之 膜層則必裂開。膜層裂縫，水乃注入，水遇極熱之金層，多量之水汽勢必發生，極大之壓力於是亦隨之而起，漲碎鍋爐，其力有餘矣。此即爲鍋爐間沈積之大患也。

鍋爐用水之處理　水之能生膜層與其爲患已如上述，吾人必用適宜之處理方法以避免之。第一，其浮游之物質乃用機具以除去之，粗大者以篩濾過，較小者以沙粒木炭或木纖維濾之。爲便利過濾起見，則聚水於池，沈去其大部浮游物質而後過濾。至於溶解的物質，其不能濾去者，則用以下三法處理之：(1) 冷法處理，是以化學藥品在冷水中處理之；(2) 熱法處理，是加熱而用藥品或不用藥品處理之；(3) 鍋內處理，英名曰Conditioning of Water within the boiler。

冷法處理—　此法是用蘇打與石灰入水中，使溶解之重炭酸物硫酸化物與氯化物變爲不溶解之正炭酸化物與氫氧化物也。欲變重炭酸物爲正炭酸物，其炭酸必先中和之，故重炭酸鈣之沈澱有如下式：

$$CaO+H_2O\longrightarrow Ca(OH)_2$$

$$H_2CO_3+Ca(OH)_2\longrightarrow CaCO_3\downarrow+2H_2O$$

$$Ca(HCO_3)_2+Ca(OH)_2\longrightarrow 2CaCO_3\downarrow+2H_2O$$

至於永硬物硫酸鈣之變化則如下式：

$$CaSO_4+Na_2CO_3\longrightarrow Na_2SO_4+CaCO_3\downarrow\cdots\cdots\cdots\cdots(a)$$

鎂鹽之反應略有不同如下：

$$Ca(OH)_2+Na_2CO_3\longrightarrow 2NaOH+CaCO_3\downarrow$$

$$Mg(HCO_3)_2+2NaOH\longrightarrow Mg(OH)_2\downarrow+Na_2CO_3$$

$$MgSO_4+NaOH\longrightarrow Mg(OH)_2\downarrow+Na_2SO_4$$

水經處理，有如公式所示，乃靜置之，新成不溶解的物質即下沈矣。氫氧化鎂諸物，當下沈時，又可將水中含有浮游之矽氧泥土及有機物質帶下，故上浮清水，抽出便可應用，如欲將以上各種浮游物質去之盡淨，則于加入蘇打與石灰之後，可再加硫酸鋁或硫酸鐵。明礬亦可代用，反應如下：

$$Al_2(SO_4)_3+3Na_2CO_3+3H_2O\longrightarrow 3Na_2SO_4+2Al(OH)_3+3CO_2$$

氫氧化鋁之沈澱極爲蓬鬆，故浮游之物質可以完全繫之下沈；然水已大半澄清者，則用炭牀濾過亦可矣。

夫加入炭酸鈉而生成溶解之鈉的化物，雖不致再生膜層，然亦能發生水泡作用，(foaming) 致有不良之影響。故永硬度極高之時，此法亦不妥當，蓋硬度雖去，而留下鈉之化合物則太多也。如欲知石灰與蘇打之恰巧適量於硬度者，則分析尚矣。然水之性質又因環境而隨時改變，故分析更須每日行之，方可無誤；不然，藥品過少，則處理不全；過多，則亦生害，蓋氫氧化鈣自身即能生有硬度而轉成膜層，蘇打則生水泡作用也。

近今更有一新法以處理硬水者曰濾土法 (Zeolite Process) Zeolite 者，爲矽酸鋁與蘇打之複鹽也。人造品與天產品都可應用。人造品係以長石 (feldspar) 陶土 (China

Clay）與蘇打焙燒而成，先爲玻璃塊狀，冷而碎之，再可爲用。此物處理之作用是憑化合物中之一物與他物相互的調換，其反應爲可逆的；

$$Na_2OAl_2O_3\cdot xSiO_2\cdot yH_2O+CaCl_2\rightleftarrows CaOAl_2O_3\cdot xSiO_2\cdot yH_2O+2NaCl$$

此即當硬水經過此物時，鎂與鈣的矽酸物即行生成，而鈉鹽即溶入水中。待久，鎂鐵等物已達飽和，作用即行停止。至其飽和，則反以鹽水濾過，鎂鐵鈣諸物即復變爲溶解的氯化物而流去之， Zeolite 則仍還原爲鈉的複鹽。是以此物可以往復供用，歷久仍得有效。此法處理之益，可使鈣去淨而僅留有極少部分於水中，然重炭酸鈉過高時，則留有多量之炭酸鈉，亦爲其弊耳。

熱法處理——熱法處理是行於給水預熱機中(Feed water heater)。此機連接於鍋爐之旁，一則用以保留一部分之廢熱也。此項設備之用以保留殘熱，固爲其至要目的，然因其加熱，重炭酸物由此而分解，已爲去硬之處理，故恒特別設此機械作爲處理硬水之用也；熱量取自煙突中者，謂之留熱機(Economizer)！取自汽缸中者，謂之給水預熱機。

留熱機係以水管組成，置于自鍋爐間導出之殘氣中。此項設置，須使管內之膜層可以洗刷，管外之烟灰可以掃除。熱之來源不同，故留熱機所得之熱力，高于給水預熱機，實際上留熱機所有之壓力情形與鍋爐所有者彷彿也。給水預熱機分啟口與閉口兩種。啓口者即在空氣間操作之，以其所生之二氧化炭隨時可以逸去，重炭酸物易于分解，故其處理工程較閉口者爲良，惟硫酸化物無任何影響，是以斯時所生膜層雖少，而質則較堅。硫酸硬度如亦欲去之，則其處理可與冷法相同，加入炭酸鈉是矣。幸此時以熱力關係，硫酸化物易於變爲不溶解的炭酸化物，故其沉澱生成，即可濾過用之。

鍋內處理法——此法是利用其在鍋爐內之溫度與壓力之變換物質沉澱之情形也。加蘇打，硫酸鈣即轉爲固體之炭酸鈣而與爐水持平衡；炭酸鈣不能結爲堅結之膜層，故可用機械濾之。依圖觀之，知溫度增加硫酸鈣之溶解度減低甚多，而炭酸鈣則略見增加。炭酸鈣溶解度之加增固不爲甚，然此微數，卽爲鍋內處理之關係矣。圖上在 250°C 時，炭酸鈣與硫酸鈣之溶解度相差甚大，而至 450°C時， 則相差無幾， 硫酸鈣之溶解度既因溫度之升高而減低，則溫度升至極高之時，其必結晶於鍋壁管牆之上，故固體之硫酸鈣既與水中溶解之硫酸鈣行成平衡，則俟水蒸發，更多之硫酸鈣必結出之，於是在爐

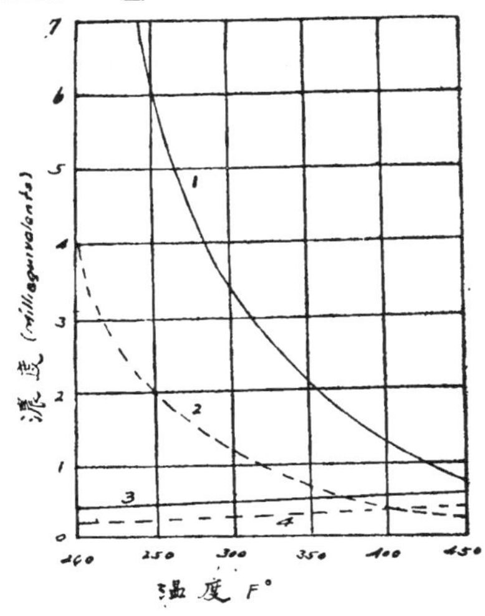

1. 硫酸鈣
2. 硫酸鈣(含300P.M.之硫酸鈉。)
3. 炭酸鈣
4. 炭酸鈣(含250 P.P.M. 之炭酸鈉)

管熱面生有堅結而為患之膜層。今苟以蘇打加入，則依上述之公式(a)，堅結之膜即可防止，蓋炭酸鈣之溶解度，因高溫而增加，故熱面之上可以不生硫酸鈣沈積，而僅有炭酸鈉浮懸於水中矣。此即所謂鍋內處理之法也。然依公式所云，因硫酸根之存在，據公伊洪之影響(Common ion effect)，亦得使硫酸鈣之溶解度減小而結出膜層，故欲沈澱炭酸鈣而避免硫酸鈣之結晶起見，則足量之炭酸鈉務必加入，圖上(2)(4)兩線所示者，至為明瞭也。

炭酸鈉水分解之影響　處理硬水，知炭酸鈉為惟一之良劑，然鍋爐氣壓升至每吋210磅以上，溫度達385°F時，則炭酸鈉亦非所宜，蓋水分解作用起矣：

$$Na_2CO_3+2H_2O\longrightarrow 2NaOH+H_2CO_3$$

因炭酸鈉之分解，氫氧伊洪乃增加，于是氫氧化鈣之生成，必甚于炭酸鈉。故氫氧化鈣未成固體之前，其氫氧根伊洪之濃度不宜過量的增加至與鍋水成為平衡情形，因氫氧化鈣之性質與硫酸鈣相似，溫度增高，其溶解量必形縮小，於是亦成堅膜，有致鍋爐碎裂之虞。是以鍋爐壓力在210磅以上者，則採用磷酸鈉代之，因磷酸鈉之水分解作用小於炭酸鈉，惟其價格較高耳。市上亦有處理硬水之藥品出售，名曰boiler compounds者，內雖含有氫氧化鈉炭酸鈉與磷酸鈉等物，但非優良藥劑也。

沈積之除去　爐水因蒸發或鍋內處理之生之沈積，務必設法除去之。其法有用浸流(blowing down)者，亦有用減濃(deconcentration)者。浸流之法，即為開啓鍋爐下端之出水管，使水流去一部。蓋沈積之物，常在鍋爐下部，故下管開放，大半沈積便可流去，然後再加新水是矣。減濃之法，乃爲設一過濾機械於鍋邊，使一部之水，常得濾去沈積而復還入鍋中，其熱力之損失少，而固體之濃度可以減小。故此法亦可與浸流法同設也。

水泡作用與汽水並發作用(Foaming and Priming)　蒸汽動力用水，除上文所言之硬水爲患外，尚有水泡作用與汽水並發作用二端，亦爲重要之困難問題。二者均爲物理的作用，然意義則各別之。水泡作用乃水汽上升水面，非爲自由分散之水汽，而爲一個個連結的水泡也。此種情形之發生，甚爲危險，蓋當水泡充滿鍋爐之時，而其上面之乾燥水汽流完之後，水泡必行繼起，于是虹吸(Siphon)作用必定發生，鍋水流出，代之以水汽矣。水泡作用之所以發生，是因水中含有溶解物過高之故，而以鉀鈉鹽類爲尤甚。蓋溶解之鹽類能增加表面張力而減小水汽破面逸出之能力。至於此種鹽類之由來或由天然之存在。或如上文所云因處理而加入之，故此種鹽類大率爲氯化物或炭酸物，而後者之爲患尤甚。水汽蒸發，至水之濃度達每加侖含一百格林(Grain)時，水泡作用則易於發生，然此現象實不僅因溶解物質卽能生成，尚須含有浮懸物質泥土沈澱之鎂鈣化合物或有機質或油類等等始能發生，蓋油質浮於水面，有機質能成膜層，尤能固定水汽之上升也。除去之法，可用機械的設計，使面層所成之泡沫隨時吹去，是謂吹除法(blowing off)或用少許之蓖麻子油破壞其所成之泡沫，水泡之患，則亦免矣。

至於汽水並發作用之意，乃因水有劇烈之沸騰而使水滴或水泥射擊至水汽管中而生溼的水汽，並不生有水泡作用之情形也。治法則有兩種：一則將此水汽接觸紅熱之金屬，使其水滴再行汽化，一則驟然開啟水汽之出路，使其壓力暫時減低。二者爲用，可依情形不同，分別採用是矣。

附注：本篇爲本校工科二年級所授化工材料學(Leighou: Chemistry of Engineering Materials)之第一章，以其理論充實，又切實用，是以節譯如上。

定性分析操作要義 MANIPULATION

袁 祥 譯

節 目

1.沉澱----通常沉澱之目的有二，一爲分離 Separation，如分析表中所列各沉澱逐步濾過而分開者；一爲辨識 Identification，如各種證實檢驗 Confirmatory test中者。

爲分離起見而行之沉澱，當盡力使之完全，故試劑 Reagent 必加至上層淸液或小部濾液中不再發生沉澱而後止。通常微過量 excess 。之試劑(約一立糎cc.)能因同離子作用 Common ion effect 而減小沉澱之溶解度 solubility 。但大過量則每生相反之結果，即如氯化銀 AgCl 與鹽酸 HCl，或硫酸鉛 $PbSO_4$ 與硫酸H_2SO_4所起之作用。因此，且以普通皆不願多加無益之物品，故大過量之試劑當避免之，惟有某種之目的者。如用鉬酸錏 ammonium molybdate 以檢驗燐酸，則爲列外。關于使沉澱易于濾過之方法，參閱濾過節及註1 。

爲辨識起見而行之沉澱，當使反應 reaction 在敏度 sensibility 最大之情形下發生，亦即能以最小量之檢驗物 test substance 可以生成沉澱。此種情形各各不同，但普通，檢驗之溶液 test solution 必甚濃而試劑必小心加入，最初加以一滴，而觀察其混合前後之作用。試劑與檢驗之溶液須拌攪或搖動以使其混合均勻，然後可判定其結果，否則因局部過量 Local excess 可以發生錯誤。淺色之沉澱當在玻璃器中觀察之，蓋在磁器中不易辨別；且用試管沉澱易于聚集，故較佳于用燒瓶或燒杯。沉澱之顏色當于集管底後，經過玻管以横向視察之；倘以直向經過上層液體視察時，每爲液體之顏色所混淆，尤以深色液體中生成淺色沉澱時爲然。欲測定一沉澱是否能溶解于過量之試劑中，可將此試驗逆行之，即將檢驗之溶液逐滴加入大量之試劑中，同時加以搖動。如此物質能在過量試劑中溶解，則必俟多量之檢驗溶液加入後，始有沉澱發生。

2.濾過——濾過爲分離固體及液體最普通方法（參閱傾注及離析節）。

濾過之目的有二，一爲使液體除去固體而澄清，一爲集取其固體。爲第一目的，則可以採最速之方法用摺裥濾斗 fluted or plaited filer 或紙粕濾斗 paper pulp filter行之。但欲集取固體時，則必選用一種濾斗能使聚集之沉澱易于移取而無若何之損失。在此種情形，當用普通之濾斗，而其大小應照固體之多少而定。

分析中所用各種主要濾斗之形式如下：

普通濾斗——此種濾斗之摺疊法，普通皆已熟習。在潤溼在前，濾紙與漏斗必細心調整，使其密合，使紙與漏斗之間，無氣隙存在。忽略此點，則過濾遲緩。當過濾之時，斗中液體宜常注滿，但勿過滿。除某種極細之沉澱外，普通濾紙濾過最速，若硫酸鋇 Barium sulfate，草酸鈣Calsium oxalate與某種膠狀沉澱之能通過濾紙者，可用特製之紙濾過之：此種濾紙紙身較厚，但過濾甚緩，亦可以普通濾紙二張重疊摺成以代替之。

耳式摺法 ear folding——此法摺成之濾斗，濾面 filtering surface 甚大，故濾過較快。摺法爲先循一直徑摺疊一次，展開，再循一與前垂直之直徑向同面摺疊一次，再展開，再循一平分前二線所成角度之直徑向背面摺疊一次。然後展開，以最後摺疊之一面向下，而引起最後摺痕之二端使其相觸。即置入漏斗中，則除二耳伸入斗心外，餘均與玻璃面接觸。苟用一玻棒曲成三十度角之人形，置于紙底，則其二臂伸入二耳中，使其開展，而濾過更速矣。

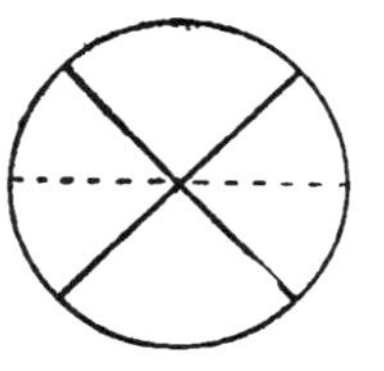

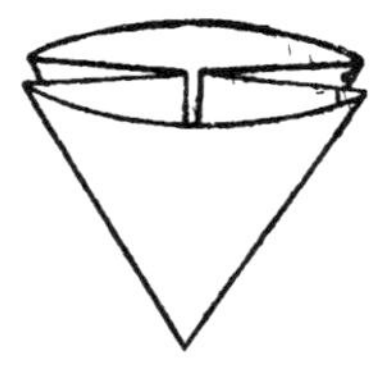

摺襇濾斗——摺襇濾斗罕用于分析中，但當燐酸鹽存而在過濾鐵族之鹽基性醋酸鹽之沉澱時，苟沉澱過多，亦可用之。但此式濾斗決不宜于濾集小量沉澱。化學室之儲藏室中多備有摺就者。

紙粕濾斗——此式濾斗乃用以濾過極細固體之能通過他式濾斗者。苟其沉澱尚需再加考驗，則不宜用此式濾斗，蓋沉澱不易與多量之紙粕分離也，紙粕之製法如下：置普通濾紙四五張于燒瓶中，加足量之濃鹽酸使之潤溼，放置約十分鐘，然後加水振盪俟紙粕沉降，傾去清液，再以水洗滌數遍，俟其清液不再與硝酸銀 silver nitrate 發生混濁而後止，此紙粕可以和水保存于瓶中。用時先製備一普通之濾斗，再將紙粕搖勻，適量傾入，以高約濾斗四分之一爲度。如無製就之紙粕可用，可用一速成之法，卽將濾紙一二張撕極碎，加水振盪即成，惟所製紙粕不如上述者之佳耳。

石棉濾斗 asbestos filter ——石棉濾斗，乃用以濾過強酸液或強鹹液之不能再行稀淡，以使無損于濾紙者。先將少許玻璃毛 glass wool 團成一球塞緊漏斗之孔，然後將石棉加水研成碎粕，傾入少許于玻璃毛上，再反覆洗滌之，使石棉及玻璃之細紛去除淨盡而濾液澄清。苟玻璃毛過于塞緊或石棉層過厚，則過濾遲緩，否則可以過濾通暢。

吸下濾過 filtering with Suction 乃用以除淨沉澱中黏着之濾液或用以使遲緩之濾過加速者也 因普通濾紙潮溼後韌力甚小，故必加支持物于其尖端以承受每方吋十磅以上之壓差 difference of pressure 。 支持物或用有孔之白金圓 面 ， 或加用一硬化紙 hardened paper, 最佳爲用一特製之硬化紙質之小圓錐面。先將此硬化紙之小濾斗置于漏斗中使其貼合，再如常加以普通濾紙。此硬化圓錐面或硬化濾紙可以洗淨再用。吸力應漸次加大不可急遽。如最初之濾液混濁，可以再傾入濾斗以濾過之，蓋紙上較大之孔旣爲沉澱所阻塞，則濾過自可佳良矣。

膠質沉澱 Colloidal precipitate 多爲極難溶解之物質所成，如硫化物 sulfides, 氫氧化物 hydroxides, 及在反應中析出之硫 elementary sulfur 等。此等物質雖極難溶解然能與水生成膠質懸濁液 Colloidal suspension （亦稱膠質溶液 Colloidal solution） 以通過濾斗。可加以電解質 electrlyte 如硝酸錏 NH_4NO_3， 氯化錏 NH_4Cl 或鹽酸 HCl 然後煮沸，以使其凝結而易于濾過。洗滌銅錫族與鎳鐵鋅族 Cu—Sn and Ni—Fe—Zu group 之硫化物沉澱，常用特備之洗液而不用純水此亦爲其一原因也。

沉澱之洗滌(參閱註二)——沉澱沉集于濾斗上，每含有若干母液 Mother Liquor，欲除去之必以某種適宜之液體洗滌之。冷水多用于較易溶解之沉澱，而對于較難溶解者則用熱水，蓋以其較易通過濾斗(在0°C 時水之黏度 viscosity 約四倍于在 100°C時)，且易于溶解附着之物質而難與沉澱生成膠質懸濁液也。但對于某種沉澱則必用特備之溶液。洗滌濾斗上之沉澱時，洗液當分爲多數小部分加入，而每次加入以後必俟其完全通過再加第二次。沉澱之易于沉降者，可以傾注法洗滌之。

3.傾注 — 苟時間足以俟固體之沉降，則有時可用傾注代替濾過，以分離液體與固體。但即使沉澱完全沉降，其液體必傾注於濾斗之上，以保留激起之小部沉澱。除非沉澱極易沉降者，此法罕用于分析中。用傾注法以洗滌時，即將傾去溶液之殘渣加水或別種洗液攪匀，再行傾注。此法行一二次，較普通濾斗上之洗滌爲淨盡，惟其應用常受限制耳。

4.離析 離析爲沉澱去除附着液體最佳之方法，可以用于錫族Sn group之五硫化砷As_2S_5 沉澱，尤以不能利用吸下法時爲然。法爲由漏斗取出濾紙與沉澱，移至離心機之有孔容器，加蓋速轉，勿過激，約以一二分鐘爲度。

5.浸取 —— 浸取者溶出固體混合物中之可溶部分也 。 欲使浸取完全如用硫化錏 ammonium sulfide 以分離錫族與銅族，則將固體混合物與浸取劑加溫拌攪。否則，可以小部分之浸取溶劑反覆傾入濾斗中之沉澱上，即如銀族中鉛鹽與銀鹽 salt of Lead and silver 之處理。

6.加熱與煮沸——關於此等操作，有數種語句須加以區別。

『加熱至將沸』 heating almost to boiling 意謂將一液體加熱達未至沸騰之最高温度。否則將排出必須保留之氣體成分，或分散已凝結之沉澱，或其他不利之結果。

『加熱至既沸』 heating just to boiling 意謂將其輕微煮沸而時間勿過久。

「煮沸」 boiling 意謂將其輕微煮沸經過一定之時間，通常多用以排出氣體。猛烈之沸騰永不可行。

7.蒸發（參閱註三）——當行於淺而開敞之器皿中， 庶其蒸氣逸出迅速。 在燒杯中蒸發較緩。最佳為用一大小適宜之蒸發皿，持於手中在微火上旋轉。旋轉之目的為使薄層之液體鋪於皿邊而與流動之空氣接觸，則蒸發迅速且可以避免其沸騰時之濺躍。倘雙手無暇則可以陶土三角 Clay triangle 架於微火之上。

『蒸發至將乾』 evaporate almost to dryness 意謂蒸發至冷却後尚餘二三立糎之液體。須注意者，加熱停止後，皿壁所儲之熱力猶能使之繼續蒸發少時也。

『蒸發至既乾』 evaporate just to dryness 意謂蒸發至冷却後殘渣完全乾燥；但勿使之焦灼，若鹽類之分解為氧化物。焦灼必留意避免之，蓋生成氧化物每須以酸溶解再行蒸發，故當蒸發將終了時，宜以蒸發皿斷續與火焰接觸，使蒸發緩緩進行。

8.矽酸之除水——矽酸之沉澱為正矽酸 Orthosilicic acid H_4SiO_4 或其與間矽酸 metasilicic acid H_2SiO_3 之混合物。此為膠狀物質，如加以水則解膠 peptized 而成為膠質溶液。但苟蒸乾而加熱於含矽酸之固體，使其温度略高於水之沸點，則發生除水作用而生成氧化矽SiO_2之殘渣，雖強酸亦不易溶解之。金屬氧化物，除非熱至甚高之温度，不致不能溶解。故除水而後以稀鹽酸或稀硝酸浸取之，可以使矽酸與其他鹽基組成物 basic constituents 分離，以去除分析時因矽酸而起之困難。蒸發所餘之殘渣，須於乾燥爐內以 110° 至 120°C 之温度加熱約二三十分鐘。將殘渣研細，再加熱約十五分鐘。過高之温度務宜避免，尤以氧化鋁 Al_2O_3 與氧化鉻 Cr_2O_3 能因之變為不溶體，而於浸取時與矽酸同被遺留。

9.空白檢驗——空白檢驗乃以同樣檢驗之手續行於未加某種物質之試劑。由此可以察出該試劑是否能生成某種之結果。苟試劑之一，有含有某種物質之可能，則當行此檢驗。例如，過氧化鉛 PbO_2 有時含有二氧化錳 MnO_2 故在用純度 Purity 未知之過氧化鉛以行 Crum—Vollhard 氏反應以前，當以少許與稀硝酸煮沸而使之沉降。苟其液體成為紫色則此過氧化鉛不能用以作錳之檢驗。

10. 中和——有數種分析之反應須行於溶液之完全中性，微酸性或微鹼性中者，故中和之手續甚為重要。設溶液之性質為未知，則可以感覺定之。強鹼性液體之含有固定鹼 fixed alkalis 如氫氧化鉀 KOH 與氫氧化鈉 NaOH 者，有鹼液之特殊嗅味(與6n之NaOH比較)， 苟以一滴摩擦於指間則有如皂液之觸覺。 氫液 ammonia solution 之濃度，可由其嗅味測定之。强酸性液體有酸嗅，即普通濃度者對於皮膚亦特殊有之觸覺。如無此等特徵，則此溶液必近於中性，當以石蕊 litmus試之。如其溶液爲强酸性或强鹹性者，則其中和可以下法速成之：取去溶液十二分之一，加酸或鹹于剩餘之部分，加以攪和，直至能使石蕊變色爲止，再將取去之一部加入混合；則此液體甚近於中性矣。另有一粗簡之中和法爲先使溶液略帶酸性，加足氫氧化錏NH_4OH至混合後其嗅味仍存在。爲確定其嗅味來自溶液而非自餘留皿中之蒸氣起見，當先閉目吹出其中蒸氣再嗅。如其嗅味存在，煮之使沸至嗅味消失爲止。經此二粗簡手續之一，最後之調整，大都必須將稀酸或稀鹹(約1n者)逐滴加入，每滴加入後皆攪勻而以試紙試之。如其無作用於新鮮石蕊紙之溼以純水者，則可謂之中性矣。最後之檢驗必當留意，蓋惟能達到完全中性，而後檢驗之結果方可靠。所用試紙當密藏於容器中，以免受室中氫氣之影響。取紙時最佳用在本生燈中燒過之鑷，否則亦當用乾燥之手指，取出後，當置於新濾紙或其他潔淨之表面上，而以洗滌瓶中之淨水潤溼之。以玻棒取試液一滴而觸於試紙之一端，在日光透達之處，細察其顏色之變化，曾經完全中和之溶液，可以測定其容積而加以若干濃度一定之酸或鹹以使其成爲某種酸度或鹹度acidity or alkalinity 。學者初試行時，當於加試酸或鹹，以前，將其算得之數量就正於教員。『稍酸(鹹)』slight acid (alkline)，意即0.01n,而『微酸(鹹)』faint acil (alkalinf) 意即 0.001n。

11. 少量之液體——普通以量筒量取五立糎以上之容積，其精密度足供定性分析中之用。而一至五立糎間者以用刻度滴管 pipette 爲佳。小於一立糎者，當用曾經計算其五立糎所需滴數之小滴管 droppen 以滴數量之。能從試劑瓶中傾出一滴試劑之技術，當早行熟練之。

註1.沉澱之構成——分析時宜極力避免膠質狀態之生成。故第一問題即爲沉澱之如何構成。『當二電解質混合，由雙分解 douole decomposition 以生成較難溶解之化合物時，經過一定時間後，此化合物因超過其溶解度而沉澱。其時間則視核心 nuclei 生成及分子 molecules 移向此結晶中心之遲速而定。沉澱之生成乃由此核心逐漸增大以至能因重力 gravity 而沉降，或因受電解質或荷電相反之質點之作用而凝結。普通，此化合物愈易溶解則愈易生成結晶之沉澱。結晶體之沈澱較爲純淨而又易於過濾及洗滌，故分

析者極類其沉澱爲結晶體。以此，沉澱之進行必愈緩愈佳，即以沉澱劑 Precipitant 緩緩加入而常加拌攪，溶液必極稀淡，且祇有少過量之沉澱劑加入，沉澱劑過多，則或生成雜離子 complex ion 而重行溶解，過少則或使沉澱解膠而成膠質分散體 colloidal dispersion 。其少過量之沉澱劑，因同離子作用，可以減小其溶解度以助其凝結而避免膠質狀態。又沉澱時其沉澱以較易溶解者爲佳，故可以稍升溫度及略增加酸，俟沉澱後，再降低溫度及中和過量之酸。 溫度過高能使膠質分散體更易凝結而所成之質點極小。 融會 digestion能使小晶體增大。如註四所述。

註2.洗液之選擇與使用——沉澱由結晶體擴大而成者， 其雜質祇有薄層附著於表面，易以洗滌除去之；但此種沉澱多易於溶解，故必用最小量之洗液。設其沉澱由於電解質之凝結，而成則因其面積較大而吸着之雜質甚多，故必用較多之洗液。且因凝結之時，其電荷之消除，乃由於與離子中和，故此離子甚難除去。加以，離子一經除去，沉澱即易於變爲膠質狀態。此所以用飽和硫化氫 H_2S 之氯化錏 NH_4Cl 液以洗滌硫化物沉澱也，選擇洗液必須謹慎，如氯化銀 AgCl 能吸着氯離子，故可爲氯化鉀 KCl 溶液所解膠；此與氰化銀 AgCN 與氰化鉀 KCN 之生成雜離子相似，洗滌鎳族硫化物時，膠質硫化鎳 NiS 液之特殊暗棕色足以指示鎳素之存在 。

註3.蒸發——溶劑常可由蒸發以去除之，而溶液所含不揮發 non-volatile 之固體不致化氣散失。液體表面雖亦有溶質 Solute 之分子，但可認爲被溶劑 Solvent 分子所吸着，故不能逸出液體之外。且其固體在蒸發之溫度時當不能揮發，而溶劑與溶質分子間之吸引力實大於其同種分子間者。當液體之混合物煮沸時，其總蒸氣壓力等於大氣壓力，且因各組成物之部分壓力 Partial pressure 小於總蒸氣壓力，故其沸點亦小於單獨存在時者。如氯化錏或硼酸 HBO_2 在蒸氣流中，較單獨時易於揮發。

註4.細粉之溶解度——溶解度爲一不變之數值，乃大塊晶體之一特性；但在直徑小於 0.02 mm. 之細粉則不然。蓋晶體及液體間之作用力因面積增大而加巨，故細粉固體之溶解，不但較速且較多。表面張力。 Surface tension 每趨向於使自由表面 free surface縮至極小，故使較小之晶體溶解；但如此則溶液對於大塊晶體成爲過飽和 supersaturated,故大塊晶體更行增大以補償小塊之消失，甚細之澱沉在分析中爲困難之來源，

蓋以其能通過濾紙，或阻塞紙孔而使濾過遲緩。但普通沉澱之質點大小不一，故必加以融會，則經過一定時間後，較小而易溶者，溶解而重行沉澱於大者之上。拌攪及加熱有助于融會，蓋以拌攪能使晶體多與新鮮溶液接觸，而加熱則使細晶體溶解加速也。

(譯自 Smith and Miller's Qualitative Analysis and Related Principles)

人造綜合化學品之指示劑

丁憲祜譯

有機化合物之能在各種不同強度之酸性中變色，最初大約係發現於動植物類。但不久期間，此種有機物，如茜草色素，洋紅，薑黃等，在實驗室中已漸歸淘汰。惟有石蕊色質試驗紙，仍爲試較粗率之酸性之重要指示劑。今日常用之指示劑，幾盡爲有機實驗室或顏料工場所製者。

各種指示劑，自身皆具極弱之酸性或鹼性。其所以變色之作用，尙不甚明瞭 Ostwald氏謂二種顏色，係由於在不同之氫離子濃度中，指示劑自變爲離子所致——其離子與未受分析之分子，顏色不同。後又有證明其在化爲離子外，分子內部組織，亦變換排列，此爲變色之主要原因。關於變色之原因，雖不甚了解，但其在實驗室中，仍廣用爲有價值之試藥。應用之指示劑，爲數極多，一九〇九年，Carlsberg實驗室之 S. P.L. Sorensen 氏，在其研究酵質之工作中，連帶調查各種適用之指示劑，並選出一系，特別適用於生物化學者。此後其他各系之指示劑，亦經選出，包括更廣 pH 值之範圍。

大多數之指示劑，可見於含有二氮原子及二碳氫根基化合物 (AZO) 染料中，如 Methyl Orange (dimethy laminoazobene sulfonic acid)， Methyl Red (dimethylamnoazobenzene carboxylic acid) 及其他貴重指示劑如 Neutral Red, Methyl Yellow, ora ne I, Alizarin Yellow R. 等皆是。Pararosaniline 染料，即 Crystal Violet, Methyl Green, Ethyl Violet, Fuchsine 等，亦常作指示劑之用。

無水石油精酸化氫氧輪質類 (Phthaleins) 對於鹼性。爲極佳之指示劑。在Phenolphtalein 及 Tetrabromopherolphthalein 之外， cresol-, naphthol-, xylenol- 及 thymol-phthaleins, 皆爲有用之指示劑。此種基質之變色，較之其他指示劑，似稍有不同。各種 Phtha'eins 皆爲無色或淺黃色，在酸溶液內成無水氫氧酸類 (Lactone)。加鹼質後，無水氫氧酸之構造，變爲鮮色之治瘧鹼 (quinoid) 構造，若再加過量之鹼質，則成一碳酸基之鹽，無治瘧鹼構造，而又變爲無色焉。

Clark 與 Lubs 二氏研究 Sulfonphthaleins，並製成一系之指示劑，其成份完全爲此基質之化合物，因其鮮亮之顏色，故對於用量色法定氫離子濃度，特別有用。其製法爲凝結氫氧代輪質 (phenolic) 化合物與 O-Sulfobenzoic acid 之無水酸，以氯化鋅爲媒介。玆將一部份 Sulfonphthalein 之pH範圍及其簡稱，列表如下：

Sulfonphthalein Compound	PH Range
P-xylenol-(Xylenol Blue)	1.2-2.8
Tetrabromophenol-(Brom Phenol Blue)	3.0-4.6
Tetrabromocresol-(Brom Cresol Blue)	4.0-5.6
Dibromocresol-(Brom Cresol Purple)	5.2-6.8
Dibromothymol-(Brom Thymol Blue)	6.0-7.6
Phenol-(Phenol Red)	6.8-8.4
O-cresol-(Cresol Red)	7.2-8.8
Thymol-(Thymol Blue)	8.0-9.6

另一系之指示劑爲 Michaelis 氏研究所得，爲 Nitrophenol 基質，其變色——由無色至黃——之範圍，列於下表：

Nitaophenol	pH Range
2,4,6-Trinitrophenol	0.0-1.3
2,6-Dinitrophenol	1.7-4.4
2,4-Dinitr pheonl	2.0-4.7
2,5-Dinitrophenol	4.0-6.0
p-nitrophenol	5.0-7.6
m-Nitrophenol	6.5-8.5

在測酸及鹼之強度中，欲擇一指示劑作某一滴定之用，須視結果之鹽之氫離子濃度如何。若結果爲一微弱鹼性之鹽，如醋酸鈉，則須用在鹼性方面變色之指示劑。故滴定醋酸及氫氧化鈉，當用 Phenolphthalein 或 Thymol Blue 在 PH 8—10 變色者。若有一弱鹼，如硇精，與強酸滴定，則其結果之鹽爲酸性，而指示劑亦當用在酸性方面

變色者。Methyl Red 或 Brom Cresol Blue，約在 pH 4-6 變色者，皆能適用。若強酸與強鹼滴定，結果之鹽，化離子力必甚大。任何溶液，稍有過量，則輕離子濃度變化甚大。指示劑之在 pH3—11 間變色者，皆可適用。反之，弱鹼與弱酸之滴定，鮮能辨別清楚，因其 pH 值變化極小也。

研究指示劑，可推及一重要之應用：即以直接量色法，定氫離子之濃度是也，一極簡單之法，即係加指示劑於未知溶液，再加同一指示劑於氫離子濃度不同之標準溶液，比較顏色以定之。此種量色法，在工業上已有頗多應用，例如管理水之清潔，紙之黏膠，處置垃圾，煉糖，烘焙，電鍍等等皆是。

如在各定量方法內，有新創之應用，必須研究其連帶之情形。若指示劑之顏色範圍，濃度，及鹽質蛋白質等對於指示劑本身之影響，種種要素，皆須考慮。關於指示劑之知識，已有不少適用。每年更有新消息貢獻焉。

（譯自 Journal of Chemical Education）

物質循環概論

楊耀文

佛氏倡輪迴因果之說，以爲大千世界，莽莽衆生，日馳逐於名利是非之場，將受六道之淪胥而不自覺；天道福善禍淫，作善降祥，自求多福，冥冥之中，報應絲毫不爽，天堂地獄，善惡分明，其說雖放誕不經，虛構無稽，要亦導人爲善，獎勸自省之一道也。至若佛法無邊，金剛不壞，慈航普渡，覺岸同登，其所謂妙諦眞詮，竟不知究何所指？若有人焉：專心壹志，持戒皈依，養性修眞，淸課淨業，厥後菩提證果，必能解脫凡塵，超生仙界，則益近於穿鑿而附會矣。然而物我無間，色相皆空，萬物有循環之可能，不生不滅，確與近代學理互相表裏，聊舉數端，以實其說：

（一）水之循環　水供人生吸飲，爲日用所必需；水供田畝灌溉，爲耕稼所必要；水常佔地面四分之三，大氣內含有水之潮氣，水亦係泥土沙石常含之物質，又爲動植物之要素，其關係於自然界之變遷，頗稱重要。水受溫度之感應，氣化而爲水汽，滿布空中，是即爲雲，行動尤易，一旦氣候不齊，空氣即逐熱處行動，而大風隨之發生，於是雲隨風勢之轉移。播遷飄蕩，至凝聚成雨而後止。苟遇天氣驟寒，降至結冰之點，則逕行凝爲霜雪，凡水汽凝聚，質量陡增，降而爲水，水着地表，行動不息，平坦之區，一時不能傾瀉殆盡者，即行氣化，或滲入土壤，其一部份則滙入江河。江河之水，順流而下，注入洋海，洋海面部之水，再行氣化而上升天際，經溫度冷熱之不同，風力疾徐之作用，瀰漫宇宙，下降地面，草木咸被潤澤，芸芸而生；江河遍受供給，滔滔不竭，而水之循環，永無窮矣。

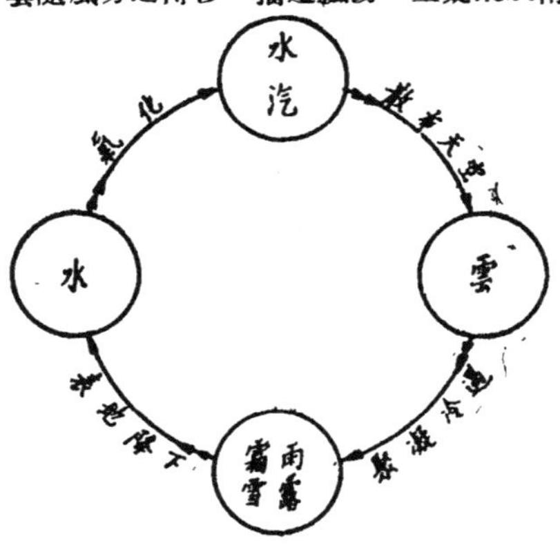

圖解式一：水之循環

（二）功能之循環　能之最爲顯著者，莫若光度與熱量二種：太陽之光兼發熱，普照世界，萬物化生，此天然之能也。煤料富儲天賦之熱量，經燃燒而發熱烈之光焰，傳遞於水，使成蒸汽，蒸汽也者，沸水受熱，分子浮動，由液態而變爲氣態，密度驟稀。容積因隨之開拓。其膨脹力之大，每一克分子量（約重18克）之水，可改變爲一克分子容積（約佔22.4公升）之蒸汽。人羣利用其脹膨力，於是有蒸汽機之發明，始創汽鍋，更改進而造蒸汽臥輪，施之各種相當機械，而獲鉅量之機械能。其功效可以行車駛舟發電引水，並成就各種製造。羣山險峻之區，間有水勢湍急之瀑布者，且可利用水位之高壓力，以構成水車水臥輪，爲原動力之用。他若風車汽油機等，中經特製引擎之構造，將適當之機械能，運用轉變而爲功。施之電爐，則變原有之熱量，其溫度可升至千度以上，而鎔化各種金屬；施之電燈，則發強度之光，其光度可達千百支燭光而有餘；施之唧筒，則可以引水至高出層樓之水塔。由是而功能轉變，運用自如，煤料之熱量，既可利用以生功；電力之發生，且可轉變而爲光與熱。然則二十世紀之文明燦爛，巧奪天工，一本功能之轉變循環而已。

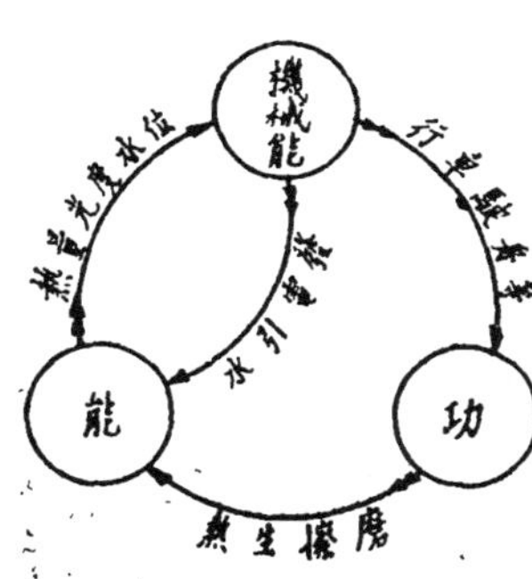

圖解式二　功能之循環

（三）炭素之循環　炭爲動植物主要原素之一，經古今科學家之研究而益證明。萬物生存，無非藉氧化與還原之作用。土壤中含有植物需要之物質，若氮鈣鉀鎂鐵燐硫以及水份是，諸元素居於化合物地位，溶解於水中而成溶液，於是由植物根株纇毛細管之吸力，吸收上升，以分泌於莖幹枝葉變化爲植物汁。其植物外表之綠葉，則吸收大氣中之二氧化炭氣及潮氣，藉日光絪蘊之下，化合而爲纖維細胞等組織。由是而富藏纖維素，澱粉，糖，脂肪，蛋白質等種種有機物質，以保持其生存；同時則吐出氧素，以供動物之吸呼。動物食品，大部取材於植物，植物中之有機物質，皆爲動物需要之營養素。動物內體各部，具有各種天賦之酵素，用爲引劑，經各部消化之後，即被內臟吸收，以分泌於血液。生物具有機能，即基於是！食品之屬於糖與澱粉等諸炭水化合物，原爲炭氫氧三元素所組合，受動物吸入適量之氧，在內體起氧化而爲二氧化炭與水份，其結果有巨量之熱發出，所以保持其體溫也。其一部份轉變而爲動物性澱粉者，所以儲炭水化物之有餘，備補萬一之不足也。至若脂肪，亦爲炭氧氫三元素所組合，惟結構頗爲複雜耳！動物取爲食品之後，亦受酵素引劑之作用，轉輾變化而爲動物性脂肪，是故生物界之變化，其屬於炭素爲主要部份者，無非藉酵素爲引劑，將植物性纖維素糖澱粉脂肪等轉變爲動物性；而動物內體氧化與其死亡腐爛，均發出二氧化炭，供爲植物之原素。炭與氧交相爲用，而造成動植物之循環，因以生生不息。

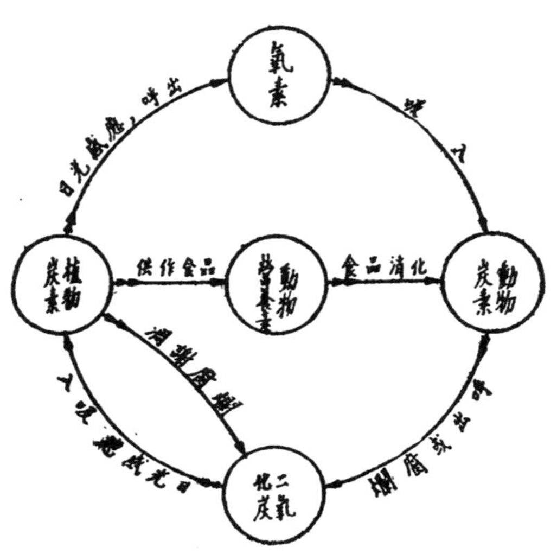

圖解式三　炭素之循環

（四）氮素之循環　凡有機物質，都含氮素，動物排泄，可取以爲植物之肥料者，以其含氮素也。惟氮元素無益於植物，因氮居分子地位，植物不能直接吸收，而大氣之中，氮能亘久生存不變者以此。植物中富有蛋白質素者，以荳科爲多，五穀中亦稱豐裕，其結構頗形複雜，大概成分爲炭(50.5—54.5%)，氫6.5—7.3%)，氮(15—17.7%)，氧(21—24%)，硫(0.3—2.3%)，燐(0.4—0.8%)諸元素所組合。一經供作食品之後，植物性蛋白質素，即轉變而爲動物性。動物體中，除水份脂肪，以及少量無機成分外，幾至全部由蛋白質素所造成。乳液禽卵，亦富含此素，人類以動物爲食品，佐之以乳液禽卵者，意在取得此素也。即植物中之脂肪與諸炭水化物，其炭氫氧三元素，與適量之氮，微量之硫燐鈣，互相化合，而造成神經肌肉骨骼毛髮等種種組織。其結果皆爲蛋白質素之組合，間起消化改變之程途。每將尿素排泄，而發硇精之臭味者，因含有硇基故也。硇基爲一氮二氫所組合，如遇動物死亡腐爛，經特種黴菌之作用，分解爲氮元素者，則返之天空。其他一部份，或屬硇精，或屬錏化合物，或呈臭味之各種氮氫氣質，咸入於土壤。受各種微菌之感應，分解化合而起氧化，再與土壤中鹼金屬或鹼土金屬生反應。於是氮居各種硝酸鹽硇精與其他複雜化合物地位，溶解於水，變成溶液，經植物根株吸收，而變化為植物性蛋白質素焉。氮元素之散布天空者，受雷電交作之感應，與氮化合而成微量之氮氧氣。大雨滂沱，帶入土壤，每起同樣之變化，以供植物營養。其氮元素之直接入於土壤者，植物之根菌瘤 可以感應變化而為適宜之肥料，不足則取材於人造肥田粉焉。按動物不能直接利用氮元素，必也取材植物為營養品，乃得生存於世界；而其死亡腐爛之後，又輾轉變化以培養植物，是生物界之變遷，氮元素之循環，亦為天地造化無窮之一。

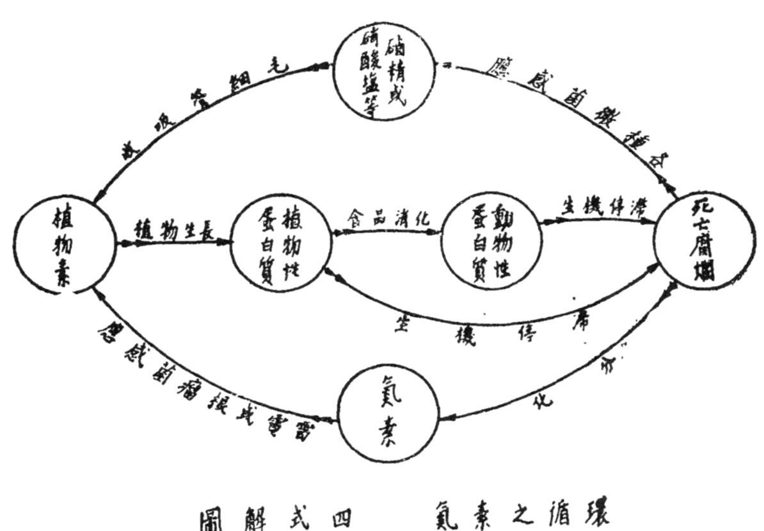

圖解式四 氮素之循環

他如地質上之變遷，滄海桑田，沙洲消長，屬於外表；層岩流露，礦石成形，屬於內部；日月星辰，運行不息；風霜雨露，潤澤調和；山脈蜿蜒，高出雲表，樹木因之叢生；江海流動，深陷地中，水族於焉繁殖；羽毛豐滿，有胎生卵生之分；鱗介生蕃，有水陸兩棲之別；昆蟲蛹臥，本無妨冬蟄夏眠；蕈菌寄生，竟不必開花結實；蘚苔附石，萍藻浮生；寒熱帶氣候不同，動植物種類各異；種瓜得瓜，種荳得荳，因果自有定理；物競天擇，適者生存，僥倖焉可久安？須知物質循環，不生不滅；功能轉變，無損無加；生物之自然生存，雖有迭相消長之趨勢，其結果總不能失之平衡。取諸物亦施諸物，屬於我者，僅暫時寄存而已。明日黃花，新陳代謝，縱宇宙生息無窮，亦不過一時幻景。自二十世紀開幕以來，爲進化敏捷之時代，亦競爭劇烈之時代也，物質文明，既登峯造極；競爭利器，亦層出不窮。進化愈神，競爭益亟，人羣生當其衝，心思所至，萬有不齊；才力所趨，豈能一致？苟不知振作而甘自暴棄，異族日伺其隙者，將羣起爭逐，乘機以攫取攘奪之矣！世界既不克臻乎大同，其歸結勢必弱肉強食，則人生之禍福臨門，固不必待天堂地獄，而後受六道之淪胥也！惜夫佛氏之所謂輪迴因果，未免失之虛無縹緲，終不能證諸事實以發聾振聵，徒供經典上之一般說法而已！

综合卷（第五册） 交大季刊 第十期 科学号（1933）

人文地理學者與其環境

郁仁充譯

『國際』"Internationol" 這個名詞，在一般生活攸游與任意引用文字的美國人心目中，覺得是表示一種大同主義，可以脫去一切國家的障礙。

但是，當每個研究人文地理學者研究到別國學者的著述底時候，時常發現那普通的國家主義的態度，也不能消滅於相互研究科學的熱誠之中！吾們在各國的（或是方言不同的）地理學家的著述中，時常可以找到他們相反的地方。

研究人文地理的學者，概括之，可以分成德奧法比英北歐（瑞典居多）及美各派。

在這幾派中間，德國人研究的最早，所收集的材料也最豐富，這樣豐富的資料之集成，確是許多人絞腦瀝血之結晶，德國的地理學包括兩種不同而互相關係的研究：一是關於地文地理的貢獻；一是關於人文地理的貢獻。地文地理是從中歐地質學中蛻化而出，久已成爲一種很純正的學科，爲地質學之一系，至於人文地理則性質繁瑣，幾近於混亂，因其綱目次序不能一致也。概論德國的地理學，對於政治情形的偏重，實屬無可諱言，現時純粹關於政治地理的唯一定期刋物，是德國出版的，戰後政治地理的論著大半爲德人所作。這些足使吾人明瞭以前德之所以與其鄰邦抗爭之玄奧所在矣！

英國地理注重於地文方面，尤其是地殼形相學。（地形達之研究），有時竟不涉及人文地理，在這方面的著述，英國與德國相似，雖其範圍較狹，無地質及生物地理學之探討，與極少關於氣候之論述。英國的地理學者也曾從事於政治地理之研究，這是像英國那樣一個居政治重要地位的國家，確乎應該注意的。但是英國關於這類的出版品却祇及德之什一。英國的人文地理却根本注重於商業方面，——世界商業地理與各地商品之研究——這是三百年來專從事於商業及運輸之人民所爲，實在是意料中的。英國的人文地理範圍既狹，內容自較簡單，所有著述，當然有條理而兼有系統了，然而很難免有類似經濟學之譏。

法國地理學派雖其起原由於歷史的記載，而非原於地質學；但已同意於英德學者對於地文地理——至少關於地形一點——認爲有單獨與重要研究之必要。法國學者的特長，是他們對於各區域內明晰的敍述，很能引起各國學者的模仿，據此吾們又可以看到環境對於思想的關係了。數十年來，法國與其鄰邦及殖民地間的政治關係，並不十分緊張，同時在商業方面的競爭，也很平淡。但是法國原是一種區域的集合，每一區域有他特殊的自然環境和人生，有了這種特點，自能引起地理學者從事於各區域間敍述的興趣了。

上述三個重要方面不同的國家、形成了地理思想上的三大派別。

至於美國的地理學之起原，完全由英國而孳乳，因美人習用英人之地理課本，以致受其影響。人文地理在先也很重於商業方面，不久因爲美國財源特富，所以商業地理更見擴張，由商品生產而研究商業，因商業便利，而研究商品生產了。用地理學的術語來說便是美國的商業地理，很快的擴展爲經濟地理了。

同時因英國的地質學的根源，遂使地理形相學也成爲美國地理學中重要的研究。這一部份和後來加入的氣候學，生殖學，及植物生態學，並成爲地理學中之重要支派，日臻繁榮。但是美國的地理學不祇限於地文與經濟方面的，而是折衷的。美國學者，對於各種不同的問題：如政治歷史地理；區域地理；富源之保藏；製圖術及地圖等，均有深切之探討。這樣廣泛的研究，使美國的地理學，常留在未成熟之時期。對於新思想，隨時可予採納。而最近美人也自有其新的發現。

北歐斯堪的那維亞的地理學也是折衷的。在英，德，法三派之中，得以無分軒輊的自由採納。地文地理當然如英德先例，趨入一路，人文地理則於經濟政治與區域各點並重。這是在富於天產；政治情形的不同；各區間地理異殊的北歐，是顯而易見的趨勢。

假使縮小吾們討論的範圍來專講各派對於各區域地理的不同，吾們應該說：法國派最優。這是他們最早專心於區域研究的自然結果。他們已經成爲一種很顯明的專門技術，包括踏勘實地工作與完備的記述。德國除以各邦作爲分區的研究，有一二特點外，較之法國誠瞠乎其後矣！英國除了少數人因爲受着法美思想之影響，從事於此項之工作外，也沒有多大的研究。至於北歐一派，對此比較的有成功；尤其是他們地理上的資料，是得之於優良的製圖訓練之中，不過他們從事於此道未久，所以尚無多大供獻，可以稱述。

最近美國學者，對於歐洲的區域觀念，加以一種修改。優劣之判，尚需待以時日。歐洲方面特別是英國人多以政府所製的地圖爲依據；但最正式的地圖，是莫不注重於地面形的。所以引用此種地圖者當然側重於地形研究了。在美國方面，許多未發達的地方，尚缺少詳細的地圖；因此研究地理學者不得不直接從事於實地探測。繪製地圖成爲第一步重要工作，因爲這種製圖工作的繁重不得不將研究範圍縮小至小地域內，因爲較小地域內的探討，當不致厭其煩瑣。於是所得的結果更見豐富。然後以各地探討的結果，集合起來，在區域的地理上，就另呈異彩了。美國區域地理因此成爲對於地面（關於地文與生物學方面）與人生（關於經濟社會及政治方面）的平均與整個的研究了。

地理學近十年來最重要的趨勢，是上述各派意見之接近，總之，不久可以得到一種大同派的人文地理。

（譯自一九三二年九月科學月刊）

引量微分之算法

(DIFFERENTIATION OF A TENSOR)

湯　彥　頤

從協變量（Covariant）之性質，得

$$f_{rs} \equiv g_{lm} \frac{\partial x^{(l)}}{\partial y^{(r)}} \frac{\partial x^{(m)}}{\partial y^{(s)}}$$

此 g_{lm} 爲由 x 之 y 間接函數，

$$\therefore \frac{\partial f_{rs}}{\partial y^{(t)}} \equiv \frac{\partial g_{lm}}{\partial y^{(n)}} \frac{\partial x^{(l)}}{\partial y^{(r)}} \frac{\partial x^{(m)}}{\partial y^{(s)}} \frac{\partial x^{(n)}}{\partial y^{(t)}} + g_{lm}\left(\frac{\partial^2 x^{(l)}}{\partial y^{(r)} \partial y^{(t)}} \frac{\partial x^{(m)}}{\partial y^{(s)}} + \frac{\partial x^{(l)}}{\partial y^{(r)}} \frac{\partial^2 x^{(m)}}{\partial y^{(s)} \partial y^{(t)}} \right)$$

同樣將 (r,t) 與 (s,t) 互相交換，則又可得二式如下：

$$\frac{\partial f_{tr}}{\partial y^{(r)}} \equiv \frac{\partial g_{nm}}{\partial x^{(l)}} \frac{\partial x^{(l)}}{\partial y^{(r)}} \frac{\partial x^{(m)}}{\partial y^{(s)}} \frac{\partial x^{(n)}}{\partial y^{(t)}} + g_{lm}\left(\frac{\partial^2 x^{(l)}}{\partial y^{(r)} \partial y^{(t)}} \frac{\partial x^{(m)}}{\partial y^{(s)}} + \frac{\partial^2 x^{(m)}}{\partial y^{(s)} \partial y^{(r)}} \frac{\partial x^{(l)}}{\partial y^{(t)}} \right)$$

$$\frac{\partial f_{rt}}{\partial y^{(s)}} \equiv \frac{\partial g_{ln}}{\partial x^{(m)}} \frac{\partial x^{(l)}}{\partial y^{(r)}} \frac{\partial x^{(m)}}{\partial y^{(s)}} \frac{\partial x^{(n)}}{\partial y^{(t)}} + g_{lm}\left(\frac{\partial^2 x^{(l)}}{\partial y^{(r)} \partial y^{(s)}} \frac{\partial x^{(m)}}{\partial y^{(t)}} + \frac{\partial x^{(l)}}{\partial y^{(r)}} \frac{\partial^2 x^{(m)}}{\partial y^{(s)} \partial y^{(t)}} \right)$$

今將第一二兩式相加，再與第三式相減，則得

(A)　$$[rt,s]' = [ln,m] \frac{\partial x^{(l)}}{\partial y^{(r)}} \frac{\partial x^{(m)}}{\partial y^{(s)}} \frac{\partial x^{(n)}}{\partial y^{(l)}} + g_{lm} \frac{\partial^2 x^{(l)}}{\partial y^{(r)} \partial y^{(t)}} \frac{\partial x^{(m)}}{\partial y^{(s)}}$$

此處　[ln,m] 等符號，名曰 Christoffel's 三字符號，表之如下式：

$$[ln,m] = [nl,m] = \frac{1}{2}\left[\frac{\partial g_{lm}}{\partial x^{(n)}} + \frac{\partial g_{nm}}{\partial x^{(l)}} + \frac{\partial f_{ln}}{\partial x^{(m)}} \right]$$

及

$$[rt\ s]' = \frac{1}{2}\left[\frac{\partial f_{rs}}{\partial y^{(t)}} + \frac{\partial g_{ts}}{\partial x^{(r)}} - \frac{\partial g_{rt}}{\partial x^{(s)}} \right]$$

又從協變量之性質得

$$g_{lm}=f_{pq}\frac{\partial y^{(p)}}{\partial x^{(l)}}\frac{\partial y^{(q)}}{\partial x^{(m)}},$$

$$\therefore\quad g_{lm}\frac{\partial x^{(m)}}{\partial y^{(s)}}=f_{ps}\frac{\partial y^{(p)}}{\partial x^{(l)}}$$

將（A）式各項乘以 $f^{sk}\frac{\partial x^{(j)}}{\partial y^{(k)}}$，即得

$$f^{sk}[rt,s]'\frac{\partial x^{(j)}}{\partial y^{(k)}}=[ln,m]\frac{\partial x^{(l)}}{\partial y^{(r)}}\frac{\partial x^{(m)}}{\partial y^{(s)}}\frac{\partial x^{(n)}}{\partial y^{(t)}}\frac{\partial x^{(j)}}{\partial y^{(k)}}f^{sk}$$

$$+g_{lm}\frac{\partial^2 x^{(l)}}{\partial y^{(r)}\partial y^{(t)}}\frac{\partial x^{(m)}}{\partial y^{(s)}}\frac{\partial x^{(j)}}{\partial y^{(k)}}f^{sk}$$

今以逆變量（Contravariant）之性質

$$g^{mj}=f^{sk}\frac{\partial x^{(m)}}{\partial y^{(s)}}\frac{\partial x^{(j)}}{\partial y^{(k)}},$$

與 Christoffel's 三字符號關係

$$\{rs,t\}\equiv g^{tp}[rs,p],$$

代入上式 則得

$$\{rt,k\}'\frac{\partial x^{(j)}}{\partial y^{(k)}}=g^{mj}[ln,m]\frac{\partial x^{(l)}}{\partial y^{(r)}}\frac{\partial x^{(n)}}{\partial y^{(t)}}+\frac{\partial^2 x^{(j)}}{\partial y^{(r)}\partial y^{(t)}},$$

或
$$\frac{\partial^2 X^{(j)}}{\partial y^{(r)}\partial y^{(t)}}=\{rt,k\}'\frac{\partial x^{(j)}}{\partial y^{(k)}}-\{ln,j\}\frac{\partial x^{(l)}}{\partial y^{(r)}}\frac{\partial x^{(n)}}{\partial y^{(t)}}$$

若於上式將 x 與 y 座標更換，則得

$$\frac{\partial^2 y^{(j)}}{\partial x^{(\ )}\partial x^{(t)}}=\{rt,k\}\frac{\partial y^{(j)}}{\partial x^{(k)}}-\{ln,j\}'\frac{\partial y^{(l)}}{\partial x^{(r)}}\frac{\partial y^{(n)}}{\partial x^{(t)}}.$$

今設有一個一階（rank one）協變引量 X_r，

而
$$Y_s\equiv X_r\frac{\partial x^{(r)}}{\partial y^{(s)}},$$

則
$$\frac{\partial Y_s}{\partial y^{(t)}}\equiv X_r\frac{\partial^2 x^{(r)}}{\partial y^{(s)}\partial y^{(t)}}+\frac{\partial X_r}{\partial y^{(p)}}\frac{\partial x^{(p)}}{\partial y^{(t)}}\frac{\partial y^{(r)}}{\partial y^{(s)}}$$

$$\equiv X_r\left\{\{st,k\}'\frac{\partial x^{(r)}}{\partial y^{(k)}}-\{lm,r\}\frac{\partial x^{(l)}}{\partial y^{(s)}}\frac{\partial x^{(m)}}{\partial y^{(t)}}\right\}+\frac{\partial X_r}{\partial x^{(p)}}\frac{\partial x^{(p)}}{\partial y^{(t)}}\frac{\partial x^{(r)}}{\partial y^{(s)}}.$$

再將符號 lm 更换爲 rp, 卽得

$$\frac{\partial Y_s}{\partial y^{(t)}} - Y_k\{st,k\}' \equiv \left[\frac{\partial X_r}{\partial x^{(p)}} - X_k\{rp,k\}\right]\frac{\partial x^{(r)}}{\partial y^{(s)}}\frac{\partial x^{(p)}}{\partial y^{(t)}}$$

由此可知

$$\frac{\partial X_r}{\partial x^{(p)}} - X_k\{rp,k\} \equiv X_{rp}$$

爲一個二階協變引量.

現述一個一階逆變引量 X^r,而

$$Y^s \equiv X^r \frac{\partial y^{(s)}}{\partial x^{(r)}}$$

則 $$\frac{\partial Y^{(s)}}{\partial y^{(t)}} \equiv \frac{\partial X^{(r)}}{\partial x^{(p)}}\frac{\partial x^{(p)}}{\partial y^{(t)}}\frac{\partial y^{(s)}}{\partial x^{(r)}} + X^r\frac{\partial^2 y^{(s)}}{\partial x^{(r)}\partial x^{(p)}}\frac{\partial x^{(p)}}{\partial y^{(t)}}$$

$$\equiv \frac{\partial X^{(r)}}{\partial x^{(p)}}\frac{\partial x^{(p)}}{\partial y^{(t)}}\frac{\partial y^{(s)}}{\partial x^{(r)}} + X^r\left[\{rp,k\}\frac{\partial y^{(s)}}{\partial y^{(k)}} - \{lm,s\}'\frac{\partial y^{(l)}}{\partial x^{(r)}}\frac{\partial y^{(m)}}{\partial x^{(p)}}\right]\frac{\partial x^{(p)}}{\partial y^{(t)}}$$

$$\equiv \frac{\partial X^{(r)}}{\partial x^{(p)}}\frac{\partial x^{(p)}}{\partial y^{(t)}}\frac{\partial y^{(s)}}{\partial x^{(r)}} + X^k\{kp,r\}\frac{\partial x^{(p)}}{\partial y^{(t)}}\frac{\partial y^{(s)}}{\partial x^{(r)}} - \{lm,s\}'Y^l$$

$$\therefore \quad \frac{\partial Y^{(s)}}{\partial y^{(t)}} + Y^{(l)}\{lt,s\} \equiv \left[\frac{\partial X^{(r)}}{\partial x^{(p)}} + X^k\{kp,r\}\right]\frac{\partial x^{(p)}}{\partial y^{(t)}}\frac{\partial y^{(\ )}}{\partial x^{(r)}}.$$

由此可知

$$\frac{\partial X^{(r)}}{\partial x^{(p)}} = X^k\{kp,r\} \equiv X^r_p$$

爲一個二階雜變引量 (Mixed Tensor).

上述二種之二階引量,各名曰協變引量 X_r 與逆變引量 X^r 之協變導量 (Covariant derivative). 同理可求任何階與任何性質引量之協變導量. 今舉一例以說明之: 試取一個二階雜變引量 X^r_q

$$Y^r_s \equiv X^p_q \frac{\partial x^{(q)}}{\partial y^{(s)}} \frac{\partial y^{(r)}}{\partial x^{(p)}}$$

$$\frac{\partial Y_s^{(r)}}{\partial y^{(t)}} \equiv \frac{\partial X^p_q}{\partial x^{(l)}} \frac{\partial x^{(l)}}{\partial y^{(t)}} \frac{\partial x^{(q)}}{\partial y^{(s)}} \frac{\partial y^{(r)}}{\partial x^{(p)}}$$

$$+ X^p_q \left[\frac{\partial^2 x^{(q)}}{\partial y^{(s)} \partial y^{(t)}} \frac{\partial y^{(r)}}{\partial x^{(p)}} + \frac{\partial x^{(q)}}{\partial y^{(s)}} \frac{\partial^2 y^{(r)}}{\partial x^{(p)} \partial x^{(l)}} \frac{\partial x^{(l)}}{\partial y^{(t)}} \right]$$

$$\equiv \frac{\partial X^p_q}{\partial x^{(l)}} \frac{\partial x^{(l)}}{\partial y^{(t)}} \frac{\partial x^{(q)}}{\partial y^{(s)}} \frac{\partial y^{(r)}}{\partial x^{(p)}}$$

$$+ X^p_q \left\{ \frac{\partial y^{(r)}}{\partial x^{(p)}} \left[\{ st,k \}' \frac{\partial x^{(q)}}{\partial y^{(k)}} - \{ lm,q \} \frac{\partial x^{(l)}}{\partial y^{(s)}} \frac{\partial x^{(m)}}{\partial y^{(t)}} \right] \right.$$

$$\left. + \frac{\partial x^{(q)}}{\partial y^{(s)}} \frac{\partial x^{(l)}}{\partial y^{(t)}} \left[\{ pl,k \} \frac{\partial y^{(r)}}{\partial x^{(k)}} - \{ nm,r \}' \frac{\partial y^{(n)}}{\partial x^{(p)}} \frac{\partial y^{(m)}}{\partial x^{(l)}} \right] \right\}$$

$$\equiv \left\{ \frac{\partial X^p_q}{\partial x^{(l)}} - X^p_q \{ ql,k \} + X^k_q \{ kl,p \} \right\} \frac{\partial y^{(r)}}{\partial y^{(p)}} \frac{\partial x^{(q)}}{\partial y^{(s)}} \frac{\partial x^{(l)}}{\partial y^{(t)}}$$

$$+ Y^r_k \{ st,k \}' - Y^k_s \{ kt,r \}'$$

是以

$$\frac{\partial X^r_s}{\partial y^{(t)}} - Y^r_k \{ st,k \}' + Y^k_s \{ kt,r \}'$$

$$\equiv \left\{ \frac{\partial X^p_q}{\partial x^{(l)}} - X^p_k \{ ql,k \} + X^k_q \{ kl,q \} \right\} \frac{\partial y^{(r)}}{\partial x^{(p)}} \frac{\partial x^{(q)}}{\partial y^{(s)}} \frac{\partial x^{(l)}}{\partial y^{(t)}}$$

此 $\frac{\partial X^p_q}{\partial x^{(l)}} - X^p_q \{ql,k\} + X^k_q \{ kl,p \}$ 表 個三階雜變引量，卽二階協變與一階逆變是也。

由是可知任何引量 $X^{r_1 \cdots r_m}_{s_1 \cdots s_n}$ 之協變導量爲

$$X^{r_1 \cdots r_m}_{s_1 \cdots s_n s} \equiv \frac{\partial X^{r_1 \cdots r_m}_{s_1 \cdots s_n}}{\partial x^{(\ )}} - X^{r_1 \cdots r_m}_{k s_2 \cdots s_n} \{ s_1 s,k \} - \cdots\cdots$$

$$- X^{r_1 \cdots r_m}_{s_1 \cdots s_{n-1} k} \{ s_n s,k \} + X^{k r_2 \cdots r_m}_{s_1 \cdots s_n} \{ ks, r_1 \}$$

$$+ \cdots\cdots\cdots\cdots + X^{r_1 \cdots r_{m-1} k}_{s_1 \cdots s_n} \{ ks, r_m \}.$$

$\frac{1}{f(D)}x^m$ 之研究

石法仁

下列微分方程式 $\frac{d^n y}{dx^n}+A_1\frac{d^{n-1}y}{dx^{n-1}}+A_2\frac{d^{n-2}y}{dx^{n-2}}+\cdots+A_{n-1}\frac{dy}{dx}+A_n y=x^m$ ……(1)

內，設 $A_1\ A_2, A_3$,爲任何常數，n 及 m 爲二正整數。則(1)式可簡寫爲：

$$f(D)y=x^m \cdots\cdots(2)$$

(2)式內之 D 表 $\frac{d}{dx}$。

(1)式之特殊積分 (Particular integral) 表以 $\frac{1}{f(D)}x^m$。

如將 $\frac{1}{f(D)}x^m$ 中之 $\frac{1}{f(D)}$ 視作普通分式，依 D 之升羃展開，成一級數，此級數作用於 x^m 之結果，即(1)式之特殊積分。

上法之成立，實因 D 之運算，能合代數上之基本定律。但此種理論，稍嫌抽象，初學者或不易領悟；故一般微分方程教本，對於 D 之各種運算，雖另有驗明，惟對 $\frac{1}{f(D)}$ 之能展爲級數，其驗明竟付缺如，學者不無懷疑。玆驗明如下：

因 $f(D)$ 爲 D 之多項式，故可分解（附註）* 爲若干一次因數之乘積。其驗明玆不贅述。（參閱 Murray 之微分方程式第六章）故得

$$\frac{1}{f(D)}x^m=\frac{1}{(D-a_1)(D-a_2)\cdots(D-a_n)}x^m \cdots\cdots(3)$$

欲求 Operator $\frac{1}{(D-a_1)(D-a_2)\cdots(D-a_n)}$ 作用於 x^m 之結果，須先求 $\frac{1}{D-a}$

作用於 x^m 之結果。由 $\frac{1}{D-a}x^m$ 之定義，得

$$\frac{1}{D-a}x^m = e^{ax}\int e^{-ax}x^m dx \quad \cdots\cdots\cdots (4)$$

用部分積分法求 $\int e^{-ax}x^m dx$； 在公式 $\int udv = uv - \int vdu$ 內，

令 $u = x^m$，而 $dv = e^{-ax}\,dx$， 則 $du = dx^m = \frac{d}{dx}x^m dx = Dx^m\,dx$，而 $v = -\frac{e^{-ax}}{a}$

$$\therefore \quad \frac{1}{D-a}x^m = e^{ax}\left\{-\frac{e^{-ax}}{a}x^m + \frac{1}{a}\int e^{-ax}Dx^m dx\right\}\text{。}\quad \cdots\cdots\cdots (5)$$

再用部分積分法求 $\int e^{-ax}Dx^m dx$： 令 $u = Dx^m$，而 $dv = e^{-ax}\,dx$

則 $du = d\,Dx^m = \frac{d}{dx}Dx^m dx = D\,(Dx^m)dx = D^2x^m dx$，而 $v = -\frac{e^{-ax}}{a}$，

$$\therefore \quad \frac{1}{D-a}x^m = e^{ax}\left\{-\frac{e^{-ax}}{a}x^m + \frac{1}{a}\left(-\frac{e^{-ax}}{a}Dx^m + \frac{1}{a}\int e^{-ax}D^2x^m dx\right)\right\}$$

仍用部分積分法求 $\int e^{-ax}\,D^2x^m dx$： 令 $u = D^2x^m$，而 $dv = e^{-ax}\,dx$.

則 $du = d\,D^2x^m = \frac{d}{dx}(D^2x^m)\,dx = D(D^2x^m)\,dx = D^3x^m\,dx$，而 $v = -\frac{e^{-ax}}{a}$

$$\therefore \quad \frac{1}{D-a}x^m = e^{ax}\left\{-\frac{e^{-ax}}{a}x^m - \frac{e^{-ax}}{a^2}Dx^m + \frac{1}{a^2}\left(-\frac{e^{-ax}}{a}D^2x^m + \frac{1}{a}\int e^{-ax}D^3x^m dx\right)\right\}$$

$$\text{或} \quad \frac{1}{D+a}x^m = e^{ax}\left(-\frac{e^{-ax}}{a}x^m - \frac{e^{-ax}}{a^2}Dx^m - \frac{e^{-ax}}{a^3}D^2x^m + \frac{1}{a^3}\int e^{-ax}D^3x^m dx\right)\cdots (6)$$

連續應用部分積分法，依次令 $u = D^3x^m$，D^4x^m，D^5x^m，....，$D^{m-1}x^m$； 而每次皆令

$dv=e^{-ax}\ dx$，則得

$$\frac{1}{D-a}x^m=e^{ax}\left(-\frac{e^{-ax}}{a}x^m-\frac{e^{-ax}}{a^2}Dx^m-\frac{e^{-ax}}{a^2}D^2x^m-\frac{e^{-ax}}{a^3}D^3x^m-\cdots-\frac{e^{-ax}}{a^{m+1}}D^mx^m\right)$$

即 $$\frac{1}{D-a}x^m=-\frac{1}{a}\left(x^m+\frac{1}{a}Dx^m+\frac{1}{a^2}D^2x^m+\frac{1}{a^3}D^3x^m+\cdots+\frac{1}{a^m}D^mx^m\right)\quad(8)$$

但將 $\frac{1}{D-a}$ 視作普通分式，依D之升冪展開，則得一級數如下：

$$\frac{1}{D-a}=-\frac{1}{a}\left(1+\frac{1}{a}D+\frac{1}{a^2}D^2+\frac{1}{a^3}D^3+\frac{1}{a^4}D+\cdots\cdots+\frac{1}{a^m}D^m+\cdots\right)\quad(9)$$

又因

$$-\frac{1}{a}\left(x^m+\frac{1}{a}Dx^m+\frac{1}{a^2}D^2x^m+\frac{1}{a^3}D^2x^m+\cdots\cdots+\frac{1}{a^m}D^mx^m\right)$$

$$=-\frac{1}{a}\left(1+\frac{1}{a}D+\frac{1}{a^2}D^2+\frac{1}{a^3}D^3+\cdots\cdots+\frac{1}{a^m}D^m\right)x^m$$

故得一結論如下： 欲求 $\frac{1}{D-a}$ 作用於 x^m 之結果，可將 $\frac{1}{D-a}$ 視爲普通分式，依D之升冪展開，成一級數，此級數作用於 x^m 所得之結果，等於 $\frac{1}{D-a}$ 作用於 x^m 之結果。

再應用(8)式求 $\frac{1}{D^2-(a_1+a_2)D+a_1a_2}$ 作用於 x^m 之結果：

因 $$\frac{1}{D^2-(a_1+a_2)D+a_1a_2}=\frac{1}{(D-a_2)(D-a_1)}$$

故 $$\frac{1}{D^2-(a_1+a_2)D+a_1a_2}x^m=\frac{1}{(D-a_2)(D-a_1)}x^m=\frac{1}{D-a_2}\,\frac{1}{D-a_1}x^m$$

應用(8)式，則得 $\frac{1}{D^2-(a_1+a_2)D+a_1a_2}x^m$

$$=\frac{1}{D-a_2}\left\{-\frac{1}{a_1}\left(x^m+\frac{1}{a_1}Dx^m+\frac{1}{a_1^2}D^2x^m+\cdots\cdots+\frac{1}{a_1^m}D^mx^m\right)\right\}$$

$$=-\frac{1}{a_1}\frac{1}{D-a_2}\left(x^m+\frac{1}{a_1}Dx^m+\frac{1}{a_1^2}D^2x^m+\cdots\cdots+\frac{1}{a_1^m}D^mx^m\right)\Big\}$$

再將 $\left(x^m+\frac{1}{a_1}Dx^m+\frac{1}{a_1^2}D^2x^m+\cdots\cdots+\frac{1}{a_1^m}D^mx^m\right)$ 代入(8)式中之 x^m，應用(8)式，

則得

$$\frac{1}{D^2-(a_1+a_2)D+a_1a_2}x^m=-\frac{1}{a_1}\left(-\frac{1}{a_2}\right)\left\{\left(1+\frac{D}{a_1}+\frac{D^2}{a_1^2}+\cdots+\frac{D^m}{a_1^m}\right)x^m\right.$$

$$+\frac{D}{a_2}\left(1+\frac{D}{a_1}+\frac{D^2}{a_1^2}+\quad+\frac{D^m}{a_1^m}\right)x^m$$

$$+\frac{D^2}{a_2^2}\left(1+\frac{D}{a_1}+\frac{D^2}{a_1^2}+\quad+\frac{D^m}{a_1^m}\right)x^m$$

$$+\frac{D^3}{a_2^3}\left(1+\frac{D}{a_1}+\frac{D^2}{a_1^2}+\cdots+\frac{D^m}{a_1^m}\right)x^m$$

$$+\cdots\cdots\cdots\cdots\cdots\cdots\cdots\cdots$$

$$\left.+\frac{D^m}{a^m}\left(1+\frac{D}{a_1}+\frac{D^2}{a_1^2}+\cdots+\frac{D^m}{a_1^m}\right)x^m\right\}$$

故 $$\frac{1}{D^2-(a_1+a_2)D+a_1a_2}x^m=\frac{1}{a_1a_2}\left\{x^m+\left(\frac{Dx^m}{a_1}+\frac{Dx^m}{a_2}\right)+\left(\frac{D^2x^m}{a_1^2}+\frac{D^2x^m}{a_1a_2}+\frac{D^2x^m}{a_2^2}\right)\right.$$

$$+\left(\frac{D^3x^m}{a_1^2}+\frac{D^3x^m}{a_2a_1^2}+\frac{D^3x^m}{a_2^2a_1}+\frac{D^3x^m}{a_2^3}\right)$$

$$+\left(\frac{D^4x^m}{a_1^4}+\frac{D^4x^m}{a_2a_1^3}+\frac{D^4x^m}{a_2^2a_1^2}+\frac{D^4x^m}{a_2^3a_1}+\frac{D^4x^m}{a_2^4}\right)$$

$$+\cdots\cdots\cdots\cdots\cdots\cdots\Big\}$$

將上式整理之，得

$$\frac{1}{D^2-(a_1+a_2)D+a_1a_2}x^m=\frac{1}{a_1a_2}\Big\{1+\frac{a_1+a_2}{a_1a_2}D+\frac{a_1^2+a_1a_2+a_2^2}{(a_1a_2)^2}D^2$$

$$+\frac{a_1^3+a_1^2a_2+a_1a_2^2+a_2^3}{(a_1a_2)^3}D^3+\frac{a_1^4+a_1^3a_2+a_1^2a_2^2+a_1a_2^3+a_1^4}{(a_1a_2)^4}D^4+\cdots\cdots$$

$$+\frac{a_1^m+a_1^{m-1}a_2+a_1^{m-2}a_2^2+a_1^{m-3}a_2^3+\cdots+a_1a_2^{m-1}+a_2^m}{(a_1a_2)^m}D^m\Big\}x^m$$

如將$\frac{1}{D^2-(a_1+a_2)D+a_1a_2}$視作普通分式，依D之升羃展開，則得一級數如下：

$$\frac{1}{D^2-(a_1+a_2)D+a_1a_2}=\frac{1}{a_1a_2}\Big\{1+\frac{a_1+a_2}{a_1a_2}D+\frac{a_1^2+a_1a_2+a_2^2}{(a_1a_2)^2}D^2\cdots\cdots$$

$$+\frac{a_1^3+a_1^2a_2+a_1a_2^2+a_2^3}{(a_1a_2)^3}D^3+\frac{a_1^4+a_1^3a_2+a_1^2a_2^2+a_1a_2^3+a_2^4}{(a_1a_2)^4}D^4+\cdots$$

$$+\frac{a_1^m+a_1^{m-1}a_2+a_1^{m-2}a_2^2+\cdots+a_1a_2^{m-1}+a_2^m}{(a_1a_2)^m}D^m+\cdots\cdots\Big\}$$

比較以上二式，可得與前相同之結論：卽　欲求$\frac{1}{D^2-(a_1+a_2)D+a_1a_2}$

或 $\frac{1}{(D-a_2)(D-a_1)}$ 作用於x^m之結果，可將$\frac{1}{D^2-(a_1+a_2)D+a_1a_2}$視爲普

通分式，依D之升羃展開，成一級數，此級數作用於x^m所得之結果，卽

$\frac{1}{D^2-(a_1+a_2)D+a_1a_2}$ 作用於 x^m之結果。

同理欲求$\frac{1}{f(D)}$或$\frac{1}{(D-a_1)(D-a_2)\cdots(D-a_n)}$作用於 x^m之結果，可將$\frac{1}{f(D)}$視作普通分式，依D之升冪展開，成一級數，此級數作用於 x^m所得之結果，即$\frac{1}{f(D)}$作用於 x^m之結果。

附註* $f(D)$ 旣可視爲D之多項式，故依代數學之基本定理，必可分解爲n 個D之一次因數之乘積。

三次及四次方程式之又一解法

徐葆馨

三次方程式及四次方程式之代數的解法頗多，如卡騰氏（Carden）之三次方程式解法，弗路氏（Ferrari）之四次方程式解法，皆夙所聞名。此外，三次方程式又可用三角法以解之，或用霍納氏法（Horner's Method）以求其近似值；至四次方程式則又有尤拉氏（Euler）之解法。類皆各有其所持而各有其價值。今所述者，爲三次與四次方程式之另一解法，因其所得之公式甚簡，因特書之於下：

I. 三次方程式之解法

設三次方程式 $x^3+px^2+qx+r=0$ ……(1)

之三根爲 α β 與 r，則

$$\left.\begin{aligned} -p&=\alpha+\beta+r \\ q&=\alpha\beta+\beta r+r\alpha \\ -r&=\alpha\beta r \end{aligned}\right\} \quad \cdots\cdots(2)$$

又 $(\alpha+\beta+r)^3=\alpha^3+\beta^3+r^3+6\alpha\beta r+3(\alpha^2\beta+\beta^2 r+r^2\alpha)+3(\alpha\beta^2+\beta r^2+r\alpha^2)$

設令

$$\left.\begin{aligned} A&=\alpha^3+\beta^3+r^3+6\alpha\beta r \\ B&=3(\alpha^2\beta+\beta^2 r+r^2\alpha) \\ C&=3(\alpha\beta^2+\beta r^2+r\alpha^2) \end{aligned}\right\} \quad \cdots\cdots(3)$$

則 $(\alpha+\beta+r)^3=A+B+C$

$$\therefore \alpha+\beta+r=(A+B+C)^{\frac{1}{3}} \quad \cdots\cdots(4)$$

又 $(\alpha+w\beta+w^2r)^3=\alpha^3+\beta^3+r^3+6\alpha\beta r+3w(\alpha^2\beta+\beta^2r+r^2\alpha)$

$+3w^2(\alpha\beta^2+\beta r^2+r\alpha^2)$

式中之 w 爲方程式 $x^3-1=0$ 之虛根之一，

$$\therefore \alpha+w\beta+w^2r=(A+wB+w^2C)^{\frac{1}{3}} \quad \cdots\cdots(5)$$

又 $(\alpha+w^2\beta+wr)^3=\alpha^3+\beta^3+r^3+6\alpha\beta r+3w^2(\alpha^2\beta+\beta^2r+r^2\alpha)$

$$+3w(\alpha\beta^2+\beta\gamma^2+\gamma\alpha^2)$$

$$\therefore\quad \alpha+w^2\beta+w\gamma=(A+w^2B+wC)^{\frac{1}{3}} \cdots\cdots(6)$$

由 (4) (5) (6) 三式，因 $w^2+w+1=0$，故得

$$\left.\begin{aligned} 3\alpha &= (A+B+C)^{\frac{1}{3}}+(A+wB+w^2C)^{\frac{1}{3}}+(A+w^2B+wC)^{\frac{1}{3}} \\ 3\beta &= (A+B+C)^{\frac{1}{3}}+w^2(A+wB+w^2C)^{\frac{1}{3}}+w(A+w^2B+wC)^{\frac{1}{3}} \\ 3\gamma &= (A+B+C)^{\frac{1}{3}}+w(A+wB+w^2C)^{\frac{1}{3}}+w^2(A+w^2B+wC)^{\frac{1}{3}} \end{aligned}\right\}\cdots\cdots(7)$$

惟因

$$\begin{aligned} A &= \alpha^3+\beta^3+\gamma^3+6\alpha\beta\gamma \\ &= (\alpha+\beta+\gamma)[(\alpha+\beta+\gamma)^2-3(\alpha\beta+\beta\gamma+\gamma\alpha)]+9\alpha\beta\gamma \\ &= -p(p^2-3q)-9r \end{aligned}$$

$$\therefore\quad A=3pq-9r-p^3 \cdots\cdots(8)$$

又

$$\begin{aligned} B+C &= 3(\alpha^2\beta+\beta^2\gamma+\gamma^2\alpha+\alpha\beta^2+\beta\gamma^2+\gamma\alpha^2) \\ &= 3[(\alpha+\beta+\gamma)(\alpha\beta+\beta\gamma+\alpha\gamma)-3\alpha\beta\gamma] \\ &= 3(-pq+3r) \end{aligned}$$

$$\therefore\quad B+C=3(3r-pq) \cdots\cdots(9)$$

又

$$\begin{aligned} BC &= 9(\alpha^2\beta+\beta^2\gamma+\gamma^2\alpha)(\alpha\beta^2+\beta\gamma^2+\gamma\alpha^2) \\ &= 9[\alpha^3\beta^3+\beta^3\gamma^3+\gamma^3\alpha^3+\alpha\beta\gamma(\alpha^3+\beta^3+\gamma^3)+3\alpha^2\beta^2\gamma^2] \\ &= 9\{(\alpha\beta+\beta\gamma+\gamma\alpha)[(\alpha\beta+\beta\gamma+\gamma\alpha)^2-3\alpha\beta\gamma(\alpha+\beta+\gamma)] \\ &\qquad +\alpha\beta\gamma(\alpha+\beta+\gamma)[(\alpha+\beta+\gamma)^2-3(\alpha\beta+\beta\gamma+\gamma\alpha)]+9\alpha^2\beta^2\gamma^2\} \\ &= 9[q(q^2-3rp)+rp(p^2-3q)+9r^2] \end{aligned}$$

$$\therefore\quad BC=9(p^3r+q^3-6pq+9r^2) \cdots\cdots(10)$$

因 p,q,r 爲已知之係數，故由(8)可求得 A 之値，復由 (9) (10) 兩式中求得 B 與 C 之値，代入(7)之各式，得方程式(1)之各根矣。

II. 四次方程式之解法

設四次方程式 $x^4+px^3+qx^2+rx+s=0$ ……(11)

之四根爲 α,β,γ 與 δ 則

$$\left.\begin{aligned} -p &= \alpha+\beta+\gamma+\delta \cdots\cdots \\ q &= \alpha\beta+\beta\gamma+\gamma\delta+\delta\alpha+\alpha\gamma+\beta\delta \cdots \\ -r &= \alpha\beta\gamma+\beta\gamma\delta+\gamma\delta\alpha+\delta\alpha\beta \cdots\cdots \\ s &= \alpha\beta\gamma\delta \cdots\cdots \end{aligned}\right\} \cdots\cdots (12)$$

又 $(\alpha+\beta+\gamma+\delta)^2=\alpha^2+\beta^2+\gamma^2+\delta^2+2(\alpha\beta+\gamma\delta)+2(\alpha\gamma+\beta\delta)+2(\beta\gamma+\delta\alpha)$

設令

$$\left.\begin{aligned} A &= \alpha^2+\beta^2+\gamma^2+\delta^2 \\ B &= 2(\alpha\beta+\gamma\delta) \cdots\cdots \\ C &= 2(\alpha\gamma+\beta\delta) \cdots\cdots \\ D &= 2(\beta\gamma+\delta\alpha) \cdots\cdots \end{aligned}\right\} \cdots\cdots (13)$$

則 $(\alpha+\beta+\gamma+\delta)^2=A+B+C+D$

又 $(\alpha-\beta+\gamma-\delta)^2=\alpha^2+\beta^2+\gamma^2+\delta^2-2(\alpha\beta+\gamma\delta)+2(\alpha\gamma+\beta\delta)-2(\beta\gamma+\delta\alpha)$

$=A-B+C-D$

又 $(\alpha+\beta-\gamma-\delta)^2=\alpha^2+\beta^2+\gamma^2+\delta^2+2(\alpha\beta+\gamma\delta)-2(\alpha\gamma+\beta\delta)-2(\beta\gamma+\delta\alpha)$

$=A+B-C-D$

又 $(\alpha-\beta-\gamma+\delta)^2=\alpha^2+\beta^2+\gamma^2+\delta^2-2(\alpha\beta+\gamma\delta)-2(\alpha\gamma+\beta\delta)+2(\beta\gamma+\delta\alpha)$

$=A-B-C+D$

故得

$$\left.\begin{aligned} \alpha+\beta+\gamma+\delta &= (A+B+C+D)^{\frac{1}{2}} \\ \alpha-\beta+\gamma-\delta &= (A-B+C-D)^{\frac{1}{2}} \\ \alpha+\beta-\gamma-\delta &= (A+B-C-D)^{\frac{1}{2}} \\ \alpha-\beta-\gamma+\delta &= (A-B-C+D)^{\frac{1}{2}} \end{aligned}\right\} \cdots\cdots (14)$$

由此得

$$\left.\begin{aligned} 4\alpha &= (A+B+C+D)^{\frac{1}{2}}+(A-B+C-D)^{\frac{1}{2}}+(A+B-C-D)^{\frac{1}{2}}+(A-B-C+D)^{\frac{1}{2}} \\ 4\beta &= (A+B+C+D)^{\frac{1}{2}}-(A-B+C-D)^{\frac{1}{2}}+(A+B-C-D)^{\frac{1}{2}}-(A-B-C+D)^{\frac{1}{2}} \\ 4\gamma &= (A+B+C+D)^{\frac{1}{2}}+(A-B+C-D)^{\frac{1}{2}}-(A+B-C-D)^{\frac{1}{2}}-(A-B-C+D)^{\frac{1}{2}} \\ 4\delta &= (A+B+C+D)^{\frac{1}{2}}-(A-B+C-D)^{\frac{1}{2}}-(A+B-C-D)^{\frac{1}{2}}+(A-B-C+D)^{\frac{1}{2}} \end{aligned}\right\} (15)$$

惟因 $A=\alpha^2+\beta^2+\gamma^2+\delta^2$

$$=(\alpha+\beta+\gamma+\delta)^2-2(\alpha\beta+\beta\gamma+\gamma\delta+\delta\alpha+\alpha\gamma+\beta\delta)$$

∴ $$A=p^2-2q \quad \cdots\cdots(16)$$

又 $$B+C+D=2(\alpha\beta+\gamma\delta+\alpha\gamma+\beta\delta+\beta\gamma+\alpha\delta)$$

∴ $$B+C+D=2q \quad \cdots\cdots(17)$$

又 $$BC+CD+DB=4[(\alpha\beta+\gamma\delta)(\alpha\gamma+\beta\delta)+(\alpha\gamma+\beta\delta)(\beta\gamma+\delta\alpha)+(\beta\gamma+\delta\alpha)(\alpha\beta+\gamma\delta)]$$

$$=4[(\alpha+\beta+\gamma+\delta)(\alpha\beta\gamma+\beta\gamma\delta+\gamma\delta\alpha+\delta\alpha\beta)-4\alpha\beta\gamma\delta]$$

$$\therefore BC+CD+DB=4(pr-4s) \quad \cdots\cdots(18)$$

又 $$BCD=8(\alpha\beta+\gamma\delta)(\alpha\gamma+\beta\delta)(\beta\gamma+\delta\alpha)$$

$$=8\{\alpha\beta\gamma\delta[(\alpha+\beta+\gamma+\delta)^2-2(\alpha\beta+\beta\gamma+\gamma\delta+\delta\alpha+\alpha\gamma+\beta\delta)]$$

$$+(\alpha\beta\gamma+\beta\gamma\delta+\gamma\delta\alpha+\delta\alpha\beta)^2-2\alpha\beta\gamma\delta(\alpha\beta+\beta\gamma+\gamma\delta+\delta\alpha+\alpha\gamma+\beta\delta)\}$$

$$=8[s(p^2-2q)+r^2-2sq]$$

∴ $$BCD=8(p^2s-4qs+r^2) \quad \cdots\cdots(19)$$

故以 B，C，D 爲根，則得三次方程式

$$x^3-2qx^2+4(pr-4s)x-8(p^2s-4qs+r^2)=0 \quad \cdots\cdots(20)$$

解此方程式，可得 B，C，D 之值，又由(16)得 A 之值，代入(15)之各式，則方程式(11)之各根，皆可得之矣。

正九邊形不能作圖之一解

毛振璿

『初等幾何學』之作圖限用規矩二事，束縛綦嚴，範圍狹隘，故甚多之作圖問題，其性質類似初等，若可用規矩解之者，而一經解析，困難畢現，是非其題之不能成立或絕無解法也，乃囿於初等之範圍耳，一旦取消限制，則不能解者無不能矣；然一題當前，欲判其能否作圖，而不涉及高等之領域，對於不能解者，且可探討其究竟，以明不能作圖之原因，則代數解析法尚矣。Eisenstein, Netto, 等氏發現甚多之定理，以供學者之研究，日人林鶴一氏搜集諸家學說，參以己意，成『初等幾何學作圖不能問題』一書。吾師陳懷書先生迻譯其文，由商務印書館印行，適丁滬難，尚未出版，日昨以原稿見示，受而讀之，略窺門徑，爰取一題，解析如下。法本林氏演繹而已，非敢謂為心得也。若按月前報載美國福特中學有一十八齡之學子，已解決此數千年來之幾何難題，即分任意角為三等分之問題，其說果確，則正九邊形之作圖，成為可能，亦即3^n邊之正多邊形可以作圖，而此解可廢。是耶非耶，姑待其發表後論定之。

圓周之$\frac{1}{9}$之弧所對之中心角為$\frac{2\pi}{9}$，若其角可作，則$\cos\frac{2\pi}{9}$可作；反之，若$\cos\frac{2\pi}{9}$能作，則$\frac{2\pi}{9}$之角能作；故$\frac{2\pi}{9}$角之能作與否，即可決定圓周能九等分與否，故只須決定$\cos\frac{2\pi}{9}$能作與否足矣。若以$\cos\frac{2\pi}{9}$為根，而得既約方程式，則此問題應屬不能。

令方程式 $x^9-1=0$ ……………………(1)

之九根為 $\cos 0 + i\sin 0$

$\cos\frac{2\pi}{9}+i\sin\frac{2\pi}{9}$

$\cos\frac{4\pi}{9}+i\sin\frac{4\pi}{9}$

$\cos\frac{6\pi}{9}+i\sin\frac{6\pi}{9}$

$$\cos\frac{8\pi}{9}+i\sin\frac{8\pi}{9}$$

$$\cos\frac{10\pi}{9}+i\sin\frac{10\pi}{9}$$

$$\cos\frac{12\pi}{9}+i\sin\frac{12\pi}{9}$$

$$\cos\frac{14\pi}{9}+i\sin\frac{14\pi}{9}$$

$$\cos\frac{16\pi}{9}+i\sin\frac{16\pi}{9}$$

因(1)之 x^8 項之係數爲0,故此九根之和爲0;又因實數等於實數，虛數等於虛數，故

$$\cos 0+\cos\frac{2\pi}{9}+\cos\frac{4\pi}{9}+\cos\frac{6\pi}{9}+\cos\frac{8\pi}{9}+\cos\frac{10\pi}{9}+\cos\frac{12\pi}{9}+\cos\frac{14\pi}{9}+\cos\frac{16\pi}{9}=0.$$

即 $$1-2\cos\frac{\pi}{9}+2\cos\frac{2\pi}{9}-2\cos\frac{3\pi}{9}+\cos\frac{4\pi}{9}=0$$

$$-\cos\frac{\pi}{9}+\cos\frac{2\pi}{9}+\cos\frac{4\pi}{9}=0 \cdots\cdots\cdots\cdots(2)$$

求一方程式其根爲 $-\cos\frac{\pi}{9}$，$\cos\frac{2\pi}{9}$，$\cos\frac{4\pi}{9}$，則

$$\left(-\cos\frac{\pi}{9}\right)\left(\cos\frac{2\pi}{9}\right)+\left(-\cos\frac{\pi}{9}\right)\left(\cos\frac{4\pi}{9}\right)+\left(\cos\frac{2\pi}{9}\right)\left(\cos\frac{4\pi}{9}\right)$$

$$=-\frac{1}{2}\left(\cos\frac{\pi}{9}+\cos\frac{3\pi}{9}+\cos\frac{3\pi}{9}-\cos\frac{4\pi}{9}-\cos\frac{2\pi}{9}+\cos\frac{3\pi}{9}\right)$$

$$=-\frac{1}{2}\left(\cos\frac{\pi}{9}-\cos\frac{2\pi}{9}-\cos\frac{4\pi}{9}+3\cos\frac{3\pi}{9}\right)$$

由(2) $$=-\frac{1}{2}\left(0+\frac{3}{2}\right)=-\frac{3}{4} \cdots\cdots\cdots\cdots(3)$$

及 $$-\left(-\cos\frac{\pi}{9}\right)\left(\cos\frac{2\pi}{9}\right)\left(\cos\frac{4\pi}{9}\right)$$

$$=\frac{1}{2}\cos\frac{\pi}{9}\left(\cos\frac{2\pi}{9}-\cos\frac{3\pi}{9}\right)$$

$$=\frac{1}{4}\left(\cos\frac{\pi}{9}+\cos\frac{3\pi}{9}-\cos\frac{2\pi}{9}-\cos\frac{4\pi}{9}\right).$$

由(2) $$=\frac{1}{4}\left(0+\frac{1}{2}\right)=\frac{1}{8}\text{ ………………………… }(4)$$

由(2)知所求方程式之第二項之係數，由(3)知所求方程式第三項之係數，由(4)知所求方程式第四項即常項之數，故所求之方程式爲：

$$x^3-\frac{3}{4}x+\frac{1}{8}=0$$

令 $y=2x$ 而易其形，則得

$$y^3-3y+1=0$$

此方程式爲既約，何則？因此方程式若爲未約，則其因數之一必爲一次，其係數應皆爲整數；故若有有理根存在，則必爲1之因數，即+1或−1；然此二數均不適合於原方程式，故此方程式爲既約方程式，而 $\cos\frac{2\pi}{9}$ 不能作得。因之九等分圓周，亦不能作得。

用對角線展開行列式之通法

陳懷書先生講

莫葉筆記

二次行列式之展開，常法於原式中作兩對角線，每一對角線上兩元相乘，向下者爲正，向上者爲負，兩積相加，即爲原式之展開式，即展開下式，得

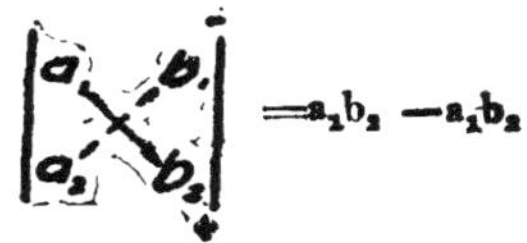

三次行列式之展開，常法在原式之右添寫原式之第一第二兩行，作原式之對角線及其平行線，每一綫上三元相乘，向下者爲正，向上者爲負。各積相加，即得展開式，即展開下式，得

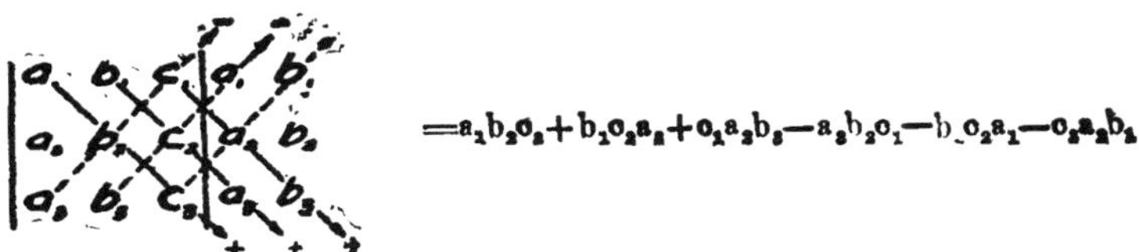

此法用於四次以上之行列式，僅能得其展開式中之一部，蓋 n 次行列式之展開，應有階乘 n！項也。是以欲用常法展開，似不可能。然常法究不適用於四次以上之行列式乎？是誠疑問。間嘗思之，得一通法，雖或難望切於實用，其亦治數學者應有之事歟？

n 次行列式之展開，共有n!項，用對角綫法時，合上下諸綫上 n 元之積，僅能得 2n 項，故須用$\frac{(n-1)!}{2}$個不同之式，此$\frac{(n-1)!}{2}$個式，係變更原有諸元 a，b，c，……等之次序而得之。但兩式中 a，b，c，……等之順序，適爲顛倒者，則所得之結果相同，不可再用，以免重複。例如下列二式之結果相同也。

又因 n—1 元之排列，共有 (n-1)! 個不同之式，其半即爲 $\frac{(n-1)!}{2}$. 故 a 可使居於第一行，而不動，僅變更其他諸元之排列，去其順逆相同之式，即得之矣。

欲避免順逆相同之式，可於 n—1 元中（a 除外），以 b 爲首，將 n—2（a,b 除外）諸元之各種排列寫出之，共得(n-2)!式；次以 c 爲首，將 n—2（a,c 除外）諸元之各種排列寫出，而去其末尾爲 b 者，共得 $(n-2)!-\frac{(n-2)!}{n-2}$ 式；次以 d 爲首，寫出其他諸元之排列，而去其末尾爲 b 或 c 者，共得 $(n-2)!-\frac{2(n-2)!}{n-2}$ 式；依此類推，至以末一元爲首，不復能得一式爲止。$\left[\text{即}(n-2)!-\frac{(n-2)(n-2)!}{n-2}\right]$ 合計以上所得各式，爲

$$(n-2)!+(n-2)!-\frac{(n-2)!}{n-2}+(n-2)!-\frac{2(n-2)!}{n-2}+\cdots+(n-2)!-\frac{(n-2)(n-2)!}{n-2}=\frac{(n-1)!}{2},$$

是爲各式中首列各文字，應有各種排列之數。

例如 n=4，則得 abcd，abdc，acbd 三式，依法，得下列四次行列式之展開，爲各式之和；

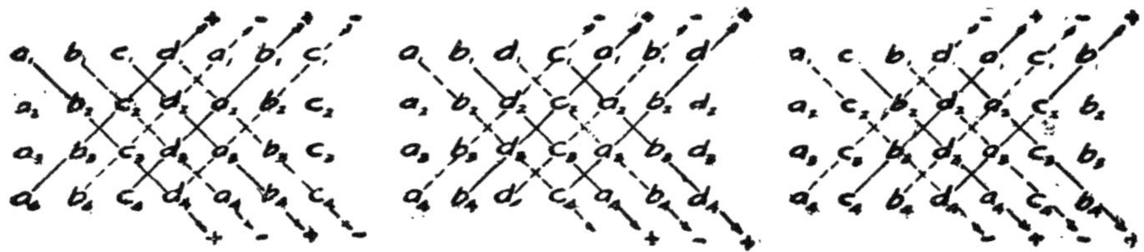

每式得八項，合計爲二十四項。

如 n=5 則得 abcde，abced，abdec abdce，abecd，abedc acbde acbed，acdbe，acebd，adcbe，與 adcbe 十二式，故五次行列式之展開，爲下列各式之和。

至於上述各項符號之正負，可由下法定之：設命 a b c d e 爲固有之順序，若式中某項之順序，爲 a c e b d，則可視爲由固有之順序，先交換 b 與 c 得 a c b d e；再交換 b 與 e，得 a c e d b；再交換 d 與 b，則得 a c e b d．如交換之次數爲奇數，則其項爲負，偶數則其項爲正。細察以上二次與四次之行列式，知偶次行列式中，上下均正負相間，或同自(＋)起，或同自(－)起，故第一綫上之積之正負決定後，其他各項之符號，即可由正負相間推得之。復由上述之三次與四次之行列式，知奇次之行列式中上下之符號，或均相同，或均相反，與偶次之正負相間者，截然不同，故由首項之正負，即可斷定其他各項之符號矣。是亦行列式展開之一特性也。

INVENTION—
A COMING PROFESSION

By H. Olken

發明爲將來之職業一文，係 H. Olken 所著。在一九三三年一月號 Scientific American 發表。此文於發明與實業及工程之關係，闡述頗詳，玆將原文登載，以供國人之研究。

我國諸事後人，發明人才，尤屬缺少。讀此文，知發明人才，並非天生。倘善爲培植，加以相當之薰陶，以激發其潛力，則無論智愚，均有發明之可能。

著者之意；學校課程，須與工廠合作，俾工廠學校，互相裨益；工廠如遇疑難，則學校代爲研究，學校得工廠之協助，則可以增進學生研究之機會。美國工程學校，已有採行此制者，成效頗著。

著者又云；培植發明之能力，莫若使學生多讀各家之撰述，搜集各家之意見，加以科學之原理，融會貫通，庶幾可以闡發新理，多所發明，是以圖書館之設備，亦爲培植發明之要素。

總之，著者之意，發明非難事，在乎人爲，願國人共勉之。

二十二年一月十九日裘維裕

INVENTION is regarded the world over as a matter of genius—a rare, mysterious ability to create. Such is not the case; invention is not a rare and mysterious faculty present only in geniuses, but a faculty which all intelligent persons possess. In most people this faculty is so weak that it cannot excite itself into activity, and without activity it undergoes no development. Even if most of us have a faculty for invention, it is Left in such an apathetic state that we are entirely unconscious of its presence. By mental priming, however, many an inert inventive faculty can be stirred into action and, once started under way, can readily develop, with exercise, into a very considerable talent. Such mental priming to awaken inventive faculties might occur by accident, but it can be provided by proper education.

There is an urgent need in modern industry for an abundant, constant, and dependable supply of inventions. In other words, modern industry demands the services of an inventing profession. Engineers are equipped with technical abilities and their services being a glut on the market at present, engineers are the most logical "raw material" out of which to create this new profession of inventing.

What is signified by the terms "engineering" and "invention"? Suppose, for example, a conventional airplane is to be designed to meet a specified rating for speed, rate of climb, ceiling, and so forth. The engineer will analyze the group of physical principles which, in combination, make flight in heavier-than-air craft possible. Each principle is taken apart by itself (angle of lift, angle of incidence, and so forth), proportioned to suit the specification requirements, and then all the different elements, each properly proportioned, are grouped together to comprise the complete design. This is engineering.

But suppse that only the conventional type of airplane is known to the designing engineer and he is required to design a new type of airplane—a type which rises vertically. The known combination of physical principles which produces the conventional soaring flight will not do. His problem now is to provide a new combination of the principles of physics which will effect vertical flight. This is a problem of invention.

The first problem is solved by a mental process of analysis, of taking a combination of principles apart. But the latter problem must be solved by a process of mental synthesis. Engineering is a mentel function in which the mind operates to break down a combination of scientific principles into its elements, whereas, in invention. the mind functions to combine elementary principles of science into a desired combination. They are opposite processes of the mind.

Most scientific education, particularly in engineering, is today almost entirely a matter of training in analysis. In fact, emphasis on mental capacity for analysis grown almost to de an obsession in scientific and engineering circles—so much so that, in the selection of technically trained employees, "power of analysis" stands almost as the all-important criterion on many an employment application blank.

This view—that engineering involves mainly a mental process of analysis whereas invention calls for the opposite mental process of synthesis—is a very simple one. But when one follows it out to its logical implications, the conclusions reached show a surprisingly great need for teaching invention to engineers.

Consider, for example, the most fertile field for invention of all branches of engineering — the electrical, There the basic inventions — induction motor, two-phase to three-phase transformer, polyphase power generation and utilization schemes. the threewire distribution system, and many others— were produced by the pioneers in the field, Edison, Tesla, Elihu Thomson, and their contemporaries of a generation and more ago. Since then, one of the most challenging problems confronting electrical engineers has been that of creating a switch which could interrupt currents of high power at high voltage. There were hundreds of patents granted on this subject for a generation, but not until a few years ago was a basic invention produced, which provided a high-power needs. The first of these was the "Deion" breaker.

An even more striking example exists in the field of illumination. Patents galore have been granted to electrical engineers for detail improvements in the two basic inventions for lighting purposes—the incandescent lamp and the arc light, both of which were invented more than 50 years ago. Since then there has been an urgent need for a light with all the colorfulness of the arc, the simplicity of the incandescent lamp, and of vastly greater efficiency than either the arc or the bulb. For years, hosts of engineers have been working on this problem. True, they have brought out a great number of special and novel types of light sources, but the universal electric illuminant is only now being approached, in the form of a recent sodium lamp. Yet even this lamp, which is all that the many great engineering staffs can show for years of work and fortunes spent in "research," though five times more efficient than the incandescent lamp, is still a far cry from the basic invention called for.

We come then to the realization that the engineering education of today tends to stifle what little inventive faculty the engineer would ordinarily develop. And this realization comes from the simple view of engineering and invention as the two opposite mental functions of analysis and synthesis. But this view leads also to another broad and equally disturbing realization:

If one considers the course of industrial development in the three decades preceding 193), it is surprising how lop-sided this development has been, from the point of technological progress. Units of machinery, processing units, and plant units have grown bigger, faster, more powerful, by leaps and bounds. Electrical generators, for example, grew from units of a few KVA output to immense turbo-generators of around 150,000 KVA capacity. Processing equipment for oil refining developed into colossal units, and plants to turn out automobiles and similar machinery grew to tremendous size. This was progress in engineering—the design, in ever greater units, of inventions already known. But progress in invention was negligible in comparison; only a few basic inventions that created new industries were produced, principally the talkie, the vacuum tube, and the photo-electric cell. Technical progress was enormous, but mostly on one side, the side of engineering.

"Well," one might say, "what of it?" progress in industry is a beneficial trend for the human race even if it be lop-sided progress. A little close scrutiny, however, shows that lop-sided progress in industry is like lop-sided travel in a vehicle—very likely to be upsetting and quite disastrous.

Less figuratively speaking, industry has recently advanced by pushing to the limit development and exploitation of existing inventions. But had there been a good deal more of invention; had engineers been as good designers of new products and new processes as they were good computers of larger and larger units, then small production of new products would have offered just as profitable industrial opportunities as mass production of standard items. Then would the progress of industry have been more balanced and the depression less severe. Excessive cultivation of analytical faculties by the modern process of technical education, with its consequent withering of inventive faculties, is therefore as much as anything else the cause of the present "upset" condition of industry.

The prevailing process of technical education should be changed so that inherent inventive faculties will be permitted to grow. Invention, therefore, is a vital subject in the curriculum.

Nor does the matter rest here. Besides putting invention on the engineering curriculum to insure stable progress of industry in the future, it is most important that new products, new processes, be created now. Overbuilt plant capacities, idle engineers, must be productively employed as soon as possible. It is most urgent that a body of engineers be transformed into capable practitioners of invention—the nucleus of a new profession.

In general, a line of occupation grows into a subject of professional-school instruction somewhat like this: First some outstanding geniuses establish, through their achievements, a background of practice in an art. Working from there on, with capacities cultivated by the influence or example of these greater men, lesser geniuses contribute to the art and advance it beyond where the greater ones left off. This process continues until sufficient background in the art is established, and a sufficient number of persons are engaged in the practice of it to make it a profession.

Electrical engineering affords a very good example of this course of development. Outstanding pioneers such as Edison, Sprague, Thomson, Kennelly, Lamme, and Steinmetz established a body of practice which was broadened and deepened by later practitioners of the art.

In the art of invention, we are fairly well over the stage of basic achievements attained by men of outstanding inventive ability such as Edison, Tesla, Fessenden, Sprague, Elihu Thomson, De Forest, and others. There are now a considerable number of their successors, men most often recognized by their large number of patents, who make a regular practice of invention. And work a regular practice of invention. And working practically in apprenticeship to these practitioners of invention are groups of young men who may be termed, in the not too distant future, "the first members of the inventing profession.' It may therefore now be safely presumed that the time has come when a sufficiently large body of practice in invention has been established, and there are a large enough number of practitioners in the art so that, by close study of the art under guidance of one skilled in it, students of technology can become quite capable at invention—even those endowed with only average inventive faculties.

"Close study of the art" boils down to these two things: First it means cultivating 'invention consciousness,' a habit of regarding critically each product, each process, and questioning it thusly: This method or device is a combination of scientific principles but is it the best combination for the purpose? Will a changed or a different combination be better? Secondly, it means practice in digging up an element to suit a required combination of principles, also training in working out a method of combination when a group of principles is given.

An attempt at teaching invention along these lines has been made by the author in an informal course of lectures to a small group of graduate engineers. This led to realization that the following are the two cardinal factors in teaching invention:

In the first place, to confront the student with an actual problem of industry is the most exciting possible stimulus to his inventive faculties. Consequently, the course should be based on co-operation with industry wherever possible. A very good arrangement to effect this would be to give the course on a regular graduate basis, as a cooperative course in a research institute supported by industrial fellowships, but under supervision of the graduate department of the engineering school or university. At least one such research institute has already been established. It was the aim of Dr. Duncan, in founding the Mellon Institute, to develop in chemists "creative mental powers" or, as it is called here, "the mental faculty of synthesis", by graduate work in cooperation with industry. More similar research institutes in the other branches of technology, in mechanical and electrical engineering, radio, and particularly for the general field of physics are urgently needed and their creation would promote education in invention.

The second cardinal factor in teaching invention, and the one most worth keeping in mind, is this: The bulk of work in studying as in practicing invention is library work, rather than laboratory work. To be adept at forming combinations of scientific principles calls for ability to dig through the world s technical literature and find just the principle required to effect a desired combination, or to find just the combination that will fit together an available group of principles. This means long practice in hunting ideas, or methods of using ideas, where both are stored abundantly—in libraries. This fact should facilitate the teaching of invention. Library facilities are generally very good throughout the country so there is not so much difficulty in providing facilities for instruction as when laboratories are a primary consideration.

The entire discussion might well be concluded with this brief summary: Invention is not a rare and mysterious power, but the converse process to mental analysis; hence it is a faculty common to all, and can be developed, by education to considerable power. Consequently, it is but a matter of time before training in the art of invention becomes general. And the day is therefore near when the new profession of inventing will arise to join engineering in making science an even greater boon to industry than ever.

The Graphical Determination of Center of Gravity of Any Quadrilateral

王兆藩 林致平

DESCRIPTION OF THE METHOD:

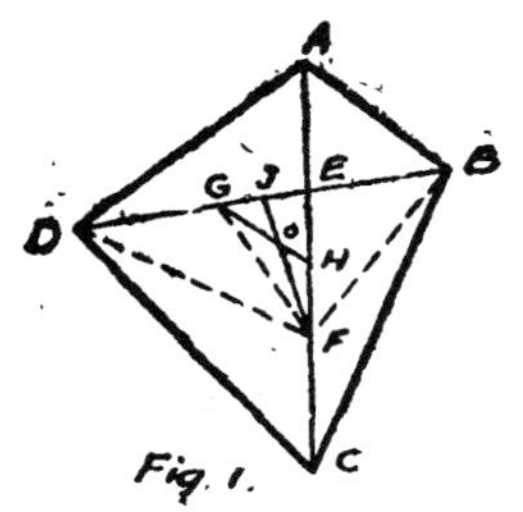

Fig. 1.

Given any quadrilateral ABCD as shown in Fig. 1. Required to determine its center of gravity graphically. Draw two diagonals AC & BD, intersecting at point E. Lay off CF=AE and DG=BE. Bisect EF at H and EG at J. Join GH & FJ. The intersecting point O of these lines is the C. G. of the given quadrilateral.

PROOF:

First of all let us prove a fundamental lemma: The C.G. of any triangle PQR (Fig. 2) is in coincidence with that of triangle PQ'R' provided QQ' = RR' as shown. It is well known that the C.G. of any triangle lies on its median and at a distance of one third of its altitude from the base. Now since the triangles PQR & PQ'R' are of equal altitude from their bases QR & Q'R' and have a common median PM, their C.G.'s are therefore in coincidence.

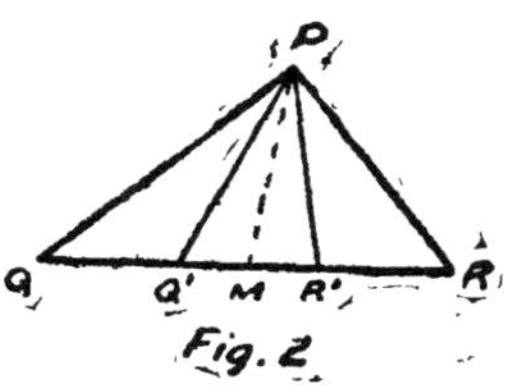

Fig. 2

In the given quadrilateral ABCD draw lines BF, DF & EF. By applying the proposition just proved we can show that the C.G. of △ABC is in coincidence with that of △EBF, and that of △ADC with △EDF since from construction CF=AF. The resultant C.G. of the two component triangles ABC & ADC, which represents the C.G. of the given quadrilateral, lies on the line joining their C.G.'s and at distances from them inversely proportional to their areas. Since they have a common base AC the areas are proportional to the altitudes from the base. Similarly the resultant C.G. of the two triangles EBF & EDF lies also on the line joining their C.G's and at distances inversely to their areas which is in turn proportional to their altitudes, being the same as those of component triangles. Hence the C.G. of the component triangles of the given quadrilateral is in coincidence with that of the triangles EBF & EDF, i.e. △BFD, which is in turn represented by the C.G. of the center triangle EFG for BE=DG. Hence we can conclude that the intersecting point O of the medians GH & FJ of the center triangle is in coincidence with C.G. of the given quadrilateral. Q.E.D.

DISCUSSIONS:

The above graphical method for the determination of the C.G. of a quadrilateral seems to be the simplest among various methods, and is found to be useful in case of the design of concrete arches and foundations and many other applications in engineering where rapidity is of foremost importance.

If the given quadrilateral possesses a concave angle the preceeding method is also applicable in which one of the distance is measured outward along the diagonal produced, as shown in Fig. 3. It can be easily shown that the C.G. of the given figure is in coincidence with that of △AGC, which is in turn represented by the C.G. of the center triangle EFG. The detail proof is omitted here.

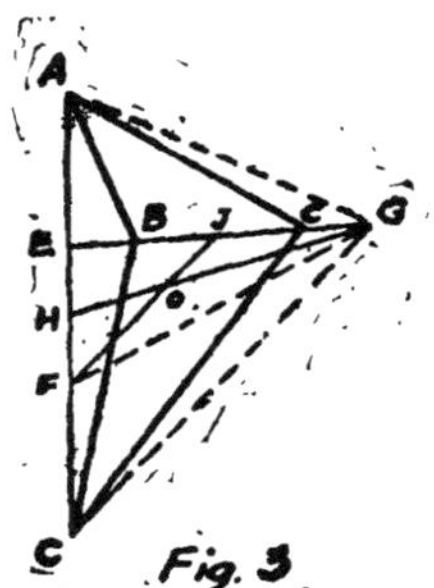

Fig. 3

If the quadrilateral possesses certain regular form, as square, rectangle, rhombus & parallelogram, the diagonals bisects each other and the center triangle vanishes. The intersection of the diagonals therefore represents the C.G. in question.

If the given figure is in the form of a trapezoid the previous method is certainly applicable, yet it may be also treated in a different way as follows: Let ABCD be the trapezoid, having its sides AB & CD parallel and equal to 2a & 2b respectively (Fig.4). From each of the parallel sides produced lay off a distance equal to opposite side, i.e. CH = AB = 2a & AJ = CD = 2b. The

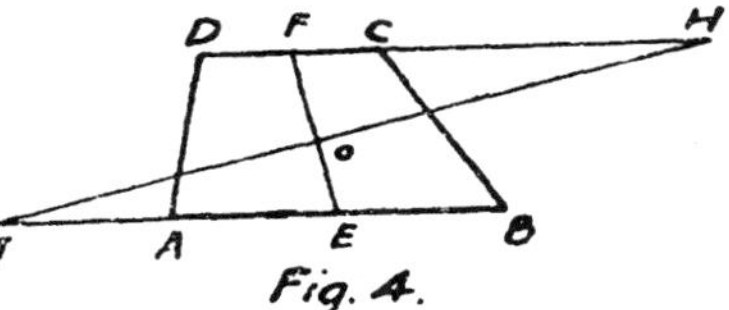

Fig. 4.

intersecting point O of the line JH with the median EF is the C.G. required. Since triangle FOH is similar to triangle EOJ, we have

$$\frac{EO}{OF}=\frac{EJ}{HF}=\frac{EA+AJ}{HC+CF}=\frac{a+2b}{2a+b},$$

which coincides with the results found analytically for the position of C.G. of a trapezoid. (See Loney's Elements of Statics & Dynamics, 5th edition, PP. 144-145.) Hence the point O is the C.G. required. Q.E.D.

CURVES ON THE CONE

OBTAINED FROM PLANE AND OTHER SURFACE CURVES

石 法 仁

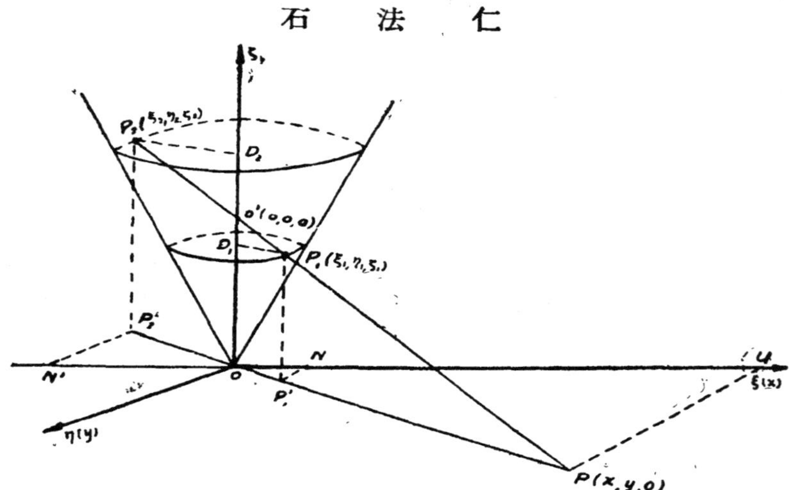

Art. 1. Let ox, oy be a set of rectangular axes in two dimensions with o as origin, and o ξ, o η and o ζ be a set of rectangular axes in three dimensions also with o as origin, and o ξ coincides with ox, o η with oy.

We take a right circular cone with o as vertex, o ζ as axis, and α as semi-vertical angle. The parametric equations of this Cone may therefore be written as:

$$\left.\begin{aligned} \xi &= u\cos\theta \\ \eta &= u\sin\theta \\ \zeta &= u\cot\alpha \end{aligned}\right\} \qquad (1)$$

where u is the perpendicular distance from any point on the cone (1) to its axis, and θ is the angle between ox and the projection of this perpendicular distance upon the xy-plane. The equation of the same cone in Cartesian coordinates is:

$$\zeta = \sqrt{\xi^2+\eta^2}\ \cot\alpha \qquad (1')$$

Now take a point $o'(0,0,a)$ on the axis of the cone as the centre of projection. Then any point $P(x,y,0)$ on the xy-plane may be projected to two points, say $P_1(\xi_1,\eta_1,\zeta_1)$ and $P_2(\xi_2,\eta_2,\zeta_2)$ on the cone (1).

The equations of the line joining $o'(0,0,a)$ and $P(x,y,0)$ are:

$$\frac{\xi}{x}=\frac{\eta}{y}=\frac{\zeta-a}{-a} \tag{2}$$

Let r denote the common ratio of (2), we then from (2) have:

$$\left.\begin{aligned} \xi &= rx \\ \eta &= ry \\ \zeta &= a-ra \end{aligned}\right\} \tag{3}$$

Substitute (3) simultaneously into (1') and arrange the result according to the powers of r we have

$$[a^2-(x^2+y^2)\cot^2\alpha]r^2-2a^2r+a^2=0 \tag{4}$$

Since (4) is an equation of second degree in r, the line joining o' and P intersects the cone in two points. Let r_1 and r_2 denote the two roots of r in (4) we then have

$$r_1=\frac{a\tan\alpha}{a\tan\alpha+\sqrt{x^2+y^2}} \tag{5}$$

$$r_2=\frac{a\tan\alpha}{a\tan\alpha-\sqrt{x^2+y^2}} \tag{6}$$

Substitute the value of r_1 for r into (3) we have then

$$\left.\begin{aligned} \xi &= \frac{ax\tan\alpha}{a\tan\alpha+\sqrt{x^2+y^2}} \\ \eta &= \frac{ay\tan\alpha}{a\tan\alpha+\sqrt{x^2+y^2}} \\ \zeta &= \frac{a\sqrt{x^2+y^2}}{a\tan\alpha+\sqrt{x^2+y^2}} \end{aligned}\right\} \tag{7}$$

And again substitute the value of r_2 for r in (3) we have

$$\left.\begin{aligned} \xi &= \frac{ax\tan\alpha}{a\tan\alpha-\sqrt{x^2+y^2}} \\ \eta &= \frac{ay\tan\alpha}{a\tan\alpha-\sqrt{x^2+y^2}} \\ \zeta &= \frac{-a\sqrt{x^2+y^2}}{a\tan\alpha-\sqrt{x^2+y^2}} \end{aligned}\right\} \qquad (8)$$

Then the coordinates of the two points where the line joining $o'(o,o,a)$ and $P(x,y,o)$ intersects the cone may be calculated from (7) and (8), as the point $P(x,y,o)$ is known. Now we will consider the relative positions of the two points of projections of $P(x,y,o)$. Since

$a^2>0$ and $0<\alpha<\frac{\pi}{2}$, $\qquad a^2\tan\alpha+a\sqrt{x^2+y^2}>a\sqrt{x^2+y^2}$

hence $$\frac{a\sqrt{x^2+y^2}}{a\tan\alpha+\sqrt{x^2+y^2}}<a.$$

Therefore the point whose coordinates are denoted by (7) lies on the part of the cone below the centre of projection.

Since $-a^2<0$ $\qquad a\sqrt{x^2+y^2}-a^2\tan\alpha<a\sqrt{x^2+y^2}$

$$\therefore \quad \frac{-a\sqrt{x^2+y^2}}{a\tan\alpha-\sqrt{x^2+y^2}}>a$$

Therefore the point whose coordinates are denoted by (8) lies on the part of the cone above the centre of projection. Since any point $P(x,y,o)$ on the xy-plane may be represented in polar coordinates, by replacing x by $\rho\cos\theta$, and y by $\rho\sin\theta$, (7) and (8) will become respectively

$$\left.\begin{aligned} \xi &= \frac{a\tan\alpha\cdot\rho\cos\theta}{a\tan\alpha+e} \\ \eta &= \frac{a\tan\alpha\cdot\rho\sin\theta}{a\tan\alpha+e} \\ \zeta &= \frac{a\rho}{a\tan\alpha+e} \end{aligned}\right\} \qquad (9)$$

and

$$\left.\begin{aligned} \xi &= \frac{a\tan\alpha\cdot\rho\cos\theta}{a\tan\alpha-\rho} \\ \eta &= \frac{a\tan\alpha\cdot\rho\sin\theta}{a\tan\alpha-\rho} \\ \zeta &= \frac{-a\rho}{a\tan\alpha-\rho} \end{aligned}\right\} \qquad (10)$$

Art.2. When we fix one point of a line at $(0,0,a)$, and set this line moving and always intersecting the equi-angular Spiral $\rho = e^{\theta}$ (11)

The loci of intersections of this line with the cone will form two curves on it. Now we proceed to find the equations of these two curves. Substitute (11) into (9) and (10), we will obtain the required equations of the above mentioned curves respectively.

$$\left.\begin{aligned} \xi &= \frac{ae^{\theta}\cdot\cos\theta\cdot\tan\alpha}{a\tan x+e^{\theta}} \\ \eta &= \frac{ae^{\theta}\cdot\sin\theta\cdot\tan\alpha}{a\tan x+e^{\theta}} \\ \zeta &= \frac{ae^{\theta}}{a\tan x+e^{\theta}} \end{aligned}\right\} \qquad (12)$$

and

$$\left.\begin{aligned} \xi &= \frac{a\,e^{\theta}\cdot\cos\theta\cdot\tan\alpha}{a\tan\alpha-e^{\theta}} \\ \eta &= \frac{a\,e^{\theta}\sin\theta\cdot\tan\alpha}{a\tan\alpha-e^{\theta}} \\ \zeta &= \frac{-ae^{\theta}}{a\tan\alpha-e^{\theta}} \end{aligned}\right\} \qquad (13)$$

Art.3. Consideration of the angle between the tangent to the curve at any point and the element of the cone through the point of tangency.

First we deal with the curve (12).

Differentiate ξ, η and ζ in (12) with respect to θ we obtain

$$\left.\begin{aligned}
\xi' &= \frac{a\tan\alpha\{a\tan\alpha(\cos\theta-\sin\theta)-e^{\theta}\sin\theta\}e^{\theta}}{(a\tan\alpha+e^{\theta})^2}\\
\eta' &= \frac{a\tan\alpha\{a\tan\alpha(\cos\theta+\sin\theta)+e^{\theta}\cos\theta\}e^{\theta}}{(a\tan\alpha+e^{\theta})^2}\\
\zeta' &= \frac{a^2\tan\alpha\cdot e^{\theta}}{(a\tan\alpha\cdot e^{\theta})^2}
\end{aligned}\right\} \qquad (14)$$

Let l, m, and n denote the direction cosines of the tangent to the curve (12) at any point (ξ, η, ζ).

Let r denote the angle between the tangent to the curve (12) at (ξ, η, ζ) and the element of the cone (1') through the same point. The direction cosines of the element of the cone (1') through (ξ, η, ζ) are $\sin\alpha\cos\theta$, $\sin\alpha\sin\theta$, and $\cos\alpha$. By the formulas

$$\left.\begin{aligned}
l &= \frac{\xi'}{\sqrt{\xi'^2+\eta'^2+\zeta'^2}}\\
m &= \frac{\eta'}{\sqrt{\xi'^2+\eta'^2+\zeta'^2}}\\
n &= \frac{\zeta'}{\sqrt{\xi'^2+\eta'^2+\zeta'^2}}
\end{aligned}\right\} \qquad (15)$$

and

$$\cos r = l\sin\alpha\cos\theta + m\sin\alpha\sin\theta + n\cos\alpha \qquad (16)$$

We obtain

$$\cos r = \frac{a\sec\alpha}{\sqrt{(a\tan\alpha+e^{\theta})^2+a^2\sec^2\alpha}} \qquad (17)$$

Since α is the semi-vertical angle of the cone (1) we may then suppose α satisfying the inequality $0<\alpha<\frac{\pi}{2}$, and therefore the value on the right hand side of (17) is always positive. The angle r must satisfy the inequality $-\frac{\pi}{2}<\alpha<\frac{\pi}{2}$.

n (17) when θ increases from 0 to ∞, the value of $\cos\alpha$ will decrease from a definite number $\frac{a\sec\alpha}{\sqrt{(a\tan\alpha+1)^2+a^2\sec^2\alpha}}$ to 0, and the angle r will increase from a definite angle $\cos^{-1}\dfrac{a\sec\alpha}{\sqrt{(a\tan\alpha+1)^2+a^2\sec^2\alpha}}$ to $\dfrac{\pi}{2}$

Second we deal with the curve (13).

Let r' denote the angle between the tangent to the curve at (ξ, η, ζ) and the element through (ξ, η, ζ) of the cone (1'). By the formulas (15) and (16) we may prove that

$$\cos r'=\frac{-a\cos 2\alpha\cdot\sec\alpha}{\sqrt{(a\tan\alpha-e^{\theta})^2+a^2\sec^2\alpha}} \qquad (18)$$

According as α is greater or less than $\frac{\pi}{4}$ the angle r' may be distinguished into two cases.

Case I. From (18) we may see that when $0<\alpha<\frac{\pi}{2}$, $\cos r$ is always negative, and the angle r' must satisfy the inequality $\frac{3\pi}{2}>r'>\frac{\pi}{2}$. In (18) when θ increases from 0 to ∞, the value of $\cos r'$ will increase from a definite negative number $\dfrac{-a\cos 2\alpha\cdot\sec\alpha}{\sqrt{(a\tan\alpha-1)^2+a^2\sec^2\alpha}}$ to 0, and the angle r will decrease from a definite angle $\cos^{-1}\left(\dfrac{-a\cos 2\alpha\sec\alpha}{\sqrt{(a\tan\alpha-1)^2+a^2\sec^2\alpha}}\right)$ to $\dfrac{\pi}{2}$.

Case II. Again from (18) we may see that when α satisfies the inequality $\frac{\pi}{2}>\alpha>\frac{\pi}{4}$, $\cos r'$ is always positive, and r' must satisfy the inequality $\frac{\pi}{2}\leq r'\leq\frac{\pi}{2}$. In (20) when θ increases from 0 to ∞, the value of $\cos r'$ will decrease from a definite positive number $\cos\alpha\dfrac{-a\cos 2\alpha}{\sqrt{(a\tan\alpha-1)^2+a^2\sec^2\alpha}}$ to 0, and the angle r' will increase from a definite angle $\cos^{-1}\left(\dfrac{-a\cos 2\alpha}{\cos\alpha\sqrt{(a\tan\alpha-1)^2+a^2\sec^2\alpha}}\right)$ to $\dfrac{\pi}{2}$

Art. 4. Definition. The distance between two adjacent points of the curve on the same element of the Cone is called the slant pitch of the curve.

Let P denote the slant pitch of the curve (12), then

$$P^2=\left(\frac{a\tan\alpha.e^{\theta+2\pi}\cos(\theta+2\pi)}{a\tan\alpha+e^{\theta+2\pi}}-\frac{a\tan\alpha.e^{\theta}\cos\theta}{a\tan\alpha+e^{\theta}}\right)^2$$

$$+\left(\frac{a\tan\alpha.e^{\theta+2\pi}\sin(\theta+2\pi)}{a\tan\alpha+e^{\theta+2\pi}}-\frac{a\tan\alpha.e^{\theta}\sin\theta}{a\tan\alpha+e^{\theta}}\right)^2$$

$$+\left(\frac{a\,e^{\theta+2\pi}}{a\tan\alpha+e^{\alpha+2\pi}}-\frac{a\,e^{\theta}}{a\tan\alpha+e^{\theta}}\right)^2$$

$$\therefore\qquad P=\frac{a^2\sec\alpha.\tan\alpha(e^{2\pi}-1)}{\left(\frac{a\tan\alpha}{e^{\theta}}+e^{2\pi}\right)\left(a\tan\alpha+e^{\theta}\right)} \qquad (19)$$

rom (19) we may see that when θ increases from o to ∞, the slant pitch of the curve (12) will decrease from a definite number $\frac{a^2\sec\alpha.\tan\alpha(e^{2\pi}-1)}{(a\tan\alpha+e^{2\pi})(a\tan\alpha+1)}$ to o.

Second let P' denote the slant pitch of the curve (13). By the above method we may prove that

$$P'=\frac{a^2\sec\alpha.\tan\alpha.(e^{2\pi}-1)}{\left(\frac{a\tan\alpha}{e\theta}-e^{2\pi}\right)\left(a\tan\alpha-e^{\theta}\right)} \qquad (20)$$

From (20) we may see that when θ increase from o to ∞, P' will decrease from a definite number $\frac{a^2\sec\alpha.\tan\alpha.(e^{2\pi}-1)}{(a\tan\alpha-e^{2\pi})(a\tan\alpha-1)}$ to o.

Art.5. Cone-curves (*i.* e. curves on the cone) which make equal angles with all the elements of the cone.

First method: Project the equiangular spiral $\varrho=e^{\theta}$ to the cone (1), and take a variable point on oζ as the centre of projection such that one point on the equiangular spiral corresponds one point on oζ for its centre of projection. In other words when one end of the line of projection moves along $\varrho=e^{\theta}$, the centre of projection will also move upward along oζ at the same time. Therefore the height a at the centre of projection must be a function of θ. Suppose $a=f(\theta)$ (21)

Hereafter we will find $f(\theta)$ in order to satisfy our purpose. First substitute (21) into (12) we have

$$\begin{aligned}\xi&=\frac{f.\tan\alpha.e^{\theta}\cos\theta}{f.\tan\alpha+e^{\theta}}\\ \eta&=\frac{f.\tan\alpha.e^{\theta}\sin\theta}{f\tan\alpha+e^{\theta}}\\ &=\frac{f.e^{\theta}}{f\tan\alpha+e^{\theta}}\end{aligned} \qquad (22)$$

where f denotes $f(\theta)$

Differentiate ξ, η and ζ with respect to θ, we have

$$\left.\begin{aligned}
\xi' &= \frac{\tan\alpha\{\tan\alpha . f.^2 e^{\theta}(\cos\theta-\sin\theta)+e^{2\theta}(f'\cos\theta-f\sin\theta)\}}{(f\tan\alpha+e^{\theta})^2}\\
\eta' &= \frac{\tan\alpha\{\tan\alpha . f.^2 e^{\theta}(\cos\theta+\sin\theta)+e^{2\theta}(f'\sin\theta+f\cos\theta)\}}{(f\tan\alpha+e^{\theta})^2}\\
\zeta' &= \frac{e^{\theta}(f^2\tan\alpha+f'e^{\theta})}{(f\tan\alpha+e^{\theta})^2}
\end{aligned}\right\} \qquad (23)$$

Let l, m, and n denote the direction cosines of the tangent to the curve which makes an angle δ with the element of the cone through (ξ, η, ζ). Since the direction cosines of the element of the cone (1) through (ξ, η, ζ) are $\sin\alpha\cos\theta$, $\sin\alpha\sin\theta$, and $\cos\alpha$ by the formulas $\cos\delta = l\sin\alpha\cos\theta + m\sin\alpha\sin\theta + n\cos\alpha$ and (24)

$$\left.\begin{aligned}
l &= \frac{\xi'}{\sqrt{\xi'^2+\eta'^2+\zeta'^2}}\\
m &= \frac{\eta'}{\sqrt{\xi'^2+\eta'^2+\zeta'^2}}\\
n &= \frac{\zeta'}{\sqrt{\xi'^2+\eta'^2+\zeta'^2}}
\end{aligned}\right\} \qquad (25)$$

We may prove that

$$\cos\delta = \frac{f^2\tan\alpha.(\tan\alpha\sin\alpha+\cos\alpha)+f'e^{\theta}(\tan\alpha\sin\alpha+\cos\alpha)}{\sqrt{e^{2\theta}[\tan^2\alpha(f'^2+f^2)+f'^2]+e^{\theta}(2\tan\alpha f'^3+4f^2f'\tan\alpha)+f^4\tan^2\alpha(2\tan^2\alpha+1)}} \qquad (26)$$

By inspection when $f=e^{\theta}$, the right hand side of (26) is equal to a constant number i. e.

$$\cos\delta = \frac{\tan\alpha+1}{\sqrt{2\tan^2\alpha+6\sin\alpha\cos\alpha+1}} \qquad (27)$$

$$\therefore\ \delta = \cos^{-1}\left(\frac{\tan\alpha+1}{\sqrt{2\tan^2\alpha+6\sin\alpha\cos\alpha+1}}\right) \qquad (27)$$

Substitute $f=e^{\theta}$ into (22) we have

$$\left.\begin{aligned} \xi &= \frac{e^{\theta}\tan\alpha.\cos\theta}{\tan\alpha+1} \\ \eta &= \frac{e^{\theta}.\tan\alpha.\sin\theta}{\tan\alpha+1} \\ \zeta &= \frac{e^{\theta}}{\tan\alpha+1} \end{aligned}\right\} \quad (28)$$

Therefore the curve (28) makes a constant angle $\cos^{-1}\dfrac{\tan\alpha+1}{\sqrt{2\tan^2\alpha+6\sin\alpha\cos\alpha+1}}$ with all the elements of the cone. Substitute $a=e^{\theta}$ into (13)

$$\left.\begin{aligned} \xi &= \frac{\tan\alpha.e^{\theta}.\cos\theta}{\tan\alpha-1} \\ \eta &= \frac{\tan\alpha.e^{\theta}\sin\theta.}{\tan\alpha-1} \\ \zeta &= \frac{-e^{\theta}}{\tan\alpha-1} \end{aligned}\right\} \quad (29)$$

Let δ' denote the angle between the tangent to the curve (29) at any point (ξ,η,ζ) and the element of the cone (1) through (ξ,η,ζ). By the formulas (15) and (16) we may prove that

$$\cos\delta' = \frac{-\cos 2\alpha}{\sqrt{1+\sin^2\alpha}} \quad (30)$$

$$\therefore \delta' = \cos^{-1}\left(\frac{-\cos 2\alpha}{\sqrt{1+\sin^2\alpha}}\right) \quad (30')$$

Therefore the curve (29) makes a constant angle $\cos^{-1}\left(\dfrac{-\cos 2\alpha}{\sqrt{1+\sin^2\alpha}}\right)$ with all the elements of the cone (1).

Second method: If we take the centre of projection lying infinitely high on $o\zeta$, the axis of the cone (1), or $a=\infty$, then the two systems of transformation equations (9) and (10) will become the same one.

$$\left.\begin{aligned} \xi &= \rho\cos\theta \\ \eta &= \rho\sin\theta \\ \zeta &= \rho\cot\alpha \end{aligned}\right\} \tag{31}$$

Substitute $\rho = e^{\theta}$ into (31), we may get the equations of the curve of projection namely

$$\left.\begin{aligned} \xi &= e^{\theta}\cos\theta \\ \eta &= e^{\theta}\sin\theta \\ \zeta &= e^{\theta}\cot\alpha \end{aligned}\right\} \tag{32}$$

Let r denote the angle between the tangent to the curve (32) at (ξ, η, ζ) and the element of the cone (1) through the same point. By the formulas (15) and (16) we may prove that

$$\cos r = \frac{1}{\sin\alpha\sqrt{2+\cot^2\alpha}} \tag{33}$$

Since the right hand side of (33) is independent of θ, the curve (32) makes equal angles with all the elements of the cone (1).

The curvs on any cone with the property that they make equal angles with all the elements of this cone such as the curves denoted by (28), (29) and (32) may be called the "Equiangular Cone Spirals".

Art. 5. General equations of the Equiangular Cone Spiral.

All the curves whose equations are of the form

$$\left.\begin{aligned} \xi &= h\,e^{\theta}\cos\theta \\ \eta &= h\,e^{\theta}\sin\theta \\ \zeta &= k\,e^{\theta} \end{aligned}\right\} \tag{34}$$

are Equiangular Cone Spirals

Proof: Substitute the values of ξ η and ζ in (34) into (1') simultaneously we have

$$k\,e^{\theta} = \cot\alpha\sqrt{(h\,e^{\theta}\cos\theta)^2 + (h\,e^{\theta}\sin\theta)^2}$$

$$\therefore\ \cot\alpha = \frac{k}{h} \tag{35}$$

From (35) we may see that the curve (34) lies on the cone:

$$h\zeta = k\sqrt{\xi^2+\eta^2}, \qquad (36)$$

and the semi-vertical angle of the cone (36) is $\cot^{-1}\frac{k}{h}$.

Let ϕ denote the angle between the tangent to the curve (34) at (ξ, η, ζ) and the element of the cone (36) through (ξ, η, ζ).

Let l, m, and n denote the direction cosines of the tangent at (ξ, η, ζ) to the curve (34).

Since $\cot\alpha = \frac{k}{h}$, $\quad \therefore \quad \cos\alpha = \frac{k}{\sqrt{h^2+k^2}}$

and $\quad \sin\alpha = \frac{h}{\sqrt{h^2+k^2}}$

Since the direction cosines of the element of the cone (1) through any point (ξ, η, ζ) are $\sin\alpha\cos\theta$, $\sin\alpha\sin\theta$, and $\cos\alpha$, we may see by comparing the equations (1') with (36) that the direction cosines of any element of the cone (36) through (ξ, η, ζ) are

$$\frac{h\cos\theta}{\sqrt{h^2+k^2}}, \quad \frac{h\sin\theta}{\sqrt{h^2+k^2}}, \quad \text{and} \quad \frac{k}{\sqrt{h^2+k^2}}.$$

By the forumlas (15) and

$$\cos\phi = \frac{l\,h\cos\theta + m\,h\sin\theta + n\,k}{\sqrt{h^2+k^2}} \qquad (37)$$

we may obtain

$$\cos\phi = \frac{h^2+k^2}{\sqrt{2h^2+k^2}} \qquad (38)$$

$$\therefore \quad \phi = \cos^{-1}\left(\frac{h^2+k^2}{\sqrt{2h^2+k^2}}\right) \qquad (38')$$

Since the right hand side of (38) is independent of θ, the curve (34) makes equal angles with all the elements of the cone (36), therefore the curve (34) is an Equiangular Cone Spiral. Since h and k are any constants all curves whose equations are of the form (34) are Equiangular Cone Spirals, and (34) denote the general equations of Equiangular Cone Spirals.

Art 6. Cone-curves with equal slant pitches. **First method.**

Since

$$\left.\begin{aligned} \xi &= a\cos\theta \\ \eta &= a\sin\theta \\ \zeta &= a\,\theta\cot\delta \end{aligned}\right\} \tag{39}$$

denote a circular helix on the cylinder $\xi^2+\eta^2=a^2$, (40)

from (1) and (40) we may see that the axis of the cone (1) and that of the cylinder (40) are the same line $o\zeta$. In (39) δ is the angle which (39) makes with $o\zeta$, and θ is the angle between $o\xi$ and the projection on the xy-plane of the line drawn from any point on (39) $\perp$ to $o\zeta$. Now we project the curve (39) to the cone (1) such that we set the line of projection always $\perp$ to $o\zeta$, and one end of it moving along the circular helix (39), then the loci of intersections of the lines of projection with the cone (1) will form a curve on the cone (1), We proceed to find the equations of this curve. The equations of the line of projection from any point on (39) to the cone (1) are

$$\frac{\xi - a\cos\theta}{\cos\theta} = \frac{\eta - a\sin\theta}{\sin\theta} = \frac{\zeta - a\,\theta\cot\delta}{0} \tag{41}$$

or

$$\left.\begin{aligned} \xi &= \eta\cot\theta \\ \zeta &= a\,\theta\cot\delta \end{aligned}\right\} \tag{41'}$$

Substituting the two equations in (41') into (1'), and solve for η we have

$$\eta = a\cot\delta.\tan\alpha.\theta\sin\theta \tag{42}$$

$$\therefore \quad \xi = a\cot\delta\tan\alpha.\theta.\cos\theta \tag{43}$$

From (41') (42) and (43) we may see that the equations of the curve on the cone (1) projected by the above method from (39) are

$$\left.\begin{aligned} \xi &= a\cot\delta\ \tan\alpha.\theta\cos\theta \\ \eta &= a\cot\delta\ \tan\alpha.\theta\sin\theta \\ \zeta &= a\,\theta\cot\delta \end{aligned}\right\} \tag{44}$$

Let P denote any slant pitch of the curve (44). By the same method as § 4 we may prove that

$$P=a^2\cot^2\delta\tan^2\alpha.\{(\theta+2\pi)\cos(\theta+2\pi)-\theta\cos\theta\}^2$$
$$+a^2\cot^2\delta\tan^2\alpha\ \{(\theta+2\pi)\sin(\theta+2\pi)-\theta\sin\theta\}^2$$
$$+a^2\cot^2\delta\,(\theta+2\pi-\theta)^2$$

$\therefore\quad P=2a\pi\cot\delta\sec\alpha$

Since the right hand of (45) is ind pendent of θ, the curve (44) has a constant slant pitch $2a\pi\cot\delta\sec\alpha$

Let ψ denote the angle between the tangent to t' e curve (44) at any point (ξ,η,ζ) and the element of the cone (1) through (ξ,η,ζ). By the formulas (15) and (16) we may p ove that

$$\cos\psi=\frac{1}{\cos\alpha\sqrt{(1+\theta^2)\tan^2\alpha+1}}\tag{46}$$

From (46) we may see that when θ increases from o ta ∞, $\cot\psi$ will decrease from a definite number $\frac{1}{\cos\alpha\sqrt{\tan^2\alpha+1}}$ to o, and ψ will increase from a definite angle

$$\cos^{-1}\frac{1}{\cos\alpha\sqrt{\tan^2\alpha+1}}\quad\text{to}\quad\frac{\pi}{\cdot}$$

Second Method: In the method of projection mentioned in §1, if we take the centre of projection lying infinitely high on $o\zeta$, i. e. $a=\infty$, the two systems of transformation equations (9) and (10) will become the same, namely

$$\left.\begin{aligned}\xi&=e\cos\theta\\ \eta&=e\sin\theta\\ \zeta&=e\cot\alpha\end{aligned}\right\}\tag{47}$$

Substituting $e=b\theta$, the equation of the spiral of Archimedes, into (47) we obtain

$$\left.\begin{aligned}\xi&=b\theta\cos\theta\\ \eta&=b\theta\sin\theta\\ \zeta&=b\theta\cot\alpha.\end{aligned}\right\}\tag{48}$$

where (48) denotes the curve on the cone (1) projected from $e=b\theta$.

Let Φ denote the angle between the the tangent to (48) at (ξ,η,ζ) and the element of the cone (1) through (ξ,η,ζ). By the formulas (15) and (16) we may prove that

$$\cos\Phi=\frac{1}{n\alpha\sqrt{\theta^2+\cos^2\alpha}} \qquad (49)$$

Let P' denote any slant pitch of the curve (48). By the some method as §4 we may prove that

$$P=2b\pi\cdot\cos\alpha \qquad (50)$$

Since the right hand of (50) is independent of θ, the curve (48) has a constant slant pitch $2b\pi\cos\alpha$

In (49) when θ increases from o to ∞, $\cos\Phi$) will decrease from 1 to o, and Φ will increase from 0° to $\frac{\pi}{2}$. (51)

The curves on any cone with the property that they each make a constant slant pitch such as (41) and (48) may be called as "Equi-pitch Cone Spirals"

Art. 8. General equations of "Equi-pitch Cone Spisarls"

The curves whose equations are of the form

$$\left.\begin{aligned}\xi&=h\theta\cos\theta\\ \eta&=h\theta\sin\theta\\ \zeta&=k\theta\end{aligned}\right\} \qquad (51)$$

are "Equi-pitch Cone Spirals

Proof: Substitute the three equations in (51) into (1') we have

$$K\theta=\cot\alpha\sqrt{(h\theta\cos\theta)^2+(h\theta\sin\theta)^2}$$

$$\therefore\quad \cot\alpha=\frac{k}{h}$$

Therefore the curve (51) lies on the cone

$$h\zeta=k\sqrt{\xi^2+\eta^2} \qquad (52)$$

The axis of the cone (52) is still $o\zeta$, and the semi-vertical angle of the cone (52) is $\cot^{-1}\left(\frac{k}{h}\right)$. Let P" denote any slant pitch of the curve (51). By the method as §4 we may have that

$$P'^2=\{h(\theta+2\pi)\cos(\theta+2)-h\theta\cos\theta\}^2+\{h(\theta+2\pi)\sin(\theta+2\pi)-h\theta\sin\theta\}^2$$
$$+\{k(\theta+2\pi)-k\theta\}^2$$

$$\therefore P=2\pi\sqrt{h^2+k^2}\ . \qquad (53)$$

Since the right hand of (53) is independent of θ. The curve (51) makes equal slant pitches, and (51) denotes an Equi-pitch Cone Spiral. Since h and k are any two constants, all curves whose equations are of the form (51), are Equi-pitch Cone Spirals and (51) therefore denote the general equations of Equi-pitch cone spirals.

Art. 9. New method of finding The Circular Helix.

If we first project the Spiral of Archimedes $\rho=b\theta$ to the cone (1), and second project the curve of projection of $\rho=b\theta$ on the cone (1) to a right circular cylinder whose equation is

$$\xi^2+\eta^2=a^2 \qquad \textbf{(54)}$$

we will obtain a curve, on the cylinder, which has the same property as the Circular Helix, and therefore it is the Circular Helix on the cylinder (54).

In the second method of Art 6, we have obtained the equations of the curve of projection of $\rho=b\theta$ on the cone (1), i. e.

$$\xi=b\theta\cos\theta$$
$$\eta=b\theta\sin\theta \qquad (55)$$
$$\zeta=b\theta\cot\alpha$$

The axis of the cone (1) and that of the cylinder (54) are the same line $o\zeta$. Now we project the curve (55) to the cylinder (54) such that we set the line of projection always $\perp$ to $o\zeta$, and one end of it moving along the curve (55), hence the loci of intersections of the lines of projection with the cylinder (54) will form a curve on it. We proceed to find the equations of this curve. The equations of the line of such a projection of any point on (55) are

$$\frac{\xi - b\,\theta\cos\theta}{\cos\theta} = \frac{\eta - b\,\theta\sin\theta}{\sin\theta} = \frac{\zeta - b\,\theta\cot\alpha}{0} \tag{56}$$

From (56) we have

$$\left.\begin{aligned} \xi &= \eta\cot\theta \\ \zeta &= b\,\theta\cot\alpha \end{aligned}\right\} \tag{56}$$

Substituting the first equation in (56') into (54), and solving for η we have

$$\eta = \pm a\sin\theta \tag{57}$$

and hence

$$\zeta = \pm a\cos\theta \tag{58}$$

Fr m the second equation in (56') and the two equations (57) (58), the two systems of equations of the two curves of projection of (55) to the cylinder (54) are

$$\left.\begin{aligned} \xi &= a\cos\theta \\ \eta &= a\sin\theta \\ \zeta &= h\,\theta\cot\alpha \end{aligned}\right\} \tag{59}$$

and

$$\left.\begin{aligned} \xi &= -a\cos\theta \\ \eta &= -a\sin\theta \\ \zeta &= h\theta\cot\theta \end{aligned}\right\} \tag{60}$$

Let r_1 denote the angle between the tangent to the curve (59) at (ξ, η, ζ) and oζ, The axis of the cylinder on which (59) and (60) lie.

Since the direction cosines of oζ are o, o, and 1, by the formulas (15) and (16) we may prove that

$$\cos r_1 = \frac{b\cot\alpha}{\sqrt{a^2 + b^2\cot^2\alpha}} \tag{61}$$

Let r_2 denote the angle between the tangent to the curve (60) at any point (ξ, η, ζ) ane the axis of the cylinder (54). By the above reason we may prove that

$$\cos r_2 = \frac{b \cot\alpha}{\sqrt{a^2+b^2\cot^2\alpha}} \tag{62}$$

Let P_1 denote any slant pitch of (59), and P_2 denote any slant pitch of (60), By the method as mentioned in §4 we may prove that

$$P_1 = 2\pi b \cot\alpha \tag{63}$$

and

$$P_2 = 2\pi b \cot\alpha \tag{64}$$

Since the right hand side of (61) is independent of θ, the curve (59) makes a constant angle with all the elements of the cylinder (54).

Since the right hand side of (63) is independent of θ, the slant pitches of the curve (59) are all equal. Therefore the curve denoted by (59) is a Circular Helix. Similarly we may see that the curve denoted by (60) is also a Circular Helix.

Since $P_1 = P_2$ and $\cos r_1 = \cos r_2$, hence (59) and (60) denote the same Circular Helix with different initial points.

Art. 10. Consideration of the shape of the curve

$$\left.\begin{aligned} \xi &= h\, e^{\theta} \cos\theta \\ \eta &= h\, e^{\theta} \sin\theta \\ \zeta &= k\, e^{\theta} \end{aligned}\right\} \tag{65}$$

Let R denote the distance r from any point on (65) to O(0,0,0). From the equation (65) we may have

$$R = e^{\theta}\sqrt{h^2+k^2} \tag{66}$$

In (66) when $\theta = 0$ $R = \sqrt{h^2+k^2}$. As θ increases, R increases, and the curve (65) winds around $o\zeta$ as axis and at the same time it moves upward in the positive direction of $o\zeta$. when θ is negative and increases numerically without limit, R approaches zero. Therefore when θ takes values from $-\infty$ to $+\infty$, the locus of (ξ, η, ζ) forms a curve starting from O(0,0,0) and moving infinitely on the cone upward in the positive direction of $o\zeta$ and at the same time around $o\zeta$ as axis.

Art. 11. Consideration of the shape of the curve

$$\left.\begin{aligned} \xi &= b\theta \cos\theta \\ \eta &= b\theta \sin\theta \\ \zeta &= b\theta \cot\theta \end{aligned}\right\} \qquad (67)$$

Let R denote the distance from any point (ξ, η, ζ) on (67) to $0(0,0,0)$. Then from (67) we may have

$$R = b\theta \csc\alpha \qquad (68)$$

In (68) when $\theta = 0$, $R = 0$. As θ increases, R also increases, so that the curve on the cone winds infinitely around $o\zeta$ as axis, and at the same time it moves upward in the positive direction of $o\zeta$.

ON PERRON'S INTEGRALS

武 崇 林

1. INTRODUCTION.

The definition of an integral has been modified or generalised in various ways since Riemann formulated his first definition in his classical memoir "Uber die Darstellbarkeit einer Funktion durch eine trigonometrische Reihe" Habitationschrift, Goetingen, 1854. The definitions of generalised integrals, notably those of Stieltjes, Ledesgue, Young, Denjoy and others,(1) have, no doubt, their respective elegance over the older ones, but entail nevertheless drawbacks in their own. For example, in all these definitions the function to be integrated is assumed to be bounded, and for unbounded functions they are to be remedied by some special devices. Also the majority of these definitions rests more or less on some geometric basis and for an adequate treatment of them the modern Theory of Sets of Points is indispensable. A simple and pure analytic definition of integral has been given by O. Perron,(2) which, for bounded functions, is equivalent to that of Lebesgue and for unbounded functions, has a much wider scope. Moreover, for an appropriate study of it the Knowledge of the Theory of Sets of Points proves to be not absolutely neecssary. A brief acoount of Perron's integral will be given here, suggesting that further results may be obtained in this fertile field of invetigation.

2. UPPER AND LOWER ADJOINT FUNCNIONS.

Let $f(x)$ be defined over an interval $(a,b,)$ A function $\phi(x)$ in $(a,b,)$ is called a lower adjoint function or a lower function of $f(x)$ for the interval (a,b) if

$$
(A)\quad \begin{cases} \phi(x) \text{ finite and continuous in } (a\ b); \\ \phi(a)=0; \\ \overline{D}\phi(x) \neq -\infty, \quad \text{for } a\leqslant x\leqslant b; \\ \overline{D}\phi(x) \leqslant f(x), \quad \text{for } a\leqslant x\leqslant b. \end{cases}
$$

A function $\psi(x)$ is called an upper adjoint function or an upper function of $f(x)$ for the interval (ab) if

$$(B)\quad \begin{cases} \psi(x) \text{ finite and continuous in } (ab); \\ \psi(a) = 0; \\ \underline{D}\psi(x) \neq -\infty, \quad \text{for } a \leqslant x \leqslant b; \\ \underline{D}\psi(x) \geqslant f(x), \quad \text{for } a \leqslant x \leqslant b. \end{cases}$$

For definitions of upper and lower derivatives of a function $F(x)$, namely $\underline{D}F(x)$ and $\overline{D}F(x)$, we refer to texts[3] on Theory of Functions of a real variable. We need, however, the following

Theorem 1. Let $\phi(x)$ be finite and continuous in (a,b) and $\overline{D}\phi(x) \leqslant c$. Then within (a,b) all the difference-quotients

$$\frac{\phi(\beta)-\phi(\alpha)}{\beta-\alpha} \leqslant C, \qquad a \leqslant \alpha < \beta \leqslant b.$$

Proof. Suppose the theorem do not hold for a finite c, then a pair of numbers $\alpha < \beta$ would exist in (ab) sucth hat for $\eta > 0$

$$\frac{\phi(\beta)-\phi(x)}{\beta-\leqslant} = C + \eta.$$

Since by hypothesis $\overline{D}\phi(x) \leqslant C$, for all values of $x > \alpha$ and sufficiently near α, we have

$$\frac{\phi(x)-\phi(\alpha)}{x-\alpha} < C + \eta.$$

As the left hand side is a continuous function of x for $x > \alpha$, we can find, for a fixed η, a least value r of x, which may be β itself, such that

$$\phi(r) - \phi(\alpha) = (r-\alpha)(C+\eta),$$

and hence

$$\phi(x) - \phi(\alpha) < (x-\alpha)(C+\eta), \quad \alpha < x < r.$$

By subtraction we find

$$\phi(r) - \phi(x) > (r-x)(C+\eta), \quad \alpha < x < r,$$

and consequently $D\phi(r) \geqq C+\eta$, contrary to hypothesis.

For $C=+\infty$ the theoren is trivial. For $c=-\infty$ the above proof holds also, but it is evident that this case cannot possibly appear.

Since from $\overline{D}\{-\phi(x)\} \leqq -C$ we may derive from above

$$\frac{-\phi(\beta)+\phi(\alpha)}{\beta-\alpha} \leqq -C \quad \text{i.e.} \quad \frac{\phi(\beta)-\phi(\alpha)}{\beta-\alpha} \geqq C,$$

and since $\underline{D}\phi(x) \geqq C$ is equivalent to $\overline{D}\{-\phi(x)\} \leqq -C$, so we have

Theorem 1a. Let $\phi(x)$ be finite and continuous in (ab) and $\underline{D}\phi(x) \geqq C$. Then within (ab) all the difference-quotients

$$\frac{\phi(\beta)-\phi(\alpha)}{\beta-\alpha} \geqq C, \qquad a \leqq < \beta \leqq b.$$

Theorem 2. Let $\phi(x)$ and $\psi(x)$ be respectively lower and upper functions of $f(x)$ in (ab). Then within (ab)

$$\phi(x) \leqq \psi(x).$$

and $\psi(x)-\phi(x)$ is a monotone increasing function.

Proof. Since by definition:

$$\overline{D}\phi(x) \leqq f(x) \leqq \underline{D}\psi(x), \qquad a \leqq x \leqq b,$$

we have, with reference to definitions of $\overline{D}\phi(x)$ and $\underline{D}\psi(x)$,

$$\underline{D}\{\psi(x)-\phi(x)\} \geqq \underline{D}\psi(x)+D\{-\phi(x)\}=\overline{D}\phi(x) \geqq 0;$$

so that, by Theorem 1a with $C=0$,

$$\psi(\beta)-\phi(\beta)-\{\psi(\alpha)-\phi(\alpha)\} \geqq 0, \qquad a \leqq \alpha < \beta \leqq b.$$

In other words, $\psi(x)-\phi(x)$ increases monotonically. Also, by defintion, $\psi(a)=\phi(a)=0$; hence

$$\psi(x)-\phi(x) \geqq 0, \qquad a \leqq x \leqq b,$$

3. DEFINITION OF PERRON S INTEGRAL.

For a given function the adjoint functions need not always exist. For example, in the closed interval (0,1), the function $f(x)=\frac{1}{1-x}$ has a lower function $\phi(x)=0$, but no upper functions, for if $\psi(x)$ were an upper function, then in the closed interval $(\alpha,1)$, where $0\leqslant\alpha<1$, we would have

$$D\psi(x)\geqslant\frac{1}{1-\alpha} \quad \text{and hence} \quad \frac{\beta(1)-\psi(\alpha)}{1-\alpha}\geqslant\frac{1}{1-\alpha}$$

by Theorem 1a, or $\qquad \psi(1)-\psi(\alpha)>1, \qquad$ for $0\leqslant\alpha<1$;

and at the point $x=1$, the function $\psi(x)$ would not be continuous, contrary to definition. Similarly in the interval (1,2), the function $f(x)=\frac{1}{1-x}$ does have upper function, but no lower ones. Within the interval (0,2) the function has neither.

Let $f(x)$ be a funct on which has adjoint functions in (ab). Let $\psi_1(x)$ be a fixed upper funbtion. Since any lower function $\phi(x)$ is at most equal to $\psi_1(x)$ and $\psi_1(x)$ is itself finite, the upper limiting function[4]

$$\Phi(x)=\overline{\lim}\ \phi_n(x)$$

always exias and is finite, for $a\leqslant x\leqslant b$. Similarly the lower limiting function

$$\Psi(x)=\underline{\lim}\ \psi_n(x)$$

exists and is finite, for $a\leqslant x\leqslant b$. The value $\Phi(b)$ is called the lower Perron's Integral and $\Psi(b)$ the upper Perron's Integral in (ab).

We write $\qquad \int_{(P)a}^{b} f(x)dx=\Phi(b), \qquad \int_{(P)a}^{\bar{b}} f(x)dx=\Psi(b).$

Since we have always $\phi(d)\leqslant\psi(d)$, we infer that

$$\int_{(P)a}^{b} f(x)dx \leqslant \int_{(P)a}^{\bar{b}} f(x)dx,$$

If the upper and lower integrals are equal, the common value is define l as Perron's Integral or simply of $f(x)$ in (ab) and denote it by

$$\int_a^b {}_{(P)} f(x)dx.$$

The function f(x) is then called Integrable (P). Similarly if f(x) is integrable over (ab) in Lebsgue's sense, it will be called Integrable (L) and its integral denoted by $\int_a^b {}_{(L)} f(x)dx$, and if integrable in Riemann's sense then it is called Integrable (R) and its integral denoted by $\int_a^b {}_{(R)} f(x)dx$.

When the so-called indefinite integral $\int_a^x {}_{(P)} f(x)dx$ exists for $a \leqq x \leqq b$, the definite integral, of course, exists. Conversely we have

Theorem 3. Let the definite integral $\int_a^b {}_{(P)} f(x)dx$ exist. Then the indefinite integral

$$\int_a^x {}_{(P)} f(x)dx \qquad a \leqq x \leqq b.$$

also exists.

Proof. Let $\phi(x)$ and $\psi(x)$ be two such lower and upper functions of f(x) that for given $\epsilon > 0$,

$$\psi(b) - \phi(b) < \epsilon.$$

Since $\psi(x) - \phi(x)$ is monotonically increasing

$$\psi(x) - \phi(x) < \epsilon, \qquad a \leqq x \leqq b,$$

and hence since

$$\phi(x) \leqq \int_a^x {}_{(P)} f(x)dx \leqq \bar{\int_a^x} {}_{(P)} f(x)dx \leqq \psi(x),$$

the upper and lower integrals $\bar{\int_a^x} {}_{(P)} f(x)dx$ and $\int_{\underline{a}}^x {}_{(P)} f(x)dx$ differ by as little as we please.

4. FUNCTIONS INTEGRABLE (L) ALSO INTEGRABLE (P).

We proceed to show that the P-Integral includes the L integral usually defined as a special case. In other words, the P-integral exists wherever the L-integral does, but conversely the P-integral may exist when the L integral does not. For this purpose we need a few theorems and generalisation of the notion of adjoint functions.

Let $f(x)$ be defined in (a,b). A function $\phi^*(x)$ is called a generalised lower function of $f(x)$ when $\phi^*(x)$ satisfies the first three conditions of (A), §2, and the condition

$$\overline{D}\phi^*(x) \geqq f(x) \quad \text{almost everywhere}^{(5)} \text{ in } (ab),$$

where "almost everywhere" means "in (ab) except for a set of points of measure zero." Similarly $\psi^*(x)$ is a generalised upper function if it satisfies the first three conditions of (B), §2, and the condition

$$\underline{D}\psi^*(x) \leqq f(x) \quad \text{almost everywhere in } (ab).$$

Since every $\phi(x)$ or a $\psi(x)$ is at the same time a $\phi^*(x)$ or a $\psi^*(x)$ it naturally follows that, the existence of $\phi(x)$ and $\psi(x)$ being supposed,

$$\overline{\lim}\ \dot{\phi}(x) \leqq \overline{\lim}\ \phi^*(x), \qquad \lim \psi(x) \geqq \lim \psi^*(x).$$

But here the sign of equality alone enters, as we shall show below.

Theorem 4. Let M be set of points in (ab) of measure zero, and $\epsilon > 0$ arbitrarily given. Then there exists a continuous, monotone increasing function $g(x)$ such that

$$g(a)=0, \qquad 0 \leqq g(x) < \epsilon, \qquad \text{for } a \leqq x \leqq b,$$

and $$\underline{D}g(x) = +\infty \qquad \text{for points of } M.$$

Proof. Corresponding to every natural number n there exists an open set I_n of p which incloses M and for which

$$m(I_n) < \epsilon/4_n.$$

Now let a function $r_n(x)$ be so defined that

$$r_n(x) = \begin{cases} 2n, & \text{for x belonging to } I_n; \\ 0, & \text{for not belonging to } I_n. \end{cases}$$

Further, let $g_n(x) = \int_a^b {}_{(L)} r_n(x)dx,$

then $g_n(x)$ is continuous and monotone increasing in (ab) and $g_n(a)=0$. Also we find

$$0 \leqslant g_n(x) \leqslant 2^n m(I_n) < \epsilon/2^n. \qquad (1)$$

Finally, since the integrand is continuous ot every point of I_n, and M_n a sub-set of I_n we have

$$\underline{D}g_n(x) = g'_n(x) = r_n(x) = 2^n \qquad \text{if } x \text{ belongs to } M. \qquad (2)$$

Now put

$$g(x) = \sum_{n=1}^{\infty} g_n(x) \qquad (3)$$

we find $g(x)$ is uniformly convergent by (1) and hence is a continuous function of x, since each term is. Also $g(a)=0$, $g(x)$ monotone increases and

$$0 \leqslant g(x) < \epsilon.$$

Further, since every remainder of series (3) is monotonically increasing when x increases, we have by (2), for every x of M

$$\underline{D}g(x) = \underline{D}\sum_{n=1}^{\infty} g_n(x) \geqslant \underline{D}\sum_{n=1}^{m} g_n(x) + \underline{D}\sum_{n=m+1}^{\infty} g_n(x)$$

$$\geqslant \sum_{n=1}^{m} \underline{D}g_n(x) = \sum_{n=1}^{m} 2^n$$

for every m and hence

$$\underline{D}\, g(x) = +\infty, \qquad \text{for } x \text{ in } M,$$

Theorem 5. Let $f(x)$ be a function having a generalised lower function $\phi^*(x)$ in (ab). Then $f(x)$ has also lower functions, and for any $\epsilon > 0$, there exists a lower function $\phi(x)$ such that

$$\phi(x) > \phi^*(x) - \epsilon \qquad \text{for } a \leqslant x \leqslant b. \qquad (4)$$

Hence for any function $f(x)$, the lower functions $\phi(x)$ and $\phi^*(x)$, if exist, exist simultaneously and

$$\overline{\lim}\ \phi(x)=\overline{\lim}\ \phi^*(x)=\int_{a}^{b}{}_{(P)}f(x)dx.$$

Proof. Let M be the subset of the closed interval (ab) in which

$$\overline{D}\phi^*(x)\leqslant f(x)$$

does not hold. Then by definition $m(M)=0$, and a function $g(x)$ of the kind stated in Theorem 4 exists. Thus

$$\phi(x)=\phi^*(x)-g(x)$$

not only satisfies the first three conditions of (A) §2 but also the last one, since

$$D\phi(x)\leqslant\overline{D}\phi^*(x)-Dg(x)$$

and hence

$$D\phi(x)\leqslant f(x)\qquad a\leqslant x\leqslant b.$$

Finally, since $0\leqslant g(x)<\epsilon$, the relation (4) holds.

In exactly the same manner we may prove the following:

Theorem 5a. Let $f(x)$ be a function having a generalised upper function $\psi^*(x)$ in (ab). Then $f(x)$ has also upper functions and for any $\epsilon>0$, there exists an upper function $\psi(x)$ such that

$$\psi(x)<\psi^*(x)+\epsilon,\qquad \text{for } a\leqslant x\leqslant b.$$

It may be remarked here that the generalised adjoint functions lead to no generalisation of P-integrals.

Theorem 6. Let a bounded function $f(x)$ be integrable (L) in (ab). Then $f(x)$ is also integrable (P) in (ab) and

$$\int_{a}^{b}{}_{(P)}f(x)dx=\int_{a}^{b}{}_{(L)}f(x)dx$$

Proof. Put $F(x)=\int_{a}^{x}{}_{(L)}f(x)dx$ then $F(x)$ is a continuous finite function of x and

$F(x)=0$. Since $F(x)$ has bounded difference-quotients within (ab), $\overline{D}F(x)$ and $\underline{D}F(x)$ are everywhere finite in (ab). Further $F'(x)$ exists almost everywhere within (ab) and almost everywhere in (ab) $F'(x)=f(x)$.[6] Hence $F(x)$ may be regarded both as a generalised upper and lower function of $f(x)$ for (ab). Now an upper function and lower function coincide means that

$$\overline{\lim}\ \phi^*(x)=\lim \psi^*(x)=F(x),$$

hence the proof.

5. BOUNDED FUNCTION INTEGRABLE (P) ALSO INTEGRABLE(L)

For bounded functions, and for these only, Theorem 6 may have a converse. Theorem 6 shows this, but to prove it we need two other theorems.

Theorem. 7. Let $g(x)$ be finite and continuous in (ab). Then $\underline{D}g(x)$ and $\overline{D}g(x)$ are measurable over any measu ble subset of (ab).

Proof. By definition $Dg(x)$ is the upper limiting function of

$$\frac{g(x+h)-g(x)}{h}, \quad \text{for} \quad h\to 0$$

But since $g(x)$ is finite and continuous, for any fixed h the function $\frac{g(x+h)-g(x)}{h}$ is measurable over any measurable subset of (ab), and hence its upper limiting function is so.[7] Similarly for $\underline{D}g(x)$.

Theorem 8 Let $u(x)$ and $v(x)$ be continuous in the whole interval (ab) and $\underline{D}u(x)\neq-\infty$, $\overline{D}v(x)\neq+\infty$ and almost everywhere in (ab)

$$\underline{D}u(x)\geqslant 0, \qquad \overline{D}v(x)\leqslant 0 \tag{5}$$

Then $u(x)$ monotone increases and $v(x)$ monoton decreases in (ab) so that (5) hold for the whole interval.

Proof. Let M be the set of points for which $\underline{D}u(x)\geqslant 0$ does not hold. Since $m(M)=0$, by Theorem 4 for any $\varepsilon>0$ there exist a function $g(x)$ such that

$$D(u(x)+g(x)) \geqq Du(x)+Dg(x) \geqq 0 \quad \text{for } a \leqq x \leqq b,$$

and hence by Theorem 1a, letting $C=0$

$$u(\beta)+g(\beta) \geqq u(\alpha)+g(\alpha), \qquad \text{for } a \leqq \alpha < \beta \leqq b.$$

i.e. $$u(\beta) \geqq u(\alpha) = \epsilon,$$

for any $\epsilon > 0$. We have therefore $u(\beta) \geqq u(\alpha)$, that is, $u(x)$ is monotone increasing. Similary for $v(x)$.

Theorem. 9. Let $f(x)$ be bounded and integrable (P) in (ab). Then $f(x)$ is also integrable (L) in (ab) and

$$\int_a^b (L) f(x)dx = \int_a^b (P) f(x)dx.$$

Proof. To every positive integer n there correspond upper and lower functions $\psi_n(x)$ and $\phi_n(x)$ of $f(x)$ for which

$$\psi_n(b) = \phi(b) < \frac{1}{n};$$

hence, sine $\psi_n(x)-\phi(x)$ is monotone increasing,

$$\psi_n(x)-\phi(x) < \frac{1}{n}, \qquad \text{for } a \leqq x \leqq b. \tag{6}$$

We do not know whether $D\psi_n(x)$ and $\overline{D}\phi_n(x)$ are bounded or only finite in (ab), we construct therefore such auxilliary functions as are the case.

Let $|f(x)| < A$ Put

$$\left.\begin{aligned} g_1(x) &= \text{Max.}\{-A, \overline{D}_1\phi(x)\}, & h_1(x) &= \{A, \underline{D}\psi_1(x)\}, \\ g_n(x) &= \text{Max}\{g_{n-1}(x), \overline{D}\phi_n(x)\}, & h_n(x) &= \{h_{n-1}(x)\ \underline{D}\psi_{n-1}(x)\}, \ n=2,3,\cdots \end{aligned}\right\} \tag{7}$$

Each $g_n(x)$ lies between $g_{n-1}(x)$ and $D\phi_n(x)$ and hence between $-A$ and $f(x)$. Similarly for $h_n(x)$. Therefore

$$-A \leqq g_n(x) \leqq f(x) \leqq h_n(x) \leqq A.$$

Since for a fixed x, $g_n(x)$ is monotone increasing and $h_n(x)$ decreasing when n increasing, the limiting functions

$$g(x) = \lim_{n\to\infty} g_n(x) \qquad h(x) = \lim_{n\to\infty} h_n(x)$$

oth exist and

$$g(x) \leqslant f(x) \leqslant h(x).$$

Now, by theorem 7, $\overline{D}\phi_n(x)$ and $\underline{D}\psi_n(x)$ are both measurable over (ab) and is it easily seen then $g_n(x)$ and $h_n(x)$ are measurable. Consequently $g(x)$ and $h(x)$ are both measurable. Therefore our theorem will be proved if we can show that $g(x)$ and $h(x)$ are almost everywhere equal in (ab); for then the L—integral of $f(x)$ exists and by Theorem 6 is equal to the P-integral of $f(x)$. But to prove that almost everywhere $g(x)=h(x)$ it suffices[8] to prove that

$$\int_{(L)a}^{x}\{h(x)-g(x)\}dx=0, \qquad a\leqslant x\leqslant b. \tag{8}$$

Since $|h_n(x)-g_n|(x) < A$, a fixed number, for any n and for every x within the closed interval (ab), we find[9]

$$\lim_{n\to\infty}\int_{(L)a}^{x}\{h_n(x)-g_n(x)\}dx=\int_{(L)a}^{x}\{h(x)-g(x)\}dx, \qquad a\leqslant x\leqslant b.$$

Put

$$\phi_n^*(x)=\int_{(L)a}^{x}g_n(x)dx, \qquad \psi_n^*(x)=\int_{(L)a}^{x}h_n(x)dx, \tag{9}$$

then what we have to prove amounts to

$$\lim_{n\to\infty}\{\psi_n^*(x)-\phi_n^*(x)\}=0, \qquad a\leqslant x\leqslant b.$$

and with the aid of (6) is this certainly the case if we can show

$$\phi_n(x)\leqslant\phi_n^*(x)\leqslant\psi_n^*(x)\leqslant\psi_n(x), \qquad a\leqslant x\leqslant b. \tag{10}$$

First, from (9), $\phi_n^*(x)$ and $\psi_n^*(x)$ both have bounded difference-quotients and hence we may write

$$\phi_n^*(x)=\int_{(L)a}^{x}\dot{\phi}_n^*(x)dx,^{(10)} \qquad \psi_n^*(x)=\int_{(L)a}^{x}\dot{\psi}_n^*(x),$$

and hence

$$\dot{\phi}_n^*(x)=g_n(x), \qquad \dot{\psi}_n^*(x)=h_n(x)$$

almost everywhere in (ab).

Since the relation $\overline{D}\phi_n^*(x)=\underline{D}\phi_n^*(x)=\dot{\phi}_n^*(x)$ holds almost everywhere in (ab) and the similar holds for $\psi_n^*(x)$, we can conclude that $\psi_n^*(x)$ and $\phi_n^*(x)$ are generalised upper and lower functions of f(x) in (ab), and hence

$$\phi_n^*(x)\leqslant\psi_n^*(x),$$

so that the mid part of (10) is proved.

Further, from (9) and (7) we find

$$\overline{D}\phi_n(x)<\underline{D}\phi_n^*(x) \qquad \text{almost everywhere in (ab),}$$

hence

$$\underline{D}\{\phi_n^*(x)-\phi_n(x)\}\geqq\underline{D}\phi_n^*(x)-\overline{D}\phi_n(x)\geqq 0,$$

almost everywhere in (ab), and $\phi_n^*(x)-\phi_n(x)$ must be monotone increasing by Theorem 8. But the beginning value is O. Hence in the whole interval we have $\phi_n^*(x)\geqq\phi_n(x)$. Similarly $\psi_n^*(x)\leqslant\psi_n(x)$, and the remaining part of (10) is also proved.

6. UNBOUNDED FUNCTIONS.

For bounded functions as integrand the definitions of the L- and P-integral have thus been shown to be coextensive. For unbounded functions the P-integral embraces, while the L-integral can not, the improper Riemann integrals and also those generalised L-integrals. It can be shown that P-integral is equivalent to the integral of Denjoy. Here we will confine ourselves with the case in which the point of infinity discontinuity occurs at the ends of the interval of integration.

Theorem 10. Let f(x) be bounded and integrable (R) in the arbitrary interval $(a\xi)$ where $a<\xi<b$, and

$$F(\xi)=\int_{a\,(R)}^{\xi} f(x)dx,$$

and let $\lim\limits_{\xi\to b} F(\xi)=B$ exists,

Then f(x) is also integrable (P) in (ab), and

$$\int_{a}^{b}{}_{(P)} f(x)dx = B.$$

Proof. For each integer n the R-integral

$$\int_{a}^{b-\frac{1}{n}}{}_{(P)} f(x)dx \qquad \text{exists.}$$

Hence the set M_n of points of discontinuity of f(x) in the interval $(a,b-\frac{1}{n})$ is of measure zero. The sum $M_1+M_2+\cdots+M_n+\cdots$ is the set of points of discontinuity of f(x) in the open interval (a,b) and also of measure zero.[13] In other words f(x) is almost everywhere continuous in the open interval (ab) and hence in the closed interval (ab). Since at every point of continuity of f(x) the function F(x) has f(x) as its derivative, so that, if we put F(b) = R, F(x) will be at the same time generalised upper and lower function of f(x) in (ab) if the 3rd conditions of (A) and (B), §2 are fulfilled.

Indeed, since f(x) is bounded in every subinterval of (ab) if it does not contain the point b, $\overline{D}F(x)$ and $\underline{D}F(x)$ are both finite for $x \neq b$. But for x=b this may not be the case. Hence we proceed to modify F(x) such that it shall not merely satisfy the other conditions of (A) and (B), but also that the $\phi(x)$ and $\psi(x)$ thus obtained shall be such that $\overline{D}\phi(x) \neq +\infty$, and $\underline{D}\psi(x) \neq -\infty$. In this way we should have no more $\psi(x) = \phi(x)$, but only that the difference $\psi(x)-\phi(x)$ can be made arbitrarily small.

We begin with the construction of lower and upper functions of the function

$$H(x) = \min_{x \leq u \leq b} F(u)$$

This function H(x) is continuous in the whole interval (ab), since F(x) is monotone increasing, and satisfies the relation

$$H(x) \leqslant F(x), \qquad H(b) = F(b). \tag{11}$$

Let now $\epsilon > 0$ be given. Since H(x) is also continuous at b, there exists a $\delta > 0$ such that

$$0 \leqslant H(b) - H(x) < \epsilon, \quad \text{for} \quad b-\delta \leqslant x \leqslant b, \tag{12}$$

Put
$$Z(x)=\begin{cases}0, & \text{for } a\leqq x\leqq b-\delta,\\ H(b-\delta)-H(x) & \text{for } b-\delta\leqq x\leqq b,\end{cases} \tag{13}$$

$$\phi(x)=F(x)+Z(x).$$

Then

1° $\phi(x)$ is continuous in the closed interval (ab), since both $F(x)$ and $Z(x)$ are so.

2° $\phi(a)=0$, since $F(a)=Z(a)=0$.

3° $\bar{D}\phi(x)\neq+\infty$. For, if $a\leqq x<b$, $\bar{D}F(x)$ is finite as remarked above, further $\underline{D}H(x)\geqq 0$ since $H(x)$ monotone increases and therefore

$$\bar{D}\phi(x)\leqq\bar{D}F(x)+\bar{D}Z(x)=\begin{cases}\bar{D}F(x), & \text{for } a\leqq x\leqq b-\delta\\ \bar{D}F(x)-\underline{D}H(x)\leqq\bar{D}F(x), & \text{for } b-\delta\leqq x<b,\end{cases}$$

and hence we have certainly $\bar{D}\phi(x)\neq+\infty$, for $a\leqq x<b$. For the only remaining point b we have by (12), for $a\leqq x<b$,

$$\phi(b)-\phi(x)=F(b)-F(x)+Z(b)-Z(x),$$
$$\leqq H(b)-H(x)+Z(b)-Z(x),$$

and hence

$$\frac{\phi(b)-\phi(x)}{b-x}\leqq\frac{[H(b)+Z(b)]-[H(x)+Z(x)]}{b-x}. \tag{14}$$

But by (13), for $b-\delta\leqq x\leqq b$

$$H(x)+Z(x)=H(b-\delta) \text{ i.e. constant.}$$

Hence the numerator of the right side of (14) is zero, so that $\bar{D}(b)\leqq 0$ and certainly not $=+\infty$.

4° $\bar{D}\phi(x)\leqq f(x)$ almost everywhere in (ab). For, since $Z(x)$ monotone decreases, for $a\leqq x_1<x_2\leqq b$,

$$\phi(x_2)-\phi(x_1)=F(x_2)-F(x_1)+H(x_2)-H(x_1)\leqq F(x_2)-F(x_1),$$

whence

$$\bar{D}\phi(x)\leqq\bar{D}F(x)\leqq f(x),$$

almost everywhere in (ab).

Therefore $\phi(x)$ is a generalised lower function of f(x) and by (12)

$$0 \leqslant F(x)-\phi(x)<\epsilon, \quad \text{for} \quad a \leqslant x \leqslant b$$

The same process applied to

$$-F(x)=-\int_a^x {}_{(R)} f(x)dx$$

gives a generalised lower function $\phi^*(x)$ of $-f(x)$ and hence a generalised upper function $\psi(x)=-\phi^*(x)$ of f(x) with the condition

$$0 \leqslant \psi(x)-F(x)<\epsilon, \quad a \leqslant x \leqslant b.$$

From these considerations it follows that in the closed interval (ab)

$$\overline{\lim}\ \phi(x)=\underline{\lim}\ \psi(x)=F(x)$$

and therefore

$$F(b)=\int_a^b {}_{(P)} f(x)dx.$$

---

(1) For a connected exposition of these definitions, together with many others, see Enzyklopädie d. Math. Wissenschaften, Bd. II. 3. Heft. 7. (1924). Or the separate edition entitled: "Neuen Untersuthungen über Funktionen reelen Verändlichen", bearbeited von Rosenthal.

(2) "Über den Integralbegriff", [Stzbt. d. Heidelberger Akad. d. Wissen., Abt A. Jahrg. 1914, 14 Abh.]

(3) E. W. Hobson: Theory of Functions of a Real Variable 3rd ed. (1927) Vol. I. §§259-260, pp. 352-356., §§ 277-283 pp. 377-385.

(4) Hobson; loc. cit. (Vol II, 1926): §64 p102.

(5) This convinient phrase "fast überall" was first used by Kowalewski and gradually comes into general usage. See Kowalewski, Grundzüge d. Diff. u. Integralrechnung.

(6) For these proporties of an L-integral, see Hobson, loc. cit. I, §§ 410-411,

pp. 596-600.

(7) See Hobson. I. § 400 p 584.

(8) Hobson I, § 405, pp. 590-592.

(9) Hobson. I, § 398, pp 581-582.

(10) The definition of $\dot{f}(x)$ is as following:

$$\dot{f}(x)=\begin{cases}0. & \text{when } f'(x) \text{ does not exist,}\\ f'(x), & \text{when } f'(x) \text{ does exist.}\end{cases}$$

(11) P. Alexandroff, Math. Zeits., 20, (1924) §§. 213-222.

(12) Hobson: I, § 130, pp. 176-177.

PRINCIPLES OF ELECTRIC WAVE FILTER

史鍾奇

Wave filters are special kinds of transmission networks which permit the sharp discrimination in transmission efficiency between bands of frequencies lying in different portions of the frequency spectrum. Low transmission efficiency results in the suppression of certain bands of frequencies against which discrimination exists. They are found a number of applications in electric communication engineering such as the elimination of harmonics, the suppression of commutator ripples, the elimination of the carrier and one side band in radio telephone transmission, etc. They are essential parts in carrier current wire telephony and telegraphy so that different carriers may be superposed on the same line without interference. According to their filtering property, they are divided into low pass, high pass, band pass and band stop types.

They were invented by Campell, and later on, a great deal of work had been done by Zobel, Carson, Johnson and Shea. The following is a short discussion of the subject, based upon their works. For convenience it is divided into five sections.

[1] General Properties of Recurrent Structure

Consider a generlized recurrent structure shown in Fig. 1. It consists of a number of identical series impedance Z_1 and a number of shunt impedance Z_2. Let the applied e.m.f. be $e=Ee^{j\omega t}$ and the sending-end and receiving-end resistances be Z_S and Z_R respectively. It is

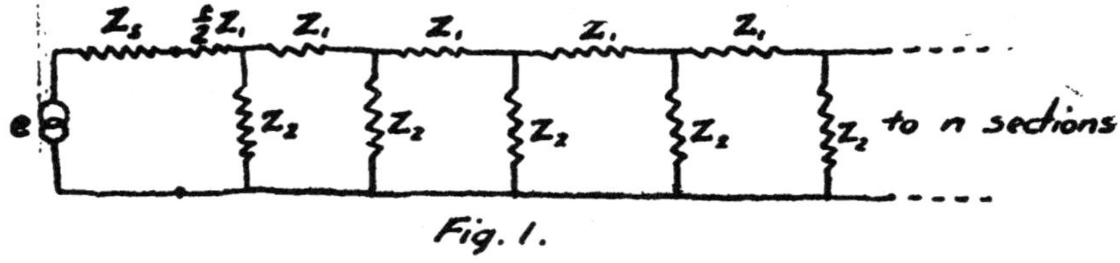

Fig. 1.

evident that such a structure can be looked up as composed of n symmetrical T-sections (Fig. 2a.) or n π-sections (Fig. 2b).

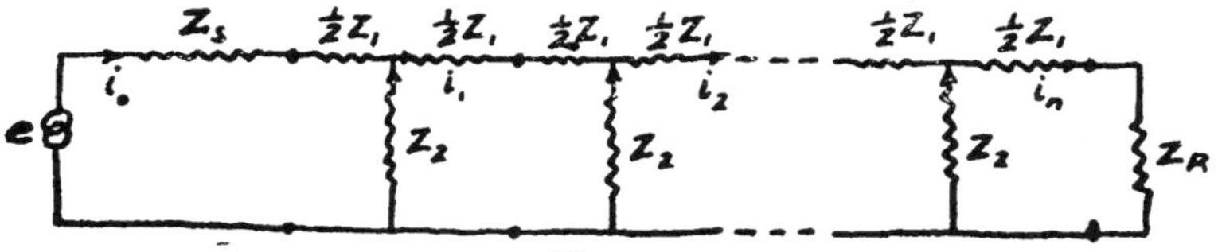

Fig. 2-a

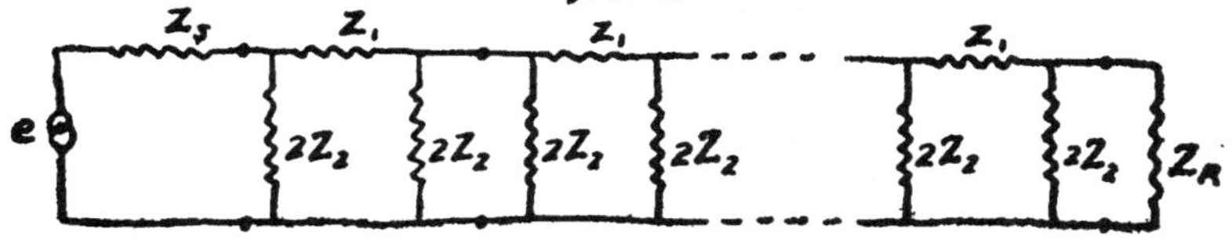

Fig. 2-b.

In the former case it ends with half series element and therefore is termed mid-series terminations; while in the latter case it ends with half shunt element and therefore is said to have mid-shunt terminations. Let us first analyze the mid-series termination.

Applying Kirchhoff's Laws, we have for the various meshes,

$$\left.\begin{array}{l} i_0 Z_S + \frac{1}{2} i_0 Z_1 - (i_1 - i_0) Z_2 = e \\ (i_1 - i_0) Z_2 + i_1 Z_1 - (i_2 - i_1) Z_2 = 0 \\ \cdots\cdots\cdots\cdots \\ (i_{n-1} - i_{n-1}) Z_2 + i_{n-1} Z_1 - (i_n - i_{n-1}) Z_2 = 0 \\ (i_n - i_{n-1}) Z_2 + \frac{1}{2} i_n Z_1 + i_n Z_R = 0 \end{array}\right\} \cdots\cdots\cdots\cdots (1)$$

Let us consider the steady state and assume the current to be

$$\left.\begin{array}{l} i_0 = I_0 e^{jwt} \\ i_1 = I_1 e^{jwt} \\ i_2 = I_2 e^{jwt} \\ \cdots\cdots\cdots \\ i_n = I_n e^{jwt} \end{array}\right\} \cdots\cdots\cdots\cdots (2)$$

Then on substituting equation (2) in (1) and rearranging after removing the factor e^{jwt} we have

$$\left.\begin{array}{l} -I_{-1}Z_2+I_0(Z_1+2Z_2)-I_1Z_2=0 \\ -I_0 Z_2+I_1 (Z_1+2Z_2)-I_2Z_2=0 \\ \cdots\cdots\cdots\cdots\cdots\cdots \\ -I_{n-2}Z_2+I_{n-1}(Z_1+2Z_2)-I_nZ_2=0 \\ -I_{n-1}Z_2+I_n(Z_1+2Z_2)-I_{n+1}Z_2=0 \end{array}\right\} \cdots\cdots\cdots\cdots (3)$$

where
$$\left.\begin{array}{l} I_{-1}=\dfrac{E-I_0(Z_0-\frac{1}{2}Z_1-Z_2)}{Z_2} \\ I_{n+1}=\dfrac{-I_n(Z_n-\frac{1}{2}Z_1-Z_2)}{Z_2} \end{array}\right\} \cdots\cdots\cdots\cdots (4)$$

Thus the equations (3) are all symmetrical and of the form

$$-I_{m-1}Z_2+I_m(Z_1+2Z_2)-I_{m+1}Z_2=0 \qquad (5)$$

where m is te be given with values corresponding to the subscrips in (3). We may expect a progressive change in the current as we pass from section to section due to the recurrent structure. Let us assume that

$$I_m=Ae^{pm}+Be^{-pm} \qquad (6)$$

where A, B and p are complex constants to be determined, A and B being independent of m. Substituting (5) into (6),

$$-\left(Ae^{p(m-1)}+Be^{-p(m-1)}\right)Z_2+\left(Ae^{pm}+Be^{-pm}\right)\left(Z_1+2Z_2\right)$$
$$-\left(Ae^{p(m+1)}+Be^{-p(m+1)}\right)Z_2=0$$

or
$$\left(Ae^{pm}+Be^{-pm}\right)\left[\left(Z_1+2Z_2\right)-Z_2\left(e^{p}+e^{-p}\right)\right]=0$$

Therefore the second factor must vanish, i. e.

$$(Z_1+2Z_2)-Z_2(e^{p}+e^{-p})=0$$

or
$$e^{p}+e^{-p}=\frac{Z_1+2Z_2}{Z_2}$$

Expressing in hyperbolic function,

$$\cosh p = \frac{e^{p}+e^{-p}}{2} = \frac{Z_1+2Z_2}{2Z_2} = 1+\frac{Z_1}{2Z_2} \tag{7}$$

The complex constant p is called the propagation constant. Let us indicate its real and imaginary parts by A and B respectively, then

$$p = A + jB \tag{8}$$

where A is called the attenuation constant and B the phase constant. The value of p depends upon Z_1 and Z_2 only and controls the frequency characteristic of the structure.

Two constants of the current equation are to be determined and these can be best expressed in the characteristic impedance of the structure i. e. the impedance of the network of an infinite number of sections. Now the input impedance as measured at the beginning of the first section is the same as that measured at the beginning of the second section, for the line is still of infinite length. Then we may represent the structure by Fig. 3. Therefore we have

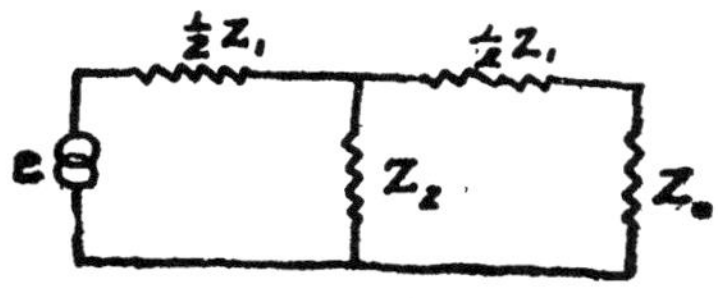

½Z₁ ½Z₁ e Z₂ Z₀

Fig. 3.

$$Z_0 = \frac{Z_1}{2} + \frac{Z_2(\frac{1}{2}Z_2+Z_0)}{Z_2+\frac{Z_1}{2}+Z_1}$$

or
$$Z_0 = \sqrt{Z_1Z_2\left(+ \frac{Z_1}{4Z_2}\right)} \tag{9}$$

Having found the values of p and Z_0, let us proceed to determine the complex constants A and B. Now substituting quation (6) into the first and las equations of (1) we obtain after collecting terms,

$$\left[Z_S+\tfrac{1}{2}Z_1-Z_2(e^{p}-1)\right]A+\left[Z_S+\tfrac{1}{2}Z_1-Z_2(e^{-p}-1)\right]B = E$$

and
$$\left[Z_R+\tfrac{1}{2}Z_1-Z_2(e^{-p}-1)\right]Ae^{pn}+\left[Z_R+\tfrac{1}{2}Z_1-Z_2(e^{p}-1)\right]Be^{-pn} = 0$$

But
$$\tfrac{1}{2}Z_1-Z_2(e^{p}-1) = Z_2\left(\frac{Z_1+2Z_2}{2Z_2}-e^{p}\right) = Z_2\left(\frac{e^{p}+e^{-p}}{2}-e^{p}\right)$$

$$= -Z_2\left(\frac{e^{p}-e^{-p}}{2}\right) = -Z_2\sqrt{\left(\frac{e^{p}+e^{-p}}{2}\right)^2-1}$$

$$=-Z_2\sqrt{\left(\frac{Z_1+2Z_2}{2Z_2}\right)^2-1}\quad=-Z_2\sqrt{\frac{Z_1^2+4Z_1Z_2}{4Z_2^2}}$$

$$=-\sqrt{Z_1Z_2+\tfrac{1}{4}Z_1^2}=-Z_0$$

Similarly $\qquad \tfrac{1}{2}Z_1-Z_2(e^{-p}-1)=Z_0$

Therefore the above equations become

$$-(Z_0-Z_S)A+(Z_0+Z_S)B=E \tag{10}$$

and

$$(Z_0+Z_R)Ae^{pn}-(Z_0-Z_R)Be^{-pn}=0 \tag{11}$$

On solving (10) and (11) for A and B, we get

$$A=\frac{E(Z_0-Z_R)e^{-pn}}{(Z_0+Z_S)(Z_0+Z_R)e^{pn}-(Z_0-Z_S)(Z_0-Z_R)e^{-pn}} \tag{12}$$

and

$$B=\frac{E(Z_0+Z_R)e^{pn}}{(Z_0+Z_S)(Z_0+Z_R)e^{pn}-(Z_0-Z_S)(Z_0-Z_R)e^{-pn}} \tag{13}$$

Substituting (12) & (13) into (6) for the current in the n-th section, we have

$$I_n=\frac{2EZ_0}{(Z_0+Z_S)(Z_0+Z_R)e^{pn}-(Z_0-Z_S)(Z_0-Z_R)e^{-pn}}$$

$$=\frac{2EZ_0}{(Z_0+Z_S)(Z_0+Z_R)e^{pn}}\times\frac{1}{1-\dfrac{(Z_0+Z_S)(Z_0+Z_R)}{(Z_0+Z_S)(Z_0+Z_R)}e^{-2pn}}$$

Multiplying both numerator and denominator by $(Z_S+Z_R)\sqrt{4Z_SZ_R}$ for better physical interpretation, the above expression takes the following form

$$I_n=\frac{E(Z_S+Z_R)\sqrt{16Z_0^2Z_RZ_S}}{\sqrt{4Z_SZ_R}\;(Z_S+Z_R)(Z_0+Z_S)(Z_0+Z_R)}\times e^{-pn}\times\frac{1}{1-\dfrac{(Z_0-Z_S)(Z_0-Z_R)}{(Z_0+Z_S)(Z_0+Z_R)}e^{-2pn}}$$

$$=\frac{E}{Z_R+Z_S}\times\frac{Z_S+Z_R}{\sqrt{4Z_SZ_R}}\times\frac{\sqrt{4Z_0Z_S}}{Z_0+Z_S}\times\frac{\sqrt{4Z_0Z_R}}{Z_0+Z_R}\times e^{-pn}\times\frac{1}{1-\dfrac{(Z_0-Z_S)(Z_0-Z_R)}{(Z_0+Z_S)(Z_0-Z_R)}\times e^{-2pn}} \tag{14}$$

In the above equation, $\dfrac{E}{Z_R+Z_S}$ represents the receiving end curent before the insertion of the structure. The third and the forth indicate the reduction of current due to impedance deviation between Z_S and Z_0, and between Z_R and Z_0, and are called the reflection factors; they are each equal to unity if the impedance are matched. The second factor $(Z_S+Z_R)/\sqrt{4Z_SZ_R}$ is the reciprocal of the reflection factor of Z_S & Z_R and arises from that the fact the reference current $\frac{E}{Z_R+Z_S}$ does not equal to the ideal current which would flow into Z_R if $Z_R=Z_S$. e^{-pn} expresses the reduction of current due to normal attenuation. The last factor is called the interaction factor and it is due to the repeated reflections at the terminals of the structure. This factor, like the reflection factors, is unity when either $Z_R=Z_0$ or $Z_S=Z_0$.

If we consider the structure as composed of π sections, it can be shown in a like manner that the mid-shunt characteristic impedance Z_0' is $Z_0'=\sqrt{\frac{Z_1Z_2}{1+Z_1/4Z_2}}$ (15)

and the propagation constant

$$\cosh p=\frac{Z_1+2Z_2}{2Z_2} \tag{16}$$

Thus the propagation constant is the same whether the structure is considered as made up of T or π sections.

[2] Discussion of the Filter Property

Let us confine our discussion to networks conposed of reactance elements only. Then Z_1 & Z_2 are pure imaginary quantities and therefore cosh p is real. Expressing in terms of attenuation constant A and phase constant B we have

$$\cosh p=\cosh(-p)=\cosh A \cosh B+j \sinh A \sinh B$$

Since p is real, either A must be zero or B must be an intorgral multiple of π. Again since $\cosh A \geqq 1$ and $\cos B \geqq 1$ we can distinguish three cases as follows:

$$\left.\begin{array}{llll}\text{Case(1) If} & -1 \geqq \cosh p \geqq 1, & \text{then} & A=0,\ P=jB \\ \text{Case(2)} & ,, \quad \cosh p>1, & ,, & B=0,\ P=A \\ \text{Case(3)} & ,, \quad \cosh p<-1, & ,, & B=\pi,\ P=A+j\pi\end{array}\right\} \tag{17}$$

In case the frequency corresponding to the first case, the current are transmitted without attenuation, so it is called the pass band. Frequency ranges corresponding to the other cases are stop bands. This is the action of wave filter. Thus, in terms of Z_1 and Z_2 the pass bands are given by

$$-1 \geqslant \frac{Z_1+2Z_2}{2Z_2} \leqslant 1$$

or
$$0 \geqslant \frac{Z_1}{Z_2} \leqslant -4 \qquad (18)$$

Thus a non-dissipative recurrent structure will pass freely only those currents which are of such frequencies that the ratio of the total series impedance to the total shunt impedance lies between O and -4. The limiting frequencies corresponding to the two equations

$$\frac{Z_1}{Z_2}=0 \quad \text{and} \quad \frac{Z_1}{Z_2}=-4 \qquad (19)$$

are called the cut off frequencies of the filter. If Z_1 and $-4Z_2$ are plotted against frequency on the same coordinate paper, then the intersection of three curves will give the cut-off frequencies. A cut-off frequency is also given by the intercept of Z_1 on the frequency axis since $\frac{Z_1}{Z_2}=0$ at that point.

In Fig. 4 are shown the resistance-frequency characteristics of some common two-terminal network. Now consider a structure as shown in Fig. 5, here

$$Z_1=jwL_1,$$

$$Z_2=-j\frac{1}{wC_2}$$

Substituting in (19), we obtain the two cut-off frequencies

$$f_1=0$$

and
$$f_2=\frac{1}{\pi\sqrt{L_1C_2}} \qquad (20)$$

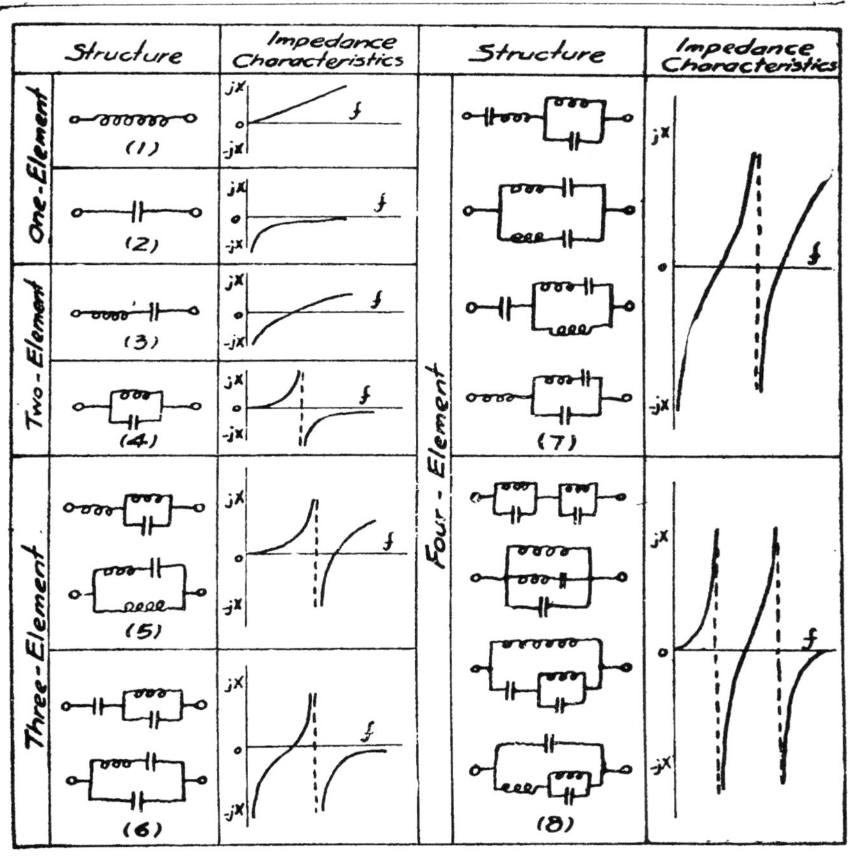

Fig. 4.

Thus all currents of frequencies below f_2 are freely transmitted without attenuation, i. e. the structure is a low pass filter. Now if we interchange the series and shunt arms as shown in Fig. 6, the filter elements are then

$$Z_1=-j\frac{1}{wC_1}, \qquad Z_2=jwL_2$$

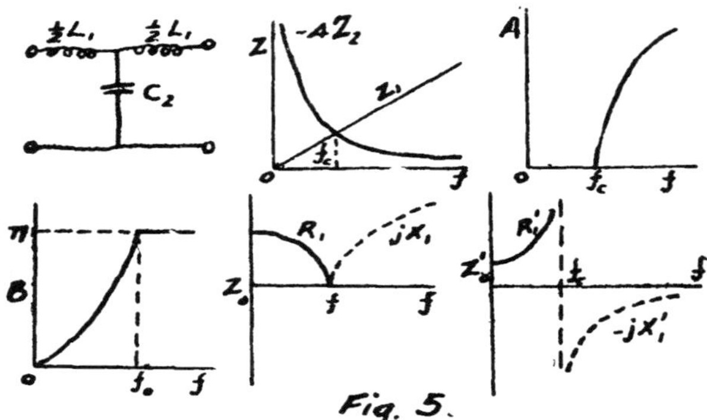

Fig. 5.

and the cut-off frequencies are

$$f_1 = \frac{1}{4\pi\sqrt{LC}}$$

$$\text{and} \qquad f_2 = 0 \qquad (21)$$

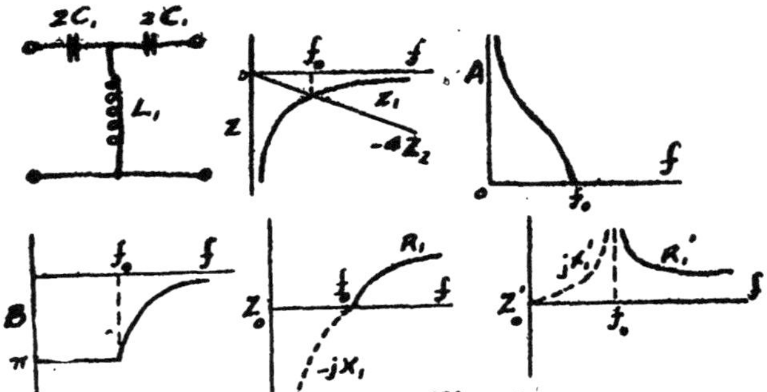

Fig. 6.

Evidently this is a high pass filter. Next consider the structure shown in Fig. 7 which represents a combination of (3) and (4) of Fig.4. Usually we set $\sqrt{L_1C_1}=\sqrt{L_2C_2}$. It is

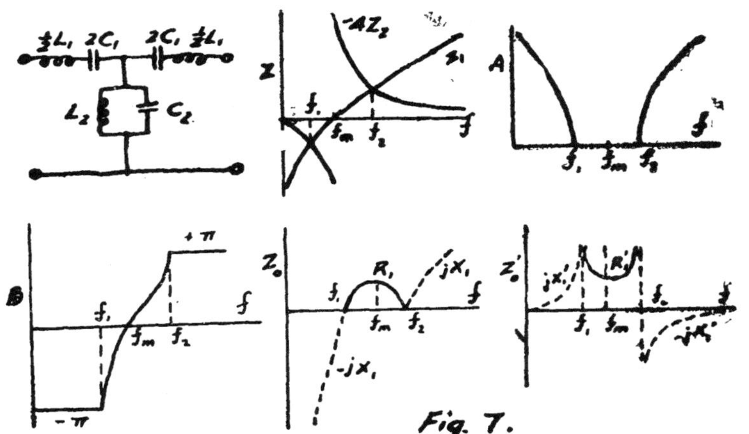
Fig. 7.

seen from its reactance frequency characteristic that there are two cut-off frequencies which can be found from (19), by substituting.

$$Z_1 = j\left(L_1 w - \frac{1}{wC_1}\right),$$

$$Z_2 = j\frac{L_2 w}{1 - L_2 C_2 w^2};$$

Thus we have

$$f_1 \leqslant f \leqslant f_2$$

$$\left.\begin{aligned} f_1 &= f_m\left[\sqrt{\sqrt{\frac{L_2C_1}{L_1C_2}}+1}-\sqrt{\frac{L_2C_1}{L_1C_2}}\right] \\ f_2 &= f_m\left[\sqrt{\sqrt{\frac{L_2C_1}{L_1C_2}}+1}+\sqrt{\frac{C_2L_1}{C_1L_2}}\right] \end{aligned}\right\} \qquad (22)$$

where $f_m = \frac{1}{2\pi\sqrt{L_1C_1}} = \frac{1}{2\pi\sqrt{L_2C_2}}$

Therefore the filter will pass all currents of frequencies between f_1 and f_2, while all other frequencies lower than f_1 and higher than f_2 are attenuated. For this reason it is called a band pass filter. By taking the product of these two cut-off frequencies, it is seen that

$$f^2_m = f_1 f_2 \tag{23}$$

Thus the resonant frequency of the arm is the geometric mean of the two cut-off frequencies and is called the mid frequency of the transmitted band.

Fig. 8 shows a T section of band stop filter, where

$$\sqrt{L_1C_1} = \sqrt{L_2C_2} \qquad f_\infty = \frac{1}{2\pi\sqrt{L_1C_1}} = \frac{1}{2\pi\sqrt{L_2C_2}}$$

$$Z_1 = j\frac{wL_1}{1-L_1C_1w^2}, \qquad Z_2 = j\left(wL_2 - \frac{1}{wC_2}\right).$$

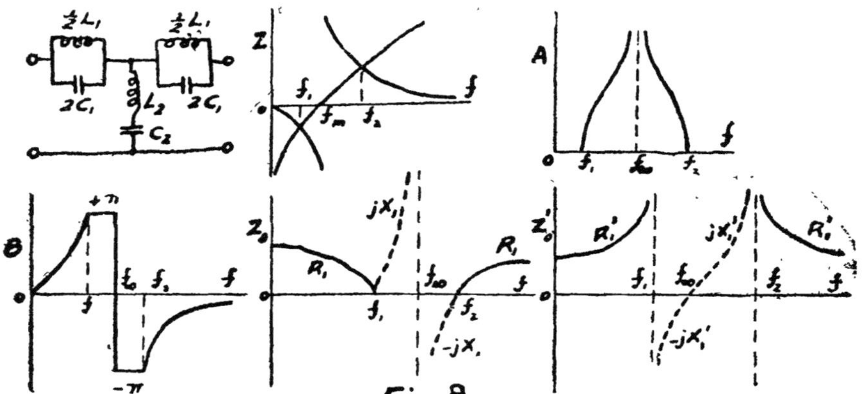

Fig. 8.

This structure has two pass bands;

$$\left.\begin{aligned} &0 \geqslant f \geqslant f_1 \qquad f_1 = \frac{f_\infty}{4}\left[\sqrt{\sqrt{\frac{L_1C_2}{L_2C_1}}+16} - \sqrt{\frac{L_1C_2}{L_2C_1}}\right] \\ &f_2 \geqslant f \geqslant \infty \qquad f_2 = \frac{f_\infty}{4}\left[\sqrt{\sqrt{\frac{L_1C_2}{L_2C_1}}+16} + \sqrt{\frac{L_1C_2}{L_2C_1}}\right] \end{aligned}\right\} \tag{24}$$

All currents of frequencies between f_1 and f_2 are attenuated. As in the case of band pass filter,

$$f_\infty{}^2 \quad f_1f_2 \tag{25}$$

At frequency f_∞, $Z_1=\infty$ and $Z_2=0$ whence we have infinite attenuation at this point.

Having determined the cut off frequencies, let us find how the attenuation constant varies with frequency in a stop band and how the phase constant varies in a pass band. From above discussion we see that in a stop band

$$A = \cosh^{-1} \frac{Z_1+2Z_2}{2Z_2} \tag{26}$$

and in a pass band

$$B = \cosh^{-1} \frac{Z_1+2Z_2}{2Z_2} \tag{27}$$

The A-f and B-f curves of the four kinds of filter discussed above are shown in the diagrams accompanying the structure.

Another important characteristic of filters is the relation of Z_0 and Z_0' to f. These characteristic impedances can readily be found from equations (9) and (15). Thus for the low pass filter

$$Z_0=\sqrt{Z_1Z_2\left(1+\frac{Z_1}{2Z_2}\right)}=\sqrt{\frac{jwL_1}{jwL_2}\left(1-\frac{w^2L_1C_2}{4}\right)}=\sqrt{\frac{L_1}{C_2}}\sqrt{1-\frac{w^2L_1C_2}{4}}$$

But from (20)

$$\frac{L_1C_2}{4}=\frac{1}{4\pi^2f_c^2}=\frac{1}{(2\pi f_c)^2}=\frac{1}{w_c^2}$$

$$\therefore \quad Z_0=\sqrt{\frac{L_1}{C_2}}\sqrt{1-\left(\frac{w^2}{w_c^2}\right)}=\sqrt{\frac{L_1}{C_2}}\sqrt{1-\left(\frac{f}{f_c}\right)^2}$$

Since $Z_1Z_2=jwL_1/jwC_2=L_1/C_2=K^2$ such a structure is called constant K-type which is the most useful type of filter sections. Thus Z_0 may be written in the form

$$Z_0=R\sqrt{1-\left(\frac{f}{f_c}\right)^2} \tag{28}$$

Likewise

$$Z_0'=\frac{R}{\sqrt{1-\left(\frac{f}{f_c}\right)^2}} \tag{29}$$

Similarly for the simple H. P. filter shown in Fig. 6, the midseries characteristic impedance $_0$ and midshunt characteristic impedance Z_0' are

$$Z_0=R\sqrt{1-\left(\frac{f_c}{f}\right)^2},\quad Z_0'=\frac{R}{\sqrt{1-\left(\frac{f_c}{f}\right)^2}} \tag{80}$$

For band pass filter (Fig.7) we shall limit to the discussion of constant K type, i. e.

$$\frac{L_1}{C_2}=\frac{L_2}{C_1}=R^2 \tag{31}$$

$$Z_0=R\sqrt{1+\frac{Z_1}{4Z_2}}=R\sqrt{1+\left(\frac{Z_1}{2R}\right)^2}$$

Since $$Z_1=j\left(wL_1-\frac{1}{wC_1}\right)=j\,wL_1\left(1-\frac{1}{w^2L_1C_1}\right)$$

$$=jwL_1\left(1-\frac{w^2_m}{w^2}\right)=jw_mL_1\left(\frac{w}{w_m}-\frac{w_m}{w}\right)$$

$$Z_2=\frac{1}{jw_mC_2\left(\frac{w}{w_m}-\frac{w_m}{w}\right)}$$

and $Z_1/4Z_2=-1$ at f_2

whence $$\tfrac{1}{4}w_m^2L_1C_2\left(\frac{w_2}{w_m}-\frac{w_m}{w_2}\right)^2=1$$

or $$\left[\frac{w_2}{w_m}-\frac{w_m}{w_2}\right]^2=\frac{4}{w_m^2L_1C_2}.$$

$$\therefore\ \left(\frac{Z_1}{2R}\right)^2=-\left(\frac{w_mL_1}{2R}\right)^2\left(\frac{w}{w_m}-\frac{w_m}{w}\right)^2=-\tfrac{1}{4}w_m^2L_1C_2\left[\frac{w}{w_m}-\frac{w_m}{w}\right]^2$$

$$=-\frac{\left(\frac{w}{w_m}-\frac{w_m}{w}\right)^2}{\left(\frac{w_2}{w_m}-\frac{w_m}{w_2}\right)^2}=-\frac{\left(\frac{f}{f_m}-\frac{f_m}{f}\right)^2}{\left(\frac{f_2}{f_m}-\frac{f_m}{f_2}\right)^2}$$

Therefore the mid-series characteristic impedance is given by

$$Z_0=R\sqrt{1-\frac{\left(\frac{f}{f_m}-\frac{f_m}{f}\right)^2}{\left(\frac{f_2}{f_m}-\frac{f_m}{f_2}\right)^2}}=R\sqrt{1-\frac{\left(\frac{f}{f_m}-\frac{f_m}{f}\right)^2}{\left(\frac{f_1}{f_m}-\frac{f_m}{f_1}\right)^2}}$$

From equations 9) and (15) it is seen that

$$Z_0 Z_0' = Z_1 Z_2 = R^2,$$

hence we have

$$Z_0' = \frac{R}{\sqrt{1 - \frac{\left(\frac{f}{f_m} - \frac{f_m}{f}\right)^2}{\left(\frac{f_2}{f_m} - \frac{f_m}{f_2}\right)^2}}} = \frac{R}{\sqrt{1 - \frac{\left(\frac{f}{f_m} - \frac{f_m}{f}\right)^2}{\left(\frac{f_1}{f_m} - \frac{f_m}{f_1}\right)^2}}}$$

Similarly for band stop type

$$Z_0 = R\sqrt{1 - \frac{\left(\frac{f_\infty}{f_1} - \frac{f_1}{f_\infty}\right)^2}{\left(\frac{f_\infty}{f} - \frac{f}{f_\infty}\right)^2}} = R\sqrt{1 - \frac{\left(\frac{f_\infty}{f_2} - \frac{f_2}{f_\infty}\right)^2}{\left(\frac{f_\infty}{f} - \frac{f}{f_\infty}\right)^2}}$$

$$Z_0' = \frac{R}{\sqrt{1 - \frac{\left(\frac{f_\infty}{f_1} - \frac{f_1}{f_\infty}\right)^2}{\left(\frac{f_\infty}{f} - \frac{f}{f_\infty}\right)^2}}} = \frac{R}{\sqrt{1 - \frac{\left(\frac{f_\infty}{f_2} - \frac{f_2}{f_\infty}\right)^2}{\left(\frac{f_\infty}{f} - \frac{f}{f_\infty}\right)^2}}}$$

It is to be noted from the characteristic impedance curves that Z_0 and Z_0' are pure resistances in the pass band and pure imaginaries in the stop band.

[3] Derived Types of Filters

It is often desired to obtain filter sections one or both of its characteristic impedance are equal to those of some constant K type but with, in general, different attenuation and phase characteristics. This makes us possible to design composite wave filters with no reflection loss occuring at the junction points. These are called m-derived types and the simple types from which they are derived are called the prototypes.

There are two kinds of derivation: (1) the series derived type in which Z_0 of the derived type is the same as that of the prototype and (2) the shunt derived type in which Z'_o of the derived type is equal to that of prototype.

Consider the two structures shown in Fig.9, in which (a) is a prototype and (b) is regarded as being derived from (a). The mid-series characteristic impedance of the prototype has been shown to be

$$Z_K=\sqrt{Z_1Z_2\left(1+\frac{1}{4}\frac{Z_1}{Z_2}\right)}$$

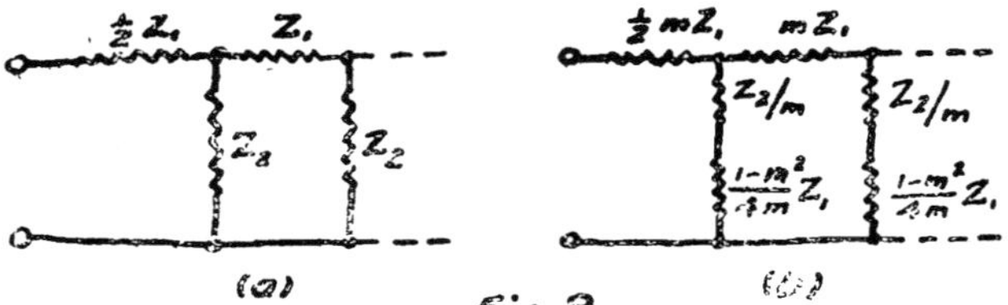

Fig. 9.

For the derived type shown is (b), we have

$$Z_{om}=\sqrt{mZ_1\left(\frac{Z_2}{m}+\frac{1-m^2}{4m}Z_1\right)\left[1+\frac{mZ_1}{4\left(\frac{Z_2}{m}+\frac{1-m^2}{4m}Z_1\right)}\right]}$$

$$=\sqrt{Z_1Z_2\left(1+\frac{Z_1}{4Z_2}\right)}=Z_o$$

which is identical with the simpler type. Therefore it is of series derived type.

The mid-shunt characteristic impedance of the series type is

$$Z'_{om}=\sqrt{\frac{mZ_1\left(\frac{Z_2}{m}+\frac{1-m^2}{4m}Z_1\right)}{1+\frac{mZ_1}{4\left(\frac{Z_2}{m}+\frac{1-m^2}{4m}Z_1\right)}}}$$

$$=\sqrt{\frac{Z_1Z_2}{1+\frac{Z_1}{4Z_2}}}\left[1+(1-m^2)\frac{Z_1}{4Z_2}\right]$$

$$=Z_o'\left[1+(1-m^2)\frac{Z_1}{4Z_2}\right]$$

From equation (7) it is seen that the propagation constant of any symmetrical network is dependent only upon the value of Z_1/Z_2. For the derived type this ratio is given by

$$\left(\frac{Z_1}{Z_2}\right)_m = \frac{mZ_1}{\frac{Z_2}{m}+\frac{1-m^2}{4m}Z_1} = \frac{4m^2\left(\frac{Z_1}{Z_2}\right)}{(1-m^2)\left(\frac{Z_1}{Z_2}\right)+4} \tag{37}$$

From this equation we see that

when $\frac{Z_1}{Z_2}=0$, $\left(\frac{Z_1}{Z_2}\right)_m=0$

and when $\frac{Z_1}{Z_2}=-4$, $\left(\frac{Z_1}{Z_2}\right)_m=-4$.

Thus the structure of Fig. 9 (b) has the same cut-off frequencies as the prototype of Fig. 9 (a). However $(Z_1/Z_2)_m$ can have any value between zero and infinity and depends upon the value of m assigned. For example, the derived type will have infinite attenuation when the denominator of (37) is zero, i. e. when

$$\frac{Z_1}{Z_2}=\frac{-4}{1-m^2}, \quad \text{or when} \quad m=\sqrt{1+\frac{4Z_2}{Z_1}} \tag{38}$$

. Next consider the shunt derived type shown in Fig. 10.

By following the above method it can be shown that the mid-shunt characteristic impedance of the above derived type is the same as that of the prototype, while the mid-series impedance is

$$Z_{0m}=\frac{Z_0}{1+(1-m^2)\frac{Z_1}{4Z_2}} \tag{39}$$

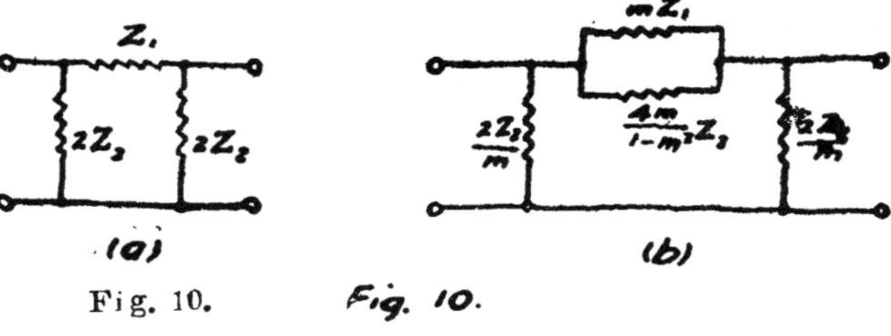

Fig. 10. Fig. 10.

Again the ratio of the total series impedance to the total shunt impedance is

$$\left(\frac{Z_1'}{Z_2'}\right)_m = \frac{4m^2\left(\frac{Z_1}{Z_2}\right)}{(1-m^2)\frac{Z_1}{Z_2}+4} \tag{40}$$

Thus the shunt-derived type has also the same cut-off frequencies as the prototype.

Fig. 11 shows the m-derived types of the four kinds of proto-ype filters in half section.

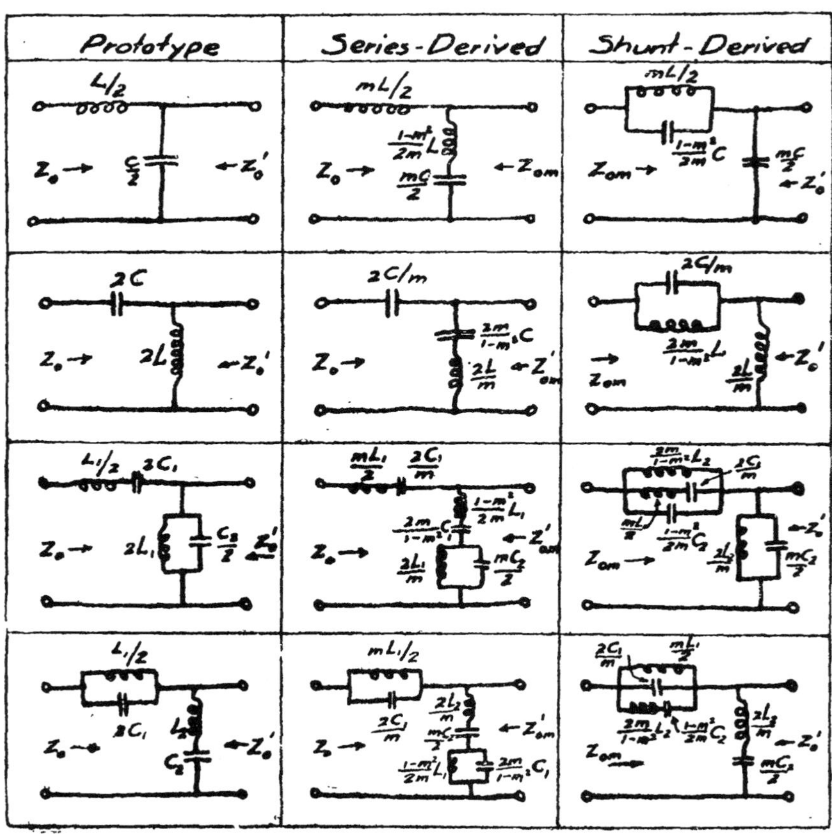

Fig. 11.

[4] Composite Wave Filter

From the above discussion it was found that the attenuation varies widely in the stop band, being much higher in some parts than others; but in practice it is required that the attenuation should rise rapidly in entering the stop bands and remain high in the band. No single filter section can accomplish this requirement. However it is possible to connect several sections with different propagation constants in series so as to distribute the low and high attenuations of the individual sections to meet the required attenuation characteristic. In order to minimize the reflection losses the adjacent sections should match each other at the junctions, i. e. the characteristic impedances must be the same in both directions. This is easily accomplished by the derived types of filter. As the series-derived and shunt-derived types have the same propagation constant, the choice will depend upon the requirements of impedance characteristic and cost in constructions.

It can be shown that if the impedances are matched at all junctions, the total propagation constant is equal to the sum of all the individual propagation constants.

Fig.12 shows a set of attenuation characteristics of low pass, a new parameter $a = f_\infty / f_c$ has been used in place of m. From equations (9) and (28),

$$-\left(\frac{f}{f_c}\right)^2 = \frac{Z_1}{4Z_2}$$

and by (38) $\frac{Z_1}{4Z_2} = -\frac{1}{1-m^2}$ at f_∞

$$\therefore \quad -\left(\frac{f_\infty}{f_c}\right)^2 = -\frac{1}{1-m^2} \quad \text{or } a = \frac{f_\infty}{f_c} = \frac{\quad}{\sqrt{1-m^2}}$$

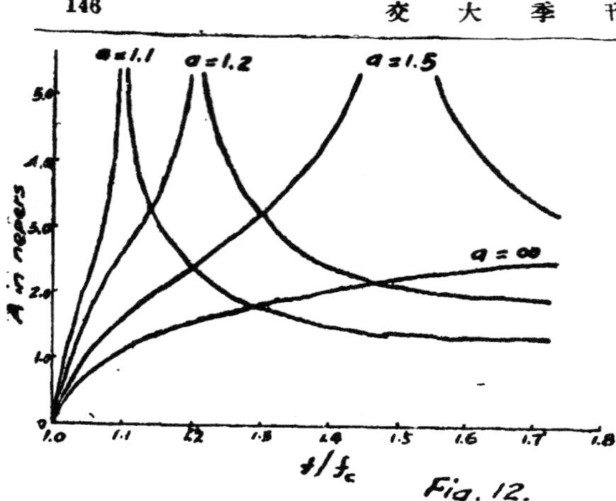

Fig. 12.

As an example, let us design a low pass filter having a cut-off frequency of 5000 cycles and with a terminal impedance of 600 ohms. Suppose it is desired that the attenuation characteristic shall rise rapidly after the cut-of frequency and remain high at 8 nepers in the stop band. Now in order to have rapidly increasing attenuation at the beginning of the stop band, we first choose a derived section of a <1.1. But at higher values of a, the atteunation decreases very rapidly and therefore such a single section is insufficient. Thus we should combine several such sections of different values of a whose atteunation characteristics are shown in Fig. 12. Fig. 13 shows the construction of this composite wave filter & Fig. 14 shows its total attenuation characteristic. The half sectons at each end give approximately the required terminal impedances.

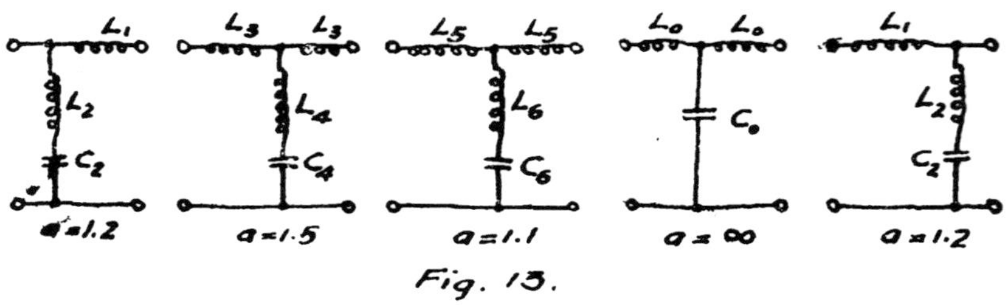

Fig. 13.

$L_1=10.55$ m.h. $L_2=24.00$ m.h. $L_3=14.2$ u.h. $L_4=5.70$ m.h. $L_5=7.95$ m.h.
$L_6=19.00$ u.h. C_2 0.02925 u.f. $C_4=0.079$ u.f. $C_6=0.014$ u.f. $C_0=0.106$ u.f.

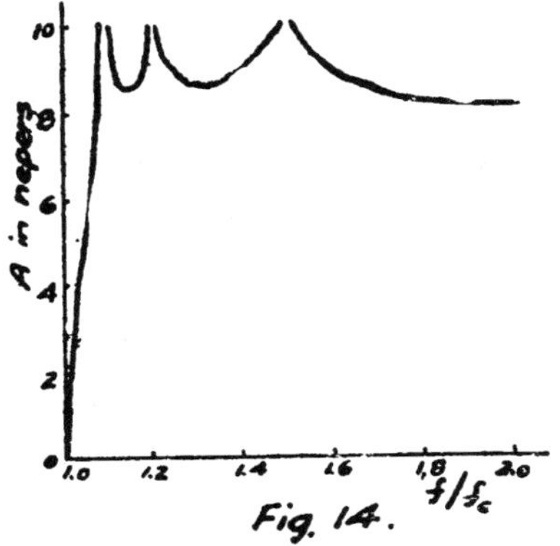

Fig. 14.

Sometimes it is more economical to connect low and high pass sections in series to form a band pass filter and in parallel to form a band stop filter. This further supports the advantage of using composite wave filters.

[5] Impedance Correction

The last important problem to be discussed is the terminal impedance characteristic of a wave filter. The ideal case will be a approximately constant resistance at all frequencies in the transmitting bands, as wave-fitters are usually terminated in constant resistances. Under this ideal conditions, for frequencies in the pass bands all terminal reflections ar avoided, and there are no impedance irregularities at the terminal junction to be reflected back through the wave filter and produce objectional impedance irregularities at te other end. In order that this terminal section may be matched to the main filters, it should have at one end an characteristic impedance equal at all frequencies to the standard mid-series or mid-shunt characteristic impedance. A recent satisfactory solution for this is based upon the repeated use of the methods of deriving wave-filters of the m-type and the principle of composite wave filters.

As we have seen from section (4) above the series derived type has its mid-series characteristic impedance equal to that of prototype but its mid-shunt characteristic impedance being a function of an arbitrary constant m; and the reverse is true for shunt-derived type. Let us denote the series derivation by $D_1(m)$ and the shunt derivation by $D_2(m)$. Then if we perform these two operations alternately on successive structures, we will obtain sections of more and more elements. Now two soquences are possible. In sequence 1 the first operation is $D_1(m)$, then $D_2(m')$, $D_1(m'')$ etc; while in sequence 2 the first operation is $D_2(m)$, then $D_1(m')$ $D_2(m'')$, etc, with the same succession of parameters as before. Since at each derivation, another single parameter is introduced, each successive structure of either sequence has one more arbitrary parameter than the preceding one and the numder of arbitrary parameters in any structure is equal to the number of alternate operations performed to obtain it from the prototype. The first pair of structure in both sequence are called M-types having parameter m. The second pair will be called MM' types with parameters m and m' etc. Each successive pair can have a more nearly constant resistance impedance in all pass bands than the preceding pairs because of one additional parameter in the impedance functions. Consequently there are two possible terminal transducers. The one resulted from connecting mid-half section of successive derived-type of sequence 1 is called series terminal transducer and is to be connected to the standard midseries characteristic impedance, while the shunt terminal transducer is obtained from connecting half-sections of successive derived-types in sequence 2 and is to be connected to the mid-shunt characteristic impedance.

Let us take the constant K type of filter as an example. Then for sequence 1 as shown

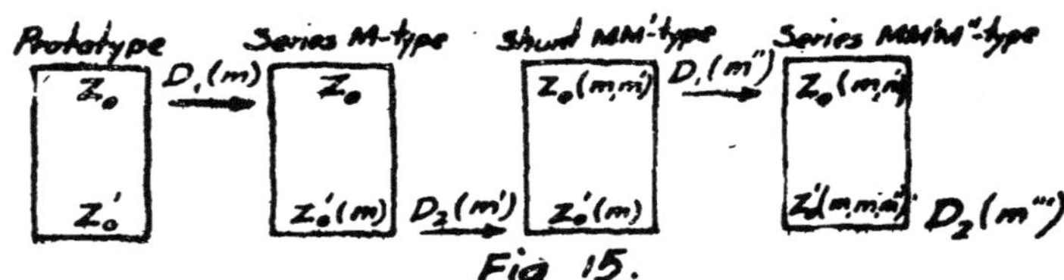

Fig. 15.

in Fig. 15 where the place of arrow denotes the equality of characteristic impedance,

$$\cosh p(g) = 1 + \frac{2g^2W}{1+(1-g^2)W} \tag{42}$$

where $g = 1, m, mm, m\,m'\,m''$ etc. and $W = \frac{Z_1}{4Z_2}$. The characteristic impedances are

$$Z_0 \quad Z_0,$$

$$Z_0'(m) = Z_0'(1+aW),$$

$$Z_0(m,m') = \frac{Z_0(1+aW)}{(1+a'W)}, \tag{43}$$

$$Z_0'(m\,m',m'')=Z_0'\frac{(1+aW)(1+a''W)}{(1+a'W)},\ \text{etc,}$$

where $W=\frac{Z_1}{4Z_2}$

$a=1-m^2$

$a'=1-m^2m'^2$

$a''=1-m^2m'^2m''^2$ etc.

Similarly for sequence 2 where the operations $D_2(m)$, $D_1(m')$, $D_2(m'')$, etc. are performed in succession, we have

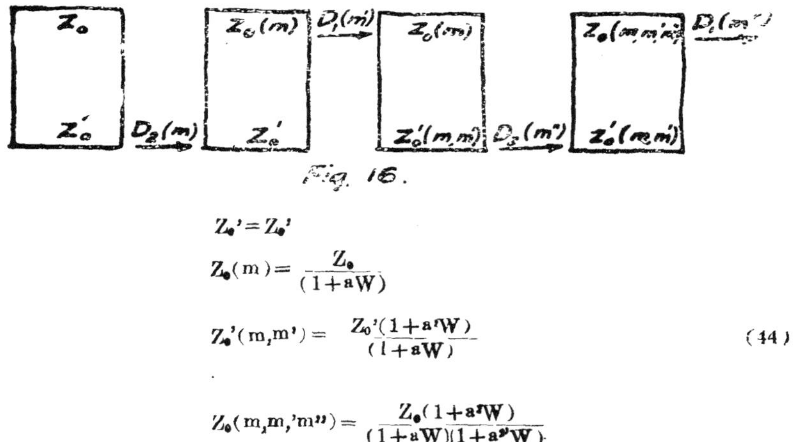

Fig. 16.

$$Z_0'=Z_0'$$

$$Z_0(m)=\frac{Z_0}{(1+aW)}$$

$$Z_0'(m,m')=\frac{Z_0'(1+a'W)}{(1+aW)} \qquad (44)$$

$$Z_0(m,m',m'')=\frac{Z_0(1+a'W)}{(1+aW)(1+a''W)}$$

The propagation constant is same as that given by (42).

There are some special relations between sequence 1 and sequence 2, namely:

(1) Each pair of structures of the same order in the two sequences is a pair of inverse networks of impedance product R^2.

(2) The propagtion constant of both structures of a pair are the same.

(3) The series and shunt characteristic impedances of a pair are inverse networks of

impedance product R^2.

(4) Both characteristic impedances of any high order types may be adjusted dependently without chang'ng its propagation constant.

Fig. 17 shows the half sections of both series MM'-type and shunt MM'-type, and Fig. 18

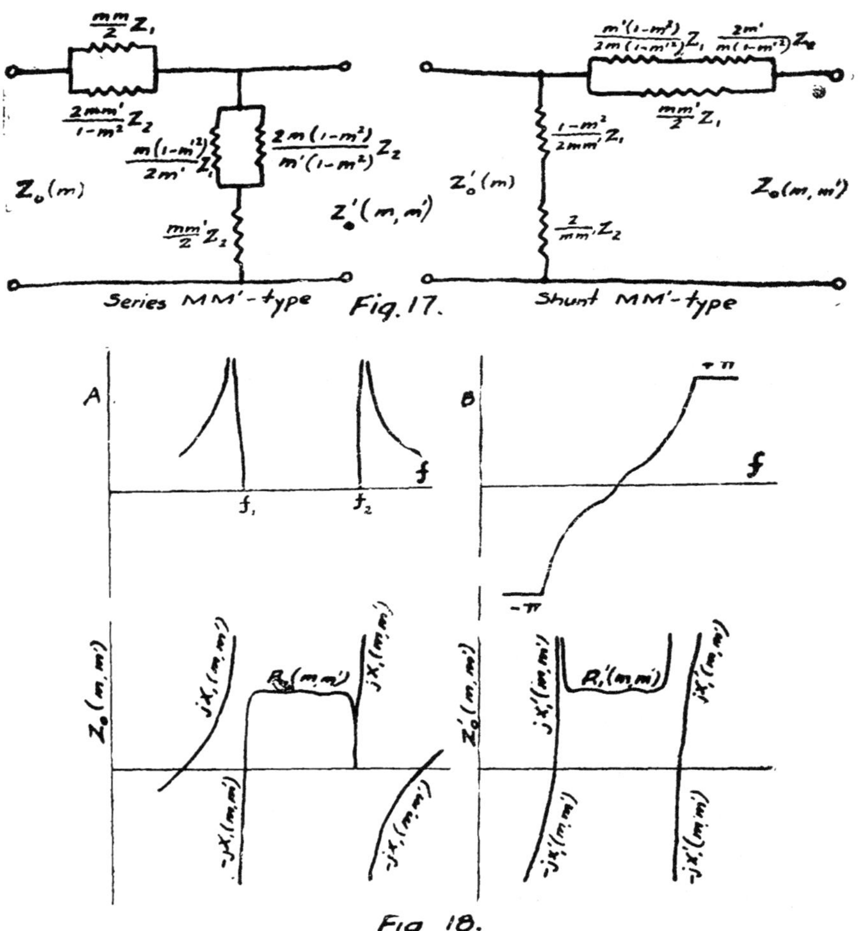

Fig. 17.

Fig. 18.

shows the relation between their propagation constants and characteristic impedances to the frequency for a band pass filter. From the figure it is seen that the MM'-type already meets the impedance requirements within 2 per cent, the characteristic impedance being equal to R nearly within the entire pass band. Fig. 19 shows the terminal transducers having two parameters, designed according to the above method. Both the series and shunt types are made of half sections and the similar impedances at junctions are merged together.

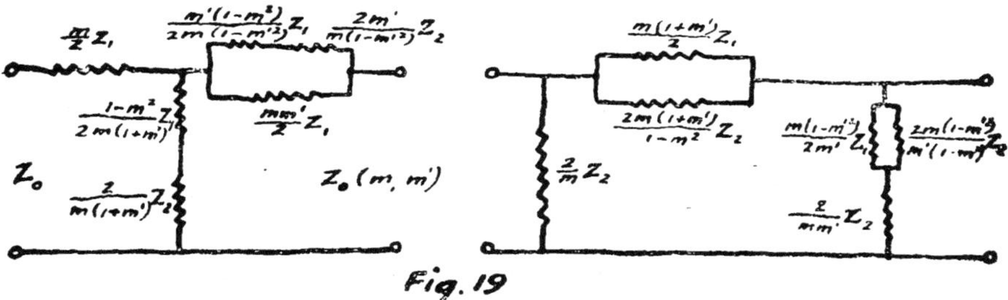

Fig. 19

In conclusion it is to be mentioned that the effect of dissipation is neglected in this paper. In actual filters a certain amount of resistance is always associated with the inductance and condensers. Its presence will introduce some attenuation in the pass band and lower the phase shift in the stop band, thus reduce the sharpness of discrimination between these bands.

自修學程

序言

以下兩篇，一篇是著者所寫電磁學大綱的一部份。寫這一篇的意思，是要把電磁學的基本觀念，用淺顯的方法來解說，裏面所用的數學，以三角為限。電子學說，因為根本的觀念不同，並未加入。不過讀物理的須先有了這一種基本觀念，方纔能夠明瞭電子學說的妙處。在以後交大季刊內，著者也預備將這種學說，關於電磁學的解釋，另做一篇。除了靜電學，還有磁學流電學等，也預備在季刊內逐漸登載。

另一篇是關於波動學說，尤其是關於聲學的應用。因為關於波動學說，在普通物理教科書內，大都沒有充分的材料，讀到聲學光學就感到困難，著者將平日在本校大學二年級普通物理內講授的波動學，稍為整理，請林致平先生譯成中文，以便讀者。

這兩篇因為寫的時候極忽促，不免有錯誤，請讀者指正。

民國二十一年十二月二十七日　裘維裕

靜電學（Electrostatics）綱要

裘 維 裕

第一章 電化（Electrification）

電的推吸（Electrical Repulsion and Attraction）

把一根乾的玻璃桿，和一塊綢互相摩擦，然後把這根玻璃桿移近一堆撕得很小很小薄紙屑的附近，紙屑就給玻璃桿吸起來了。照這個試驗看起來，一根玻璃桿，經過了摩擦，就多了一種很奇怪的東西。這個東西，就叫做「電」（Electricity）。一根玻璃桿多了這種東西，就叫做電化（Electrified），或者叫做荷電（Charged with Electricity）。

再把一個乾蓬心做的很小的球，用一條乾絲綫掛起來，把一根電化的玻璃桿，放到牠的附近，這個小球就給玻璃桿吸過來了，這種情形，就叫做「電的吸引」（Electrical Attraction）。等到小球和玻璃桿碰着的時候，球就立刻飛開去了。這種情形，就叫做「電的推拒」（Electrical Repulsion）。再把玻璃桿放到小球的附近，小球是再不給玻璃桿吸去了。

從上面兩個試驗，我們知道，兩個物體接觸以後，就可以電化。這種電化的法子，叫做接觸電化法（Electrification by Contact）。我們還可以知道，兩個物體接觸電化以後，是要推開來的。

二、兩種電化（Two kinds of Electrification）

把一根用綢摩擦電化的玻璃桿，用乾絲綫掛起來。把一根同樣電化的玻璃桿，放到前一根的附近，掛的一根玻璃桿就推開去了。再把一根火漆桿或者松香桿用法蘭絨來摩擦，放到掛好的玻璃桿的附近，玻璃桿就吸攏來了。我們可以曉得玻璃桿和綢摩擦後，玻璃桿上的電，和火漆桿或者松香桿用法蘭絨摩擦後的電是不同的。玻璃桿上的電，以前的人叫牠玻璃電（Vitreous Electricity），現在叫做陽電或者正電（Positive Electricity）。本書裏就用算學裏的（＋）符號來表示正電。火漆桿上或者松香桿上的電，以前叫做松香電（Resinous Electricity），現在叫做陰電或者負電（Negative Electricity）。我們就用（－）符號來代表牠。

照這一節的試驗，我們知道：凡同符號或者同性的電，是互相推拒的；凡不同符號或者異性的電，是互相吸引的。這個就叫做電的推吸。

三、導體（Conductors）和絕緣體（Insulators）

把一根金屬製的桿，也用綢或者法蘭絨來摩擦，照第一節和第二節的法子來試驗，牠是不能夠吸紙屑或者小蓬心球的。以前的人就說，金屬的桿上是不能生電的，實在金屬的桿是也能生電的，不過生出來的電，是很容易從金屬桿子上傳到人的手上，從手上傳到身上，從身上傳到很大的地球上去的。所以這種金屬桿子，摩擦了以後，是沒有電在上面了。這種容易傳電的東西，就叫做導體。玻璃，松香等，摩擦後發生的電是停在一處，不容易傳到人的手上去的（除非用手把完全的玻璃桿揩過一回）。這種不容易傳電的東西，就叫做非導體(Non-Conductor)，也叫做絕緣體，有時也叫做通電體（Di-electrics）。世界上的東西，沒有絕對的導體，也沒有絕對的絕緣體。金屬的東西，比較的容易傳電，就叫牠導體；玻璃，松香等的東西，比較的不容易傳電，就叫牠絕緣體，或者非導體。

從摩擦生的電是停的，是不流動的，這種就叫做靜電。物理裏面講到靜電的各種特性，是歸在靜電學裏的。

四、一種流質（One Fluid）兩種流質（Two Fluid）的學說和電子學說

講到一個物體，爲什麼有正電負電，各人有各人的理論：佛蘭克林(Franklin)說，電只有一種，是沒有重量的物質。牠是像水一樣的，可以流來流去的，一個物體上的電不多不少，牠就沒有電的特徵的。這種物體，就叫做中和體(Neutral Body)。倘然用摩擦或別的方法，把物體裏的電減少了一些，這個物體就變成有負電特徵的物體了。這種物體就叫做負電化的物體（Negatively Electrified Body）。倘然把物體上的電增加了一些，這個物體，就變成有正電特徵的物體。這種物體就叫做正電化的物體(Positively Electrified Body)。這種理論，說電是一種流質，就叫做一種流質論。這種流質非但沒有重量，對於同樣的流質是要互相推拒的。

辛姆納（Symner)的學說，正電負電是兩種不同的流質。一種是正流質，一種是負流質，這兩種流質是互相吸引的。倘然一個物體裏，這兩種流質的數量相等，那末這個

物體就沒有電性的表示。倘然一個物體裏正的流質比負的流質多，這個物體就變成正電化。倘然負的流質比正的流質多，就變成負電化，實在佛蘭克林同辛姆納的流質學說是差不多的。辛氏的負流質就是佛氏的流質不夠。不過佛氏的一流質學說同現在的電子學說（Electron Theory of Electricity）很像，所以比較好些。

電子學說同佛氏的一流質是差不多的，不過在電子學說裏，這種流質是負性的。這種流質是很小很小的，比氫（Hydrogen）的原子（Atom）再要小一千八百多倍。現在找到的最小的物質，再沒有比電子小的了。電池裏的電，摩擦發生的電，電機裏發出來的電，都是這種電子，照這個學說講起來，凡是絕緣體裏面，大都的電子，和原子的心（Nuclei）是狠近的，所以電子都是束縛住的，我們叫這種電子束電子（Bound Electrons）。在導體裏，許多的電子，離開原子的核是比較的遠些，所以原子核吸住牠的力量小得多，牠們可以自由行動。這種電子，就叫做散電子（Free Electron）。

五、驗電器（Electroscope）

一個物體，要驗牠是否有電，倘然有電，究竟是正電還是負電，我們可以用驗電器來驗牠，驗電器是吉爾柏特（Gilbert）在一千六百年發明的。牠用一根乾稻草平放在一個尖針上，像羅盤裏的針一般。現在用的驗電器，是用金葉做的，也叫做金葉驗電器（The Gold-leaf Electroscope）。這個儀器，像第一圖。一根銅做的桿A，上面一端有一個小銅球C，下面接有兩片一糎闊五糎長狠薄的金葉G，B是一個絕緣物做的瓶塞。有了這個瓶塞，A裏的電就不容易流到瓶上去了，D是一個沒有底的玻璃瓶。FF是兩片很薄的錫葉。倘然金葉分得太開了，牠就碰着錫葉，立刻就可以收小了。

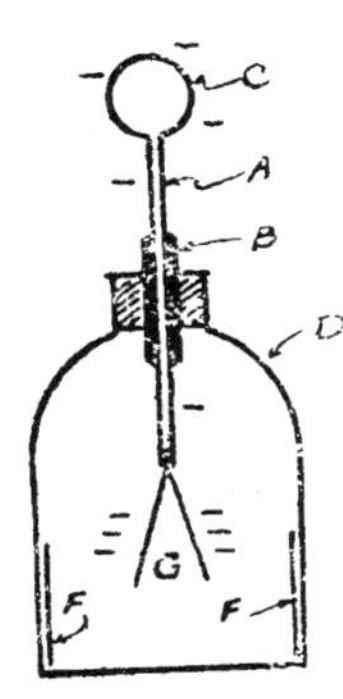

第一圖

用金葉驗電器試驗物體是否有電，先把這個要試驗的物體，慢慢的移近小銅球C，（倘然電不多可以碰小銅球，）瓶裏的金葉就分開來，表明這個物體是有電的。金葉展開度（Divergence）的大小，可以表明物體上電的多少。

用金葉驗電器試驗電的正負，可照下面的法子：倘然金葉是已經分開了，再把一個曾經電化過的物體，移近小銅球，假使金葉慢慢的分得愈開了，物體上的電和玻璃桿上的電，一定是同性的。倘然一個電化物體移近小銅球的時候，金葉慢慢的收攏來了，物體上的電同玻璃上的電，一定是異性的。假使這電化的物體，是用綢摩擦過的金屬桿，那麽我們已經知道，這玻璃桿上的電是正的。那物體上電的正負，也可以知道了。

六、發電物物體的次序表（Electric Series）

兩個物體互相摩擦，一個物體上發生的電，不一定是正的或者負的：譬如玻璃同綢摩擦，玻璃上的電是正的；玻璃同貓皮摩擦，玻璃上的電是負的。我們可以把各種物體做一個表。這個表叫做發電物體的次序表。

（一）毛皮，（二）法蘭絨，（三）象牙，（四）玻璃，（五）棉花，（六）紙，（七）絲綢，（八）白蠟，（九）黑色硬膠，（Ebonite），（十）人的手，（十一）金屬物，（十二）破橡皮，（十三）火漆，（十四）松香，（十五）硫磺，（十六）假象牙(Celluloid)，(十七)軟橡皮管，在這個表裏，把列在前面的物體，同列在後面的物體互相摩擦，列在前面的物體的電，一定是正的；列在後面的物體上的電，一定是負的。所以毛皮同玻璃，毛皮是正的，玻璃是負的。玻璃同綢，玻璃是正的，綢是負的。

第二章 電感應(Electrical Induction)

七、感應電(Induced Electricity)

一個中和的導體A，放在一個有正電物體C的附近，導體裏的散電，都給正電推到遠開正電物體的一頭去了。照佛氏的說法，導體的一頭電多了，就變成正電化；一頭電少了，就變成負電化。照電子學說講起來，負電化的電子，都給正電吸到一頭，這一頭就變成負電化了，那一頭就變成正電化了。在一個導體上，一頭多的電，一定等於一頭少去的電，兩頭的電量是相等的。所以一個導體上感應起來的正電，一定等於感應起來的負電的。倘然附近帶電的物體

第二圖

C，移到別處去了，電就從新的勻散到導體的面上，仍舊變成中和體。第三圖裏，AA'是兩個銅球。BB'是玻璃桿。DD'是木座。把兩個同樣裝置的銅球放在一起，A 碰着A'。另把一根正電化的玻璃桿C，放在A'銅球的附近，不要碰着A'。A'球上就有負電，A 球上就有正電。這種沒有直接接觸發生的電，就叫做感應電，這種現像，就叫做電感應。正電化的 C 桿，可以感應起電來的，就叫做感應體(Inducing Body)，感應電也可以叫做感應電荷(Induced Charges)。

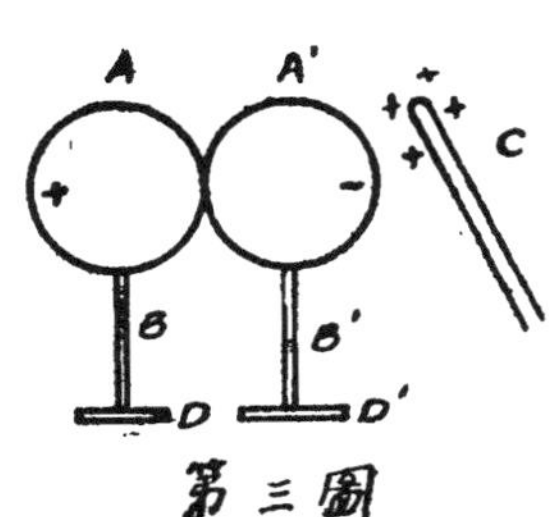

第三圖

八、驗電板

第四圖是一個驗電板，A 是玻璃或者別的絕緣物體做的柄。C 是一小塊圓銅板。要驗物體上的電，只要把驗電板和帶電的物體碰一碰，再把這個驗電板，放到驗電器小銅球的附近，就可以知道了。

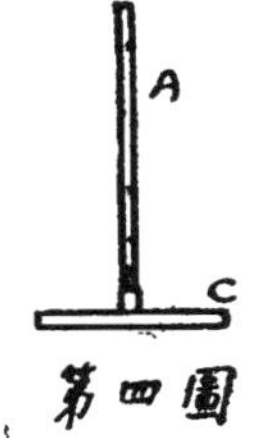

第四圖

九、地球是個導體

地球的面積是狠大的，牠的容量也是狠大的，把一些電放上去，立刻的分佈到全地球的面積上去了，所以每處地方的電是狠稀狠稀的，差不多沒有。一個有電荷的物體，用根銅線或者濕的手接到地球上去，這個物體同地球連成一個物體，物體上的電，也就散到地球上去了，稀到沒有了。倘然物體的附近，有別的感應體，可以吸住物體裏的電，那末電就不能離開了。

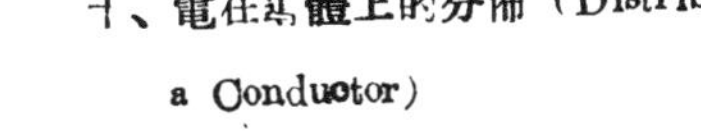

十、電在導體上的分佈 (Distribution of Electricity on a Conductor)

第五圖

一個電化的導體，無論牠的電是正或者是負，電是一定分佈在導體的面上。倘然沒有別的有電的物體在牠的附近，電是分佈到完全的面積上，沒有一處沒有的。導體的裏面，是沒有的。把一個裏面空的銅球，裝在玻璃桿上，像第五圖，加上電去。用一驗電板同驗電器，可以試驗銅球外面是有電，裏面是沒有電的。空銅球裏面倘然有一個有電的物體，那末銅球裏面也有電了。

一個導體上的電是分佈在面上的，不過牠在面上的各處是不同的。面積上每方糎上的電的多少，就叫做電的面積密度（Surface Density of Electricity）。第六圖甲，是一個小銅圓球，外面的虛綫，離開球的距離，是表明電的面積密度的，並不是電在銅球上有這麼樣厚。

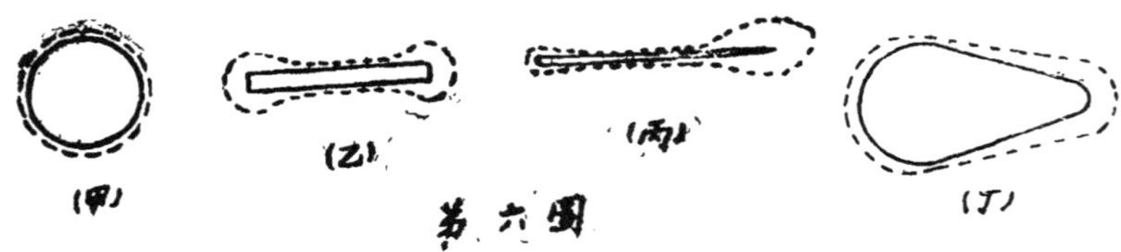

第六圖

第六圖乙是一根銅桿，近桿的兩頭，電的密度比桿的中間大些。第六圖丙是一個針，電的密度，近針尖的地方密度是狠大狠大的。倘然針上的電狠多，電有時可以從針尖跑到空氣裏去。這種現象，就叫做電洩(Electric Discharge)。第六圖丁是一個蛋形的導體，牠面積上的密度，近尖的一端比較大。

電在導體面上的密度，同面的彎曲度是有關係的。像乙圖的兩頭，丙圖的針尖，丁圖的尖頭，密度是狠大。一個圓球。牠的彎曲是各處一樣的，所以牠面上的密度，也是各處一樣的。

第三章　電場（Electric Field）和電力線（Electric Lines of Force）

十一、電場

一個物體甲有了電，在牠的附近，再放一個有電的物體乙．物體乙就要被物體甲推拒或者吸引了。物體乙放遠些，推吸的力也就小些。照理想上講起來，就是放到狠遠狠遠，推吸的力是仍舊有的，不過狠小狠小，小到差不多沒有了。所以一個有電物體的四週，牠的推吸力及到的地方，都是這個物體的電場。這個電場，應當從物體起到無窮遠爲止。不過照實在情形講起來，離開了五六呎，推吸的力也就狠小了。

十二、電力線

磁場的裏面的間質有磁力線，表示磁力在磁場裏各點的方向，電場裏的間質（同磁場間質是不同的），我們也可以假定許多線，表示電場裏各點推吸力的方向。這種線和磁力線，都是假定的，有電物體的四週是並沒有這種線的。不過我們用了這種假定的線，對於電場裡的情形，容易了解罷了。

十三 點散正電荷(Hypothetic Point Free Positive Electric Charge)

前面講的電，都是附在物體上的。現在我們假定電和物體是可以分開來的，電是電，物體是物體。假定這種分開來的電是正電，牠所占的位置是一點，這個就叫做點散正電荷。要定電場裏各點電力線的方向，只要把這種假定的點散正電荷放在各點，牠受着的力的方向，就是電力線在這幾點的方向。所以電力線也是一個假定點散正電荷在一個電場裏要走的路線。

假定點散正電荷，牠是可以和別的電荷或者別的有電物體推或者吸，不過牠自己是沒有電力線的。把這種電荷放到電場裏去，電場裏電力線的分佈，是不變動的。

十四 法拉第的冰桶試驗 (Faradays First Ice-Pail Experiment)

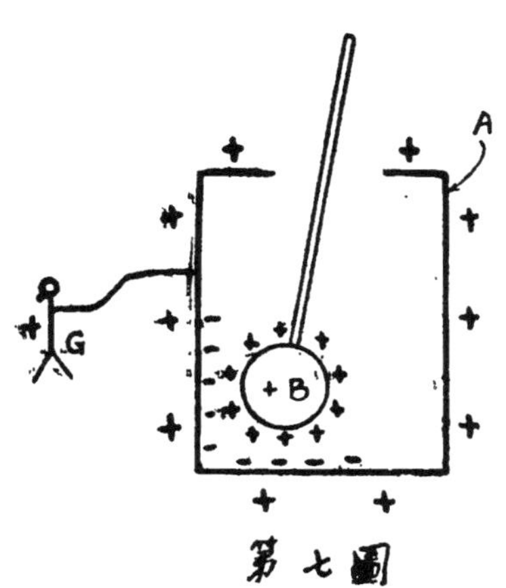

第七圖

法拉第要證明感應正電等於感應負電，他用一個冰桶，像第七圖，在冰桶A的外面，用根銅絲接到一個驗電器G。把一個有正電荷的銅球B，裝在一根絕緣體柄上，放到冰桶裏去。冰桶受着銅球上正電荷的感應，就感應起負電荷在牠的裏面，正電荷在牠的外面。驗電器的金葉，和冰桶是連接的。牠上面也有正電荷了，兩片金葉就分開來了。再把這個銅球放下些，或者移到兩旁去，只要不同冰桶碰着，等到驗電器金葉的展開最大。銅球放到近桶沿的時候，牠的電力線一部分走到桶的裏面，一部分走到桶的外邊的牆上或天花板上去了，等到銅球放到桶的裏面，銅球的電力線大都走到桶的裏面，桶的外邊是沒有幾根了銅球再放下去些，在桶裏的電力線也沒有什麼變動了。因爲電力線走到的地方，就感應起負電荷來，所以桶裏的電是負電荷。桶外面的電力線從桶面上起，走到天花板牆壁上去。電力線起頭的地方是正電荷，所以桶的外面是正電荷。倘然銅球上發出Q根電力線，走到桶的裏邊的面上也是Q根線，桶外邊的面上發出的電力線也是Q根（一部分在金葉上邊）。

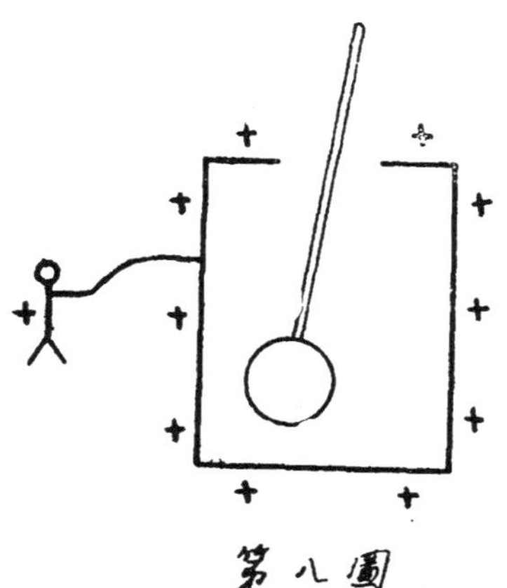

第八圖

把小銅球同冰桶的裏邊一碰，金葉的展開度是仍舊不變的。把這個銅球移出來，用驗電器來試驗，是沒有電了。第八圖是表明銅球同冰桶相碰以後的情形。銅球上的正電荷，同冰桶裏邊的負電荷，恰正抵銷。所以銅球變成了中和體，牠是沒有電力線發出來了。冰桶外面的正電荷，是沒有別的負電荷去同牠相碰抵銷，所以正電荷仍舊分佈在冰桶的外邊，和金葉上。

法拉第從這個試驗的結果，他說：感應體上的電荷（Charge on the Inducing Body），同從感應起來的電荷（Induced Charge）是相等的，換一句說，就是銅球上的正電荷，同冰桶裡邊的負電荷是相等的，同冰桶外邊的正電荷也是相等的。

十五 起電盤（Electrophorus）

第九圖是一個起電盤。B是一個非導體的圓盤，平常用黑色硬膠（Ebonite）做的。這個盤可以用毛皮來摩擦發電的。A是一塊圓銅板，上面有根玻璃柄C，A板要比B盤小些。有時B盤的外邊，再加一個銅托盤D。這個D托盤是沒有什麼緊要的，可以不要的。

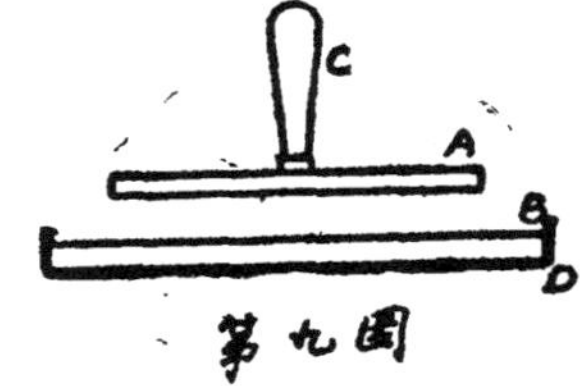

第九圖

用的時候，先把B盤烘乾，用毛皮摩擦，B盤就發生負電了，像第十圖（甲）。然後把A板放上去，A板受了感應，就有正電荷同負電荷，像圖乙。把手在銅上一碰，負電跑到地上去了，正電因爲給A盤的負電吸住，仍舊留在B板上，像圖丙。把A板移

到別處去，牠上面的電就分佈開來，像圖丁。再把銅板A放到B盤上去，再用手在銅板

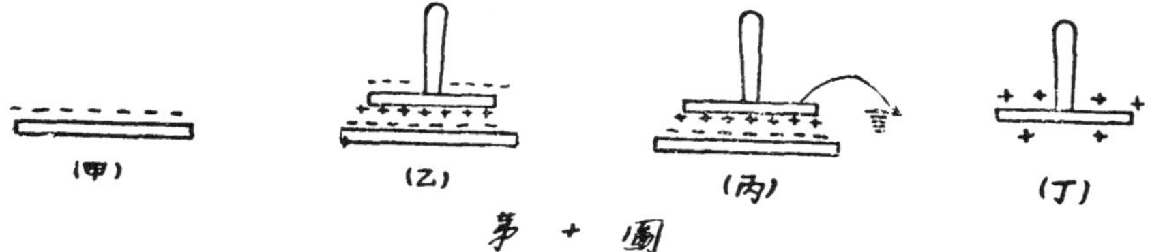

第十圖

上一碰，銅板移開去，銅板上的電比較第一次多了。照這樣的做幾十回，銅板上的電可以積到許多許多。

十六、糎克秒制單位電荷（C.G.S. Unit Electric Charge）

把兩個一樣大小的正電荷，或者負電荷，放在眞空裏，牠們的距離是一糎。倘然這兩個電荷，每個受着的推力是一代因，這兩個電荷都是糎克秒制單位電荷，牠的單位，叫做糎克秒制靜電制庫隆（C.G.S. Electrostatic Coulomb），或者簡稱靜庫隆（Statcoulomb）。倘然兩個電荷，照上面的距離，放在眞空裏，每個受着的力是八代因，那末兩個電荷都是八個靜庫隆。電荷有時也叫做電量（Quantity of Electricity）。

十七 庫隆的電力定律（Coulomb's Law of Electric Force）

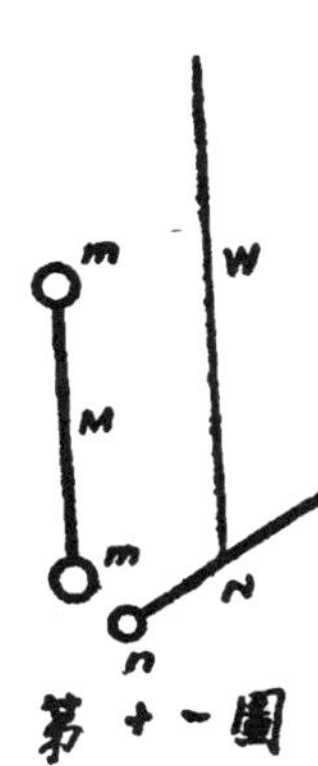

第十一圖

庫隆在一千七百八十五年，設法測量兩個電荷的推力。儀器的裝置，像第十一圖 玻璃桿M的一頭有一個小銅球m。一根非導體的小棒N，牠的一頭有一個小棒n。N棒是用的細乾絲線W掛起來。試驗的時候，把M同m拿出來，把電荷加到m上去。放進去，把n同m一碰，n上也就有了電荷了，然後，量牠們的推力。庫隆找到兩個電荷的推力，同牠們距離的平方是反比例；倘然距離不變，那末m與n間的推力，同m與n上電荷的大小是正比例。把qq'來代表m同n上的電荷；d，牠們的距離；F，牠們的推力；

$$F=C\frac{qq'}{d^2}\text{代因} \qquad (1)$$

或 $$F=\frac{qq'}{Kd^2}\text{代因}（設K等於\frac{1}{C}）$$

C同K都是比例係數，因爲以後用起來便當些，所以用K。在眞空裏用糎克秒制單位K是等於一。在空氣裏面，K的價值也差不多等於一，所以（1）式在空氣裏變成$F=\frac{qq'}{d^2}$、

十八、假定單正電荷(Hyothetic Unit Positive Charge)

假定單正電荷，同假定點散正電荷的性質是一樣的，不過牠的電荷是一靜庫隆。

十九、電場強度（Electric Field Intensity）

求電場裏一點的電場強度，就在這一點的地方，假想放一個假定單正電荷，這個單正電荷受着的力的大小，把代因來計算，就是這一點電場強度的大小 這假定單正電荷所受合力的方向，就是這一點電場強度的方向。所以電場強度是一個矢量。牠的單位，是單靜庫隆代因(Dynes per Statcoulomb)，或簡稱單電代因(Dynes per Unit Charge)。電場強度，既然是矢量，倘一點的地方，同時受着兩個電場強度，我們應當用矢量的加法，求牠的合電場強度（Resultant Electric Field）。

二十、用電力線數計算電場強度的方法

電場強度，可以用一個理想的平方糎穿過幾根線來表示。這個理想的平面有A平方糎，放在一個均一電場裏。電力線同平面垂直。電場的電場強度是E，那末穿過這個平面的總共電力線數就等於E乘A。把ϕ來代替總電力線，$\phi=EA$。

我們現在要計算一個點散電荷＋q所發出電力線的總數，假使把＋q點作球心以半徑r畫一個圓球，那麽球面上任何一點的電場強度是等於$\frac{q}{r^2}$。所以照上面的表示法，我們可以知道經過球面總電力線，是等于$\frac{q}{r^2}$和球面積的相乘積，因爲球的面積是$4\pi r^2$所以從一個點散電荷＋q發出的電力線，是等於$4\pi q$。

一個極大的平面A的上面，每方糎匀佈着電荷＋q 我們現在要計算任何點的電場強度，因爲面積很大，所以電力線是直垂於於這個平面而成匀一電場，因爲平面有兩面，所以電力線是兩面平分的，兩面總共的電力線是$4\pi q$、。一面的電力線是$2\pi q$，假使在任何一點，有一個方糎的面和電力線垂直，那麽經過這面的電力線等於$2\pi q/A$或$2\pi\sigma$。所以任何一點的電場強度是等於$2\pi\sigma$。假使在某種情形下，電荷只分佈在平面的一面，那麽任何點的電場強度是$4\pi\sigma$。σ是電的面積密度。

第四章 電位 (Electric Potential)

二十一、電位的解釋

一個導體，上面有了正電荷，把牠接到地上，導體上的電荷就跑到地上去了。好像一個缸，盛滿了水，下面裝一個管子，通到井裏，缸裏的水就流到井裏去。缸裏的水，所以要流到井裏去的緣故，因爲缸裏的水，比井裏的水來得高。水的高低，可以叫做水的位置，或者水位。倘然缸裏的水，比井裏的水來得低，井裏的水也可以流到缸裏去。一個導體，好比一個盛水的缸。接到地上去的線，好比一個通水的管子；一個導體，盛了正電荷，牠上面電的位置，就比地上面電的位置高了，所以電要流到地上去了。倘然導體上盛的是負電，那末牠上面電的位置，就比較低了，電就要從地上跑到導體上去了。電的位置的高低，就叫做電位。

二十二、導體上的電位

一個導體，無論牠上面有的是正電荷，或者負電荷，牠的電位是各處一樣的。倘然一個導體上的一點，，牠的電位，比旁的地方的電位來得高，那末電就要從高電位流到低電位去。不過在一個導體上，電已經分佈好了以後，是不動的，所以電是沒有流的道理。那末電位在無論什麽地方，不能夠比別的地方高。

兩個導體，把銅線連接了以後，這兩個導體就變成一個導體了，牠們的電位是應當一樣的。

二十三、地球的電位

要量水的高低，我們用海的平面 (Sea Level)來做標準；要量電位的高低，我們也要用一個標準，地球的面積是狠大的，人類都住在地球上的，所以我們用牠的電位來做標準電位。把這個標準電位當做零電位 (Zero Potential)。比這個電位高的，叫做正電位(Positive Potential)，比這個電位低的，叫做負電位(Negative Potential)。

把正電荷當做一個球，正電位當做高山的峯，把海底當做負電位，那末球就一定從山峯滾到平地上去，從平地滾到海底裏去；正電荷一定從正電位流到零電位，從零電位流到負電位去。因爲正電荷流去了，一個物體就變成負電化了。所以我們也可以當做負電荷從負電位流到零電位，從零電位流到正電位去的。

二十四、有電物體四周的電位

一個有電的物體，或者點散電荷，牠的四周是都有電位的。倘然一個物體是一個圓球導體，上面的電荷是正的，在牠的電場裏放一個正電荷，這個正電荷一定要跑開去。倘然電場裏的電位是一樣的，那末正電荷是不該應跑的。正電荷既然跑開去，那末近正電荷導體地方的電位，比遠開這個導體地方的電位一定來得高。倘然導體上的電荷是負的在牠的電場裏面放一個正電荷，這個正電荷一定跑向導體，所以近有負電荷導體的地方的電位，比離開這個導體的地方來得高。第十二圖C是一個有正電荷的物體。P_1點的電位比P_2點的電位高，P_2點的電位比P_3點的電位高。

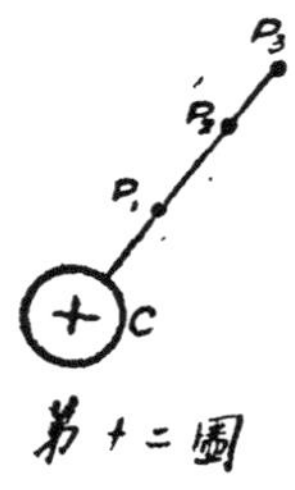

第十二圖

二十五 電位差 (Electric Potential Difference)

在第十二圖裏，把 V_A 來代替P_1點的電位；V_B ，P_2的電位；V_C ，P_3的電位；$V_A - V_B$ 就是P_1點同P_2點電位的差數。$V_A - V_C$ 就是P_1點同P_3點電位的差數 。 兩點電位的差數就叫做這兩點的電位差。

二十六、電位差的計算法

量電位差的大小，是用移動一個假定單正電荷，所須的工作 (Work) 來計算的。在十二圖裏，假定一個單正電荷從P_2點移到P_1點，單正電荷受着的力的方向，同牠移動的方向是相反的，我們要用工作來移動牠，這個工作用厄格(Ergs)來計算，就是這兩點的電位差。單正電荷移動的路，可以在P_1同P_2兩點中間揀無論什麼一條，要做的工作是一樣的。

一個導體的電場裏一點的電位或者點電位 (Electric Potential at a Point) ，是把地球的零電位來做標準的，也就是這一點的電位同零電位的電位差。電場裏一點，在無窮遠的地方，單正電荷是受不到力了，把牠移動，是用不着做工作了，所以在無窮遠地方的電位是零。照這個講法，無窮遠的電位(Electric Potential at Infinity) ，是同地球的電位一樣的。要計算某點的點電位，我們只要計算把一個單正電荷從無窮遠移到這點的工作，就可以了。

二十七、點電荷的點電位

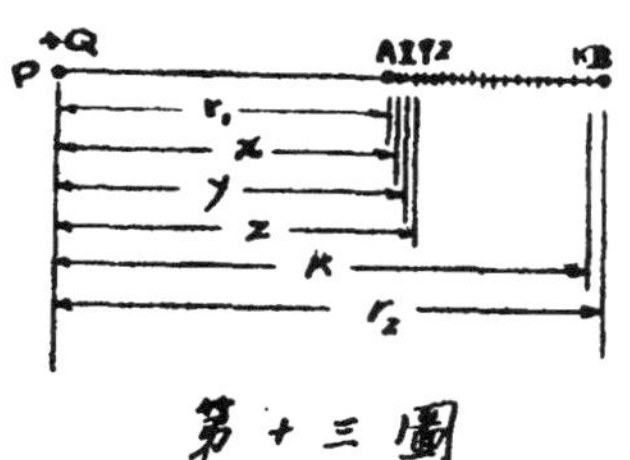

第十三圖

第十三圖，在P點的地方有一個點正電荷，牠的大小是Q靜庫隆，要求A點的電位，先要求A點同B點的電位差。把AB間的距離分做許多許多小距離；像AX，XY，YZ等。在A的地方放一個假定單正電荷，牠受着的力是$\frac{Q}{r_1^2}$。把這個單正電荷移到X點，牠在這一點受着的力是$\frac{Q}{x^2}$。AX的距離是狠小狠小的，AX一段距離裏單正電荷受着的力的平均是差不多等於$\frac{Q}{r_1x}$。

單正電荷從A移到X，牠的平均工作，是等於平均力乘牠走的距離（因為單正電荷受着的力的方向，同牠移動的方向，是平行的）。把W_{AX}來代替這個平均之作。

$$W_{AX}=\frac{Q}{r_1x}(x-r_1)=Q\left(\frac{1}{r_1}-\frac{1}{x}\right),$$

用同樣的解釋

$$W_{XY}=\frac{Q}{xy}(y-x)=Q\left(\frac{1}{x}-\frac{1}{y}\right),$$

$$W_{YZ}=\frac{Q}{yz}(z-y)=Q\left(\frac{1}{y}-\frac{1}{z}\right),$$

....

....

$$W_{KB}=\frac{Q}{kr_2}(r_2-k)=Q\left(\frac{1}{k}-\frac{1}{r_2}\right)。$$

一個單正電荷從A移到B，牠共總的工作是

$$W_{AX}+W_{XY}+W_{YZ}+\cdots\cdots+W_{KB}=Q\left(\frac{1}{r_1}-\frac{1}{r_2}\right)\quad\cdots\cdots\cdots 1)$$

這就是A B兩點的電位差。

倘使B點在無窮遠，單正電荷從B點移到A點的平均工作，就是A點的點電位。把（1）式裏的r_2改作無窮大∞，

$$Q\left(\frac{1}{r}-\frac{1}{\infty}\right)=Q\left(\frac{1}{r}-0\right)=\frac{Q}{r_1}\cdot\cdots\cdots\quad\cdots\cdots(2)$$

電位同電位差的單位　靜電學裏，是把糎克秒制靜電制伏特（Electrostatic Volts）或

靜伏特（Statvolts）來計算的。倘然把一個單正電荷從B點移到A點的平均工作是一厄格，這兩點的電位差是一靜伏特。倘然B在無窮遠，A點的電位就等於一靜伏特。

二十八、圓球導體的電位

一個圓球導體上面有了電荷，這個導體的面上就有一定的電位。導體的裏面，無論實心的或者空心的，牠裏面的電位是均一的，同牠的面上的電位是一樣的，譬如一個圓球，牠的半徑是r糎，牠上面的電荷是 +Q 靜庫隆，牠面上的電位同牠裏面的電位都是$\frac{+Q}{r}$靜伏特。倘然面上的電荷是−Q靜庫隆，電位也就變負的了。

在圓球外邊的四週裏的一點，倘然這點離圓球的心是R糎，圓球上的電荷是 +Q靜庫隆這一點的電位就等於$\frac{+Q}{R}$靜伏特。倘然球上的電荷是−Q，那末這一點的電位就等於$\frac{-Q}{R}$靜伏特。

二十九、平面導體電場裏兩點的電位差

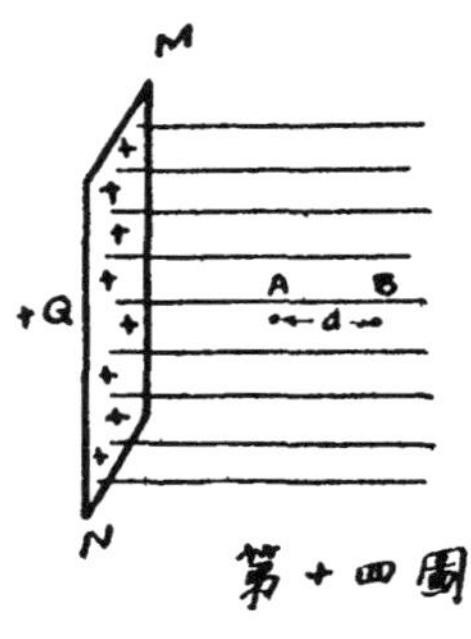

第十四圖

第十四圖 MN 是一個極大的平面A平方糎。平方的右面有電荷+Q靜庫隆，平均分佈在右邊的一面上。這個平面上，發出來的電力線是向一邊的，牠的總數是 $4\pi Q$'倘然A同B是這電場裏的兩點，這兩點的電場強度都是$\frac{4\pi Q}{A}$把σ字代替$\frac{Q}{A}$，那末A點同B點的電場強度是$4\pi\sigma$,σ就是MN平面上的電荷密度。既然A點同B點的電場強度是$4\pi\sigma$,一個假定單正電荷放在這兩點的地方(或者無論什麼地方)受着的力是$4\pi\sigma$代因，把這個單正電荷從A移到B做的工作是$4\pi\sigma d$厄格，所以這兩點的電位差是 $4\pi\sigma d$ 靜伏特。

三十、等電位面

在一個電場裏，有些地方，牠的電位是相等的。相等電位的地方，一定在一個曲面或者平面上的，這種曲面或者平面就叫做等電位面。一個單正電荷放在這種面上移動是沒有工作的，因爲在這種面上的無論什麼兩點，是沒有電位差的。換一句說，電力線是一定要和等電位面垂直的。點電荷的等電位面是同心的圓球面。導體自己的面，也是等電位面。極大平面的電荷的等電位面，就是和這個平面平行的平面。

三十一、幾個電導體的電場裏每點的電位

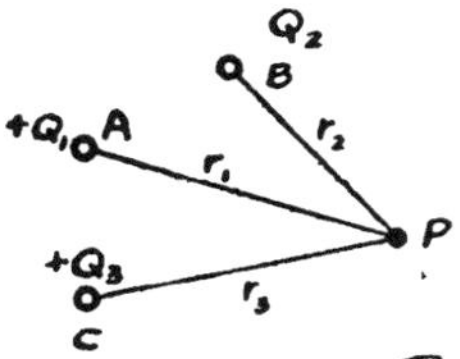

第十五圖A，B，C，三點，是三個有電荷的導體，牠們的電荷是$+Q_1, -Q_2, +Q_3$。P是牠們電場裏的一點。P點的電位是等於$+Q_1$在P點的電位，加$-Q_2$在P點的電位，加$+Q_3$在P點的電位，把V來代表P點的電位。

第十五圖

$$V=+\frac{Q_1}{r_1}-\frac{Q_2}{r_2}+\frac{Q_3}{r_3}.$$

第五章 蓄電器 (Condensers)

三十二、蓄電量 (Capacity)

兩個一樣高的水桶，第一個水桶比第二個水桶的體積來得大。第一個水桶可以儲蓄的水比第二個自然來得多。牠的蓄水量也就大了。倘然兩個水桶，不管牠們的高低是多少，我們也可以求牠的蓄水量的。在甲乙兩個水桶上，各畫一條線，離桶底一尺，像第十六圖，把水放到甲桶裏，等到水同畫的線齊；再把水來放到乙桶裏去，等到水同畫線齊，假使乙桶要用的水，比甲桶來得少，乙桶的蓄水量就比甲桶小。所以桶的蓄水量可以把升高水面一尺要用水的多少來量的。

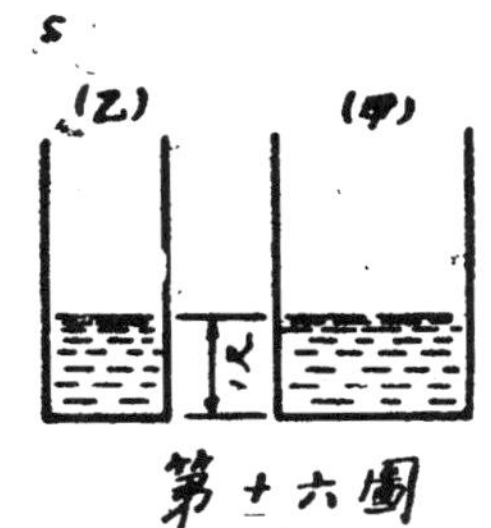

第十六圖

蓄電量也可以照這個法子計算的：一個導體，要把牠的電位升高一個單位須用的電荷，就是這個導體的蓄電量。倘然用靜伏特來計算電位，那末升高導體電位一靜伏特所需的電荷，用靜庫隆來計算，就是這個導體的蓄電量。

一個導體，在一種間質裏面，牠的蓄電量是不變的。倘然升高一個導體的電位一靜伏特要三靜庫隆，那末升高導體的電位二靜伏特，必定須要六靜庫隆，這個導體的蓄電量是三個蓄電量單位。糎克秒制的蓄電量的單位，在靜電學裏，是用靜法拉第(Statfarad)來計算的。所以上面一個導體的蓄電量是三靜法拉第。倘然把Q來代替電荷，V來代替電位，C來代替蓄電量，

$$Q=CV，或 C=\frac{Q}{V}。$$

一個圓球導體在空氣裏，牠的半徑是r 糎。假想上面放Q靜庫隆的電荷，牠面上的電位是$\frac{Q}{r}$，牠的蓄電量就等於$Q\div\frac{Q}{r}=r$ 靜法拉第。倘然r是一糎，這個圓球的蓄電量就是一靜法拉第。

三十三 蓄電器

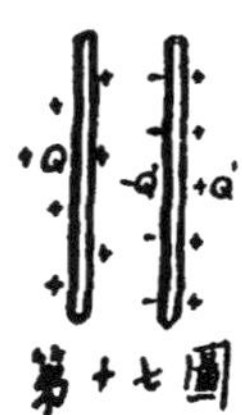

第十七圖

第十七圖，A導體上有電荷+Q。牠的電位是+V，牠的蓄電量一定是$\frac{Q}{V}$。倘然在牠的附近，放一個不連地的導體B，B上就感應起+Q'同−Q'來。+Q'在A的地方有一個電位$+V'_B$，−Q'在A的地方有一個電位$-V''_B$。$-V'_B$ 比$+V'_B$ 稍些大一些，所以A的電位是$V+V'_B-V'_B$不過V'_B 同V''_B 差得不多，所以A導體上的電位是仍舊等於V，牠的蓄電荷是仍舊等於$\frac{Q}{V}$把B 導體連到地上去，B 上的正電荷就跑到地上去了，B上只有負電荷−Q'（在B導體的左面），A 上的電位就變做 $V-V'_B$，比V小，牠的蓄電量$\frac{Q}{V-V''_B}$比$\frac{Q}{V}$大，這兩個導體可以增加蓄電量的，就叫做蓄電器。

三十四、同心圓球蓄電器（Concentric Spherircal Condenser）

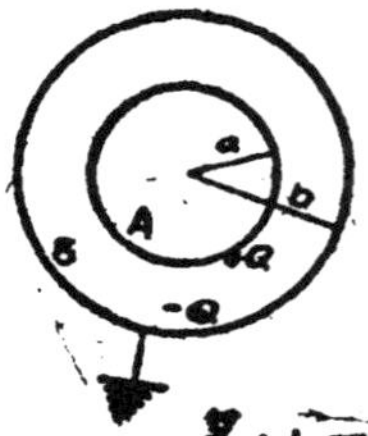

A是一個圓球導體，牠的半徑a，牠的上面有電荷+Q，牠的電位是$\frac{+Q}{a}$牠的蓄電量是a。在A的外面加一個沒有電荷的空圓球B，牠的半徑b，牠的中心就是A的中心，B球裏邊的面上感應着−Q，外邊的面上感應着+Q。倘然把B接到地上，B上的 +Q 就跑到地上去。B球裏邊的電位，在A球上任何一點是

$$+\frac{Q}{a}-\frac{Q}{b}=Q\left(\frac{1}{a}-\frac{1}{b}\right)$$

（B球裏的電位，倘然沒有A是均一的，等於$-\frac{Q}{b}$）。把C來代替A球的蓄電量。

$$C=\frac{+Q}{+Q\left(\frac{1}{a}-\frac{1}{b}\right)}=\frac{ab}{b-a}\text{靜法拉第。}$$

第十八圖

三十五、平行板蓄電器（Parallel Plates Condenser）

第十九圖M是一個平面板導體，牠的電荷是 +Q；N 是另 個沒有電荷的平面板，放在M的附近，牠上面感應電是−Q。N板是接到地上的，所以牠的電位是零。MN 兩板是平行的，牠們的距離是t糎。假定t是狠小，MN間的電場強度是差不多等於$4\pi\frac{Q}{A}$。

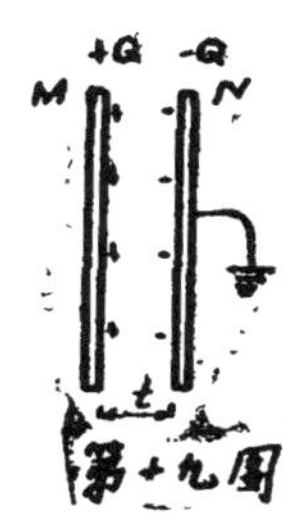

A是M或N的面積 把一個單正電荷從N移到M的工作是 $4\pi\frac{Q}{A}t$，這就是M板的電位。M板的蓄電量是

$$C=\frac{Q}{4\pi\frac{Q}{A}t}=\frac{A}{4\pi t}$$ 靜法拉第。

別種的蓄電器，假使是簡單的幾何形，牠們的蓄電量是可以計算的；倘沒有一定幾何形或狠複雜的幾何形是很難計算的。同軸圓柱導體的蓄電量是 $\frac{L}{2\log\frac{r'}{r}}$。r是裏圓柱的外半徑，r'是外圓柱的裏半徑，L是圓柱的長。

三十、串聯接的蓄電器的總蓄量（Capacity of Condensers in Series）

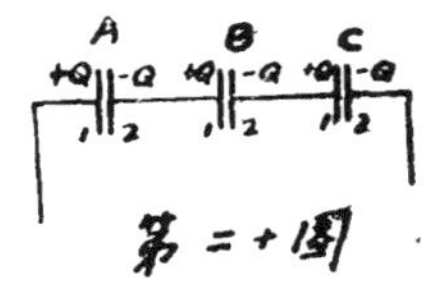

A，B，C是三個蓄電器，C_A，C_B，C_C，是牠們的蓄電量，把牠們照第二十圖串聯接起來，假定A蓄電器的1板上有正電荷+Q，那末A的2板上就感應着−Q，B的1板同C的1板感應着+Q，B的2板同C的2板感應着−Q。Q的大小都應當同A的1板上的Q相同。把V_A，V_B，V_C當作ABC的1板同2板的電位差，A的1板同C的2板的總電位差就等於$V_A+V_B+V_C$。這三個蓄電器的總蓄電量是

$$C=\frac{Q}{V_A+V_B+V_C}\cdots\cdots\cdots\cdots(1)$$ 。

A器的蓄電量C_A是$\frac{Q}{V_A}$，B的蓄電量C_B是$\frac{Q}{V_B}$，C的蓄電量V_C是$\frac{Q}{V_C}$。或者$V_A=\frac{Q}{C_A}$，$V_B=\frac{Q}{C_B}$，$V_C=\frac{Q'}{C_C}$把V_A，V_B，V_C代到(1)式裏去，

$$C=\frac{1}{\frac{1}{C_A}+\frac{1}{C_B}+\frac{1}{C_C}}$$，或者 $\frac{1}{C}=\frac{1}{C_A}+\frac{1}{C_B}+\frac{1}{C_C}$。

三十七、並聯接的蓄電器的總蓄電量（Capacity of Condensers in Parallel）

把三個蓄電器照第二十一圖並聯的接起來。假定A器1板上的電荷是$+Q_A$，B器1板上是$+Q_B$，C器1板上是$+Q_C$，牠們的2板上是$-Q_A$，$-Q_B$，同$-Q_C$ ABC的1板是用線聯在一起的，牠們的電位是相同的，ABC的2板也是聯在一起的，牠們的電

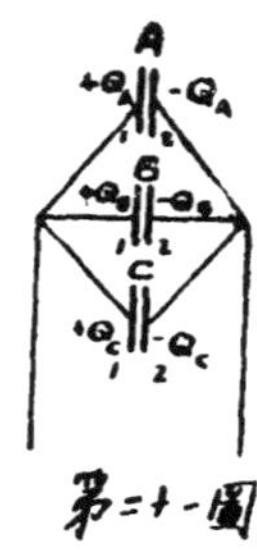

位也是相同的，把V_A ，V_B ，V_C 代替ABC 1板同2板的電位差，那末$V_A=V_B=V_C$ 。A，B，C三個1板並起來的電荷是$Q_A+Q_B+Q_C$。這三個蓄電器的總蓄電量C是

$$C=\frac{Q_A+Q_B+Q_C}{V_A}。$$

因爲 $Q_A=V_A C_A$， $Q_B=V_B C_B$， $Q_C=V_C C_C$；

所以 $C=C_A+C_B+C_C$ 。

三十八、電化蓄電器所需的電能（Energy for charging a condenser）

把水從水平面的湖裏裝到一個桶裏去，工作一定要做的。這個工作在力學裏講起來，就等於能(Energy)。因爲把水再放到水平面的湖裏，牠一定也能做這麼多的工作。把Q克的水裝到H糎高。第二十二圖，一定等於$\frac{1}{2}$ QH厄格，因爲Q克水的重心（Center of Mass）是$\frac{1}{2}$H，須要的能也是$\frac{1}{2}$ QH厄格。把電荷裝到一個導體裏去，導體的電位也就高起來了，照上面水裝到水桶裏的講法 $E=\frac{1}{2}QV$厄格。

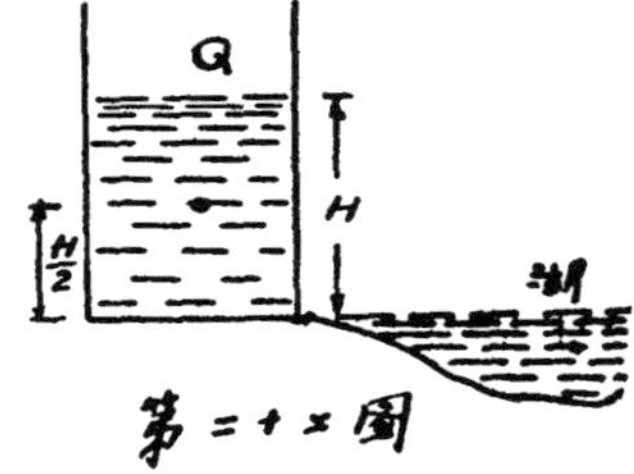

E是代替能的。因爲$Q=VC$，$V=\frac{Q}{C}$

所以 $E=\frac{1}{2}V^2C=\frac{1}{2}\frac{Q^2}{C}$厄格。

第六章 通感係數（Dielectric Constant）

三十九 通感係數

在庫隆電力定律裏邊，我們講到兩電荷q同q' 在無論什麼間質裏，電荷受着的力F是$F=\frac{qq'}{kd^2}$。K是間質的通感係數。這個係數在眞空裏用糎克秒制來計算，是假定等於一，在空氣裏邊也差不多等於一。倘然兩個電荷q同q'，放到一個間質裏去，牠們的距離仍舊是d，電荷受着的力是F'。$F'=\frac{F}{K}$。K若是比一大，F'就比F小。

平常日用物體K的價值（把空氣當做一）。

眞空	0.94
氫 (Hydrogen)	0.9997
玻璃	6—10
黑色硬膠 (Ebonite)	2.6—3.48
雲母 (Mica)	6.6—8
石英 (Quartz)	4.49—4.55
白蠟 (Parffin-wax)	1.99—2.29
水（攝氏十五度）	80
火酒（攝氏十五度）	25
外國漆 (Shellac)	2.74—3.73

四十、通感係數同電位差蓄電量的關係

電位同電位差既然把移動一個單正電荷的工作來計算，工作同電荷受着的力是有關係的。在空氣裏，一個單正電荷受着的力是每靜庫隆F代因，在別的間質裏，就變做每靜庫隆$\frac{F}{K}$代因，把單正電荷移動一樣多少的距離，在空氣裏的電位差是V，在別的間質裏一定是$\frac{V}{K}$。

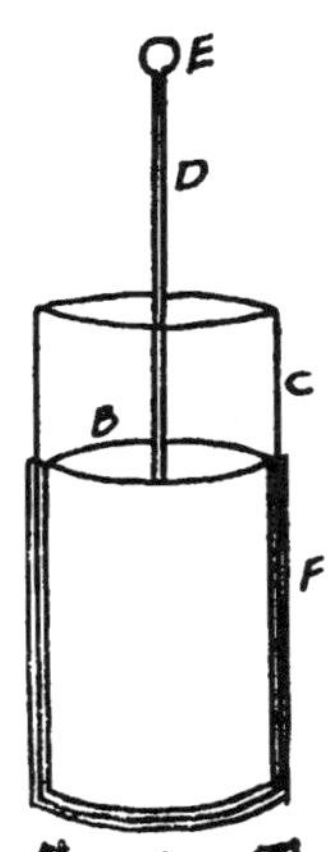

第二十三圖

電位差既然同K有關係，蓄電量是$\frac{Q}{V}$，自然也有關係，一個蓄電器用空氣做間質牠的蓄電量是C，用別的東西來做間質，牠的蓄電量是$\frac{Q}{\left(\frac{V}{K}\right)}=K\frac{Q}{V}=KC$。

四十一 來頓瓶 (Leyden Jar)

照上節的講法，要增加一個蓄電器的蓄電量，只要把通感係數大的東西做間質。來頓瓶就是這個道理。C是一個玻璃瓶，外邊有一個金屬做的套瓶F，玻璃瓶裏面也有一金屬製的套瓶B，B的底是連在一個銅桿D，D的上端有一個銅球E。FB是一個蓄電器。倘然不用玻璃把牠們隔開，牠們的蓄電量是$\frac{A}{4\pi t}$。A是F或者B的面積(連底) t是F

同B相隔的距離。用了玻璃，牠們的距離不變，蓄電量就增加到$\frac{KA}{4\pi t}$，比沒有玻璃的時候增加了K倍，K是玻璃的通感係數。

同心圓球蓄電器的夾層裏，倘然不是空氣，是別的間質，牠的蓄電量是$\frac{K\,ab}{b-a}$。平行板蓄電器是$\frac{KA}{4\pi t}$。同軸圓柱蓄電器是$\frac{KL}{2\log\frac{r'}{r}}$。

四十二、量絕緣物體通感係數的方法

法拉第求絕緣物體通感係數，用兩個一樣大小的同心圓球蓄電器，A'B'的夾層裏把要試驗的絕緣物裝滿，像硫磺或者松香等。AB的夾層裏是空氣。量牠們的蓄電量，倘然A'B'是C'，AB是C，那就知道$\frac{C'}{C}=K$。法拉第做這個試驗的時候，A'B'的夾層裏只有一半裝滿絕緣物體，其餘一半的間質是空氣，A'B'的蓄電量等於

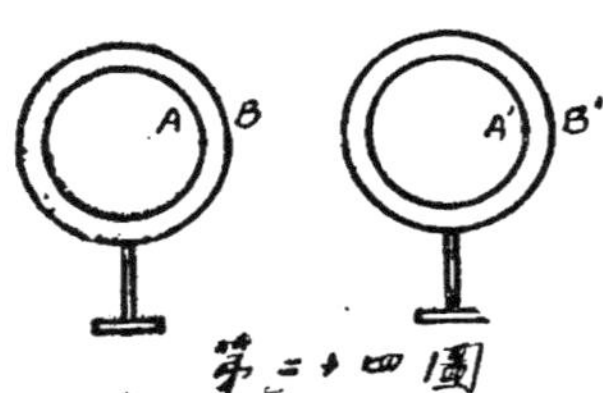

第二十四圖

$$C'=\frac{C}{2}+\frac{KC}{2}=\frac{C}{2}(1+K),\quad \frac{C'}{C}=\frac{1}{2}(1+K)$$

C是AB的蓄電量。

四十三、象限靜電計

(Quadrant Electrometer)

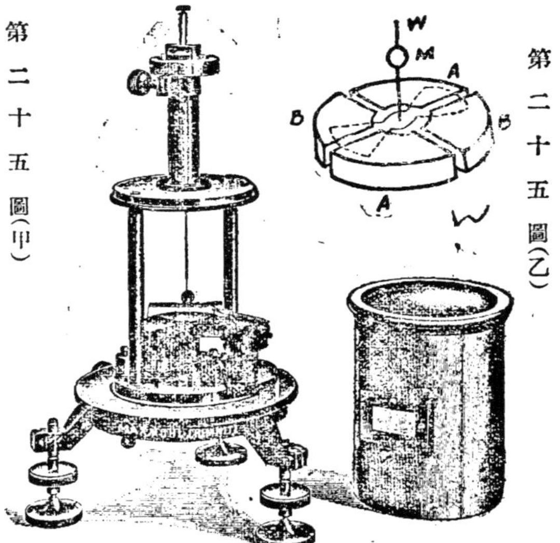

第二十五圖(甲)　第二十五圖(乙)

量電位差的儀器叫做靜電計。第二十五圖(甲)是靜電計裏面的組織，外罩是已經除掉了。Q'是一個裏面空的鎳做的扁圓匣子，分做四份。匣子裏面有一個鎳做的薄片，是聯在鎳做的細絲，薄片和Q是不碰着的。細絲的上端是一個小鈎，中間有一個狠薄的小鏡子M。W是石英絲，把薄片掛在儀器

的上端。乙圖表示Q匣的放大。用的時候，把Q內薄片的電位V_D加到一百或者二百伏爾特（實用制）。把要量的東西接到Q上，薄片就轉起來了。Q的相對的兩份AA'和BB'各連接在一起的，假如V_A是AA'的電位，V_B是BB'的電位，薄片上的是正電荷，A和薄片便有推力B和薄片便有吸力，所以薄片從正中的地位轉到B的一面去了。把θ來代表薄片轉的角度，V_A V_B大都比V_D小得多，那末$\theta=K(V_A-V_B)$ K是比例係數。這種靜電計，因牠的圓扁匣分做四塊，所以叫做象限靜電計。

四十四 靜電感應起電機 (Electrostatic Induction Machine)

用玻璃桿或者起電盤發生的電，不能夠很多的。要得到很多的電，一定要用靜電感應起電機，此機的種類很多，第二十六圖是服斯 (Voss) 霍爾茲 (Holtz) 的靜電感應起電機，這個機有兩片圓玻璃板A同B。A是不轉的，B是可以轉的。B的上面有六個小圓錫薬S，A板的後面，有兩塊很大的錫薬P同N。在B板的前面，有兩個金屬硬絲做的刷子DD'。裝在絕緣物體做的架子上。刷子上的絲是很尖的，朝着不過不碰着玻璃板B。DD'接到小圓球EE'。一個導體桿H是斜放在B板的前面，兩頭也有像DD'一樣的兩個刷子CC'，H是不轉的。MM'是兩根導體小桿子，M的一頭接到A板上的N，M'的一頭接到A板上的P，MM'的另一頭有金屬軟絲做的刷子KK'，碰着B板。LL'是兩個來頓瓶，接DD'。來頓瓶的蓄電量大，可以多蓄些電。G是手搖的小輪。

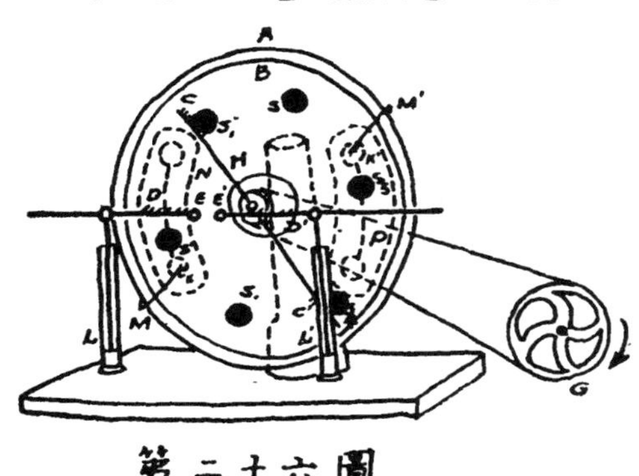

第二十六圖

假使N受着外面的電感應，或者因爲KK'同B的摩擦：稍爲有些正電荷，P稍爲有些負電荷，假使S_1同S_4同C'C刷碰着，那麽H同S_1S_4是一個導體。S_4感應着負電，S_1感應着正電。S_4轉到S_5的位置，牠的負電就分佈到P上面去，P的負電就增加了。S_4轉到S_1的位置，因爲P上有了負電，又感應着正電。在S_4轉到S_5的時候，S_1帶着牠的正電轉到S_2

的位置，牠的正電從K'分佈到N上去，N的正電就加增了。D同B板是不碰着的，因P板上的負電，感應着負電，分佈到E同來頓瓶L裏。B轉了一轉，PN上的電都增加，B的轉數愈多，P同N上的電也愈多，LL'也跟着增加起來了。

第七章 大氣電象(Atmospheric Electricity)

四十五 雷閃(Lightning)

空際的電，怎樣發生的，到現在還沒有找到滿意的解釋。有的說，空中電荷所以負的道理，是因爲雨點在空中分開的時候，雨點變成正電化。有的說，太陽的紫外光經過空中，空氣就起電離(Ionization)。夏天的雲，是常常要電化的，電化的雲，像一個移動的電化導體，牠的電位可以增到很高很高。電從雲洩到地上，或者別的雲裏去，發出來的光，就叫做電閃(Lightning)發出來的聲，就叫做雷。

電閃可以分做折線電閃(Forked Lightning)，片狀電閃(Sheet Lightning)和球狀電閃(Ball Lightning)三種。折線電閃，因爲電走的路，阻力不同，電要揀阻力少的地方去，所以屈曲。片狀電閃，是遠處的電洩，在雲裏的反射，電洩的地方，離得很遠；所以雷聲是聽不到的。球狀電閃的道理還不能解釋，這種電閃像一個火球，走得很慢，有時不動，忽然爆裂起來，這種電閃是不常有的。

雷聲是電洩時，電把空氣燒熱了，空氣漲大了，壓力就減低，外邊的空氣趕進去，發出一種極大的聲音，就有響雷。電閃的速率，是每秒十八萬六千英里。雷聲的速率，僅每秒走一千一百二十英尺。

四十六、避電桿(Lightning Rod)

避電桿用銅的或者鐵的桿，豎得很高，下面通到地裏，上端很尖，空中的電，就很容易從尖端傳到地裏，不經過房屋了。

四十七、電曉(Aurora)

電曉也叫做極光，在北極的叫做北曉(Aurora Borealis)，在南極的叫做南曉(Aurora Australis)。電曉近南北極的地方，差不多夜夜有的。電曉的時候，空際有銀色或者綠色的光，有時也有紅色的。這種現象，很象真空裏的電洩，大約電曉是電從地上洩到空中去，所以也能夠發出光來。

波　動　概　要

裘維裕先生演講　　林致平譯述

第一章　遞進波動（Progressive Waves）

1. 波動（Wave Motion）

如施一單諧運動（S. H. M.）于一粒子，則該粒子位變與時間之關係為一諧和函數(Harmonic Function)。設此單諧運動順次傳遞於以次之各粒子，則各該粒子皆得一單諧運動，惟每粒子之時相角（Time Phase），各與前者略異。是以各粒子在某一時間之位變與動源之距離，即 $y=f(x)$ 之值，亦為一諧和函數。

上述之運動，卽所謂波動是也。故波動者，卽單諧運動之傳遞也。其傳遞之速度，卽其波速。

波動可別為二類：一為縱波（Longitudinal Wave）一為橫波。（Transversal Wave）次分言之。

2. 橫波　　如波動中粒子之速度與傳遞之速度垂直，則該波名曰橫波。

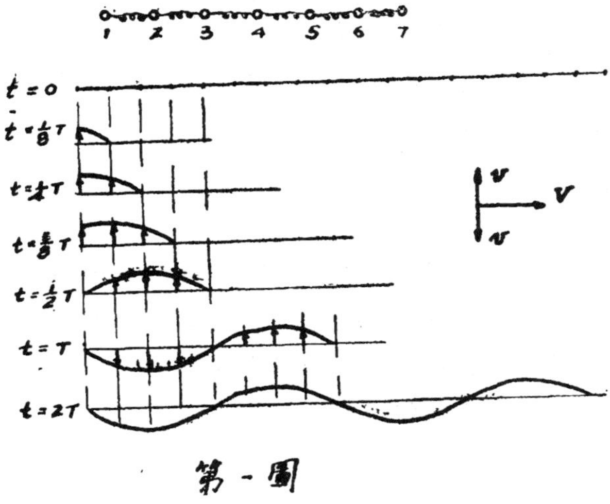

第一圖

試察弦線之振擺：設想此弦線為多個粒子，以韌性物體連接組成，如粒子1得一單諧運動，則運動向上，此運動傳遞於粒子2，惟因傳遞須經中間之韌性物，故須一少量時間。當粒子2運動向上時，粒子1已動過一距離。同法傳遞此運動於以後之各粒子，結果成一正弦波，其傳遞之向爲自 1 至 7。傳遞之速度係垂直於粒子之速度。故弦線之振擺爲橫波。

3. 縱波　如波動中粒子之速度與傳遞之速度平行，則該波名曰縱波。

試察聲波之性質：設想空氣之粒子爲韌性物所連接。當聲源振擺，則鄰近聲源之粒子，向前後振盪，成一單諧運動；此鄰近之粒子，復傳遞而使以次之粒子前後振盪，亦

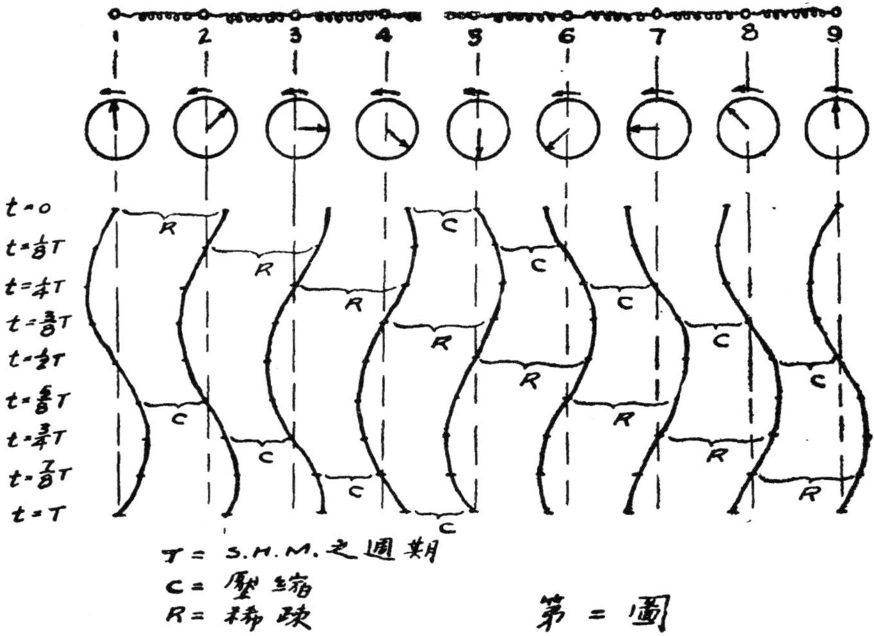

第二圖

成一時相角稍異之單諧運動；如斯則空氣之壓縮與稀疎，由聲源傳遞至於各方。此交互之壓縮與稀疎，感於耳則成聲。此壓縮與稀疎之速度，即波或聲之速度。聲波爲一球形波，球形波之等動面爲以聲源爲心之球面，此面名曰波前（Wave front）。因空氣粒子之振盪，與聲波之傳遞，方向相同，故聲波爲縱波。

4. 波動之圖示法

(甲)橫波 其位變（Displacement）之弧線爲一正弦弧形，以波速向前傳遞，見第三圖。

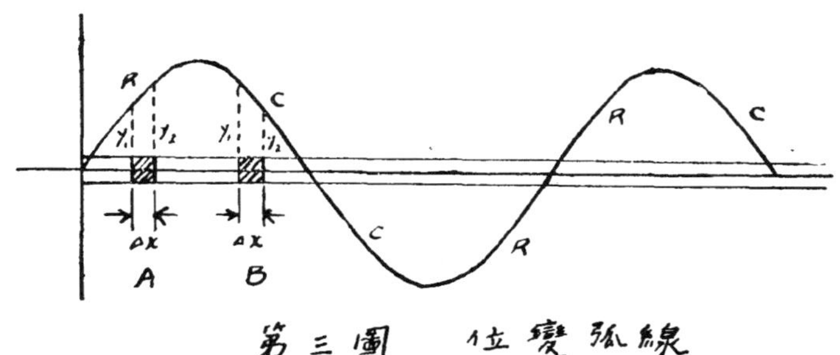

第三圖 位變弧線

(乙)縱波 一. 位變弧線——設以各粒子在某一時間之位變，與距離爲縱橫軸作圖，則成一正弦弧線，縱軸之正値，示位變與波速同向，負値則示與波速反向，見第三圖。

二. 壓縮弧線(Compression Wave)——上圖A點兩粒子之運動，皆與波速同向，故受稀疎；B點之各粒子則反是，故受壓縮。壓縮與稀疎之程度，可由媒質之形變(Strain)量之。

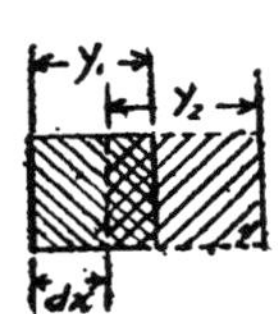

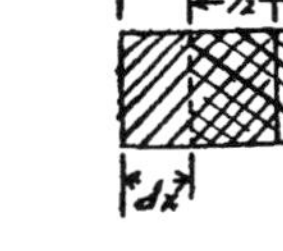

第四圖

$$形變=\frac{dv}{v}=\text{Limit}_{\Delta x\to 0}\frac{\Delta v}{vx}=\text{Limit}_{\Delta x\to 0}\frac{y_2-y_1}{\Delta x}$$

$$=\frac{dy}{dx}$$

當$\frac{dy}{dx}$之値爲正，卽dy或Δy爲正，則媒質稀疎；反是則壓縮。如以壓縮之程度與距離作圖，其弧線名壓縮弧線。故壓縮弧線乃位變弧線之誘導式(Derivative)也。

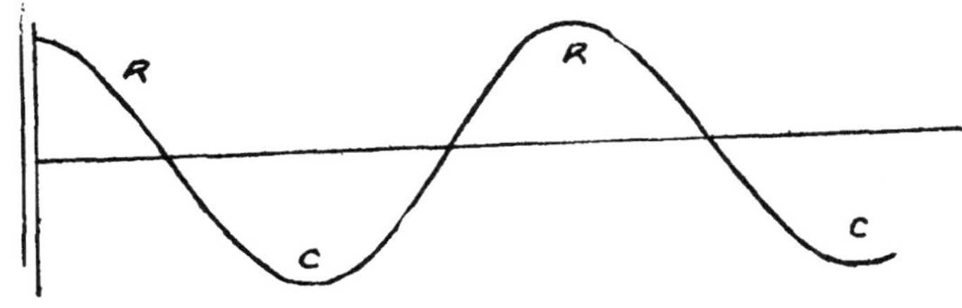

第五圖 壓縮弧線

5.波長 (Wave Length)

兩鄰近之粒子，如時相角相等，則其間之距離曰波長。如波動之速度爲 V，則在 t 時間內所經之距離爲 $x=Vt$。如 $t=T$，T爲 S. H. M. 之週期(Period)，則此波所經之距離與波長相等，即

$$\lambda=VT, \quad 或 \quad \lambda=\frac{V}{f} \qquad \therefore V=\lambda f$$

此 f 爲 S. H. M. 之頻率 (Frequency).

6. 波動之方程式 (a) 位變方程式

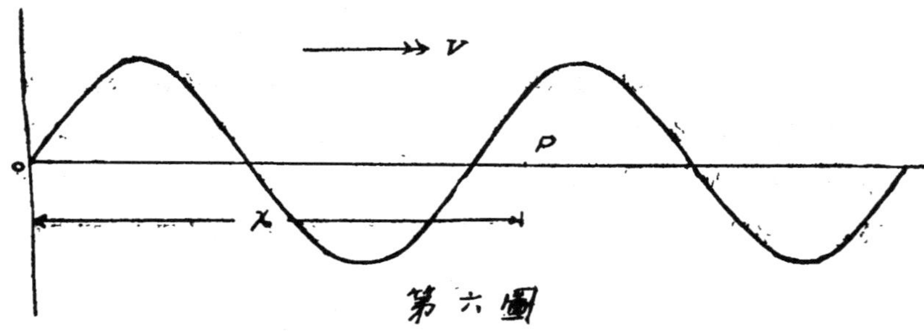

第六圖

粒子O之方程式爲 $y_o=b\sin wt$。設令 t_1 爲由O傳遞至P所須之時間，則 $t_1=\frac{x}{V}$。此S. H. M. 在P點之時相角，較O點之時相角遲 wt_1 故 $y=b\sin w(t-t_1)$

$$=b\sin\frac{2\pi}{T}(t-t_1),$$

$$=b\sin 2\pi\left(\frac{t}{T}-\frac{x}{VT}\right),$$

$$=b\sin 2\pi\left(\frac{t}{T}-\frac{x}{\lambda}\right).$$

此式中之 t 與 x 皆爲自變數。

一. 當 $x=0$ 時，$y_o=b\sin 2\pi\frac{t}{T}=b\sin wt$， 爲一S.H.M.

當 $x=c$ 時，$y_p=b\sin 2\pi\left(\frac{t}{T}-\frac{c}{\lambda}\right)$， 爲另一S.H.M.

當 $x=\lambda$，2λ，3λ 等時，$y_p=b\sin\omega t=y_0$，為一S.H.M

二．當 $t=0$ 時，$y=b\sin 2\pi\left(-\frac{x}{\lambda}\right)$，為一定駐波動 (Stationary Wave)

當 $t=\tau$ 時，$y=b\sin 2\pi\left(\frac{\tau}{T}-\frac{x}{\lambda}\right)$，全波遞過一距離 $V\tau$.

(b) 運動方程式

$$y=b\sin 2\pi\left(\frac{t}{T}-\frac{x}{\lambda}\right).$$

$$\frac{dy}{dt}=\frac{2\pi}{T}b\cos 2\pi\left(\frac{t}{T}-\frac{x}{\lambda}\right).$$

$$\frac{d^2y}{dt^2}=-\frac{4\pi^2}{T^2}b\sin 2\pi\left(\frac{t}{T}-\frac{x}{\lambda}\right).$$

$$\frac{dy}{dx}=-\frac{2\pi}{\lambda}b\cos 2\pi\left(\frac{t}{T}-\frac{x}{\lambda}\right).$$

$$\frac{d^2y}{dx^2}=-\frac{4\pi^2}{\lambda^2}b\sin 2\pi\left(\frac{t}{T}-\frac{x}{\lambda}\right).$$

因 $T=\frac{\lambda}{V}$，$\therefore\frac{d^2y}{dt^2}=-\frac{4\pi^2}{\lambda^2}V^2 b\sin 2\pi\left(\frac{t}{T}-\frac{x}{\lambda}\right)$

$$\therefore\frac{d^2y}{dt^2}=V^2\frac{d^2y}{dx^2}=C^2\frac{d^2y}{dx^2}，此\ C=V.$$

7. 橫波之速度

命 $V=$ 波速

$T=$ 弦線中引力之達因數

$\sigma=$ 弦線每單位長度之質量，則 $V=\sqrt{\frac{T}{\sigma}}$

證法（甲）：設彎曲一管與波形同狀，沿弦線以波速前進，則此弦之波動，與此玻管同狀，玻管所受之壓力為零。

設令此玻管位置不動，而弦線以同速度反向進行，則玻管亦不受任何壓力，以玻管與弦線之相對速度相等也。

因弦線動成弧形，故受一向心力，此力與兩旁引力之合力相等，以此外無他力也。

設想一線段 ds，則 $f=2T\sin d\theta$. 惟因 $d\theta$ 之值甚小，故 $\sin d\theta=d\theta$，而

$$f=2T\,d\theta$$

又 $f=m\frac{V^2}{r}=\sigma ds\cdot\frac{V^2}{r}=\sigma(r\cdot 2\,d\theta)\frac{V^2}{r}=2\sigma V^2 d\theta$

第七圖

$$\therefore 2\sigma V^2 d\theta=2T\,d\theta$$

$$\therefore V=\sqrt{\frac{T}{\sigma}}.$$

證法（乙）： 設想一單位長度之線段，

$$R=2T\theta=\frac{T}{r}$$

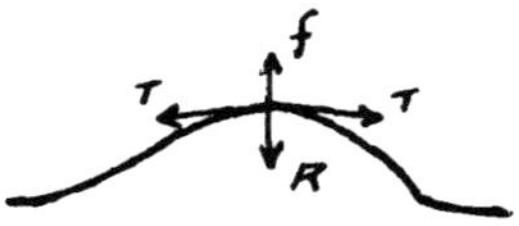

又 $R=f$， $\therefore \frac{T}{r}=f=\sigma a$

第八圖

此 a 為該粒子外向之加速度。

$$\therefore a=\frac{d^2y}{dt^2}=\frac{T}{\sigma r}$$

因 $\frac{1}{r}=\frac{d^2y}{dx^2}\left[1+\left(\frac{dy}{dx}\right)^2\right]^{-3/2}$

略去 $\left(\frac{d^2y}{dx^2}\right)^2$，得

$$\frac{1}{r}=\frac{d^2y}{dx^2}$$

$$\therefore \frac{d^2y}{dt^2}=\frac{T}{\sigma}\frac{d^2y}{dx^2}$$

$$\frac{d^2y}{dt^2}=V^2\frac{d^2y}{dx^2}\text{，故}V=\sqrt{\frac{T}{\sigma}}.$$

（丙） 量次方程式（Dimensional formulas）

$[T]=[MLT^{-2}]$

$[\sigma]=[ML^{-1}]$

$$\therefore \quad \left[\frac{T}{\sigma}\right]=\left[\frac{MLT^{-2}}{ML^{-1}}\right]=[L^2T^{-2}]=[V^2].$$

8. 縱波之速度

命 E＝媒質之彈性率

ρ＝媒質之密度

則波速 $V=\sqrt{\dfrac{E}{\rho}}$.

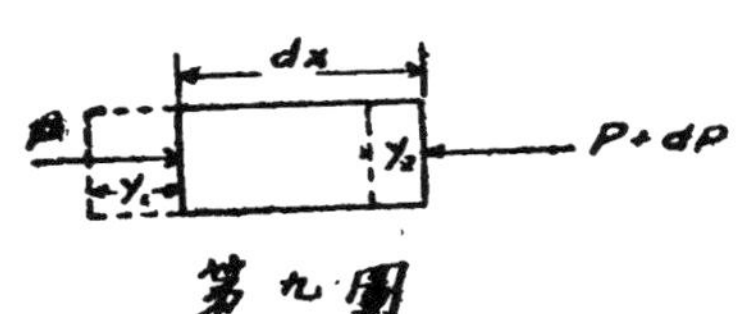

第九圖

證法（甲）： $E=\dfrac{\text{應力}}{\text{變形率}}=\dfrac{\text{Stress}}{\text{Strain}}=\dfrac{P}{\frac{dy}{dx}}$.

$$\therefore \quad P=E\frac{dy}{dx}$$

$$\therefore \quad \frac{dP}{dx}dx=E\frac{d^2y}{dx^2}dx.$$

此 $\dfrac{dp}{dx}dx$ 爲壓力 P 在距離 dx 內之變換數，爲一不衡之力，此力使粒子加速，故得

$$E\frac{d^2y}{dx^2}dx=ma=\rho\, dx\,\frac{d^2y}{dt^2}$$

$$\frac{d^2y}{dt^2}=\frac{E}{\rho}\,\frac{d^2y}{dx^2}$$

但 $$\frac{d^2y}{dt^2}=V^2\,\frac{d^2y}{dx^2}$$

故 $$V=\sqrt{\frac{E}{\rho}}.$$

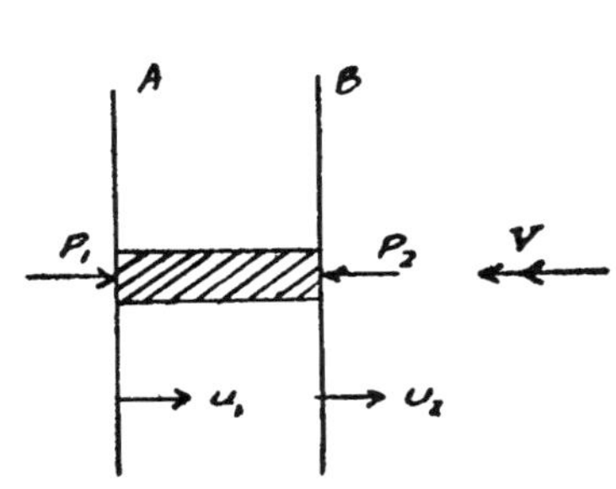

證法（乙）： 命 u_1＝A 點粒子之速度

u_2＝B 點粒子之速度

$u_1>u_2$

第十圖

波動中，媒質粒子振動之速度爲 $u=u_0\sin\omega t$，而波向前傳遞之速度爲 V。換言之，

即粒子速度為 u_1 之任何振動平面 A，其向前傳遞之速度為 V，與平面 B 相同。假設此兩平面固定，令媒質以速度 V 反方向行動，則兩平面間之情狀，必與前者相同。

設 A，B 各為一單位面積之平面，垂直於傳遞之向，則

媒質經 A 之體積每秒為 $V-u_1$

媒質經 B 之體積每秒為 $V-u_2$

令 M 為每秒間經此二平面之質量，ρ_1 與 ρ_2 為密度，則

$$\frac{M}{\rho_1}=Mv_1=V-u_1$$

$$\frac{M}{\rho_2}=Mv_2=V-u_2$$

此 v_1 與 v_2 為比積（Specific Volume）。

$\therefore\ u_1-u_2=M(v_2-v_1)$。

因平面 B 每秒間所得之動量為 $M(V-u_2)$，而平面 A 所得為 $M(V-u_1)$，故兩平面間每秒間所得之動量為 (u_1-u_2)。此動量之獲得，由於壓力之差異，故

$$P_1-P_2=M(u_1-u_2).$$

或 $$P_1-P_2=M^2(v_2-v_1)。$$

於未受壓縮或稀疏之平面，即在常態下之平面，$Mv_n=V$，$v_n=\frac{1}{\rho}$，

$$\therefore\ \frac{V^2}{v_n^2}(v_2-v_1)=P_1-P_2$$

或即 $$V^2=\frac{P_1-P_2}{\left(\frac{v_2-v_1}{v_n}\right)\rho}$$

因 $\dfrac{P_1-P_2}{\frac{v_2-v_1}{v_n}}=\dfrac{應力}{變形率}=E\quad\therefore\quad =\sqrt{\dfrac{E}{\rho}}.$

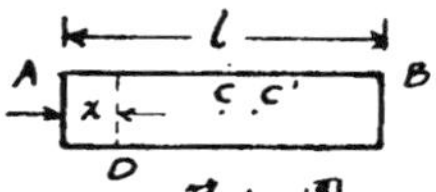

第十一圖

證法（丙）：設振動先達A，經時間 t 復達 B，同時A因壓縮而移位至D，其質量之中心由O移位至C'，平均速度為 x/2t 而最後之速度為 x/t. 最後之力作用於此者為 $\frac{Ex}{l}$，而平均力為 $\frac{Ex}{2l}$，故

$$\frac{Ex}{2l}x=\frac{1}{2}\varrho l\frac{x^2}{t^2} \qquad \therefore \quad V=\frac{l}{t}=\sqrt{\frac{E}{\varrho}}$$

（丁） 量次方程式

$$[E]=[ML^{-1}T^{-2}]$$

$$[\varrho]=[ML^{-3}]$$

$$\therefore\left[\frac{E}{\varrho}\right]=\left[\frac{ML^{-1}T^{-2}}{ML^{-3}}\right]=[L^2T^{-2}]=[V^2]$$

9. 氣體中聲波之速度

（甲） 奈端之方式 奈端設想空氣中聲波之壓縮與稀疎爲等温變化（Isothermal），故得

$$Pv=(P+dP)(v-dv)$$

略去 $dp\times dv$，得 $P\ dv=v\ dP$

$$\therefore \quad P=\frac{dP}{\frac{dv}{v}}=E, \qquad \therefore V=\sqrt{\frac{P}{\varrho}}$$

標準温度與壓力下之空氣，其

$P=1,013,300$ 達因每方糎

$\varrho=0.001293$ 克每立方糎

代入得 $V=27,995$ 糎每秒

惟據實驗所得，爲 33,300 糎每秒，與上值略異。

（乙） 改進後之公式 所異於前者，即此變化假定爲絕熱（Adiabatic）變化，而非等温變化，因變化過速，於壓縮之際不及放熱，而於稀疎之際亦不及吸熱也。故可假定熱量不變，而爲絕熱變化也。故

$$Pv^r=(P+dP)(v-dv)^r$$

開展之而略去高次項數，得 $dP=rP\frac{dv}{v}$

因 $E=\frac{dP}{\frac{dv}{v}}=rP \qquad \therefore V=\sqrt{\frac{rP}{\varrho}}$

代入空氣r之值 1.41，得 V=每秒 33,320 糎，與實驗所得之值甚近。

(丙) 速度與壓力及溫度之關係

一. 倘溫度不變而壓力增加，

$$V^2 = \frac{rP}{\rho} = rPv.$$

當P爲 P'時，v 爲 v'，但 Pv=P'v'

$$\therefore V^2 = rPv = rP'v'$$

即聲波之速度與壓力無涉。

二. 倘壓力不變，而溫度增加，

命 a 爲空氣體積膨漲係數。

$$v_t = v_0(1+at)$$

$$Pv_t = Pv_0(1+at)$$

$$V_t^2 = rPv_t = rPv_0(1+at)$$

$$\therefore V_t = V_0\sqrt{1+at}$$

即聲波速度依溫度而增加也。

10. 波動之能 (Energy of Wave Motion)

(甲) 粒子振擺時之能 如有一質量 m 之粒子得一 S. H. M.，則 $y = a \sin wt$，而 $v = \frac{dy}{dx} = a\,w \cos wt$.

動能 $= \frac{1}{2} mv^2 = \frac{1}{2} ma^2 w^2 \cos^2 wt$

當 $\cos wt$ 爲 1 時，得動能最大值爲 $\frac{1}{2} ma^2 w^2$.

如一粒子得一 S. H. M.，則其總能爲一常數，而等於最大動能或位能之值，故總能即爲 $\frac{1}{2} ma^2 w^2$

(乙) 遞進波動之能

$$y = b \sin 2\pi\left(\frac{t}{T} - \frac{x}{VT}\right) = b \sin w\left(t - \frac{x}{V}\right)$$

$$v = \frac{dy}{dx} = w\,b\cos w\left(t - \frac{x}{V}\right).$$

於一立方糎中之粒子，其質量爲 ρ，故動能$=\frac{1}{2}\varrho v^2=\frac{1}{2}\varrho b^2 w^2 \cos^2 w\left(t-\frac{x}{V}\right)$.

因粒子之總能為一常數，而等於動能或位能之最大值，故每立方糎中之總能為

$\frac{1}{2}=\varrho b^2 w^2$.

如截面為一方糎，而長度等於波長，則此體積內之能為$\frac{1}{2}\varrho\lambda b^2 w^2$

(丙) 動能與位能之分配

$$動能=\frac{1}{2}\varrho b^2 w^2 \cos w\left(t-\frac{x}{V}\right)$$

$$位能=\frac{1}{2}\varrho b^2 w^2-\frac{1}{2}\varrho b^2 w^2 \cos w\left(t-\frac{x}{V}\right)$$

$$=\frac{1}{2}\varrho b^2 w^2\left[1-\cos w\left(t-\frac{x}{V}\right)\right]$$

由上兩式求以x為變數由x至x+λ之積分，則得每波長間之能如下：(λ為波長)

$$每波長間之動能=\frac{1}{2}\varrho b^2 w^2\int_x^{x+\lambda}\cos^2 w\left(t-\frac{x}{V}\right)dx=\frac{1}{4}\varrho\lambda b^2 w^2$$

$$每波長間之位能=\frac{1}{2}\varrho b^2 w^2\int_x^{x+\lambda}\left[1-\cos^2 w\left(t-\frac{x}{V}\right)\right]dx=\frac{1}{4}\varrho\lambda b^2 w^2$$

故遞進波動中之能，如在波長之任何整數倍之距離間，則半為動能，半為位能。

(丁) 能之流率 (Energy Current) 能之流率為波動依遞進方向每單位截面之能之流動速率。

因遞進一波長之時間為T，其能之流率為$C=\frac{1}{T}\cdot\frac{1}{2}\varrho\lambda b^2 w^2=\frac{1}{2}\varrho V b^2 w^2$

如係氣體媒質，則

$$V=\sqrt{\frac{rP}{\varrho}}，或\quad \varrho V=\frac{rP}{V}$$

$$\therefore\ C=\frac{1}{2}b^2 w^2\sqrt{rP\varrho}=\frac{1}{2}b^2 w^2\cdot\frac{rP}{V}.$$

設各媒質間之r，w與P皆各相等，則

$$C\propto b^2\sqrt{\varrho}，或\quad C\propto\frac{b^2}{V}.$$

如係弦線，則

$$V=\sqrt{\frac{T}{\sigma}}\quad 或\quad V\sigma=\frac{T}{V}=\sqrt{T\sigma}$$

$\therefore\ C=\frac{1}{2}b^2w^2\frac{T}{V}=\frac{1}{2}b^2w^2\sqrt{T\sigma}$

設w與T為常數，則

$C\propto\frac{b^2}{V}$ 或 $C\propto b^2\sqrt{\sigma}$.

11. 都伯拉 (Doppler) 原理

設遞進波動中動源與觀察者有相對運動，則擬似頻率 (Apparent Frequency) 與實際頻率 (Actual Frequency) 相異。

（甲） 設動源與觀察者靜止

$\lambda_0=VT_0$, $n_0=\frac{1}{T_0}=\frac{V}{\lambda_0}$

（乙） 設動源行動 當動源以速度 V_S 向觀察者移動，則波長減短。

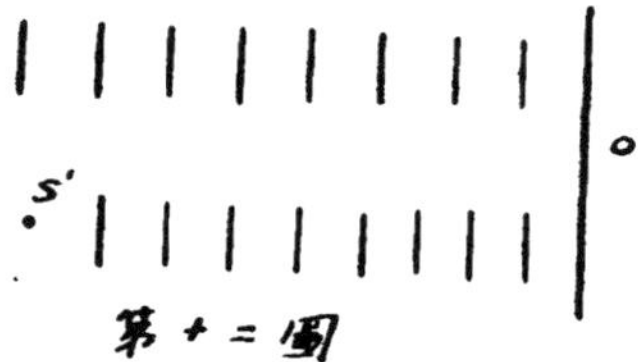

第十二圖

第十三圖

$ao=\lambda_0=VT_0$

$ab=\lambda_1=VT_1$

bo 為動源在T_0時間內之位變，則

$bo=V_ST_0$

因 $ab=ao-bo$, 得 $VT_1=VT_0-V_ST_0=(V-V_S)T_0$

故 $n_1=n_0\frac{V}{V-V_S}$

當動源離觀察者移動，則 $n_1=n_0\frac{V}{V+V_S}$

（丙） 設觀察者行動 當觀察者以速度 V_0 向動源移動則波動，達觀察者所需之時間將較短。

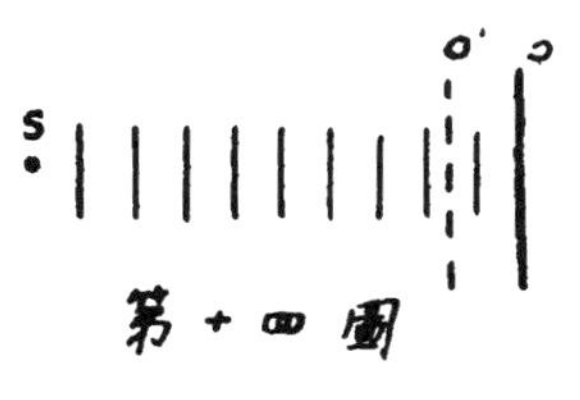

第十四圖

$$ao = \lambda_0 = VT_0$$

ab 為觀察者在 T_1 時間內之位變，則

$$ab = V_0 T_1$$

$$bo = V\ T_1$$

因 $ao = ab + bo$， 得 $VT_0 = V_0T_1 + VT_1 = (V_0 + V)T_1$

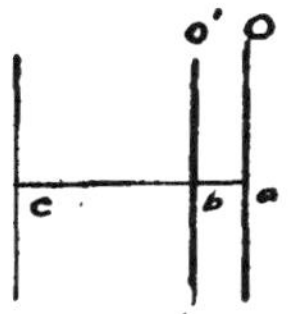

故 $$n_1 = n_0 \frac{V + V_0}{V}.$$

當觀察者離動源移動，則 $n_1 = n_0 \frac{V - V_0}{V}$

第十五圖

（丁） 設動源與觀察者同時行動

初假設觀察者靜止，則得

$$n' = n_0 \frac{V}{V \pm V_S}$$

繼使觀察者行動，得

$$n'' = n' \frac{V \pm V_0}{V} = n_0 \frac{V}{V \pm V_S} \frac{V \pm V_0}{V}$$

$$= n \frac{V \pm V_0}{V \pm V_S}.$$

12. 波動之重疊及脈音（Beats）

如兩遞進波動互相重疊，則合波之振幅，由最大至零，更由零至最大。兩最大振幅間之時間名曰一脈音。每秒間脈音之數，等於兩波頻率之較，即 $n' = n_1 - n_2$

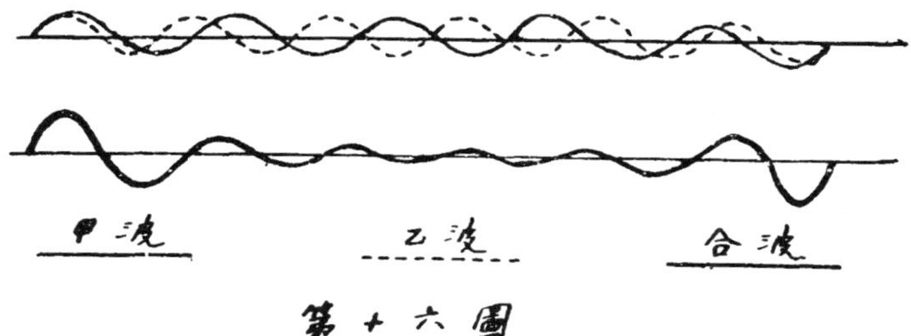

第十六圖

在一固定之點，即 x 爲一常數，其波動之方程式爲

$$y_1=b\sin 2\pi\frac{t}{T}=b\sin w_1t \qquad y_2=b\sin w_2t$$

$$y=y_1+y_2=b\,(\sin w_1t+\sin w_2t)$$

$$=2b\sin\frac{(w_1+w_2)t}{2}\cos\frac{(w_2-w_1)t}{2}$$

其 $\sin\frac{(w_1+w_2)t}{2}$ 之項，爲波動自身；而 $\cos\frac{(w_1+w_2)t}{2}$ 之項，則生振幅之變易。

$$\therefore\ y=b'\sin\frac{(w_1+w)_2t}{2},$$

此 $b'=2b\cos\frac{(w_2-w_1)t}{2}$。

由式中，當 $\frac{(w_2-w_1)t}{2}$ 爲零時，b' 之值爲最大。又當 $\frac{(w_2-w_1)t}{2}$ 爲 π 時，b' 之值亦爲最大。由是知一脈音所需之時間爲 $T'=\frac{2\pi}{w_2-w_1}$

故 $$=\frac{1}{T}=\frac{w_2-w_1}{2\pi}=\frac{2\pi\,(n_2-n_1)}{2\pi}=n_2-n_1$$

脈音觀象，或可由下法釋之：

據上圖，知兩波間波長之數相差爲一，則生一脈音，故每秒間脈音之數爲

$$n'=\frac{n_2-n_1}{1}=n_2-n_1$$

第二章 定駐波動 (Stationary Waves)

1. 遞進波動與定駐波動

以某一速度向前傳遞者 名遞進波動；如波動有一不變之振擺 外形，而非向前傳遞者，名定駐波動。

定駐波動可由兩波長相等之遞進波動，以同速度反方向發生之。見十七圖。

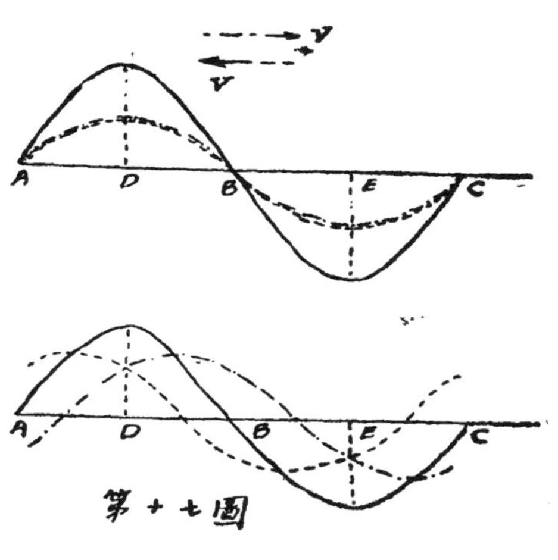

第十七圖

圖中 A，B，C 等各點，兩波之位變等値而反向，故恒靜止。此等靜止之點，名曰節點(Nodes)。其中 D，E 等點，兩波位變之方向相同，故振幅(amplitude)最大。此等振幅最大之點，名曰腹點(Anti-nodes)。

2. 波之反遞 (Reflection of Wave)

當一波達媒質之終端，則其波反遞。此反遞之波，與投遞波之波長相等，速度之値相等而方向相反。如是則生一定駐波動。如弦線與空氣柱之振擺，皆屬於此類。

3. 弦線終端之反遞

(甲)固定之端．因端點固定不能動，故必爲一節點。是以此端反遞波之位變，必與投遞波反向；若投遞波達此端之位變爲零，則投遞波與反遞波相合。

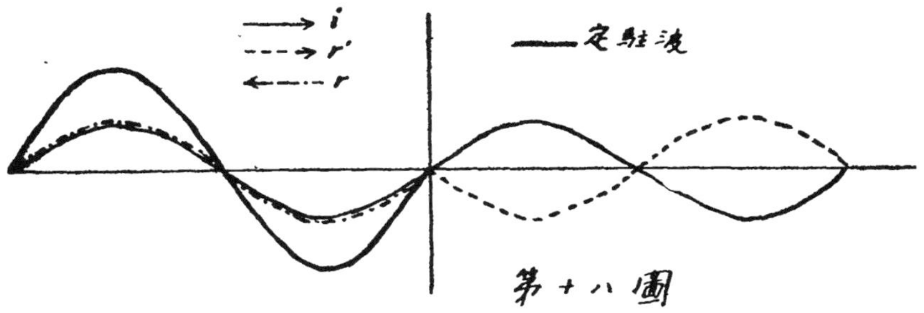

第十八圖

由圖，如投遞波 i 向終端以外繼續傳遞，則若欲抵消此波，其終端必須引入一相角相差 180°而波長相等之波 r'與 i 波同向進行，在弦線上則有一波 r 與 r'反向而相角則相等，此波即爲反遞波。故得下列諸式：

$$y_i = b \sin 2\pi\left(\frac{t}{T}-\frac{x}{\lambda}\right) \qquad \text{向右}$$

$$y_{r'} = -b \sin 2\pi\left(\frac{t}{T}-\frac{x}{\lambda}\right) \qquad \text{向右}$$

$$y_r = -b \sin 2\pi\left(\frac{t}{T}+\frac{x}{\lambda}\right)$$

$$y = y_i + y_r = b \sin 2\pi\left(\frac{t}{T}-\frac{x}{\lambda}\right) - b \sin 2\pi\left(\frac{t}{T}+\frac{x}{\lambda}\right)$$

$$= -2b \sin \frac{2\pi x}{\lambda} \cos \frac{2\pi t}{T}.$$

此式爲表示定駐波動之方程式，由式中知當 $x=0, \frac{\lambda}{2}, \lambda, \frac{3\lambda}{2}, \cdots$ 等值時，則 $y=0$ 而爲節點，於任何 t 之值皆然。 當 $x=\frac{\lambda}{4}, \frac{3\lambda}{4}, \frac{5\lambda}{4}, \cdots$ 等值，則 $y=b_{max.} \cos\frac{2\pi t}{T}$；如 $t=0, \frac{T}{2}, T, \cdots$ 等值，則 $y=b_{max.}$，故此等點爲腹點。

兩鄰近之節點間之距離爲波長之半。

(乙)放任之端　因端點放任而不固定，故必受最大之振擺而爲腹點，其反遞波之位變，必與投遞波同向。當最大位變遞達端幅，則反遞波與投遞波相合。

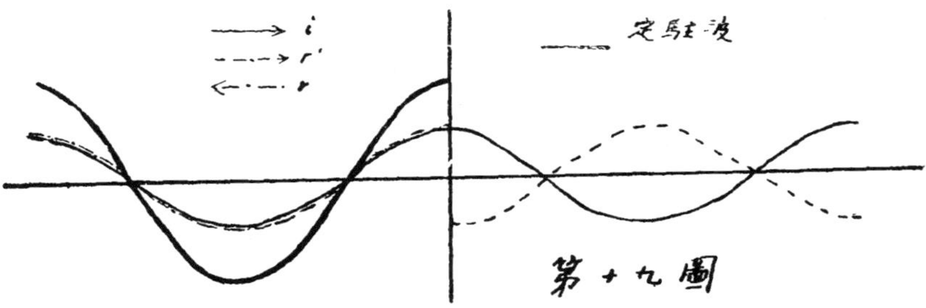

第十九圖

如上同法假設，r 之相角與 r' 相差 180°，則

$$y_i = b \sin 2\pi\left(\frac{t}{T}-\frac{x}{\lambda}\right)$$

$$y_{r'} = -b \sin 2\pi\left(\frac{t}{T} - \frac{x}{\lambda}\right)$$

$$y_r = b \sin 2\pi\left(\frac{t}{T} + \frac{x}{\lambda}\right)$$

$$y = y_i + y_r = b \sin 2\pi\left(\frac{t}{T} - \frac{x}{\lambda}\right) + b \sin 2\pi\left(\frac{t}{T} + \frac{x}{\lambda}\right)$$

$$= 2b \sin 2\pi\frac{t}{T} \cos 2\pi\frac{x}{\lambda}$$

當 $x = 0, \frac{\lambda}{2}, \lambda, \frac{3\lambda}{2}, \ldots\ldots$，則

$$y = b_{max} \sin 2\pi\frac{t}{T}.$$

如復當 $t = \frac{T}{4}, \frac{3T}{4}, \frac{5T}{4}, \ldots\ldots$，則

$y = b_{max}$，此等點爲腹點。

當 $x = \frac{\lambda}{4}, \frac{3\lambda}{4}, \frac{5\lambda}{4}, \ldots$等，而 t 爲任何値，則

$y = 0$，而爲節點。

4. 空氣柱終端之反遞

（甲）封閉之端　當空氣粒子達封閉之端，則遇阻以同速度向後反躍，與彈性物同狀。故壓縮則反遞仍成壓縮，稀疎則反遞仍成稀疎；是以當最大壓縮或稀疎達終端，則反遞波之壓縮弧形，與投遞波相合。

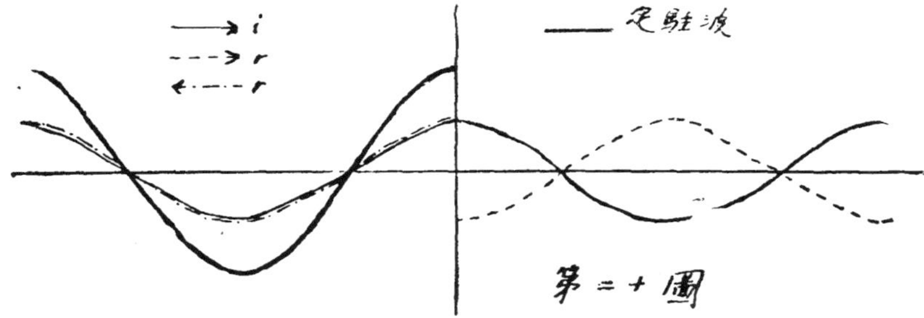

第二十圖

設想 i 波向端外繼續傳遞，則必引入一 r' 波以抵肖之。其反遞波 r 與 r' 之相角相差 180°. 以上所云之 i，r，r' 等波，皆為壓縮弧線而非位變弧線，以空氣粒子之振幅，為縱綫也。

$$\dot{y}_i = a \sin 2\pi\left(\frac{t}{T}-\frac{x}{\lambda}\right),$$

$$\dot{y}_{r'} = -a \sin 2\pi\left(\frac{t}{T}-\frac{x}{\lambda}\right),$$

$$\dot{y} = a \sin 2\pi\left(\frac{t}{T}+\frac{x}{\lambda}\right)$$

$$\dot{y} = \dot{y}_i + \dot{y}_r = 2a \sin 2\pi\frac{t}{T} \cos 2\pi\frac{x}{\lambda}.$$

當 $x=0, \frac{\lambda}{2}, \lambda, \ldots\ldots$，及 $t=\frac{T}{4}, \frac{3T}{4}, \frac{5T}{4}, \ldots\ldots$

則 $\dot{y} = a_{max}$。

此等點之位變 y 為零，故為節點。

當 $x=\frac{\lambda}{4}, \frac{3\lambda}{4}, \frac{5\lambda}{4}, \ldots\ldots$ 而 t 為任何値，則 $\dot{y}=0$

故此等點之位變 y 為最大，而係腹點。

（乙）開啓之端 當壓縮達開啓之端，則向管外空氣擴張而成稀疎；如係稀疎，則管外空氣生一壓縮以抵消之。若達管口之壓縮為零，則反遞波與投遞波之壓縮弧線相合。

同法假設，反遞波 r 與 r' 波相角相同，則

$$\dot{y}_i = a \sin 2\pi\left(\frac{t}{T}-\frac{x}{\lambda}\right)$$

$$\dot{y}_{r'} = -a \sin 2\pi\left(\frac{t}{T}-\frac{x}{\lambda}\right)$$

$$\dot{y}_r = -a \sin 2\pi\left(\frac{t}{T}+\frac{x}{\lambda}\right)$$

$$\dot{y} = \dot{y}_i + \dot{y}_r = -2a \sin 2\pi\frac{x}{\lambda} \cos 2\pi\frac{t}{T}.$$

當 $x=0, \frac{\lambda}{2}, \cdots\cdots$，則

$\dot{y}=0$，　而　$y=$ 最大，故爲腹點。

當 $x=\frac{4}{\lambda}, \frac{3\lambda}{4}, \cdots\cdots$，及 $t=0, \frac{T}{2}, \cdots\cdots$，則

$\dot{y}=$ 最大，而 $y=0$，故爲節點。

5. 弦線之振擺

（甲）自然振擺　如弦線之兩端，加引力固定之，則能以自身之自然週期振擺，復因弦線兩端反遞之故，成一定駐波動。由前，

$$V=\sqrt{\frac{T}{\sigma}},$$

但　$V=n\lambda$，　$\therefore\ n=\frac{1}{\lambda}\sqrt{\frac{T}{\sigma}}$

最單簡之振擺形式，爲全弦以一線段振擺，即兩端爲節點，而線之中點爲腹點也。

故　$l=\frac{\lambda}{2}$，此 l 爲弦之長度，得

$$n=\frac{1}{2l}\sqrt{\frac{T}{\sigma}}.$$

此爲基本頻數 (Fundamental Frequency).

設此弦線以兩線段擺動，　則 $\frac{l}{2}=\frac{\lambda}{2}$，

故　$$n'=\frac{1}{l}\sqrt{\frac{T}{\sigma}}=2n.$$

此爲二次倍音 (Second Harmonic).

同法，如以三段擺動，則 $\frac{l}{3}=\frac{\lambda}{2}$，故

$$n''=\frac{3}{2l}\sqrt{\frac{T}{\sigma}}=3n$$

此爲三次倍音。

倍音之發生，與彈緊之點有關，此點必具最大振擺，故非爲節點，是以彈擊中點，則

不能得偶數之倍音。

(乙)共振(Resonance) 設外來聲波之頻率不變，而變換弦線之引力或長度，使弦線之自然頻率與外來聲波之頻率相等，則弦線隨外來音波而振擺，此種現象，名曰共振。如令n等於外來聲波之頻率，則

$$n=\frac{S}{2l}\sqrt{\frac{T}{\sigma}},$$

此S爲振擺時之線段數。

6. 空氣柱之振擺

(甲)一端封閉之管 如空氣柱自身振擺，則開啓之端爲腹點，而封閉之端爲節點，故最單簡之形式爲 $l=\frac{\lambda}{4}$.

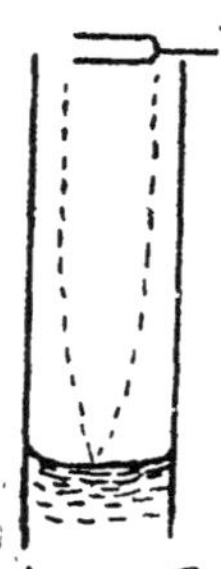
第二十一圖

設置一音叉於開啟之管口，而變換管之長度，如達共振，則聲最大，斯時反遞波與投遞波相合，蓋壓縮由管口向管中傳遞，仍以壓縮反遞，當遞達管口時，則以稀疎向管內反遞，如適於斯時音叉送下一稀疎，則成共振。由是知聲波來往管中所需之時間爲 $\frac{T}{2}$，而經管長所需之時間爲 $\frac{T}{4}$。

$$\therefore\quad l=\frac{1}{4}TV=\frac{1}{4}\lambda,$$

因 $V=\sqrt{\frac{rP}{\varrho}}$，代入得 $n=\frac{1}{\lambda}V=\frac{1}{4l}\sqrt{\frac{rP}{\varrho}}$.

次爲 $l=\frac{3}{4}TV=\frac{3\lambda}{4}$

$$\therefore\quad n'=\frac{3}{4l}\sqrt{\frac{rP}{\varrho}}=3n$$

是以一端封閉之管，僅能發生奇數之倍音。

由實驗知波動係反遞至管外之某一點，此點並不適在管口，此點約距管口0.6R，此R爲管之半徑。故管之校正長度爲 $l'=l+0.6R$.

(乙)兩端均通之管 如管之兩端均不封閉，則兩端皆爲腹點。最單簡之式爲 $l=\frac{\lambda}{2}$

由音叉傳遞之壓縮，在兩端反遞兩次，仍成壓縮，自管口下遞，如音叉亦送下一壓縮，則成共振。

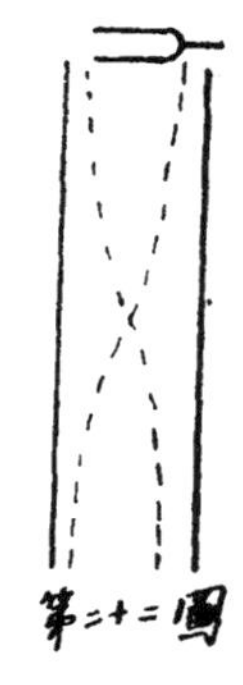
第二十二圖

故 $$l=\frac{T}{2}V=\frac{\lambda}{2},$$

$$\therefore\quad n=\frac{V}{\lambda}=\frac{1}{2l}V.$$

次爲 $l=\lambda$，則

$$n'=\frac{1}{l}V=2n.$$

更次爲 $l=\frac{3\lambda}{2}$，則

$$n''=\frac{3}{2l}V=3n.$$

故兩端均通之管，能生任何次數之倍音。

同理，校正之管長爲 $l'=l+1.2R$

7. 定駐波動之能 (Energy of Stationary Waves)

(甲)總能

$$y=2b\sin\frac{2\pi x}{\lambda}\cos wt$$

$$v=\frac{yd}{dt}=-2bw\sin\frac{2\pi x}{\lambda}\sin wt$$

$$動能=\frac{1}{2}\rho v^2=2\rho b^2w^2\sin^2\frac{2\pi x}{\lambda}\sin^2 wt$$

$$\therefore\quad 總能=最大動能=2\rho b^2w^2\sin^2\frac{2\pi x}{\lambda}.$$

此爲每立方糎中之總能。

求以x爲變數自x至x＋λ之積分，得每波長之總能爲

$$2\rho b^2w^2\int_x^{x+\lambda}\sin^2\left(\frac{2\pi x}{\lambda}\right)dx=\rho\lambda b^2w^2.$$

此值等於遞進波動每波長總能之兩倍，因定駐波動係兩遞進波動反向併合而成者也。

(乙)動能與位能之分配

$$動能=2\rho\, b^2w^2 \sin^2\left(\frac{2\pi x}{\lambda}\right)\sin^2 wt$$

$$位能=總能-動能=2\rho\, b^2w^2 \sin^2\left(\frac{2\pi x}{\lambda}\right)(1-\sin^2 wt)$$

$$=2\rho\, b^2 w^2 \sin^2\left(\frac{2\pi x}{\lambda}\right)\cos^2 wt$$

故　每波長之動能 $=2\rho\, b^2 w^2 \sin^2 wt\int_x^{x+\lambda}\sin^2\left(\frac{2\pi x}{\lambda}\right)dx=\rho b^2 w^2 \sin^2 wt.$

每波長之位能 $=2\rho\, w^2 \cos^2 wt\int_x^{x+\lambda}\sin^2\left(\frac{\pi x}{\lambda}\right)dx=\rho b^2 w^2 \cos^2 wt.$

是以定駐波動於波長任何整數倍中之能，係位能與動能，交互變換，當 $\sin wt$ 之值為±1時，全為動能；當 $\cos wt$ 之值為 ±1 時，全為位能。

(丙)能之流率 (Energy Current)　　定駐波動中之能，不能流動，故 $C=0$。

本刊廣告價目表

等級	地位	全頁價目	半頁價目
甲	底封面外頁	伍拾元	
乙	底面裏頁及封面裏頁	三十五元	二十元
丙	封面裏頁底面裏頁之對面	二十五元	十五元
丁	普通	二十元	十二元

乙丙丁等四分之一頁按照半頁價目六折計算
廣告概用白紙墨字如用色紙或彩印價目另議繪畫刻圖工價另加連登二期以上價目另議

中華民國二十二年二月出版

交大季刊 第十期

出版者
上海交通大學出版委員會
發行者
上海徐家滙交通大學
印刷者
上海太平洋印刷公司

每冊定價
大洋三角
預定全年
大洋壹元
國外郵費另外

第十一期

國民政府內政部登記證警字第一七五三號
中華郵政特准掛號認爲新聞紙類

中華民國二十二年四月出版

上海
商業儲蓄銀行

資本金　伍百萬元
公積金　貳百柒拾貳萬元

經營業務
定期活期存款
各種儲蓄存款
抵押貼現放款
國內國外滙兌
辦理信託業務
出售紅素禮券
發行旅行支票

總行　上海寧波路五十號

分行　上海本埠九處

南京　鎮江　常州　無錫　南通
板浦　漢口　武昌　沙市　宜昌
九江　南昌　長沙　開封　鄭州
北平　天津　濟南　青島　濟寧
廣州　安慶　蚌埠　臨淮　蕪湖

交大辦事處　容閎堂內

總理遺像

同志仍須努力

革命尚未成功

總理遺囑

余致力國民革命凡四十年其目的在求中國之自由平等積四十年之經驗深知欲達到此目的必須喚起民衆及聯合世界上以平等待我之民族共同奮鬥

現在革命尚未成功凡我同志務須依照余所著建國方略建國大綱三民主義及第一次全國代表大會宣言繼續努力以求貫澈最近主張開國民會議及廢除不平等條約尤須於最短期間促其實現是所至囑

卷 頭 語

本期管理專號，原定五月底出版。嗣因工業及鐵道展覽會關係，出版委員會決議，提早出版。集稿印刷，諸形急促，以致預定作品，頗多未及付梓。對於讀者及作者雙方，均感抱歉。

本期內容，篇幅無多，殊愧簡陋。然其中作品，尚不乏精構。如許荆生先生之「鐵路會計中之折舊問題」，係其歷年服務路界，從事會計工作之心得。沈奏廷先生之「鐵路冷藏業務」，論列實行各點，精細切實，允稱專門之作，亦現下整頓貨運聲中之應時品也。「美國鐵路現狀與中國造路之機會」一文係曹麗順先生特自美國寄來，主張目前利用美國實業蕭條之機會，完成吾國築路計劃，頗有見地。關心築路者，可以一讀。至於拙作「管理學與新建設」，是有鑒於輓近各國管理學術之孟晉，如德國之合理化運動，美國之科學管理化，英國之公務管理研究，以及蘇俄五年計劃之成功，因略述其重要聊示提倡之微意云爾。

本期同學方面，稿件極少，據云因經濟學會亦有刊物出版之故。以後希望能再多多研究，多多著作。不必務求精深，倘能研習有所心得，發表而討論之，亦切磋之道也。

最後，本期因倉卒出版，校對不週，或多訛誤之處，幸讀者原諒。

鍾偉成

第十一期　管理號

目　錄

管理學與新建設

鍾偉成

（一）管理學的意義

管理實在是社會中自然現象之一種。同自然界其他現象，一樣的，有必然性，有因果關係。因為人類是自然界的動物，人類是不能離開社會生活，社會是不能不有分工合作之組織，組織是不能不有管理，而管理的好壞，是有原因和結果可以覆按的。管理學在從前沒有人着意研究過。管理學到近代方才成立，這是因為從前人類智識，未能認識這種現象的緣故。與其他科學之古塞今通者，正復相同。

照 Standard 字典上的解釋，'管理'Administration是'處置公衆之事'美國前總統威爾遜在他所作公務管理研究'一文中，所講的意見，是'管理是國家行政機關對於法律之有條不紊的運用'，故'管理的目的，在於確訂學理的治事法則，去代替主觀的嘗試習慣，因其徒悉紛擾益且浪費'，又照美國芝加哥大學教授惠脫 L. A. White 之解釋，'管理與夫學理去利用人事和物質，以求一個事業達到盡美的目的'，故'用以支配人事與物質至於最經濟最有效率之學理及技術，即管理科學也'，威氏的解釋，因站在國家行政的立場，故偏重法制，惠氏的解釋，比較為詳盡；但不免太忽視法制在管理上之價值。

現代無論那一種事業的管理，不是'人治'，也不單靠'法治'。現代的所謂管理，乃三個原素的結晶：一是'人' Administrator；二是'法' Laws or Regulations 三是'管理科學' Managerial Science，譬如，有一個國家的政府，各部份官吏能用他的管理科學之原理和技術，去運用國家所有的憲法和行政法，決可成為一個萬能政府。譬如，一家大公司總經理和各部份首領，知道利用管理科學去實現董事會所訂的政策，決可成為一個效率最高的公司。這樣的見解，到近代二十年來方有學者創論。但是中山先生久已看到。他曾經說過'法律是管理人事的機器'，'運用這個機器的工程師要有專門的才能'。所謂專門的才能，中山先生即指管理科學，於此不能不令人景仰中山先生眼光之遠大。

管理科學的物起，雖不過二十餘年；而成效已經十分彰明顯著。就政治一方面看，可以舉兩件事實來證明：（一）美國的憲法，較諸英國爲完備，而英國政治之清明，與行政的高效率，美國實難望其項背，其故有二：第一，英國的行政官吏都是經考試選拔的，不似美國之官吏一大半仍由官僚制度 Spoil System 的汲引，然而最大的原因尚不在此。英國的工商管理學之發達，雖較美國爲遲，然而行政管理學的發展，實較美國爲早。諸如行政人員之選擇和訓練，工作的分派，一個機關的各部份相互的關連，長官下屬的關係，官吏之保障和升降，中央與地方的關係，物料消耗的撙節，財政的統制，——這種種難題，在英國經過大學校多少年的提倡，公務管理學會 Institute of Public Administration 長時期的研究，已得到了相當標準，遂成功一種顛撲不破的學理。所以英國政府的行政管理，可以說管理的三件要素——人，法，學理，都有了相當根基。這是英國政治清明最大緣故。（二）一九一七年美國有幾位學者，有鑒於英國政府之賢能，本國政府之浪費，創立'政府事務研究會'一洗從前死守法律理論的傳統觀念，專從管理方面計劃行政的改革。韋羅貝教授 Prof W.W. Willoughby 實主其事，經過四年的苦心焦思，卒建議與華盛頓政府一種新的中央預算制度。一九二一年經美國政府採用。一九二三年美國中央政府的預算節省了三一二，一七二，二九二金元，這是管理科學給予美國行政的偉大成績，這決不是法治所能奏效的。再就工商業一方面觀察，管理科學的權威尤爲顯著。蓋因管理科學在行政方面雖已著成績。但有時因法律之限制，究不能伸縮自如。法律是帶有永久性的，一國的法律決不能朝更夕改，然而'法'的原素，在私人企業中，伸縮性要活動多多。不良的政策，和不良的規條，可以隨時用管理的理由去修正。因此管理學在工商業所樹之功績，更不勝枚舉，姑舉其犖犖大者二則：（一）美國的鐵路在世界經濟極度恐慌當中，掙扎了三年之久。上有政府之種種限制，下受水運空運以及汽車運輸之競爭，似乎汲汲不可終日。然而吾人試觀下列幾種數字之比較，足可見斷管理學在工商業的價值，和鐵道管理學在美國十年來的猛進。(a) 在一九二〇年鐵道公司所賠償之運輸損害費 Loss and Dammage，每貨運整車計爲美金二元六角六分，而一九三一年此項損害費僅須六角六分，計減去百分之七十九。(b) 在一九二〇年，車輛缺乏非常嚴重，鐵路公司對於車輛之調度，頗感不經濟，而至一九三二年，此項現象，則已絕對消除。(c)一九二〇年，每列客車之行動，每英哩需用煤十八磅又十分之八，洎乎一九三一年，此數已減去百分之二十三，僅需十四磅半。（二）美國芝加哥城有十一家工廠，於一九一八年仿傚泰勒科學管理後一年之中，增加出品一倍至四倍之多，而同時開支反比例的節省。德國於歐戰後厲行實業合理化運動——美人謂之自上而下的科學管理或有稱之爲立體的科學管理——增加有職業的勞工四百五十萬人。可見管理學的目的。不但自利，並且利人。

（二）管理學的分類

管理學按照事業來分類，是有許多種，其中最重要的有下列四種：

（一）公務管理學(Public Administration)

（二）公用事業管理學，(Public Utilities Administration)

（三）工業管理學，(Industrial Administration)

（四）商業管理學，(Business Administration)

公務管理學的目的，是在實行推運整個國家的行政機能。這種切實的目的，韋羅貝教授曾經說過：'既不是議論各國政體得失所能達到，也不是嚴訂法律條文所能奏效，所以公務管理學絕對不是普通的法律學或政治學'。猶如工程學絕對不是物理學與幾何學，雖然工程學實在是物理與幾何等的應用。所以公務管理人才的活動範圍，不是在政治舞台上做政客，也不是法院裏的法官，是要實現中山先生的民權主義，和推行中山先生的五權憲法。在各級各種公共機關，做負責的實行家。他們的工作，是整個的各部份；也是各部份的整個。中山先生在民權主義裏面說：'無論做甚麽事，都要用專門家，練兵打仗要用軍事家，開辦工廠要用工程師，對於政治也要用專門家'，這個專門家，就是公務管理人才。去年程天放先生主張國內設政治大學一二所。其目的與本院公務管理科完全相同，不過命其名爲政治，似不能愜心貴當，不若改稱行政管理或公務管理爲宜。

公用事業是一種特殊的經濟事業，管理的好壞不但影響到企業者本身方面，是要影響到全社會，現在世界各國對於公用事業的政策，即不是公家經營，也須受公家的嚴密監督。公用事業管理學裏面，以鐵路管理學最爲重要；因爲鐵路是範圍最大的一種公用事業。其他像航政管理，電話電報管理，以及市政裏面水電管理等，比較起來簡單得多。

工廠是管理學的發祥地，一個工廠裏面有了機器和工程師，必定還要有'科學管理'，然後可以在現在實業競爭時代裏站得住。這是已經成功家喻戶曉的事實。不過現在所說工業管理學，小之用在工廠裏面去增加出品，改進出品，提倡合作。大之用來管理整個的生產界；就是所謂'產業合理化'。

商業是社會上最普通的經濟事業。種類很多。都是以私人營利爲目的，但是商業的盛衰，對於國計民生也有直接的影響。所以各國對於各種商業管理學，都很注重。美國嘉佛教授（Prof. Carver）根據美國戶口調查的方法，分商業爲四大類：（一）堆棧業（二）買賣業（三）交通業（四）金融業，各有各的業務，各有各的管理，所以商業管理學也就可以分爲四類：（一）堆棧的管理學（二）商店管理學（三）交通管理學（四）財務管理學，不過交通事業是公用性質，所以我們列入公用事業管理學內，這與管理學的內容，是絲毫沒有關係的。

（三）管理學的機能

以上幾種管理學，是根據事業的性質而分的。但是管理的內容，是各種事業大致相同的。譬如工廠裏面有許多工人做工。但是政府，商店，鐵路等等，也必有許多人員工作，同樣要有管理的，其他如材料，貨幣，各種事業都是需要的。不過中間有些輕重的分別罷了。因爲每一個事業裏面，有許多不同的機能，所以要管理一個事業，一定要把這個事業的整個，及各部份機能，都要管得很好，然後有最高的效率。管理學的機能大概有六：

（一）人事（Personnel）

（二）材料（Material）

（三）財政（Finance）

（四）生產（Production）

（五）營業(Sales)

（六）總務(Executive and Office)

人事的管理，是對於員工的管理，在員工人數很多的組織裏，人事管理是很重要的，牠的目的是'人適其用'。與'用盡其才'。牠的內容，大概可以說有四點：（一）員工的招致與選擇！（二）工作力量的保護與培養；（三）工作力量的利用；（四）管理者與員工間的合作。要把這四點完全實現，一定要科學管理的步驟；有客觀的研究；制定各種標準；創設種種統制的工具；所以像工作分析，體力智力的測驗，員工更迭狀況的分析，衞生設備與健康教育，技能教育與道德訓練，工作預算，工作標準，工作程序，員工與工作統計，公允的報酬制度，都是人事管理的要目。我國人在公家服務，每每以'清''愼''勤''公''明''嚴'相標榜，究竟這六個字質和量的標準，是要靠人事管理學的規律去判定的。

材料管理的目的，是'愼買'節物'與'盡用'。他的內容，有材料的採購；材料的運輸；材料的儲藏；與材料的使用。講到採購：那種材料最適宜，那個時候去買最好，市價的趨勢怎樣，買多少，怎樣買法，採購的組織應該怎樣。講到運輸：那一種材料應該用那一種運輸最相宜，何種包裝方法最合算，最安全怎樣的裝卸，最省人工最快裝運的組織應該怎樣。講到儲藏：各種材料的性質怎樣，儲藏室的建築式樣設備應該怎樣，怎樣儲藏材料能久於保全，怎樣儲藏地位最經濟。講到使用：怎樣可以防免浪費，整個材料管理的組織應該怎樣，這些問題，以及其他一切的一切，也都要經過研究，制定標準，確訂統計會計預算等統制方針的。

財政管理的目的，是款無閒存，款無虛縻，其內容，有資本需要的估計，資本的徵集，資本的支配，支出管理，收益管理，與信用管理等，財政管理最重要的統制工具，不外預算，會計，統計，但預算的編製與實施，會計帳目的比例的分析，統計單位的確定與運用，與統計結果的解剖，也是要根據研究與標準的。

生產二個字的意義，在工廠方面，就是利用機器去製造物品。在鐵路方面，就是利用軌道機車車輛等設備，去製造運輸業務。生產管理就是要用最少之物質和人力，製造成最大的能力。所以在設有機器設備的事業裏，是用不到生產管理的。牠的內容，除關於工程方面的機器選擇，機器修理外。大概有地段的決定，地場的佈置，設備品的維持，生產動作的分析，生產成本的計算，出產品的檢驗，與生產組織的結構等，也都要經過研究，切合標準，而受精密的統制的。

營業是獲利之源。商店裏固然很重要，就是工廠鐵路也都有營業部。鐵路上的營業部，在中國是在車務處內爲商務課，美國是獨立組織的，叫業務處，營業管理的內容，是要調查各地市場，解判其供求狀態，觀督價格趨勢，決定銷售方針，妥定適宜市價，設法增進人民需要，辦理廣告迎合顧客心理，招待週到，以上一切如果要切實奉行，也須要有研究，有標準，和統制方法的。

總務管理是一個事業裏各部份的總管理，可以說是上面各種管理的中心，如果沒有這種管理，各部份的管理，就不會十分好，即使能夠好，這個事業也難免失敗。因爲各管理的注意點，是各不相同，往往有些衝突的，譬如生產管理注意在生產，出品愈多愈好。營業管理注意在獲利，生產必須不超過需要程度，倘使生產計劃過於推銷的能力，就要賠本，反轉來說，倘使營業管理的推銷活動過於生產能力，就是多耗營業費用，也是不經濟，此其一。又如財政管理，注意在節省經費，但是重價機器之添置，或鉅數廣告費的增加，確爲生產同營業所必需，財政上過分的緊縮，往往阻碍事業的發展，不過反轉來說，一百萬資本事業裏的廣告計劃，無論如何有效，決不能適用於一萬元資本的事業裏的，此其二。其他如材料與生產，人事與生產，材料與財政等，都互有關係，所以各部份的管理，應該有整個的聯絡，但是怎樣去聯絡呢，這就是總務管理最大的一個責任，這就是'科學管理'裏第四個原則'合作'。總務管理，除了聯絡以外，還許一個重要工作，就是整個的統制，以前所講的統制，是各部份統制各部份以內的，這個統制是統制各部份的，如果沒有統制，聯絡的陣線，就要有破裂的危險，因爲各部份管理不一定是有同樣成績的，統制的條件，不外乎訂定各種成績標準，而統制的工具，則編製總預算，以及計劃各種報告表格，如會計報告表，統計報告表，管理狀況報告表等，總務管理第三個重要工作，就是辦理研究所，統一研究，其他像對外文書的集中，檔案的保存，對內庶務的集中，辦公室的組織及其運用，也是在總務管理範圍以內的。

（四）管理學與新建設

中國新建設可分兩大部，即政治建設與物質建設，政治建設之中心，是在創造效力最高的政府，物質建設之中心，是完成中山先生所訂的實業計劃，欲達到前者之目的，應參照國情，積極採用歐美行政管理學的精華，欲求達到後者之目的，則必須確立方針，以生產技術與管理科學互爲表裏，請再分述於左：

（A）政治建設　已往中國物質建設的進展，幾全爲政治的紊亂所阻止，是故中國建設，先決問題，在于創造一個善良的政府——一個大公無私實事求是有能力的政府，現在的行政機關的普遍現象是：用人無標準，辦事無程序，組織鬆懈，權責不清，物料浪費，財政紊亂，無效率之可言，美國陶奈 R. H. Jawney研究中國問題，歷有年所，在所著'中國的農工'一書裏，泛論我國政府，有下列的批評：'文學在中國享受了好幾百年的權威，一般人對文學的尊重，雖然很可佩服，但此尊重不幸使中國人不能認清政治的性質，相信紙上寫了字，就是作了一件事，已成爲牢不可破的習慣，結果中國的政治，以發表宣言爲始，亦以發表宣言爲終，在西洋人們有時亦講辦法，不講目的，中國人則只講目的，不講辦法，中國人會議的又會議，起草了計劃以後，還得草計劃報告以後，還有報告，結果紙張堆積如山，一事未辦，好像一個機器，出了毛病，大家不去修理，反坐下寫一篇機器出毛病論說，并且通過一個議案，要機器明天行走，這就是中國的'文學政治'，這樣的批評，實在是洞中癥結，所以今後政治建設第一步，先得打倒這'文學政治'，整理原有行政組織，胡漢民先生所謂'建設的破壞'是也，第二步要確立行政準對于用人組織工作財政消耗，都要求得一種學理的標準，統制的方法，然後中國政治改造乃告成功，物質建設乃可開始

（B）物質建設　物質建設的意義，是發展生產，通暢消費。換言之，就是振興農礦工商交通等實業，去解決衣食住行等民生問題。所以物質建設，也稱經濟建設。中國從前的政教學術，不注重物質建設，所以生活程度，非常幼稚。自國際通商以後，震於外國之富強，於是起始講求物質，如修築鐵路，開採礦產，舉辦電訊事業，提倡航政，創辦農工商等實業學校，在人民方面，亦紛起開設機器工廠。到現在已經有五六十年的歷

史。但是物質建設，仍然毫無成績；民生問題，仍然沒有解決。再看到各種事業，無論鐵路輪船業電訊事業工廠農場礦業，或則停滯不進，或且日形衰敗。一方面固然因爲政治關係，一方面也有兩個原因。第一個，是因爲從前的物質建設，只知道注重死的機器，不知道注重活的機器。以爲中國物產豐富，原料充足，人口也極多，只要有個好的機器，有了使用機器的工程師，事業就可以包成功，對於原料的適宜與否，糜費與否，盡用與否，工作得力不得力，製造品或業務合於標準否，同推銷狀況能夠互相適應否，還有其他一切，都不加研究，還有一個原因，就是因爲各種事業間，沒有一個全盤計劃，以致各方不能互助發展，譬如蘇俄政府，執政不久，五年計劃，竟告成功，就是因爲能夠有一個總機關（Sovnat）去計劃與實施各種事業的全盤計劃。這個全盤計劃的規定與實施，也是屬於管理學的範圍。照這樣看起來，管理學與物質建設是有極密的關係，所以現在中國要促進物質建設，第一對於各種事業間，要有一個全盤的總管理，第二，每一種事業裏，對於事業的整個及各部份，也要有科學的管理。總而言之，管理學是要集合一切科學之功能，以完成政治建設與物質建設之使命。

政府也需要科學管理

就大體而言，政府各部實與各大商業組織無異，因政府之工作，宛如商人之經營工廠，購進貨物，分配生產，僱用各種工人，從事於建築，航運，旅行，研究，出版，耕種，教育，以及一切生產活動也。

——雷非(William C. Redfield)

鐵路冷藏運輸業務

沈奏廷

鐵路無冷藏業務之設施，則運輸鮮貨必深感困難。運輸既難，則運量必減；非特運量減，即生產量亦必因此而減。所有鮮果蔬菜肉卵諸物，將必生產於是，消費於是，無有能遠運者。消費既限於一隅，則生產之不能增多也明矣。我國國有鐵路雖曾購置少數冰車，然冷藏運輸迄未見諸實行，以致大宗鮮貨無由分佈，產量亦無由增加，非特鐵路營業受其阻礙，即民生國計亦受其影響。乃者 大部已有實行鐵路冷藏運輸之議，行將由一二路而普及全國，誠爲應興之舉，當務之急。欣聞之餘，爰將平日關於美國鐵路冷藏業務研習之所得，略直芻蕘，以備參攷。想必爲 大部之所樂聞也。所述者以業務方面之事項爲主；至若物質方面之設施，則留待學有專門者討論之。

在開始敍述以前，應請注意者，則爲專門名詞之譯稱。玆將下列主要專門名詞逐譯如後，以便下文採用，而免紛歧誤會之虞。

譯名	原名
標準冷藏	Standard Refrigeration
初次加冰	Initial Icing
加冰	Icing or Re-icing
冰箱費	Bunker charge
變更	Reconsignment or Diversion
冷藏失誤	Refrigeration failure
加冰記錄	Icing record
加冰待用車輛	Pre-iced Car
沿途第一冰站	First Re-icing Station

一·標準冷藏業務

標準冷藏業務云者，即對於承運之鮮貨，除初次加冰外，沿途每遇一冰站，必將車之兩端冰箱加足，使貨物得充分之防熱保障與維護，而鐵路對於此種業務，則按起運及到達地點徵收一定之冷藏費是也。標準冷藏可分兩種：一爲標準無鹽冷藏，一爲標準加鹽冷藏。加鹽者，須另收加鹽費，蓋用鹽則溫度可更降低也。應否加鹽，可由託運人自擇之。

託運人如欲標準無鹽冷藏，則其託運單內祇須註明'標準冷藏'字樣。起運站起票時，應在貨運通知書（即貨票）內註明'沿途各冰站一律加足'"Re-ice to Capacity at all regular icing stations"字樣，以便沿途各冰站加冰時有所依據。

託運人如欲標準加鹽冷藏，則應在託運單內註明加鹽之法。加鹽之法不一而足，應由託運人按其需要自行選擇。其各種加鹽之規定可分述如次：

（一）沿途加鹽　託運人得請求沿途各冰站，於加冰外，復加鹽若干成。如初次加冰時並未加鹽者，則第一沿途冰站加鹽之成數應以初次加冰之冰重爲根據。否則初次加冰時業已加鹽，則沿途各冰站加鹽之成數應以各該站所加之冰重爲根據。例如託運人請求加鹽百分之五，而初次加冰之冰重爲一百五十磅，但未加鹽，則起運後第一冰站應加之鹽應爲七磅半。若初次加冰時業已加鹽，而沿途第一冰站加冰五十磅，則該站應加之鹽祇須二磅半足矣。

（二）初次加鹽　託運人如不欲沿途加鹽，則得請求初次加冰時加鹽若干成，以後即不再加。

（三）指定冰點加鹽　除初次已經加鹽除外，託運人得指定沿途第一冰站再行加鹽，以後不復再加，或初次加冰時未曾加鹽，而指定沿途第一冰站或沿途第一第二站加鹽若干成，以後不再加鹽。

所謂加鹽若干成者，指鹽之重量對於冰重之比例而言。其成數由託運人自擇，但以百分之五爲限。託運人所指定之成數以一種爲原則，但亦得指定兩種，以合其需要。例如沿途第一冰站加鹽百分之五，以後各站加鹽百分之三是也。

關於標準加鹽冷藏之託運單及貨運通知書內應行註明之字句，請參閱附表一。

二・標準冷藏徵費法

爲規定標準冷藏費起見，全美各州均各分成兩種區域：一爲起運區域 Origin Group

一爲到達區域 Destination Groups 。每一區域均有一定之範圍。起運區域以字母名之，到達區域以數字名之。例如紐約一州，其所分區域如附表二所示。他州類此。大概分區之標準不外（一）各地鮮貨生產或消費情形，（二）各地間之市場競爭二者。各生產地既併成一區，而消費地又各合併成區，則不論遠近，冷藏費高下無多，遠者得與近者競爭，此固美國鐵路貨物運價已有之成例也。冷藏費均按各州起運區域及到達區域表列之，并將鮮貨分成數種，費額稍有高下；請觀附表三即可瞭然。故若先將起運站所屬之起運區域及到達站所屬之到達區域查出，即可據以檢出標準冷藏費之金額矣。

至於加鹽費，則應另外徵收。除初次加鹽及指定冰站加鹽每車徵加鹽費三元五角外，沿途加鹽者，其加鹽費隨所加成數按標準冷藏費照加，其規定如左：

加鹽成數	加鹽費當冷藏費之百分率
百分之二以下	百分之五
百分之三	百分之七·五
百分之四	百分之十
百分之五	百分之一二·五

如上列照加成數不及每車三元五角者，亦須徵收三元五角之最低額。如沿途第一冰站之加鹽成數與以後各站不同，則按兩種成數之較高者核收加鹽費。

三·初次加冰

標準冷藏既包含初次及沿途加冰，故維護較周，而收費亦較高。但托運人如不欲標準冷藏，亦得請求加冰一次，以後不復再加；是爲初次加冰。初次加冰既以一次爲限，故收費必較標準冷藏爲低。按初次加冰可分兩種：一爲起運加冰，一爲中途加冰。起運加冰或由托運人自理，或由鐵路代理，均無不可。其由鐵路加冰者，托運單及貨運通知書內均應註明"已由鐵路初次加冰不必再加"Initially Iced by Carrier;Do not Re-ice"字樣，以免沿途冰站誤加冰塊。對於此種加冰業務，鐵路除徵收冰（或冰鹽）之成本外，并得加收冰箱費，以償使用冰車及冷藏設備之耗費，冰箱費之金額規定如左：

（一）起訖站在同一起運區域者　　每車五元

（二）起訖站在兩毗連區域以內或在同一區域而須經過一毗連區域者　每車七元五角

（三）其他　按標準冷藏費百分之二十收費

如由托運人自行在起運站加冰，則鐵路祇得核收冰箱費，不得再收冰鹽之成本。其托運單及通知書應各註明‘已由托運人初次加冰不必再加’“Initially iced by shipper; Do not re-ice”字樣。

倘起運時並未加冰，托運人亦得於起運後書面通知鐵路中途加冰。其通知之措詞可擇取下列之一種：

（一）接通知後在沿途第一冰站加冰一次以後勿再加

(Initially ice at first regular icing station; Do not re-ice)

（二）在　站加冰一次以後勿再加

(Initially ice at　; Do not re-ice)

(Specify regular icing station)

此種中途初次加冰往往由於天氣變更而起。其指定須由某站加冰者，自須在相當時間內通知，否則鐵路不負失誤之責。中途加冰當然由鐵路辦理，其收費之法與起運加冰相同。即除冰鹽成本外，另收冰箱費是也。冰箱費如應為標準冷藏費百分之二十，則此種冷藏費應自加冰地點起算，而非自貨物起運站起算也。

冰之成本價格按噸（二千磅）計算，各州不同，最高每噸七元五角，最低三元五角。鹽之成本價格按百磅計算，各州價格均為每百磅七角五分。

四．中途停運時及到達後之加冰

標準冷藏之貨物有時須在途中停止運送，以便托運人或收貨人請求變更。如停運時間超過六小時，則所有在停運站加冰之費須按成本價格向貨主徵收。蓋標準冷藏以繼續運送中之加冰為限，設有停留，則額外加冰之費自須另行徵收矣。但若停留時間並未超過六小時，則不得另行收費。又如停運之車在私有岔道停留時，則鐵路不負停留期間加冰之責。蓋私有岔道往往離冰站甚遠，不便時時照顧也。

標準冷藏貨物到達目的地後，在未交付與貨主以前，須由鐵路繼續照顧，每日查看冰箱，加以相當之冰塊。此種冰塊（或冰鹽）亦按該地成本價格向收貨人額外徵收費用。所謂交貨云者，約有三種方式，即（一）當收貨人從事卸貨時；（二）當收貨人將其私有車鎖或車封加於車門時；或（三）當貨車放置於私有岔道時。三者皆得視爲交貨。自交貨時起，鐵路即不再負加冰之責。但經貨主請求，亦得代爲繼續加冰。

在標準冷藏貨物中途停留時，或到達目的地後，尚未交給收貨人時，貨主如有任何變更加冰辦法之囑托，鐵路概不得接受之。蓋標準冷藏爲一種繼續的完備的冷藏業務，不得任意變更加冰之法（如在停留站勿加冰之類），致失其絕對保障之效。

五・加冰待用車輛之延誤及退還

托運人請求之冰車業經鐵路加冰後，須自放置妥貼之時起，在二十四小時以內裝車。如托運人延不裝車，則每延擱十二小時或不滿十二小時，須徵收延期費，以示限制。此項延期費如僅加冰者，則爲每車每十二小時三元七角五分，加冰及鹽者四元五角。但所收金額總數不得超過實際所加冰鹽之成本價值。設或軌道擁擠，托運人所請求之加冰車輛不能即行放入時，所有二十四小時之免費期限，仍自車輛備妥預備放置之時起算。雖實際放置延至數日以後，亦與鐵路無關。此則與計算普通車輛延期費之辦法相埒也。又如加冰待用之車輛在上午七時以前放入裝車軌道時，則二十四小時之免費期限應自是日上午七時起算，而非自放入軌道之時起算。蓋上午七時以前爲時尚覺太早，不能強托運人裝車也。撥給之冰車如在放置後加冰者，則二十四小時之免費期限應自加冰之時起算，而非自放置車輛之時起算。蓋此處之所謂延期費係賠償冰鹽之損失也。

加冰車輛撥給後，仍不裝運者，則鐵路對於此種退還車輛，得徵收所加冰鹽之成本價值，以資取償。

六・冷藏費及加冰費之處理

美國鐵路之冷藏運輸業務多屬招商承辦，所有標準冷藏費及冰鹽等費，往往由鐵路代收，轉付冷藏承辦公司。故美國鐵路會計科目中尚無冷藏業務進款之名目。蓋鐵路之辦理冷藏，不以收入爲目的，而以發展貨運利便客商爲主旨也。職是之故，所有標準冷藏費無論由何路收取，在聯運清算時，均一律算歸第一加冰之路；而冷藏承辦公司亦須向該路結算，藉歸一律，而免紛歧。例如某車貨物經過甲乙丙丁四路，若標準冷藏在乙路開始，則全部冷藏費應歸乙路所有，再由乙路算給冷藏承辦人。故後者對於一批貨物祇須向一路清算可耳。

在起運站或中間站加冰一次者，其所收之費自歸加冰之路所有，再由該路轉向冷藏承辦公司結算。在中途停留或到達站額外加冰之費，自亦歸該站所在路所有，再行轉算與承辦人。

七・冷藏貨物之損害與賠償

冷藏貨物常因冷藏失誤而致損壞。損壞時自須照值賠償。所謂冷藏失誤者，不外（一）貨主請求標準冷藏而沿途某站或忘加冰塊；（二）貨主請求加若干成之鹽而實際所加之成數不符；（三）貨主請求起運站或中途加冰一次而未照加；（四）貨主雖未注明冷藏辦法，而鐵路不給與同樣貨物應有之冷藏運輸。此外貨運通知書傳錄錯誤，亦足致冷藏之失誤，惟過失不在冰站而在貨站寫票員而已。爲調查冷藏失誤起見，各路或其冷藏承辦商均須將每車貨物之加冰數量日期等載入'加冰記錄'，以備稽考。遇有損壞賠償之請求時，接受賠償請求之路即應調查各路之加冰記錄，以定責任之誰屬。凡查有失誤之路，即應負賠償之責。如責任在兩路以上者，則按失誤次數比例分攤。例如甲路失誤一次，乙路失誤二次，計共三次，如賠償金額共爲三百元，則甲路應負擔一百元，乙路應負擔二百元。至於失誤程度之輕重，則在所不計也。

賠償金額之清算，以鐵路與鐵路間爲限。若某路與外間冷藏公司訂有承辦契約，則其間負擔之分配應由該路自理之。

凡聯運貨物運抵接軌站發生遲誤，以致不能與他路列車銜接即行運出時，其停留時間所須添加冰鹽事宜，應由交付路負責，並擔負其費用。接收路如將該貨在第二次相當列車運出，並在沿途第一冰站重行加冰。即不負任何責任。

凡因貨運通知書傳錄錯誤以致發生冷藏失誤者，其賠償責任自應由錯誤之路負擔。

八・對於吾國國有鐵路冷藏運輸之芻見

吾國國有鐵路如果實行冷藏運輸，則下列各點似可採擇：

（一）冷藏業務可分兩種：一爲標準冷藏業務，一爲起運（或中途）加冰業務。前者除初次加冰外，沿途各冰站一律加足，至貨物交卸爲止。後者僅以加冰一次爲限，或由起運站或在中途冰站辦理，均無不可。

（二）加鹽之規定，初辦時應力求其簡單，可以'標準冷藏各站加鹽……成'爲限。

（三）冷藏辦法應由托運人在托運單'特約事項'欄內註明，轉錄貨運收據或提貨單、暨貨運通知書，以便依照辦理。

（四）標準冷藏費可倣照貨物運價辦法，按距離遞遠遞減，以利遠程貨物之運輸。至基本費率應以所需冰塊成本爲根據。

（五）標準冷藏加鹽者，其加鹽費可按標準冷藏費之若干成比例徵收。

（六）起運（或中途）加冰一次者，除核收冰（或冰鹽）之成本價值外，得增收標準冷藏費之若干成，以償使用冰車及其他設備之損失。

（七）各地冰鹽之成本價格應規定公佈之。此項成本價格自以實際所付之價格爲根據。

（八）標準冷藏之整車貨物得因貨主之囑托在中途停留，如停留在六小時以上，所需額外之冰鹽費應向貨主加收。

（九）標準冷藏貨物到達後，應速即起卸，通知收貨人，或速即放入私有岔道，以便卸車。如因故遲延，鐵路亦須負繼續加冰鹽責。但如由收貨人或貨主之囑托而遲延者，其額外冰鹽費得向貨主徵收。（按吾國整車貨物亦由鐵路代卸，故與美國不同。）

（十）加冰待用之冰車，貨站應迅予裝載。在貨物未由托運人送站以前，不得撥車加冰，以免溶耗。如撥車加冰後，托運人停止裝運，除車輛留置費外，應加收冰鹽溶耗費。該費應以冰鹽之成本價格爲根據。（按吾國整車貨物亦由鐵路代裝，故與美國不同。）

（十一）各路各冰站應備加冰登記簿，翔實登載每次加冰之事實，以備調查賠償責任時之稽攷。

（十二）冷藏失誤之路應負賠償全責；如兩路以上查有失誤時，應按失誤次數比例分任之。

（十三）冷藏費應傚入貨運收據或提貨單，暫以預付爲限（因鮮貨不能久藏如無人認領或拒領勢必不能到付。）如屬聯運貨物，此項冷藏費應由聯運清算股向各路清算。

至於冷藏業務是否應由鐵路自辦，抑或招商承辦，實一足資辯論之問題，本文不欲多加討論。唯如招商承辦，則或能免去初辦時之種種困難；且經數年之後，對於設備維持及業務方面，或能取得他人之經驗，以為自辦之準備。蓋自辦冷藏，終為吾人最後之鵠的也。

Shipper's Instruction	Waybill Notation
a. "Standard Refrigeration----% salt"	"Re-ice to capacity at all regular icing stations with chunk ice and---% salt. No salt supplied with initial icing. Supply salt at first re-icing station on basis of amount of ice furnished in initial icing.' "Re-ice to capacity at all regular icing stations with chunk ice and---% salt. Salt supplied with initial icing."
b. "Standard Refrigeration----% salt supplied with initial icing. No further salting.	"Re-ice to capacity at all regular icing stations with chunk ice---% salt supplied with initial icing. No further salting."
c. "Standard Refrigeration----% salt supplied with initial icing; supply same percentage salt at first re-icing station. No further salting'	"Re-ice to capacity at all regular icing stations with chunk ice---% salt supplied wlth initial icing. Supply same percentage of salt at first re-icing station, No further

salting."

d. "Standard Refrigeration----supply---% salt at first re-icing station. No further saltig."

"Re-ice to capacity at all regular icing stations with chunk ice. Supply---% salt at first re-icing station on basis of amount of ice furnished in initial icing. No further salting."

e. "Statandard Refrigeration---supply---% salt at first and second re-icing stations. No further salting."

"Re-ice to Capacity at all regular icing station with chunk ice. Supply ---% salt at first and second re-icing stat ions, basing salt at the first re-icing station on amount of ice furnished in initial icing. No further salting."

f. "Standard Refrigeration--no salt supplied with the initial icing, supply---% salt at first re-icing station and---% salt at all regular icing stations."

"Re-ice to capacity at all regular icing stations with chunk ice, No salt supplied with initial icing. Supply---% salt at first re-icing station, based on amount of ice furnished in initial icing. Supply---% salt at all regular icing stations beyond.

g. "Standard Refrigeration----% salt supplied with the initial icing; supply---% salt in reicing at all regular icing stations.

"Re-ice to capacity at all regular icing stations with chunk ice and---% salt. ---% salt supplied with initial icing.

New York

Origin

Group A

Points west of the Pennsylvania Railroad Company, Sodus Point to New York-Pennsylvania State Line; except points on the Marion Railway Corporation.

Group B

All points not included in Group A.

Destination

Group 1

Buffalo, Niagara Falls, Dunkirk, Jamestown, including all points in the State of New York, on and west of the Erie Railroad Co., from Buffalo to Jamestown.

Group 2

Points west of the Pennsylvania Railroad Company from Sodus Point, via Elmira, to the New York-Pennsylvania State Line; except points on the Marion Railway Corporation; also exclusive of points covered by Group 1.

Group 3

New York Brooklyn switching limits.

Group 4

All points not included in Groups 1, 2, and 3.

Standard Refrigeration Charges

From

New York, Group A

Column 1---Fruits (except apples) and vegetables

Column 2---Berries

Column 3---Melons

Column 4---Apples, bulbs and or nursery stock

Item No.	To Points In	Col. 1	Col. 2	Col. 3	Col. 4
9800	Alabama				
	Group 1	85.00	80.00	90.00	75.00
	Groups 2 & 3	80.00	75.00	85.00	70.00
6801	Alberta				
	Group 1	100.00	90.00	105.00	90.00
6802	Arizona				
	Group 1	100.00	95.00	105.00	90.00
6803	Arkansas				
	Group 1 & 3	80.00	75.00	83.00	70.00
	Group 2	75.00	70.00	80.00	65.00

鐵路會計中之折舊

許 延 英

（一） 折舊之性質

某鐵路於本月購煤兩萬噸，燒去一萬噸。當購入兩萬噸之時，均應列爲資產（材料），俟每月對於所燒之煤，計算得有確數爲一萬噸之時，則此一萬噸列爲費用，（借方爲費用，貸方爲材料，）因所燒之煤，一經燃燒，即不復存在，且因所燒之數量，可稱量得之，以求其準確故也。其實就我國各鐵路之實際情形言之，對於每月所燒之噸數，頗有一部份仍不免出於估計，（爲方便起見，常不過磅，而按籮計算，每籮之重量，殊不可靠，是與估計無異，）固亦未必十分準確也。

某鐵路又於上月購買機車一輛，計原價十四萬元，自本月一日起開始使用。當購入之時，自應列爲資產，（路綫及設備品之原價——機車，）今已使用一個月，則一部份之資產，亦應變爲費用，與上述燒煤之例，正復相同。（燒煤及機車之折舊，借方均爲營業費用。關於燒煤，則貸方爲材料以直接減少資產。關於折舊，則貸方另列折舊準備，不過爲求明瞭起見，其結果與直接減少資產，正復相同。）惟所不同者，計有二點。

（1）燒煤爲流動資產，機車爲固定資產，二者之性質不同。今該機車雖已使用一個月，固仍完好無缺。於是不免發生誤會，以爲該機車原價之全部，應仍爲資產，（不應另有折舊準備，）雖已使用一個月，然而毫無所損，非似所購之煤，其一部份業經燒去，即不復存在，始爲損失也。殊不知該機車終當有毀損廢棄之一日。俟若干年後該機車廢棄之時，所有原價，減去殘價外，均爲損失。此種損失，自非廢棄時一期間之損失，而爲若干年間之損失，應由各期間分担之。假定上述機車，預計可使用二十五年，又預估二十五年後廢棄時之殘價爲一萬五千元，則二十五年間之損失，應爲十二萬五千元，即每年之損失，應爲五千元。今既使用一個月，則該月份對於使用該機車之折舊費用，應爲$416.67.

故該機車業經使用一個月之後，雖仍完好無缺，然由會計之眼光觀之，則資產之實數，已非原價之全部，而爲$140,000.00−416.67=139,583.33因該機車既經使用一個月，則一部份之資產，(卽$416.67) 已變爲費用，即所謂折舊是也。

（2）上述該月份之折舊，應爲$416.67完全出於估計，當不可靠，非似燒煤幾何噸之可由稱量而求其準確也。於是不免發生誤會，以爲折舊之計算，殊難求其準確，大可置之不顧，惟俟廢棄之時，遲將損失全數，列爲該期間之費用可耳。（如上述之例，十二萬五千元之損失，均作爲某一個月份之費用。）此其不當，甚屬顯然。今折舊之應分期計算，固屬毫無疑問，惟其估計難求準確耳。然估計雖不十分準確，倘慎用之，頗可滿意，較諸置折舊於不顧者，固不可同日而語也，倘竟因折舊之不準確，而置之不顧，則結果將見不準確之程度、更增百倍，以致會計上所得之結果，十分紊亂，而成爲毫無意義。

由此言之，各期間之折舊，實爲固定資產之各期間損失。其目的在根據原價殘價及使用年齡，而將損失分配於各期間。其困難在估計之難求準確。

有時談折舊，，或竟誤會，而注意及於使用効能或實在價值（市價）。某機車雖已使用五年，除加以適當之修理外，或竟完好無缺，由使用効能方面言之，似可謂全部原價，仍爲資產。然自會計方面言之，則注意於損失之分攤，該機車既已使用五年，應分担損失五分之一，(即二十五分之五)則五年之後，該機車之使用効能，雖不稍減，然資產確數，則應爲$140,000.00—25.000.00＝115,000.00. 至於固定資產之市價，則惟在倒閉清理之時，始注意及之。尤其國有鐵路，惟在路線廢棄之時，始注意及之。倘若繼續營業，則固定資產之市價，殊無注意之必要。（此就國有鐵路而言，實毫無疑問。）

（二）　鐵路財產之折舊

按照民十四國有各鐵路統計，路線及設備品之原價一項，約佔流動資產之十倍。而該年份營業用款之中，路綫及設備品之維持費，約佔百分之四十以上。然則固定資產之折舊，在鐵路會計中之重要，可見一斑也。惟今則僅有機車車輛，約佔路綫及設備品原價四分之一者，設有折舊準備，（此外惟船舶甚多之時，應計折舊，）其他均不計折舊。（美國亦復如此。）試就民十四國有各鐵路之路綫及設備品各項撮要列表如下。

機車車輛	150,183,527.88
橋梁	80,778,619.70
房屋機廠等項	59,688,517.44
軌道	118,718,133.28
其他各項建築及機件	58,332,354.77
土地	22,637,936.45
建築時期之總務費	49,539,507.00
建築時期之利息	46,710,728.37
其他建築時期之支出	29,736,498.72
總　　計	616,325,823.51
建築時收入	21,949,655.02
路綫及設備品之原價	594,376,168.49

橋梁房屋之應有折舊，可謂毫無疑問。特殊建築，如隧道碼頭等項，似亦宜有折舊。至如軌道，應有折舊與否，則甚難言，惟鋼枕則應有折舊。他如路基築造，號誌，機件等項，應有折舊與否，亦甚難言。

嚴格言之，無論何種固定資產，莫不應有折舊，惟爲簡便起見，亦不妨有下列兩種之特殊辦法。

（1）如汽車傢具等項，原不妨按照我國鐵路辦法，對於建築時期所購置者，永遠列爲資產，並無折舊及更新。凡爲營業時期所購置者，逕列爲費用。（惟營業用之汽車，常爲數甚多，則應列爲資產，而計折舊。）如此辦理，固甚簡便，雖不免稍稍錯誤，然爲數不巨，影響甚微。

至如建築時期之總務費及利息等項，亦永遠列爲資產，而不分年銷除。然營業時期之擴充改良，則常不包括總務費及利息等項。其理與上述關於汽車傢具等項之辦法，正復相同。惟有時如展長路綫之利息，則不免影響甚巨耳。

（2）如枕木每年所抽換之根數甚多，而每根之質量復彼此相同。假定其壽命爲十年，每年約抽換十分之一，則有無折舊，其不準確之影響殊微。惟枕木一項，其抽換之時期，頗易於提早或稍延，一任主管人員之隨意操縱，於是其不準確之影響，固常甚巨。

然此爲修理失當所致，若顧及修理失當，則無論對於何種固定資產，雖已計有折舊，亦無法求其折舊估計之準確也。

又如號誌機件等項，其性質與枕木略同，惟數量不如枕木之多，而每件之質量，亦非彼此完全相同，今仍置折舊於不顧，其不準確之程度，當較枕木爲甚。然爲避免繁瑣起見，亦正不妨暫置折舊於不顧。

至如橋梁房屋，其數更少，且彼此價值懸殊，倘亦忽視折舊，其爲謬誤，固甚顯然。

（三） 鐵路忽視折舊之原因及影響

美國鐵路爲私有，其忽視折舊之主要原因，爲便於操縱。常視財政狀況之良否，而對於修理更新及改良，隨意增減，以資應付。在收入甚豐之年，常可對於修理，特別加勤，對於更新改良，特別提早。在財政艱窘之年，倘若歷年以來，勤加修理改良，則維持費或常可締減三分之一以上，藉此可度過難關，且可維持信用。於是收入雖常有增減之不同，而紅利之分配，則或常可歷年一致，無大增減。

我國鐵路爲國有，雖修理更新及改良之計劃，仍不免受財政情形之影响，然固無所用其秘密操縱。我國鐵路之忽視折舊，則由於(1)仿傚外國、(2)力求簡便，(3)新築之路，可浮報贏利。

或有持反對之見解，以爲鐵路財產，可無須計及折舊者。或根據於使用效能之維持不減，以爲賬簿上所表示資產之數，亦應根據使用効能而不稍減。殊不知折舊爲對於所投資金之損失，而設法分期濟負，固與使用効能無關也。或根據於市價之日益高漲，以爲所高漲之數，足以抵償折舊而有餘，殊不知固定資產之數，應根據於原價，非俟清理倒閉之時，不應計及市價也。或又以爲(1)鐵路固定財產之數量甚多。(2)每未達使用年齡，而已先期廢棄，加以改良。(3)每年所廢棄而改良者，常可有增無減。於是綜合上述三種原因，使不計折舊，然廢棄之損失，亦常可分配於各年份。按照此種情形，則計算折舊，徒勞無益。姑無論此種理由之是否充足，然在我國則情形與上述者大異。(1)財產數目，並不甚多。(2)設法延長使用年齡則有之，先期改良實爲絕無僅有之事。(3)

近來十餘年間，更新改良及添購之事，殆已減至最低限度。於是按照我國情形，則廢棄之損失，除非計算折舊，莫由分攤於各期間。故在我國，對於折舊之計算，實應設法推廣，不宜簡便太過。

忽視折舊，或折舊率太低，則影響於兩方面。其一在平準表中資產及盈餘之數，必嫌過高，而超過實數。其二在歷年之歲計盈虧表中，營業用款，必嫌過低，而不足實數，至於贏利，必嫌過高，而超過實數。此等數字，既均不能確實，則會計之效用，因而大減。

（四） 所謂平均折舊準備

我國鐵路，僅對於機車車輛，設有折舊準備，而對於機車車輛之折舊準備，又復採用所謂平均計算之法。欲解釋平均之法，須先解釋普通之法。

折舊之估計，既不能免除錯誤，自不能不加以更正。然美國鐵路所採用之更正方法，固與我國不同，亦與普通會計不同。

譬如上述機車之例，原價爲十四萬元，殘價爲一萬五千元，二十五年間之損失爲十二萬五千元。倘專根據時間爲標準而分配之，則每年之損失（即折舊）爲五千元。假使僅經過二十年，即已更新，而殘價復非一萬五千元，而爲二萬元。按照普通會計，則借貸應如下式。

折舊準備	100,000.00	
資產（廢棄材料）	20,000.00	
損益（或稱盈虧）	20,000.00	
資產（機車）		140,000.00

估計之錯誤，或意外之情形，實非預料所及，惟有對於已往之盈餘加以更正，此普通會計之辦法也。（有不經過損益賬，而直接列於盈餘或盈餘更正賬之借方者。）

按照美國鐵路會計，則借貸應如下式。

折舊準備	100,000.00
資產（材料）	20,000.00

營業用類（機車廢棄） 20,000.00

資產（機車） 140,000.00

鐵路會計之習慣，或則完全忽視折舊，或則故意減低折舊率，故此等錯誤之更正，本可預料，並非意外，自宜仍包括於營業用款之中，惟應詳爲分類，於每種財產維持費之下，分爲(1)修理，(2)折舊，(3)廢棄，此等廢棄項下，所列即更正之數也。且就各期間總計之，亦以包括於營業用款爲宜，否則此等更正之數，將永不經過營業用款賬。此所以美國鐵路會計之法與普通會計不同也。

按照我國鐵路會計則借貸應如下式。

折舊準備 120,000.00

資產（材料） 20,000.00

資產（機車） 140,000.00

雖僅經過二十年，所積折舊準備僅有十萬元，然所銷除之準備則爲損失全數十二萬元。但若該機車可繼續使用至三十餘年，按照普通會計及美國鐵路會計，自第二十六年起，即停止折舊，蓋損失既已全數分攤，今更無損失，即無折舊。惟在我國鐵路，則雖在三十餘年之外，亦仍繼續支有折舊，此即所謂平均之意義也。

平均方法，將所有錯誤及意外之影響，均由準備銷除之，在估計頗難準確之時，亦非無其優點，且不無較爲簡便。然果對於折舊之估計，已得有相當之準確，則平均方法，究不足取。

（五） 所謂伸縮之折舊率

我國鐵路，僅機車車輛，有折舊準備，既採用所謂平均準備，而又復採用所謂伸縮之折舊率。（美國鐵路，更無折舊率之規定，可隨意增減，其弊更甚。）

按照我國鐵路會計則例規定，折舊準備總數在原價百分二十以下之時，折舊率應爲百分之四，在百分三十以下之時，應爲百分之三，在百分四十以下之時，應爲百分之二，在百分四十以上之時，應爲百分之一。其理由爲折舊準備總數，不應超過原價百分之五十，此百分五十之估計，就往日之情形言之，不可謂無理由。然伸縮之折舊率，終非善法。

假定每年約廢棄十五分之一，每年新車，常在十五分之一以上，倘若折舊率爲百分之四，則準備總數常近於原價百分之三十。假定每年約廢棄二十五分之一，每年新車，常在二十五分之一以上，倘若折舊率爲百分之四，則準備總數常近於原價百分之五十。此種理想上之情形，實際上不常有之。情形各殊，則比例亦因而不同。按照我國現在情形，機車大率或將可用至三十年以上，又常隔十餘年，或竟未購一新機車，則此種百分數，與平時大異。或根據機車之平均年齡而求其約數。假定機車之壽命爲三十年，其殘價爲原價百分之十，則每年之折舊率，應爲百分之三。假定其平均年齡爲二十年，則折舊準備總數。應約爲原價百分之六十。總之此種比例，各路不同。新築之路，比例更低。

按照伸縮之折舊率，對於某一機車而言，使用之年限愈久，則所積準備，愈嫌不足，倘每年新購之機車愈多，則準備總數對於原價之百分數，自然減低愈多，而折舊率亦自然增高愈多，頗足以補救之。倘每年之廢棄者亦多，則折舊率亦自然提高，然因係採用平均折舊準備之故，則準備銳減，必感不足。倘竟數年不購新機車，則伸縮之效用，完全盡失。

按照伸縮之折舊率，每年之中，各路之折舊率可不同，每路之中，各年之折舊率可不同，則各路各年間之營業用款，將受紊亂之影響，而無由資以比較。似宜改爲每期間之折舊率，各路一致，非有特殊不得已之情形，經會計會議通過者，不得有例外。至於折舊率之高低，則宜每隔五年，或十年，各路一致增減之。

（六） 折舊與修理

所謂折舊，究應包括何種項目，實爲一先決問題，所謂修理與所謂更新，其區分之點，應視此而決定。就理想上言之，折舊應包括一切修理及更新。但實際上多不採用此法，爲求簡便故耳。

按照我國現在機車折舊辦法，僅包括整個機車之廢棄。凡整個機車之更換，始稱爲更新，至於一部份之更換，則稱爲修理。譬如鍋鑪火箱輪箍等項之更換，均爲修理。倘若折舊率提高，以包括鍋鑪等項之更換，則此等部份之更換，亦得稱爲更新，而非修理（或以爲機車不換鍋鑪，則全部廢棄，今換鍋鑪，是使機車壽命延長，應視爲資產，殊爲謬誤觀念，其問題在所定折舊率之高低，是否包括鍋鑪之更換而已。）惟鍋鑪等部份之壽命各不相同，其價値亦各相懸殊，若包括於折舊之內，則每年對於資產之增減，準備之銷除，折舊率之更正，將不勝其繁。今折舊僅包括整個機車，而不及於各部份者，爲求簡便故耳。

就理想上言之，除折舊之外，不妨另立修理準備。對於各部份之更換，以及所有其他種種修理費用，（但逐日之小修及洗爐等項，另爲行車費用，而非修理費用，）另行估計。每月按照估計之數，作爲修理費用，列於營業用款之借方，而一方面列於修理準備之貸方。至於各月份實付修理之數，則列於修理準備之借方。此實爲最確當之辦法。蓋各種修理，所隔之時間不同，所需之費用各異，且修理費用之增加，其原因常爲上月或往年使用過勤所致，必另設修理準備以分配之，始能求其準確。（按照則例。凡鍋鑪等項，一入機廠，不論立即使用與否，均分爲五年列銷之，以免各期間修理費用之增減過甚，似非善法。）然修理之估計及分配，果何所根據，今日對此，缺乏研究，尙未足以語此。

就今日之情形言之，非特機車之折舊，僅應包括整個之單位，無論橋梁房屋等項，其折舊均可僅包括整個單位之損失，至於一部份之更換，均可視爲修理，以求簡便。惟如何始可稱爲整個之單位，則不妨於則例中列舉之。

年齡愈老，則修理之費用愈增，然則折舊是否應逐年遞減，殊爲一難解決之問題。倘如上述將折舊及修理，分別估計，以分攤之，果修理分攤適宜，則折舊自可按照直線分攤法，歷年一致。今修理究應如何估計，如何分攤，尙難確知，則折舊儘可不必顧及之，惟按照直線分攤法，以求簡便。

（七）　折舊與改良及廢棄

折舊僅注意於損失之分攤，故根據原價。折舊不注意於更新之所需，故不注意於市價。倘若更新之時，市價高漲，雖實際上仍照原樣，並無改良之處，然投資之數，因此減加，由會計方面言之，固作爲改良。（即作爲資產增加。）惟每一部份之原價，常無由確知，故部份之改良，莫由根據原價之增減，而祇得根據質量或使用効能之增減。（或以爲一切改良，均應根據質量或使用効能，則爲大誤。）

倘若未屆使用年齡、而先期廢棄，以便改良，則有二種情形。其一爲可以預料者，其二爲不可預料者，譬如美國情形，機車大率僅用十五年，即已廢棄，此十五年之期間，旣爲可以預料，則折舊之估計，不妨根據十五年計算，而不必根據二十五年計算。此等辦法，是否適當，今在我國，尙未成爲問題。至如橋梁房屋等項，（今尙未計折舊，固另爲一問題，）倘必先期拆除，以從事改良，固非事先所能預料，凡非今日所能預料者，固不應計入今日營業用款之中。當拆除改良之時，折舊準備，必感不足，所不足之數，就理想上言之，未始不可與改良所需，合併計之，列爲資產。蓋旣係改良，則將來費用所省，或收入所增，必可超過此種損失而有餘，否則必不急急於改良。惟事實上或由估計之不盡可恃或由偏於穩建，則此等準備不足之數，每另列爲未來之資產，以分數年銷除之。（則例規定，爲數過巨之時、可分年列銷，然其所以爲數過巨之故，則由於忽視折舊，而非全數出於意外。）若爲數不巨，則又可逕列爲營業用款。

若未達使用年齡，而先期廢棄，並無更新改良以代之，可稱爲永遠廢棄。雖亦出於意外，然與將來無關，固明明爲損失，則折舊準備所不足之數，應爲已往盈餘之更正。（惟實際上未設折舊準備，常爲廢棄資產之全數。）鐵路會計中之盈虧賬，實普通會計中之盈餘更正賬也。凡有更新及改良者，均不得逕列於盈虧賬。

（八） 折舊與使用之勤否

折舊之分攤，究宜專以時間爲標準，使每年分攤二十五分之一耶，抑宜兼顧及於使用之情形，同時更按機車里噸里等統計數字以分配之耶。其困難不在分配之方法，而在使用之影響，至若何程度，莫由確知。

倘能確知使用影響，至若何程度，則對於時間影響及使用影響，固易於分別計算。使用影響，固可按機車里噸里等統計數字以計算之。惟鐵路之各種財產，其性質各不相同，其所受於使用之影響亦各異。如路基枕木橋梁房屋等項，其所受於使用之影響甚微，至於機車，則所受使用之影響較巨，惟影響至若何程度，則甚難言。

倘對於折舊及修理分別言之，則折舊所受時間之影響爲較巨，而修理所受使用之影響爲較巨。故就折舊言之，可專以時間爲標準，就修理言之，可專以使用影響爲標準，計算既甚簡便，且其結果已可滿意，不必因其簡便而疑爲不可靠也。

（九） 已往折舊準備之補足

譬如橋梁房屋。等項，歷年以來，未計折舊，向無折舊準備，則對於已往未計之折舊準備，將何以處之。就理想上言之，應詳加計算，將所有準備不足之數，一次補足之，列於盈虧賬之借方。蓋鐵路之盈虧賬，實與普通會計之盈餘更正賬相同，至於鐵路之盈虧撥補賬，則僅關於盈餘之處分，而非盈餘之更正。

一次補足，必削減盈餘過多，但自會計之眼光觀之，則表示實際之狀況，較爲易於明瞭。若採用平均折舊準備，則尤宜一次補足，始便於計算。

或者，暫置不顧，俟某項財產廢棄更新之時，始對於已往未補之折舊，分別計算，另列於營業用款，亦未嘗不可。此外尚可有其他種種辦法，但似均弊多而利少。

（十） 建築時期之折舊

就理想上言之，建築時期之折舊，自應計算，惟須注意其計算後之如何處置及如何影響。

建築時期，無論何種費用，均爲資產，故建築時期之折舊，雖加計算，亦仍爲資產，對於建築完成時之資產總數，毫無增減，連同一準備計之，）不過各項目間有所增減而已。惟除土地可無折舊，又除籌備費等項可視爲與營業相終始外，其他資產，均非永久性質，今建築時期之折舊，果竟另列爲資產，應注意其銷除之方法。

爲求精確起見，建築時期之折舊，應與修理一同分配於各種工作，俟該項工作廢棄之時，則由於建築時期折舊所生之價值，亦隨而消滅。惟就今日之情形言之，似嫌過於繁瑣，暫以不必計算爲宜。

按照則例，除建築時期之營業賬外，建築時期之折舊，概不計算，至於建築時期之修理，則另列爲資產之一項，其數永遠不變，並無銷除之方法。如此辦理，雖不準確，固甚簡便。倘若計算折舊，亦另列爲資產之一項，其數永遠不變，則爲錯誤。

（十一） 財產之增價

鐵路於築成之後，其附近之土地，必市價高漲，又如其他各種固定資產。數年之後，亦每多市價高漲，此由於市價而可有財產之增價。又如路基常歷年而愈堅，此由於使用効能而可有財產之增價。

但鐵路之固定資產，及其折舊，均應根據原價，而不應注意及於市價及使用効能。然則所謂賬簿上之適當價值，僅爲原價減去折舊準備，並非實值幾何。由此言之，秖應注意於折舊，而不應注意於增價。

倘若折舊根據市價，（或實值）則一年之後，已成舊物，而非新物，雖僅使用一年，然新物與舊物，所值或竟可相差至一半之多，倘若折舊根據使用効能，則前十年間，可毫無折舊，歷年愈久，則折舊愈巨，在最後一年，或應担負損失之半，如此計算折舊，實爲毫無意義。故折舊之計算，秖應根據原價。今倘若折舊與增價，同時兼顧，是爲互相矛盾。

倘若鐵路全部拆除而廢棄之，此時始應注意於各項財產之市價，於是種種建築，均成廢物，無論其他財產之市價如何高漲，若總計之，必不能達所投資金之半數，倘若鐵路繼續營業，則無論市價如何高漲，對於已有之固定財產，亦不發生影響。倘若某項固定財產，竟售出之，則必減少或停止營業，反蒙不利。倘若某鐵路整個售出，則其所售之價，必根據於歷年贏利之平均及其趨勢，固非由各項財產之市價，一一計算得之。然則某種財產之增價，對於鐵路，毫無影響，又何必計及之。

（十二） 折舊準備

折舊準備本應由原價減去之，，求各種資產在賬簿上之適當價值。但按照則例，另列於平準表之貸方，視爲未來之貸項，藉以表示所有折舊準備之總數，固亦未始無益。

鐵路平準表之貸方，有撥用之盈餘，如擴充償債及其他公積皆是，英文亦常稱爲準備，或不免引起誤會。例如平漢黃河橋折舊準備，係由盈虧撥補賬分年撥存，實爲公積，而非折舊準備。蓋折舊之登記，其借方爲營業用款，其貸方本應爲資產賬，今不直接列於資產賬之貸方，而另列於折舊準備賬之貸方者，爲表示原價，以求清晰起見而已。至於公積，仍爲盈餘之一部份，以防撥付或撥充他用而已。故折舊準備與公積，二者之性質，迥不相同。

折舊準備與公積，均未必提存有特別積款。縱或提存有積款，亦不必與準備或公積相一致。折舊準備與公積，均爲平準表中之貸方賬，不應稱爲準備金及公積金。提存之特別積款，始爲平準表中之借方賬。

就鐵路之情形言之，時時有擴充之需要，自不宜另存積款，而又同時另籌債款，故對於折舊準備，實不應提存特別積款，而應利用之，挪撥以擴充等項之用。然則每年固定資產之增加，固非盡出於盈餘之撥用，而實常有折舊準備之撥用。不過所有固定資產，除臨時購買公債等項投資外，既已增加之數，則盈餘亦宜劃出此數，以防撥付或撥充他用而已。或有認爲固定資產上逐年增減，應與盈餘撥用相一致者，誤也。

蘇俄對於行車延誤之法令

蘇俄鐵道部長爲恢復全國鐵路行車秩序起見，下令全國：如一列車有延誤情形，則該列車之司機，車長，調車員及有關係之機務段長，須受監禁之處分。

美國鐵路現狀與中國造路之機會

曹 麗 順

約二年前，美國化學工業會議開會時，某君之演辭有云：‘鐵道已入晚年，汽車可稱半老；惟化學工業，則仍在青春時代。’至去年春夏間，鐵路營業大落，幾有岌岌不可終日之勢。卽汽車大王福特氏，亦發表工業非與農業合作，難以獨存之議。雖化學工業，所受商業不振之影響何若？莫知其詳。而鐵路困難情形，達於極點，則非僅爲婦孺皆知之事實，抑亦成美國政治經濟社會之一大問題。

美國鐵路困難情形之一斑

自一九二九年秋季，美國股票市場狂跌以後，繼以商務凋敝，百業停滯，鐵路營業，逐漸下降。至去年夏季爲最甚。蓋一九二九年股票未跌之時，各業極力擴張。鐵路全年營業，較之以前，並無減色。計是年美國一等路之營業餘款，(Net Operating income)達十二萬萬美金，合財產估價(Property investment)百分之四・九五。乃去年全年之營業餘款，據年底之預計，不過三萬二千四百萬美金，合財產估價百分之一・二一。然於支付利息及固定費用(Interest and fixed charges)以後，則淨虧約二萬萬美金。雖極少數公司，略有盈餘，而虧本者占鐵路哩程總數之八成。

美國鐵路客運，以一九二〇年爲最盛。至去年客運，僅及一九二〇年之三成五，其清淡爲一九〇〇年以後所未有。

考美國鐵路之客運，大致本無利可圖。其主要營業，實在貨運，且自一九二〇年以後，汽車盛行。鐵路客運，逐漸減輕，已有多年。而鐵路營業，至一九二九年止，未受何影響者，則以貨運發達故也。乃以一九三二年之貨運統計觀之，則託運貨物，所裝車數，爲自一九一八年有統計以來之最低者，其延噸英里，爲一九〇九年以來之最低者，卽較之營業不振之一九三一年，亦僅及其七成五而已。

再觀紐約交易所，鐵路股票價格之跌落，亦可略窺鐵路之財政情形。茲選美國東部鐵路之四大系，將其去年全年中普通股票，最高及最低之市價，列表於後。

鐵路名稱	最高價	最低價
New York Central（票面美金百元）	36⅝	8¾
Pennsylvania（票面美金五十元）	23⅜	6½
Baltimore & Ohio（票面美金百元）	21⅜	3¾
Chesapeake & Ohio（票面美金二十五元）	31½	9¾

再觀機車公司之普通股票價目如下：

公司名稱	最高價	最低價
Baldwin Locomotive Co.	12	2
American ,, ,,	15¼	3⅝
Lima ,, ,,	19⅝	8½

以包爾持溫機車公司而論，去年夏季，據毗郇路（B. & O.）商業調查之報告，除代造本雪文尼亞鐵路之電氣機車若干輛外，定購其他機車者，竟無一輛。其清閒可知。

美國鐵路工資，爲勞資雙方所協定。非一方所能隨意增減。而美國人普通心理，則無不趨於抬高工資。各路公司，自一九三〇年後，已陸續裁員。至一九三二年初，則裁員之不足，非減低在職人員工資不可。於是勞資雙方代表，會議於芝加哥。各本互讓精神，議定自去年二月起，鐵路人員全體，暫減薪資一成，以一年爲期。去年十二月，雙方又開會議，討論縮減問題，已經各代表同意於本年二月底期滿後，再延長九月。

至裁減人員之權，則全在公司。以毗郇路而論，自一九三〇年，工機務人員，首受影響。此後年老職員之退休，職務之歸併，甚至大修理廠，每月僅開工半月。總公司中之會計處，爲免裁員計，則減少工作時間。除高級職員外，每星期一律犧牲半日工資。至去年四月，營業益衰。而在協定減薪以後，無可再減；於是不得不復用裁員辦法。此次大刀濶斧，各處經費，一律裁減三分之一，其非必需之機關，如發行刊物，調查農工等室，幾於全裁。其他各段站力謀歸并，一方改良辦法，增高效能。如貨站會計事務，劃歸會計處專室，滙合辦理。又以該處核算貨票一室計，同時被裁者，達一百五十餘人。

美國工會章程，資格老而其職務被裁時，在一定界限內，得退居舊職，或取資歷淺者之職位而代之。故青年大半失業。其中年未失業者，往往退居十餘年二十餘年前舊職。亦有在路數十年，而被裁時，已無舊職可退，並無他職可奪者，則亦完全失業。一般人所受痛苦之深，以去年夏秋，有二職員先後在公司跳樓殞命，可以想見。現在冬季，救濟本路失業人員，鐵路當局，視爲要務。據辦理此項事務人員之估計，以前全路用人約七萬五千，現在約五萬人；被裁者約二萬至二萬五千人。一路如此，合美國全國鐵路計之，被裁人數，當不下百萬也。

過去一二年中，許多鐵路所賴以維持債款信用，完成改進計劃者，皆出於政府之借款。去年八月間，鐵路營業最低落時，東部各路行政人員，聯合宣言，請全國民衆，一致主張，解除鐵路所受政府之特別限制，俾與水運及長途汽車，處同等之地位；倘鐵路仍不能與之競爭，則雖失敗而無怨。翌日而州際商業委員會，批准東部鐵路，併成四大系統之計劃。去冬，美國投資機關，如保險公司等，敦請名人，組織委員會，研究鐵路問題，及救濟方法，新選繼任大總統羅斯福氏，於選舉運動之際，曾演說鐵路問題一次。故料其就任後，對此必有一番作爲也。

美國鐵路困難之原因及其將來

美國鐵路困難之原因，可以簡單言之。一般商業之凋敝不振，當然爲鐵路營業低落之主因。然鐵路之所以成爲問題，固不在此也。論鐵路之本身，則有平行線之競爭。以一路可以應付之地，今有二三路，結果，各不能得充分之營業。且在競爭地帶以內，一路開一客車，他路在前後數分鐘內，亦必開一客車。一路開一貨車，他路亦必開一貨車。有客無客，有貨無貨，則不之顧。現在鐵路界人，對於此種辦法，已不以競爭稱之，而名之曰耗費（Waste）。次則鐵路以外之競爭。鐵路客運之大敵，尙非長途汽車，而係私有汽車。美國人有寧無家而不可無車者。且其短程旅行愛自行駕車，而不願閟坐火車。又飛機載客，如紐約華盛頓間，每日售票，亦頗可觀。將來或竟成鐵路客運之勁敵。貨運方面，運貨汽車，成本既輕，載重量漸增。且可聽運貨收貨人，隨處裝卸。開車時刻，亦可通融。故鐵路地位，日見退步。美國政府中人，又有主張開鑿運河，鼓勵船運者，總之，鐵路成本較大，又受政府之嚴密制裁。而與鐵路處競爭地位者，非持不受制裁，且間接受政府之補助。鐵路不平之鳴，良非無故。

然則美國鐵路之前途如何？此一問題，恐無人敢下斷語。所可知者，鐵路將仍爲運輸之主要機關。而不復能保持其專利之性質。其困難之能否減少，則視其與他項運輸機關之合作程度，與過苛過偏之制裁，是否早得解除。抱樂觀者，固不復否認汽車飛機之新地位。而抱悲觀者，則以鐵路現任向政府借款維持，將來必收歸國有。最近紐約時報讀者來函欄內，竟有美國參戰時主張鐵路國有之某氏投函，謂鐵路與普通商業性質不同，政府應實行管轄之議，此與美國傳統思想，正相反背。或者美國民衆思想，正在醞釀變化之中。將來國有之說，固非完全杞人憂天之談也。

中國築路之機會

然謂鑒於歐路之漸歸陳舊，與美國鐵路之危機，以爲中國無庸多築鐵路者，實近過慮。蓋美國鐵路，供過於求，正如本雪文尼鐵路總理最近所言：'美國鐵路，足以應付全國現有一切貨運之兩倍。'我國地大物博，長途運輸，仍非鐵路莫辦。而以目下內政民生外患諸端，尤非趕速興築幹綫不可。不特此也，近年來公路建築之進行，遠過鐵路。雖鐵道部兼管國道，而各省建築省道縣道，未必先與鐵道部，作通盤之籌劃。將來公路線網既成，不築鐵路，則不足以供充分之需要。再築鐵路，則一部之營業被奪，必受競爭之影響。此鐵道當局，所應及早規劃者也。

欲謀積極築路，於短期內，收有成效，則國民政府之財力不逮。以新頒之鐵道法觀之，國民政府，得允許地方政府或私人建築鐵路，可見政府鑒於一時既無力多造新路，何必徒耗光陰，杜絕其他築路機會。鐵道部顧部長，亦曾於演講辭中，表示欲謀築路，不得不出於借債一途，望有識者，能作相當之宣傳。

向人借款尤其借外債，第一條件，必對於本息有相當之保障，此乃人情之常。投資者，既非視作慈善事業；而借款者，豈應任意拖欠不還。然如借款條件，損害國家主權，含有政治意味，則又萬萬不可。簡言之，以投資性質之借款築路，勝於不築路。以有政治意味之借款築路，不如不築路。

環顧列強，其能有餘力投資中國，而無土地與政治野心者，首推美國。彼等以資本立國，對於本息之保障，利率之厚薄，當甚重視。未可厚非。然除商業與投資以外，美國實無土地之野心。其國會下院，已通過菲列濱獨立案，是一明證。自商業停滯以後，美國國內，無可投資，利率低落。倘吾國國內有辦法，加以吸引，當非難事。此外英法等國，於我西南邊陲，後患堪虞。不可不敬而遠之。

美國之可以助我者，又非僅資本而已。凡鐵路所需材料機械，固無不可得之美國。即人才一項，於大舉築路之際，倘感缺乏，亦可向美招致。是苟吾國有鞏固政府，決定方針，則利用美國資本；及相當之美國人才，與材料機械，於一二十年內，完成全國鐵路線網，並非奢望。若必完全用本國資本，雖再經數十年，亦無把握，此數十年中，外資所築之路，其對於我國政治經濟之利益，及啟發民智，減少災荒之效果，必遠過於美國所能吸收於吾國之利益，況以國難之般、未可坐候束手待斃之日。而美國正受大量生產之厄運。其剩餘資本，材料機械，及若干人材、一舉可為我用，辦我所急需辦而不能辦之事。此正一大好機會，主持路政者，似值得加以慎重之考慮焉。

關於人才一點，有應加解釋者。借才異地，本屬不得已之舉。必本國缺乏之人才，方有招致客卿之必要。然謂懼外人伸張勢力，而寧置事業於不辦，則又非是。此其一。我國政府，往往不惜巨貲，敦請洋顧問。既無一定目的，而顧問亦惟有以建議盡其職，多無成績可言。以後僱用洋員，自必先有一定之事務舉辦，而後選擇能實際工作者。無取乎徒負虛名之輩。此其二，美國鐵路。絕少新發展之望。年老者，固守其位。年青者，不易升遷。再加此次商業不振，工資有減低之勢，職務有裁併之虞。年力壯者，多思另闢新途。其已被裁者，即營業進步，亦無全體復職之望。欲謀生機，必多另改他業。吾國苟大興鐵路，擇尤羅致，自必樂為我用也。

試舉一例，前年東省事變暴發之際，如作者記憶無誤，則平漢路有機車若干輛以正在請南滿路代修之中。吾國辦路數十年 修理機車一事，何至請人代庖？即平漢路在軍事之後，受創甚深 無法將損壞機車，全時修理。何以全國無他廠可以代修？而非請南滿路不可？此種現狀，在辦鐵路者，當引以為恥。竊以觀察所及，吾國可借用美國鐵路人才者，當以機械為最。以吾國現有及擬築各路而論，國內非特應有大修理廠。且應自造機車。若念抵抗外侮，遲早必有一戰事發生，更無論矣。現美國機車公司，如鮑爾特温廠，營業清淡已極。此外各大鐵路之機廠，於重大修理以外，亦素能自造機車。今則關閉之時爲多。吾國倘能集款建廠，於國內選一專家，有聲望學識手腕，以駕馭西人者，總理其事。則目前欲在美招致必要工程師，與精細工匠，絕非難事。自造機車，指顧間事耳。

尤有進者，吾國今日欲自造機車，或不得不用洋員。然建廠以後，即爲訓練本國人才之機關。美國機廠工人，多自學徒出身。其當工頭，或其他中級人員者，往往自中等工業學校畢業後，再經廠內相當之訓練。凡實際工作者，蓋必有多年之經驗。吾國大學畢業之工程家，年有多人。其公私費出洋深造者，亦非少數。然以管窺之見，吾國青年，至大學畢業，大半已成書生。到外國考察一二年，學理甚深，設計畫圖，是其所長。其中富有實際經驗之士，則回國之後，自必居要職而就高位。然所需之多數精粗工匠，能實行製造裝置修理機件，如舊名詞之所謂學手藝者，何自而出？吾國現行教育制度，有頭重脚輕之弊。工程亦非例外。倘國內有廠，所需精粗工匠，當自十餘歲時，即加以嚴格訓練。俾其體力技能，同臻發達。是自造機車，與訓練機匠，乃一舉兩得之事。吾國工程家，在廠繼續研討，深窺堂奧之後；則洋員自必日歸淘汰。而是項機廠，終成完全自辦之事業也。

向美舉債之利，又不僅限於鐵路之建設。而並有助於國際之地位。此次日人侵略東省，國際聯盟，事事須問美國之意見。然雖美國人民，大多對華同情。而少數資本界中人，袒日頗烈。其理由爲美國在日投資，二倍於其在華投資。故美國萬不能坐視日本之一蹶不振。且彼等心目中，以日本爲有組織之國家。於征服東三省後，必能維持秩序，發展工商。日本又極困窮，勢非借款。不能開發利源，而美國投資之機會至矣。此雖自私自利之見，要不脫人情之常。吾國大好河山，不謀建設，人必起而代謀。及今之時，如何吸收美國資本，團結兩國利害，一方於國內力謀建設，一方於國際運用手腕，或尙可免亡國之禍歟。

以上所論，苟求實現，必先使政治清明，社會穩定。至少限度，亦必須軍政領袖，或人民代表誠意合作，以國事爲前提。然後政府能立固定久遠之方針。而辦事之人，方有軌道可循，得以努力前進。此固爲鐵路員司，職務以外之事。要不得不謂爲各個國民應負之責也。

整理招商局管見

熊 大 惠

招商局，爲我國惟一航業機關，自創辦以來，已歷六十餘載，其中歷經整理改革，而內容腐敗依然。債務纍纍，達一千七百餘萬，營業衰落，月虧十七八萬，人事廢弛，冗員何止數十。考其原因，固由於歷來惡勢力所造成，而管理之不科學化實爲之厲階。目前招商局之病，已入膏肓，若不急思有以補救之方，恐將淪於破產地位而後已。前次部派陳孚木氏任監督，李偉侯莞充經理，曾具一整個計劃，首述現在真實狀況，次叙實行整頓經過，末殿以根本整理計畫，眞知灼見，方擬施諸實行，乃以種種關係，未能收效。今聞國府，重具決心，已將該局確定性質，重行改組，業由中政會議議決，收歸國有，另設監事及理事兩會，專司整頓之責，迻聽之下，私心甚喜。我國航業前途，或有一線曙光。鄙人平日對於航業管理素喜研究，玆當該局改組革新之秋，謹將芻蕘之見，敷陳於後、以供採擇焉。

嘗考招商局病原，癥結所在，管理窳敗，前旣言之矣。管理有三部，人事，財務，營業是已。玆將改革意見，縷述如左：

1. 人事管理

查人事管理，爲美國台萊氏所提倡。自後生產事業，日益集中，實施科學管理方法，益覺重要。數十年來，頗著成效。勞資衝突，雖不能根本消弭於無形，然內部工作效率，敏捷靈活，可以斷言。我國工商界，前此以爲人事之應付，全恃經驗，詎不知有原理可循焉。近二三年來，自前任工商部長孔庸之先生，提倡於前，設立工商管理協會，集全國科學管理專家於一堂，討論各種管理問題，海上實業泰斗如劉鴻生先生等贊助於後，仿行科學管理法於其所辦之工廠，藉以增加生產效能，國內風氣，爲之一變，招商局經營航業，爲近代企業之一，採用人事管理，實刻不容緩，玆將其效果，臚列如下：

（甲）採用科學管理法後，人必稱於事，事必稱於人，冗員可以無形淘汰，專門人才可以展其所長，則招商局用人不稱職之弊，可以除去，此其一。

（乙）科學管理，重在上下員司，職權分明，而以服從盡職爲要旨。招商局人員，上對下，或下對上，往往不通聲氣，難收指臂之效，如管理方法，能加以科學化，此弊可以改革，此其二。

（丙）科學管理制度對於薪金進級懲罰等項，均訂有定章，不尙官樣文章，重在切實施行，例如薪金一項，最低限度，以能維持普通生活程度爲標準，待遇既優舞弊自少，此爲採用人事管理後之效果者三。

（丁）採用人事管理集中後，各科領袖，除輔助執行人事政策外，可傾全副精神。謀科內事業之發展，則中國事業重人治不重法治之通病，可以剷除，此其四。

（戊）在人事管理制度實施下，應爲事擇人，不應爲人擇事，則現在招商局員司之因循苟且，對於所任職務毫無興趣之弊，自漸減少，此其五。

人事管理科學化，以集中爲尙。其效果已詳述矣，今請言實施之方法如下：

甲、應設一最高獨立人事管理機關，辦理此事，直隸總理下，分設審核，調査，統計及文牘四股，執掌關於人員遷調，升降，勤惰，奬懲，請假，死亡，撫卹等有關人事事宜。

乙、擬訂各式調査報告表格，分發各處，按時塡報，以爲辦理統計根據。

丙、採用最新式耿氏管理圖表，編製各種統計，以便隨時將事業進行狀況，及員司辦事效能比率，呈報總理鑒核，而定改進之方針。

丁、對於辦理人事管理人員，總理應予以特別保障及權限，以便執行其事務。

戊、嚴訂辦事規則，不尙虛文，重在條條能實行無阻。

2. 財務管理

財務管理，直接關係事業之盛衰，亦不容忽視，普通分爲內部及外部兩種。凡關於公司創辦，進展，改組，或倒閉之籌款方法等，胥屬於外部；至於內部管理法，尤關重要，亦即吾所謂財務管理也。此中多探討關於決定資金需要程度，資金支出，或營業開支之統馭問題。如管理得其道，則支出既可節省，收入當日漸增加，信用自趨穩健，則募集股債，易如反掌，外部財務不管理，而自解決矣。招商局之財務管理，素稱腐敗，抵押借款，時有新聞，祇知崇尙外部之財務管理，詎知其中弊病，實在於內部財務管理之不得其當也。玆請將其整頓辦法，列舉如下：

甲、收支統一於會計科管轄之下，然後財政狀況，庶幾易於明瞭。

乙、每日，每星期及每月終，編造一詳細現金收支報告，呈報經理室，以憑核奪，設法增加收入，減少支出，務使招商局商業化。

丙、另設一財務管理機關，隸屬總理下，辦理以下事務：

（一）編詳細財務統計圖表，以憑知資金需要之程度，而圖理財方法之改進。

（二）分析財務報告書，以爲將來營業之方針。

（三）編製預決算，以資節制支出。

3。 營業管理

營業管理，亦甚關重要，直接影響公司業務之盛衰。招商局營業科，幾經改組，弊端雖消弭不少，而買辦包繳制等等，仍屬存在，循此以往，絕無澄清之日。爲整頓計，下列辦法，有採用之必要。

甲、佣金公開，營業招攬，例給報關行手續費，事實正當，惟應實行公開，以憑知所付佣金，是否過多過少，而爲將來改良發展客貨運之張本，

乙、編造詳細營業報告圖表，呈總理室，並應按時送入，不可有貽誤等情。

丙、於可能範圍以內，取消買辦包繳制，如遇有困難，不妨先由新輪試行，如有成效，然後進行其他各輪。

丁、應設一專任機關，督率營業科，分局，及業務主任所辦職務，以期增進營業能力。

綜之，目前招商局之病原，在於管理腐敗，而不集中，故無論厚集資金也，擴張營業也，徒足以供糜費而已，而於實際，毫無補救。爲治本計，應在總理室下，專設一管理部，下分人事，財務，營業，三組，認眞執行上述辦法，則招商局之振興，庶幾有冀！

九一八後之東北鐵路

王　同　文

（一）引言

日人認爲劍拔弩張，「事已至此，中日間除正面衝突，無他出路，非驅逐，即被驅逐」，（均日人論調）由此可知九一八事變，爲日人鐵路戰爭完全覆沒後之一種武力暴動。蓋日本舉國上下，吠影吠聲，咸謂吾國鐵路對滿鐵施行種種壓迫，即此次悍然出兵，干冒不韙，亦爲救濟其滿鐵而起，故其今日對東北鐵道網大肆其破壞，亦爲其預定之一着。當九月十八日夜十時，日軍僞造華軍拆毀南滿路軌，突向我瀋陽之北大營開炮攻擊；嗣後即將北寧路皇姑屯至遼寧總站之路線拆毀，並將總站及瀋海路局與車站佔領，款項案卷，一切財物搶劫一空，他如吉長吉敦四洮洮昂四路，同於二十一日被日軍佔領，皆改懸日旗。各路之損失，自九一八後，爲數當已在數萬萬元。玆將九一八事變後暴日侵佔下之東北鐵路實況，分路詳述其痛史於后，以供關心於東北問題者多一參考。

（二）僞交通部

九一八事變後，關於鐵路方面，日人首先接收東北交通委員會，委員長雖係令丁鑑修充任，而實權則完全操之於日本顧問與參事之手，即下級員司之工作，亦完全不令華員過問，故其工作經過，多係屬於日方應有之政策。後於三月一日（民二十一年）滿洲僞國成立，僞交通部爲僞組織滿洲國國務院之一部，於是僞交通委員會於三月十八日奉令將主管之一切事務，均移歸僞交通部辦理，債權債務亦歸該部承繼，該會即於三月二十十五日取銷。僞交通部成立後，仍令丁爲部長，內部用人，一仍如舊，惟日人之把持更較前加甚矣。

僞交通部置總次長各一人，分設總務鐵道郵務水運四司，總務司掌機密人事航空及會計事務，鐵道司掌陸運事務，郵務司掌郵電事務，水運司掌水運事務、四司司長均係日人。一切公文非經總務司不得發出，其實權可想而知，所用文具紙張，及一切設備消耗等物品器具，均完全採用日貨，即茶葉一項，亦用日產，餘可知矣。

鐵道司分庶務路工經理及第一至第五科，共爲八科，第一科專管吉長吉敦吉海三路，第二科專管四洮洮昂齊克三路，第三科專管奉山瀋海二路，第四科專管呼海路，第五科專管中東路，組織甚爲奇特，鐵道司對各路可直接用函指揮，無須部令飭行，司長之可指揮各路，亦即日人之可指揮各路也。

僞交通部成立後，曾於五月一日舉行所謂'全國鐵道會議'，所討論之要點，大略如下：

（1）奉山瀋海吉海吉敦吉長中東洮昂四洮齊克各路聯運辦法之改良，及行車時刻之劃一。

（2）整頓各站候車室，及增加一切設備。

（3）改良各站旅館飯店，及車內販賣部。

（4）擴充護路守備隊，及增加隨車保護之路警。

（5）整理各列車內之坐位，並注意車內衛生。

（6）取締路員及脚夫，不准欺騙旅客及額外需索。

（三） 僞奉山鐵路

九一八事變以後，日人即思染指北寧路，以遂其侵佔之野心；顧以英國借款利益關係，頗覺難於措手，忽情急智生，竟援奉楡鐵路之前例，截瀋陽至山海關一段，加入連山錦州溝帮子打虎山等數支線，共長九〇四公里，改名爲奉山路，由日軍部指定闞鐸爲局長。該路局成立之初，對於運轉營業各項，本擬另訂辦法，後因車務急尙待整理，難於着手，是以客貨運價，除臨時稍有變通外，均按照北寧原價辦理，惟所收加捐一項，則予取銷，不再徵收。於去年四月一日（民二十一）年起，乃實行新訂之運則，運價表及貨物分等表等，即運轉章程，亦另行改訂。至於會計方面，所有收支款項單據，須經日員小島過目。現日人力謀侵奪該路，惟因英國債權關係，極願避免衝突，故暫採漸進政策，一方在減少該路收入：（1）如瀋陽至營口票價之增加，以免南滿之奉營間受其影響，於是奉山路瀋營間旅客減少，（2）如限制運糧入關，貨運自不發達。另一方對於該路支出，則極力擴大，不加限制，凡一切材料等之購買，路線之修理等等，務使其所需之費，較前高出數倍，又以種種方法，使其不能維持。現日方本此標準，飭由會計處編訂，自僞大同元年至四年之四個年度預算，（會計年度仿照日本）約計收入月有九十萬元，營業支出月有七十萬圓，再加借款之還本付息，每年虧短甚多，日本擬根據此項預算，爲輔助奉山路將來發展起見，向奉山投入資本，仍以南滿代理經營爲條件，同時向滿鐵盡量借用車輛及材料，爲變相投資之一種，藉以遂其鐵路侵略之目的。關於英借款自一月份（民二十一年）起，日人已按月照付，惟須英人與該路直接辦理，以後日本在該路與英國雖同有債權關係，惟實權則操諸日人手中耳。

至於與此路有關之葫蘆島築港，日人初極反對，有意停止進行，後因有荷蘭公司之包工契約關係，倘由日人出而阻止，恐於國際間多引起一種惡感。現日人主張由消極而積極，已允繼續付款。惟擬完工之後，設法改歸南滿路經營，作爲大連之輔助港，而不使成爲中國鐵路之競爭港口。

（四） 吉長吉敦鐵路

當九一八事變發生後，日軍即開駐長春，實行進佔吉長路，警務科及警務公司縱火焚燒，槍殺警士，該課全部文卷服裝槍械，均付之一炬。吉敦路雖係南滿墊款修築，而管理權本爲我所有，與吉長之歸南滿代理經營者，情形迥不相同。乃日軍部於前年十月下旬，命令將吉長吉敦合併經營，至所有條件，照附單所開云云。（附單並未宣讀）旋即強迫局長蓋章承認，據目睹附單者云，條件列有六七條，其可記憶者：（1）支出款項由南滿代表核簽，局長不得過問，（2）購買材料用品，局長不得過問，（3）運費之核定，由運輸處長（日人）負責，局長不得過問等項。據云，日方以合併實行，特送與熙洽金璧東各日金一百萬元，作爲酬勞費。

於是將兩路改訂爲吉長吉敦管理局，編著專章，以營業清淡，支出繁多，節省經費爲名，於前年十一月一日將吉長吉敦路兩局，實行併合一局辦公：將車務科文牘計核兩股，併入吉長運輸處事務課，車務科機務股，併入吉長運輸處機務課，總務科材料股，併入吉長會計處用度課，此外總務科監査科，歸併吉長總務處會計科，工務科分別併入吉長會計工務兩處，從前吉敦各科股首領，均係華員者，至此均歸併於日員之手，從此大權在握，侵略政策大可肆意暢行也。

査吉長原借款，爲日金六百五十萬元，除逐年還本付息外，尙欠日金五百餘萬元。吉敦路原墊款日金二千四百萬元，該路前係由南滿鐵道會社包造，不但査出工程不良，且浮冒至五百五十萬元之多，因此墊款總額，未能確定，故至今未曾收驗。日方乘此時機，以債權者之利益爲前提，將兩路借款合同合併改訂，由日人與熙洽訂立吉長吉敦兩路合併借款合同，借款額爲日金三千六百三十萬元，年息七厘五，期限五十年，分四十年還淸，由滿鐵代管，年分紅利二成，餘四成歸吉林省政府，四成作爲路局基金。自是三數年來滿鐵對此懸案，並不急求解決，或即期待今日之機會歟？

在北京政府時代舉行中日聯運會議時，日人屢次要求南滿客車可以駛入吉長路，表面上爲便利旅客，免生中途換車之煩，實係侵略手段之一種；蓋因可爲技術方面之種種準標，而爲直通軍事專車之先驅。我交通當局，顧慮軍事關係，堅持未允。今日人既併合吉長作爲南滿支線，乃急急於大連長春吉林間直通客車，至貨車竟可直通至敦化。査吉敦路之運貨，原以木料爲大宗，日人又利用朝鮮人串通木商，請省政府開放山禁，爲另一種利權之攘奪。並完全以南滿爲主體，不應有兩個長春站之名義存在，故改吉長路之長春站爲東站也。

（五） 吉海鐵路

此路係由吉林省政府自行集款建築，可稱純粹中國資本自辦之路，已於民國十八年通車。現由僞省署與日軍部訂有合同，其所訂合同條件據傳：（1）與吉長合併歸南滿代理經營，（2）損失時滿鐵負責，（3）有盈餘南滿分二成。日人對於南滿方面之鐵路侵略政策，均以吉長爲藍本。故决將該路與吉長合併，以期政策之貫澈。當合併後，先由吉長將該路車工會三處，從事撤銷，三處事務，由吉長運工會三處日籍處長兼辦，直接歸吉長代表指揮。對於管理局及總辦名義，均予保存；惟總辦之下，僅設監査警務兩課，歸總辦直接管理，總辦下之監査課，亦僅事後監査，有名無實。其主旨在使該路管理局，實際上成爲駐吉辦事處，而實權則完全操於南滿路代表之手。總之，改組之結果，我方對於該路毫無過問之權，必使完全放棄而後已。

據傳由吉林省庫所支官款盡數退還，改由南滿投資，與吉長吉敦同一條件經營之。以故該路吉林站與吉長吉敦，向未允我接軌者，至此因已歸南滿經營，政策改更，已由日人予以接軌，三路車輛得可彼此通車矣。

（六） 瀋海鐵路

此路係遼寧省官商出資合辦，於民國十六年通車，爲東北自營鐵路之嚆矢，日人豈能據爲己有？然日人手腕異常巧妙，九一八事變後，該路路軌被毁，運輸停頓，日人以爲有機可乘，由僞市長土肥原於前年十月十三日奉日軍部命令，召集該路股東董事及重要職員談話，進行改組辦法。結果理事仍由華人任之，土肥原自兼監事長，另添日顧問若干，自此監事長總攬大權，直接指揮進行，雖各處處長均暫仍舊，而實權則完全歸顧問掌握，處長不得過問。而日人意猶未足，自去年六月起，復改定新編制，將顧問等名目取銷，設參事若干人，即可實任各處處長課長職務。故自此項新編制實行後，各處重要職位，均被日籍參事包辦矣。

該路管理權，既已全入日人掌握，與日人代理經營，原無二致。顧日人爲手續上完備起見，仍有向僞交通部進行代管合同之事。至其現在管理該路之方策，首在增加運價，以利南滿之競爭，故收入。日見減少（上年收入九百五十萬元本年約七百萬元）而一面支出款項，則日益加多。（例如日顧問購買汽車，每輛六七千元，又出差除支差費每天十圓外，復托名交際費，隨意支用）其結果已有入不敷出之勢。預定本年借日款四百萬圓，加入該路資本，明年再借二百萬圓，大約不久便可成立。此後日人以債權資格，管理該路，更振振有辭矣。

再者，日人佔據該路，獲得管理權後，首使該路成爲南滿路之培養線，故命令車務處不許與北寧路辦理聯運，並將北寧瀋海兩路在大北邊門外之聯運岔道拆毁，雖瀋海本路運輸大受影響，日人亦所不惜。蓋本路營業之不振，收入減少，日人始得藉詞加入資本，以債權資格永久霸佔路權也。

（七） 四洮路鐵

九一八後，該路原任局長何瑞章，副局長吳敬安，力持鎮靜，故路務得以照常進行，迄未停頓。惟日方意在攫奪該路，竟指使地方維持會秉承日軍部意旨，委闞鐸爲局長，於前年十月六日就職，將副局長缺裁撤，闞某就職後，虛擁局長之名，路務實權，皆操諸日籍處長之手，即課長以上之主要職員，無不以日人充之，即使有一二曾受日人豢養之華員，備位課長之列，而實權反在日籍課員之手。又對於一般華員，則用利誘辦法，實行頒發去職慰勞金，規定在某日限內自請辭職者，發給慰勞金若干，逾限辭職或被開除者，不能享受此種利益。

該路短期借款合同，向係每年改訂一次，至民國十五年五月三十一日合同期滿，因減息問題，未能解決，即未改訂。如照複利計算，截至民國二十年止，所欠本利已達日金五千餘萬圓。九一八事變後，日方乃與僞奉天省政府改訂該路借款合同，借款額爲日金四千九百萬圓，年息七厘五，由滿鐵代理經營，每年日方保息若干，不足時由滿鐵墊補，如有餘利，滿鐵亦按成分享，殆已完全成爲滿鐵之附業矣。

（八） 洮昂鐵路

當該路工竣通車之初，日方即屢次要求與南滿鐵道辦理聯運，我方始終未允。然於九一八事變起後，日人竟隨意擬定聯運協定，強迫立即實行，萬局長國賓不爲日人威力所屈服，拒絕簽訂聯運一切協定，萬副局長咸章代理局務後，亦不肯簽訂。迨洮昂線戰事發生，日人乃於事實上強迫實行，於是自南滿路之四平街經四洮洮昂而至龍江，滿鐵列車可直通無阻，該路至是乃完全成爲南滿之支路矣。

按照洮昂路包工合同之規定，該路日顧問之權限，不過監督本路一切收支各款，及本路用款各單據會同局長核簽而已。迨九一八事變後，日顧問石原重高不顧合同，將其權限，擅自擴張，所有局務，均行過問，雖無局長之名，而有局長之實。並於沿線各段站及行車方面，均派有日人充當聯絡員，以資監督，而圖把持，此項聯絡員、歸日顧問直接指揮，局內外聲氣相通，儼然自成系統。

該路自竣工後，因滿鐵應行撥減之款，不獨迄未實行，及一併起息，以及諸掛費問題，亦未解決，并尚未正式改訂借款合同。九一八事後，日方即乘勢解決此項問題，聞已與僞省府實行改訂正式借款合同，幷有併入四洮，同歸滿鐵代理經營之說。

（九） 齊克鐵路

此路係黑龍江省官商合辦，於民國二十年通車，路局本與洮昂路同在洮南一處辦公，兩路員司，彼此互相兼辦，局長向由洮昂局長兼任。當九一八變事後，局長萬國賓爲避免日人侵佔起見，乃將齊克路局與洮昂分立，遷往龍江設局辦公。未幾龍江失守，復又遷至泰安鎮，迨後日軍進展，日人乃令將齊克併入洮昂同局辦公。日人因此得以把持。並由僞東北交通委員會明令將該路歸會管轄；而日人猶以爲未足，復指使洮昂路顧問石原重高，自充齊克局長，繼以自知理屈，又自貶爲該路顧問，強自干涉路務，肆意侵奪主權。日人雖有日顧問把持該路，而究嫌尚乏合法之根據，藉作永久之吞噬。於是對於黑龍江省政府，強迫簽訂日金三百萬圓爲黑省官銀號復業資本，及簽訂哈海鐵路借款合同，規定將齊克路及以哈爾濱爲起點或終點而新設之鐵路，與呼海路合併，委托南滿鐵道會社代管。按照該合同，應由南滿派代表一人，担任經營該路一切事務，而局長僅有監督任務，如是則日人可根據合同永久把佔矣。

（十） 洮索鐵路

此路初於民國十七年日本曾加迫北京政府簽約借款承造，惟該約迄未簽訂，乃由興安屯墾公署籌辦，所需款項，亦卽由該署墊借，預算總建築費爲銀幣五百萬圓，於十八年八月開工，原預定於民國二十年全路完工；而因九一八事變突起，遂行停頓，僅於二十年二月間完成至懷遠鎮，（王爺廟）計八十四公里，當卽通車。

又於民國十六七年，日本曾向我提出滿蒙新五路借款權之要求。查滿蒙新五路中，洮索線亦其中之一；惟日方之預定路線，係起自洮南，與現有之起自洮安，稍有不同耳。

迨九一八事變後，洮索齊克同被日人把持，乃將洮索路局亦劃歸僞東北交通委員會管轄，而改派洮昂路局長兼理，儼如洮昂支線，雖爲我國自行籌款修築之路，竟爲日本所攫奪。

（十一） 呼海鐵路

此路係官商合辦，官股係黑龍江財政廳，商股係廣信公司，於民國十四年十月興工，十七年十二月全線通車，營業甚爲發達，自通車以後至十九年度，其盈餘竟達四百九十二萬五千三百圓之多。九一八後自黑省馬占山第一次退據海倫，哈長線丁李兩司令敗退之後，日軍進駐哈埠，即有南滿鐵道事務所駐哈辦事處調查股主任吉武正雄，奉滿鐵當局命令，帶同車工機務人員，每日至呼海路局分處調查，對於車務工務機務會計各項，迫索表册，極爲詳細；於是該路詳情，日人瞭如指掌，作爲進佔之張本。一方強迫黑省當局訂立黑省官銀號借款合同，及呼海鐵路借款合同，其擬定之辦法，爲此項借款由呼海鐵路收入內，分年攤還，並以該路動產不動產，及一切收入爲担保，借款期爲五十年，期前不得還淸，省政府將呼海委託南滿鐵道會社代理經營，由該會社派代表一人。担任經營該路一切事務，又該規定該路須與齊克鐵路及將來以哈爾濱爲起點或終點而新設之鐵路，連接合併經營之。建設與鐵路接續線，及其支線或延長線時，應由會社選派總工程師一名，擔任其建設事務，所需之資金，由會社借與之。如此不特呼海路入於日人掌握中，而齊克及其他江省境內鐵路之建築權與借款權，亦均被日人壟斷無遺矣。蓋日人之心，以爲從前彼方勢力範圍，限於南滿，不能完成其整個之滿蒙侵略政策，故欲以呼海路爲侵佔北滿之導線，將來將中東路之哈長段收買，改爲標準軌，可與南滿聯軌，直達大連，南北滿即可打成一片矣。

上述借款合同，因未正式簽署、應屬無效。但日方並不以此而戢其野心、於去年三月下旬，曾有日人前至該路總局強行接收，擬將全路完全改組，並將商股抽出，作更進一步之侵佔。現日人吉武正雄竟以該路顧問自居，每日到松浦監督局內行政，如現金出納，及職員任免，均須經其署名蓋章，方生效力，並滿鐵事務所又派技術人員二十餘名，代行司機調車掛鈎修車等職務。

（十二） 中東鐵路

自九一八後，日人時思在中東路活動，蘇俄因內政及外交之關係，暫取退讓之勢，以免直起衝突。於是日人益無顧忌，乃進佔哈爾濱；遂以日本一手包辦之僞國爲當事者，日本則自居於幕後而操縱之，故使僞國通告蘇俄，按照中俄協定所載，中國方面關於中東鐵路之利益，概歸僞國承受。於是中東鐵路所懸之中蘇國旗，遂改懸蘇俄及僞國國旗，中俄兩國間，關於中東鐵路之各項協定，完全被其破壞，而中國對於該路所有主權利益，亦被日本蹂躪淨盡。嗣後日人深慮該路原有華員，不能悉聽其指揮，乃先暫從撤換華員入手；並改任李紹庚爲督辦，伊里春爲副局長，沈瑞麟爲首席理事，范其光艾廼芳金榮桂爲理事，張恕爲監事長，邵麟爲監事，改組護路隊司令部，以熙洽爲總司令，于琛澂爲副司令，並將駐瀋辦事處移至長春，以上各大員，雖名義上由僞國委任，實則均係日人指派也。

蘇俄本亦陰險，於九一八後，早有消極抵抗之準備，如局中存款一千一百七十五萬元移存遠東銀行，及海參崴葛斯銀行者，達百分之八十，又自一月至三月（民二十一年內，陸續運往俄國烏蘇里鐵路之車輛及材料價値，達四千萬金盧布之鉅，所有滿洲里海拉爾綏芬河等站之行車帳目，均全數取去。雖經日人令張恕赴綏芬河調查，並令李紹庚向俄國交涉，但俄人毫無運還之表示；並申言前運車輛，係俄資購置，在運去車輛中，計有機關車七十三輛，貨車一千四百六十輛；所以車輛頗感缺乏，行車大受影響，待運貨物，各站堆積如山，以致商人訴苦無門，而路局營業亦一落千丈，所有職員薪水，自去年六月份起，將改金盧布爲哈大洋，暫時維持現狀。現華方理事爲索還車輛及要求存款，已組織特別委員會，並訂定保護財產辦法六條，茲節錄如下，以供參考：

（1） 現存東鐵總工廠各種車輛，總材料廠所存材料，及沿線各站車輛材料，統由各該管區警負責保護，必要時派警監視，若車輛運出，或搬運材料，須請由路警處許可，由處令調查局審查，如果理由正當，方准發車，否則制止運行。

（2） 經調查局證明，車輛向他站運送應由發車站路警記明車輛號碼種類，報告本處，由處通知到達站，以資保護，而防外運。

（3）各站運送所用車輛，須由各站路警及該站調查員，調查許可，如有不正當之行爲，不准發車。

（4）各站路警署，在車輛或材料由他站運到，由警官檢視車輛號碼材料數目，以便監視轉運。

（5）滿綏兩站爲國境要道，路警署尤應特別注意，如有車輛或材料出境時，該站調查長及職務系之滿洲國人，監視調查後，再向站長說明，方准出境，否則制止。

（6）本辦法以保護鐵路財產爲目的，責任重大，各路站警官員，不得怠於職務，否則依法處置。

日軍初至東路，原擬以武力壓迫蘇俄，繼以日政府對俄方針關係，於是姑以僞國應付蘇俄，較爲得計。一面則趕築中東路平行線或支線，以與已成之南滿鐵路，及進行中之吉會鐵路相銜接，（詳在後一節）以奪東路之運輸，而制其死命，一面則靜待國聯間形勢之變化，至相當時期，再以武力壓服之。一切決定襲用朴資茅斯和約，割讓長春至大連支線之辦法。將中東全路由俄人手中割讓於日，而日人中之急進者，復主張即時收買該路，倘一時不易進行，最小限度亦須將該路南線哈長段收買，以便南滿路直達哈爾濱，可以壟斷北滿之運輸，雖蘇俄曾否認出賣之說，（俄人認爲放棄中東路，是無異放棄太平洋）而日暗中進行甚力。總之，日人攫奪東路步驟，容有緩急柔剛之不同，而欲消滅蘇俄在北滿之勢力，由日本取而代之之政策，則始終一貫永無變更也。

（十三） 日本對東北鐵路新策略之猛進

（1）拉哈，敦圖，長大鐵路

拉哈，敦圖，長大三線，係正在趕築中之新線，拉哈線自吉敦路之拉法站至哈爾濱，路線約長六百公里。敦圖線係自吉敦路之敦化站至圖們江邊，（吉敦敦圖兩線，即係吉會支線）長約二百十公里，長大線自長春至大賚，爲吉長路之延長線，與中東路併行，長約二百七十公里。敦圖沿線生產運輸能力，日人屢加調查，作有精密之估計，認爲不獨政治軍事方面爲有利，即經濟上亦極有希望，日人因此與其大陸政策關係至爲重要，亟欲趕築完成，乃利用彼操縱之僞吉林省長公署，由南滿鐵道會社與簽承包建造合同，及附屬文件若干種，墊款總額約日金五千萬元，（建築拉哈線資金不在內）內容與其他借日款修築各路，條約大致相同。所有修築工程，由吉長鐵路日總工程司負責進行，於前年（民二十年）十二月即行測勘，結果因人才經濟材料三項，均感不足，擬將拉哈敦圖二線，先行完成，長大則陸續興修。至敦圖路自敦化築至銅佛寺後，並擬分兩線，北線經延吉至朝鮮之穩城，以達雄基及羅津港，南線經龍井村和龍至會寧，以達淸津港。

（2）延海，寧敦鐵路

延海寧敦二綫，均係日本對滿蒙新五路要求之二，延海路起自中東路之海林站，經寧安東京城義松小城子三岔口汪淸至延吉縣之嘎呀河，經灰漠洞渡江以達朝鮮之穩城，路線長約三百公里；日人又稱為海穩鐵道，與朝鮮鐵道聯接，直達羅津港。寧敦路自寧安經沙蘭鎮爾站塔拉站靠山屯至敦化，長約二百二十里。

據寧敦路之工程估計，爲日金二千萬元，延海路距離較長，又因沿途多山，實施工程非易，估計需日金三千五百萬元。據傳已與僞吉林省署，有相當接洽，訂有承造合同。現寧敦線路基已築成，先行駛商用與軍用汽車，延海路已在延吉設立工程局，實行鋪軌，預料於去年十月間，即將通車焉。

再者，査朝鮮境內之鐵道，自淸津港至會寧一段，已竣工通車，會寧至潼關鎮，原係輕便狹軌鐵路，現亦照標準軌間改築，與淸會段接軌通車；並自潼關鎮延築至穩城，又自穩城築一鐵路，經雄基以達羅津港，預定去年十月竣工。此係朝鮮境內日人極力計劃路港，貫通我東北運輸聯絡之情形也。

總觀上述五新路線，敦圖線係完成吉會路之一部，將來西經吉長路直通大賚，東達朝鮮之羅津港，完全可稱與中東路平行，而羅津即將取海參崴之地位而代之，因由拉法通哈爾濱，由穩城通海林，並溯牡丹江而達松花江，由洮南通昂昂溪，無異將中東路截爲三段，於是南下之貨物運輸，拉哈線奪其十分之六，洮昂及海穩線，如奪其十分之二。如是則中東路幾成廢物，而北滿富源，遂爲日人所囊括矣。

延辺鉄路与朝鮮鉄路联絡圖

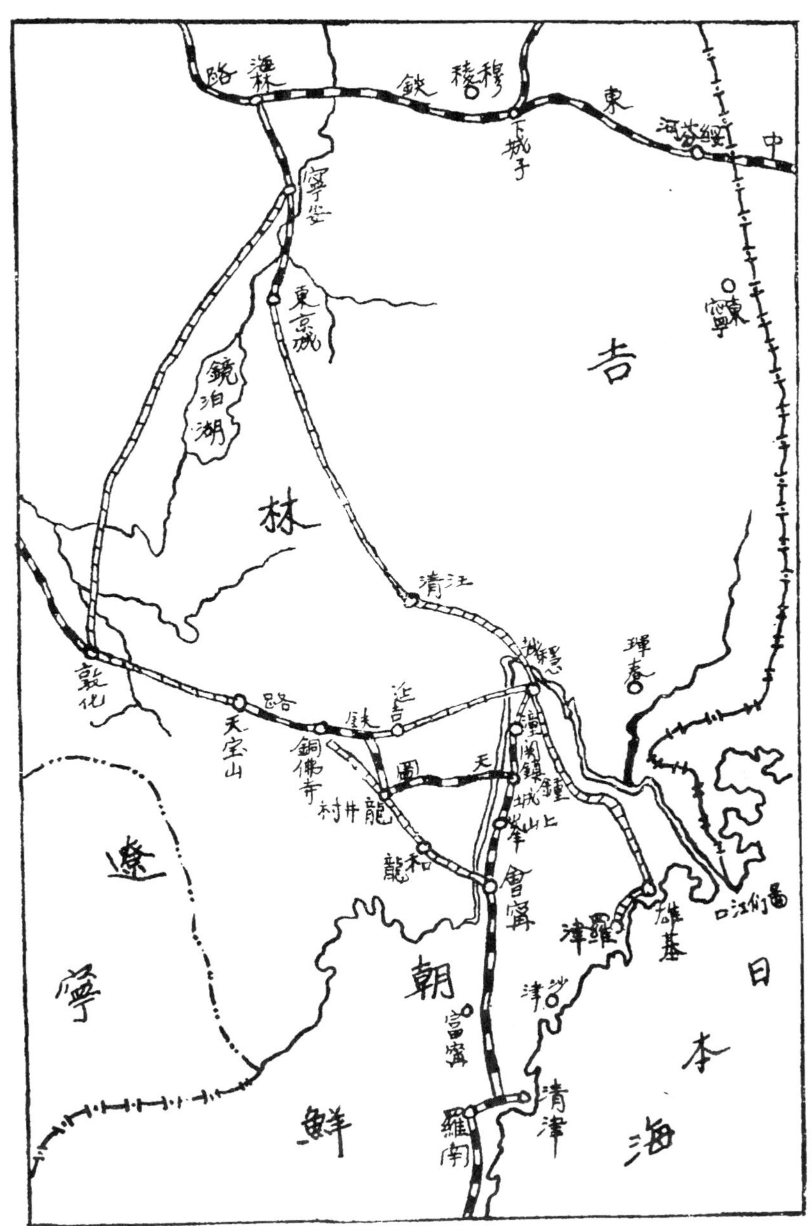

（3）劃分東部線西部線管理局

九一八後，除中東一路尚未完全侵奪外，其餘各路，無論借日款所修，或中國自資修築，其主權已續漸一一被日所奪，由日人秉一貫之侵略方針，以爲經營之步驟。向歸我所自築自營之路，亦囊括而成爲南滿支線、日人遂坦然爲路線之整理，以南滿路爲主幹，在該路之東者，如瀋海吉海吉長吉敦及正在修築之敦圖各路，定爲南滿路東部支線稱爲東部線。在南滿路之西者，爲洮昂四洮齊克打通各路，定爲南滿路西部支線，稱爲西部線、各線互相運用，以培養南滿本線，保持獨佔之威權，藉以完成經濟政治軍事之侵略方策。

日人既將東部西部線劃分後，即分設東部西部線管理局各一處，分別管轄。東部西部線各路事務，由滿鐵會社派日員組織設立之，以掌工程技術運轉營業會計財政全部事項，事實上成爲南滿鐵道直轄之管理分所、一切用人行政，中國政府或人民，全無過問之權。至原有各路管理局，日方擬仍令存，並由華人充任局長；惟組織辦法：（1）擬於局下酌設秘書一課，或秘書警務兩課，襄助局長辦理普通事務，所有鐵路行政及用人，對其他實在事務，統由東部西部線管理局直接處理，局長完全不能過問。（2）擬於局長下酌設秘書等課，歸局長支配外，仍照路局組織舊例，分設總務工務運輸會計各處，處長悉用日員，處長以上添設事務總長一人，亦由日人充任，總管各處處長，各處事務即直接歸事務總長指揮。事務總長地位與局長相等，凡歸事務總長管轄各處，局長不能過問，亦猶局長所管秘書等課，事務總長不得與問。至事務總長與局長，則同受東部西部線管理局之命令。此項組織，據傳去年四月一日即將實行，因國聯調查團來華，故暫行從緩，不久仍須實行。將來路局名義雖存，而實權全爲日人掌握，所謂路局者，實際上恐尚不如南滿鐵道現有之各地公所也。

（十四）南滿鐵道會社之新企圖

九一八後，南滿鐵道會社爲進一步擴張其事業之範圍起見，決增加資本三億六千萬元而成爲八億元，去年十月先收二千萬元，作爲新興事業之用，餘則視需要之緩急，分十五年募足、該社之新定事業，有如下列幾種：

（一）爲開發滿蒙，由該會社之經濟委員會，與日本政府合作，爲滿蒙資源之經濟調查。

（二）爲避世人耳目，將該會社之附屬事業，及旁系會社，如南滿洲瓦斯株式會社，南滿洲電氣株式會社，大連窯業株式會社，南滿洲旅館株式會社，滿洲船渠株式會社，撫順炭販賣株式會社，大連汽船株式會社，福昌華工株式會社等另組一特殊會社，使之獨立。

（三）爲振興滿蒙對日貿易，除錦州吉林敦化哈爾濱三姓齊齊哈爾寧安七處，已設有貿易館外，決在扶餘洮南等地，添設貿易館。

（十五） 暴日併吞後東北鐵路之預測

東三省自去年由日人一手包辦造成僞滿洲國後，所有行政大權，悉操於日顧問之手。卽鐵路方面，局內行政權，均操於日籍處長，華局長等於有名無實，原依照僞組織，在國務院下有僞交通部，以總管東北之交通；但管轄東北各路之實權，則全歸於東部線西部線管理局之日籍事務總長一人之手。將來鐵路方面所得之結果，預料其最明顯易見者，有：（一）從前一切非法條約與未能解決之懸案，將由日軍部與僞滿洲國簽約承認，作爲法律根據。（二）一切鐵路之損失及負担，爲我國所否認者，如洮昂路工事費，四洮路借款費等，悉依照日人之意，由僞滿洲國承認且了結之。（三）此後東省必根據合作宗旨，組成於日本最有利益之鐵道網，於是東北各路，盡成爲南滿給養線；卽無所謂並行線問題，亦無所謂貨物吸收區域協定，與運費協定等問題。（四）急築拉哈敦圖長大延海寧敦五新路線，使打成一片，與中東路並行，爭奪北滿運輸，並以利軍事，破壞兩國國防。（五）由南滿路與東北各路實行聯運，以大連營口安東與將來之羅津港或清津港，作水陸聯運；如是則北寧咽喉受扼，庶必衰落。（六）北寧之關外路線，將永不能收回，而有不得不歸併他線之勢，卽英國債權，亦不難因之而生變化，或竟將英款退出，改由滿鐵投資，亦未可知。（七）熱河方面擬添築之線，諒必急於成功，以威脅我華北。（八）東省由鐵路入關之客貨運價，將完全由日人壟斷。對於糧食與原料之入關，庶必加以限制。（九）東北各路日人必藉合作之名，希圖握有自由徵發及占有之權。以上所推測，雖似言之過甚，然依日人強暴情形料之，殊不足爲怪也。

附　　錄

作者附註：在本文結束後，於三月二三兩日，申新各大報又披載關於東北之重要鐵路新聞；兹因未及插入本文，特將其重要之一節，附載於後：

日本併吞我東北全部鐵路

既成鐵路槪歸南滿公司經營

另以一萬萬元建築新路三條

（東京）「滿洲國」決將國有鐵道委托南滿鐵路公司經營，已成立交涉契約，其條件昨由滿鐵發表。（二日電通電社）

（東京）九一八事變後，日軍以武力掠奪我國有鐵路，邇來在南滿鐵公司經營之下，上年中所獲巨利達五百餘萬元，彌補南滿鐵年來之虧空，爲數不少，日政府爲永久壟斷我鐵路，竟令南滿鐵公司擬定新條約，強迫傀儡交通部簽字，此爲日滿議定書簽字後最重要之發展，其併吞條約大綱如下：

（甲）南滿鐵路公司受「滿洲國」之委託，經營其所有一切國有鐵路，爲統一現有基本鐵路，採取合理的經營法，增進經濟上技術上得美滿效果起見，一切鐵道委諸經驗及技術具有健全之南滿鐵公司經營爲最妥，南滿鐵公司因「滿洲國」對該公司負有巨大債務，爲處理債務關係，決定引受一切鐵路之管理權。

（乙）委任經營合同大綱如右

㈠「滿洲國」政府因吉長、吉敦、吉會、四洮、洮昂、洮索、齊克、呼海、瀋海及奉山各鐵路，對南滿鐵公司所負債務共計一萬萬三千萬元。故以上列各路財產及收益爲本項借款押品，其經營權一切移讓滿鐵公司。㈡「滿洲國」關於鐵路資金對第三國所負之債權債務，一任「滿洲國」與南滿鐵公司協議之下，應清還之債務，由南滿鐵公司支理，中英公司借款由受任鐵路收益金清還，奉山路與中英公司借款有關之部分。在本借款未解決之前，由抵押品中除之。㈢「滿洲國」准南滿鐵公司建設「自敦化到圖滿江」「拉法至哈爾濱」「德都至海林」之各路，其經費估定一萬萬元。

（丙）爲建設上列三鐵路，「滿洲國」應由南滿鐵公司借款六百萬元，收買天圖鐵路，然後委南滿鐵經營。（二日華聯社電）

综合卷（第五册） 交大季刊 第十一期 管理号（1933）

鐵路貨車支配應有之工具

黃 宗 瑜

管理鐵路貨車支配，爲改進鐵道業務要途。但欲善其事，必利其器。欲求車輛分配得宜，管理者固須上下一致，互相協力，運用科學方法，以求增加效率，減低虛糜；惟專憑人力，難免疏解。必有相當設備，以資稽核，而後車輛之運用可達最善之效果。此貨車支配工具，所以重要也。作者不敏，乃擇其要者，一一討究之。

第一節 支配貨車之通訊

車輛之調撥與稽核，其目的，不外制止不合理及不經濟。事項之發生。以期出最經濟之支配方法，而獲得最大效用。然欲臻乎此，須以通信機關爲先決問題。假使通訊設備不甚完全，僅能用列車傳遞報告。則信息往返費時。車務處所得之報告，均爲過去之陳跡。站員所幸奉得之命令，亦爲事後之申述。遂使稽核無由，弊竇叢生，車輛延誤，莫由整理。鐵路欲祛此弊，必須有通訊之設備。考現時鐵路通訊，除電報外，尙有專用電話者，消息傳遞，至爲神速。車輛行動，立時可知。一概命令，收發便捷。故車輛延誤之弊，可以盡去。玆將電話之設備情形，分別言之。

第一目 電報

電報之用，在調撥車輛之運行，稽查車站之作業。或由車務處行車課發出，站長用之，以爲分配車輛之根據。或由站長發出，以報告請求或詢查車輛之行動。普通車務電報，其等級及用法，詳列于後。

各路配車電報之運用法(膠濟路公報)

符號	等級	事由	發報人	收報人
XR	急電	臨時支配車輛	行車股	有關係各站長
XR	仝上	臨時請求車輛	站長	行車股
XR	仝上	車輛留軸	站長	行車股及有關係各站長

CR	常電	車輛報告	長	行車股
LR	常電	列車載重及拖引力報告	站長	行車股有關係各站長
R	平電	支配貨車	行車股	站長

以上為我國鐵路車務處所用，關于車輛支配電報運用方法。雖符號等級，各路有變更，然大致相似。電報傳遞消息，尚嫌遲緩，有時需要急迫車輛，供給仍感困難。故各國鐵路通訊，於支配貨車，均以電話為傳送命令之工具。而電報，則用為使用車輛之根據。蓋求其迅速而且穩妥也。下節乃將電話使用法略述之。

第二目 電話

各路支配貨車，除普通電話外，尚有專用電話。其電話為選擇式 Elected Type。長途電話，裝設於各車站，車場，機車房，車務段長室，站長，車務處長室，及總調車處，其話機專供調度列車支配車輛之用。且其使用人員，亦有規定，以免淆亂錯縱，誤會滋生。蓋一切行車命令，均由是傳達，苟非有一定人員收發，則負責無人，偶有意外，誰尸其咎。惟用電話傳遞消息，常以天氣關係，聲音含糊，且聽發之際常有錯誤。維持設備，又須用巨款。而我國調車人員，狃於舊故。今日除膠濟，吉長，京滬，北寧外，其餘各路，調撥車輛，均仍用電報。臨時配車，則以普通電話行之。但事非專屬，故多遲延。車輛支配，難求迅速。供給既不適應，貨運之不發達，此亦為一大原因也。

第二節 支配貨車之報告

第一目 報告之功用

運行車輛，既有電報電話，以傳達命令。但指令發出，是否遵行，施行之際，有無遺誤，故應有核對方法，隨時稽查，而後疏漏可免。現今各路核查車輛運用之方法，除有各站車輛行動報告、與行車命令互相對照外，同時復徵集各車貨運情形，車輛運用成績，以為參考。故站長所編各種報告，對於車務進行，關係甚巨。管理支配者，務須刻刻留意。遇有欠缺，必須限期補造，按時催索，苟有虛報，或錯誤，站員司事，均須處罰。而後令出惟行，車輛支配，乃有效率可言矣。況今日之鐵路，迥非昔比。其內部之作業，日益複雜。外界之需求，亦隨社會進化而俱增。故支配車輛，欲使供求得宜，對於全路車輛之行動，及沿線之地方狀況，實業情形，及需要數量等，均須徹底明瞭，而後可定施設之計劃。能藉以熟知上項情形者，即車站站長之報告也。是則報告之重要，不在稽核命令，亦爲一切支配計劃之根據也。

第二目 報告之事項

支配貨車所需要之報告，至爲複雜。舉凡一切與車輛行動運用有關係之事項，均須詳細具報。茲就其利用目的言之，可分爲三類。

A 每日支配貨車之報告

(1)需要貨車 各站站長每日在一定鐘點之前，將該站次日所需要之貨車數，待運貨噸，車輛種類，及存站空車，與種類，報告調度課，以爲分撥車輛之根據。

(2)停站貨車 每日零點起，各站站長，須將各該站在二十四小時內，存在該站本路外路貨車情形，將其種類號數，分別貨運，軍用，公務，到站重車，待掛重車，(分別鮮貨牲畜商貨)存站空車等，報告調度課。

(3)運行貨車 在二十小四時內，車守應將貨物列車上車輛情形，將其種類號數，分別貨運軍用公務，重車空車，自機車起，依照拖掛次第，造具報告，如中途有甩掛，須按照其甩掛次序，將車輛號數，種類，及摘掛地點，一一詳報。此項報告，由車守任之，於抵站時，交由站長，寄交調車處。

(4)收發貨車 貨物列車出發，於出發之前，站長須將掛出車輛之種類號數，空實及達到站名，報告調度課。貨物列車抵站後，亦須有同樣之報告。

以上四種，乃每日支配貨車必有之報告。車務人員，用以示車輛之運用者也。

B 稽核貨車支配之報告

(1)在站車輛狀況 各站長每日需將本站各種車輛狀況，分已裝待裝，已運待運停站停場，將其號碼，噸位，數目，造具報告，每日送交車務處，以登記車輛之根據。

(2)車輛修理 凡車輛交廠修理，站長應將各種車輛，到站及入廠日期，車號數目，路別等。分別呈報。如修理完竣，應將交還日期，離站日期，及時刻，以及是否實載，或空車掛往他站，均須詳報。

（3）在路車輛狀況　車輛於何日附掛，第幾次列車掛出，中途掛摘輛數，及站名，達到站名，及日期，均須依車輛之號數種類數目路別等，報告車務處。

以上三者，乃車輛支配人員，用以稽核車輛支配之狀況，亦登記車輛之根據也。

C　計劃改良貨車支配所需要之報告

（1）貨物運輸之數量　各站應將每月所運貨物之種類噸數，運行里數，及一月中每日裝車次數，具表詳報。

（2）貨車運行之時間　各車守應將各種貨車，自起站掛附列車上起，至到站解下止，將其運行停留時刻分別原因，詳細具報。

（3）現有車輛之數目　各站每月須將本站車輛數目，車輛載重量，機車數目，及牽引總力，並分種類，路別，購置，定廢棄，定購各項具報。

（4）車輛運用之狀況　各站每月將本路及他路貨車種類，在路數，租用數，可用數，存備數，候修數，已修數，一一具報。每半月報告一次。寄交車務處統計課。

（5）貨車運用之效能　載明東西南北各方向之重車空車里數，平均每日在本路車輛數，平均每車每日里數進款及非進款延噸里數，每重車平均噸數。

（6）車輛盈虧之狀況　各種車輛盈餘或缺乏，及存留特種運輸之車數，其數目乃用下法算定：（一）平均每日車輛盈餘之數，係以報告期內之日數，除本週供給客商外盈餘之空車總數。（二）平均每日車輛缺乏之數，乃以日數除本週內請求而未撥給之車數。（三）如運糧或鮮貨之車，均視為盈餘，但其數目，及留存數目，必須詳為注明。

（7）貨車供給之情形　述明各種自有及租用車輛與客商請求數目，更將客商每日平均裝載需要之數，除每日平均鐵路供給之數，而得車輛供求之比例。再將本站停存之車輛數，除本路現有車輛總數，或本路現有可用車輛之總數，則得各站車輛分配之百分數，此當分別本路車數與共有車數，（包括租車在內）一一具報。此項百分數，於車輛支配，關係密切。

（8）貨車需要之情形　此由各運商所設之公共團體陳轉站長彙報。將工商農礦產銷情形，市場狀況，物價高低，最近需要車輛最低之估計，以及其他地方情形，分門別類，一一詳報。以上八種報告，皆車輛支配人員所藉以改良支配方法，促進車輛運用之效能者也。英美鐵路，早已採行，我國尚付闕如，以故支配車輛，時常供求失宜，莫由整理。蓋由于不明改良途徑也。故欲求改善，必將上列報告，一一試辦，則庶乎幾矣。

第三目　報告之手續及各種報單

支配貨車，各種報告，其傳達手續，不外二種。一，用電話或電報。二，用電報及各種報單。其報告時刻，分一日二十小時，每時均須報告，及日報，月報，半月報，週報各種。每日支配貨車之報告，大都均用電話隨時電告。而用電報及報單以爲根據。稽核貨車支配之報告，則多用電報，隨時通知，而輔以報單，以求詳實。至於計劃改良貨車所需要之報告，則均以報單行之。各種報告，無一定方式。玆將各種報單列舉數端，以見大概。

一．車站狀況報告　此表說明車站存車，調車以及需要車數，與在站修理情形，爲記載車輛在站狀況之總報告。此表共分七部：

（1）車站車輛狀況　內分（a）修理車輛，（b）待發重車，（c）正在預備及預備裝載車（d）將卸之重車，（e）現存空車，（h）軍隊扣留之車，（f）在站車總數（g）需要車輛（分商用材料軍用三種）。

（2）需要車輛詳情　分需要車輛數目，種類，噸量，貨名，到達站。

（3）現存車站數目　按所屬路種類，噸量，車號，起站站名，到站站名，及日期，附掛之列車時日及次數等分項記列。

（4）待運貨物數量　按貨物種類，上行噸數，下行噸數，其種類分糧食煤雜貨軍火鐵路材料等項

（5）應修車輛數目　分車輛車號，種類，噸量，摘下日期，入場日期，到達站，貨品損壞情形，接收廠等。此外尚有進廠車報單。

（6）車輛交換情形　此項爲租用車輛時所塡列。分路別種類，噸量，車號，日期，

交付日期、交車者，收車者，貨品等項。此外另有交換車輛日報單，以爲根據。美國分爲二種，一爲日報即 Daily Interchange report of car 一爲車守接收單 Junction Report of Car Delivered to Conductor

（7）車輛修後情形　此乃以車輛出廠廠單爲根據。內分車號，種類，噸量，進廠日期，修理廠，各交出站，各接收站，在廠時間空車實車貨品各項。

此項報告爲車輛登記之根據及稽核行車之一部分材料故爲分配車輛最緊要報告之一。

二．列車日程單　美國名爲車守日報 Daily Report of train Conductor 我國鐵道所頒之統計報告，名爲貨物列車日程單，由車守塡造，內分機車車號種類及載運量，貨車路局，種類，車號，噸量，車輛淨重、及載重下分來往站名，裝卸情形，（以時計之）車輛掛摘站名，此項報告蓋所以記載貨車在路上運行情形，及效用，以爲登記之準則者也。

三．貨車掛出日報單　此報單，每日午夜塡寫說明二十四小時貨車行動狀況，藉以明貨車運用時間分配情形及停留原因者也。其記載項目，有（a）車輛之路別，車號及載量，噸數。（b）到站之日期時刻及列車次數。（c）出站（與到站同），（D）說明停車時刻之原因（1）調車及其他站務（2）貨物裝卸（3）商人延車時間（4）各徵收機關扣留查驗，（6）軍運延車，（7）修理，（8）候機掛出，（9）其他原因。用此報單，支配車輛即可得每一車每年運用日期，以定其運轉之速度。此項報告，乃根據二種記錄而登載。一爲車輛在站行動登記簿。記載車輛到站日期。調車交車掛出之時刻。一爲延期登記錄，記載車輛到站後及離站前詳情並其他裝卸及扣留事情，前者明其時刻，後者明其原因。二者參照，乃得D項之種種說明焉。

四．貨物噸量日報單　我國鐵路各站爲使車務處明瞭貨物數量，乃由本站之運出運進貨物登記簿，編造貨物噸量月報單，分已運及待運貨物噸數，分商貨、糧食，雜貨，軍運，本路材料，各項運品　於每日八時前報告。俾貨車支配用爲撥車之根據。

五．商用貨車情形報告　我國鐵路各站於月終將商人請求車輛單，及車輛支配表，彙齊塡造商用貨車情形報告。以示車輛供給之狀況。內分每日商人及站長請求車數，分給車數，由是以定各站間及兵站間請求車輛與車輛供給之比例。此項報告，我國惟北寧路採用之。

以上五種乃我國鐵路用于支配貨車之報告，但尚有數種爲美國鐵路協會會員路所採用之報告爲我國鐵路所能仿用者更言之如下。

1 本路現有車輛月報　此種報單爲淸查本路有效貨車之狀況及數目必要之記載，每月彙報，其中詳列舊有車輛之載重，拖力，容積，數目，及新添車輛之噸量，數目，及運用日期，并各種車輛修理廢棄情形。按車輛歸數路別，分類報告。

2 貨車行程里數及載重噸數月報　此爲計算貨車運用效能之記載，每月由站長按日呈報。

3 每日裝車次數報單　此亦爲計算貨車運用效能之記載。但同時亦可考查車輛供給之狀況，每日由裝卸司事報告站長，彙報運務處。內列所用車輛，車號，噸數，種類，裝貨日期，運往站名，等項。

4 每日商用車輛盈缺週報　此種報單，爲記明車輛供求不符之現象，及其程度，其計算方法，前節已述及，茲不贅。

5 商運參事會運輸報告　此乃各州商運參議會，按照各商店工廠之營業及運輸情形，估計三個月貨車需要數目種類，及噸量，送交各路俾供給適當車輛之用。

第三節　支配貨車之紀錄

貨車之紀錄，所以核對本路及外路貨車在各站之行動，在各站之停留，在各站支配，及本路與外路車之交換之情形，亦所以計畫支配之比例。計算行走空程，行駛里程，互換車租及延期之標準。茲將車輛記錄之情形。分述如左：

第一目　登記車輛之人員

車輛管理員與支配員，以工作性質不同，常分課掌之。美國鐵路於運輸處有車輛登記處 Car Record office，由車輛計核員 Car Accountant 管理之，其最要職務：爲記載車輛行動及算計車輛賬目 Car Accounting，其事務常分兩部，一爲里程計算部 Mileage

Department ，專為計算本路車輛行走里程及客車運行記錄。二為登記部 Record Department ，其職務為登記每日貨車行動及停置站段及車輛掛摘情形。我國沿襲英制，于車務處行車課設調車股，車輛統計股或車輛登記股如平漢北寧及津浦膠濟平綏等路行之，以司車輛行走里程及其他登記事務，或由車務處計核課兼其事，如南潯廣九湘鄂等路行之，更于各大站置抄號司事，或車輛登記員，專為本站車輛行動之記錄，以便站長造具報告。此車輛登記之組織。

第二目 貨車登記之種類及手續

貨車登記之種類，就其記載之事項言之，可分為三類：

1 車輛支配表簿 此種記錄，分站上及處內。站上車輛，分配多用表格或木板。處中記載，乃根據各站車輛分配表，登入車輛分配總簿。茲將二種表簿，分別言之：

(1)車站分配車輛表， 此表每日揭示於車站外，每日作一表寄交車務處，其根據為車輛請求單或託運單，及撥車單而登記，其項目分（一）請求單號數，每日按各商號到站報運之次序而登記（二）本日共請車輛之總數，及噸量，用命分法登記：（三）請求者姓名，（四）貨品，（五）貨物待運噸數，（六）本日撥車情形，（七）本日撥車輛數目等項，皆由站長登記之。

分配車輛總簿 此乃根據車輛分配旬報由車輛登記股按站登記，以明各站車輛供求情形，及分配比例，其所登記之項目，與車站分配表相同。

2 車輛圖板 此項圖板，為掛牆式，設於調度室，為用以顯示機車及車輛在機廠在車站、抑或編成列車之記錄。是項圖板用法分若干格，每格代表一車站，或一機廠，另掛有長及狹之小籤，以代表各列車。凡機車及貨車均用有號碼硬紙片，以代表之。其種類及等次載重，則以紙片所剪成之各種形狀，及所襍各種顏色區別之。該紙片背面復分重載或空車之符號。該項紙片所代表之車輛，如在某站則取置於某站之定格上，若車輛已掛上或摘下列車則按其掛摘次序取懸于代表列車之小籤上，所有圖板上車輛紙片之移動，悉依各站隨時電話報告，以辦理之。俾支配車配員，常時明瞭全路車輛運用情形，及稽查所在地點，以便就近分撥也。

3 登記卡片及帳本 車輛登記，有卡片式及帳本式二種。前者為每一車一卡片，內車輛之種類，車號，噸量，掛出站名、及日期，附掛列車次數，摘下站名，日期，所裝貨物重量，性質，空車里程，修理情形，何日入廠，機廠地點，出廠日期，接受地址，一一均有分格記載此卡片式之格式。帳本式每頁，可登記十輛或廿輛，貨車普通格式橫直行凡兩頁一組分左頁直行記載車號，橫行上中下三面，則登記(一)月日期，右頁直行指示車輛爲實載或定車，每站均簡寫字母代之，橫行則分載起站及到站，視其站名，以省字塡入，此外另闢二欄，一記列車次數，一記修理機廠之日期及地址，此帳本式之格式也。我國北寧平漢膠濟路均採用帳本式，即前交通部運輸會議亦簽以採用帳本式爲便宜。惟車輛較少之路，以登記方便，仍用卡片式，如京滬滬杭南潯廣九平綏均是也。英國鐵路如密特蘭路等，車輛登記，仍用卡片。美國鐵路，則多用賬本式。日德法各國鐵路則二者參用。然究以帳本式較爲通行。

至於登記手續二者微有不同玆分別說明：

1 收集報單　車輛登記之根據，爲車守列車日報單，及車輛狀況報告，並同時參照各站電話報告，以資更改。此項報告登記，當隨時搜集，一一核對。

2 按號分類　分類方法卡片式與帳片式各不同。

(a)卡片式　卡片登記其車輛報告亦爲卡片，故登記員必將各張片子檢出分類排序方能照塡，其手續繁重。

(b)剪裁式　帳本式其車輛報告爲剪裁式。按日將報單上各種車號，用刀切條，每條載明一車輛之起訖站名，行動時刻，及里程，其次將各條分本路外路兩大類。再將每類按車號之次序排列，分類，用特製十抽屜，分用數銅針穿條。

3 登記手續　卡片或報條，分類後，交由登記車輛者逐車記錄。其工作之程序，可以分晰如下：

(甲)賬表式　觀淸車號，査明賬表上頁數，登記首日期次起訖站，車噸容積空實均須記明。

(乙)卡片式　觀淸車號及種類，取出相當卡片，登記，將卡片放回原處，記明車噸容積車輛之空實。

以上乃貨車記錄簿，兩種格式及登記方法，玆更就其利弊及用途分言之：

(1)車輛甚多平時各車登記之次數大致相同者，賬本式相宜，如平時多數車輛只有小部分應行，其餘登記次數甚少者，卡片式較為便。蓋前者翻閱手續及登記簡便，後者查考迅速；且賬本體積龐大，展用麻煩，卡片體積簡小，彙集方便。

(2)設備費，則以帳本式為貴。

(3)帳本容易保存，卡片時常翻弄，每多汚損，且易遺漏。

第三目　車輛登記之效用

車輛登記其最大功用不外六點：

(1)車輛運行記錄可以熟知各種車輛最近行動，及其所在地點，以稽核車輛虛糜，且車輛失踪之虞，亦可免去。

(2)可以編造各種清單，車輛數目，各站段車輛分配情形，本路租車輛數及外路租用車輛數，均可明了。對車輛支配有莫大效用。

(3)各種車輛行動之日期，及日期是否聯接，均可審查。以免外站延誤或忘用車輛。

(4)車輛記錄，可用以為計算行走里程之根據。各車逐日空重行動里數，均可按其起訖站，分別計算。每月里程每年里程，若以車輛總數及日數除之，可得每車每日平均里程，以定車輛行走快速度。又利用空車里程，以為設法增高行車效率之根據。

(5)互用車輛之行動，及日期均可一查而得，可為核對清算所計算日租，及延車費之用。

(6)車輛互用常為他路扣留，久不歸還，入廠修理，每多延誤，有此記錄。則車務處可隨時催促。

以上為車輛登記六大功效，故各國鐵路管理貨車支配者，對於登記一項，極為注意，所用方法，除求省時間，減人力外。兼求其運用效能之增進；故方法至為精確。吾國鐵路所有車輛備用為消極之稽核，有時僅視仝具文，耗廢時力，損失金錢，甚為可惜。

第四節　支配貨車之須用統計

支配貨車除置備通訊之電報電話各種報告記錄之外，尙有貨車統計，亦爲不可少之工具，蓋電報電話報告記錄所顯示皆零碎之事實。各站各車逐日進行狀況，欲總其成，以觀其效及比較過去之成績，現在之狀況，及將來之趨勢，以求改良，以謀進步，是又不可不明貨車運用之得失，車輛虛耗於何地，車輛缺乏起於何因，皆須有統計以觀察推測者也。歐美各國車輛統計，早已採行。顧我國鐵路，雖有各路之貨車統計，與部頒之行車統計，但編訂未臻完備，雖圖表炫華，數量歧異，然製者未能權量重輕，提要鈎玄，手續紛歧，莫宗一是，而用之者又多，以其數字繁複，未能會心象外，比較參證，故施用以來。成績不彰，玆僅就搜尋所得，英美中三國鐵路關于貨車支配之統計，分基本與演譯二者，詳述于後。

A 貨車噸里程　由貨物列車日程單（美國爲車守報告）貨車行程與貨車噸量相乘而得，用以表現貨運實況，乃貨車運用之成績。但此項貨車噸里程，以貨車中途有卸下一部分貨車時，則不足以代表貨車運用之效率。故英美所用者，有淨噸里程，爲每貨車噸之貨物量率，即以貨物頓量乘其行走里程也。

由貨物或貨車里程所得之演譯統計，有下列數種：

1 列車載重里程　凡重車將載重之噸量，與該車之淨重相加，再以貨車里程乘之，用以測貨車載重力之行程率。但載重爲起運量，非實運量，故須以求得淨重爲目的。

2 平均延噸公里　乃將貨物之延噸公里，除以行走里程，以求貨運之高度，及車次行數。

3 每噸平均行走里程。　此乃用貨運噸量，除延噸公里而得，用以測驗貨物下上情形，及車輛掛摘趨勢。

B 起運噸數。　乃由會計處或車務處編造貨運統計月報單抄摘，但亦有由各站長直報車務處者，由是而得之演繹統計：

1 整車噸數。　用爲測量貨車裝載成績，及所需車輛之種類及噸量。

2 零批噸數。　用爲測量規定車輛噸位之虛耗，裝車方法，及分給車輛之種類及噸量。

3 各站每月主要貨物噸數。用以測貨運之增減，車輛之形式，分配之比法，站軌之設備，及季節之推測。

4 各站貨運之密度　分上下行，以噸量計，用以計某兩站間上下行貨物之噸量，以定貨車供給之增減，並可知各站間貨運移動之趨勢，以便規定運調貨車之政策，以免上下行貨物懸殊空車里程之虛糜。此種統計，我國惟京滬北寧綫偶辦之。

C 貨車平均行走里程　此項行走里程，可由列車日報單中抄出，分別空車及客車，按月平均計以定貨車週轉之效率。由此演繹者則有空車里程與載重里程之比例。此項比例，用以測車輛虛糜之程度，以爲減少空程之預備。

D 車站數目　本路車站數目，可分原有車數，訂購車數，待修車數，修理車數，租用車類，廢棄車數，按月統計，以定車輛供給之數量。其演繹之統計，則有：

（1）在本路車數與本路原有車數之比例　此比例，用以測量全路可供用之車輛，不分路別。

（2）在廠　理車輛與原有車輛之比例　此所以測量車輛使用之效率　，及裝運之情形。

（3）外路車輛每日平均裝載數目　此乃由租用裝載次數，除以日期，用以測租用車運用之效能，及其可供給之數量。

（4）租用車輛犯規之次數　此由清算所抄得，用以測車輛扣留情形，及延期費日租費之核對。

E 車輛運用之效能，其統計有下列各種。

1 每日每車行走里程　兆每月車輛總行走里程，除以車數及日數，因得平均每日每車輛行程，分別空載實載，以測車輛行走速度及虛糜之效率。

2 每車運用時間之分析　分析方法，已見前述。此項分析表，其效用在明瞭車輛行運之速度，車站作業之効能，及遲延逗留之原因，以爲改善調遣之標準。

3 每週裝車次數　美國有之。由鐵路聯合會彙報，由此測各站貨運之數量，車輛分配情形，運轉之速率，以及貨運之成績。

F 貨車供給之統計，有下列三種：

1 每週平均貨車盈絀數。 由上列貨車盈虧週報中，摘出總數，除以週數，得平均數，用以測車輛盈虧之消長，分配變動之比例，及添置車輛之標準。

2 每月平均積貨及運貨之比例。 此由各報告已運待運貨物總數，合併計算而得，用以測車輛供給情形，及貨運之成績。

3 車輛供給之比例。 每日將商人請求車數與車輛分配數，用百分法算出其比例，以定供求車輛之情形。

G 機車運載容積與列車載重之比例。 我國鐵路將列車日報單中之各種機車之運載容積與列車載重噸量，用百分法求出其比例，以定機車拖引運用之效能，及虛耗之程度。

以上所列各種統計，乃各國鐵路現行之制度，且其於支配貨車極有關係者，至於各種表圖，各有不同，難以盡述，姑從略。

上論四節，乃支配貨車必要之工具。通訊機關，所以求支配之敏捷。報告登記，所以稽核支配方法之施行。統計圖表，所以明分配之成績，謀方法之改善。數者兼備，而後支配得宜，供求相應，省時節用，經濟之效能達矣。

民國二十二年三月於交大作

管理是一種專門技能

管理現已漸成一種專門技能，其內容之複雜，工作之困難，與責任之重大，亦有增無已，幾與所有各種科學均須發生關係。故從事於管理者，必須具有充分之科學知識，並富於組織與領袖之能力。無論律師，醫師，會計師，與藝術家等技能的支配，均在管理範圍之內，管理殆爲各種技能之中心。

佘頓(Oliver Sheldon)

——見「管理之哲學」(Philosophy of Management)

鐵道公平報酬率之研究

涂 宓

一、公平報酬率的解說"Fair rate of return

什麼是公平報酬率？美國鐵路證券管理局 Railway securities commission 有言曰：『公平報酬率者乃在忠實的會計和負責的管理之下一種足以吸引爲發展鐵路事業而必需的投資的報酬也。』這個解說有兩點應注意的，就是何謂忠實的會計和負責的管理。茲先將忠實的會計解說一下。

我們已經知道，核計財產的公平價值和公平報酬的目的，在決定投資人所應依法享受的報酬的數量，這種報酬的數量爲鐵路營業時所必須準備的費用的一種，故應如捐稅等項包含於營業費用之內。折舊費亦係營業費用之一，其詳細情形已在前之折舊章內討論過，但在此有一點值得注意的，可引美國最高法院的宣判辭來表明牠，

『在未計較盈利之先，公司應當賺進一個足以彌補常年修理費用，修補耗損的財產的費用，和財產到了使用年歲終了時理應更換的費用的運價。公司可用其收入以維持財產的常態，使免於耗損，如此到了財產使用的年歲終了時，牠的原始的投資的數量，仍可如前不減。這種辦法，非僅由其權利使然，即公司由站在保護證券持有人的權利的義務的立場上觀察，也應該如此。』

由此可以得到兩個結斷：一，除非修理費和財產代替費由營業費用帳內開銷，同時折舊費用不列入財產代替費內，否則，其影響將使實際的贏利低於書面的贏利；二，如使營業費用由財產擴充或改良帳內開銷，其影響將使實際的贏利高於書面贏利。由前之結論，可知投資人獲得的報酬是自己的資本的一部分；由後之結論，可知鐵路不惜犧牲一班運客以爲增加財產數量之計，皆非忠實的會計之道。所以忠實的會計乃是達到決定投資人依法所應得到的報酬數量的工具。

忠實的會計已如上述。現在要解釋什麼叫做負責的管理。美國最高法庭有言曰：

凡投資於鐵路建築事業的投資家若不能得受一些利益必由於一種不合法的或不公平的運價使然。這種運價有時發生於環境之需要，有時發生於管理之鬆弛，費用的奢侈，而工資之過量，判斷之誤謬，也都足以使運價 Tariff 入於不公平或不合法的狀態。』投資固應獲得報酬，但是獲得報酬的投資要謹慎從事，管理上更要嚴密。反過來講，如使用投資是非常的謹慎，管理也非常有效率，那末鐵路亦就應得享受非常的報酬了。

二、公平報酬的經濟的分析

報酬Return是鐵路的純營業收入。 Net operating revenue 報酬數量的大小和合理與否，非但與運價根基 rate base 有密切關係，幷且要以報酬率的大小爲轉移。 rate of return 換句話說，由這兩個份子的聯合行動，乃產生報酬的數量。玆舉一例以表明，譬如運價根基爲二千四百萬元，利率每年百分之六，如使增加其利率至百分之七，那末就無異增加其運價根基一百萬元了。明白了這個道理就知道報酬率這問題應該分開來研究一下。

要研究報酬率必須先行分析報酬率所包括的各種原素，並考慮各種原素的經濟的特性。但有一點要聲明的，化學家研究某種物體可將這物體的組合成分準確的分析出來，但要剖解鐵路報酬率，並無科學的程序可循，最多我們只能劃分一條界限將牠的各種經濟的原素分開。

公平報酬的經濟的分析，若嚴格的說來是由資本上的純利息和爲酬報冒險或得法管理的利益等組合而成；由會計方面看來，每年除付予應付的利息而外，剩下的就是公司的利益

（一）利息爲公平報酬的原素的一種

利息可分註明的和不註明的兩種。公債券和抵押證券等所負擔的利息是註明在紙上的，企業家出資營業，甘負財政上的責任，所得補償資本冒險的報酬當然也有利息在內，這種利息雖沒有合同的註明擔保，却與第一種是有同樣的重要。現今生產方法多用間接的， Round about method 需要資本自然較從前生產採用簡單方法者爲多，如使投資於企業得不到一種應有的利息，則投資者曷若借貸於人，或乾脆儲蓄起來。企業如無資

本，當然不能進行；投資如無利息，誰又願做這種愚蠢的勾當呢？

投資之應受其利息，已如上述。但利率 Rate of interest 應如何訂定方為妥當，這却非一兩句話可以道盡，在這裏只能將牠有關於鐵路報酬者概括敘述。利率有很多種，但在鐵路報酬是指其純利率而言，Pure rate of interest 或指使用資本的一種報償而言，純利率無管理的和冒險的報償在內，在競爭已歸平靖的時候，一地方的純利率不論其投資於何種事業上可使其趨於一致 但在動的工業的國家投資不能免於危險及其他負擔發生，故想算出純利率十分困難，大概儲蓄銀行給予的利率是和純利率很接近的。

投資到鐵路事業上的資本理應給與一種能夠應付競爭的利率，這種利率普通一體，然有時等於市場上的資業的利率。

市場利率隨各種投資的供求力的情形及危險性大小而異，所以市場利率不僅包括資本的純利率，即如危險的報償借款時所發生的管理的費用亦莫不包括在內。譬如某種公債券的利率為百分之五，照券面價額售出，牠的純利率只有百分之三或百分之三、五其餘百分之二或百分之一、五為補償危險及管理費之用，這種利息的總量謂之毛利息，和純利息是不同的。

除上所述的兩種利率外、——純利率和市場利率——還有一種法訂的利率。 Legal rate 法訂利率者是政府許給的一種最低限度的利率，下此則與充公無異，這種法訂的利率，美國鐵路採用者很多，但在各州訂立此種利率時亦無一種標準，各憑己斷，故亦沒有一種普遍應用的法訂的利率。

（二）企業家應得的利益 Profit 之研究

企業家投置資本和勞力於其所經營的事業上 ，所以他的收入是混合的 ，不是單純的，辦理鐵路事業的企業家乃是一班股票持有人，才過其實際管理鐵路的權限委之於少數受酬的人員，故股票持於人應得的收入（即報酬）除報償資本使用的利息外，還要報償其經營此種事業時所冒的危險和所負的責任，至於管理人員的薪俸性屬營業用費，應於核算純營業收入前 Net operating revenue 先行減去。

利益分毛利益和淨利益兩種：毛利益包括利益和利息兩者而言；淨利益但指利益而已。我們在這裏要討論的是淨利益，不是毛利益。

什麼是淨利益？淨利益要用何種方式來決定？要知道這一點應先討論利益學說是什麼。利益學說的種類很多，茲擇選幾種較有勢力的略述一下。

第一種是效能學說。Efficiency theory 企業家所得的利益是報償他的管理的功勞，但是各企業家的才力不同，管理的效能因此亦有歧異，凡才力優越的，管理的效能必定宏大，故他獲得的報酬（此處是指利益而言）亦應愈多；因爲利益和管理的效能是有直接關係的。

這種利益學說不適用於鐵路事業；因鐵路事業的性質和他種事業不同，鐵路管理的權限委託於雇用的受薪的人員，管理效率的大小，是和企業家沒有關係的。

第二種利益學說建築於剩餘利益之上，故名之爲剩餘學說。Surplus theory of profit 照這種學說說來，利益如同地租，是邊際生產上的賸餘收入。這種收入的來源或由於市場價值的變動，或由於專利的發生，或由於生產方法的改良，不過若以由個人有效能的管理所得的利益也視爲剩餘收入的一種，未免不近情理，所以效能的利益學說也不適用。

第三種是冒險報酬學說。Reward for risk theory 根據這種學說的大意利益是由報償事業的冒險而發生，是以冒險越大的企業，牠的平均的利益也就應該越高；平均的利益和冒險度是成正比例的。這種學說的好處在能注重利益的原素，知道利益之所由來，然仍不能視爲純利益的唯一的解釋。

不完善競爭學說 Theory of inperfect competition and uncertainty 是利益學說的最後一種。根據這種學說的大意，利益是報償事業成功的一種獎品，反之，如事業不幸失敗，雖受危險，也無獎品。所以企業家彼此互相競爭，互相傾轢，就是各欲獲得這種獎品的緣故。利益既是競爭勝利的結果，利益的有無，不能在事前料想得到。所以這種學說是注重在某種企業間的個別的利益，而非某種企業的平均的利益。

各種利益學說的大概情形已如上述。要想根據這種學說估算出一個報酬中所應該包括的利益來是很不容易的。從事實方面來觀察，非但各種不同的企業報酬內所包括的利益率 Rate of profit 不同，即在同一種企業裏各地公司的利益率也不能盡同。

利益的大小要由下列四種原素來決定；第一是企業的能力；business capacity and

initiative 第二是企業冒越的危險；第三是企業的性質；第四是其他各種外部環境之變遷。鐵路事業是企業中之一種，從無一種固定不變的利益。如在商業極發展的時期內，物價升漲，業務增加工資和利率如前不變，那末利益就要猛烈的增多起來，反之，如在商業疲萎時內，物價低落，業務減少，工資和利率雖亦不免要低落，但不像此兩者之速，結果利益必將大減，或竟使事業變爲虧損也未可知。

各種企業的利益要受四種原素的支配，不能使之一致，已如上述。但在競爭發生時期內大家互相傾轢，甘受犧牲，那末可使利益率 Rate o: profit 漸趨一致，——趨向於一個平常的利益率。不過這種傾向祇能發生於靜的工業的社會裏，在動的工業的社會是不會發生的。

最後一點，我們要考慮到報酬內所應包括的整個的合理的利益究竟是什麽？我在上文已說過公平報酬須包括資本的純利息和爲報償冒險及效能的那種利益在內，但是報償冒險的利益一部分之數是已包括在鐵路資本的合理的利率之內，Supply ef capital——即毛利息，所以鐵路報酬內應該包括的合理的利益率爲報酬功效和報酬冒險一部分之數所組成。

關於決定合理的利益率的學說普通可分兩種，玆略述之如下：

第一派學者的意見，以爲『利益率並非嚴格的資本數量的百分數；與其說牠是報償資本的供給 Supply of capital，毋寗說牠是報償業務的供給 supply of service，企業人的活動和他所能週轉的資本的數量是成正比例的。』

第二派學者的意見以爲『相當的收入應由業務的成本應付於資本的利息和合理的成本總數的利息組合而成。』

根據第二派學者的見解，可用一公式來表明合理的利益率，10ro7/8．這公式內的 r 指借款利率，o 指常年營業費用，Annual operating cost（包括折舊準備但不包括固定的費用在內）惟10之係數和 7/8 之指數的由來尚欠缺確鑿的證據，且有待用毛收入 Gross income 代表營業費代入公式。由這個公式看來，第一可知利益率既因借款利率而轉移，則在業務增加時所得的利益率定要減低，假定應付的利率增高；第二可知若用營業費之數代入公式計算，必須每年度的營業費同一數量方可。

由上文看來，就很容易知道要決定合理的利益率是件困難的事情，而在鐵路財產集合的使用時尤爲不可能之事。所以最好的決定之法，不外用判斷力和觀察力便宜行事。觀察的範圍，第一，考慮經營鐵路事業所冒越的危險的範圍深淺若何，第二，要考察與鐵路同等冒險的企業所付於該企業的投資人的利益率大小若何。總而言之，利益率之高下要以其能使鐵路維持其存在，俾不致和他種企業競爭而失敗爲限度。

三　決定公平報酬率的標準

上半章對於公平報酬的經濟的原素已作過一種論理上的研究，這種理論上的研究對於實際的決定公平報酬至爲重要。從理論的方面言之，公平報酬應由資本的利息和報償冒險與效能的利益所組成，但在事實上要把這兩種不同的原素劃分清楚，使牠可以表示出何者爲利息，何者爲利益，是很難做到的一件事。所以立法機關訂立公平報酬率時但須核算這兩種原素的總數而包括於報酬之內而已，這半章的目的即在研究整個的報酬率和與訂立報酬率有關係的各種標準。

訂立報酬率是個個別的問題，各鐵路的情形不能相同，故沒有一個公式可以普遍的運用。訂立一種報酬率普通的要受下列的原素的支配，

(1) 地方，時間，和環境三者；

(2) 估計財產時使用何種方法。

(3) 發起費和籌款費 Cost of promotion and Financing 之算入資本帳內者其數量若干；

(4) 經營事業能力的價值 Going value 是否包括在運價根基 rate base 內？如係包括在內，其限度爲何？

(5) 能影響估值結果的貨幣的購買力 purchasing power 其變遷情形大概如何？

(一)報酬率和吸收資本的關係

上半章已講過訂立報酬率要以能夠吸引外間資本之投入爲最低限度，因爲投資的目的不外在獲得一種相當的報酬，鐵路事業的展進無窮，任何一條鐵路莫不常常在改進程中，但要求改進自不能無資本，普通獲得資本的方法有二，一從盈餘收入項下提充，

一由外間新資之投入，第一種找求資本之法簡而易舉，但欲由第二法找出資本必須使鐵路的收入旺盛，報酬相當，足以使未來的投資人深信無疑方可。

（二）報酬率和財政結構的關係 Financial structure

鐵路爲昭實其信用起見必須許投資人以利息和相當的紅利。利息和紅利都和財政的結構有相當的關係，換句話說，公債券和股票的比例要與發出的證劵總數有關係。所以報酬率不僅因利息率和紅利率之不同而有岐異，并且可因各種證劵之不同而有岐異。玆列表以明之。

情形	公債券的比例	公債券的利率	股票之比例	紅利率	平均報酬率
一	$\frac{1}{2}$	5	$\frac{1}{2}$	9	7
二	$\frac{2}{3}$	5	$\frac{1}{3}$	9	$6\frac{1}{3}$

假定在兩種情形之下，外間資本之投入各爲三百萬元，資本的根基與估值的根基相同一數， Capitalization and Valuation basis 試觀察在每一種情形之下其報酬率及其所收入的數量如何。

情形一

財政的結構		比率	收入
公債券	$1,500,000	5%	$75,000
股票	$1,500,000	9%	$135,000
總數	$3,000,000	7%（平均報酬率）	$210,000

情形二

財政的結構		比率	收入
公債券	$2,000,000	5%	$100,000
股票	$1,000,000	9%	$90,000
總數	$3,000,000	$6\frac{1}{3}$%（平均報酬率）	$190,000

兩種情形下的利率和紅利率相同，但是平均報酬率不同，第一種情形下的平均報酬率爲百分之七，第二種平均報酬率爲百分之六又三分一，并且收入的總數一爲二十一萬

元，一為十九萬元，其差數為二萬元。由此可知用資本根基和估值根基 Capatalization and Valuation basis 做根據訂立的報酬率合理與否要看財政的結構如何而定。

（三）報酬率和平衡的貿易的關係 Trading on the equity

訂立公平報酬率時還有一個極有關係的問題必須加以考慮，就是公司財政學上所謂平衡的貿易是也。公共事業機關如鐵路者往往除其已有的資本外，尚須舉借外款以資應用，此種由外間借來款項的利率要較已有的全部資本的平均報酬率為低，所以現今使用這種籌舉資本由公債券和股票兩者分開擔任的方法乃公司生利的一個大來源。

公司因受立法機關訂立一種許與公平報酬率的條例的保護往往發行低利公債以籌資本，其結果乃使資本的股票 Capital stook 的利益增加，玆舉一例以證明。

假設某鐵路的總資本有三萬萬元，其中二萬萬元，為公債券，年利五釐，又一萬萬元為資本股票，又假設此三萬萬元為估值根基之數，今若立法機關許估值根基之數以七釐的報酬率，那末資本股票就可獲得一分一釐的報酬率了。

估值根基之數	$300,000,000	7%	21,000,000
公　債　券	$200,000,000	5%	10,000,000
資　本　股　票	$100,000,000	11%	11,000,000

看了上表可知企業家在利率低下時寧可多借外間的資本，不必多投自己的資本，借他人資以取利益，生財之道宜莫若於此也。

（四）資本的費用和公平報酬率的關係 Cost of Capital

資本的費用 Cost of Capital 在訂立公平報酬時可供參考之用，說起資本的費用意義甚多，自其狹義的意義言之，是指籌款的用費，但是公司賣出證券的價格和投資銀行實際所許與一班投資人的證券價格的差數也應視為資本的費用，資本的費用的總數應包括籌款的費用每年由進款內付償之數及消除折扣之數 amortization of discount 等在內。大凡一種資本的費用的總數要受下列的幾種原因的支配。

（1） 通行的利率；

（2） 證券的種類；

（3） 應籌款項的數量；

(4) 公司的賺款力 Earning capacity 和財政的結構若何；

(5) 承辦人 Underwriter 普通接受的利益率的大小若何；

(6) 法律對於用證劵籌款及證劵發行的限制若何；

估計資本的費用時對於借來的或有擔保的資本不能和自有的或無擔保品的資本視爲一體，後者較前者爲不可靠，公平報酬不是要包括照現在的情形籌備全部的款項所須發生的那種費用在內，而是要包括按照過去的各個時期的情形舉辦各種資本的那種混合的費用在內，這種公平報酬率不僅以能使其發生借款爲已足，爲報償自有資本的使用起見，平均報酬率之訂定必使其略高於借款的費用而後可。

（五）公平報酬和冒越危險的關係

鐵路公司應以他種含有同等冒險性的事業所能獲得的收入爲訂立公平報酬率的另一個標準，倘使含有同等冒險性的別種競爭的事業所給予資本的報酬爲高，必將使鐵路自斷其吸收外間投資之路，這在理論上講來是毫無疑義的，不過從事實方面來講，鐵路冒險度的大小很難準確的測量出來，談到鐵路的冒險種類很多，有屬於一班鐵路的，有屬於某個鐵路的，有的是鐵路和他種公共事業所應共同負担的，有的是鐵路和與鐵路競爭的工業所應共同負担的，還有一種關係於投資人的危險，就是資本金和所得金 income的穩定如何，所得金穩定與否，又和鐵路的收入有關係，鐵路收入產生於運價，運價又要受法律的規定和限制，俾於工業競爭之中避免那種不可禦御的危險的發生，所以要找出一種工業或數種工業之含有同等冒險性者來和鐵路比較其報酬，是很感困難的事情。

要想用危險度來估定鐵路的公平報酬率還有一樁必須先決的事情，就是要先知道那種有同等冒險性的事業的實際的收入多少，但要探悉這種實際的收入又是一件難之又難的事情。牠們採用的估值根基爲何？牠們的收入是否已將折舊費減去？捐稅曾否扣除？準備折舊採用何種方法？財政的結構的情狀若何？業務的性質和營業比例若何？ Operating ratio 諸如此類，要想找出一種比較的根據，須將上述各種原素精細的去加以研究。

鐵路若要和他種事業比較危險的度量將用何物作標準呢：原始的危險呢 Original risk？現在的危險呢 Present risk？投資人投資的時間遲早不同，情形互異，所以鐵路對於這種投資人的待遇就要因此有個區別。過去投資人爲冒越原始的危險所享受的那種公平的報酬若用現在的或將來的投資人的眼光觀察未必仍算公平，不過照現在的情形和危險來訂立一種公平的報酬也不能置原始的情形和危險於不考慮， 換句話說， 公平報酬是由兩種標準 —— 原始的危險和現在的危險 —— 相輔使用而生產的一個混合的結果。

（六）公平報酬率和效率鼓勵的關係

效率和進步 Efficiency and progress 的鼓勵是訂立報酬率的一種很有力量的標準，立法機關在訂立報酬率時應將那種含有投機性質的危險和爲企業人無力駕御的危險擯除不計，但按管理效率之高下訂立一種差異的報酬， Differential Return 公平報酬足以激獎管理的效率者有二，卽報酬率和差異的報酬是也。酬報率訂之過低，不能吸引外間的投資，則鐵路難以執行其適當的和有效力的業務；報酬率訂之適中 ， 則可使鐵路吸受投資，且能鼓勵經濟的和有效率的管理；報酬率訂之過高，則徒足引起無效率的濫用而已。所以訂立報酬率應以效能做標準，使效能鉅者受重酬，效能微者受輕酬。

（七）公平報酬率最後之決定

照正統派經濟學者的論斷，如在競爭的狀態之下凡含有同等危險或負擔的工業投資可使其利息高下相同，利益也可漸趨一致，但在事實上看來，這種利息或利益很難使牠彼此相同，所以競爭狀態下的鐵路進款，只是一種平常的報酬，但是這種平常的報酬乃訂立公平報酬率的眞正的標準。

總而言之，公平報酬率不宜過嗇，也不宜過奢，但以能吸收投資維持鐵路的生存爲限度。若使超出這限度，則遺社會以重累；若使不及這個限度，也足以阻緩路務的發達，與功效的增進，兩者都是不對的。

李頓報告書中之東北鐵道問題述評

王同文

報告書中敘述‘中日關於滿洲鐵道之爭執’，認爲‘最近二十五年來’，‘滿洲國際之爭，大半爲鐵道之爭’，其論南滿鐵道之性質曰：‘名義上雖爲財團法人，而實際則爲日本政府之營業……在滿洲對日負有“特殊使命”，是即該鐵道業務之根本原則也’。該路既負有‘特殊使命’，兼有政治權利，並從華方攫取投資築路權，添築南滿培養線，自一九二四年中國自建鐵路以後，遂與中國爭執，藉以保持其壟斷政策。是以國人公認南滿鐵道，實爲策畫吞併滿蒙之大本營；又鐵路問題竟爲此次九一八事件之導火線，今以報告書中關於鐵道部分，加以檢討，評其敘述之矛盾，揭其袒日侮我之不公言論，報告書中鐵道部分最宜注意者，有下述四端：

第一 並行線問題

此問題之發生，自一九〇八年中英訂立新法鐵路時，日人認此路與南滿平行，損害南滿權益，曾提出抗議，其後中國每擬籌款自建鐵路，即遭日人藉所謂‘平行線’之名而干涉。查‘平行線’一詞，據日人申稱，在一九〇五年中日北京會議時，我國曾有下列之承諾：‘中國政府爲維持東省鐵路利益起見，於未收回該路之前，允於該路附近不築並行幹路，及損於該路之枝路’。

但據調查團報告書之聲明謂：‘吾人現可聲明，所謂一九〇五年十一月至十二月間中國出席於北京會議之全權代表關於“平行鐵路”之允諾，並未載於任何正式條約，惟一九〇五年十一月四日北京會議第十一日之會議紀錄中，載有此項所謂承諾’。

準是以言，則所謂‘並行線’問題之根據會議錄者，並無正式條約之效力；日本更不得假此而阻止中國在東北一切鐵路之興築也。惟調查團既已證明該項中國之承諾，爲會議錄中之一種聲明，則應即斷言其爲無條約之效力，方爲允當；而不當謂‘此項北京會議錄上之記錄；就國際法律觀點論，是否有效之承諾，如係有效，是否祇有一種解釋，此項問題之解決，久應取決於公正法庭之制斷矣’。

按會議記錄存記而未列入正式條約之事項，其性質非爲解釋正式條約之不足，即係雙方一種初步之諒解，該項‘並行綫’問題之中國聲明，則屬於中日初步諒解之事項，然初步諒解，必須日後事實上行爲之完成，始克有效。若‘並行線’一問題，則中國始終反對，即係該項聲明，並無事實上行爲之完成，而早應在置諸無效之列者也。

調查團更爲日人掩飾謂：‘何謂幹路，何謂支路，中日間亦未經雙方公同認定，從鐵路業務觀點言，此項名詞，亦隨時改變，北寧線之自打虎山展向北方者，原稱爲支線，但打通綫完工之後，該段鐵路亦可認爲幹路’。‘就鐵路業務觀點論，‘並行線’即可視爲競爭線，凡奪取某鐵路能自然吸收之運輸一部分者，謂爲競爭路線。競爭運輸，包括區間運輸及聯運運輸二者而言。故限制建築“並行線’之規定，有時可作極廣泛之解釋’。

上項論調，誠是調查團處處爲日人想法，作謬之解釋。若以‘並行線’之規定，可作極廣泛之解釋；則我國在東北，永無建築新鐵路之可能，因欲修築任何鐵路，均可謂是‘奪取某鐵路能自然吸收之運輸之一部分’。

第二 鐵路借款問題

調查團謂‘日本申訴中國不付各路債款，不爲相當準備，又不履行協定上各項條款’。‘中國爲辨護其不付債款起見，指明此項債款，……係南滿鐵路株式會社爲壟斷南滿之鐵道建築權而出貸者，其重要目的屬於軍事及政治；且無論如何，新鐵路之資本，估價過高，故至少在目前營業上，不能獲得相當款項，以償付其建築費及債款，又稱日方所稱任何不履行義務之情形，經公平研究後，即能發現中國方面之行動，完全合理’

日本謂中國不履行借款條約之義務，此在不明眞像者，當然謂中國蔑視條約。然吾人細考此種內幕，則知舉凡東北鐵路之由日本出資建築者，均非出於我國之自願，乃日本爲達其經濟上軍事上之目的，強迫利誘中國政府不得不承認者。如吉長鐵路，中國本擬自築，而日本必強要建築費之半額借自日本。吉敦鐵路，本係吉會鐵路之一段，因其關係國防重大，而爲舉國所反對。乃因日本種種威迫，卒於民國十四年以墊修之名義，達其特殊之目的。他如四洮洮昂兩路，更爲日本擬以侵略北滿與外蒙之工具，而爲中國所不願借日資以興築者。更如鐵路管理，亦因借款關係，必用日人任重要職員，以操縱鐵路之經營，以阻碍鐵路事業之發展。鐵路建築，亦因借款關係，由日本公司承作包修，以任意浮靡路款，而爲草率不克耐久之工程。故借日款建築之鐵路，雖均勉強完成，則亦因日人之操縱營業，每年入不敷出；因工程之草率，必須繼續借款，以從事修補。如是年復一年，不但借款絲毫不能清償，且逐漸加重其負担。

然日本既知中國無償還其債務之能力，何以仍欲繼續對中國鐵路予以墊款？據調查團之所見，謂係'南滿鐵路實際上無支線，故欲開拓一培養的支線系統，以加增其運費及旅客運輸。因而南滿鐵路株式會社，願意墊款，建築此等新路。雖該項借款，未必能於短時期內償還，亦弗願也。且於舊借款未清理時，亦願意繼續墊款'。然就吾人所知，殊不如此簡單，蓋日本借款中國建築鐵路之目的，乃在於由借款而成接收經營之，既不希望此等鐵路之發達，且更多方使中國之借款無償還可能而後已。今之吉長鐵路，即因此種關係，而將管理權委托於南滿鐵路之一例也。

第三　敦化會寧線問題

日本堅持該段鐵路，必須建築，且要求建築時，必須加入日資。聲稱中國已爲條約上之担保。其所謂條約上之担保，即（一）一九〇九年九月四日中日圖們江中韓界務條款。（二）一九一八年中國政府與日本銀行簽訂建築該路之借款預備合同，但經調查結果，調查團正式聲明：'但兩者皆非確定的借款合同協定，中國並無無條件的及在一定日期前，允許日本銀行家參加建築該路之義務'。'據云建築此線之正式確定的各合同，係於一九二八年五月在北京簽字，但其究屬有効與否，則甚難決定'。查該約係張作霖受國民軍之猛迫，將由北京退出時，於不規則情勢下所簽訂；又受日方脅迫，當不能爲合法。況形式上早已錯誤，並未經北京內閣，或東北政委會之批准，自更無效存在矣。總之，中國根本反對，其原因即在'深懼日本將利用此綫，以達其軍事上戰略上之目的。並深信中國之主權與利益，將因日本取此新道，由日本海以前往滿洲，而受有威脅’。換言之，我國否認該合同，在法律上既是理直氣壯，調查團雖善爲日本粗護，當亦不能不指責日本。詎知該團用巧妙之論調，終認該路問題，‘非財政與商務之問題，乃中日雙方國家政策衝突之問題也’。由此觀之，似乎日本之要求，雖無合法條約根據，卻是日本國策之須要，宜顧慮及此。調查團能如是爲日本各方面顧及，其用心可謂極矣。

第四 聯運運費及港口之爭議

調查團謂‘日本方面，因爲中國實行聯運及低減運費諸辦法，遂使原應運至大連之大部分貨物，橫被剝奪。且謂此項情形，尤以一九三〇年爲特著。以爲由南滿運至大連出口之貨儎，在一九三〇年減少至一百萬米突頓，……’

并日方常謂中國東西四路之聯運，各路運費之低減，及葫蘆之築港計劃，純係脅迫包圍南滿鐵道之計劃，以致南滿鐵道最近之收入銳減。實則此種眞正原因之一部，誠如調查團所謂：‘彼時中國各綫享有一天然之利益，即彼時中國銀幣價極低落，各該綫依據銀幣計算之運費，自較南滿鐵路依據日本金元計算之運費爲低廉’。

更申言之，南滿鐵道收入之銳減，純爲自然之經濟趨勢，而非任何人爲方法之所致。（一）金貴銀賤，趨賤避貴，人之所同，此貨物之趨就中國鐵路，乃爲自然情事。（二）經濟衰落，世界銀價暴落後，東北一般民衆購買力頓減，對外需要，當然減少，同時世界經濟凋敝，東北原料之輸出，亦當然停滯；南滿鐵道扼東三省輸出入口之咽喉，東北經濟之衰頹，南滿路豈能不受其影響，致收入之減少，又事理上之必然。乃日本知之不察，竟認爲中國各路與之競爭之所致。查中國各路，初不但無與南滿路競爭之企圖，以各路之本身能力論，實無與南滿路競爭之資格；更以各路運輸之數量論，又遠非有競爭事實存在之表現。且各路多數已直接或間接形式上或事實上又皆與南滿聯運，受南滿之操縱，爲南滿路之營養腺。即如中國各路，雖有東西四路聯運辦法，而事實上貨物在東四線十分之九，西四線三分之二，均轉入南滿路。是以不特於該路無害，且爲該路增加利益甚鉅。關於運費方面，日本因受金價暴漲之影響，自較中國各路爲高；然亦已實行減價辦法，並由國際運輸會社對我東西四路施行種種競爭方法，如折價包運等等。葫蘆島築港，因有許多新路線計劃，確有興築之必要，與大連港亦無何抵觸之點，不過於其壟斷政策有碍耳。

調查團對此種種問題，主張'具有專門性質'，極能由通常公斷，或司法手續解決'。然所以不能解決者，調查團謂'係導源於雙方深固的國策之衝突'。其實所謂日方之國策，即欲實行獨占滿蒙之野心，東北各路與南滿聯運則可，運費規定不能較南滿為低，吞吐港為大連獨霸，倘欲增添，必由日本管理方可。

於此吾人認有必須聲明一點，即藉令中日為謀相互之利益，而訂立一免除競爭之辦法時，須認清兩種基礎，即一須遵重中華民國客貨運輸通則。一須適合地方之情形。由前之說，日方不能獨樹一幟，以擾亂我國東北交通之系統；由後之說，日方不能強我提高運價，須知我國為用銀國家，豈可因金價暴漲，為顧全日人之利益，而不顧國民之負担，任意提高運價，致碍地方事業之發展也。

評調查團解決東北鐵路問題之建議

調查團之建議謂：'在調查團之意，以為有兩種可能之解決，此兩種解決可擇一而行，或可視為達到最後解決之步驟：

'第一種方法，範圍較為限制，為中日鐵路行政之一種業務協定，足以便利彼此合作者。中日兩國可協議在合作原則之下，管理其各在滿洲所有之鐵路，並設一中日鐵路聯合委員會，至少有外國顧問一人參加，鐵路聯合委員會行使之職務，則類若他國現行之理事會然。至於更澈底之救濟方策，（即第二種辦法）莫若將中日兩國之鐵路利益合併'。

第一種方法，調查團主張組織所謂中日鐵路聯合委員會，該會行使之職權，類若他國現行之理事會。惟考其先决問題，中日雙方是否有合作可能，是否有合作誠意，在今日對抗緊張態狀之下，何能談中日雙方合作？況該會職權，未經詳細擬定，各路實際行政權，仍全操日人之手，徒設虛名，有何用處？

所謂設置一中日鐵路聯合委員會，根據合作原則協議，若中日雙方，確有誠意，能本此原則進行協議；然尚有極宜預為注意者：（1）外國顧問有數人，不宜僅聘一人。

（2）關於鐵路管理，運貨協定，應一本科學原則，歐美成規，不可稍存私見。（3）類似國際運輸會社折價包運之競爭辦法，應即取銷。（4）收入較多之各路對於其本身之培養線，如有因沿線產業幼稚，土地瘠薄，或人口稀少，致陷於虧累者，應酌予補償。（5）將來新建鐵路，應視地方經濟需要情形而定，不得因軍事關係，濫築營業上較易虧累之鐵路。（6）關於已築各路之包工及借款問題，應視各路營業狀況，為最公允之整理。歸納言之，中日雙方均不得採取任何鐵路競爭政策，同時日方亦須急於放棄其東北鐵路之侵略政策。

調查團似乎對設此委員會之建議，恐不能徹底解決鐵路之紛爭，所以極願第二種鐵路利益合併辦法之實行。調查團謂：'此種合併辦法，一方面既可保障中國之利權。一方面又可使滿洲一切鐵路，得利用南滿鐵路專門經驗之利益，而將近數月來，應用於滿洲鐵路之制度，引伸推用，……將中東鐵路亦包含在內……鐵路問題，如此解決，則南滿鐵路將或為純粹的營業性質'。

為達到第二種辦法之目的計，日本應將南滿鐵道，及其附屬營業，均改為中日合辦，權利均分，僅專供開發地方經濟之使用，同時滿鐵租用地內之一切行政權，悉應交還中國，鐵道守備隊，立即取銷，另訂雙方公正互惠條約，以附鐵路利益合併之實。

至所謂'近數月來應用於滿洲鐵路之制度，'在報告書中，亦有下列記載。

'至於鐵路方面，日本當局於軍事佔據開始時所採之行動，欲在有利於日人利益狀況下，確切解決中日間久相爭持的鐵路問題，……為下列之行動'。（第六章第一節）

所謂下列行動，共有五種。其最重要者，即變更路軌，使各路與南滿路可以聯絡，而將運費更改，並在鐵路各部分，設置專門顧問，使南滿可以指揮自如。

'自"新國"成立後，'滿洲國交通部"之政策，似欲與南滿鐵路株式會社訂約，准其利用若干主要之鐵路線'。（第六章第二節）

'同時"滿洲國"管轄下之鐵路，又委託南滿鐵路株式會社代行管理'。（第六章第一章）

調查團所建議之第二種辦法，初視之，似乎鞠躬盡瘁，為我國利益設計；——'可保障中國之利權' 然一觀第六章數節，即全為日本利益着想，將其侵略滿洲已成之事實，加以申明，表示承認而已！

結　論

按報告書內容全部觀察，在名義上盡量敷衍中國，而在實益上充分遷就日本。鐵路部分，何獨不然。所有批評及主張，無不根據日人之報告，變換其語調，其措詞巧妙，使聽之者不之覺，許多批評言論，其語調之妙，在表面上似能主持公道，而實際則均為日人說話，不顧其內容互相矛盾，實因中弱日強，國聯似有不得不然之苦衷也。

吾人早知國聯無實力，亦無決心澈底解決中日之糾紛，故亦斷定調查團絕不能提出澈底解決之方案。該團東來之時，吾人所希望者，僅在其能公表事實，闡明是非，解決成功，原非所冀。天助自助者。欲求收復領土，要在自行努力，徒求助國聯，是為自殺。故調查團報告書之矛盾，適足促吾人覺悟，國際情形，無往而不矛盾。國聯必不能解決中日問題，及吾人必須團結奮鬥，始能打破難關也。

七十年前英國鐵路規章之一頁

近代鐵路設備，日益完善，旅客之便利舒適，遠甚於昔。前覓得英國最早之利孟鐵路（Liverpool to Manchester）之旅客規則一本，閱之則昔日鐵路運輸之幼稚可知矣。

利孟鐵路旅客規則

第一條　如有欲由利物蒲（Liverpool）至孟雀斯脫（Manchester），或由孟雀斯脫至利物蒲，或旅行本路任何一段之旅客，必須於距開車二十四小時以前，向站長請求車票，并書明其姓名，住址，籍貫，年歲，職業及旅行之原因。

第二條　經查明請求人旅行之原因，確屬公正合法後，站長發給請求人車票，以憑乘車。

第三條　列車由出發站開行時刻，距時刻表所定時刻愈近愈妙，惟何時到達目的地，本公司概不負責。

第四條　列車如在黃昏前，不能到達目的地時，即停止於最近停車處度夜，旅客須自找住宿處所，費用自備。

第五條　行李須裝置於車頂上，如行李受濕，對於因此而發生之損失，本公司概不負責。

經濟運輸系統之選擇與計劃

Arthur M. Shaw 演講稿

劉 世 中

在討論任何題目之前必先解釋牠的含意，使人人有深切的認識。這不是因爲用外國文講，你們不易明白，實則"Economy""Economics"與"Economical"三字，雖自小熟習英文的人亦常常誤用。我們有許多字，稍不留意，便誤解他義；一誤再誤，結果愈弄愈錯了，

經濟學（Economics）有時被解釋爲省錢的科學，或不用錢的科學。這種解釋祇有一部份對。其實牠的意義可謂一種科學教我們怎樣去善用金錢，物質，及力量。簡單的說：'經濟學是善用的科學。'

經濟的工作就是'用'。從這個'用'，可以得到在可能範圍內的最好的結果。玆舉例以明之：

鐵路事業中祇有二個最大的問題，即成本與業務。但在每個問題之下，因爲有許多要素，牠的內容便極複雜了。在成本之下有：最初建築與設備之成本，（通常稱爲最初成本）；營業成本；修理及更換成本；以及利息等項。在會計上更進而分爲許多更細的項目，可是連合起來仍不過這幾個大題目而已。

在業務之下，則更形複雜，因爲我們不但應當供給業務上所需要的質與量方面之建築物，設備，和運輸方式，且要使此種業務成爲可靠而適用。除此之外，我們工程師在顧及成本與效用之下，又須注意到計劃的藝術化。雖然，在這個立場上，我們仍無需修改'善用科學'之經濟定義，因爲藝術興趣之培養在人民的充分發展中是與物質有同樣的需要。工程師的大部工作是實利主義，現在亦未嘗不如此，不過對于採用此種不需要的，可憎的橋樑或車站，無論如何是沒有充分的理由。

建築術的一方面是要使建築物有藝術的表現。此事在中國有極好的榜樣，像南京紫金山下之有靈感的神龕，顯出古代奇異的宮廟的神奧而活躍的精神。

資本，時間及宗旨的束縛，常使工程師，尤其是鐵路工程師，不能有極好藝術上的成績，但是他至少可以免去許多顯明的不藝術化。他雖不能一定免去斜橋及不平衡之大吊橋但應用新的材料和新的建築法，此種畸形的構造亦大可不必了。古代剩下來許多美麗的拱彎的橋樑以及各種式樣都可作爲美術的標準與試驗，以興起今日的人們。

運輸爲將來工程師的田地

凡研究過今日中國的情形且曾想到她的前途的人，必知道最近數年間大部份工程師的工作必有關於運輸事業。此種工作包括鐵路公路水路、以及空運。礦是有待於開發；廢地有待於墾植；動力發源處有待於建築；實業有待於啟發，一切的一切，莫不需工程師的工作。但無論何事，欲其儘量的發展，非有便利的運輸不能爲功。

有人說運輸與交通設備之充足與否可以顯示一國的相對的物質上之興旺程度。倘若這句話是對的，且若中國是需要內地運輸系統以便與外國在營業和實業上的競爭，那末建築運輸路線自屬必要的了，而其中又以鐵路與公路爲最要。此話是否準確，只需研究中國現有各種運輸方法之比較成本便可知道了。茲錄前所贈貴校之拙著‘輕便鐵路對於中國之經濟’上之一表於右：

中國的運輸成本

路程以秆爲單位；　重量以米噸爲單位；　運價以銀元爲單位。

每秆噸之貨運成本

	普通行程	每日最多之行程	每秆噸之運價
鐵路	30.00	300	0.01
汽車	1.50	150	.10
塌車（獸挽）	1.00	40	.10
獨輪車	.08	25	.20
馱貨之牲口	.08	40	.30
挑夫（人）	.04	25	.45

沙船（逆流）……40	.022
沙船——在運可航行者	.019
揚子江船——上游	.116
揚子江船——下游	.020
沿海輪船	.024

上述各率都是從各種運輸方法中之足以爲業務上代表的在營業良佳時得來的。當然情形變動，各個的地位亦有更易。像鐵路運輸長程的大體貨物每杆噸可得百分之一的利潤，他種貨物或短程運輸則汽車能在低廉的運價中得到比鐵路更高的利益。至於客運，鐵路三等車的費用不過籐轎的四分之一，而對於時間的節省生活的舒適和費用，又不知剩了多少。又如航空，牠的費用雖比籐轎高出二倍，然一日之內可以從上海到漢口，用籐轎則恐怕費三星期尚不能到達。

中國的鐵路

直至革命的前數年，中國尙沒有鐵路，但在極短時間中現在的鐵路系統已大致建築就緒而開始營業了，最近數年間各個鐵路在國有國營制度之下又已相率連絡。現在東北已有很大的鐵路系統。可是除了平漢路外，中國的中部，西部，及南部尙沒有重要的鐵路。地區人口最大的省份還沒有一哩的鐵路。全國（蒙古西藏除外）人口，平均每十萬人祇得二哩的鐵路。倘若與世界各國比較那末每十萬人在歐洲各大國中有三十至六十哩，美國有二百六十哩。澳洲四百哩。這樣看來運輸設備之多少可爲國家相對的興旺程度之指數是很顯明的了。所以中國要和各國在商業實業上競爭，就有許多運輸事要做。

今日中國的需要旣已知道了，是極端的需要增加鐵路設備，那末中國的經濟學者（工程亦包括在內）所討論之目標當集中於供給此種增加的方法，應于何處造路，採用何種建築標準與式樣，以及所根據的程序；簡言之，就是如何運用此有限的資本而得最大的效果。

在設計中國將來的鐵路，有許多廣濶的原則必須先行規定。此種原則和工程師的職業，平常不發生關係；但是要運用他天生的高尚的能力與訓練以啓發今日的中國，則必須研究而熟諳之。這種原則包含政治（廣義的），社會，軍事以及無論何時不可少的財政。我們不特於需要，或需的成本，以及將來的收入要作分析，並且要研究這種新設備對於他種投資之影響，各區域對於此種業務的相對的需要以及各種類似的抽象問題。

以上種種，都是初步工作。工程師雖不必完全從事於這種工作，可是在專門或嚴格的工程工作開始之前必須先行解決。其實工程師若能在離開學校之後，仍繼續其研究與觀察工作；放大他的思想，使與今日的社會，仍留有極密切的關係，以政治學與對數，財政與旋形曲線，社會問題與噸哩成本，作同樣的研究，那末對於啓發運輸系統必能在廣濶的經濟方面有很好的貢獻。

限於時間我們對於設計鐵路的詳細情形，鐵路在中國的需要與財源的關係不能多加討論。但有數點於中國是特殊的，值得陳述。在剛才所參考的那本小册上對於輕便鐵道已略爲討論，現在亦不必再作進一步的推敲。下列數原則是我在中國數年來從事於鐵路工作所得到的。或可爲伸展現在的鐵路系統之安全保障：

（一）對於中國國有鐵路所規定之標準軌距當加注意，以便與他路接連。

（二）現在的需要既是這樣的迫切，所以對於最初成本之統制應十分留意，使在一定費用之內免去無爲的耗費，而得最大的業務，這就是我們所以要建築輕便鐵道的緣故，雖然，在十年，或十五年之後，業務的增加使我們仍需改變爲標準較高的鐵路。

（三）採用次級標準以爲經濟的手段，須以將來更換時不有重大廢棄爲原則。

至於最後一項，車輛與機車的能力對於大量運輸之業務成本有很大的影響，但在相當業務限制之下，輕便鐵道能在重大建築上作極經濟的行駛。輕便鐵道在初創時期極易在最初成本之利息內積聚許多經費，足以抵銷將來更換重軌時的人工的耗費與路軌的折舊。這種損失，其實亦不像我們所想像的數目那樣鉅大，因爲所拆御下來的東西有時仍有用處；譬如輕軌可築支路，及岔道。小量之車輛，倘若軌距等均與標準的相同便可利用爲本路運輸及新的擴張之用。

其可減少最初成本之最有利之途約爲下列數項。即路基的濶度；最初施用碴子之性質；用本地所產之碎石，或沙；本地低廉價格的枕木；輕軌；及輕量車輛等等。至於路基的排水系統，隧道之大小，重大建築之基礎，均不可從頭等鐵路有所減少。排水系統之良窳對於鐵路之經濟的運用有很大的關係，其他各項的重要性亦是顯而易見的。

在普通情形之下，主綫的位置與坡度的大小必須與頭等鐵路相同。如遇特別困難的情形始可在相當距離內利用暫時的位置或坡道以待將來的更改。譬如在河邊有峭壁伸出，只有尖銳的曲線可以通過。此種曲綫在輕便鐵道尚可使用，至於重軌鐵路便不能通行了。但若將此深度曲線之盡頭切線，算得正確的地位，將來便可鑿去峭壁依舊完成了直線、而對於最後成本無多增加，對於業務也沒有阻礙。

此外尙有許多詳細的問題，需要特別的研究，大概爲應用暫時或永久的橋樑，對於長列車的安全運輸發生影響的短距離的斷坡道，以及水站和煤站的地位。

公　　路

世界各國的公路，除了幾個重要的例子外，直到最近數年方才開始計劃和建築，然還沒有引起經濟學者與工程師們的注意。除了幾個例子外，此種道路之建設，都沒有一定的目的，只不過便利本地交通而已。中國普通的路與美國田間的道路都是極好的榜樣。今日美國橫貫大陸的公路，亦不過接連和改良原有的荒野間之道路與舊時田間或鄉村間的路而已。至於所謂幾個例外，就是中國古代軍用及運輸貢米的道路，美國所計劃的郵政路線，或像現在中國蒙古西藏旅行隊這樣的經過西部平原之荒野道路。

利用或改良原有的路綫固然可以減少最初成本，而且此種路綫都是接連重要城市；但從運輸的速率與經濟方面上着想有時亦不能一定拘泥於原有的路線。中國尙沒有適合於汽車的道路，爲着將來經濟上的發展我們可以另築新路；因爲即使原有的道路恰在計劃的路綫範圍之內，建築術的不同，亦不能一定有所節省。

許多國家，在摩托車盛行之前鐵路已達高度的發展，即短距離的支路，現在用汽車，或卡車運輸反爲便宜，亦已築成鐵路，至於中國則可有一均等的機會，造成一連合的系統，使鐵路與公路在此制度之下充分發揮其效能，更可免去像他國重複的浪費，因爲鐵路與公路都有很大的需要，維其需要之大，在計劃此整個的運輸系統時，必得處處留意，使成一經濟而有效的設施。

公路雖有泥和用獸力車的不便，鐵路終不能完全取而代之。同樣的，公路與摩托事業，雖可以奪去許多鐵路營業，亦不能取鐵路而代之。

因爲比較上最初成本低廉，適用與建築迅速，公路的建築在最近數年間，必能遠勝於鐵路。除了成本低廉外，建築公路再有二大理由 （一）建築良好的公路，所需要的外國材料比較鐵路少，雖則將來本國工業發達可以充分的供給鐵路材料。（二）中國各部至少要有相當的公路可爲鐵道網綫的連絡綫。

在設計公道的幹路時，就有許多問題來了。前面早已說過，他國建築道路的程序與中國不同，所以對於此種問題，極鮮文字上的貢獻，但是關於計劃及建築的詳情，道路之中心；鋪砌材料，排水組織，路徑，速度限率，以及其他同性質的問題，却有許多專門的著述。 因爲當時對於公路在運輸系統中之地位尚未認識， 對於公路經濟更無人注意，所以大都注重於城市街道，不過此種學說，施之於公路亦未嘗不可，再有許多尚沒有集爲大成的東西，尤其是試驗的結果，很可以帮助我們决定業務成本，曲度，坡度，以及速率。這種經驗即使已成爲專册，若欲用來行於中國，亦非有特別的留意不可，否則因爲𣪍司林，設備，人工等許多重要項目的成本不同，往往生出極大的錯誤。

這種不別是非 ，濫用外國的成本記錄 ，或致錯誤的事 ，可用最近在美國紐傑賽（New Jersey）地方爲節省交义路處之時間而築的斜坡分道之經濟上的分析爲例。從事實上研究出來知道摩托車遲延的平均成本爲每秒鐘二分金洋。而汽車夫的工資却佔其半數，此種分析方法、與統治情形的描述確可爲我們解决地方情形極好的帮助，但他研究的結果，便不能應用於我們的情形之下。

研習外國的實驗（尤其是錯誤地方）的確可以得到許多利益；但我們若要成爲‘善用’， 必定要極智慧的去應用此種學問，並且又要以適合本地情形爲目標。

因爲缺乏關於設計大規模公路系統之參考材料的緣故，工程師不得不多多的賴他自己的判斷。他要作初步的調查；倘若有外邊的帮助，他可以得到下列的消息：成本，路徑，斜坡，結構，業務成本，運輸能力，可能的業務，公路所經過的社會上的影響，安全測度，將來與鐵路的關係，和其他的問題，這許多中一定有幾點或可以應用於本地的情形。

關於上述各點倘若找不到確切的著述，工程師只要重複研究他在鐵路工程中所讀的或參考的威靈頓所著之'鐵路位置之經濟學說'（Wellington's "Economic Theory of the Location of Railway'）便可以得到許多益處。因爲這本書的本旨是在闡明研究鐵路位置之支配原則的合理方法，並且有一小部份的材料，可以直接應用於公路位置方面。他所設立的通則，對於這問題的邏輯方面的闡明，以及在經濟原理上明白的解釋，都可以爲我們研究公路位置之經濟的引導者。

經濟學的原理不過是適合於一般的，要牠適合一地的情形，必得加以增減，並且這修改過的法則，未必適合於他一地的情形。前面已經說過，抄襲人家的方法，常常發生錯誤，所以僅僅繙譯他國所適用的，無論是怎樣好，終屬無濟於事。譬如美國，一切工作都以機器代手工業，而在中國，雖不能說沒有機器，可是建築公路，大抵仍用手工。外國普通所用的摩力挖掘機，固然比手工可以節省許多，可是在中國除非在特殊情形之下決不會用這種工具。

路 面

照現在的情形，或許除了幾個特殊的外，建築好一點的不透水之碎石（Macadan）路面已夠用了。倘若本地可以供給好的礫石， 而業務又輕， 那末就築礫石路面亦未嘗不可。建築這種路的利益，不但最初成本較不透水之碎石路面等便宜許多，並且將來業務增加，改換路面時又可爲極好的路基。

從經驗上與留意的分析成本，知道業務有一定的限度。逾此限度，則建築洋灰混凝或其他較爲永久的路面爲值得。因爲在那時候，不透水之碎石路，每年的維持費，反高於質料較佳的路的維持費，折舊和成本利息之總和。雖然中國的情形與外國不同，此種業務限度之存在，總是不可否認的。維持費的大部份是用在人工方面，外國每人每時的費用比中國竟超出十倍念倍不等，譬如，在美國一個工人每時工資就需中國銀洋二元二角半。所以不透水的碎石路，業務上的限度，至少要比美國高出數倍。

不透水之碎石路面的使用上之經濟全賴修理之迅速與完全。在現在的情形之下，我以爲管理方法以採用五十年前法國所流行的一種制度最爲適宜。浙江公路的維持法就不過把這制度加以修改，居然得到許多極好的成績。至於法國的制度就是把每一公路分成數段，每段的距離恰合於一人作普通修理的能力。這人備有各種所需要的工具；碎石，大石，都分堆在相當距離內，沒有水的地方則設置水桶以便冲灑。總之小車，鏟，鋤，手椿，大而有短齒的耙，硬掃帚，水桶等等都是各段所需要的設備。

當路面損壞處發見後，該段的人員應即刻先掃去面上鬆動的東西，用水冲灑，然後塡以潤濕的修理材料，使其平伏。這種修理，倘若能在損壞處發見時即行之，一定可以使路面常呈良好的狀態，而且大修理的次數亦可減少許多。這種工作，除了定時間的視察外，平時不需監督；但若損壞是在鋪砌材料，或是路基的本身，那末必先和工頭商議，以免浪費。每一個修理匠在分派至各段工作之前，必先經過關於維持該段的情形的簡明而切實的訓練。以後只要歷次視察的結果是各盡職守，對於他們的工作時間不妨稍予寬容。他們的家庭常在所管轄地段的鄰近，有時或有小的田園以爲公餘之消遣。

中國要採用這種道路維持制，對於工人必先要有注意而忍耐的訓練。我相信只要有合理的變通，一定可以得到牠的利益。果眞是執行有道，個人的責任心，與尊重工作的心理，必油然而生，那麽監督事宜亦可減至最底限度了，這許多，都是各種經濟活動中之最需要事情。

初畢業的工程師往往被派爲極小的事務。他雖不是工頭，但對於事實的詳情負有相當責任，且對於以最少的成本，求所希望的結果，更負有個人的責任。其實雖微至裝碎石於車輛等事，對他都是極好的機會，可以繼續他的研究工作並施之實用，挖掘所用的工具，笨重的鋤，籃筐等等，在某種工作內自有其極大的效用，所以除非在物質上一定可以得到節省，更換工人所熟手的工具和方法不是一個好手段。像前面所說的，裝東西到車上，用西式的鏟鋤，固然可以減少許多成本和力量。但是這種東西只有鐵路沿綫，和大城市中的人會用；要使內地的人用此種工具，必須加以相當的指導和說明，然後不會發生多大的困難。總之在小的工作，或利益不能一定時，最好不規定用何種工具。

這許多小而瑣屑的東西原不過要說明工程師在完畢校中所規定的工作後，仍舊有許多方法可以研究經濟學 （我不是說完成教育——教育是沒有完成的日子！）但是我們對於這種事情，亦不能過於注意而忽略了重大的問題。像人工之經濟使用之研究等等都不像那樣顯明。倘若工程師能時常想到這種小的事情，像鏟柄的長短對於某種工作，運送某重量的鐵軌要多少人等等問題，不但他自己，他的雇主亦一定可以得到許多利益，將來標準規定之後，這許多又可以爲監督之用。

人事經濟

以前所講的不過是計劃和實行一運輸經濟系統上幾個慣例罷了！此外再有一件最重要而不常注意的事情。這就是工務人員的選擇和訓練，對於他們的才能和限量，不論是主管或普通人員，失於辨別，曾經受過了重大而可免的損失，現在亦未始不如此，讓我來根據顯著的事實，用客觀的態度，作此問題的堅定不易的理論。

中國的留學生在外國有極光榮的歷史。他們在本國祗受到極簡陋的預備教育，到了外國使用未經熟練的文字與外國學生競爭，而出類拔粹的成績却成了一個定則。他們是有特殊的天才，他們是中國各部，各級社會中的代表。

再研究'智慧'和'教育'的意義，前者是屬於先天的遺傳，而後者是屬於後天的修養。就大體言，中國普通的工人，雖是缺乏教育， 都有很高的智慧， 許多可免而竟不免的損失就是對於他們失於辨別。常常聽到人家說：'你不能叫中國汽車夫留心他的車子'；'中國人是不可教導的'， 或'中國普通的工人都沒體力上的力量以立於現在的工業世界'。 這許多話都不是新到中國的外國人所發出的，而是從中國的雇主口中聽到的。

就把這種批評爲標識，加以分析。 我們可以認爲上海的汽車夫， 和汽車匠是無能力，不濟事，太趨於拆白黨（"Cha pa don"）的行爲，不可信任。 但是這到底是誰的過呢？恐怕就是因爲僱主沒有選擇和訓練的能力罷！

某次同一個世界上最大的汽車製造廠的代表談話，據說他們的公司在本國工廠中僱用中國工匠，使他們和外國人受同樣的訓練，結果他們不但能和外國人有一致的進步，並且有幾個更顯出特殊的才能。這種工人的選擇，除了身體健全外，什麼教育，家庭，體力等都沒有一定的標準，實則他們都有很好的天生智慧，這是各種教育上最需要的基礎，無論其爲商店或學校。

所以說：中國普通的工人都能教以使用手工具，和機器，並且能使他極敏捷的運用。

再從普通人個人的創造能力上講，在這人口稠密，工業幼稚的國家，人民都在生活必需品中掙札，有時尚且不能得到，自然對於啟發這種能力是不遑顧及的了。但若把這許多人，放在稍爲不同的環境中，他們一定立刻有一種新的力量去適合這新的環境。這就是中國留學生最近在海外排華風雲緊急的過程中所表現的力量。譬如在墨西哥的中國人，都不是富商或學者的子弟，大多是苦力或貧窮的佃戶，到了那邊又沒有一些現金的資本，可是在與本地低廉勞工激烈競爭之下，不久便能成爲優良的農夫，植物園中的夫役，或小商賈。有幾個竟做銀行中的職員，在最近財政破裂之前，他們的信用可以和國中最可敬信的人站在同一地位。當我初次到墨國測量鐵路的時候，經北部的一個大地主的介紹到他自己的銀行。當我踏進這銀行時便發覺內部的主管人員，和許多普通職員都是中國人。後來和經理及行主熟識後，他告訴我，當他剛到墨境時，身上連十元現洋都沒有。他的離別家鄉完全是因爲家裏所有的小田地，不能供給他們全家的生活。

所以說中國普通的工人與農夫有極大的創造能力，在適當的情形之下，便能發揮他們的力量。

至於人家對於中國人沒有好體力的攻擊，只要事實不是這樣，不妨置之不理。他們的根據不過是中國人常常表示難於勝任，當他們被命爲做所不熟練的工作，像手提重物，或用西洋的鏟，去鏟泥到車中，等事。這正和叫西方的運動家推滿載的小車走十五哩崎嶇的山路，或一美國的農夫挑一擔水同樣的情形。他們一定會有極難堪的結果。所以中國的工人在體力上與外國人沒有分別有時或且過之。

從這幾點上可以說中國不缺乏智慧的，可以訓練成爲高尚技術的，有創造能力和體力的工人。既然有此不盡供給的勞工若再加以智慧的選擇與訓練，必能造成一個舉世無匹的建築或工作的組織。其不能成功者，一定是主管人沒有能力，沒有見識和沒有誠意。

要求有效的工作，不但需要適宜而訓練純熟的職員，且當有良好的紀律，公正的待遇，兩者缺一，則雖有極好的組織亦必失敗。無論訓練與紀律如何的嚴束，只要有公正嚴明的待遇，人的忠心，便會油然而生，這在情形危急的時候尤見重要。我們受過高等教育的人，倘若不能照這樣的領導工作，那麼我們對於國家社會的責任便沒有付償清賬的日子了。

結　　論

最後，我願再絮數言，對於那些悲觀和失望的人們，作有力的宣戰：

這是確然的，在那不上軌道，混亂的時代，我們總有許多事情需要很勇氣的期待着將來。也許只要這些現存的利源，便能扶起向光明的路上走，若除了外患內憂，將來的成功牌上就可顯出很可驚的記錄！

中國是世界上‘智慧的人力’的最富儲藏所，若得之其人，有很好的領袖來指導，其努力的成績，其他民族必望塵莫及。

事實上，中國若要趨向於實業上大量的發展，一切的天然原料，都已預備着了，只要取之國內，不必遠搜異邦！

偌大的農區，自熱帶擴展至俄國邊界，生產量的成就够作實業發展之種種目的的準備。植物學家也公認了，中國的植物，千類百種，各國誰也不能望其項背。

雖則有些地區是很失調的，人口過溢，不過巨大的富庶農地尚多荒蕪未耕，祇要運用科學的原理，利用水利的工程，已足够生產的倍蓰。就像甘肅山西等地，能其盡利，也足夠供養萬民而有餘！

中國，在目下之困難危機中，竟有如此可驚可羨的處置和領導，已給了歐西國家很深刻的認識！

祇要脫離了現在的困難，并增加了如李鴻章政治的才幹，和孫中山博士爲國效勞的精神，前途未可限量！幾年後的豐功偉業，又誰敢來并駕齊驅！

近代運輸進展之趨勢

鍾偉成

這是陶勞也特(Doy Wright)一篇演講稿，在去年美國 Scribner 雜誌登載。將近代運輸機關的功能；他的進展和趨向；在極短篇幅中，說得非常透切。以運輸落後的我國，方將亟亟于交通建設。孰應廢，孰應興，孰應迎頭趕上，舉一反三，此篇不無可供他山之助。　　成註

經濟歷史家波加得氏(Bogart)曾經說過這麼一段故事：「在一千八百零三年的時候，傑非孫氏(Thomas Jeffersen)說：若干年後，今日一片荒野之密西西必河以東的地方，一定會人煙稠密，百業繁盛；苟吾人之後裔仍復故步自封依賴天然河道或蹊徑，為運輸之工具。則吾所預測之實現將在千年以後。」

豈知距傑非孫後為時僅八十年，他所預測的境界竟完全實現！由此可知近代運輸對於美國文化發達的深切重要。

一國的物質進步，固然是靠運輸機關的設備程度及其使用效能，同時也當視普通生產效率和數量而定。運輸(Transportation)與通信(Communication)合併起來，可以說是決定國家文化進展程度的測驗器。我們可以把世界各國運輸設備和生活來比較，就可以證明這句話是對的。

雖然四十年以前我們的生活，比較簡單，然而我們不要忘記，我們曾祖時候生活的必需，或一百五十年以前的人類生活，還要簡單呢！關於此點，米里根博士(Dr. R. A. Millikan)一九一七年間，曾有下列一段談話，足以證明古時生活的簡單。

「你們知道麼？我們人類的生活狀況，最多一百三十年以內，已經比以前歷史各朝代，起了一種極劇烈的變化！以外面環境而論，我們曾祖父，和六千年前的亞西林族的生活，大致相同的。我們曾祖父出門，總是用步行，或者騾馬代步；他掘他的溝渠，他刈他的禾草，他親自操作所有他的工業生活的工作，以他自己兩手，或妻的兩手為主，

最多借助于牛馬的力量。」

蒸汽機車及輪船之發明，不過一百多年，在此百多年間，鐵路和航綫的建造或擴充，當然有顯著的進步，不過十九世紀下半葉的進展，更爲迅速。

自從傑非遜氏發表上面預測的話，不到多少年後，美國運河以及鐵路的開鑿建造開始了，眞是那輩依賴人力風力及獸力時代的人，所夢想不到的。

機械發明時代，自從十八世紀中葉開始以來，如果對于運輸，不講求改良的方法，則機器所製造的物品，決不會有進步。假使將所有需要原料，擺在農村裏面，或者沒有方法，將製成品運到使用的人家，試問機器所造的貨物，有什麼用處呢？

最早在十六世紀的時候，英國商人已經開始認識到沒有好的道路，商業決難有發展的希望。但是一直等到一千七百四十五年，英國政府以及人民才眞眞努力於交通建設，從此以後，旅客和郵政運輸，年年有些改進，特別是鐵路，因爲以前所夢想的蒸汽機車，已經成爲事實。

生活標準起重大的變化

在英國，鐵路對於已經富庶的地方，用來發達貿遷，運轉旅客和貨物。至于美國受到鐵路的益處更多，不但開發以前野蠻民族所佔據的地方，並且發見許多天然的富源和農地，使全美變爲富庶的國家。

福特氏(Henry Ford)幾年前，發表下列一段話：運輸差不多完全改變這個國家，這是不足爲奇的。比方鐵路使得貨物的交易便捷而穩妥，但是鐵路因爲有一定的軌道緣故，仍就要讓汽車來走到軌道不能到的地方。普通生活標準，在過去的十五年，比前增加非常之快。」

自從一千八百六十九年聯合太平洋路(Union Pacific)與中央太平洋路(Central Pacific)合併，變爲美國第一條通全國鐵路，未過多少年後，第二條路又成功，很迅速很澈底的，全國成功一個鐵路網，使人民生活，非常便利，同時使大規模生產的出品，容易推銷出去。」

接連各大洲的海洋運輸，同樣的起了極大革命，同時內河運輸，亦不免有變遷，不邊範圍比較小些。

新起的運輸方法

當我們城市中心點，隨着工商業發達起來的時候，對於城內高速度運輸，必有相當的設備。在昔時馬車很普通，後來讓電線車(Cable Car)起而代之，再後又有比較速率快的電車發現。

地上的和高架城市電車，不能供應大的城市如紐約運輸需要，所以非設地底電車不可。

後來汽車，又介紹到城裏來了。汽車有到門口的便利，非別類運輸所能辦到的。汽車大概不失爲別種運輸的輔助機關，別種運輸所不能到的空間地方，可用汽車來代替。不過有時候，汽車也和別的運輸機關競爭，不但創立新的業務，並且強奪以前其他機關已經做的業務，這是可以拿電車營業受影響，和鐵路客運的低落情形，來作爲鐵證的。

有了汽車，對於道路的建造和擴展，發生了驚奇的進步。隨着偏僻的地方，彼此交易，極爲容易，生產量也增加不少，並且平日素來隔膜的家庭，現在也聯合，成功了一個村落，或小的城鎮，鄉村居住的阻礙和困難，無形中取消了。

現今發現了速率頂快飛行機的運輸機關。從芝加哥到紐約，比以前由費城到紐約還要近些！在有幾個國家，因爲地理大小關係，別種運輸機關，不能設立，只有航空才可以開闢和發現新的領土。

近狀和趨勢

處在這種時代，我們差不多墮入五里霧中，我們還沒有適應一種環境，新的局面，又來進攻，大有應接不暇的情況。

在此，我們且把運輸界的現狀，作一粗簡的總概括，或者簡略的綜合現在情狀，注意其中趨勢以及困難，庶乎容易決定我們將來運輸進行的方針。

鐵路

兩個例子，足以表現美國鐵路的重要。商務部一九二七年報告書中，有下列重要一段話：

「戰後最顯著的一項成績，或者要算美國鐵路的改進了。……其影響於全國的經濟組織，非常偉大，因爲運輸快捷的原故，各種貨物存貨，大大減少，因此生產用人及分配，也趨於穩固。」

假使不是實業穩定，存貨減少，則一九二九年金融恐慌的情形，恐怕不止于此，——還要釀成一極大崩潰的情狀。

鐵路人員，在一九三〇年的新年，看見下列各大城市日報所登一段廣告，非常覺得奇怪，同時亦感覺得滿足。

這段廣告標題是「一位與國家富強有密切關係的製造家，對于美國鐵路界新年的貢獻。」此中述及優良鐵路業務，造成存貨減少的可能。接下就說：

「在全國以內，由存貨減少，節省下來的幾千百萬美金，直接投資到生產事業。鐵路貨運業務的改良，給國家前途，一個極強有力的興奮，這是無疑的。…………我們應該知道，鐵路的成績，已經被列爲美國工商業中數一數二了。」

上列廣告，係聖路易西門司公司（Simmons Co.）所送登的，足以表示一般製造家和貨商的態度，——和多年前的態度，大不相同。鐵路效能的增進，對於生產工作，節省許多金錢，由是國家財產增加，產生出來圖書館、博物館、戲院、大學以及一切物質生活所需要的設備，予人民生活極大的便利。

以比較少的車輛和機車，和比較少的員司，現在美國鐵路，已經比一九二〇年的貨運，發達得多。然而又沒有擁擠的事情，這是什麼原故？

局部的回答這個問題。許多年來，機車效率的增加，已有顯著的進步，一九二二年以後，各項工程設備，也曾加以重大的注意，燃料經濟程度，試驗得非常有成效，管理方法也進步了許多。

爲減輕行車的成本，路床，軌道，橋樑，和路簽，都曾與以相當的改良。車輛停止器（Car Retarder）已經發明採用，不但減低成本，卽調車場的工作，亦快得很多。現在用不到將機車換過，貨物列車，在一個交叉口地方，可以自由插開或接上，盛稱便利。現在貨物列車，比數年前行動的時間，已經增加很多了。現在口號是：「極力使車行動」。（Keep the Cars Moving）從前新添的資本支出，多係用在購買新車輛或機車，現在情形不同了，大部份開支，用在改良路基——減少路的高低和曲線，添加軌道等等。現在應付營業需要的方法，不是徒尚新車輛的增加，是用殺竭力使原有的設備，達到速度極快，而能增加其裝載力的地步，還有一層統計和科學管理的引用，也比從前積極。

現在鐵路當局，對于人事管理竭力研究；因此發生合作精神，同樣的對待客商，引起了他們同情的精神。各地客商諮詢會(Shippers Regional Boards)刻正在幫助鐵路預測營業變化或需要，因此鐵路可以應付非常時期或時季的急需，這是對于鐵路客商兩方，都是經濟的，不必須的耗費，也可以無形消弭。

鐵路電氣化，晚近進展，極爲遲緩。不過在最經濟的地方，是實行罷了。廿五年前，有幾位極熱心的電氣工程師，預測不數年間，蒸汽機車，一定被電氣機車取而代之的。但是結果并不如此。另一方面，蒸汽機車，以效率和馬力，也未見得有十足的進步，因此之故，加以戰後鐵路財政困難，電氣化的推廣極緩，原非所預料的。

晚近又有所謂特種設備的出現。例如鐵道摩托機車(Rail-Motor Car)，提士機車(Diesel Locomotive)，高壓力機車等都是。鐵路當局，近年來，竭力改良其設備，同人的力量，以及新的管理方法，這是不可不注意的。

水路

近年來，水道運輸的進展，有以下特點。船舶設計和構造的進步，新動力的發現。結果業務成本減低，營業流通。譬如走外洋的貨船大小容積，都增加不少，五萬噸噸位已不爲奇，船舶從前每小時走九或十海里的(Knots)現在十五或十六個海里，不算稀奇。至于客船船體也增大，而且裝璜亦較前富麗，速度比貨船更快。航行大西洋船隻時間減短的限制，并非工程上不可能，實在是經濟(Economy)的問題。

特別在美國，海港有一個缺點，應該急刻補救，就是裝卸器具的不足。對於普通貨物的設備，我們雖不希望像大湖(Great Lakes)煤炭鑛苗裝卸設備，但是仍有很多改良的餘步。如果這層能辦到，水路在整個運輸制度的地位，可以提高不少。

公共汽車和運貨汽車

公共汽車和運貨汽車，有許多地方要改良的。最初公共汽車乘坐起來是不十分舒服，現在對于這層，已有了進步。不過根據已往公共汽車事業的經驗，我們對于旅客的需要和便利一層，應該注意。

道路旅行，一天一天增加，汽車數目，亦在那裏添增起來，於是安全問題，應運發生，這就是說，對于汽車夫考試及資格上，要格外嚴厲才行。一部汽車，假使是一個資格極淺的人所駕駛，等於一部「富於傷害人物潛勢力器具」。(Potential Instruments of death) 然而事實上，各省對于汽車夫給照一事，太寬鬆些，鐵路則不然，一個生火夫坐在貨車龍頭內，至少要有五年的經驗。至於客車機車的駕駛員，非有二十年的經驗，不夠資格 這些人不但知道機器內容，並且對于路徑，非常熟悉，因為生火夫資格的嚴厲的緣故，鐵路事變的發生，就不常見。

航空

一般人民，能否欣賞過去一二年商業航空的發達狀況，尚是一疑問。飛機裝載郵件一事，對于經濟社會和政治生活上，有莫大的貢獻。裝運客貨，現正在進步中，航空實在說起來，還是未脫幼稚時期，然而在高速度運輸中，已經佔有相當地位。

對于航空安全問題，仍須努力研究。但是天天正在進步，這是可以事變記錄的減少來證明的。

現在航空的實在問題，就是製造平穩飛機，使得一般人民心理上，發生飛行樂趣的問題。假使這層能夠辦到，將來公私航空營業的發達，可以預期。

有人仍以為地心吸力，不能戰勝，但是雖不能完全解決此困難，不過我們可以胆大說，至少在飛行方面，科學的進步，已經是克服此吸力，這是無庸疑慮的。

總結

新興運輸機關的發見，或原有機關的改進，假使是減低成本，或改良業務，都足以釀成國家經濟上的重大變化。

汽車的使用，巴拿馬運河的開鑿，商業航空的起始，都可以拿來證明運輸事業，對於各地工商業的影響。

公共事業

因為鐵路經過極遼廣的地方，接連分散的城市，又因為他的繼續不斷工作，對于社會幸福的重要，他可以逕說是「公僕」(Public

Servants)所以應該歸政府所有，或者如屬私有私營，也是應該有嚴密的政府監督制度。而且鐵路和其他運輸機關一樣，係戰事發生時，所不可少的一種利器。

現在管轄各運輸的行政機關。太富於官僚色彩，這是極不幸的一樁事。所以各國最重要的一個問題，就是政府管理公用事業的經濟科學化問題。

私有私營政府監督的制度，美國是一個極好榜樣。實在的說，監督不是常對的，好的政治，和好的鐵路管理，絕對不可並行不悖，在這種狀況之下，幸有優良工程以及充裕資本，鐵路業務仍能達到改進的地步，這是極不容易。鐵路現在進款率極低，隨時可以有破產的危險。

管理運輸機關的委員人選，應具有工程和管理的學識經驗，應研究實業如何影響國家或世界的前途，應該對于實業平衡問題(Equalization of Industry)的解決，予以相當的助力。又應設法避免商業澎漲和衰敗，鼓勵研究工作，這些事情，經過詳細的分析，可以將結果公佈於世。

整個運輸的觀察

國家所需要於運輸事業者，欲其業務費最低的成本，獲得極迅速極可靠的結果。有幾種貨物，無須乎快的運輸，不過有些貨物，非快不可，至于旅客中，有人因爲經濟狀況使然，喜歡慢些，有一班人贊成走得快些，更有些人爲商業或遇有要事的關係，不能不有極神速的運輸。

我們以往，未曾認識整個運輸問題，這就是一個各項運輸的重複問題。假使有兩種以上機關，做同一樣的運輸工作。其中必定有一種比他種業務稍爲優良些。此問題的解決，不能完全靠政治家，一定要根據專家的努力研究，和商業工程上的原理才可。

鐵路運價于業務及財政上，亦受相當的限制。不過于工資一層，政府無權過問。至于公路·水路·和航空路，都是中央政府或市政府設立·維持·和保護的。旅客或貨商，只想到直接運輸成本，而將間接成本忽略不顧，好像鐵路軌道，是政府供給的模樣。

假使鐵路，只有車輛機車和用人的費用，則現在客貨價，當可減低。

所有一切公共運輸機關，總應予以同等的待遇和機會，然後一般人民，方可決定那一個運輸制度，是合乎某種的業務。使營業向最少阻碍的路上流通，（Traffic Moves on the route of least resistance）惟一的方法，只有達到運價確可表現總成本而已。凡係商業家工程家以及經濟學家。都應該起來，共同解決這個運輸問題。

有許多人，已經得到一個結論，就是所有一切運輸機關，必定要聯合一起，組織一個整個運輸公司，（All Transportation Co.）以免競爭，而來解決一切困難問題。

英國米得倫司各脫鐵路之科學研究工作

蔣士麒

按研究工作，爲科學管理之第一要則。科學管理在鐵路上之效用，在國外各鐵路早已顯著，不僅米得倫鐵路爲然。需要研究之範圍，亦不僅限於機器材料兩項，尚有總務，營業，人事，財政等，均甚重要。惟我國鐵路，向無單獨研究組織。高級員司，時復孳孳於日常瑣務，無暇及此，於此而欲求科學管理之實施，戛乎其難。此文介紹英國鐵路研究工作一斑，倘能藉此引起我國路界對於研究工作之注意，斯或譯者之原意乎。 成註

一 緒言

所謂「研究」者，探討眞理是也。其功用，對于運輸事業，凡四：使工作經濟，一也；增加效率、及平安程度，二也；表示最新進展，三也；推測將來狀況，四也。研究工作，分爲純粹與應用兩種。純粹研究，旨在闡發新知，但並不欲施諸實際也。至於應用研究，則將科學知識用以解决某項問題。兩種研究，截然不同，米倫鐵路所施行之研究工作，則屬於後項，此不可不注意。

嘗考英國實業研究之組織，以一九一五年七月成立之科學工業研究會(Committee of the Privy Council for Scientific and Industrial Research and its Advisory Council)爲濫觴。歐戰爆發，研究之風愈盛，全英朝野上下，對于合作實業研究價值之觀念，爲之一變。

英國鐵路公司，對于研究，雖未訂立確實方針，然研究工作，所在多有。其中以關于個人之探討者爲多，例如裘琪屋特氏在史維頓地方之機車頭試驗，(Churchwood locomotive tests at Swinston) 和萊氏及士需得個魯氏 (Fowler and Treadgold) 機車頭曲柄 (Locomotive Crank Axle) 壽命與性質之調查，和萊氏及米林頓氏 (Millington) 鑴鑿鋼 (Chisel Steel) 之研究，以及英國非鐵金屬研究會，應鐵路之請求，對于銅火箱支柱之試驗 (Copper fire box stays test by British Non-ferrous Metals Research Association)

等，胥屬英國鐵路界最初之研究工作也。

二 米倫鐵路研究組織

在一九二八年下半季間，米倫路局長史丹勃爵士（Sir Joseph Stamp）創辦一特別委員會，任去世雷得氏(Reid)爲委員長，專司研究之責。一九三〇年，復另設一研究理事(Director of Research)，其下有秘書數人，襄助辦理研究事務。此外將原有委員會。改組，除公司主要技術職員外，尚聘外界著名擅長於工程化學或物理者多人，充任研究員。

爲決定工作地點及便利進行起見，研究委員會，分爲數組，每組研究一種問題，如油漆，軌輪之損壞，機車頭燃料煤水風之阻力，及煨合皆是。

公司對于各項研究，並不一一特設實驗室，則以諸多問題，以請外界科學家或機關，代爲解決，較爲經濟。但遇有機會，儘力提交委員會解決，此爲原則。米倫鐵路曾設化學實驗室於台不克魯何維趣聖得羅老司(Derby, Crewe, Horwich, and St. Rollox)四地，由主任化學技師亞當氏，（Adams）主管一切。此外又有油漆，冶金，棉業，及機械材料試驗專門實驗室，分設於各處，以便研究。

三 研究工作之進行

研究委員會成立，不過數年事耳。結果雖尚難斷定，而由各方面推測，成績當屬不惡，最初研究工作，爲機車之維持問題，根據一九二九年之統計，米倫路對于該項費用，計達九百八十九萬二千七百六十九英鎊，油刷費亦耗去一百四十九萬五千五百八十六鎊，其數目之浩大，殊堪驚人。

米倫路當局，鑒於維持修理費用之日大，特提交研究會研究。其結果若採用更有效率修理器具，或科學化分配員司於各處之方法，或逕將有關行車各項機件，延長使用期限，則維持費用，當可節省不少，毫無疑義也。

四 客車維持之研究

此後則列舉各項研究之進行狀況，以明研究工作對於鐵路業務本身之價值。請先述客車維持之研究。決定修理客車之要素，凡二：一爲油漆狀況，一爲機輪之損壞程度。

(A)油漆——關于延長油漆工作耐久期限問題，米倫鐵路，曾加以綿密之研究，結果極佳。若對于清潔方面，能有改良方法，即可達到此目的。據試驗所得，發見一種清潔混合物，曾經兩次列車使用，頗有成效。每隔四星期至六星期，油漆一次，翌日即爲之乾拭，再用水洗滌，最後用臘塗之，則清潔工作，可告完竣。此種油漆方法，不但外形美觀非常，成本減少，即油漆時間，亦節省百分之三十。據調查之結果，若油漆之維持時間，延長百分之十，則費用至少七萬二千金鎊，可以節省。

(B) 機輪之破壞——若欲減少其破壞程度，則機械與冶金兩方面，俱應予以相當試驗。例如：調查機輪對于鐵軌之正確行動，極關重要，米倫路之研究委員會，刻正在計劃一破壞測驗機，一方用爲研究器具一方測驗軌輪能力。

五　機車維持之研究

論及機車，則其大宗修理，關于火箱一項。解決此問題，應對于支柱之製造，反支柱銅之鑽取，力求正確；而于支柱頂之大小及形狀，亦應加以注意。火箱使用年限，若欲延長。則阻止脊節之造成，及除去鍋爐內灰塵之堆聚，誠爲必要。清潔鍋爐方法，曾設法使其改良，此外鍋爐水料，以用軟水爲是。

若機車使用程度，能增加百分之十，則每年修理費，可以減少十五萬鎊，利息亦可節省六千鎊，共計二十一萬鎊。

六　燃料經濟之研究

鐵路材料之最大項目，厥爲機煤。一九二九年該項購料費，計達四百八十萬八千六百六十九鎊。數目既如此浩大，鐵路局當予以嚴密之分析。刻下已進行兩種工作，一種爲列車風之阻力，一種關于機車鍋爐之燃燒作用。

(A) 列車風之阻力——米倫路與西北鐵路（L.N.E.R）合作，托國立物理試驗所(National Physical laboratory)代爲試驗，結果以十客車而論，則風阻力百分之廿九爲機頭及煤水車，百分之八·五爲第一輛，除第十輛爲百分之九·五以外，其餘車輛均分派爲百分之六·五。該列車每小時速度，若能行六十英里，則大約需四百匹馬力，方足以克復列車之空氣阻力。以馬力適當全機車所發生力量百分之五十五。

（B）鍋爐之燃燒作用——此種試驗，業已在進行中，其目的在求得鍋爐之平均熱力，以資分別測驗其損失程度。所最難者，爲發見決定自烟筒爆出未燒燃料之方法，雖刻下已知繼續記錄燃料損失方法，但其成效，尚未敢斷定耳。

七 冶金之研究

冶金問題，亦屬重要，不容忽視。和萊氏現正在探討機車輪構造之原因(Fractures)，即其一例也。此外則鍛合技術，彈簧鋼之製法均經試驗，成績斐然可觀。

（A）銅之鍛合——除大西鐵路以外(Great Western)，鮮有該項試驗。賴英國非鐵金屬研究會之助力，米倫鐵路冶金試驗處曾對此問題，加以探索。結果試得一銅絲，不無成績可言。該試驗室，現又在試驗銅之電氣煆合法之可能性。

（B）生鐵之利用——與英國熟鐵研究會合作之結果 (British Cast-iron Research Association)，在鍛鐵業中，製造桌椅等物，除用百分九五之廢鐵外，只須百分之五熟鐵可矣。

八 其他研究及結論

此外尚有行車方法以及商務上之研究，亦正在擬辦或設計中。又該鐵路對於研究工作，常與各大學合作辦理，故成績斐然。任何鐵路問題，均不難解決云。

由此觀之，研究工作，對於事業之進展，極爲重要。有稱之爲「明日之門」者，蓋惟研究而後可以解決目前之困難，而達明日光明燦爛之域也歟。

委員會制對於管理上之帮助

培德 A. G. Peter 著

胡 楷

現代事業之驚人發展，已使管理愈臻複雜，無論何人，不復能以一人之力領導一大組織，因其中包括各種不同且帶有專門性之活動。此種現象遂引起職權之分權化或民主制化，然結果仍未能和衷共濟，因各負責者原係專門人材，往往未能統籌全局。委員會之計劃於是遂被採爲一種方法，以聯合各部於一處，俾各負責人或工頭得有機會共同討論各種問題。此類問題，雖係各部份之問題，然實有關整個事業之利益。

委員會在工廠經營中固非新奇之物，各聯合商店多設有商店委員會，定期與經理討論關於工資及工作情形之問題，如安全委員會（Safety Committee）乃由工頭及工人所組成，各大小工廠常有之，在各廠中作有規則之檢驗，並介紹各種預防之物或方法，俾減少工作上之危險。無論發生何種特殊事件，如舉行郊宴，或僱員之死亡，幾皆須組織一委員會以從事籌款及處理一切。惟此種委員會從未參加日常實際工作耳。

今則情異勢變，多數工廠之委員會均在使行實權，且實行處理政策上之重要問題。此種委員會乃由僱員所選出之代表所產生以參加管理重要之事件者。對於各部主任而言，似頗近於工業上之民主政治，因其常與各部主任共同討論關於工作方面所發生之日常問題也。無論處何種情形之下，原理總屬相同，各負責人均須留意任何新發生之問題，俾有較明瞭之分析及較滿意之解決。

委員會實行之時，缺點固所難免，欲求迅速之行動，殆不可能。縱令可以召集特別會議，然欲集合出席人員說明某種問題，然後得一解決，此種方法，殊嫌迂緩，不足以應付事業上許多必有之緊急事件。是故純粹行政權，鮮有付諸委員會者。但若時間問題不關緊要，如討論對於將來之措施，或須要某種專門學識時，則委員會之計劃，自有許多驚人利益，雖嫌迂緩，仍有代價；且此種迂緩之弊，在人生任何方面，均甚顯而易見也。

委員會之效果，當視其主席如何而定，故主席人選，必須強而有力者，庶能指導如何討論，使集中於所欲討論之問題。各社團之董事會實為一種委員會，而具有處理政策上重大問題之能力者，惟將實行計劃之責付諸一人之手耳。軍隊中之參謀本部，常聘有許多軍事專家，計劃軍事，解決組織及物質上之種種問題，並視察戰地一切及寮屬各部，俾其計劃得以實現。即管理禮拜堂或宿舍跳舞會之委員會亦具有同一原理，皆由委員會擬訂計劃，交與秘書或主席執行之。

現代工業界中委員會之作用亦復如此。且各委員個人常能努力實行委員會之决議。工業委員會之組織具有特殊意義，其所討論者僅限於規定之問題。各委對於所討論之問題，大抵均甚熟諗。因彼等在各該組織中之地位，最易達到其委員會之目的。此種委員會之目的有二，即决定計劃與分配實行計劃之權力是也。如此辦法，易收合作之效，良以各委員對於任一問題之各方面均甚了解，且對於某事之决定，既曾參加意見，則實行之時，自能彼此合作。

西方中部某大工廠已能實際證明委員會計劃之功用。該廠嘗設有一"發展委員會"（Development Committee），其目的在從製造及銷售兩方面大規模改良出產。委員人選由管理機關指定，並無特別限期，往往因計劃之改變，而人選亦常有更動。目下全體委員為工廠經理（担任主席），銷售助理，主任工程師，調查主任，研究工程師，及設計工程師（担任秘書）。委員會每星期集會一次，即於開會時發表其探討之所得，而以之轉告於各部主任。

前已言及，發展委員會之目的為從製造及市場之立場上改良公司出產。該委員會利用此種力量，乃對公司製造之各種出產盡力研究，所得結果復於開會時詳加討論，且常採用新式樣，將製造新模型或改變現行式樣之决定載之記錄，工程師即依照此項記錄製造新圖樣，生產部則决定需用何種材料以製造此種新出產。

雖然，研究工作並非新思想之唯一泉源。銷貨部對於研究之方針，亦常有建議，以應付競爭或供給某種特殊之需要。僱主輒將許多問題交與彼等，或要求改良，或要求某種標準貨物之改造。惟此種要求多限於出產之式樣方面）有時其所提出之要求竟超越公司範圍以外，或其要求之能否實行尚屬疑問。此種要求常帶有政策上之重大問題，各公司與顧主間之關係，及公司在競爭場中之地位，與其對內製造之發展，俱有影響。故對於此種問題之各方面，均應详加研究，由發展委員會决定公司對於此類工作之態度，以其獨能供給分析此種問題中各要素之方法也。

除貢獻方法以解決某項問題或通過最後之設計外，此委員會從未涉及實際上之設計，惟一切現狀之改變，必得此種團體之批准方能實行；又除足以影響已定之標準外，任何工程問題與此委員會無關，蓋此種影響與事業之關係甚鉅，惟委員會中人能善爲分析之。

此種委員會之價值雖足驚人，然亦不可估價太高。設其政策差誤，則工廠在銷貨及製造兩方面均將蒙受不良影響。事件每甚複雜，無論個人經驗如何豐富，總難完全明瞭。委員會中各委員，自生產之發端以迄出售與僱主，恒與其出產接觸，自有許多不同之見解。對於每一問題，必能加以深刻之研究。再當某項計劃决定時，如對某種標準出產之改良，則委員會之責任，已置該項計劃於實行之地位；換言之，即該委員會中人對於其事必有興趣，且對於任何變動之理由及性質必甚明瞭，故無須更加說明，其↑處置必能增加計劃之效力。

雖然，發展委員會之實在意義不僅限於製造品構造之變更，是不過爲其已完成之工作表面所顯示者而已，其實在意義乃以維護公司爲宗旨。但此種意義，在日常事務進行之中，容或不甚明顯。創辦事業者之理想與希望，均付托於委員會：所謂希望者，乃指事業之發展及其範圍之擴大而言；所謂理想，則指事業自創始以來所負之使命而言。委員會實爲此種夢想之保護者，並力謀其夢境之滿足，以完成此僱員團體之眞正責任。此種義務之完成，乃由於委員會對改良出產之不斷努力，及對公司範圍之實際擴大所致。

以上所述乃工業上之一種委員會，其職務大抵爲研究性質，研究繁難之問題，而以求得最佳之解決爲目的。自實行之立場上觀之，此種委員會苟非藉各委員之力量，利用其在工廠中之地位，而不問其在委員會中之名義如何，以督促執行之，則其價值殊爲渺小。此種團體雖常稱爲執行的委員會，實則彼僅盡執行職務之半，即運用思想擬定計劃；而另一半，即實施所擬計劃之職務，則未常顧及。

委員會之從事實際計劃者則完全不同，其職務爲如何能使一切預定之計劃實行最速。實際上此種委員會亦常參加擬定計劃，至少在討論計劃之時常加入意見。雖然，不論其計劃或政策在何處產生及如何產生，其問題大抵均着重於方法上，如何能使所希望之目的得以迅速實現。此即以上兩種委員會之異點：一則對於問題祇作抽象的解決；一則對於問題從事實際的解決，想出許多計劃以求其實現。

自實行方面觀之，則二者不能作如此清楚之區別，因其職務彼此常多混淆之處，有時竟至一種委員會行使兩種職務。惟現代事業對此二者，因其工作性質之不同，分別已甚清楚，故執行性質之委員會，其委員必爲專家，能實現其所希望之目的。例如生產委員會(Production Committe)每日須開會討論日常定貨單。此種委員會或係正式指派，或係非正式團體，斯固無關輕重、其作用總屬相同，因其結果均得自一具有若干固定性之團體之會議也。此種生產委員會僅關係實行方面，乃由有關係之主要委員所組成，其問題但爲外來之定單，且性質甚爲固定，無論如何討論均不能變更之，是以任何討論，僅限於討論完成此種義務之最快方法而已。

無論大小工廠，幾皆有一生產委員會，或用此名稱，或不用此名稱。此種委員會研究關於製造之重要事項，並從事於生產之設計，規定出產之日期，注意其特殊之點或非普通之處，至於製造之詳細情形，則除足以引影生產或缺少原料之大問題者外，其他多不甚關心；換言之，此種委員會宛如高等智識之清算處，可使各部主任設計應付有關其事之特殊情形，並在相當時期依次造成有計劃之活動，由是可以表現各部因遲誤而生之損失。

前述公司更以新方法利用此點，其生產委員會中包括許多監督，普通工頭，生產經理，及進貨代理人，於每月月初舉行會議，以決定是月產銷之數量；此外亦常集會討論關於實現此種計劃之進行，倘遇必要時則加以修改。以後手續乃由生產經理於每月靠近月底時，製訂下月出產數量表。此表乃根據銷貨經理對於公司各種出產銷路之估計及記錄簿中之定貨次序，列爲表格所構成者。表中依各部出產日期之次序，將較爲重要者登記，而算出各部之總數，及一月之總數。此種表格在開會以前即行分發於各委員，迨開會時乃共同討論關於生產數量之計劃，旁及製造量，材料不足，與工人缺乏等問題。若所擬之計劃太嫌繁重，則加以修改；若銷路趨於衰落，則設計減少所耗之工作能力、或縮短工作時間，倘當時情形，確有此種需要。最後結果恒爲批准是月某種預定之總額，而此種預定恒能達到目的，或竟超過之。

此種辦法之優點甚易明瞭：第一，能指出確定之目標，對於製造各部，可視爲一種刺激，使生產能力集中於某幾種工作，結果可以獲得意外之努力，因不努力部份之失敗甚易顯露也。除所擬生產之總量外，此種表格在實行時不能視爲固定不移者。製造之性質總不離乎日常收到之零星定單，故生產部務須與銷貨非常接近，利用各部僱員以指導並修正其製造，庶幾此種零星定單能與會議時所討論之大宗生產同時進行。最要者厥爲保持產銷數量之均衡。是以自管理之立場觀之，此種計劃頗有價値，因旣擬有大綱，則負責執行者即可奉爲準繩而計劃進行也。

關於此種計劃，尙有一重要之點，即所擬計劃乃以金錢表示，即指經營其事者所希望獲得之金錢而言。自財政之立場觀之，此點關係頗重，尤以銀行信用變動迅速之時爲最，過去兩年中曾有此種現象。綜括此種委員會之優點：旣可以供給管理上之智識，更因此種智識而能明瞭商店之經營；又可以設計發展銷貨之力量，並助理設計中之財政；對於商店而言，則可決定進行之目標，可設計解決意外之困難，再因直接負責執行計劃之人，旣有處理其事之發言權，勢必以全力赴之，自易底於成功也。

此委員會若視爲一種方法，以促成任何計劃之迅速實行，則其範圍漫無限制，其權力常有擴充之趨勢，研究成本常在其範圍以內。是以許多地方此種團體即變爲成本委員會（Cost Committee），分析成本，設法節省，以助生產，而增銷路。若干採用預算制之工廠，即以此種委員會決定其工作，斯爲實行此種計劃最簡單之方法，以其能將所有各種要素陳列於負責者之前，俾彼等均了解其相關的責任也。委員會之名稱，除欲略示其會之宗旨者外， 實毫無關係。 最重要者爲集合許多行政者與工頭及其他有關係者於一處，正式開會討論日常事業之某點、並彼此交換意見，以求其整個事業之利益。如此辦法並未減少個人之責任，反足以增廣大衆之眼光，使爲整個事業共同努力，蓋實際負責之要人，今已有窺見全部之機會，非僅囿於各該部所代表之一隅而已。

是以此種現象殊屬可異，現代商業殆已逐漸變爲會議之事，少數行政者可以諗知前此爲數主要人物所視爲極端秘密之事實與政策。惟委員會之辦法無異於其他事件，亦有行之過甚之虞，例如若干機關，往往因開會太多，竟至缺少做事之時間，然在相當限制之下，委員會確爲調和及考慮之機關，是則毫無疑義。此外尙有一點亦頗重要，即無論何種委員會，其委員人選必出以愼重，如人數太多，則行動遲緩，然必要的人材，却不可少。是故關於委員人選，務宜善爲斟酌。設委員會之目的或職責能固定時，則對於人選問題並非大難，即各委員之人選，當以對於其事富有興趣或有關係者爲限。倘須要某種特殊智識而規定之委員不能滿足其條件時，得以邀請會外人士參加會議。

在結束本文以前，當再申述執行性質之委員會。執行者之職責爲擬定一種計劃而實行之，委員會則僅資設計之助而已，然其價値頗過驚人；蓋集許多富有學識經驗之人士於一處，使共同討論，自能產生良好之計劃，馴至其計劃之細微末節，皆可望其一一實現，惟實現計劃之責任，則仍付與他人耳。當吾人論及執行性質之委員會時，當注意其較重要之價値。此種委員會，因各委員之關係，實爲行政之機關。各委員之所以被選，乃由於其職務足以完成其團體之使命耳。所有各委員均依照計劃執行職務，但因欲達到其所希望之結果，應有一人監督各人之活動，如遇必要時，可以修改所規定之計劃；蓋無論若何良好之計劃，當進行時總不免困難叢生，故當障礙發生之初，應有人運用其判斷力以剷除之，庶幾其事得以進行無阻也。

作者培德先生以一八九〇年生於威州之密瓦基(Milwaukee Wis.)。幼特販報所入，得受中小學教育。執機械師業兩年後，復入威斯康辛大學 (University of Wisconsin)肄業四年。一九一三年畢業於該校機械工程科。畢業之後入鏈帶公司(Chain Belt Company) 爲練習生，從事於器具之打樣，工作時間之研究，價格之規定，安全之工作，及工廠工程等。大戰發生以前，任該公司助理監督之職。

培氏嘗充砲兵部第一海軍中尉(First Liutenant, Ordance Department)換任費納德羅費亞區儲藏組之地方經理 (District Manager, Store and Scrap Section, Philadelphia District)。休戰以後卽被調往華盛頓 (Washington)，氏又爲救濟局銷售材料委員會之秘書，嘗兩度被擢升爲砲兵少校，大戰之後仍返鍊帶公司充副生產經理現任密瓦基氣力抽水公司 (Milwaukee Air Power Pump Co.) 生產部工程師云。

書報介紹與鐵路新聞

書報介紹

（一） 美國鐵道

American Railroads

著作者：Winthrop M. Daniels

此書內容包括但尼羅斯教授在濮林斯頓大學講演錄四篇；即：鐵道與垣街，鐵道與國會，鐵道與白宮，鐵道與大衆。前三編皆係研究美國鐵道財政狀況與鐵道法規史，第四篇則爲對於美國鐵道未來發展之預測。

據作者意見：現在汽車航運及空運等與鐵道運輸之競爭日烈，大衆對於鐵道，已不若前此倚賴之深，故即使鐵道公有之說在最近之將來可以實現，或係由於鐵道投資者及所有者之發動，而非出自運貨商人之要求也。

（二） 美國鐵道之盛衰概況

British Railways in Boom and Depression

著作者： C. Douglas Campkbell

此書內部的統計圖表很多，非有初步統計學說者，難能明其確切眞意。本書的前半部，有許多表格，專講英國鐵路在財政上之地位，和一般貿易的地位關係。該書最大的價值，是在後半部。論及戰後之一個時期很透澈，關於鐵路合併，與一九二一年的鐵路條例，講得很詳細，還有有價值的批評， 這是應當一讀的。 這書的材料，大都是根據 Balfour Committee 所研究的結果，他對於英國各鐵路各類貨運的比例， 有很周到的研究，還詳細的討論到設立釐訂運價機關的種種缺點。

（三） 印度鐵路，與棉鐵等工業，從事組織合理化概觀

Rationalization in India Cotton Mills, Railways,

Steel Industry, and Other Enterprises

著作者： Sarker, Benoy, Kuma

本書內容，約有一百五十餘頁，專論鐵路與棉紗廠鋼鐵廠等各大工業，合作經營之利弊。當然誰都知道，合理化的事業，對廠方利多弊少，可是我們至少應當和勞方，亦須謀一點利益，因此，我人當然須將鐵路和各大企業的組織和管理，改良一下才行，本書列論，就是從這點上着想。

（四） 商業組織及統制方法

Business Organization and Control

著作者 Tippetts, Charles, and Liveremore, Shaw

本書內容詳細，對於商業上之組織，靡不透澈列論，某種組織，合於某種事業，反覆講解，不厭其詳。

大概現在的商業， 決沒有像往日的簡單， 決非一個合夥店（Partnership），一升公司，所能應付，換言之，統馭問題(Control)，便值得我人研究了。

現在非但合夥店(Partnership)公司(Corporatin)等失却統馭商務的能力， 即所謂卡泰爾(Cartel)，社團(Syndicate)等，亦已成爲過去的良好組織，歐美現盛行所謂橫的組織(horizontal Combination)，目的係將同樣的事業，組成一系，以冀操縱該項事業，誰知現在更有所謂縱的組織如福特汽車公司(Vertical Organization)，非特組合同種事業，並且將有關係的各種事業，一併組合之，此項組織，目的爲謀管理集中，統馭有方，不可謂非在此科學演進中之一大改進也。

（五） 統計學之理論與實用

Statistics in Theory and Practice

著作者： L. R. Connor

此書的前半部，專講統計的方法，先講統計訪問（statistical inquiry）機關的必需設立，再講到收集材料，分類和製表的種種方法， 作者對於平均數（Averages）離差，（dispersion）相關，(correlation) 及指數 (index numbers) 的用法， 有很詳細的解釋。他很着重在初步的統計訪問，他說一般人對於這一點很忽略，所以他們收集的材料，不一定可靠。在這書的前半部，可以說完全是講的統計理論方面。在後半部，是用確切的事實來拿學理去分晰它，所以做一個現代統計工作和統計報告的檢討，著重在經濟統計的分晰研究，還講到活動指數表（"sensitive index numbers）須根據少數的貨品製成，有很周到的討論。總之，此書的理論與實用是并重的，眞可以做學統計學的一本新鮮而有價值的參考書。

（六） 投資科學化

Scientific Investment

著作者：Hargreaves Parkinson

本書的前面幾章，專講投資的方法，和債券優先股票普通股票等等。次即論及普通股票的 gear ratio 與 priority percentages，很深刻的講到債券與優先股票的確實利益，這是對於要投資的一班人都應當明瞭的。現在還介紹給公司裏的董事們和股東們，讀準備金（reserves）的一章，對於"nest-egg"理論，有極澈底的見解，可稱爲全書最精彩的一章。本書並沒有包含投資的全部分，所以沒有提及國家政府和地方政府的公債票。作者指導人們投資的方法，要避免賭博式的投資，切實厲行科學化，若要達到妥善的投資，作者以爲對於投資方面，要有相當經驗，有經濟學說的根底，還用統計方法來分晰研究，書中所舉之例，都是根據有名公司所公佈的，所以他的結論也很可靠。

（七） 財政組織及管理

Financicl Organization and Management

著作者：Charles W. Gerstberg

此書不僅示人以創辦新企業之途徑，且能助人發展或改良已成之企業。著者意見以爲財政管理之得宜與否，實爲企業盛衰之所繫，故在此書中暢論各種企業組織在法律上所處之地位，及財政上所負之責任，與如何籌款，如何穩定股票之價格，如何出售新舊公司之股票等問題；此外關於收入，盈餘及紅利等之管理方法與法律問題，亦曾論及。洵爲企業家最優之參考書。

鐵路新聞

(一) 一九三三年瑞士鐵路新聞鐵道之新預算及發展計劃

瑞士國營鐵道在一九三三年新預算中最堪驚人者即爲普遍減低之開銷。

新預算開銷項下，對於建設一門較去年減少二千二百萬法郎 Swiss francs（去年建設費爲八千六百萬法郎，今年則僅六千四百萬法郎）。惟鐵道上電氣化之工作並不致因此而停頓；日內瓦Geneva，居利克Zürich，培恩 Berne，羅堡 Neuenburg，博格 Brugg 及羅加洛 Lugano 等重要車站之改良計劃亦不致受若何影響，但改於一種較嚴密之預算下以進行耳。新建設一門則僅有經費二百萬法郎，是殆略資點綴而已。關於台台綫 Delsberg-Delle博羅綫Berne-Lucerne及烏齊凌綫Uznach-Zügelrucke-Linttha1 電氣化之工作早已開始者，今年仍將繼續進行；又碧松碩芬綫 Bienne-Sonceboz-La-Chaux-de-Fonds 及羅布綫 Rorschach-Buchs 亦擬開始電氣化之工作。此外並擬另以一百七十萬法郎從事於平地交叉點之改造，此乃鐵道上數十年來一貫之政策，蓋瑞士鐵道自一九〇二年至一九三一年間前後已改造平地交叉之點一三一八處，其中八七八處乃將普通道路改由鐵道之上經過，或改由其下通行，此項工作約共耗去一萬萬零四百萬法郎。

關於車輛項下開銷則較去年減少一千三百萬法郎。今年擬不添購新機器或新機車，然僅補充舊車一項亦須經費二千三百萬法郎。

再新預算估計一九三三年鐵道總收入約爲三萬萬五千三百萬法郎（較一九三二年減少二千萬法郎），開銷總數約爲二萬萬七千五百萬法郎（一九三二年爲二萬萬八千三百萬法郎），此種預算，收入方面乃因一九三二年鐵道收入普遍減低百分之十二，故即以此爲今年收入之根據，開銷方面則係以經濟學上之眼光而減少百分之四·六；然損益賬上仍短少四千五百萬法郎，此固今年不可避免之結果也。

此種現象似可悲觀，但瑞士國會在最近之將來，必注意及於鐵道財政情形，並設法以解救其困難，在春季開會時或更將討論關於新交通法之提案，以減少汽車與鐵道之競爭爲原則，而各規定其營業之範圍云。

（二） 西班牙鐵道界近聞

西班牙工用部長披杜 Sr. Prieto Minister of Public Works 現仍在進行其改革鐵道制度之工作，最近曾頒佈命令，禁止私人鐵道公司以薪金僱用政府鐵道機關之工作人員。此舉頗受人訾議，而多數公司必將因此發生困難，尤以規模較小者為甚，蓋各公司習慣，其職員多係兼任者，今政府忽頒此項命令，勢必另行覓人替補也。

披杜近又頒一命令，取消以前政府許多監督及管理鐵道之機關，而另設許多委員以代行其職，實則現在之委員其中多有即係以前任各機關任事者。

最近西班牙鐵道界尚有醞釀罷工之恐慌，其原因係鐵道界人認附加稅之分配不均，而對政府之處置不滿。此事在去年十二月十六日議會中曾引起激烈之辯論，當時少數激烈份子曾有一種運動，以圖促起政府注意此種足以引起罷工之嚴重形勢。但披杜部長之態度殊為傲慢，渠謂鐵道界人現在所受之待遇已屬不差，此次要求之數幾達一萬四千萬培塞達 Pesetas，如此鉅款，決不能由公司或國家讓與他人，況現在各國方在減低勞動成本之時，尤不能出此舉動。披杜並謂渠深知有人方從事於怠工之企圖，但渠對此事已有準備，如鐵道工人有罷工或怠工者，渠將立即開除之云。

據最近趨勢，罷工或不致實現。然此並非由於披杜部長恐嚇之力量，乃因此種運動現已在全國總工會Confederacion Nacional de Trabajadores指導之中，而鐵道界人大部屬於工會 Sindicats Nacional，此會則又與全國工人同盟 Union General Trabajadores 有密切關係，若全國工人同盟傾向於罷工，則恐披杜部長殊難應付，甚至引起政府之傾覆亦未可料也。

（三） 英屬南非洲鐵道財政之近況

英屬南非洲之鐵道，當去年三月底時共虧損二，四九八，二〇九鎊，其後對於各路及各港口船舶雖均曾加以整理，但截至九月底止，虧損總數又增至三，四九四，九五六鎊。據正式報告，去年十一月十九日前四星期內鐵道總收入，較前年同期間中收入約減少五三，〇〇〇鎊，其原因半由於旅客之減少，即貨物運輸數量亦不及去年是時之多。

若一比較去年十月與前年十月運煤之數量，則去年較前年顯然已減少一七〇，二四七噸。同時各港埠之運輸亦未見發達云。

（四）法國彌補鐵道收入短少之方法

法國近年鐵道收入之短少，在國家財政預算上已成一重要之問題，於是財長西萊M. Chérou乃謀設法以解決此種困難，其計劃係根據一專門委員會之報告。

該項報告書建議減低鐵道稅，並謂自一九二六年法郎跌價以來，政府為挽救財政之故，鐵道上運貨稅已增至百分之十，而乘客稅則增至百分之三十二·五，此後始終未曾減低，故財長現擬將鐵道上客貨各稅各照原訂稅率減低百分之二十五。

此種計劃其目的在救濟鐵道收入之短少，但政府則每年將因此而減少五萬萬法郎稅收，故能否實行，尚難預料。

在最近之將來將所有鐵道完全改組以鞏固財政之說，在議會中亦必成一重要之問題。但如欲將所有鐵道均規劃於一單獨系統之下，此種計劃，恐難實現。去年十月各鐵道曾建議政府改組全國運輸制度，並提出挽救鐵道財政之辦法，其建議共分三部：（一）以商業或財政上之均等為基礎而求全國各種運輸事業之調和。（二）求全國鐵道事業之調和。（三）使鐵道立於有利之地位。

同時鐵道本身亦當力求改進，以前鐵道恃其運輸包裹之便利，已足與汽車競爭；現在更能將包裹從任何一站送往任何他站，且可照遞送信件同樣之速度將其送往任何地址，關於此點鐵道當局近在報端宣傳頗力云。

（五）最近日本鐵道財政之轉機

日本國營鐵道，近三年來收入均苦短少，但逆料一九三二年至一九三三年將有獲利之希望。一九三二年八月以前數月即有良好之進步現象，八月份已獲微利，九十兩月獲利更厚，十月以後趨勢愈佳，即使目前收入或又不旺，然綜計全年收支，必仍獲利也。

鐵道部因今年收入可望獲利，故擬再努力發展路務，其第一計劃即係以五十萬日圓改良Sinjuku Station此外聞對於Chuo line及經過東京大坂各處之鐵道亦擬加以改良云。

（六） 土耳其擬築新鐵道

據路透社消息，土耳其政府現已決定舉借內債一二，〇〇〇，〇〇〇鎊 (Turkish ponuds)，以建築自台培克 Dliarbekr, in Kurdistan 至阿漢納 Arghana 間之新鐵道；因阿漢納地方蘊藏銅鑛甚富，前者徒以交通不便，致未能早日開採耳。

（七） 印度鐵道收入近況

印度鐵道近年收入不旺 。 去年十一月廿六日前一週內收入約爲一千六百四十萬羅比， 較前年同期間內收入減少一百四十萬羅比， 綜計去年全年收入截至十一月廿六日止，較前年同期間內收入減少一千萬羅比。鐵道當局皆知卽使增加票價與運費，亦難望收入之增加，故如不大舉借債，即須厲行簡省開銷，以救濟鐵道財政上之困難。然當此經濟恐慌遍於全球之時代，前途終覺黯澹無光也。

世界上最快與最慢之列車

德國最快之列車，爲行駛於漢堡與漢哪瓦間者，以一七六·五公里之距離需時一一八分，平均每小時速率爲八九·七公里（五五·七哩）。

法國最快之列車，爲行駛於巴黎與聖坤庭間者，其速率爲每小時九九·八公里（六一·九八哩），爲歐洲大陸上最快之列車。

加拿大境內最快之列車，爲行駛於蒙特利爾與多倫多間者，其速率爲每小時六二·五哩，爲美洲最快之列車。

大不列顛境內最快之列車，爲行駛於大西鐵路上，斯文頓與堡庭頓之間者，以七十分鐘之時間，行七七·二五哩，平均每小時爲六六·三哩，較德，法，加拿大之最快列車，均爲迅速，爲現在世界上最快之列車。

英國一鐘表匠名馬丁者，以金銀造一列車，機車長一吋又八分之三，全列車長僅八吋，該列車利用鐘表機器行駛於四呎長之軌道上， 需時二點二十分， 其速度爲每年三哩，爲世界上最慢之列車。

美國大學教授公會之目標及其成績

李松濤
施家俊 譯

The American Association of University Professors Its Aims and its Accomplishments, By Edvin R. A. Seligman, Essays in Economics

（按原篇英文爲美國哥崙比亞大學經濟教授薩立門氏於一九二二年就任該會會長時之演說詞。先載於是年該會第八卷會刊，復載於一九二五年薩氏經濟論集。對於歐美大學之沿革，述之綦詳。而於教授之權利責任，議論尤多精警。洵爲吾國大學他山之助。爰譯之聊供研討教育問題之資。譯者李松濤附白。）

一 學院與大學

美國大學教授公會，成立七載，方興未艾，將來之境遇至難言也。但父母之於子女，希望莫不甚奢，吾人年齒較長之人，對此公會，孜孜矻矻，憑已見之成績，依環境之情態，作最高之希望，耿耿此衷，當邀諒解也。

本會會章，有完美無可增益者。例如宗旨一章。引之可概其餘。

本會宗旨。（一）使會員通力合作，以盡高等教育及研究之責。（二）鼓勵高等教育之普遍及有方法之討論。（三）使大學及學院教授之意見，得爲有職權之表白。（四）使團體運動，成爲事實。（五）維持及增高教育職業之標準及目的。

上述各項，有爲歷屆會長在演說中已推闡詳盡者。例如本會性質與律師公會及醫師公會相同，而與商人公會逈異。蓋本會爲促進公益及增進職業標準之機關也。

茲有一事引爲遺憾。即本會之宗旨，少數會員及外界尚有不甚明瞭者。實因美國新舊教育，正值過渡時期也。本會定名爲大學教授公會。但自始迄今，尤在入會資格鬆弛之後，學院教授，亦得加入。同時大學校長及學院院長，逼於時勢，另組大學公會，及學院公會。吾儕教授雖仍一體，而本會之困難由此生矣。試述各點以解釋之。

大學及學院兩名詞，初不相混。大學（Universitas）先爲學生團體，受普通學科之訓練，後爲教授團體，教授盡屬博士，故亦稱博士大學。未幾學科大學興，而學生大學博士大學之名亡矣。維時大學爲普通科，再進而爲普通科之機關，是卽最近之意義也。

學院（College）爲另一拉丁字，其義爲羣，學生及教授團體皆得名之。在學生大學時代，學院已爲教授之團體，厥後爲貧苦學生之團體，或其免費宿舍，乃爲團體中團體、同食宿於一舍者也。大學並無校舍，學生集於教授家中，或公共場所。

初學生年齡，大小不一。大學承各地教會學校之別，收容小學生，教育之以得博士或碩士學位（二位初無軒輊）爲止。授位有兩步驟，先頒教授許可狀，畢業時再介紹之入教授公會。在未受博士權利之前，學生或得教授初級學科，作膚淺的演講，惟須擁護一幼稚之理論。例稱學士，是即學士學位之始也。

學生入學，年齡甚幼。在巴黎八九齡學生即可入學院，十四歲可爲學士，二十歲得受教授許可狀。在拍度亞十三歲以下之學生無選舉權，大學學科例設三種或四種，得學士位之期間，初則大相懸殊，迨十三期末，則英國及歐陸俱規定爲四年矣。

最初職業之堪稱文業者，僅教士耳。故中古初期之博士皆爲神學博士。厥後法醫二業，亦成文業。蓋地中海及法德諸城，工商興旺。民法足以保護私產，頗受保守派之歡迎。而大學法科之基礎，即得確立而久垂矣。醫科之發達，後於法科。且歷經險阻。中古之外科，大概放血而已。業斯者太半爲理髮匠。故當時有理髮匠兼外科醫生之公會。而今日理髮肆門外，仍見紅白標識也。今日吾人稱醫師爲博士者，殊不知醫學博士，爲中古最後得稱博士者也。且博士學位，與其謂表示教授才能，孰若視爲一種特徵，執業者恃以改善其生活者也。故著名律師及醫師，俱屬博士或碩士。

新文業之層出，及學位眞義之變遷，其結果頗饒興趣，容一述之。凡欲得學士位者，須時四載。欲得博士位者，須時更長。困難殊甚。習法學及醫學者，往往欲得博士之位，而不願費博士之年。於是大學不得不縮短其期間，俾學生得早日問世。最妥便之法，爲縮短預備。因專門訓練，事實上不容有所變更也。得學士位之期間，初縮爲三年，再縮爲二年，十五期末已縮爲一年半或一年。最後各大學之學士位，且隨期間而俱泯矣。是歐陸十六期之事也。大學捨預科而專注於高等教育。凡完畢高等教育者，仍授以博士之位。得入教授公會焉。

英國所歷之途徑略異。牛津及劍橋兩大學之組織，初與歐陸無異。其後英國保存學士位而授予較在歐陸爲遲。較高之學位，則逐漸消滅。碩士學位授予藝術科學生。博士學位授予他科學生。厥後碩士學位之考試及住校亦廢弛。僅肄習神學者得爲博士。是以一八九五年紀牛津大學校史者，曾謂"現今牛津大學得授之最高學位，即酬報十一年光陰，用以遺忘藝術科及格院所規定之最少度學識者也。"

此互異之由，容余述之。英國無法學，故無法學家。其習慣法與民法，根本不同。習慣法發展甚遲，凡事悉依先例，與早期羅法相類。中古之民法，按其文意，已具科學之雛形。其博士所訂之訓練，吸引成人，數以千計。英國既未採用民法，爲律師者亦無證明學識之必要，僅於律師公會餐食數次足矣。故大學無設法科之使命。而法學博士之位亦爲贅疣矣。至於醫學，牛津及劍橋兩鎮，居民稀少故無醫院。倫敦及其他巨城，雖有醫院，而無大學。故牛津劍橋兩大學， 對於醫學博士之教育， 既乏機會，亦缺需要矣。

以博士位補充學士位，在英國上無職業之要求，下乏公學之先導，不若歐陸之學士課程，猶如米麥，置諸上下兩磨石之間而受磨礪焉。上層磨石，即文業之訓練。下層磨石，即中學之發展。此類中學，在拉丁諸邦，稱爲 lycee。在條頓諸邦， 稱爲 Symnasium。 英國既無上下磨石。其高等教育之分科，遂爲具文。所存者，僅學士課程耳。於是頒給學士位之各學院，事實上不啻爲大學矣。故英國大學，爲學院之團體，旨在教育縉紳子弟，俾能克紹箕裘而已。 歐陸大學爲一種機關， 成年學生，不拘階級，俱得入學，受高尚職業之訓練。故原爲幼年學生而設之學院廢而大學存也。此類運動，在英國已見端倪。一究其果，當饒奇趣，但與本題無涉。惟有一事，可以斷言。即重行職業教育，而止於博士學位，其所遇之阻力，或將甚於歐陸之改廢學院也。

美國殊尠遺傳之習慣，教育之遞嬗，與歐陸相似。最高學府，原爲學院。即教會所設之中學。畢業生胥爲教士。入學資格，逐漸增高。與中古大學之預科相同者有四事。（一）管理權操諸教會。（二）課程注重經學，算學。（三）學程規定爲四年。（四）

畢業生受學士位。但較高學位，並不頒給。蓋爲英國默化矣。學士位時或授予之。法學及醫學之訓練，俱在院外。

美國最近數十年之運動，與十三四紀之歐陸，似出一轍。一方爲職業教育之需要。又一方爲中學之質量與數量俱進。學院之課程，有縮爲三年者，有併職業教育，而成較短之學程者，有分初級與高級學院者。初級期限二年。亦有如加州諸院，裁去初級者。歐陸改革學制，既需數期，則美國自亦不能在三十年中完成之也。

此短史所予吾人之教訓，卽爲本會所感之困難，美國最高學府，俱爲大學與學院合組而成。太半教授之工作，兼而不分。無論將來如何。目下情形，甚感複雜。較盛之學府，或稱大學，或稱學院。其第四年或第三年之課程，與大學課程，多已不能區別。此兩種課程，輒由同一教授，担任於同一機關內。但就其要處着想。涇渭究不可相混也。大學教成年生，而學院教幼年生。大學用演講法，而學院用背誦法。大學重研究，而學院重教訓。大學生學有根底，教授言論，可無顧忌。學院生意志薄弱，教授言論，須有分寸。有此四異，故方法原理之適用於大學者，行諸學院，不得不有所損益也。

歐陸大學之簡史，能昭示來茲者，則美國大學之兩重性質，亦將隨時代而俱逝。美國高等學制，經此改革後，學院課程，太半將納諸中學，或獨立之初級學院。學生進大學之期，較之今日開始職業教育之期，可早數年。此事如能實現，則大學與學院，猶學院與中學，不再相混矣。目下除少數先進學府外，大學與學院之行政經濟教授皆似針芥相投，不可分離。則大學教授與學院教授之分道揚鑣，各樹一幟，亦莫須有矣。強行之，亦僅等級之分，而非種類之別。其利益及責任，固共同享負。亦即余今日所欲言者也。

二　大學之權利

公共利益有兩面觀。美國成立，首佈人民權利。法國革命亦然。五十年後，麥志義於民主論中，首重責任。彼之名著，諄諄以責任與權利並重，影響現代社會，力莫大焉。余所言者，爲服務之權利，即吾人盡責之機會也。茲先論權利，後論責任。

本會重視之權利凡四。（一）職位之保障。（二）思想及言論之自由。（三）充分之閒暇。（四）合理之酬報。除第四項外，大學與學院不同。

合理之酬報，爲吾人與他業共有之問題。已爲公衆所承認。但在非常之時，物價有特殊之變化，則受薪及有固定收入之兩階級，對於新經濟之平衡，最難適合。各國教育家之見厄於斯，不得已而改業者，屢見不鮮。教育當局及公衆，幸已覺悟。資望俱全之教育家宜予適當之酬報，以慰留之也。但薪金之支配，及分級之原理，尙有研討之餘地。總之，大學與學院教授之酬報，不容歧視。因工作雖殊，而重要則同，倪各盡其責，而互異其俸，實不平之也。合理之酬報，可以全體或個人之成績爲準。若於美國現代教育中，強分大學與學院之酬報。則事之足以召怨，而不幸者，將莫此過矣。

職位之保障，幾爲吾人之永久權利。不容沒收。無庸多贅。目下工人最大之患，厥爲職位無適當之保障。工人每星期有被擯之虞。對於工作之興趣，亦以末次工資爲止。大思想家及實業領袖胥認此爲工界紛擾之癥結。吾儕教育家之求職位保障者，原欲各盡所長廉潔自守，安心工作，不致見異思遷汩沒本性，而以假面具欺人也。

抑有不同者。凡教授實在指導高級學生，或從事研究，或著作者，則其職位，當極端保障之。又凡真正大學之教授，原爲學生所景仰，後以才力就衰，不能吸引學生，則其職位，亦當絕對保障之。在聘請時，教授如能勝任，則終其身，不可更動，否則教授全體休矣。外國大學所謂"一旦爲大學教授，則終身爲大學教授。"其義卽教授可停止研究，停止演講，甚或引起某級之惡感，但終不可撤其職也。蓋個人之進退，關系雖小，全體之尊嚴，關系至巨也。但此原理，施諸教訓幼年學生之教授，尤在目下學院前期之教授，則其困難，亦甚明顯。此級教授，須有教訓之才力。否則貽悞學生，將於何底。若爲疾病，或偶然之挫折，而非個人之過失，則人類之同情，同僚之責任，均足解決之。若與全校之効力攸關，則與學生分離，較爲妥善也。此而言職位之絕對保障，於學校前途，實有損無益也。但教授因品行不端，或才力不充而撤職，須行之公允，不可武斷。同僚開審查會，須先通知，准其出席，陳述理由。如須撤職，亦當體諒行之。蓋教授之職位可撤，而個人之權利，終須顧全也。

思想及言論之自由，亦可援用上述理由。夫在擴充人類目光，及增進人類智識之大學中，思想及言論，不可稍加鉗制，固彰彰甚明。人類現仍昏迷未醒，暗中摸索，冀得光明之途，俾思想及動作有所遵循。如智識之活動，橫受干涉，則其結果殆矣。物理及化學試驗室中，有禁止移動之小瓶及儀器焉。若任人取奪，則其阻碍試驗，阻碍哲學家思想之結晶，其爲害，正與此等耳。夫世界萬變。父之信條，已爲子棄。政治經濟之組織，片刻不定。人人須努力，以已知求未知。思想言論稍受挫折，則人類之進步殆矣。但在學院前期教授基本學科者，其方法言論，應否享同樣之自由，甚屬疑問。蓋大學生之求智慾甚旺，莫不以盡聆人類最新思想爲快，對於教授之言論，亦能擷精遺糟，因其已受適當之訓練也。學院前期生智識未充，所欲得者僅爲觀察點，或公認常識之一部。譬如經濟學初級教授，與研究班導師，其責任宜無區別。前者對於學生之情感，甚至偏見，焉得任意譏刺任意破壞，而無相當之重視乎。然則其言論得不較爲平沒乎。

自由委員會所收審査之訟案，類多介於可否之間。惟自由邀准於可否之間者，是否增加自由之合理性，殊屬疑問。例如小學教員之言行，凡於學生無不幸之影響者，儘可放任之。但方今世不依理智而憑情感者，在美國尤甚，舊時依據，多已蕩然。自由原理，屢被悞用。初級學院之教授，言行無絕對自由者，不得已也。但其限制，應由全洲同僚，或全國同業謹愼規定。而行政當局不應參與也。絕對自由，不稍限制，恐於原理反有損害也。

所謂閒暇，並非閒居無事，乃利用閒暇，從事樹立也。閒暇之義有三。（一）授課鐘點不過多。（二）教務及職務會議不多出席。（三）工作不年復一年，連續不輟，宜有安息年，俾精神得休養。課外事業較得成就。

上述三義，大學與學院不同之處甚細，可置不論。蓋從事研究者，豫備及進行較繁，需時自必較多。但學院教授，亦當予以保護。勿使奔疲於授課或會議之工作。優良之教授，虛懷求智，不甘落伍，其興趣能始終不愉者，對於所授學科，有所樹立耳。吾人或爲大學教授，或爲學院教授，對於免除過多工作之權利，實同志趣也。

閒暇問題，殆爲本會目下最重要之問題。大學生成績斐然，畢業後師友冀其繼續努力。奈因其受學院之聘，每週授初級功課，自十二至二十小時之多，且須出席各種會議，或佐理行政，碌碌無閒。師友之失望，豈偶然哉。在最宜新思想，最富建設力，最耐勞，最興趣之年齡，因缺乏合理之閒暇，以致壯志消沈，良駒降爲駑馬者，良有以也。美國學校，素以財力，學生數量，及畢業生數量見稱。乃著名之學者甚尠。科學之成績亦不如外國。非人民之偏於物質。亦非學子之無能。實因大學組織不善，行政當局昧於大勢，措置乖方耳。工人時間減少，出品之質量及數量俱進。社會財富增加，勞資均沾其惠。乃智識階級故步自封，何日方得步實業界之後塵，了然於長時工作之謬悞，而承認合理之閒暇，以增加教育之効率。使學校社會，均享其福利也

三 大學之責任

公益固宜了然，而本會之眞希望，尤應注意。本會之異於商人公會者，在維持高尙之標準，以促進吾人之生活也。是故吾人當同心協力，以責任爲先，權利爲後，吾人之責任有四。（一）對於學校。（二）對於學生。（三）對於社會。（四）對於科學。容分述之。

吾人當盡忠於痛癢相關之學校，力助行政當局，使全校及局部之成績，俱屬優美。是爲吾人之基本責任。惟忠於學校， 仿彿愛國。 約翰生謂訢諸愛國心爲愴夫最後之一着，此語雖過激，然亦不可全非。蓋世界主義，業已萌孽。他日之世界組織，必以強而進步之國家主義爲基礎。若欲世界主義之發達。則對於國家主義，須有善意及建設之批評。忠於學院，或大學，與忠於較高之目的亦然。 吾人所希望者， 爲與校長及董事合作。非盲從學校之一切設施也。欲達較高之目的，則遇特殊政策之佈施，當以誠意評其是非。是則盡力赴之，非則竭力阻之。是教育家之忠心也。學校生活混亂，孰是孰非，不易辨別。若有人曰吾校全是， 則冒險之言也。 勇於月旦，志於建設，方爲忠於學校也。

對於學生之責任，吾人時或輕忽之， 中古大學之教授， 爲學生所聘請，受學生管束。波羅那教授與學生訂立合同，規定課程及酬報。如課程愆期，則罰鍰或議處。設此事重演於今日。其饒興趣當何如耶。今日教授在學生之上。但有權即有責。吾人是否明瞭現在之責任，余頗懷疑。但余所謂責任者，非當然之基本責任，如教室中之和恕，正直，鎮靜，袒白，及忍耐。乃爲較大之責任，即充分之豫備，不止於日常功課，或年復一年，依樣葫蘆。對於學生之責任。即對於自身之責任。學識當日求淵博，民胞物與，

當時刻充盈於方寸中也。安坐椅中，量布製衣，停槳不進，均易事也，惟吾人對於學生之責任，實含永久熱忱，日求新智，毋自盈滿之義者也。

第三責任，爲對於社會。學校爲社會之一部。或謂教授宜閉戶學問，脫離市廛及政台之紛爭，此謬論也。無論其攻何種科學，教授決不能離人羣而生存。蓋教授代表學識。人人欲聆其言論。科學愈能克服自然，愈能便利人生，則社會亦日與教授接近。設吾人應助社會而不助，將何以自解。且微特社會及政治活動而已。舉凡民主社會一切活動，與思想階級有關者，胥得助之。吾人不可自詡僭越，或自以爲是，旣爲民主國民，舉凡能裨益團體運動之言行，胥得爲之。但應束身自愛，一切言行，不可爲金錢左右。蓋吾人之言行，非個人之言行，吾人之名譽，非個人之名譽。實吾人所代表之學校之言行名譽也。吾人須具清醒之判斷。常識之態度。溫和之言行。

吾人最重要之責任，爲對於科學。卽對於自由及眞理之責任。苟無自由之智識，及眞理之努力，則科學之成功，爲不可能。吾人之一切活動爲此。大學之存在亦爲此。如吾人之其他責任，與之衝突，則當抑其他責任。忠於職守，固屬可嘉。但如吾人之學校，阻碍科學，或追求不力，則吾人當竭誠勸告同僚或行政當局，以矯其枉。夫成年學生，固冀教授納諸詳細科學方法中者也，但幼年學生，雖志於常識，而科學與非科學之辨，亦豈無慧眼哉。故吾人愈專心於科學，愈易使學生滿意。吾人苟悟所處之地位，爲科學之助手。則盡吾人之責任，莫此爲要。社會之贊美，吾人之榮譽，俱與吾人之排萬難，而求眞理，成正比例。欲達此目的，個人及團體俱須努力。試驗室及書齋中之閒暇，固屬有裨，而同業之鼓勵，尤不可缺。同系之鼓勵狹，而本會之鼓勵廣，吾人之終身事業，要以一心一意，無微不至以求眞理也。

四　結論

責任與權利，合而爲一，是人生之眞諦。吾人批評他人，而保護自己者，因偏重權利耳。舉凡大事之成就，必先去其障碍，必先破壞，而後建設。前三十年中，美國高等教育之混亂，及其畸形之發展，已產生亟須改革之弊竇及方法。卽學校之董事及校長與教授成敵對之勢。換言之，卽學校行政部與教務部之衝突是也。凡教育家其職守全爲行政，或太半爲行政者，吾人不准其入本會，良以此也。

目下吾人將有新圖。破壞之期將過。建設之期將屆。吾人須通力合作剷除猜忌。旣享權利，應負責任。設吾人歡迎學校行政當局輔助吾人了解責任。則彼等自能與吾人合作，承認吾人之權利也。在多類大學中，此項合作已有顯著之進展。在其他大學中，此種合作，進展較遲者，吾人當與行政當局，分負其責。蓋吾人自私自利，麻木不仁，憤世嫉俗而忘却責任也。瞻望前途，甚堪樂觀。因本會狀況，日趨善良也。昔者學校行政與教務，判若鴻溝。目下校長及教務長有曾爲本會中活動分子者。彼等與吾人同一希望。了解吾人之難題者也。彼等仍得爲本會名譽會員，享本會主要機會，即出席會議，表示意見也。多數學校行政當局，不久爲本會會員，或曾爲會員而今同情於本會。此則吾人當列爲希望之前茅者也。以互相諒解之精神，至誠合作之方法，解決目下問題，較之各別報告，分組會議，收効自必較宏也。本會爲美國教育會之會員。倘能因此與大學公會及學院公會等擴大合作，殊爲有益。蓋吾人之聲勢已盛，羽毛已豐，當能與人合作，以達共同之目的也。

最後請述本會之成績。夜郎自大，不免遺笑。但於斯時，明瞭已往之工作，亦殊有裨。本會之工作，概由委員會行之。本會委員會可分下例數類。第一權利類。如A組管大學自由，T組管教授之地位及職守。第二機會類，如R組管大學研究之鼓勵，V組管學術需用之儀器，W組管女人之狀況。第三責任類，如I組管大學修身，Y組管綱領原理。第四工作狀況類，如B組管教授之聘請及升級，K組管安息年，P組管退職金及保險，工組管教授之經濟狀況。第五學生類，如C組管獎學金及名譽生，E組管學生助教，G組管增加智趣，H組管學生遷移及交換，最後爲雜類，如D組管職業教育，L組管與南美諸邦之合作。

吾人一究已往之工作，則第一類之成績甚佳。關於大學之自由，及教授之職位，業訂適當之原理及規則，名譽學位委員會之報告，堪稱完美。如遇意外，可隨時補充也。哲學博士之資格及署校兩委員會之成績亦然。教授地位及職守委員會，畢業生委員會，婦女委員會，俱已開始工作。退職金及保險委員會，亦已辛勤工作，雖成績未臻至善，則因環境之關係也，教授經濟狀況，職業教育，增加智趣，諸委員會將有報告，其成績定可觀也。其他委員會，尚無報告者，因吾人之心力，用於上述工作故也。

本會現有會員四千人。不久可有五千人，六千人。吾人之努力，方在萌芽。而回溯已往之成績，不禁自豪。但將來較之過去，尤爲重要。苟吾人不忘最高之目的，懷抱共同之標準，不畏難，不辭怨，權利與責任並重，努力合作以減紛岐，尊敬他人以受尊敬，能如是，則前途光明。學術之進步，寧有涯涘。是爲至禱。是爲至祝。

馬車驛站尙爲邊省交通利器

黔省建設廳，以該省馬路，現已修築竣工，可以通車者已達二千餘里，各縣支路，亦經漸次舉辦，所有運輸事業，自當力圖發展，以供當地社會之需，特於去歲全省建設行政人員會議中提出：製造馬車，設立馬車站，以省勞力，而利交通；並擬就辦法，先由各縣長，督同建設局長，參酌各縣情形，擬具馬車營運計劃，分別官營或官民合營，選購馬匹，製造馬車，並於距縣城八十里或一百里地方設立馬車站一所，各站置馬一匹或二匹，如由甲站之馬到乙站，即以乙站之馬替換至丙站，以次遞換，馬力既不疲乏 行程尤可迅速。該案開業經會議通過，不久想可實行矣。

眞正大學

李松濤

（原篇英文。爲經濟學教授薩立門一九一六年哥崙比亞大學開課演說詞。初見於是年十一月教育雜誌。再刊於一九二五年薩氏經濟論集。所發議論。於今十六年。迄未喪其時效。爰譯之以便我國關心大學教育者參考焉。）

一 精神

眞正大學之特性。世人能知之者尠矣。余今試爲之說明，其於古之雅典亞力山大羅馬白利多撒樓奴白羅那及今之柏林牛津聖安得烈巴利哈佛哥崙比亞諸大學。當無不切合者乎。

余將先論大學之目標。或謂是播揚智識。但此與高等及中等學校何異。余以爲大學職特更高。亦應異趨。在美國大學爲普通學院(The College)與多數工業學院集合而成。故或謂其目標爲傳授職業。預備生活。但集至多數醫學院及商學院爲一團。卒不可得大學。因有缺憾也。至盛之說。 爲提倡科學，但此說之偏狹。 亦甚明顯。古時大學卽不然。蓋其所設三科或四科。雖分辯繁瑣。詎可稱之爲研究科學乎。考科學。實始於十七世紀之學會。而非源於文學之復興也。且研究科學。不囿於大學。駱氏及卡氏學社。雖提倡科學。人知其非大學也。以提倡科學爲大學之目標 則職業學院。槪須摒棄。舊大學有行之者。然亦不貫徹。例如柏林大學之設法醫化三院。豈此三業較工程建築教育更爲重要耶。職業之需要大學智識與否。詎能斷言。故欲摒棄新職業於大學之外者。是自認思想落伍而已。職業學院視技術重於科學。大學應設職業學院矣。則其目標安得專爲提倡科學， 況美藝漸被珍視。 音樂圖畫詩賦以至雕刻已爲大學課程之一部乎。總之。提倡科學 縱極動聽。 殊不能爲大學之特性。 然則大學之眞正精神爲何。容余簡接答之。

人立三制。用以調和生活者。 一曰國家。二曰教會。三曰大學。 國家，所以維秩序，合羣力以增社會之幸福者也。我人國家之觀念雖異。其工作或爲防止。或爲建設。要皆用強權維持秩序者也。

教會，所以謀個人身心之和諧。輔助社會進化者也。在座諸君及多數人民。以爲除試驗室外無教堂，除科學外無宗教。但我人深思之餘。終感科學能助人認識眞誠。不能激動人心。使之爲善。惟純正之宗教。去其渣滓。破其迷信。實能堅人意志。和諧身心。

大學適與國家及教會相反。所以提倡及傳授智識自由者也。國家扶持個人。教會感化個人。大學解放個人。國家表彰秩序。大學表彰自由。教會謀身心之眞誠。大學求智識之眞誠。國家代表強權。教會代表一心。大學代表自恃。國家即社會之秩序。教會即身心之和諧　大學即智識之自由。

自由之義維何。一，不受自然之拘束，即破除迷信及種種原始時代智識上之桎梏。大學能使維心勝維物。人事勝天功。二，不受自己之拘束。即以理智制裁意氣。不爲成見習慣及情慾所蒙蔽。三，不爲偏狹之專家。眞正專家之基礎必廣。見解必遠，具創造之才能。若爲外科醫師。則能割新症。若爲建築師。則能建新厦。若爲律師。則能自陳篇先例中發引新主義。眞正專家。具研究心。富想像力。否則無眞自由。四，不畏怯。敢爲社會及政治爭公道。社會之擾亂。或以爲怪像。或以爲天譴。大學之責職。在領導輿論。使人以理智判斷一切。不受風俗之驅策。

智識原無科學與職業，理想與實踐，純粹與應用之分。意志乃有進取與保守，企圖與例行，創造與承襲之別耳。我人作事。必遇除舊佈新之日。若無可恃之閱歷及正確之判斷。則扁舟渡汪洋。風吹浪激。欲達海口。難矣哉。

大學之精神爲提倡及傳授智識自由。二者不可偏廢，提倡即研究。傳授卽訓練。學會及科社亦事研究。營業性之學院亦事訓練。惟大學能二者幷重。創更高獨異之制。教員學生。胥爲寶貴　教員需奮勉之學生。督促其創造。學生亦恃循循善誘以身作則之教員感發其心思　眞正大學。有教員學生互相砥厲。智識自由。即得提倡而傳授焉。

大學之阻碍可分內外二種。外爲政治與經濟。政治之害，民主及君主同。蓋民主尚平等。不容專家。現代集中聲勢之輿論　乃民主政治之主要保障。亦卽個人自由之主要壓迫。政治之熱狂與宗教之熱狂。爲害實無軒輕。君主政治。患在一人抑制羣衆。民主政治。患在羣衆壓迫個人。眞正大學。須神聖不可侵犯。爲智識自由之安全區域。

其次。經濟狀況。亦能阻碍智識自由。荒僻之地。人民役於衣食，大學輙被視爲贅疣。待後叢林闢爲繁市。經濟既分階級。利益自然衝突。大學之擴充範圍。增加工作。輙招各方之猜忌矣。

大學內部之阻碍。厥爲普通學院與職業學院。普通學院本爲大學之一，向被重視。他日仍必如是。但僅爲其門戶。不可濫用大學主義，智識自由。個人自恃。刻苦工作等。普通學院傳授普通訓練。表彰廣遠之人生觀。其學生，其方法，其教員，與大學各異。但并不牴觸。反能互相輔佐，相互尊敬。不若單科學院之能獨立而自爲始終。且既爲大學之門戶。須適合大學之組織、不應籠罩一切。其措置須顧及大學之全部。眞正大學。絕非普通學院之餘物。若因普通學院之旺盛而特重視之。則大學之全部。必難發展。

舊派之職業學院。其阻碍大學也或且甚於普通學院。除醫法二院外。大學須設其他各院。現代社會之苛求。即大學須爲公衆服務。須與種種應受訓練之工作聯絡。但所設各院。須具大學精神。研究與訓練并重。蓋偏狹之職業訓練。不能產生大學所表彰之智識自由也。若謂大學之法醫及工程學院。僅以產生律師，醫師，及工程師爲宗旨。則誤矣。大學之法學院須爲研究法理之部。其醫學院須產生他日能發明醫理之專家。其工程學院須栽培能創造之專家。英哲盤根云"或以哲學及大學爲無用之物者。是不知種種職業胥賴以推進及生存也。"

依大學之精神，各科教員須積極供獻。非獨教導有方。亦須決心創造。大學之法學院，醫學院，工程學院，及其他職業學院之教員。僅營業較盛之名師。於學理上無所發明者。皆不足當之。蓋大學之職業學院應與其他學院並重研究也。苟各院同爲淵博之研究。則職業學生亦感智識自由之化。而大學不爲功利所蒙蔽矣。於是舊學科與新職業不再抵觸。各院呼成一氣。而眞正大學見矣。

二 組織

大學之組織。千頭萬緒。此篇僅言其概略耳。美國大學之四機。爲校董，校長，教員，及學生。邇來齊招物議。足見人心前向。進步可期也。

上述四機之最簡單者。厥爲學生。眞正大學重質量。不重數量。力減督察，俾學生得享充分之自由。大學生之待遇與普通學院之學生。日漸異致。博士論文。卽甚稱缺。亦必珍視。蓋博士雖不能盡爲深遠之思想家。然其論文。猶中世紀同業會中之創作。即甚稱缺。足徵心得。其思想之自由。與創造之能力。將自此發軔也。惟獨立之期已屆。自恃精神亦須栽培。其入大學也。猶虔誠教徒之登大禮堂。當感神聖之敬畏也。

教員英文名法克而的（Faculty）。意卽能力。大學之教員。即大學之能力，古時大學或爲學生及教員之集團。甚或教員被僱於學生，受學生之管束。然大學之能力。實爲教員之能力。

教員旣爲大學之中堅。則其聘任至宜謹愼。大學旣爲自由之化身。則其教員須有自由之思想及言論。不迫於職務及教務。不困於經濟。得自由推選代表及同僚。爲教員者亦須束身自好。方可受之無愧。譬如言論。遇有政爭。須不拘成見。不誇玄奥。不尙激烈。不偏不倚。一以超脫爲歸。不迫於職務及教務，非得別兼差使。置其本分於腦後也。不困於經濟，非得逍遙自在。留遑於消閒工作也。得自由推選同僚。非得營私植黨忌才排外也。凡此義務。教員皆須負担。方得爲眞正大學之代表。

大學之校長。爲美國之特制。別國罕見。非被僱於學生。故與中世紀之監督迥異。爲疇昔學院之遺制。所以管束教員。懲罰學生者也。校長處於校董，教員，學生，畢業生，賜主，及公衆之間。接洽一切。其艱難之地位，無可羨慕。或以爲校長制旣不宜於眞正大學。何不廢除之，則有三不可也。一，在歐陸諸國。有教育長官或其指派之人執行校長之職務。二，當學院擴爲大學之際。其宗旨及組織。須有較教員更穩固之校長以保持之。三，君主改爲民主。不能一蹴卽達。英政必專制，而君憲，而貴族共和，而平民主政。美國大學必由校長而至無校長。胥爲英美人民之思想使然。校長須精明幹練之學者。認教員爲同僚。不違公意。不尙效能。力主院長由院內教員推選。視學問重於位置。錄僅給於光曜大學之思想家。又恐力不逮見不遠。不克判斷某系某院擬聘或擬升之教員。則必咨詢忠誠可靠之同僚而後爲之。此即校長制已在演進之明證也。夫能若此。

則校長仍爲貴族共和之首領可也。若欲大學眞正民主化。須其精神普及教員與學生而後可。

校董尤爲美國大學之特制。其最要付託。厥爲經濟責任。雖中世紀之教員善負此責。而美國大學之校董。實等於歐陸之教育官吏。意國十四十五世紀之新學社無論矣。即近今歐陸諸國較新之科學學院及職業學院。凡不屬於大學而不直轄於政府者。皆置校董以負經濟之責。

美國之大學校董。大都明達。對於學校。頗矢忠勤。教員之思慮因得減輕不少。然欲疇昔小學院之校董仍負今日大學校之責任，則須與校長教員及學生同了眞正大學之精神。須知教員非傭工。其自由不可剝削。其位置不可動搖。即欲調査其言行。亦須委內外同僚爲之。外界之精神方法。校董雖知之深而行之素。但勿得襲用。教育猶其他事業。實行意見。須由實行家發表之。凡遇校董研討大學政策時。須請教員參加。對於教員之權利。當與其義務同等重視。倘有公意或私利。不依情理指摘教員。則校董須力爲剖白。總之。校董能不止於物質之推進。而兼及精神之維護。則爲有裨於大學而不可廢之制也。

社會悠久之事業。非通力合作。不克成功。校董，校長，教員，學生，須視義務重於權利，須認識幷服從眞正大學之精神。對外之職權。須善用之。教員與學生，院長與教員，校董與教員，俱屬同僚。不得分僧侶之階級。不可尙政界或工界之效能。大學之精神既玄奧亦脆弱。富涵光榮之能力，須保持之。不受蠢暴之干涉或愚善之玩弄。我人不得徇私。不可妄動。須小心培植此星火。使之光焰萬丈。學界黑暗冰冷之處。皆蒙融照。則智識之發揚。社會之進化。將永有所導矣。

整頓津浦鐵路營業運輸計畫書

徐 明 翼

一 引言

伏讀鐵道部南京辦事處業字一三九號訓令，內開查鐵路營業，與全國民生，關係至鉅，鐵路營業之發展，端賴商貨之運輸，商貨運輸，全恃鐵路，以爲便利，……今欲發展鐵路營業，非有縝密之計劃，銳利之精神，不能收完全之效果，……亟期因事設規，補苴隙漏，俾客貨兩運，有日新月盈之望，本部期於最短期間，實現改良營業之計劃，以促進國民經濟之發達，……等語，具見鐵部之關心路政，首重營業運輸，龔業務司俞司長亦有見及此，曾發表其意見如下：

（一）增加運輸能力：

1. 收回各軍扣車
2. 減少各路延噸時增加延噸里
3. 各路貨棧之改良叉道之改善
4. 改良各路脚行與轉運公司之管理法

（二 推行負責運輸

（三）厲行商業的經營辦法：

1. 改善各站設備
2. 注意科學之管理方法
3. 推廣營業招徠
4. 公開一切規章
5. 詳細調查各路沿綫工商事業設法聯絡
6. 推行國內各路及水陸聯運辦法

又如鐵道部顧問門泰爾亦言，中國現在或將來之鐵路應如何組織，用何項人員，如何經營；然後可以商業化，可以造成大規模運輸，可以最小之成本獲最大之利益，此爲鐵道部最重要之問題云。——故論者皆以爲：今日鐵路之不商業化，實爲一致病之根；然欲求鐵路之商業化，非力事整頓營業運輸不可。頃又奉

管理委員會訓令，命：供獻改進營業運輸條陳，以便採擇，期必見諸實行；諸多勗勉。爰論其改進方法，及整頓實施之事項，及其計劃，如次；伏祈鑒核爲禱。

二 發展客貨運之方法

鐵路管理之重要，實有賴於客貨運之吸收；而每年數億萬噸之貨運，實爲盈利之大宗。故欲發展鐵道營業，必須先從客貨運輸着手；其改進之方法，分別陳之如次：

（一）發展貨運之方法：

1. 訂定適合之運價——徵其貨運之所能負擔者（Charge what traffic will bear）。即運價之訂定，必須特別注意其商業情形，務使現在之貨得以運行，不因過高或過低之運價而致紊亂或停頓；同時需顧及將來貨運之招致。

2. 改良設備及服務——增設叉道，（Siding）及‘即時’與‘優先’貨運之辦法（Time & Preference goods train）。

3. 吸收或招徠貨運——妥慎支配招徠人員，以運用招徠方法。

4. 廣告宣傳——如開快貨車，辦理沿途廣告，發行印刷品等皆可增進鐵路之營業運輸。

5. 擴充沿線實業

6. 輔助改良農業教育

（二）發展客運之方法：

1. 改良客運招徠方法

2. 實行招待參觀

3. 提倡團體旅行

4. 改良票價及設備與服務

5. 廣告宣傳

6. 輔助社會教育以發展客運

（三）其他發展客貨運之方法：

1. 設人事委員會以統一全路事權俾一切管理科學化
2. 設捷運股於營業課使鐵路應有之收入全歸路有以謀將來之改進
3. 設臨時指派稽查法以增進客貨運輸之效能
4. 引用專門人材

三　目今必須整頓設施之營業事項

（一）關於貨運者：

1. 實行運煤負責——目今棗莊至浦口之煤，每日皆有六列車，每列車皆在五百噸左右；但皆爲貨主負責。沿途由乘煤車之難民擲落地上，串通偸竊者：即以進浦口站叉道至貨棧計之，有一百五十餘公斤，自棗莊至浦口凡四百三十八點二八公里；總計約被偸竊三十餘公噸。五百噸煤，運費一千一百元。偸竊三十噸煤，價值三百六十六元左右。如能設法防範，實行運輸負責；則客商之運輸成本可減少一百四十六元（366—〔.20×1100〕=146）。路局可得增加運價二成，約合二百二十元；是客商鐵路雙方皆能獲利者。

2. 與北寧路聯運——本路負責貨運，不久推行全路，舊習悉除，貨商稱便，發展計日可待；然欲求貨物載送迅速，必有充分車輛之準備。本路貨車不敷分配，早在意料之中；因時間關係，修車購車均已不及，租車亦非易事。環顧現在國有各路，足能助我者，厥惟北寧鐵路　但憑空向其租借、恐難應允，擬假聯運名義，與商租車條件，必易成事。蓋北寧已與平漢平綏兩路，實行聯運，盡量供給該兩路車輛，以吸收貨運。其出入貨運，向在津沽一帶，經由海路輸送；故由北寧路觀之，與本路聯運似無甚必要；但在津浦觀之，倘與北寧聯運，則車輛可以直通，貨商方面，爲海輪裝卸之不便，航行時間之延長，必捨水路而勿由；將來北上南下之貨，均趨本路而過；因之，北寧關內各站，平漢北段，平綏全路之貨；本路均可攬載而來，與水路爭，必操左劵，其利益之大，已可窺其概要；然本路爭運之樞紐，繫於北寧。與北寧提議聯運，必先許以應得之利益，如：運價之提成，車租之從優等；是在兩路當局之妥爲計議也。況前北寧曾來函，商洽胥津及津禹間減等聯運競爭辦法；似可利用此機會，擴大範圍，與北寧路聯運，卽間接與平漢平綏兩路聯運，可收事半功倍之效。

3. 增設營業事務所——竊按：欲發展鐵道運輸，首在促成鐵道事業之商業化；而促成鐵道事業商業化，要在充分發展鐵道營業；故發展鐵道營業，實爲發展鐵道運輸之要着。蓋鐵道各部份之工作，除營業外，或爲設計業務，或爲完成業務，或爲考核業務；要皆不能直接滿足社會之需要；而爲鐵道獲到大宗財源之所在。惟營業一部份，係將業務之最後成績，售與社會；故爲開闢財源之樞紐，聯絡社會之媒介。鐵道欲完成其交通中堅之使命，必須依賴營業；社會欲滿足其利用鐵道之需要，亦必仰賴營業；是知鐵道營業之重要矣。故美國各鐵路，對於營業事項，多另設專處；並於各大城市中心，設城市辦事處；各大站，設問訊處，專管營業外勤事項。

今吾國各路之營業課，或商務課，多偏於內勤工作，未能表裏爲用；每致造成紙上空談，不能充分發揚營業效能。故欲求完成整個之營業工作，必須即行增設營業事務所。其工作及組織籌備之方法如次：

（甲）營業事務所之工作：

（Ⅰ）分送行車時刻表，出版物及各種宣傳品。

（Ⅱ）答復客商問訊

（Ⅲ）籌辦團體旅行及各種遊覽旅行

（Ⅳ）代客購運特產貨物

（Ⅴ）出售本路及聯運各站車票並代售其他各種水陸聯運票

（Ⅵ）分配臥車床位

（Ⅶ）發行鐵路旅行支票及禮券等

（Ⅷ）代客運送行李

（Ⅸ）代客介紹旅館並管理自辦旅館

（Ⅹ）登記招領旅客失物

（Ⅺ）代客接洽貨運

（乙）營業事務所之組織：即以現在空閑無事之問訊處，增加改良及擴充之，其組織概要如下：

管理委員會—車務處長—營業課—營業事務所經理—分事務所主任

（丙）營業事務所之設備：

（Ⅰ）長櫃台——供訊問接洽之用

（Ⅱ）售票門窗

（Ⅲ）陳列圖表之玻璃櫃

（Ⅳ）陳列物：

沿路各大城市地面

沿路風景及名勝照片

沿路各地經濟狀況一覽表

行車時刻表廣告及各種出版物

長途汽車公司時刻運價表及章程

輪船公司時刻運價表及章程

代辦沿綫特產品之名稱價目表

沿綫高尙旅館介紹表

各種帶有廣告性質之統計圖表

（丁）營業事務所之籌備：

（Ⅰ）先設籌備處以三月爲限

（Ⅱ）規劃事務所之地點及設備

（Ⅲ）編選並訓練事務所職員

（Ⅳ）編訂事務所辦事細則及應用種種單據文書格式

（Ⅴ）編訂代客購運貨物規則代客轉送行李規則及其他一切應用規則

（Ⅵ）編印最近需要應用之廣告出版品

（Ⅶ）辦理與旅館輪船公司長途汽車公司種種接洽事宜

（Ⅷ）搜集風景名勝照片地圖等陳列品

（Ⅸ）籌備其他一切事宜

（二）關於客運者：

1. 各次客車行李包件車，頗多損壞，以致雨水滲入，浸濕。擬請飭機務處，酌量改造，並在行李包件車上，隔斷一小間，以備押運行李員工休息之用。

2. 各站站名牌，每站只有一二處，往往不易望見。擬請在各站柵欄上，每隔十步，訂置一藍底白字站名牌，晚間命脚伕或站伕，於車到時沿月台呼叫站名，以免旅客越站；並於站外標明車站名稱，以便尋覓。

3. 擬請在蚌埠，徐州，濟南，德州各大站，建築洋鐵風雨篷，以備雨雪時旅客上下車之便利。

4. 擬請恢復：濟南，泰安，曲阜，三賓館；如無商人承辦，即仿膠濟路辦法，由本路自辦。

5. 擬招徠各界，組織旅行團，由本路派員陪同遊覽，本路沿綫名勝古蹟；藉以增進客運進款。

6. 擬請發售天津濟南間，或濟南浦口間，或徐州浦口間，頭二等一星期減價來回票。

7. 擬添設各區間車四等客車，以便利貧民，並嚴格取締無票乘車。

8. 在消費合作未能完成以前，擬由各處課發行一種無費券，以便員工在各站購買特產物，由路代爲負責運送；但每次車至多以二千公斤爲限。（原因本路員工往往購物託車代運，既無稽考，又時有偸竊冒運之弊；不如逕仿各國鐵路辦法，發行無費券，以便利員工，既有限制，又免損失。）

9. 改良餐務以便旅客。

10. 改進各項營業報單之互證效力以杜流弊。

11. 改進擴展廣告宣傳，以招徠旅客。

12．製定及厲行站員脚伕等對旅客之禮貌，以招徠客運，而提高路譽。

（三）其他發展客貨運之方法：

1．設人事委員會——鐵路管理之要素有二。一爲組織之設計及方法，其次即爲執行之政策，即管理之方針。而弊之生，由於人，人之管理極難，且與事業成敗之關係最鉅，故今日有人事管理科學之成立。蓋爲求管理能力之擴展，必須指揮得法，及以科學方法利用人力；故現今研究管理之交點實爲「人的問題」，即鐵路員工之管理。是以欲求經濟組織運用之成功，必先求人力之合作，使路員與管理當局協力共謀鐵路之利益，及員工全體之安適。是以今日各大規模之公司或鐵路乃有人事管理處之設置。今欲求津浦之改進，在目今之情形，似亦應將各處之人事部分之事務集中於管理委員會；既可免除積弊，又能使各處專心致力於各該專門之事務。

昔之管理家，曾由其已成功之實業組織內，分析而得三大成功要素：即製造理財及銷售也；然今則更加人事一要素。人事管理者，即計劃，監督，指揮，及使全部組織內之合作，以最少之阻力，絕對合作之精神，與夫考績各人之精誠服務；而求達其成功之目的也。今津浦之理財，已有理財委員會及會計處職掌之。製造及推銷，已有車務處職掌之；是四大要素中所缺者即人事管理也，故亟宜設人事委員會於管理委員會之下，由委員長任其主席設秘書長理其常務各委員及處長爲當然委員，另設助理員辦事員若干，以處理及設計全路之人事問題；其所負責之範圍約可分爲六項如次：

（甲）調查員工之工作及工資薪級與工作時間等

（乙）選擇員工分配工作及升調賞罰之事

（丙）訓練及研究員司之工作成績生活程度考勤薪率

（丁）衛生及保安事務

（戊）娛樂養老撫恤金及消費合作等服務

（己）修訂及管理工人工會解雇雇用諸事

有以上之組織，則津浦員司之正當利益可提高，意外違法之事實有可減少；且在此組織之下，監督與勸導相輔並行，員工能明瞭鐵路與個人之利害，則積弊自除矣。是以人事委員會之組織實爲整頓津浦所刻不容緩必須即行組織者。

2. 設捷運股於營業課，掌理營業事務所之內勤工作，而以營業事務所爲銷售鐵路業務於社會；一方則報告該事務所所在地之客貨運狀況，以便與各站之報單互證，而免流弊；且專司營業，有直接指揮之便利。故設捷運股及營業事務所，實爲改進津浦營業之首要事務也。

3. 設臨時指派密查法，以助成鐵路營業之商業化——臨時密查，無需一定之組織，稽查之人員不必一定，其指派同時數人，分別先後出發，稽查後各俱報告，以便互證。其稽查範圍，應包括自客貨各列車之機車至最後之守車或其他車輛之全部，及沿途各站。於指派臨時稽查員時，由主派者發給證明公文，准予登機車及守車等處，此外尚須發給換票證一份，於乘車前，至售票處換取普通車票，俾與一般旅客相同，免引起旁人注意，因而藏匿，無從稽查。稽查員於接得此項公文，及車票，應即依公文內指定之地段，前往隨時稽查一切；但於欲稽查之先須會同車隊長或站長以公文爲憑證稽查之。查畢作報告詳列事實及證據等，送呈原指派之長官。

稽查員由委員長或有關係之處課長指派之。於執行稽查時，隨車軍警應負保護之責。遇有查出違背路章之事，一面記入報告內，同時將違犯人及贓暫交隨車軍警，請示委員長或處課長決定懲辦之。所有被查出違章之物，則由稽查員會同車長或站長及隨車軍警過磅簽封送局存查。

稽查員奉命出發時，予以旅行津貼或出差貼貼。如稽查成績極佳，則記功，以備年終加薪時之參考。但稽查員故意留難，或串同作弊，一經告發或查出證據，即行革職，永不敘用。

四 目今必須整頓設施之運輸事項

(一) 完成全路調車電話，並添設浦濟無線電話以利行車——查浦徐段調車電話，業於去年裝設完峻，頗威便利，對於調度行車，實予以莫大輔助。現徐濟段，正在裝段，十月底即可完工。濟津段，在進行中，約於明年三月，可期完成。惟以路綫綿長，共分為三段，而每段又不能互相直接通話，如浦口與天津有事詢問，必須轉由徐州濟南傳話，輾轉周折，殊感不便，甚難統一調度工作。茲擬於浦口濟南兩段，添設短波無綫電話兩座，并將徐州調度股，移至濟南，使浦濟兩地可以直接通話；同時，各站亦可經由無綫電話，互相直接通訊；其詳細計劃，當再另文陳明呈請。

（二）縮短行車鐘點——現在平浦及一二次車，由浦至津均須三十六七小時。茲擬縮短至二十八九小時，以便行旅；一俟新購機車運到，當即改訂實行。

（三）裝置電氣號誌——查各站號誌設備，多不完善；無論站之大小祇有內外進站號誌各一。茲就大站而言，列車抵站時，司機及車隊長對於列車應進何股岔道，無從知悉，往往因之發生事變，影響殊鉅。茲擬先行於各大站，裝設電氣號誌，同時將各岔道，裝自動岔道機，以代搬伕；使全站所有號誌，及分道，集中一處；管理運用自如，即可免去一切擠道，及其他危險。

（四）改良調度股之設備——查運輸課調度股，前因房屋不敷。種種設備頗不完善。茲已遷至新屋，所有應行設備之車號牌，機車牌，等；現正力求完善，以增行車效率。

（五）改良各區間客車之調度——各區間車，均以車輛缺少，未臻完整；尤以軍人及工客混合同座，秩序雜亂，常致擁擠不堪，旅客時被偷竊。現經將五，六，七，八各次區間車，改訂行車時刻，均係日間行駛，并另備軍人乘車，注意客車以內旅客安寧，力更行車時刻準確，以免發生以前之不良情形。

五 車務員工今後應負之責任

（一）需絕對免除官氣，以免鐵路與客商發生隔膜。

（二）應以商業眼光出售業務。

（三）必須謙和有禮，不得視旅客之貧富與以參差之待遇。

（四）應恪守規章，忠實服務。

（五）如有必需，應即擬具改良意見。

（六）遇有客商之詢問，應即作誠懇之答復及指導。

（七）處置一切糾紛，需鎮靜從事，切不可驚動行旅。

（八）應極力維持一切秩序，勿使互相擁擠。

（九）極誠照料疾病及婦孺或老弱之旅客。

（十）不得三五成羣 聚處談笑，致碍嚴肅整齊之秩序。

（十一）所有客商遺失之物，應即妥交主管處所暫爲保存招領。

（十二）需熟悉一切規章當地交通情形，以及商業概況，以備客商查詢。

（十三）不得留難或有侮慢等情，致碍鐵路信譽。

（十四）有不滿意之告訴時，應竭誠接受。

（十五）客商存在貨物等，應加以保管，以免損壞。

（十六）應各潔身自好，以保守鐵路之名譽。

（十七）客運稽查或查票員，有查察車上執事員役之權，凡員役違章玩公，怠慢旅客情事，應據情報告，倘徇隱不報，一經發覺，應任其咎。

（十八）伕役代客搬運行李，只准照歸定數目收費，不得任意苛索。

六 結論

欲求營業運輸之改進，即在實施之決心。方今管理委員會力謀整頓之初，因略陳管見如上。其中尤以人事委員會之設置，爲百事之先聲，實爲一切進行之原動力；其次則臨時指派稽查法，爲促進業務，杜絕流弊之惟一方法。兩者皆備，於是其餘營業及運輸各點之改進亦易，其成效乃佳。

中華民國二十二年四月出版

交大季刊　第十一期

版權所有

編輯者　鍾偉成

發行者　上海交通大學出版委員會

印刷者　上海太平洋印刷公司
白克路餘壽里十一號

每册定價
大洋三角
預定全年
大洋壹元
國外郵費另外

WHO THINKS ABOUT ELEVATORS?

Miraculous developments in recent years in elevator construction by Otis Elevator Company have brought the elevator to the attention of many people. Today, good elevator service is one of the foremost considerations in the eyes of the prospective tenant. He appreciates well-appointed elevator cars and entrances, elevators that are free from jolts and jars, and he doesn't like to wait long for the elevator and wants to reach his destination quickly. The building owner or manager who can give him good elevator service has a distinct advantage when it comes to renting floor space.

It is because of these recent engineering feats by Otis that the architect confidently specifies Otis in his plans for a new building or a modernization project. He feels sure than an Otis installation will not only meet with the approval of the building owner, but of the public as well.

Otis Elevator Company

Office:
206 Sassoon House
Nanking Rood
Tel. 11237

Service Station:
5 Dixwell Rood
Tel. 52523

本公司本數十年之經驗對於製造電梯，力求精良。而人民對於電梯設備，亦多注意及之。凡車身，機器，及開駛速度與舒適等，均爲注意之事件也。所以電梯設備，有關於房屋出租之價值，甚爲明顯也。

因爲本公司對於電梯事業，有繼續不斷的新供獻，建築師於新屋設計，或舊屋改造，無不樂於採用本公司所製機器與設備，而產主與人民均同爲歡迎也。

美商沃的斯電梯公司

事務所：南京路沙遜大厦二零六號　電話一一二三七號

修理部：狄思威路五號　電話五二五二三號

交大季刊

第十二期 工程號

要目

中華民國二十二年七月 上海國立交通大學編行

內政部登記證警字第一七五三號
中華郵政特准掛號認為新聞紙類

交通大學管理學院出版書籍

(1) 鐵道經濟論叢

編者 鍾偉成
定價 大洋二角

▲內容 本書內有關於鐵道之專論十篇，其中以編者所著之創辦鐵路押匯芻議，整頓鐵路運輸負責之我見等篇爲最有價值。

(2) 東北鐵路問題之研究（上册）

作者 王同文
定價 大洋六角

▲內容 本書上册共有十章，先述中東路之史的發展，經濟價值，組織概要，營業與運輸概況。後敍日本侵略下之鐵路問題，如滿鐵會社之組織，財務，營業等概況，日本對東北之鐵路侵略政策，與施行政策之方式，又分析研究南滿路之營業狀況與營業統計，及運輸狀況與運輸統計，最後論述吉會鐵路問題。本書上册有一百四十餘頁，對於日俄帝國主義侵略下之各鐵路問題，敍述甚詳，所列統計尤新，誠爲研究東北鐵路問題之唯一有價值書籍。

(3) 吾國鐵路枕木問題之研究

作者 楊城 王以瑗 陳善禮
定價 大洋四角

▲內容 本書共分八章，其對於枕木之購買，枕木之管理，枕木折舊法之討論，枕木之製煉，發揮學理甚詳，作者並注重於中國急應造林，以提倡國貨枕木等問題，凡欲研究鐵路材料者，宜各備一書。

(4) 鐵路估値

作者 涂宓
定價 大洋二角

▲內容 本書共有七章，其對於估值原理，估值方法，有形與無形的財產估值，多多討論。

發行者 上海交通大學管理學院

代售處 上海 作者書社 新中國書局 神州國光社 黎明書局 民智書局 大公報代辦部
漢口 光華書局 杭州 現代書局
南京 正中書局 天津 大公報社代辦部

總理遺像

革命尚未成功

同志仍須努力

總理遺囑

余致力國民革命凡四十年其目的在求中國之自由平等積四十年之經驗深知欲達到此目的必須喚起民衆及聯合世界上以平等待我之民族共同奮鬥

現在革命尚未成功凡我同志務須依照余所著建國方略建國大綱三民主義及第一次全國代表大會宣言繼續努力以求貫徹最近主張開國民會議及廢除不平等條約尤須於最短期間促其實現是所至囑

卷頭語

季刊第十期之科學號,第十一期之管理號,均於工鐵展覽會時出版。惟工程號,因集稿匪易,愆期過久,深爲抱歉。

編者感覺我國工程論文,尚少創造之作。而欲擇一主腦題目,徵集同性質之作品,編爲電機專號,機械專號,尤覺戛乎其難。本期所刊,雖名爲工程號,仍係普通性質,未克達到原定之目的,此又不能不抱憾者。

本刊編目,分爲論著.譯述.報告.附載四類。論著中以施孔懷君之「紐約荷蘭隧道之計畫和建築及管理」爲要目。該隧道爲世界近代偉大工程之一。施君此著,原以應江蘇省教育廳之徵文。今蒙加入本刊,以光篇幅,曷勝感謝。

此外潘世寧君之「列車之阻力」,及康國涇君之「三相交流電氣機車之計畫與駛用之研究」。均爲在美時研究之傑作。我機電同學讀之,定有深切之興味。再讀黃叔培先生之「世界自動車事業概觀」一文,益以見我國工業之落後,汽車完全仰給於舶來,必增無窮之感慨矣。

總之此刊得以出版,全賴校內外同學之慨發陳篋,諸位教授之惠賜鴻篇。編者不學無文,謬任校閱,慚愧之至。充實內容,完成工程專號之使命,是所望於將來之主編者。

胡端行　六.十六,

世界自動車事業概觀

黃叔培

一 引言

自動車爲二十世紀工業之驕子。世界各國之通都大邑以及偏僻道途無不有其踪跡。卽經濟落後之我國,近數年來購用亦多,有助于交通事業者甚大。査自動車之發達不外四十年耳。當初期應用于交通事業時,以其笨拙難御,人多誹笑而玩忽之。今則機械完善,行走如飛,爲陸路最便利之交通工具。其改良之迅速及產量之增加,爲工業史上所僅見。1896年全世界自動車之產額爲二十輛,在1929年則單獨美國製成之數,已超出五百萬輛。1900年世界自動車註册總數不滿萬輛,現則總數約在三千五百萬輛左右。自動車事業進展之速及其在工商交通界所佔之勢力,從可知矣。玆將自動車之發明與改進略史及各國自動車事業之大概情形,分述于下:

二 自動車之發明及改進略史

自動車之發達雖不過四十年,然其發明則遠在一百五十年之前。其歷史過程頗饒趣味。玆以各種主要自動車之發明及改進略述于下:

(甲) 發明

蒸汽自動車 1770年法人顧諾(Cugnot)造一蒸汽自動車,實開自動車之紀元,其車可載客二人,速率每小時4哩。惟因機器笨重,且不經濟,不合實用。迨1802年英人垂禾息(Trevethick)加以改良,造一單汽缸蒸汽自動車,應用10呎徑之輪以推動之,一時稱爲交通利器。此後五十年間實爲蒸汽自動車最盛時代。此種車輛大都甚爲笨重,然極可靠,足與馬車爭雄競賽,歐洲各國用者甚多。其速率亦有超出每小時35哩者,故在當時可謂盡得機械之能事。1843年差動齒輪發明(英人法蘭克希爾 Frank Hill)爲自動車之最大貢獻。橡皮車胎則于1871年初次應用。自動車至此,遂漸臻完備矣。

當時馬車公司之勢力甚大,對于自動車,皆取仇視態度。各國政府爲其所操縱,製定種種苛刻之法規以限制之。例如每自動車須有御者三人,每車前須有一人手執紅旗警告行人,及速率不能超過每小時4哩等等。質是之故,自動車事業遂日形冷淡。間有數車出現,亦不過視爲玩具而已。

汽油自動車 汽油自動車(簡稱汽車)之成功,當以法人但拉氏(Daimler)之勞績爲最大。但拉氏利用亞陶氏(Otto)熱力循環,製成極輕便高旋速之內燃引擎。其第一引擎于1883年完成,每分鐘旋率爲1000轉。引擎引火,爲熱管方法,旋率則用排氣瓣之開閉調節之。在今日觀之,可謂笨劣不堪,然在當時則視爲極大之成功。越二年第一輛三輪汽車完成,速率每小時10哩。其車現在英倫,尚可使用。再二年第一輛四輪汽車完成。同時便夏氏(Panhard)發明鬰子,及傳動子。故當時之汽車雖不如今日之完美,然其主要部分,皆已完備。1889年但拉氏之雙汽缸引擎出現。其後汽缸數目應時增加,今則十二汽缸,及十六汽缸之車,已甚多矣。1903年高壓電氣引火器爲麥尼朵發明。汽車主要部份,由是完全。

同時蒸汽自動車復興,大有與汽油自動車分庭抗禮之勢。1890年沙波力(Serpollet)所發明之蒸汽自動車出現。其車之構造大略如下:水箱在車之前,柴油箱在座之下,鍋爐在車之後部,引擎爲平式四汽缸兩兩相對在車之下後軸之前,凝汽器在車前水箱之下,車上亦備有起程機,爲自動車起程機之鼻祖。1901, 1902, 1903三年涉波力之車連續奪得一哩賽跑之錦標。頭二年所用者爲12匹馬力之引擎,第三年所用者爲20匹馬力之引擎,速率爲每小時92哩。英美等國以其使用可靠,多用之以運送郵件。惟可惜者蒸汽自動車之缺點,卽車身笨重,及起程遲緩,二種大病,仍未免除。同時汽油自動車各部機件改良極速,故一般自動車製造廠皆向汽油自動車方而進行,而將蒸汽自動車放棄。惟當注意者,卽蒸汽自動車,非不能在行動事業上佔一重要位置,若用之以運貨及長途載客,當甚適用。

電力自動車電力自動車發明于1890年,此種車輛清潔耐用,且易駕駛,一時用者極多。1899年舉行初次一哩賽跑時,電力自動車竟奪得錦標,速率爲每小時65·7哩。惟電力自動車之價格極高,且爲充電之地點及時間所限,故不發達。電池改良及充電地點普徧之後,電力自動車當有發達之希望。現在外國工廠以其清潔無烟,多用之在廠內運送物料。

炭氣自動車歐戰後法人以用車日多,汽油仰諸外來,故力求他種燃料以爲代替。結果製成炭氣自動車。法以木炭先在一火爐內化爲氣體,然後用之于汽缸之內,生熱發力,推動車輛。此種引擎與汽油自動車之引擎同。惟因化氣爐笨重而不易管理,故不便用于私人之自備小車。然若用于長途載貨車輛,則甚便利。我國汽油皆由舶來,對于此種車輛,宜作精細之研究。若能將其改良,則日後全國國道之上,皆用此種車輛,亦未可知。

柴油自動車美國拍拉幹公司(Paragon)發明一種化汽器,可將柴油完全化爲汽體,而用于平常之汽車引擎。1930年曾作一長途之試驗,先用柴油駛352哩,用油56加倫,平均每加倫5.93哩。再用汽油行駛56哩用油13.5加倫,平均每加倫4.14哩。可見用柴油每加倫可多走百分之十四。卽使以每加倫柴油與汽油走路相同,而柴油因價廉之故,亦可省費甚多。

近來歐洲製造家,已多應用狄司爾柴油引擎于長途汽車。上海公共租界之長途汽車亦多數裝用之。此種引擎,完全利用狄司爾熱力循環,用油極省。惟其購造頗爲繁複,應用稍不便利耳。

(乙) 改進

自動車在發明時,非特笨重不堪,而其使用不可靠及乘客不舒適,尤爲其大缺點。今日之自動車,則行駛如飛,而乘客亦極舒服。其改進之過程,爲進化方法。至各部如何改進頗難詳述。其主要之點,爲減輕體重及增加引擎之能力,與乘客之安適。自動車改進之方式,雖不能詳細指出,但其結果,則有可靠之記錄,賽車是也。自表面觀之賽車似爲遊戲小事,然其歷年記錄,實足以表現自動車之進步,且實際上促進自動車之改良尤多。比賽之情形,如道途之長短,路徑之形勢,及地面之建築,各場不同,故其記錄,祇可表示大概。茲以賽車記錄分爲長途比賽及一哩比賽,列表如下:

第一表　自動車長途比賽記錄

年份	路程(哩數)	速率(每小時哩數)
1895		15
1896	1063.5	15.5
1898	889.2	26.9
1899	353.7	38.6
1901	327.6	53
1902	318.2	54
1904	231.2	72
1905	311.3	65.1
1906	371.2	65.8
1907	477.4	70.5
1908	477.4	69
1911	500	74

年份	路程(哩數)	速率(每小時哩數)
1912	500	78.7
1913	569	72.2
1914	500	82.5
1919	500	87
1920	224	94
1922	500	94.5
1923	250	114.5
1924	250	116.0
1926	165.5	126.5
1927	100	128.6

第二表　自動一哩比賽記錄

年份	速率(哩數)	備註
1899	65.7	電力自動車
1902	75.1	蒸汽自動車(十二匹馬力)
1903	92	蒸汽自動車(二十匹馬力)
1906	127	蒸汽自動車
1908	101.8	汽油自動車
1912	101.5	汽油自動車(二百匹馬力)
1914	120.7	汽油自動車
1921	105.1	汽油自動車
1922	136.0	汽油自動車
1923	137.7	汽油自動車
1924	162	汽油自動車
1925	150.7	汽油自動車
1926	171.4	汽油自動車
1927	203.8	汽油自動車(一千匹馬力)
1929	206.9	汽油自動車(一千匹馬力)
1931	246.57	汽油自動車(二千四百匹馬力)
1932	253.97	汽油自動車(二千四百匹馬力)
1933	272.1	汽油自動車(二千四百匹馬力)

長途賽跑,開始于1895年,速率爲每小時15哩,其後除歐戰五年,不舉行外,每年皆有比賽。速率自1895年之15哩增至1904年之72哩,1904年至1911年增加甚緩。惟自1911年後每年皆有增加,至1927年即增至129哩。比較初次記錄約增八倍,進步頗爲迅速。

一哩賽跑在1899年開始,速率爲每小時65.7哩。在當時可謂驚人之記錄。但過七年後即增加一倍,即每小時127哩。其後十六年間,全無進步。歐戰後,其記錄始增至每小時136哩。其後每年皆有增加。至1927年其速率即超出每小時200哩。該年得錦標之車名 Sunbeam 速率爲每小時203.8哩,用二座500匹馬力之引擎。本年奪得錦標之車身長32呎,前後各裝一座十六汽缸之引擎,共有2400匹馬力;其記錄爲每小時272.1哩,可謂行動界之破天荒速率。由上觀之,可知自動車各部已由運用不靈活,不可靠,以進至完美之地位矣。據專門家言,自動車需要各種材料,尚可大加改良,所有設計仍可變更,而每小時400哩之速率,不難于短時間內達到。

三　各種自動車事業情形

世界各國之自動車事業,當以美國爲最發達。坎拿大,英國,法國每年產額亦多。近數年來,日本之自動車事業,亦日有發展,突飛猛進,大有獨佔東方市場之勢。我國現在則惟有購用而無製造,遠落人後,至可痛心。茲以主要國家之自動車事業大概情形略下:

(甲)美國

美國自動車事業之發達,爲普通人民所習知。二十年來產額約佔全世界總數百分之九十,共成自動車約四千萬輛。美國自動車事業發達之原因甚多,茲特舉其主要者于下:

(1)人民富饒,購車之能力甚高.

(2)人民喜動,自動車適合多數人民之心理.

(3)油礦之儲量極豐,汽油價格甚廉.

(4)出產五金甚多,自動車取材極便.

(5)道路發達,自動車有活動之處.

以上種種原因相互育醸,遂使製造自動車事業成為美國最大之工業,而其使用亦漸為美國人民之顯著需要。

產額.美國每年自動車之產額見第三表。1919年以前無詳細之記錄.大概1910年之產額為180,000輛。1915年為800,000輛。1918年之產額即超出1,000,000輛。見表可知美國自動車之產額,年有增加,至1929年而達到其最高紀錄,總共製成5,358,414輛,較十年前增加約三倍。1930年及1931年因經濟不景氣,產額亦因之減少。惟按美國現在用車之情形觀之,設平均自動車之壽命為十年,則每年換新,需要之車已在三百萬輛左右矣。

第三表 美國自動車產額及價值表

年份	營業車	自備車	總數	價值
	(單位1000輛)	(單位1000輛)	(單位1000輛)	(單位1000美金)
1919	308	1,577	1885	3,080,074
1920	312	1,799	2111	
1921	142	1,453	1595	2,079,404
1922	244	2,303	2547	
1923	388	3,632	4020	4,176,403
1924	398	3,203	3601	
1925	505	3,760	4265	4,721,403
1926	490	3,809	4299	
1927	455	2,939	3394	2,850,000
1928	544	3,815	4395	
1929	771	4,587	5358	3,723,000
1930	571	2,785	3356	
1931	417	1,973	2390	

價值.美國自動車事業進展之速為各種工業冠。四十年前,自

動車不外爲少數人之試驗品或玩具而已。現則蔚然成爲第一重要工業。每年自動車及其另件之價值見第三表。若將其價值與他種製造物品互相比較,尤易見其數量之大。茲以1929年自動車之價值爲標準,其價值超出美國同期之鐵道費用三十五倍,銅鐵出品之價值一倍半,棉織物之價值三倍,石油之價值二倍,煤之價值三倍半,各種機器電料之價值三倍。若以1929年自動車之價值先行扣去材料及工資,所存之款用以建築鐵道共長約等于中國現有之鐵道八倍。

原料 自動車之主要原料爲鋼鐵及橡皮。美國自動車上所用之鋼鐵,皆取之本國,橡皮則取之南洋羣島或南美洲。自1924年至1927年自動車製造事業,年用鋼鐵約三百萬噸,等于全國產額百分之十四;橡皮則平均每年用三十五萬噸,約等全世界產額百分之四十。此外尙有玻璃,皮布,銅,鋁,油漆等物價值均屬甚巨。茲以近年每年所用原料之總數價值,及其所佔造成車輛價值之百分比列下:

第四表 原料價值

年　份	1919	1921	1923	1925
價值(單位美金千元)	1,940,000	1,320,000	2,712,000	2,970,000
佔車輛價值%	63	63.5	65	63

工人 美國自動車事業,已如此偉大,則其用人之多,可以想見。第五表只示其直接服務于製造事業者。平均每年工人約三十五萬。每年每名平均可造車十輛,效率甚高。其工資則平均每人每年約1600美金,卽平均每車工資160美金,約等于車價百分之十五而已。其間接經售及修理之人爲數當亦不少。至若靠御車爲生活之人則尤多。設百輛車內有一輛用車夫者,則自備車夫,當有二十萬人。外加三百餘萬輛之貨車每車用一人,則全數當在四百萬左右。每人平均養活三人,則恃自動車爲生活者約一千二百萬人,

等于美國人口十分之一。可見自動車事業對于美國民生問題,實有極大關係。

第五表 工人及工資表

年 份	1919	1921	1923	1925
工 人	343,115	212,777	404,886	426,110
工 資	491,121,000	318.753,000	659,837,000	713,931.000
佔車輛價值%	13.6	15.4	15.8	15

對外貿易 美國製成之車,多爲其本國之用。十年來平均出口車輛及另件之價值,約等出口價值總數百分之十。1927年及1928年平均車輛及另件出口之總值,約五萬萬美金,超出我國全國輸出總值百分之二十。玆以各年出口總數及價值表列于下:

第六表 美國出口車輛及其價值表

年 份	自備車	營業車	價 值
1920	142,508	29,136	303,262,000
1921	30,950	7,480	83,749,000
1922	66,791	11,442	102,751,000
1923	127,035	24,859	209,684,000
1924	151,380	112,535	318,190,000
1925	244,306	58,625	320,023,000
1926	238,540	66,880	388,107,000
1927	278,742	105,457	486,993,000
1928			528,935,000
1930			271,738,000

車輛註册 美國歷年車輛註册數目見第七表。由表可知初期之增加率較高。現在每年增加之數雖甚可觀,但其增加之比例,則較從前日低,已呈飽滿現象。在1931年全國用車總數爲25,814,103輛,就中約百分之十三爲營業車,百分之八十七爲自備車。平均每四人半有車一輛。若平均每車五座計算,則全國之人可以同時坐在汽車內。設每車平均20匹馬力,則其引擎馬力之總數,約爲六萬五千萬匹馬力,大于世界所有熱力水力發電廠總共馬力六倍。

第七表 美國汽車註冊表

年份	自備車	營業車	總數	每千人輛數
1925	17,496,470	2,440,854	19,937,274	174
1926	19,237,171	2,764,222	22,001,393	187
1927	20,219,223	2,914,018	23,133,241	196
1928	21,379,125	3,113,999	24,493,124	204
1929	23,121,589	3,379,854	26,501,443	218
1930	23,059,262	3,486,019	26,545,281	215
1931	23,347,800	3,466,303	25,814,103	208

以省區言之,在1931年美國用車超過一百萬輛者,共有七省之多。見第八表,第一紐約省得1,966,436輛,其次爲加利福尼亞省得1,798,068輛,第三爲本薛文尼亞省得1,522,130輛。以人口與車輛之比較言之,則尼哇達爲第一,每2.8人有車一輛。照此比例推算則全省除老弱之外,各人有車一輛。尤可注意者,即尼哇達,唉哦哇,尼不拉司加等省素稱荒僻之區,然其用車之程度,竟較他省爲高,可見自動車在美,並非富人之專有奢侈品,而已成爲日用之需要矣。

第八表 1931年用車超過百萬輛省區

省區	車輛總數
紐約	1,966,436
加利福尼亞	1,798,068
本薛文尼亞	1,522,130
俄亥俄	1,518,696
意利諾	1,411,261
達賽司	1,086,310
米西干	1,078,345

第九表 每千人有車三百輛以上省區

省區	千人所有車輛
尼哇達	350
加利福尼亞	349
唉哦哇	302
尼不拉司加	301

運輸力量 美國現在之油面路，士敏土路，碎石路，沙路，泥路共約一百萬哩，自動車總數約二千六百萬輛，其運輸力量，可想而知。在1900年前鐵道爲美國陸上交通唯一工具，專利陸上主要運輸。今則自動車已能與之立于競爭地位。照運貨言，十年以來，鐵道貨運增加不過百分之九，即平均每年增加不及百分之一，因多數貨物，如蔬果牛乳肉等類皆爲自動車奪取也。至若載客方面，則鐵道更日形落後。照1915年之預算，在1929年鐵道載客，可增至五百二千兆人哩。但實際只載三百二千兆人哩，較預算減少百分之四十。自1920年至1929年之間，鐵道載客之收入居然減少百分之三十四，損失之大，可以想見。若無載貨之收入，則鐵道皆宣告破產矣。自動車載客之多少，不能統計，因多數車輛，皆爲私有。玆以下列之條件估定之，全國自備車二千二百萬輛，每輛平均每年走五千哩，平均載客二人半，並以一半爲市外交通，共得每年載客一十四萬兆人哩。外加長途客車之載量一萬兆人哩，共得一十五萬兆人哩，大于鐵道約五倍。

（乙）坎拿大

坎拿大與美國爲比隣，風土民情及生活狀態，與美國極爲相似，故其自動車之發展大概與美國相同。再以二國有工業上及地理上之特殊關係，故坎拿大自動車事業之投資人。多爲美人。惟因坎拿大地廣人稀，故每年製造之車輛較少，若用人口爲比例，則坎拿大之自動車事業與美國相差極微。玆以坎拿大每年出產自動車數量列表于下：

第十表 坎拿大自動車產額表

年份	營業車	自備車	總數
1922	7,419	94,904	102,053
1923	17,210	129,220	146,438
1924	17,481	117,365	135,246

1925	22,078	139,311	161,389
1926	39,344	165,206	204,550
1927	32,556	146,876	179,426
1929			263,625

(丙) 英國

在歐州方面,主要之自動車製造國爲英國,歐戰之前,英國對于自動車事業,不甚注意,用車多取自美國。在歐戰期內,英人始知自動車之便利,且用之爲坦克車以攻德人陣地,戰後英國自動車事業,日漸發達。1923年英國祇造六萬餘輛,今則年出約二十四萬輛左右,數年之間,增加四倍。

第十一表 英國自動車產額表

年份	輛數
1923	66,396
1924	105,468
1925	121,000
1926	138,000
1927	231,000
1929	238,805
1931	223,219

歐戰之前,英國用車甚少,大約與日本現在用車之情形不相上下。歐戰期內,因國內經濟困難,人民負担甚重,故用車亦少。歐戰後,用車數量大增,1919年至1920年增加百分之七十一,1920年至1921年又增百分之一百零五,其後每年增加約百分之二十。1928年英國用車總數爲1,194,335輛與美國米西干省相等。平均全國每車約三十五人,與美國相比相差遠甚,尙有大可增加之望。

英國所造之車,與美國不同之點甚多。美人好新,故專求外觀,尙時髦。英人性守舊,故所造之車求堅强耐用。美人用車二三年後,卽求新式,故購車時,專尙外觀,而不注意機器。英人則視其車爲永久之家產,故求車身及機器之構造堅强,而忽視其外觀。總言之,英國造成之車,多數不甚美觀,然極爲耐用。又因英國自動車納稅,皆以汽缸之容量為標準,故製造家力求汽缸之容量減少。平常四缸引擎之汽缸容量為1000 c.c.至2000 c.c.。英國自動車已受此種限制,故其引擎之旋率,不得不增加,使自動車之力量充足。結果即開車時手續較繁,且汽缸內常有積炭,惟汽缸小而用油經濟亦其一主要優點。

(丁) 法國

法國對于自動車之貢獻極大,現在之汽油自動車即法人但拉氏(Daimler)首先發明。但拉之同事,亦皆為自動車史上有數之人。近之炭氣自動車亦在法發明。惟大規模之製造,則法遠不如美。在歐戰前,法國幾無自動車製造之可言,戰後法之造車額及用車額,始大增加。1929年法國造車共263,660輛,位列世界產車額第二名。其用車在1928年則列第四名,為956,000輛左右。惟可注意者,即內中祗656,000輛為自備車,而300,000輛為營業車,得全數三分之一,可見法國之自動車事業,係從商用方面發展,我國正可步其後程。

法國所造之自動車,與英國之出品大同小異。其引擎所用之汽缸容量亦甚小,而旋率甚高。其車架彈簧皆構造堅強而適于不平之道路。因歐州大陸上之道路多長而直,故其車之速率大都甚高,可每小時行七十哩不覺搖動。其制動機之構造,較英為佳,能于短距離內,使高速率之車停止。法國所造之車,極重外觀,而風雨之防禦及用車者之安舒,往往反忽視之,此即英法出品最不相同之點。

(戊) 日本

日本為東方唯一之自動車製造國,其出品除供給本國之需要外,銷售於中國,及南洋羣島者甚多。其自動車事業萌芽以來,不外十年,然今日已有獨佔東方市場之勢。較小之公司為日人自營,多限于集合外來之機件。較大之工廠,則為美人所操縱。全國歷年

之出品,無正確之統計,其約略之數如下:

第十二表 日本自動車產額表

年份	輛數
1925	5,000
1926	11,000
1927	22,000
1928	25,000
1929	45,000

日本之主要自動車製造公司,爲福特公司及通用公司。日本福特公司在1925年成立,資本爲4,000,000日圓。廠在橫濱,佔地約五十畝。每日可造車二百輛(盡量工作),在成立年份造車4,500輛,現則每年造車約二萬輛。所用工人約三千,材料之取自日本者,爲全數百分之九十。

通用公司,成立于1927年,廠在大坂,資本爲5,000,000日圓。開工年份出車5,634輛,第二年卽增至一萬輛左右。其製成之車銷售于中國者甚多。如民十九年日本通用公司竟售3,500輛自動車與我國。1928年通用公司由日本出口之車約值3,500,000日圓。廠內工人三千,材料之取自日本者,約百分之五十。

日本四面環海,水運極爲便利,二十世紀以來,鐵道建設甚多。陸道交通,亦甚發達,然自動車亦有其相當之用。1925年全國用車不過二萬三千輛左右,至1928年卽增至五萬七千餘輛,爲同時世界國各國增加率之最大者。若照此率增加,則今日日本當有自動車二十萬輛左右。另當注意者,卽營業車所佔之部份極大,得全數百分之三十七,卽每三輛車中有營業車一輛,其有助于交通者極大。

(己) 中國

我國對於自動車,僅有購用而無製造,祇能消耗而不能生產!

一切車輛及補充零件,無不仰給外來,除極少數之車輛在滬集合外,全無自動車製造之足道。故言我國近年自動車事業者,實無異舉述國內用車之情形而已。按海關報告我國自動車進口年有增加,在民十八年其價已逾一千萬兩。當此建設開始時期,若不早爲之計,則國道計劃完成之後,每年自動車進口之數,必增加甚多,漏卮之大,可以想見。

車輛註册 據內政部調查所得,民十四年全國登記之自動車共10,102輛,民十七年底登記者共爲20,464輛,較三年前增加一倍。總數中有營業車4,530輛,約佔全數百分之二十二。按海關報告,民十八年,民十九年,民二十年三年進口總數爲17,104輛,故全國現在所有之自動車,當在三萬輛以上,較七年前約多三倍。由國人眼光觀之,其增加率似爲甚大。然就自動車之歷史觀之則仍爲甚緩。美國自1900年至1905年增加十倍,自1905年至1910年增加十一倍,自1910年至1915年五年之間增加五倍。國內用車遲緩之原因,雖在國路不修,而自動車皆由舶來,價格過高,不能購用,亦爲一大原因。惟自動車爲交通最便之工具,既爲事實,故國道開闢後,車輛增加,爲勢所必至。卽就現在之增加率言之,十年之後,全國用車至少亦當在十五萬左右。

第十三表 中國自動車註册表

年份	營業車	自備車	總數	人口與車輛比例
民十四年			10,108	40,000
民十七年	4530	15,934	20,464	20,000

車輛進口 我國之自動車皆由舶來,故每年進口之多少,亦可表現國內用車之情形。自民十三年至民二十年,八年之間,每年自動車進口之總額及價值見第十四表,在此期間,每年進口之數,當以民十八年爲最大,該年進口車數,達8,878輛,價值 11,398,272 兩。統計八年之間,進口總數,爲34,412輛,價值 43,735,862 兩,其補充零件

之價値,尙不在內。若與同期間進口之鐵道材料價値相比,約高百分之二十。由此可見自動車在我國對外貿易所佔之地位,而亟當加以注意者也。

第十四表 中國自動車進口表

年份	輛數	價値
民十三年	2,048	2,459,395
民十四年	3,163	3;783,130
民十五年	4,540	5,021,267
民十六年	3,456	4,168,755
民十七年	4,101	5,026,870
民十八年	8,878	11,398,272
民十九年	4,448	7;203,271
民二十年	3,778	6,674,902
八年總數	34,412	43,735,862

美國爲製造自動車之主要國,故我國之車多由該國購來。他如日,英,法,坎拿大諸國亦多進口。在八年前,日本進口約居美國十分之一。然近年來,增加甚速,民十八年日本來華之車,竟超出美國。此事似屬甚奇,實則福特通用皆在日本有廠,二公司每以日廠出品供我國也。自動車輸入國及數量見第十五表。

第十五表 自動車輸入國及數量表

國名＼年份	民十三年	民十四年	民十五年	民十六年	民十七年	民十八年	民十九年	民二十年	總數
美國	1,125	1,676	2,181	1,605	1,600	3,527	1,332	1,541	14,587
日本	103	156	527	679	1,140	3,582	1,795	979	8,961
英國	307	412	519	249	229	392	223	229	2,560
法國	257	329	603	191	160	225	203	172	2,140
坎拿大	79	312	414	223	265	161	132	62	1,648
其他	177	278	296	509	707	991	763	795	4,516
總數	2,048	3,163	4,540	3,456	4,101	8,878	4,448	3,778	34,412

國內自動車之分配,無正確之紀錄,然就進口之市埠觀之,亦可得其梗概。按海關之報告,八年以來,由上海入口之車最多,約占

全數百分之四十二。此等車輛,多爲商人私用車輛,多數集中于上海一市。次爲大連,以八年計算,約占全數百分之二十五。在八年前大連進口之車,不外數十輛,約等同時上海進口百分之八。在民十八年,則進口之數,增至 1878 輛,等于同時上海進口總數百分之五十,較之八年前增加二十四倍。此等車輛皆運往東三省,而以商用車軍用車爲多。次爲天津,數年之前,天津自動車進口較大連多出數倍,惟近來全無進步,故落爲第三。他若青島漢口廣州廈門等市,每年進口亦多,惟與上海大連相比,相差甚遠也。自動車輸入口岸見第十六表。

第十六表　自動車輸入口岸及數量表

	民十三年	民十四年	民十五年	民十六年	民十七年	民十八年	民十九年	民二十年	
上海	1067	1220	1755	1104	1661	3777	1866	2097	14,547
大連	80	480	1008	959	1096	1878	527	100	6,128
天津	601	1028	951	567	229	976	514	179	5,045
青島	55	58	221	248	168	333	179	116	1,378
廣州	42	5	108	155	165	134	265	274	1,148
漢口	45	146	188	90	88	203	144	142	1,046
廈門	54	16	47	52	23	289	135	153	769
廣九鐵道			54	54	84	242	139		573
其他	104	210	208	227	587	1046	679	717	3,778
	2,048	3,163	4,540	3,456	4,101	8,878	4,448	3,778	34,412

（庚）其他

他如德國,意大利,蘇俄等國之自動車製造事業雖尚不甚發達,然其產額皆足以供給其本國之用而有餘。此外如比利時,瑞士,波蘭,丹麥等國則每年產額甚微而不得不仰給于北美及英法二國矣。至用車程度各國雖未能與美國比擬,但新西蘭,檀香山等處若以人口爲比例,已甚近美國情形也。茲以 1931 年各國自動車產

額及1928年各國自動車註册數,列表于下:

第十七表 1931年世界各國自動車產額表

國名	輛數
美國	2,390,000
英國	223,219
法國	196,860
德國	65,459
意大利	31,480
蘇俄	23,400
捷高司拉 哇哥亞	16,980
澳州	4,200
比利時	3,200
瑞典	2,444
瑞士	1,070
西班牙	250
匈牙利	237
波蘭	200
丹麥	180
* 其他	182,890
總數	3,142,069

* 坎拿大及日本之產額未詳

第十八表 世界各國自動車註册表

	自備汽車 單位千輛	營業車 單位千輛	總數 單位千輛	人口與車輛比例	1925年註册 單位千輛	增加 %
美國	20,280	2,982	23,262	5	17,741	31%
英國	855	338	1,193	38	771	54
法國	656	300	956	43	575	67
坎拿大	840	109	949	10	690	37
德國	332	124	456	137	220	108
澳州	347	77	424	15	198	113
新西蘭	111	23	134	11	60	124
日本	36	21	57	1,390	23	147
檀香山	30	7	37	8.3	23	64
中國	16	4	20	20,000	10	100
其他	1,664	532	2,196	525	1,174	92
總數	25,167	4,516	29,684	64	21,485	38

四 結論

由上可知四十年來,世界各國之自動車事業,皆日增月盛,蔚然可觀,誠以交通爲工商之命脈,民生之要素,自動車應運以興,爲勢所必然者也。我國現在可謂工商落後,民生凋弊,然用車數量,已年有增加,路政發達,工商繁盛之後,則用車之多,豈可限量?惟可慮者,卽國人對于國道運輸事業,祇圖築路而不謀造車,遂至一切車輛以及補充另件,無不仰給舶來。利權外溢,年甚一年,至可痛惜!查現在全國已成之國道共約三萬哩,營業車不下七千餘輛。各省當局現正極力圖謀發展,預料在短期間內,可以完成總理百萬哩之碎石國道計劃。如計劃完成之後,用車程度與現在相同,則全國需要營業車,約二十萬輛。如此大宗車輛,若皆仰外來,則全國之損失當在十萬萬元以上,每年補充車輛之價值,尚不在內。故欲解決中國之國道運輸問題,非奉行總理之行動工業計劃,實行設廠製造自動車不可。否則建築國道,無異爲外多掘利藪也。

電信雜誌

第一卷第三號目錄

編輯及發行所　上海呂班路一六三弄四號　電政同人公益會

價目

會員　另售每册三角　預定二期五角　預定四期一元

非會員　另售每册三角五分　預定二期六角　預定四期一元二角

紐約荷蘭隧道之計劃和建築及管理

施 孔 懷

民國二十年六月草於紐約

一 小引

荷蘭隧道穿過紐約赫德生河Hudson River下,行駛汽車,溝通紐約省之滿亨敦島 Manhattan Island 及紐求舍省New Jersey State之求舍城Jersey City。取名荷蘭者,所以紀念其第一總工程師荷蘭C. M. Holland君也。

著者旣抵美後,聞之友人口述,見之報章記載,以及書本提起,對於荷蘭隧道,心嚮往之。鄭伯採納潁考叔之諫,掘地及泉,與其母隧而相見,載之左傳,隧道之名,誠屬不新。再鐵路建築學中,對於穿鑿各種山洞方法,述之綦詳。隧道建築法,似又未足爲異。惟隧道而建築於河下,長凡九千二百八十呎,合吾國五里有餘,可奇者一。再應用通風機器,供給新鮮空氣,排洩廢氣,宛如人身肺部,可奇者二。建築費計美金四千八百四十萬元。工程偉大,洵爲近代所罕見。時人因稱之謂世界上第八奇異 The Eighth Wonder, 豈無故哉!民國十九年秋至紐約出席中國工程學會美洲分會年會,頗想乘車一過此隧道爲快,卒因同行者之急於離去,未如所願,每引以爲憾。

二十年春至紐約港務處 The Port of New York Authority 見習,荷蘭隧道適卽屬該港務處管轄,遂得實地觀察,路窺底蘊,夙願以償。茲特將該隧道當初計劃並建築情形以及現在養護暨管理狀況,就見聞所及,整理成文,報告於國內留心港務工程人士。以表示港口兩岸交通除渡船與橋梁及最近應用飛機外,尙有隧道並列而爲四也。再方今各國通商大港積極興築汽車隧道,以利交通,並望國人對此近代交通利器,予以相當之注意也。

二　荷蘭隧道之大概情形

置身紐約之勃羅馬街 Brome Street 及赫德生街 Hudson Street 口,如第一幅甲圖所示,則見廣場一方,汽車雲集,是爲荷蘭隧道北

第一圖　右邊後景北管入口處　中間收捐總辦公處

管入口處,場中炮壘式之房屋,則徵收車捐總辦公處也。左右各有小屋三椽,列成半圓形,則汽車付捐處也,如第二圖所示。車分兩排駛入隧道,右爲慢行車如運貨汽車是,左爲快行車如乘人汽車及

第二圖 汽車付捐處

輕便運貨汽車是。就著者目睹，快車慢車於入口各就左右位置之時，不無相交之弊。計劃時未能爲之先事預防，似嫌美中不足。

既入隧道，則見燈光燦爛，兩壁磁磚潔白，下爲花岡石路面，上爲平頂天面。不六分鐘重見天日，蓋已出隧道矣。地點在求舍城之伯羅福斯街 Provost Street 及十四街。

所用電燈光强爲一百五十瓦特 watts。兩燈相距二十呎。兩壁間之電燈交相錯縱，使燈光均勻。日間街上陽光較隧道內電光爲强。汽車駛入隧道，驟覺其暗。駛出時，驟覺明亮。此種

第三圖 北管在求舍城出口處

驟明驟暗,均足使駕駛者一時目眩;失其御駕能力,而肇禍端。為避免此項危險起見,於隧道進出口處,日間電燈之距離為十呎,俾明暗之間,變遷由漸。晚間則仍為十呎。

汽車入隧道時,係向下行駛,及至河下,則逐漸平坦,最後向上

第四圖 南管在求舍城入口處

第五圖 南管在紐約出口處左邊為管理局房屋

駛出。其最大坡度,當計劃時定為百分之四·零三如第一幅乙圖所示,嗣改為百分之三·五。

北管供西行車之用。其東行車則由求舍城之伯羅福斯街及

十二街入南管。在紐約之運河街 Canal Street 及萬立克街 Varick Street口出，如第一幅甲圖所示，距北管進口處約五百呎，所以免除擁擠也。南管之佈置及建築，與北管完全相同，此雙管 Twin Tubes名稱之所由來也。

管之橫截面，就在管內所見，天面與路面及兩壁幾成一長方形，如第一幅丙圖所示。路面寬二十呎，路面與天面間之距離為十三呎六吋。每管左邊有人行道一，寬兩呎，高出路面二呎二吋，供警察巡視之用

披閱建築圖樣，知隧道外殼係屬圓形，如第二幅甲圖所示。外直徑為二十九呎六吋。外殼用生鐵造成，厚一吋又八分之五。周有弓圈 Segment 十四，鍵 Key 一。弓圈周長六呎半，縱長二呎半。左右前後均附有凸緣。凸緣之上，鑽鑿穴孔，備旋入螺釘 Bolt，連接各圈之用。鍵之效用，等於弧拱 Arcth上之冠頂 Crown。

再觀第二幅甲圖，知隧道以混凝土為內表，連外殼共計厚十四吋。右壁安置水管及低壓電纜，左壁安置高壓電纜。路面建築在工字形鋼梁之上。新鮮空氣吹入路面之下，經過通衢，由兩旁入隧道，穿越天面而出。

隧道全長九千二百八十呎。出入口 Portals 間之距離為八千三百七十呎。河下部分長五千四百八十呎，河中通風房屋間之距離為三千三百七十五呎，如第一幅甲圖所示。

在隧道最深處，自平均高水面至隧道底點約一百零一呎半，至路面為九十三呎，至頂點為七十二呎。赫德生河行駛吃水四十呎之船舶，以河底離平均高水面五十呎而論，則在隧道之最深處，其頂點離河底為二十二呎。

三　荷蘭隧道確定建築之經過

滿亨敦島為紐約工商業重心所在，四面環水。東江 East River 及海倫河 Harlem River 上下，早經建築橋梁及隧道為之交通。一者

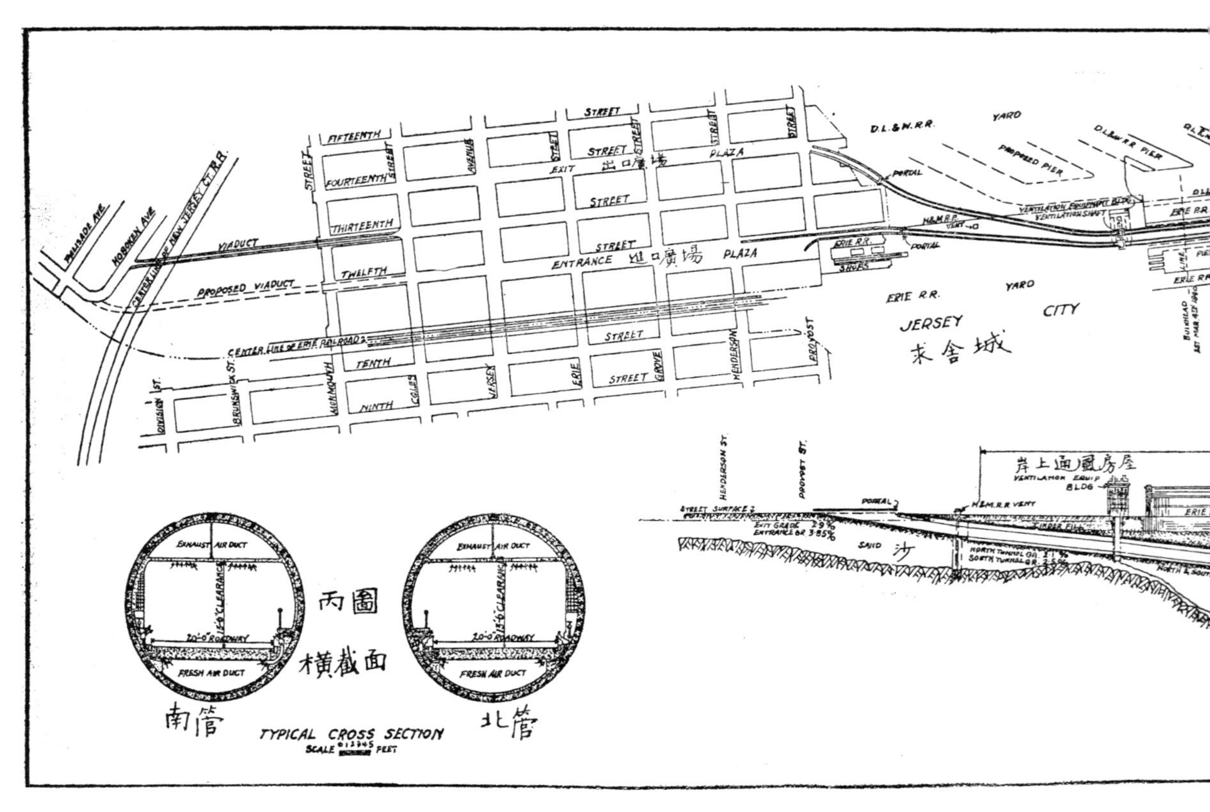

出口廣場
EXIT PLAZA
ENTRANCE 進口廣場 PLAZA
JERSEY CITY
求舍城
岸上通風房屋
VENTILATION EQUIP BLDG
SAND 沙
丙圖
橫截面
南管
北管
TYPICAL CROSS SECTION
EXHAUST AIR DUCT
FRESH AIR DUCT
20'-0" ROADWAY

HUDSON RIVER
赫德生河
北管
南管
PLAN
甲圖 平面
北
紐約城
ENTRANCE PLAZA
EXIT PLAZA
CONTRACT NO.3
CONTRACT NO.5
河中通風房屋
岸上通風房屋
VENTILATION SHAFT
VENTILATION EQUIP. BLDG.
高水面
最深處
井坑
荷蘭汽車隧道
HUDSON RIVER VEHICULAR TUNNEL
TWIN CAST IRON TUBES
PLAN PROFILE AND SECTION
縱剖面

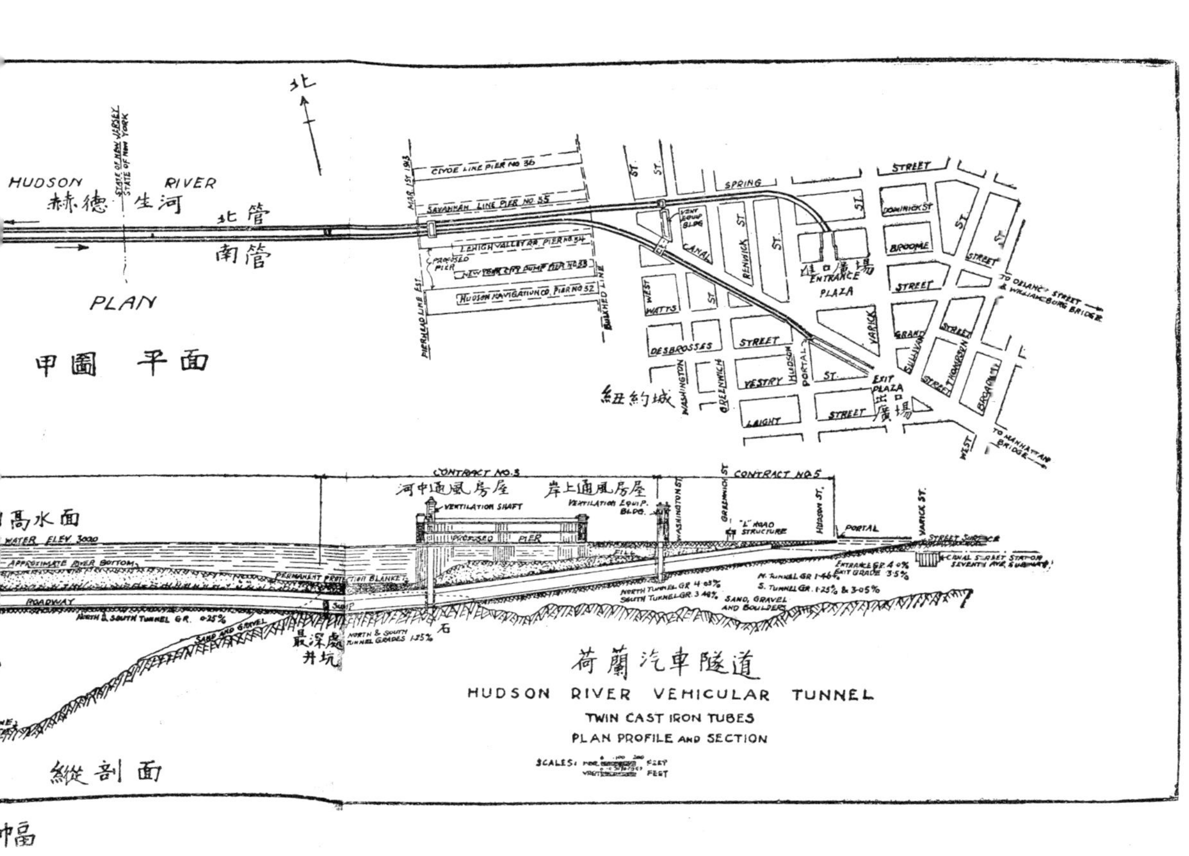

巾畐

荷蘭汽車隧道
HUDSON RIVER VEHICULAR TUNNEL
SECTION IN ROCK
石中橫截面
乙圖
SECTION IN EARTH
泥中橫截面
甲圖
AIR
DUCT
TYPICAL CROSS SECTION OF TUNNEL

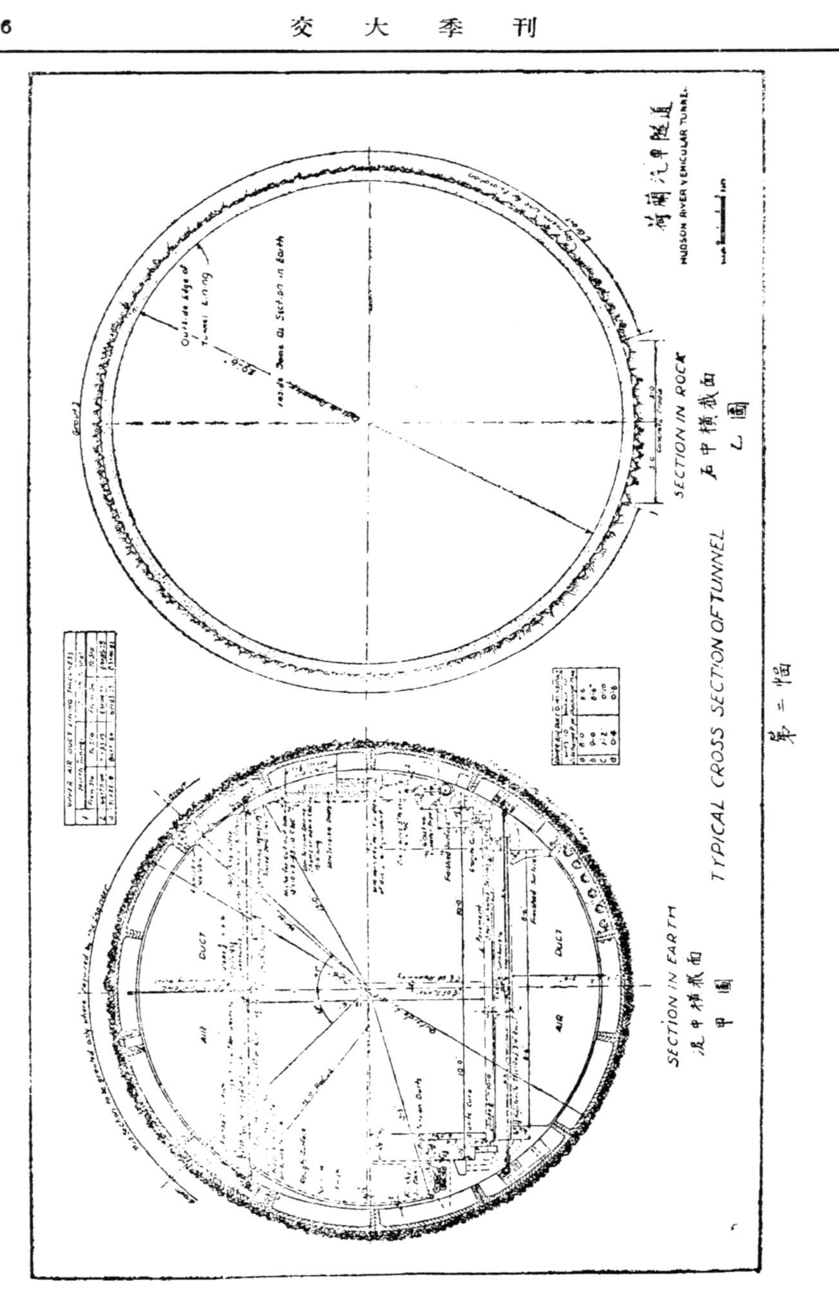

第二幅

兩河河身較狹,費輕易舉。二者滿亨敦,勃羅克林 Brooklyn, 皇后市 Queens 及勃郎克斯 Bronx 同屬大紐約市範圍,事權既一,辦理卽便。惟赫德生河兩岸間除渡船外,殊鮮適當交通方法。赫德生滿亨敦鐵路公司及本薛文尼亞鐵路公司,雖在河下,築有隧道,然祇供客運,旣不運輸貨物,又不通行汽車。

紐約市面熱鬧,人口繁殖,所須飲食物料之供給,隨之而多。每日運貨車輛之橫渡赫德生河者,絡繹不絕。兼之汽車盛行,益增渡船之頻繁。惟江面寬度有限,其如擁塞何?紐約及紐求舍兩省有鑒及此,因於 1913 年各設立橋梁及隧道委員會,共同研究救濟辦法。初擬造橋,因於 1919 年確定建築隧道。其確定理由,請進而述之:

隧道能使兩省間交通,繼續不斷。以免渡船守候之弊,過河時間,於焉縮短。運貨汽車運費減少,間接降低市民生活費用,公衆可以獲益。此其一。

隧道交通,不如渡船之須受冰霧阻礙,行旅安全。此其二。

旣有隧道,渡船可以減少。河道之擁擠,遂得救濟。商船來往,因此便利。此其三。

一旦鐵路發生罷工或其他不測事件,隧道運輸便捷,紐約之飲食物料,不致斷絕接濟。此其四。

隧道附近地產,因交通便利,價格提高,市庫稅收亦因而增加。此其五。

汽車行經隧道繳納車捐,預計二十年之後,收入當爲建築費之三倍。事屬有利可圖,何樂不爲。此其六。

於必要時,調動軍隊,運輸軍需,進出紐約,可通行無阻,不如橋樑之易被敵人炸毁。此其七。

建築隧道之議,贊成者固多,反對者亦屬不少。曾任吾國鐵道部顧問之橋梁工程師懷特爾博士 J. A. L. Waddell 當時爲文載之美國土木工程師會雜誌,力陳其不可。謂爲美國陸軍部規定造橋於赫德生河上,其橋身須在水面上一百八十呎。造隧道於河下,須在水面下九十呎。應用橋梁，須多升降此九十呎相差數。鐵道公司志在獲利，惟行車時間之是省，減少原動力之是務，其建築隧道也固宜。至若行駛汽車，以取娛樂，都喜在陽光之下。時間與汽油非所深較。汽車隧道於事實上不合宜。

再懷氏搜集材料，編製統計，謂爲在同一車輛容量情形之下，橋梁除在上下橋堍 approch 須多佔地畝不計外，其建築費較隧道低廉。並斷定建築所省之費較其所須多佔地畝之價爲大。汽車隧道於事實上不經濟。

此外火車行駛赫德生河下隧道，應用電力，無廢氣排洩，妨害乘客衛生。汽車隧道則不然。汽車所放廢氣，內含炭養一氣，傷害身體，莫此爲甚。通風問題，迄今尚無法解決。汽車隧道於事實上不衛生。

懷氏列此不合宜不經濟不衛生三大理由後，建議在適當地點，造兩座通行汽車橋梁。否則預料隧道造成之後，必改行電車，或裝置繼續電氣運輸具 Continuous Electric Conveyor，將汽車運過隧道。於斯時也，汽車停止自動。

兩省當局，未爲懷氏議論所動。意者隧道建築費用雖貴，然有數值可計。至在繁盛地方如紐約南市，少佔地畝，以供商店或其他之需，此其價值，乃非金錢可得而計。最近在紐約方面，於隧道之上建築碼頭，卽可爲此說之一證。

惟據荷蘭隧道管理局副局長達維思A. C. Davis君所述，當時對於通風問題，雖認爲有法解決，惟無十分把握之可言。隧道工程師邁勇前進，卒將通風問題圓滿解决，令人欽佩，曷可言喻。懷氏言雖不中，然老成持重，亦未可厚非。

四　計劃之要點

凡從事偉大工程，必先確定要素，以爲計劃之標準。建築荷蘭隧道，亦未能逃此例外。要素維何？一曰分配車輛，免除擁擠。二曰投資建築，祇須應付事實上之需要，不必顧及甚遠之將來。

隧道管數 爲欲實現上述兩項要素起見，依據赫德生河對河渡船每年所運車輛增加率，估計未來之車輛數目如下：

1924 年（原定隧道於此時完成）……5,610,000

1935 年……………………………………13,800,000

1937 年……………………………………15,700,000

1943 年……………………………………22,300,000

每管行駛兩排車輛，每小時能行車一千九百輛，是爲隧道之能量。惟車輛常不能繼續不絕。其多少每因時而異。晨間八時至九時，紐求舍人士至紐約辦事，下午四時至五時返家，斯時行車極忙。平時不如此多。午夜後二時至清晨六時，車輛極稀。星期暇日，紐約人士離城作郊外之遊，車輛情形，忙碌非凡。再有一點須注意者，卽在某方向車行忙時，其對方極閒，以故假定隧道之實際能量，等於百分之五十，卽每小時行車九百五十輛，全年共爲8,322,000輛。根據此數，如造一管，則於落成時，卽將滿其能量，非計之得。如造兩管，則能容 1937 年之車輛數目。如造三管，則能容 1943 年之車輛數目，惟街道擁擠至不能應付。且其建築費與兩管比較相差之數，加之以歷年利息，至 1937 年，足敷再造兩管之需。建築雙管，於焉確定。現在隧道行車數目與當初估計情形，無大出入，刻正規劃建築第二汽車隧道於三十八街口。

進出口廣場 汽車在隧道內行駛，可以魚貫不絕。其在街道也，則不然。依照行車號誌，時則在縱街上之車輛暢行無阻，而在橫街上之車輛須停。時則反是。卽此可知車輛忙時，出入隧道，不能繼續不斷。其入也，時或擁塞不堪，時或闃無一車。其出也，時或前進無阻，時或須稍停留。此種鞦韆式之車輛出入，每不能盡隧道之能量。因於出入口設置廣場，供車輛短時間屯集之需，其效用等於蓄水池。雨水多時，積蓄池中，旱時逐漸放出。

高度及寬度 路面與天面間之距離爲十三呎六吋。路面寬二十呎。此項距離當時將過河車輛之高度及寬度,實地測量而定。惟此項路面寬度,近頃通用二十二呎,在三十八街口之新隧道,將行加闊。

車輛重量 當計劃時,假定兩輛二十四噸四輪運貨汽車並行,或一輛三十噸四輪運貨汽車獨行管內。此項重量供計算路面之厚薄及支撑路面工字形鋼梁之强弱。至生鐵弓圈外殼及混凝土內表之厚薄,則參照赫德生滿亨敦鐵路公司及本辟文尼亞鐵路公司之隧道而定,並無公式可以依據。

五 荷蘭隧道建築方法

荷蘭隧道自 1920 年破土開工,迄 1927 年完成通車,歷時八載,前後招標,凡三十餘次。在建築期內,第一總工程師荷蘭君及第二總工程師 M. H. Freeman 費禮門君相繼病世。至第三總工程師 Ole Singstad 申斯泰君告竣。後者現在港務處任隧道顧問總工程師。其當時建築情形請申述之。

測量及鑽洞 第一步工作,先在高房之頂,設立基點,應用三角方法,測量地形,繪製地圖。並在河下及地下分別鑽洞,以定地質,藉供計劃及建築時之參考。

穿鑿隧道方法之選擇 在街道下建築地道,都用明掘法。先自地面掘下至適當深度,然後上蓋木板,恢復交通,下面建築地道。

至在河下建築隧道,通用明溝法 Open Trench Method 及盾牌法 Shield Method 兩種。明溝法將河道分段建築圍堰,水用幫浦汲出。然後挖掘至適當深度,建築隧道。其橫截面不如盾牌法之限於圓形,橢圓形可,長方形亦可,以經濟適用爲主。

惟赫德生河每日來往船舶有一千五百餘艘之多,建築圍堰,不免妨礙水上交通。再每年風雨冰霧,至少有兩月之久。在此期間,不能工作。此外紐約方面,在河下有堅石一段,炸石工作,在深處殊形不便有此三因,確定採用盾牌方法。

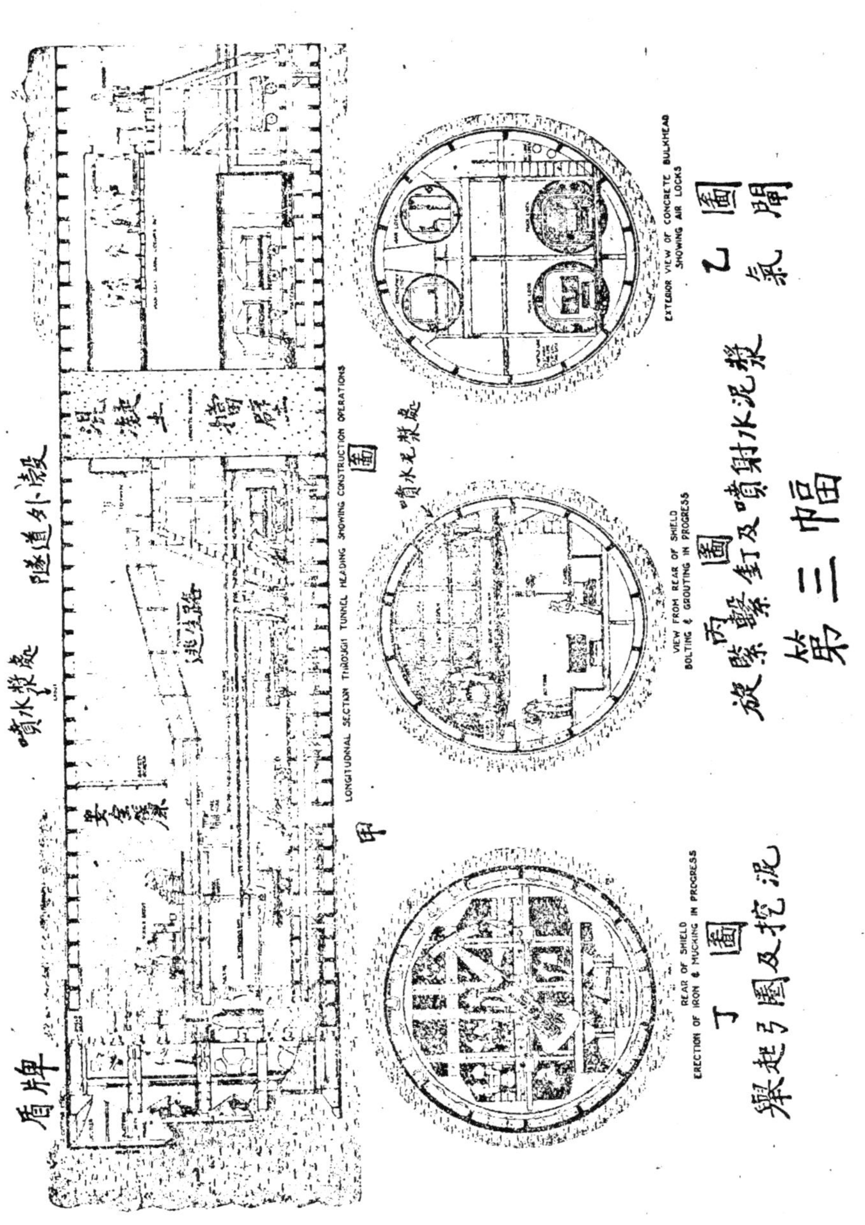
盾牌
噴水漿處
隧道外殼
安全幕
進泥路
混凝土牆壁
甲 圖
LONGITUDINAL SECTION THROUGH TUNNEL HEADING SHOWING CONSTRUCTION OPERATIONS
REAR OF SHIELD
ERECTION OF IRON & MUCKING IN PROGRESS
丁 圖
舉起弓圈及挖泥
噴水泥漿處
VIEW FROM REAR OF SHIELD
BOLTING & GROUTING IN PROGRESS
丙 圖
旋緊螺釘及噴射水泥漿
EXTERIOR VIEW OF CONCRETE BULKHEAD
SHOWING AIR LOCKS
乙 圖
氣 閘
第 三 幅

盾牌概述 所謂盾牌也者,一鋼管而已,取其足資庇護故名。第三幅甲圖左端卽是。建築荷蘭隧道所用之盾牌,外直徑爲三十呎二吋,較隧道之直徑大八吋。長十六呎四吋。其於隧道也,彷彿測量儀器千里鏡上之帽。前端上部突出二呎有半,掩護工人在下工作。後部周圍裝置直徑十吋之推進機Jacks凡三十具。機之一端,依着生鐵弓圈,藉水之力,可將盾牌推向前進。推力共計有六千噸。再後有舉起器Erector一具,如第三圖甲丁兩圖所示。藉水之力,舉起弓圈至適當高度。應用槃釘,將毗連之弓圈相接。盾牌本身及其附屬器具共重約四百噸,盾牌方法建築隧道,於1818年,爲法人勃羅乃爾Marc Isambard Brunell所發明。初用於倫敦,建築泰晤士河下隧道,惟不用壓氣。經逐漸改進,迄今設備周密。

進出道Shaft 於穿鑿隧道之前,先建築進出道,以供材料及工人進出之用。每管於紐約及紐求舍方面,各建岸上進出道及河中進出道一。合計凡八。此項進出道用夾層鋼板築成,形如直立箱櫃採用壓氣 Compressed Air方法,將箱櫃沉下。卽利用壓氣壓力,逐出箱櫃下端工作房中之水,以便挖去泥沙。到達堅石時,用混凝土封塞,水遂無由得入。箱櫃愈向下沉,所須壓氣壓力亦愈大。夾層中逐漸充實混凝土,以增加重量而抵抗壓氣之上浮力。紐求舍河中進出道,因離堅石太遠,支撑於鋼管之上。鋼管之內,滿儲混凝土以增强。參閱第一幅乙圖,可知其大概。在箱櫃東西兩壁各有一圓形臨時擋壁 Bulkhead, 以便將來移去之後,盾牌可以穿過。箱櫃之上,於隧道穿鑿完竣之後,卽建造房屋,裝置通風機械。

穿鑿隧道 先在岸上進出道內,安置盾牌,上建頂蓋,裝置氣閘 Air Locks, 通入壓氣。然後移去箱櫃近河一邊之臨時擋壁,開始穿鑿隧道。一俟盾牌離進出道稍遠,於隧道之內,建築混凝土擋壁移去進出道內之頂蓋及氣閘。混凝土擋壁厚凡十呎,置備氣閘共四,如第三幅甲乙兩圖所示。上兩閘供工人進出之用,一用於平時一用於不測之時。不測氣閘之不同於平時氣閘,在其中空氣壓力常等於盾牌內之空氣壓力,以便一有不測,工人隨時可以開門逃出。下兩閘供取出泥沙及輸入建築材料之用。

工人及材料之進出氣閘,極似船舶之經過水閘。其入盾牌也先開氣閘進門,斯時門內之氣壓與外面相同。既入之後,將門關閉,開壓氣管活塞,迄氣壓表所示壓力,與盾牌內相等,然後開他端之門而入。其出盾牌也,先使氣閘內之氣壓,與盾牌內相等,開門至氣閘。門關,使氣閘內之壓力,與外面同,開他端之門而出。

礦工及深海潛水者之工作,穿鑿隧道工人實兼而有之。其如礦工也,應知如何炸石挖泥,然缺乏如礦工之有堅石遮護。其如深海潛水者,須具有强固之體魄及壓氣之智識,然缺乏如潛水者之有盔甲掩蓋。

此種穿鑿隧道工作之可能,全賴壓氣之效用。水之壓力,如物理學所講,每深一呎,每方吋卽增加零點四三磅。在水面下一百呎,每方吋之壓力,較水面上大四十三磅。壓氣之壓力,至少與是數相等,方可將水擠出盾牌。工人工作其中,卽受若大壓力。壓氣從岸上氣壓機 Air Compressor, 經過鐵管引入,如第三幅甲乙兩圖所示。工人生命,盡繫於此。爲防不測起見,氣壓機之原動力,由兩獨立電纜供給。

如壓氣之壓力不足,或壓力過强,足使氣噴上升,及於水面,水及泥漿卽時射入,其速度常超過槍彈。如觸及工人,則瞬息間生命危殆。否則工人尙可沿不測之路逃生,如第四幅甲圖所示,緣此路後有安全簾,遮攔洪水,不致頃刻氾濫全管故也。

穿鑿時,挖泥者立在盾牌前端,手執斧鏟。如遇堅石,則用鑽及炸藥。盾牌每次推進兩呎有半,適等於弓圈之長度。推進時前端之門稍啓,約讓百分之三十泥沙入內,餘向四周擠開。裝泥入車,經過輕便鐵道,輸送至進出道,用升降機吊出,另行處置。同時在後部舉起弓圈,應用螺釘連接。盾牌前移,弓圈與泥沙間之空隙,用水泥黃沙漿塡滿。其比例爲一份水泥,一份黃沙。每個弓圈之上,鑽有直徑一吋半之螺旋孔一,如第四幅上圖所示。水泥及黃沙在機器內混合後,藉高壓空氣之力,經過螺旋孔,噴至弓圈之外,如第三幅甲丙兩圖所示。如隧道穿過堅石,則所噴水泥漿須厚九吋,如第二幅乙圖所示。

鑄造弓圈之生鐵係屬柔韌生鐵Gray Iron。所含燐質不過千分之六,硫質不過千分之十二。鑄成直徑一吋又四分之一,長十五吋之鐵棒,用十二吋跨度,作撓屈試驗,須能受力三千磅於跨度之中心點。在折斷前之灣度,至少爲十分之一吋。弓圈於離翻砂廠前須塗瀝青作爲護層。另在機器上,將凸緣切磋,使面光而準,並塗以白鉛及油脂之混合物。凸緣外邊,於澆鑄時,備有槽縫,闊一吋又四分之一,深約八分之一吋。此項接筍處之槽縫,於弓圈裝置之後,卽用鉛膠密,使不漏水。

隧道與通風房屋接連處,係屬固定性質,應用鋼鑄弓圈,以資堅固。其厚薄大小,與生鐵弓圈同。製造繫釘之鋼,在彈性點時,須具有每方吋八萬五千磅之强力。最大抵抗力須爲每方吋十一萬磅。旋緊時所用之力,每方吋須等於二萬五千磅。繫釘四周,最易漏水,須嵌以麻絲及紅鉛。

穿鑿隧道至岸上進出道及河中進出道之中間後,建築第二混凝土擋壁,將第一混凝土擋壁毀去,以省壓氣。如此前進,穿越河中進出道後,再造第三混凝土擋壁,將第二擋壁毀去。以後人及材料之出入,經過河中進出道。斯時岸上進出道及河中進出道之間,無壓氣束縛,可進行混凝土內表工作。

穿鑿隧道工作,每管由兩岸相向進行,定於離紐約河中進出道六百呎處相遇。此處地質,係屬石層。在相遇之先,築一小道,溝通兩盾牌,然後用火藥炸石。盾牌之下,安置混凝土架子,架上再裝鋼軌。盾牌卽在鋼軌上推進,兩盾牌相遇之後,卽永埋於河下。穿鑿隧道,經年累月,無晝夜,無寒暑。於泥沙中,每日進行約十五呎,遇堅石時,則每日進行在三呎左右。一旦豁然貫通,可稱千里來龍,至此結

荷蘭汽車隧道
HUDSON RIVER VEHICULAR TUNNEL
TUNNEL RING
INSIDE VIEW
SCREW GROUT PLUG
HIGH TENSILE STEEL BOLT & NUT
INSIDE VIEW OF KEY
SECTION A-A
B-Segment
A-Segment
Machined
生鐵子圈詳圖
DETAILS OF CAST IRON RING

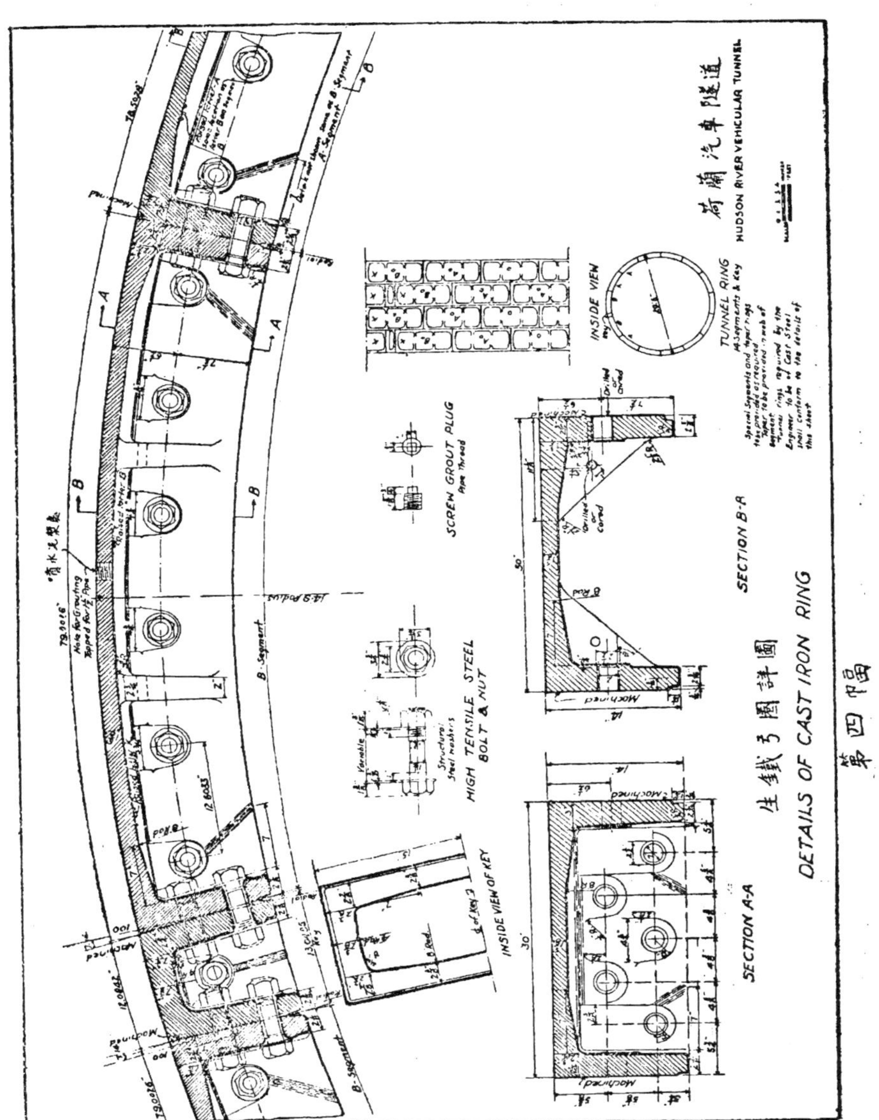

第四幅

穴。測量者之謹慎將事,絲毫不爽,可想而知。其自岸上進出道至隧道進出口處之地道,則用明掘法建築,前已略言之矣。

此外尚有數點堪注意者:爲防止漏氣起見,如河底在平均高水面五十五呎以下,則於穿鑿隧道之前,將河底蓋厚,至此高度,如第五幅各圖所示。此其一。爲平衡計,隧道之重量,須等於所佔據泥沙體積之重量。於穿鑿時,混凝土內表及路面等,未經建置,重量稍輕。以致盾牌前進,隧道上升,有改變預定坡度之虞。旋於隧道之內放入多量泥沙,藉增重量,斯患以弭。此其二。

第三,工人在壓氣中工作,因辛苦異常,法律保護至密。須先經醫生檢驗身體,確定是否適合此項工作。工作時,醫生隨時注意。紐約市政府規定氣壓至每方吋十八磅時,每日工作六小時,分兩次中間休息半小時。壓力增高,工作時間減少,休息時間延長。壓力至每方吋四十八磅時,每日工作一小時,分兩次,中間休息六小時。在壓氣中過多之淡氣,每易潛入人生血液。如工人回至平常空氣中太驟,氣泡集於關節,發生屈筋症,以故離盾牌時,須在氣閘中逐漸減低壓力,直至與外面氣壓相等,爲時有長至半小時者。穿鑿隧道工人,開自始至終,未有一人死傷,亦云幸矣!

六　通風方法及其設備

前乎荷蘭隧道而建築者,有黑井 Blackwell,勞善蘭德 Rotherhithe,格蘭斯哥港 Glasgow Harbour 及愛爾勃 Elbe 河等隧道。

黑井隧道乃一單管隧道,建築於倫敦泰唔士河下,於 1897 年完成。直徑二十七呎,路面寬十六呎,供兩排汽車反向而行,兩旁有人行道。全長四千四百六十五呎,河下部分長一千二百二十一呎。當時設置四露天通氣道 Open Shaft。自後汽車盛行,至 1921 年裝置打風機器,輸送空氣,經過路面之下,至隧道中間,散佈路面之上,由附近通氣道上升而出。近有進而添置抽風機器之議。

勞善蘭德隧道,亦在倫敦泰唔士河下,於 1908 年通車。全長四

TYPICAL CROSS SECTION
橫截面
荷蘭汽車隧道
HUDSON RIVER VEHICULAR TUNNEL
增厚河底圖
PERMANENT BLANKET
NEAR NEW YORK PIERHEAD LINE
縱剖面
PROFILE
PLAN
平面

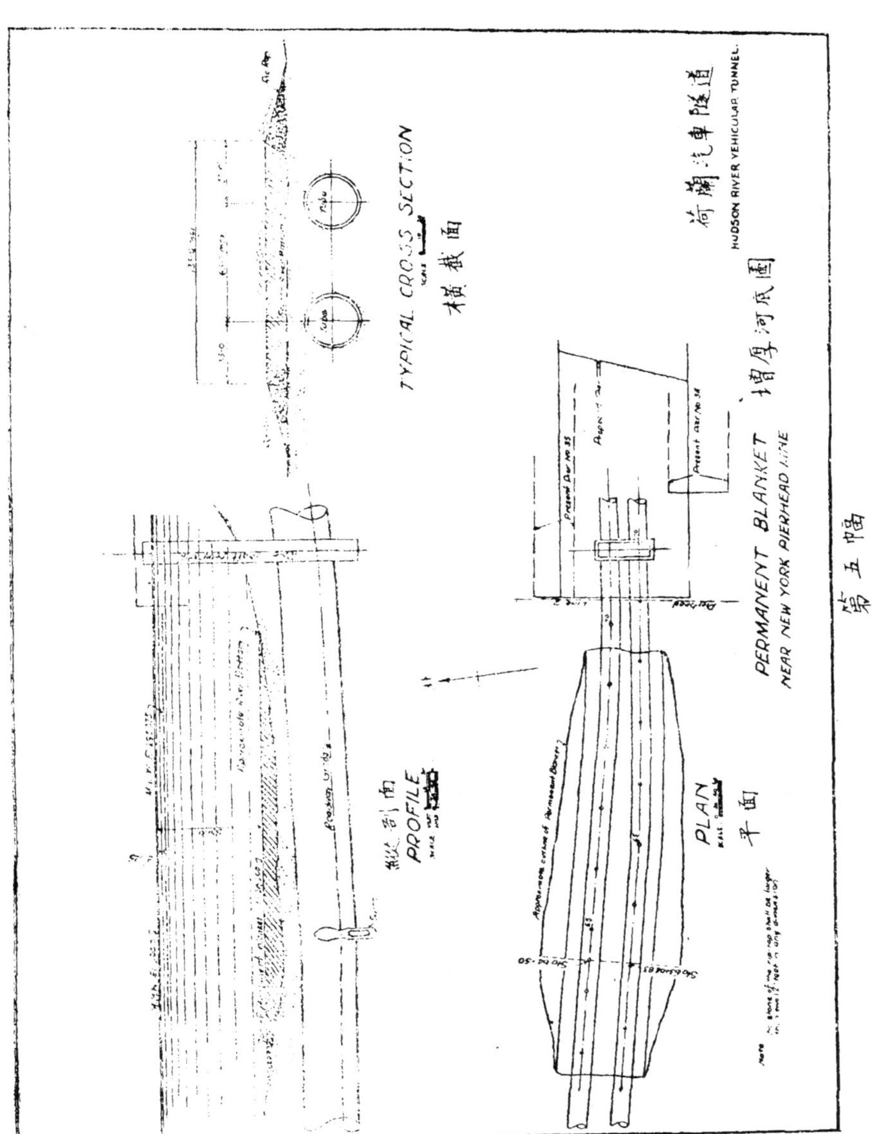

第五幅

千九百三十呎，河下部分長一千五百七十呎，直徑三十呎。其佈置情形及擬進而裝置通風設備，與黑井隧道相同。

格蘭斯哥港隧道在英國格蘭斯哥，於 1895 年落成，共有三管。直徑十七呎，長八百呎。兩管供車輛之用，路面全平，進出口置備升降機，以上下車輛。中間一管，供行人之用，進出口路面傾斜不用升降機。並無通風設備。

愛爾勃河隧道，在德國漢堡，乃一雙管隧道，於 1910 年通車。直徑十九呎八吋。路面寬六呎，一排車輛行駛，兩旁為人行道。長一千四百七十一呎，路面全平，車輛行人，用升降機上下。行人多而車輛少，天然通風已足，無須機械設備。

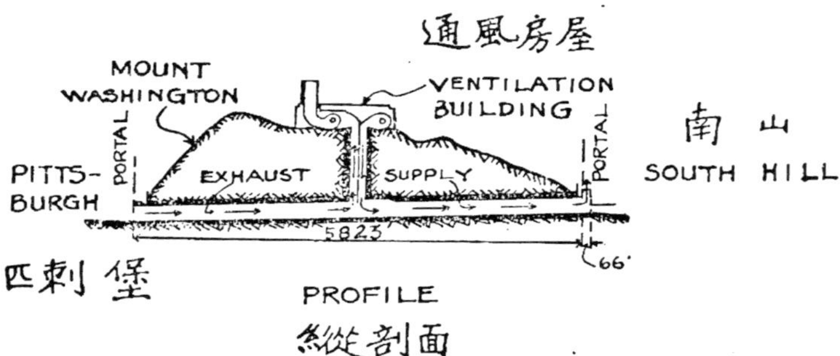

第六圖　LIBERTY TUNNEL 自由隧道空氣隨車行方向流動

與荷蘭隧道同時建築者，有匹刺堡 Pittsburgh 之自由隧道 Liberty Tunnel，亦屬雙管，惟穿鑿山岩，而非經過河下。於 1924 年落成。橫截面作半圓形。路面寬二十一呎。長五千八百二十三呎。每管容納兩排車輛在同一方向行駛。其通風方法如第六圖所示。即於通氣道之上，建築房屋，裝置通風機械。由隧道進口處至中間之溷濁空氣，用抽風機經過通氣道左邊吸出，外面新鮮空氣，隨後引入，同時用打風機將新鮮空氣經過通氣道右邊，吹入隧道，連同溷濁空氣，向出口處而出。為避免逆風阻礙隧道通風起見，於出口前六十六呎處，建築高牆以防止之。

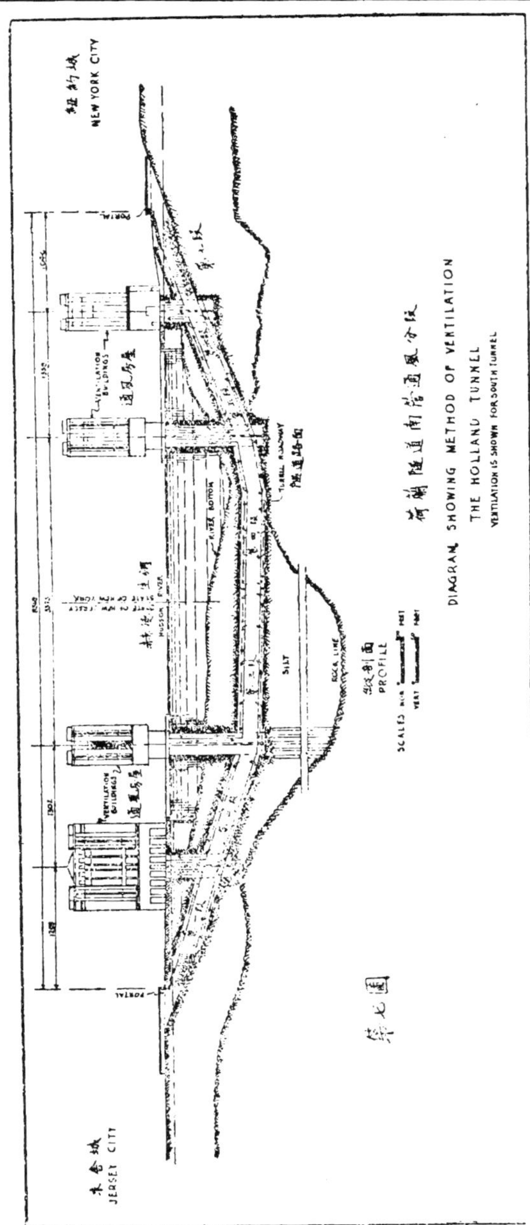

第七圖

自由隧道之縱長通風方法,結果尙稱滿意。惟空氣行動,缺乏控制。吸出空氣之百分之四十三,經通吹風機再入隧道。其弊一。如用於極長隧道,則空氣流動太速,不利行車。其弊二。通風之距離太長,耗費電力極多。其弊三。如一車發生火險,每易蔓延及於前面車輛。其弊四。

荷蘭隧道之通風方法。 前乎此造者,於通風問題,或缺乏機械設備,或因陋就簡,無可參考之處。同乎其時而先行落成者,雖有機械設備,然方法未盡完善,不能倣行。窮則變,變則通。空前利後之橫越通風方法,於焉產生。

其法在紐約及紐求舍進出道上,建造房屋,裝置通風設備。分隧道爲七段,如第七圖所示。就南管而言,自進口處至求舍城岸上房屋爲第一段。自求舍城岸上房屋至河中房屋爲第二段。以上兩段通風屬於求舍城岸上房屋範圍。第三段起自求舍城河中房屋至河之中間。其通風屬於求舍城河中房屋範圍。第四段起自河之中間至紐約河中房屋。第五段起自紐約河中房屋至河中房屋與岸上房屋之中間。以上第四第五兩段通風，屬於紐約河中房屋範圍。自該兩屋之中間至紐約之岸上房屋爲第六段。自紐約岸上房屋至出口爲第七段。以上第六第七兩段通風，屬於紐約岸上房屋範圍。汽車下駛所放廢氣較上駛爲少，以故自求舍城進口處至河之中

第八圖　紐約岸上通風房屋

第九圖　紐約河中通風房屋

間分爲三段。自河之中間至紐約出口處。分成四段。每段於路面之下及天面之上，築壁相隔。

路面兩旁側石之上。建置風門亘隧道之全長。每隔十呎至十五呎有通衢接連路面之下。天面之上，每隔十呎至十五呎，建築窗孔凡二。第一幅丙圖示其大概。風門與窗孔之大小均可變動，以控制空氣進出之多寡。打風機吹風至路面之下，入通衢，出風門，稀淡隧道內之廢氣，然後經過天面上之窗孔，由抽風機吸出。

第八圖表示紐約岸上通風房屋。第九圖紐約河中通風房屋。新鮮通氣之入通風房屋也，經過鐵絲玻璃窗孔。外裝銅絲格以保護之，並防飛鳥之入內。此項玻璃下部向外傾斜，其傾斜角度，以阻礙空氣進道最小爲目標。溷濁空氣之出通風房屋也，在四角突出之處，如圖所示。新鮮空氣之進道在下，溷濁空氣之出道在上，相隔約二十呎無相混之弊。第六幅示其詳情。

此項通風制度有特點凡六，請申述之。亘隧道之全長，無處不有新鮮空氣之供給，此其一。各處新鮮空氣之供給，或溷濁空氣之排洩，均可隨意控制，此其二。空氣在隧道中上下流動，無不愉快或危險之速度，此其三。隧道內之通風，不受外面風吹影響，此其四。溷濁空氣可及時稀淡排洩，此其五。於發生火險時，烟霧可迅速排洩，免除蔓延，此其六。

汽車廢氣之質量分析　通風方法雖定，然欲規劃機械之器量，第一須知廢氣之質及量，第二須知廢氣稀淡至若何程度，方不至傷害人身。廢氣之質量，委託匹剌堡美國採礦局分析。研究時，其車輛行駛情形以及坡度等，與荷蘭隧道之實際狀況相符。所得結果如下：廢氣之主要成分爲炭養二 CO_2，炭養一 CO，輕氣 H，炭輕四 CH_4 及淡氣 N。炭養一佔百分之六・八。炭養二佔百分之八・四。掰斯林Gosoline之熱力，祇達百分之六十七，餘百分之三十三因燃燒未全而廢棄。

廢氣之影響生理　廢氣中之惟一有害人身者，爲炭養一氣。其影響生理之現象，厥爲頭痛。如爲量稀薄，或呼吸其中時間較短，不致引起頭痛，認爲無害。試驗時，人在空氣中一小時，內含炭養一

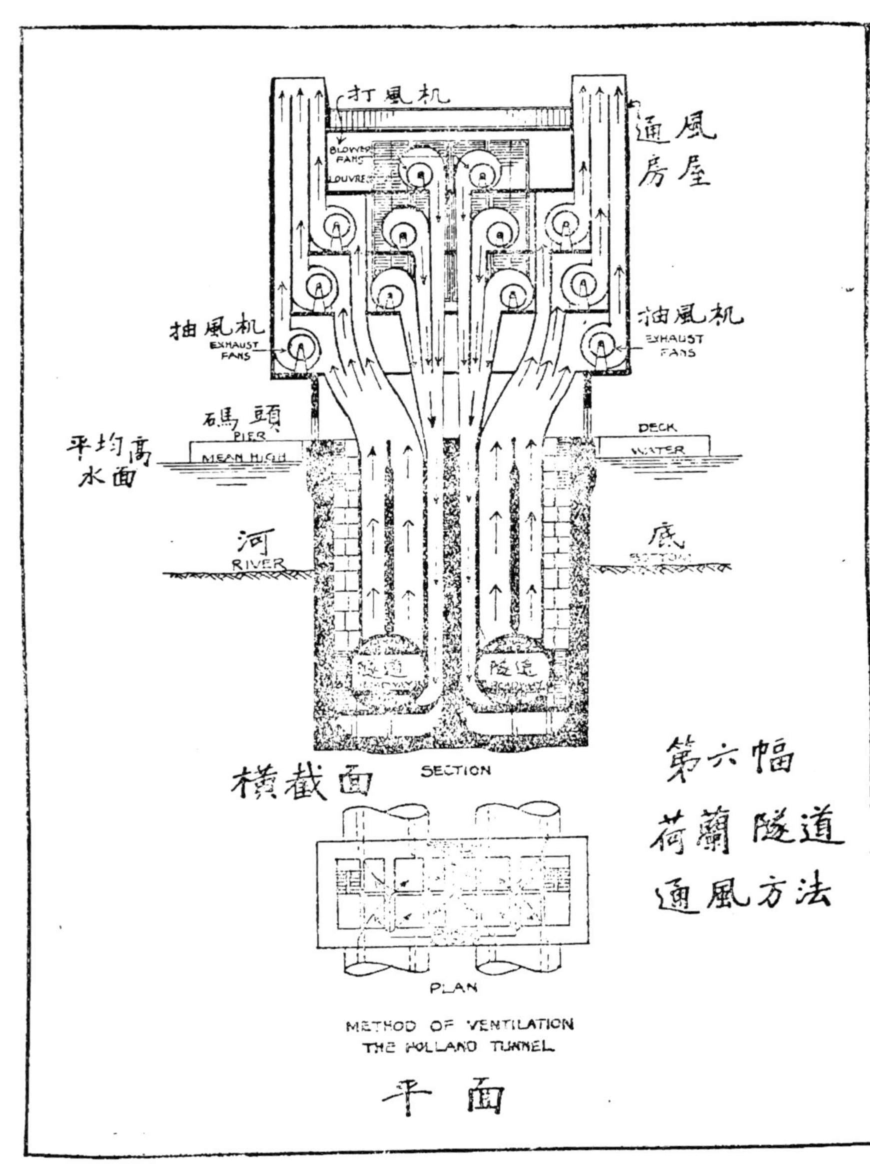

METHOD OF VENTILATION THE HOLLAND TUNNEL

第六幅 荷蘭隧道通風方法

氣萬分之四時,不覺頭痛。加至萬分之六時,影響極小。至萬分之八時,覺頭痛不愉快者,凡數小時。因定空氣中含有萬分之四之炭養一氣,爲供給新鮮空氣稀淡廢氣之標準。

新鮮空氣之需要量 依據上述研究結果,假定車輛之數目及其種類,每分鐘每呎隧道所需要之新鮮空氣量如下:

上坡 Up Grade……………………………二百九十五立方呎

平地 Level Grade……………………………二百二十五立方呎

下坡 Down Grode ……………………………一百二十五立方呎

由其長度及坡度,每段每分鐘所需要之新鮮空氣量,可以計算。總

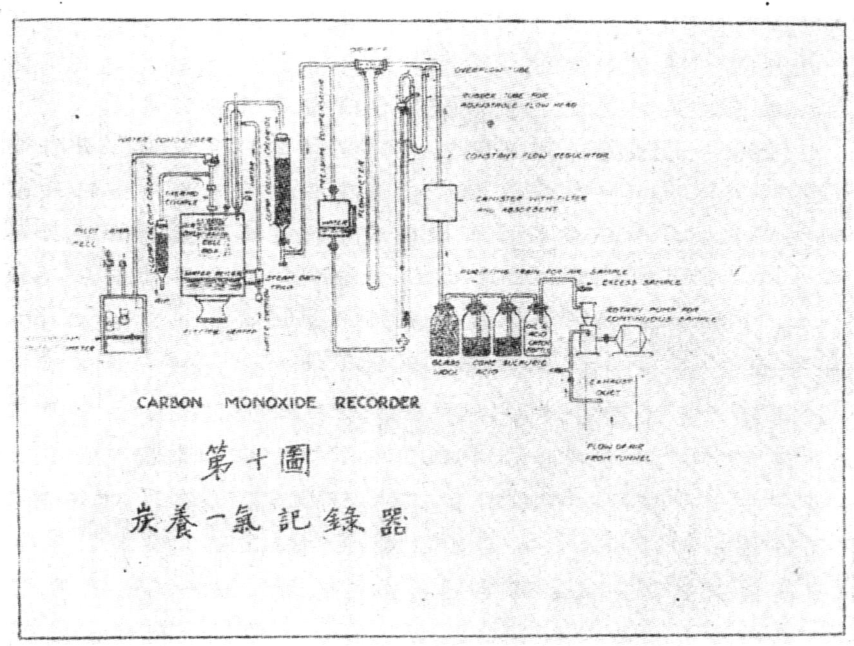

第十圖
炭養一氣記錄器

計全隧道每分鐘需要新鮮空氣三百七十六萬立方呎,約一千四百噸。以此而計,每小時更換空氣四十二次。

機器設備 每段設置打風機及抽風機各三座。每管七段,兩

管十四段,共計通風機八十四座。此項機械由博士登 Boston 施斗德文公司 B.F. Sturtevant CO. 供給,係後向曲葉式 Backwerd Curved Blade Type。最大之打風機每分鐘能供給新鮮空氣二十一萬八千立方呎。最小者八萬一千立方呎。最大之抽風機每分鐘能排洩溷濁空氣二十二萬七千立方呎,最小者八萬四千五百立方呎。一座打風機一座抽風機,成為一套,連帶應用。可有五種不同速度,隨隧道之情形,而異其運用。車輛最忙時,每段應用兩套通風機已足。第三套作為預備之需。

通風機械應用三向式交流電機,裝置鍊鏈,作為傳力之具。全部電機需要馬工力六千匹。三分之二應用,三分之一預備。此項電力由紐約及紐求舍兩公司供給,以昭公允。每公司用三獨立電纜饋電,每纜足供全隧道之需要而有餘。顧慮周密,可以想見。

炭養一記錄器　在通風房屋內,裝置炭養一記錄器,分析每段隧道中之炭養一氣數量。其設備如第十圖所示。應用旋轉式幫浦將溷濁空氣吹入解析器,經過硫酸,使之乾燥,並排除雜質。次經過 Canister with Filter and Absorbent, 排除對於促進養化劑 Catalyst 有關係之氣質,惟空氣與炭養一氣可以通過。經過嘴管流表 Orifice Flow Meter, 以固定氣之流動速度。經過鈣綠二 $CaCl_2$ 排除剩餘水汽。再經過水蒸汽箱,將空氣熱至攝氏一百度。箱中之壓力與外面相等。最後經過促進養化劑名 Hopcalite, 炭養一氣與空氣中之養氣,發生化學作用後,變成炭養二氣。斯時熱度增高, Thermocouple 之電極差以升,傳至中央管理室,自動印於格紙之上。縱綫表示時間,橫綫表示炭養一氣在萬分空氣中之數量。炭養一氣至預定限制時,電鈴聲響,引起管理員之注意。因而加開通風機,或用高速度,供給多量空氣。此項記錄器所記之炭養一氣,較之隧道內實在情形遲後約兩分鐘。

通風結果　自 1927 年通車以來,荷蘭隧道通風結果,殊屬滿意。曾有人謂隧道內之空氣較街道上為佳。當時雖定空氣中萬分之四炭養一氣,爲稀淡標準,嗣改爲萬分之二·五,因有時烟霧塞息,令人不快故也。車在隧道內行駛,引起空氣沿縱長方向流動。當每管每小時行車千輛時,空氣速度爲每小時十哩,車行速度以每小時三十哩爲限制。此項空氣流動於進口處引入新鮮空氣,輔助通風。然此僅限於近進口處之一半隧道,其他一半無多影響。

七 給水及洩水之設備

給水 給水隧道,藉以洒掃路面及兩壁磁磚,並供救火之需。在紐約及紐求舍岸上通風房屋內,裝置增壓水幫浦Booster Pump各二,係離心力橫臥式,器量各爲每分鐘三百加侖。水由紐約及紐求舍兩城供給,壓力爲每方吋四十五磅。從六吋水管,汲水入筒Tank,壓力增至每方吋一百十五磅。然後再用六吋水管,分配全隧道,以供應用。中間並用橫管接通南北兩隧道中之水管。

此項幫浦全係自動,水表接連電氣開關。水壓力保持在每方吋一百十五磅。低於此數時,電氣機關閉而幫浦動,高於此數時,機關開而幫浦停。

洩水 天雨時,雨水由進口處流入隧道。洒掃路面及兩壁磁磚,污水甚多。再建築隧道時,雖經極端注意,防制漏水,然仍不免有小孔滲入之處。爲排洩此項雨水,污水及漏水起見,於四通風房屋內,及隧道最深處如第一幅乙圖所示,建築井坑 Sump, 裝置幫浦。於兩岸上通風房屋內,各置每分鐘能汲水五百加侖之幫浦四。於兩河中通風房屋內,各置每分鐘能汲水一百加侖之幫浦四。於最深井坑內裝置每分鐘能汲水一千加侖之幫浦二,五十加侖之幫浦一。除五十加侖幫浦係往復式外,餘均爲橫臥離心力式。所汲出之水,經過河中通風房屋,放入河中。

此項幫浦因浮標Float作用,全係自動。坑中水面至某高度時,電氣機關閉而幫浦動。水面如繼長增高,第一幫浦不能應付時,第二幫浦因浮標作用亦開。水面降低時,則浮標沉下,電氣機關開而幫浦停。

八 隧道管理局之組織及職務

荷蘭隧道管理局本屬紐約及紐求舍兩省橋梁及隧道委員會直轄,去年春撥歸紐約港務處接管。茲將其組織及職務,分誌如下:

一. 局長管理全局事務。

二. 副局長襄助局長行事。

三. 秘書職掌文牘及報告事宜。

四. 收捐課職在徵收車捐。

五. 警務課職在便捷行車。

六. 建築護養課職在護養隧道及房屋等建築,大都係土木工程事務。

七. 機械運用課職在運用及護養機器,大都係電機及機械工程事務。

徵收車捐至存儲銀行之經過手續如下:

收捐員 汽車入隧道之先,經過捐卡,照車之種類納捐,或繳預購之捐票。收捐員在錢款登記機上,記錄車之種類及錢款數目,同時是日車輛行經隧道之接續數目,該收捐員所經手之車輛數目,及各種車輛數目,均自動登記。然後將收據交給駕車員。於其工作完竣之時,將車輛數目及所收現款等,填單三份報告副官Lieutenant。

警察 警察於汽車進隧道時收票。每隔一小時,將所收之票,交驗收員Teller查驗。

副官 每隔一小時至各錢款登記機上,抄錄錢款數目及車輛數目。於接到收捐員報告之後,較對車輛數目,再用捐率相乘,核對錢款數目,是否符否。然後在報告上簽字,連同現款,一併送交驗收員查核。

驗收員。 將副官交進之各收捐員報告,一一加以核對後簽字。一份送紐約港務處,一份送管理局,一份退還徵收員。所有各報告中之車輛數目及捐款,另行填入總報告,一份送紐約港務處,一份送管理局。各徵收員置放捐款之錢袋,用火漆封固。填存款單三份,一送港務處,一送管理局,一交銀行。然後將所有錢袋封入一大袋之中,預備轉運公司 Trucking CO. 前來搜集,送存銀行。交給轉運公司後,接受收據,以後如有不測,卽由該公由負責。此項轉運公司,備有鐵甲車,由特別訓練人員駕駛。除星期一兩次外,每日搜集一次。每次取費美金五元,每日所收車捐,平均約美金兩萬元。

收捐總辦公處,形如炮台,建築堅固。內有種種機關,防備不測。所有人員,無不佩帶手鎗。

於此有數點足注意者,因附帶及之。不誠實之人,到處皆有。汽車納捐,常有混用劣幣僞鈔情事。以故收捐員須具有鑒別幣鈔能力。所收鈔票如在五元以上,另用所謂證明紙 Identification Paper 者。卽收捐員將所經收鈔票之序數,以及汽車執照號數記在紙上。該鈔票序數亦記在鈔票之上。記錄時,駕車員不知也。如以後鈔票發現僞造,可按號數追究。曾有一次,更因此發現僞造幣廠。手續簡單,收效宏大。此其一。

亦有收捐員從中取巧者。乘人汽車照章納捐五角,常有以五元或十元鈔票兌找。收捐員如見駕車員與車內女友談鋒正健,每裝作所收爲一元鈔票,找半元了事。事後發覺,以致撤職者屢見不鮮。此其二。

更有收捐員與收票員串通舞弊。卽所收之票,交收捐員再用,事後平分利益,蛛絲馬跡,祗患不行,何患不水落而石出。此其三。

收捐課課長所得之經驗,謂爲所用人員以誠實可靠爲開宗明義章第一。年在三十五歲以上而有家室者,較年青無室家者,結果爲佳,屢試不爽。選擇誠實人員,採用嚴密制度,從事監視,使之行必由徑。監視所以成其誠實,非疑而不信之謂也。嘗念凡收入機關一涉舞弊而無澄清辦法，名譽掃地，綱紀蕩然。乃人類之恥，民族之羞也。此其四。

預購車票，須現款交易，毫無折扣，彷彿郵政局之出售郵票。運貨公司等之所以樂於預購者，蓋有故也。汽車運貨出門，可隨駕駛員之意，乘渡船或經行隧道過河。渡船費時多而捐廉。隧道省時而捐貴。如駕駛員以行隧道之捐報告公司，而實乘渡船，其誰能知。以故公司預購車票，交駕駛員應用。結果汽車來往次數，可增加百分之五十。此其五。

警務課 警察驗收車票，巡視隧道及出入口廣場，每日三班人員，每班服務八小時。兩小時在隧道後，調至廣場。再入隧道，再至廣場。所以調劑其空氣及日光也。此外警戒不測事情，如火險之發生，車輛之相撞，建築之受損，行車之不遵定章，以及車輛之失能。

如車輛發生火險，在隧道內之警察，按壁上之鈕，紅燈以顯，後面車輛，停止前進。一方應用隧道內之救火具，撲滅火焰。於改變燈號時，自動傳達於中央管理室，得使管理員改變通風，以適合當時情形。

如車輛失能，則警察立即查明其原因。倘因機件不靈，則報告中央管理室，顯示黃燈。兩排車輛，經警察之指揮，併在慢行排上行駛。小號救險車在快行排上，逆車行方向而入，將失能汽車，拖至失能車場之上。此項救險工作，取費概爲所納車捐之兩倍。如因車胎爆裂而帶有預備胎，小號救險車前來爲之換胎。如車胎爆裂而無預備胎，大號救險車前來，將失能汽車取出。小號救險車用澼斯林，大號救險車用電池爲原動力，各備有應用機件。

建築護養課 其最大任務，在保持隧道常在善良狀態，以利行車。欲保持兩壁磁磚潔白，俾返光匀淨也。將三十磅三鈉燐酸鹹 Trisodium Phosphate 溶於一千加倫水中，應用刷帚，藉壓氣作用，拂擦液體於磚壁之上。此項液體及塵埃，隨後用清水冲洗。清壁工作，每於夜間行之，斯時車輛稀少，併在一排行駛。讓出空位，供清壁車之用。著者午夜前往觀察，見工人栗六工作，謂爲每夜清刷一壁，無間寒暑。

欲隧道路面保持清潔，每星期灑掃一次，亦於夜間行之。每夜灑掃每管路面之一半。灑掃汽車，前有兩圓形鋼絲帚，軸直立，後有一橫軸圓柱形鋼絲帚。前兩帚所掃之塵埃，經後帚接取，瀉入受埃器。

欲隧道之不受損傷，悉心維護。如在紐約方面，去冬於隧道之上，建築碼頭。打樁時，嚴密視察，有無影響。又如求舍城方面，隧道之上，油池漏油，立卽旁掘深井，裝置幫浦，汲出漏油，以免漬入隧道，發生危險。再如隧道在兩河中通風房屋之間，彷彿一固定之梁 Fixed Beam，中間發現移動。此項移動，時常測量，惟爲數甚小，不致影響建築。其移動原因，由於潮水漲落，隧道受力不同所致。

此外修葺房屋，以壯觀瞻，而延長其壽命，亦工程經濟之道也。吾國普通人士，對於工程一經告成，卽認爲可以一勞永逸，無事護養，其實不然。大學云：『富潤屋，德潤身。』然則國人非不知護養建築，或因受窮之影響而有如是見解也。

機器運用課 其工作包括護養及運用通風機器，電機及幫浦。昔日將護養及運用，分由兩課担任。每遇事故發生，護養者委爲運用未得其當，運用者委爲護養未盡其善，各不負責。嗣將該兩項工作，同隸於一課之下，無可推委，效率因而增高。

運用工作，集中於中央管理室。室在管理局五層樓上。其目的在處理行車事務，迅速便利，種種遲延以及傳令錯誤之弊，均可免除。所須人員一管理員一助手兩電話員而已。

室內有炭養一記錄器十四，其結果由通風房屋內炭養一分析器傳達而來，前已言之，茲不復贅。

室內有一中央管理板，圖示隧道內電綫之佈置。板上並有隧道模型，表示通風段落。其全部運用狀况，就指示燈 Pilot Lights 一覽可知。每段之指示燈，集在一處。中有一燈受炭養一記錄器之制裁，表示炭養一氣究在預定標準之上或下。所有電機之停開以及速度之改變,均運用此板上之小規模電氣開關。卽主要電纜之開關。亦在此板上管轄。因此欲供給多量空氣,祇須旋轉板上之開關而已。中央管理室如發生意外則可撥動機關,讓各通風房屋管理。平日則機器雖在通風房屋之內,不得中央管理員之允許,無從着手。

室內另有一板,裝置行車燈模型。紅燈表示車輛停止行駛。綠燈表示通行無阻。黃燈表示兩排車輛併在一排行駛。此項燈號表顯於行車板上,可使管理員及時改變通風而合需要。

此外室內尙裝有Telautograph一具,供傳達消息至局長室及警務課之用。用時將所欲傳達之消息,書於機上,可自動傳至目的地。

九、營業概況

荷蘭隧道建築時,由兩省人民投票决定,其建築等費用應由應用者,直接負担,以故有徵收車捐之舉。捐分九類,列表如下:

一	器器脚踏車	美金0.25元
二	乘人汽車七人爲止	0.50
三	公共汽車	1.00
四	運貨汽車至兩噸爲止	0.50
五	運貨汽車兩噸至五噸	0.75
六	運貨汽車五噸至十噸	1.00
七	Semitrailer 連汽車五噸至十噸	1.25
八	Semitrailer 連汽車十噸至十五噸	1.50
九	車輛須經特別允許駛行者	特價

西方統一電報公司 Western Union, 借用隧道通過電纜,亦付稅捐。其1930年1929年及自隧道落成以來至1930年十二月十一日之總收支及淨餘,臚列如下:

年份	1930	1929	1927年十一月十三日至1930年十二月三十一日
總收	美金6,673,907.80元	6,120,004.61	18,163,999.43
總支	1,609,771.39	1,621,760.30	5,062,481.79
淨餘	5,064,136.41	4,498,244.31	13,101,517.64

1930 年之淨餘較 1929 年增加百分之十二·六。於建築時,估計完成後二十年可收建築費之三倍,卽一萬四千五百萬元。是數似不難達到。

1930 年支出項下,電費爲美金 23,051.21 元,佔總百分之十四·四。每月約計一萬九千元,每日六百元,每小時二元半。

1930 年 1929 年及自隧道完成以來至 1930 年十二月三十一日之車輛總數,表列如下:

年份	1930	1929	1927年十一月十三日至1930年十二月三十一日
車輛數	12,066,777	10,977,910	32,775,761

1930 年之車輛數較 1929 年約增百分之十。當建築時,估計至 1935 年之車輛數,可達 13,800,000。就目下而論,屆時有過之無不及,可以斷言。

1931 年一,二,三,四,五,五個月之車輛總數爲 4,828,910, 較 1930 年同時期增加百分之七。最多一日之車輛數爲 150,000 較從前最多數增加百分之十四。

1930 年各種車輛之總計如下:

乘人汽車	百分之79.5
公共汽車	3.8
運貨汽車兩噸爲止	7.9
運貨汽車兩噸至五噸	5.5
運貨汽車五噸至十噸	2.8
其餘	0.5
	100.0

荷蘭隧道營業概況,逐有進步,然苟不受商業衰落影響,當更可觀。以四千八百四十萬元之資本而年有五百萬元之淨餘,利息

優厚,可以想見,公用事業而獲利如此,亦可謂善於經營者矣。

十 與局長及副局長之談話

局長排拉特君Morgan Barradle畢業於耶魯大學法學院,曾任律師。歐戰時供職美國陸軍部,處理軍需。隧道開始建築之時,任總工程師荷蘭君之助理員,嗣任今職。著者初往見習時,聽其議論有條不紊,所排程序,能按步就班,引人入勝,心竊敬之。見習既畢,關於用人及管理方面,特以五問題就詢。茲將答案分錄於下:

一.問 各課間有否阻力?

答 因人類個性不同,各課間時有阻力發生,惟每能圓滿解决。

二.問 如何能使各課合作?

答 此須回到選擇人才之時。人有才能超羣而缺乏合作性者。惟處事總須羣策羣力,如不能與人合作,此人卽無價值。亦有才學平常而深富合作性者,此反可貴。選擇時應深加注意,既經任用之後,而發現有不能合作情事,惟有推誠相勸,公而忘私。余不願人犧牲其宗旨,亦不願人存有私見。如所辦之事,關係數課,則會同商議。如此不特免除阻力,且可互相襄助,促進事之速成。凡足以使屬員間發生嫉妬之事,余力避之。

三.問 如何升遷職員?

答 某課有空缺時,余卽詢問該課課長何人可以擢升。此種擢升,根據辦事成績,性情,學識及經驗。如另向外面擇人,則惟才幹是尙;宗教派別及政黨不與也。余旣責各課課長以成績,彼自當有權選擇適當人才,作爲辦有成績之工具。彼選定後,經余同意,轉請港務處委任。

四.問 如何增加職員薪水?

答 此間職員加薪,每年一次。警察及收捐員人數衆多,如欲課長一一評定其優劣,戛戛乎其難哉。此項職員薪工,規定四級。

如無過失,每年增加一級。其餘職員,與課長有直接接觸者,則按其服務成績,而定增加之多寡。

五.問 專門人才担任課長等行政職務,局長之意見及經驗如何?

答 從前研究工程人士,大都不知管理方法,人羣心理。以故各廠經理等職,概由律師擔任。現在工程師在學校內亦學習此項功課,情形與前不同。余不反對工程師擔任行政職務。工程師之經驗,極可寶貴。惟有時自己勤勞過度,屬員反形太閒,實非所宜。余並不十分任事,因有許多職務,可任一普通職員爲之。余職在視察各課處事是否得當。余對各課課長亦常如此相勸。工程師而有專門學問,益以豐富經驗,兼有管理能力,並明白人羣心理,定可成就大事。普通工程師在辦公室內担任設計,於管理方面,殊形欠缺。建築工程師在外工作,管理人員,頗有經驗。此間擔任課長之數位工程師管理經驗充分,堪稱其職。

最後排拉特君自動申述。略爲用人一道,事前選擇須愼。任用後,授以事權,責以成績。薪水宜厚而不宜薄,俾安心工作。凡事應予同情,譬如屬員家人有疾,彼憂慮之不暇,何心努力工作,當給以假日。今日余爲上司,待屬員如此。一旦屬員而爲上司,余亦望其如此相待。

職員能繼續任事,乃甚可貴。緣新職員情形不熟,須重加訓練,一時效率不高。此間有許多同事,於隧道建築時,即來任職,迄未他往,殊爲可喜。

再余向抱開門主義,無論大小職員,如有不平,儘可隨時來述。此乃余學於從前某舊上司者。該舊上司任工廠經理時,辦公室與工場毗連,門常大開,得與工人隨時接觸,因此免除不少罷工事情。

總之對於屬員須待之忠厚,然後能得其最大之努力。

著者按吾國自古聖賢,對於用人一道,主張舉賢任能,推誠相待。旨在獲得其心,而後事功可就。排拉特君之所言,彷彿如之。亦足見理之所在,無古今中外之別也。

副局長達維思君A. C. Davis於1905年畢業於康奈爾大學機械學院。自始受總工程師荷蘭君聘任,規劃通風事宜,以富有創造力見稱於局。著者於君,誼屬同學,荷蒙熱誠指示,解决疑竇不少。臨別談話,特擇要記之。

達維思君謂荷蘭君爲人剛毅果斷,主持建築東江隧道,具有豐富經驗。用人以才能爲標準,相當之人任相當之事,堅持不懈。對於荷蘭隧道通風問題,常多顧慮,惟恐失敗。同時以「天下無難事,只怕用心人」相勗勉。未睹其成而遽長逝,洵有遺憾。言下不禁愴然。

再謂隧道建築費,預計美金二千八百萬元。嗣爲審愼起見,所用材料及各種設備,俱係上乘,費用增加至四千八百四十萬元,幾多一倍。當初預料1924年,隧道可以完成,後遲至1927年冬,方始通車。時間方面,又幾增一倍。其故實因各種問題,須作詳盡研究。觀其印圖費多至美金一百萬元,可以想見。現在通風完善,收入旺盛。於工程及經濟兩點,可稱成功,實深欣慰。

末謂彼於康校畢業後,曾在某煤氣公司一度任事。當時將該公司各種設備及工作方法,詳細研究,記錄成文。迄今每多參考之處,獲益非淺。並勸著者亦利用機會,及時圖之。著者嘗念吾人在學校所研究,大都係屬理論。本此理論學識,益以精密判斷,不難出而問世。然苟有機緣,就所專學,將現成事業,加以研究,考其得失,實能收事半功倍之効。達維思君之言,洵非無故,表而出之,願與吾青年工程同志共勉也。

十一　汽車隧道之新趨勢

自荷蘭隧道建築成功後,汽車隧道前途大有風起雲湧之勢。已成者有加力福尼亞省California橡樹地方Oakland之砲塞Posey隧道及狄屈六菴魏陰沙Detroit-Winsor隧道。二者均係單管。前者長五千一百三十五呎,路面寬二十二呎十吋。後者長五千一百三十五呎，路面寬二十二呎。二者通風方法與荷蘭隧道同。

在建築中者，有英國利物浦Liverpool及皮根黑德Birkenhead間之茂塞Mersey隧道。亦係單管，長一叉四分之三哩，內直徑四十四呎，路面分上下兩層，上層行駛四排汽車，下層行駛雙軌電車。

在規劃中而即將着手建設者，有紐約港務處之三十八街口赫德生河下隧道及紐約市政府之中鎮隧道Midtown Tunnel。後者穿過東江，東通皇后市，橫越滿亭敦島，接連港務處之新隧道。將來皇后市與求舍城可以直接交通。建築費各爲美金一萬萬元，預料1937年完成。

在擬議中者，有紐約市政府之拿六四Narrows隧道，接通勃羅克林市及力氣芒Richmond市，長約二叉四分之一哩。

民國二十年六月間，美國工程消息雜誌，登載比利時昂維斯Antwerp商埠招標建築汽車隧道，殊饒興趣，特摘要記述。

昂埠爲比國沿謝爾德河Scheldt River繁盛城市。河寬約一千三百呎。河之東岸，輪車輻輳，商賈雲集。西岸則因交通不便，都屬農田。該埠市政當局及比國政府，鑒於開發西岸之急不容緩，特設立委員會研究交通方法，結果確定建築隧道，當初雖有造橋之議，卒因認爲有妨航行，未能實現。

該隧道之建築及通風，採用美國制度，緣前荷蘭隧道第三總工程師申斯泰Ole Singstad君參與其計劃故也。隧道凡二，一行汽車，一供行人之用。

汽車隧道長五千八百呎。外直徑三十呎十吋，路面寬二十二呎，供兩排汽車相向行駛。每排每小時可行車千輛。一邊備有人行道，供警察巡行之需，一邊通過水管煤氣管及電纜。地質係屬粘土，適用盾牌方法穿越隧道。

行人隧道建在汽車隧道上遊半哩地方，外直徑十七呎八吋，路寬十二呎。長一千六百四十八呎，出入口應用電梯升降行人。

上海情形與昂埠相彷。浦西市面繁盛非常。浦東極形蕭條。無汽車,無電話,無自來水,無煤氣,電力雖有供給,然不能晝夜無間。欲發展大上海自應向吳淞建設,同時振興浦東商業。觀吾華界市政當局之積極建築市政府房屋於引翔,興造沿浦馬路於浦東,可爲盡悉心經營之能事。惟開發浦東,其關鍵在黃浦江上有繼續不絕,安全便利之交通。一方將浦西之各種公用事業,如水如電,輸送過江,改良浦東市民之生活。欲一舉而兩得,隧道似可盡其能。昂埠先例,足資借鏡。

就上海軟泥地盾而論,極合於用盾牌方法,穿鑿隧道。其支撐力薄弱,是否適合建築高橋 High Level Bridge, 如拱橋 Arch Bridge, 懸橋 Suspension Bridge 及臂橋 Cantilever Bridge, 乃一疑問。再江中船舶來往紛繁,建築低橋 Low Level Bridge, 如轉橋 Swing Bridge 及吊橋 Lift Bridge 等,有妨礙江面交通之弊。卽應用擺渡船,似亦屬目前之計,而非長久之策。

嘗考上海爲外人在吾國工商業大本營所在,極端重視。觀乎民國十六年春,國民革命軍來滬,外兵雲集,嚴密佈防,如臨大敵,可以概見。年來吾國欲取消治外法權,收回租界,而彼以保留海口,擴充上海租界東至吳淞,爲交換條件。近頃美國 Literary Digest 雜誌節載英國某經濟學家一文,題爲『似非實是之上海 Paradoxical Shanghai』。略謂上海現爲世界第五大城。預料二十世紀末葉,當爲世界上最大最富最繁盛之城市。但其市政府之似非實是,不特危及中國,抑且影響及於其他各國。深望中外人士能互相合作云云。證以公共租界電廠及電話公司之不讓吾國購買,以及最近之費唐報告暨滬西商人之請求歸併租界,蛛絲馬跡,無非欲達到其『上海爲萬國城 International City』之目的而已。

總之吾不及時開發,外人將越俎代謀。觀上海之港務及越界築路,何一非然。如吾人能自建隧道,藉以振興市面,增加市庫收入,乃一有利投資事業。經營得當,三十年後不難清償本息,未來利益無窮,願吾華界市政當局速起圖之。

氫游子指數與清水工程

顧康樂

挽近都市給水之初步清澄方法爲沈澱。未經清澄之天然水，如明礬攪和後，發生凝集作用。凝集良佳，則沈澱完美。凝集作用賴明礬用量與水中氫游子濃度之相互校正，而定其優劣。本篇首述氫游子濃度與氫游子指數之意義及檢驗，次述其在清水工程中之應用。

依電解理論言，凡含水之液體，均有氫游子及氫氧游子。二種游子數量相等時，是謂中和溶液。如氫游子數量超過氫氧游子，則爲酸性溶液。反之，溶液中含有多量之氫氧游子，則成鹻性。

溶液之酸度，既由於氫游子之存在，故氫游子數量增加，酸度亦隨之增加。酸液有强弱之別。强酸在溶液中充分解離，得多量氫游子；弱酸在溶液中微略解離，得少量氫游子。例如，鹽酸 HCl 爲强酸，而醋酸 CH_3COOH 爲弱酸。用滴定方法試驗之，十立方糎 $\frac{N}{10}$ HCl 與 $\frac{N}{10}$ CH_3COOH 同需加十立方糎 $\frac{N}{10}$ Na OH 而得中和。然 $\frac{N}{10}$ HCl 所含氫游子，較 $\frac{N}{10}$ CH_3COOH 所含者，多至六十倍以上。故氫游子之濃度，非可用簡單滴定方法檢得也。

純粹蒸餾水僅能傳導少量之電流，卽示極小部分之水解離爲氫游子與氫氧游子，如下式：

$$H_2O \rightleftharpoons H^+ + OH^-$$

按質量定律則得下式：

$$\frac{(H^+)(OH^-)}{(H_2O)} = K$$

$$(H^+)(OH^-)=K(H_2O)=Kw$$

Kw 爲水之游離定數。此定數經若干物理化學專家測定,在攝氏二十一度爲1/100,000,000,000,000或10^{-14}。純粹之蒸餾水係中和性,而中和性液含相等之氫游子濃度與氫氧游子濃度。故

$$10^{-7}\times10^{-7}=10^{-14}$$

若以氫游子濃度爲標準,則

酸性反應: $[H^+]>10^{-7}$

鹻性反應: $[H^+]<10^{-7}$

中和性反應: $[H^+]=10^{-7}$

此種直接氫游子濃度表示法,在應用上頗感不便。沙雷生氏Sorenson首創氫游子指數,其與氫游子濃度之關係如次,

$$pH=\log\frac{1}{(H^+)}$$

若以氫游子指數爲標準,則

酸性反應; $pH<7$

鹻性反應: $pH>7$

中和性反應; $pH=7$

pH價既爲對數,設某種溶液之pH價爲五,又一種爲六,則前者之酸性十倍於後者。pH九之溶液,爲十倍鹻性於pH八之溶液。

復觀質量定律,任何溶液之氫游子濃度增加時,氫氧游子濃度必隨之減少。强鹻性之溶液中,亦含幾許氫游子。爲便利計,一切酸性或鹻性溶液,均得以pH價表示之。

當量度(Normality)與氫游子濃度(Hydrogen-Ion Concentration)似同而實異。蓋當量度爲分量因數(Quantity factor),氫游子濃度則爲烈度因數(Intensity factor);前者計其酸鹻之總量,而後者則計其致反應之活動部分。

氫游子濃度之檢驗法,可分爲二種。一爲根據電化學原理之根本測定方法。此法(詳見物理化學)煩複而需時,不適於普通檢驗。普通所用者,爲標示法(Indicator method)或稱色比法(Colorimetric method)。

標示(Indicator)爲一種化學劑,加入於受檢驗之溶液中,將依溶液之氫游子濃度而變更其顏色。標示法所用之標示有二十餘種,其中最適用者約爲下十種:

標示	pH之應用範圍	色變
Thymol Blue	1.2—2.8	紅一黃
Bromphenol Blue	3.0—4.6	黃一藍
Methyl Red	4.4—6.0	紅一黃
Bromcresol Purple	5.2—6.8	黃一紫
Bromthymol Blue	6.0—7.6	黃一藍
Phenol Red	6.8—8.4	黃一紅
Cresol Red	7.2—8.8	黃一紅
Thymol Blue	8.0—9.6	黃一藍
Thymol Violet	9.0—13	黃一綠一紫
Alizarin Blue	11—13	綠一紫

美國拉麻德公司(La Motte)製造氫游子比較架(見圖),每架置顏色標準九管(管圈註明氫游子指數數值),蒸餾淨水一管,空試驗管四支,及標準標示液一瓶。應用時,受檢驗之溶液注入試驗管至十立方糎之記號,滴入半立方糎之標示液,而後插入架蓋中部之空洞,兩旁擇配顏色標準管比較之。

近年德國製造氫游子比較盤。盤之四周嵌置透明顏色小圓片,片旁註明氫游子指數數值。盤形圓,可插鏡箱中旋轉。應用方法與上述者相似。

氫游子濃度之約束,於清水工程中應用最著。當混水未經沙濾以前,放置明礬或他種化學劑,使與水中鹻質化合成氫氧鋁,如下式:

$$Al_2(SO_4)_3+3Ca(HCO_3)_2=Al_2(OH)_6+3CaSO_4+6CO_2$$

是爲凝集作用(Coagulatoon)。凝集作用愈完美,則沈澱愈多而速,水色愈清而明。明礬用量之多寡,非爲凝集作用成功之指數。試觀下表(摘自美國水工協會雜誌第十一卷八八七頁),可知氫游子指數之影響於清水作用至爲明顯。

試驗次數	明礬 百萬分之	鹻度 百萬分之	氫游子指數 pH	凝集物
1	34.2	0	5.8	無
2	34.2	6	6.0	無
3	34.2	12	6.2	無
4	34.2	16	6.3	微有
5	34.2	20	6.4	微有
6	34.2	30	6.6	多
7	17.1	15	6.6	多
8	17.1	10	6.4	微有

若混水中原有鹻度不足,應加增之以得最佳之凝集作用。又明礬用量過多或過少,俱爲凝集微緩之原因。故由氫游子濃度之檢驗,可測定一的當數値,務使耗最少量之明礬,獲最全美之清澄效果也。

综合卷（第五册） 交大季刊 第十二期 工程号（1933）

機車房之規劃及佈置

莊　驥

機車房地點

凡建築鐵路，除有國防的意義，是根據軍事方面之需要，故其路綫之採取，是依據軍事家眼光，及國家所處地位及環境，而加以建設外，其餘如工業鐵路，以提倡實業爲主旨。其敷設鐵路之目的，純爲求其生產物或製造品運輸之便利，及推廣其出品之銷場。然此種性質鐵路，其路綫多不甚長。通至鄰近海口，或銜接其他鐵路，以利其出產品之運輸。至於節縮時間，謀人羣之福利，以交換各處貨物爲目的，則係商業性質鐵路所負之使命。然除第一類國防性的鐵路外，其他各種鐵路，都要計算資本及營業收入，總期年有贏餘。而最低限度，亦要使目前收入支出足以相抵，希望可能的發展於將來。然無論何種鐵路，所恃爲營業收入之工具，厥爲機車及車輛。否則其鐵路綫縱經過極富饒鄉區，及有良好吞吐港口，因缺乏充分運輸能力，絕難希望良好之收入也。而機車車輛之壽命，繫於修養法之良窳。而各鐵路之機車房，卽係執行各種修養機車車輛辦法之地點。

機車車輛，能得合法之修養，直接係增長機車車輛之壽命，間接充實鐵路運輸能力，卽係增加鐵路之營業進款。故機車房在鐵路路政組織系統中，佔極重要之地位，下表所列，係一鐵路綫，年終結算，其全年用費如下：

路綫及沿綫建築物培養費 20,093

機務維持費

修理……17,545

換新……1,018

折舊……2,783

其他……1,392

共計……22,738

營業用費……3,081

運轉用費

車務……27,389

機務……23,049

共計……50,438

總務費……3,650

自上表觀察，運轉用費中之機務一項，及機務維持費中修理及折舊項下之一部份用費，統係消費於沿綫各機車房及其從事人員。其費用最低總佔全年用費百分之三十以上。然此尙係對於極經濟之設置，而有高效率之工作而言。否則所佔之百分數，恐當不止此也。

是以機車房地位之選擇，殊爲重要。下列各點均須一一考慮及之。

一.鐵路路綫經過區域如何。

一.營業狀況。

一.將來之伸展及路綫長短。

一.特殊路綫情形暨路綫工事情形。

鐵路路綫經過區域——鐵路綫經過肥沃區域，或多繁華城鎭。則異日旅客往還，貨物集聚必多，列車密度，可決其大概。據此可以支配機車數目。機車種類，對於機車之支配，自有密切關係。對於機車房地點之選擇，亦有相當關係。當顧慮及之，不可完全忽略。

營業狀況——路綫經過地之環境，交通狀況，有無公路或航業或另一鐵路綫相競爭。有之，則自己鐵路綫與競爭綫交互關係如何。自己路綫與競爭綫之優劣點比較,沿綫吸收貨物來源面積及最遠距離。此均爲他日列車密度之先决問題,亦卽機車房地點之先决問題也。

將來伸展及路綫長短——商業性或工業性鐵路,其於建造之時,有因限於經濟,或因爲目前所不需要,僅敷設全綫之一部份。或竟於預定路綫完成後,因營業繁興,應環境之需求,伸展原來路綫,或增築培養綫。蓋今日之終點機車房,或卽他年之過路機車房。吾人興建鐵路,初雖限於資本。然將來營業狀況,及路綫伸展趨勢若何,尤須注意及之。有許多鐵路對於機車房地點之擇定,係以距離爲標準。規定於若干公里,或若干英里處,卽建立機車房一處。對於沿綫營業狀况,不加顧慮。此種擇定車房地點方法,未免過於機械,不足取法也。

特殊路綫情形——鐵路綫中,有因特殊路綫情形,於某地方必須交換機力,亦建立機車房者。然此種情形,以在選擇路綫,或建築路綫時,盡量設法避免爲宜。縱使初期建築費稍高然因減輕將來運轉用費,亦較經濟。因此特殊路綫上運轉列車,機力消耗率甚高,機車車輛修養費亦鉅。甚或須採用特種機車運轉列車,因此牽動工程方面,修築及培養問題,加高路綫維持費用。機力消耗過高,直接影響運轉,間接縮減營業收入,日積月累,積消耗與營業減收之費,爲數甚鉅,不可不加以注意也。

特約建立之機車房——因求運輸便利起見,於某工業區附近,建立機車房,專運其出產物或製造品者。此種情形下建立之機車房,路方對於地點選擇一節,似勿庸顧慮。惟視路方與生產物品場所交互之關係如何。若鐵路與該場所係屬同一資本,則關於管理計核運轉營業等手續,較爲簡單。否則必須發生契約行爲,以便管理一切,借維雙方利益。然無論如何,出產量之多寡,及銷場如何事前須有精確估計。庶有充分準備,俾運輸力量,不致有過剩或不足之弊也。

路綫工事變遷——機車房之成立,與機車之支配,有密切關係。而列車行駛速率,尤足變更機車之支配。近來鐵路,多有採用高速率運輸。故於軌道構造,路工建築,橋樑之採用,均有顯著差異。鐵道綫建築旣有不同,採用機車種類,自亦不同。而機車房地點之採擇,因是亦異。鐵道有因礙於事實,於初建時,採用輕量軌道。經過某種時期後,實際須另行改用重量鐵道。換言之,卽須變更列車速率增加運輸力量,機車種類及支配,均聯帶變更。則原有之機車房地點,是否能應其新的環境之需要,於最初擇定機車房地點時,幷應考慮及之,幷設法調劑也。

機車房建築

以上各點,加以詳密研究後,則全綫各車房之地點,可以作最後決定。其次卽爲車房建築問題,車房所在地點,就營業方面論,多屬重要城鎭。在鐵路綫上,亦必佔居重要地位。機車房與車站,關係至爲密切。故機車房距離車站,不可過遠。若該站初非繁華城鎭,因鐵路修通後,係一新興市場,則必有充分面積,供選擇車站及車房建築之用。如原來卽係繁華城鎭,則選擇建築機車房及車站地點問題,較爲繁複。爲民衆便利起見,車站不宜距城鎭過遠。而於市民聚居處,尋一龐大地場,供建築機車房之用,恐非事實所容許。且機車房所在地,各機車之煤烟,機車行動聲響,及一般工場所有的轆轆聲,烟灰爐灰之處理,汚水之洩出,對於公共衛生,均屬有礙易引市民反感。故於可能範圍內,當尋覓妥善地點,避免一切糾紛。

機車房每日須用大宗水量,水之來源,大概可有三種。(一)由城鎭原有的自來水綫供給,(二)取給於河流或湖澤中,(三)掘井取水。究以何種相宜,當於建築機車房前,測度地勢,再考慮孰者經濟,而加以採取也。對於機車房將來之擴充計劃,更不可忽視。因鐵路無論爲國有或商有,概屬永久事業,決不可拘於目前狀況,當預留將來擴充面積,以備業務發展,客貨運輸增加,機車房有擴大容量需要時,不致棘手。

機車廠內之各種建築,係以機車房爲中心,而有下列附帶的必需建築,卽機器房工場材料庫上煤給水設備,及辦公處所,間亦有發電室者。各種建築,均有密切之關聯。爲從事人員運輸材料便利,及機車出入迅捷起見,各有關部份,均須緊湊,而不礙將來之擴充爲建築時原則。上述各建築物,除上煤給水設備外,餘均建於一建築中,或分爲數建築,則以所佔地勢爲轉移。對於管理便利,及修理工作時取攜材料敏捷言之,則以歸納數建築物於一,較爲便利。又機車房關係行車,不分晝夜,均有人員工作。建築時,亦應考慮及之。

機器房須以所有機器種類及數目爲定。然機車房中,多注重修配工作,并無多量之機器。惟亦須佈置平勻,工場係鑲配匠工作場所,與機車停止修理地點,相距不得過遠,併須與機器房隣近。

機車房材料,大約可分爲行車用料,及修理用料二類。油脂毛綫棉紗煤水等屬於行車用料。金屬及木料等屬於修理用料。行車用料,均屬日用必須品,且易燃燒,故儲藏法須嚴密。修理用料,可區爲常用與不常用二種。常用者,爲取攜便利起見,宜與不常用料,分地儲藏,并須有充分架櫃等物,各材料分類藏儲。鐵路組織若甚嚴密,在正常狀態下,材料遞送敏捷。則機車房中,勿須存儲多量材料。因另有專處,司存儲發送材料之責。機車配件,則由機廠供給也。

機車房中,消耗最多者,厥爲煤料。其消耗數量之多寡,自以列車機車經過取煤數爲標準。煤之儲藏法,須看地勢而定。若地面寬廣,則以煤場儲煤,另造煤台,專供輸送煤上機車之用。若地勢窄狹,則用煤槽儲煤。然儲藏量則較煤場小。煤台附近,須有給水裝置,及清除爐碴用灰溝,以省機車取煤時間。取煤裝置,有用電力氣力或汽力者。在吾國因工資低廉,故上卸煤,均用人力。

機車房中人事方面之組織,分爲技術的及事務的。關於機車車輛之修養運轉等,係屬技術方面事務,各部份均有領袖負責。事務人員,負保管收發材料,各種賬務簿計及記錄之責。然因便利監視工作,及易與工作人員接洽,無論技術及事務人員之辦公處所,應擇相當地點建築。機車房間有自行發電者,則發電室宜位在灰塵較少之處,距離機車房稍遠,亦屬無妨。

上列各項建築,均須有良好之流通空氣,調和之光綫,直接增進從事人員之健康,即增高工作之效率。對保安及消防設備,應妥爲預備。其建築如非避火建築,消防辦法,更應周密。且此項設備,須實行定期檢驗。從事人員,須熟練使用方法,以期用時,不致僨事。

機車房種類

機車房之形狀,可分長方形,扇面形或圓形,德美日本等國,大多採用扇面形機車房。英法則多長方形。我國各鐵路機車房,二種形狀均有。長方形機車房內車軌係平行綫,扇面形各車軌中綫,則聚於轉盤之中心。二種機車房,各有其利弊。扇面形機車房之利:

一.節省機車房所佔面積,其附帶各種建築,若機器房工場辦公室等,可附於機車房四周,或伸引於後方。

一.各機車間,較爲接近。

一.有較優之光綫,及流通空氣。在機車前方,易於檢驗及修理工作。

一.較易採用落輪地溝法,修理車軸。

一.易於掃除烟漬。

一.易於監視瞭望。

一.易於規定轉車盤地點。

長方形機車房之利:

一.若爲存儲機車計,則長方形可容納較多輛數機車。

一.若採用高架起重機,則長方形機車房易於安裝。

一.機車房若發生事故,機車駛出較爲容易。

二種機車房之比較,互有優劣之點。但小機車房,似以長方形較爲相宜。若須存儲多輛機車,而地勢又狹小,則以圓車房爲宜也。

機車房建築,多用下列各種材料:一.鐵筋混凝土,二.磚,三.鋼架用磚,或混凝土爲牆,四.鋼架以鐵皮爲牆,五.木。

用鐵筋混凝土建築機車房,其利爲建築費比較低廉,耐久,避火,牆上可有多量面積,爲開窗戶之用。因有較好之光綫,增進工作效率。其弊點係須較高之暖氣費用。因混凝土之熱傳導力,較磚爲高,因有多量窗戶,其散熱力亦鉅。安置軸架及管子等,較爲困難。混凝土地,甚爲堅實,工具等墜地易裂。總觀上述各點,混凝土優良之處,實遠過其弊點。不過混凝土機車房,於竣工後,欲改易窗戶等,較爲費事,乃其重要之弊點也。磚建之機車房,光綫較少。又其接近地層處容易朽蝕,不甚堅固。鋼架之機車房,保存得法,善爲防銹,亦頗耐久。可以隨時安置管子及天軸架等物,建立之時,日期亦較短少。鋼架以鐵皮爲牆之機車房,僅適用於氣候溫暖地處。其優長處,爲易於建造及擴張。其劣點則爲易於銹蝕,須常易鐵皮也。至於用木料建築之機車房,僅係臨時性質,以其易於燃燒,非因特別關係,絕少採用也。

長方形機車房,房頂大約二種,卽鋸齒式,與A字式。而A字式有附脊樓,有未附者。鋸齒式屋頂,有較好光綫,而其陽光非直射入。因其直立面安裝玻璃,均北向,與斜坡面成九十度角度。而其玻璃面與夏至正午日光綫,成某種角度,務使陽光不得直綫射入爲止。A字式帶脊樓之屋頂,因脊樓四周可以安裝玻璃,故可有較好之光綫,空氣亦較流通。圓形車房,其房頂多爲A字式,未附脊樓。機車房中,因時有火星自機車烟筒冒出,故機車房頂,以避火材料蓋造,較爲相宜。普通多用白鐵皮,石板,混凝鐵筋片。良好之機車房頂材料,須具避火及與氣候變遷無關之性質,且須經久而價廉,否則不適用也。

機車房設備

近代機車，日新月異，對於機車之修養方法，自亦日趨精密。又因工資過高，及勞資雙方，時起問題，故多趨用機器，以代人力。吾國工業落伍，又因限於經濟，且工資低廉，許多工作，均代以人力。機車房之設備，亦因陋就簡。茲篇僅就機車房所必須之設備述之。

暖汽——凡門窗牆地板及屋頂等，均可將固有之温度發散，或傳導於外方，而屋中熱之來源，大概來自人之體温發散於外，轉動之馬達，及工作中之各項機器，光熱，及暖汽設備等。機車房中，并有多量之熱，來自留汽之各機車，又機車房鐵匠爐蒸汽機及鍋爐等項，若非靜止之時，均係熱之來源也。在氣候嚴寒地帶，且機車房門須時常開啓，非另有暖氣裝置，絕難工作，甚或有凍裂機車上零件，及管子等之虞。暖汽裝置，大約有用蒸汽熱水，泛氣，吹氣，及火爐等。

蒸汽暖氣裝置——此種裝置，機車房中，較爲普通。若機車房有較大規模之發電室，則蒸汽可供自發電機之鍋爐，汽壓由每平方英寸二磅至十五磅，則看暖汽管散熱面之多寡，及距離而定也。

泛汽暖氣裝置——此種裝置，係利用汽機或渦輪機之泛氣，但於氣候極寒之時，仍須借導蒸汽以補不足也。

熱水暖氣裝置——利用瓦斯機泛氣，以燒熱水，或選用單獨鍋爐以暖水者。但熱水暖氣裝置之散熱面，較用蒸汽者爲大，且須較長時間，方能放熱，一經放熱後，欲停止之，亦須較長時間，且須將熱水放出，此其弊點也。而放熱較爲平勻，則其優良之處。然機車房多不用此種暖氣法。

吹氣裝置——係用風扇將自盤旋蒸汽管或熱水管放出之暖氣，自暖道中吹出。此種裝置，較爲繁雜，管理不當，難得良好結果，故亦少用。

火爐暖氣——此種暖氣法，不甚經濟，且温度不勻，殊不足取用於機車房中也。

防止凍裂機車機件,機車房各地溝內,亦須有暖氣管裝置。

通氣——機車房中因有多量之煤烟,自機車中發出,尤以機車升火之時,最爲劇烈,故機車房中,通氣頗關重要。通氣之法,不外利用機械及天然的流通二種。機械通氣法,係借風扇作用,將機車房中之濃烟或濁氣引出或吹散。天然流通法,係利用導管內外溫度之差異,而發生比重不同之空氣,因將濃烟或濁氣,循物理的作用,引出機車房,流散於大氣中。機車房利用後法者,較前法爲多。有於機車房中,正對機車停留軌道上,用防火材料,裝置貫通槽形出烟設備於房頂,使濃烟得以移出。又有裝置能上下移動之烟筒,於機車升火之時,使烟筒下移,罩於機車烟筒上,將濃烟引出,而流出於大氣中。亦有用固定烟筒,其通氣效率,自較低減也。近來且有於機車升火之時,不用煤而代以油料,至鍋爐發生蒸氣後,離開車房,再用煤者。此則由改善機車升火用燃料着手,似與通氣法無涉。然亦因各種通氣辦法,或因過費,或因迄無良好結果,致由燃料上另籌辦法,通氣乃機車房中一重要問題,由此可知矣。

光亮——光亮之來源,有下列數種:(一)陽光,(二)電燈光,(三)瓦斯電光,(四)煤油燈光,(五)燭光。機車房偶有用第三種者,第四五種則殊不適用於機車房中也。機車房中,若無適宜光綫,最易發生事故,因不清晰瞭望號誌,時有僨事。又在工作中機器旁邊,缺乏適宜光亮,易毀傷工具,傷及人身,并難得正確之工作品也。

陽光——陽光綫可由機車房四周之玻璃窗傳入,或來自脊樓之玻璃窗,或自天窗傳來。鋸齒式頂機車房,陽光綫可來自直立面,其光綫係由斜坡面反射入機車房。故鋸齒式機車房,能得平勻適宜之光綫,若在斜坡面稍塗亮光色,俾增大反射力量,機車房中,更可得多量反射光綫也。直射入之陽光綫,過於强烈,有礙視力,且發生陰影,致工作物品上,發生不平勻光亮,結果未必良好也。

電燈光——電燈光亮有直射光綫,間接射光綫,半直接射光綫三種。在材料庫公事房中,多用間接射光綫,取其平勻柔和。機車房機器房煤場等處,則用直綫射光綫,因光綫射幅較寬光也。為檢查機車架內部機件,車房地溝,甚或爐灰溝內,均裝有電燈,又機車房中軌道附近,亦備有電燈接頭,以便檢驗機車爐箱鍋管烟箱及車架內部之用。

洗爐設備——機車鍋爐,須保持清潔,方有良好效率。故鍋爐須時加洗濯。鍋爐一經洗刷後,能維持若干時日,或行經若干里程後,方須再洗,則以各水站水質優劣為準,初無一定之規則也。有用冷水洗爐,然此非正常辦法,既耗時間,且傷鍋體。因用冷水洗刷,須待鍋爐全體冷却後,方可洗爐。否則鍋管板螺撑及絲帶等受冷水激縮,有裂漏之虞。既洗淨後,復須將冷水燒熱發生蒸汽。故洗刷機車鍋爐一次,平均須十二小時。倘在運務繁忙須用機車之時,影響運輸,殊非淺鮮也。故有熱水洗爐裝置,既不至將待洗之機車鍋爐內蒸汽及熱水廢棄不用,復可用抽水機射熱水洗刷鍋爐,因有較高壓力,水泥垢層不易存留鍋爐內。經洗淨後,用抽水機,注入熱水,約在弗氏一百八十度。故每一機車由清火迄發生蒸汽,需時二小時半至四小時,節省時間甚多。又機車房中,若無暖水洗爐設備,間亦有利用待洗爐機車,滲水洗爐者。然僅可備用一時,且鍋爐垢層,不易去盡,非正當辦法也。

機器房及工場設備——機車房中雖無重大修理工作,然普通小修,則時時均有。尤以吾國目下各路機車狀況,多已過機車年齡。然因經濟狀況,自不能將現有者廢棄,故雖破舊,亦必須設法修理行駛。機車房中,修理能力更須强固,不待言矣。機車房中,須有下列設備:

八尺床身馬鞍式鏇床一具,

六尺床身鏇床一具,

鑽床一具——最大鑽量二寸。

牛頭刨床一具——衝程二十五寸至三十寸。

砂輪石一具——二寸十四寸。

落輪地溝內用支重器二座，——(須行動的)

炒砂爐一座。

發動力係蒸汽機或馬達，以裝在隣近屋內較爲相宜，不必置在機器房中也。工場中須有適宜之工作案子若干，并附置虎鉗，鐵匠爐二座，風閘試驗設備一套。機器房及工場之設備，當然與機車狀況及數目有密切關係。有機車十台至三十台，則上列設備，足敷修理之用。若機車數目增多，則各項設備，自當酌爲增加也。

工具室——當隣近機器房及工場，以備工作人員取攜工具便利，內應備有適宜隔架，以備分類擱置各種工具，由專人司保管及收發工具之責。各工具須作一定符號或號數，并留存簡明而嚴密之簿記，每日均須結清。得由主管人員，隨時檢驗，可作補充或調換工具之參考。

救險列車——列車行至中途或在站上，偶發生事故，則救險列車之出發，務須敏捷迅速。因鐵路交通發生障礙，直接影響鐵路車務，間接即妨害民衆或旅客之安全。故機車房中，須有救險列車設備，該列車上備有各項救險工具，及急用材料，平時不得移用，并須保持良好狀況。遇有警報，即刻應即出發，從事人員，平時亦須施以訓練，出發須要敏捷，處置須有條理，早一分鐘恢復交通常態，鐵路即減少一分損失，旅客少受一分痛苦也。

附　言

給水站——除機車房中必須有給水設備外，沿綫亦須於相當車站，建立給水設備。至於給水站之距離，須决於機車用水消耗量，及機車水櫃容量，每日每水站應供水量，則决於列車密度。水之來源，不外前述三種，并應將水性分析，是否適用於機車鍋爐。若水含硬度過高，則易成垢層，不特低減鍋爐效力，且易燒壞也。含礦質如鐵鋁鈣鎂多，則易起泡沫，鹼度及酸度容易侵蝕鍋爐，各水站均須收集水樣，一一加以分析也。水站須備水櫃，及水鶴數處，總以機車不與列車分離，卽能上水較爲適宜。吸水機器有用蒸汽電力或氣壓機等，該項設備，須實行定期檢驗，庶免僨事。現有於軌道中築水池，俾長途駛行列車，於行動時，卽可取水。然此種設備，須有七百至八百公尺平而直之軌道，且水槽維持費亦高，冬季冷水易凍結，故不甚通行也。

檢車所——凡機車房所在地，均有檢車所，專司檢查及小修過往客貨車輛。因便利檢驗，故多設在車站，晝夜均須執行工作。於列車到站之時，從事人員，卽應按車一一檢查，如非重大損壞，不得扣留，幷應卽刻修補。須備有充分浸就之油棉紗或毛綫，以便澆換，及各種變形規，爲檢查車輛之用。

客車房——鐵路於客車終點之站，應修蓋客車房。其容量應以存儲客車輛數爲準，內須有洗車設備，以便洗刷客車。若當冬令之時，幷須將客車暖汽，接於客車房暖汽上，旣可使車內溫暖，復可避免凍裂水管之虞。關於修理方面之設備，則視客車修養情形，及機廠修理客車能率如何而定也。

SUMMARY ON TRAIN RESISTANCE

S. N. PAN
潘世寧

I. Introduction

The problem of train resistance has been studied for nearly a whole century. As it is so determinative in the tonnage rating, economics of operation and location, and the preestimation of power consumption, it was investigated right from the beginning of railroads. Earliest investigations seem to appear in De Pambour's "Traite des Machines Locomotives," published in 1840, where formulae were suggested and even tests made to determine train resistance. Effect of air resistance received due consideration, and dynamometers were introduced to measure car resistance. In spite of the difference and the primitiveness of the construction, size, and weight of cars, and the rough measurement then used, a result of 5.76 lbs. per ton was obtained which is not far from values used nowadays. On account of the fact, however, that the speed was then very limited, its effect on resistance was not perceived at all.

Afterwards, inumerous investigators have endeavored to explore the secrets of this mysterious resistance of cars moving on rails. More than hundred formulae are present for the calculation of the total resistance with results sometimes different from each other by 200%, and when they are plotted, points may cover the whole sheet. As to the analysis of the resistance into its elements, far more controversies, and discrepancies are existing. The significance of each element and their relation to speed and load have been the main points of argument. Then many works of reconciliation are available, trying to bring different sets of test results to suit one or a series of formulae. They are generally a good recapitulation of the whole problem, but the twisting of informations is sometimes inevitable, and accidental coincidence too much emphasized.

Notwithstanding this big mass of investigations, and a good deal of disacordance, the present problem seems to be a simple one to us. Starting from the practical value of train resistance in tonnage rating, power consumption, we found that only the total effect of all elements is the main object of study. Consequently, not excluding the scientific treatment of the elements, test results of the magnitudes of the inherent resistance is the most important information, with due regards to corrections necessary for other accidental resistances.

Of next importance is the work of analysing this resistance into its elements. This is necessarily a very elaborate work, and theoretically it is not quite definite with the present knowledges of the characters of the various elements. In fact, any work in this field should start from the magnitudes of these elements with sufficient confidence based on facts and check the sum with test results for the gross resistance. Any difference should be those unaccounted for resistances not exceeding several per cent. Unfortunately many of these elements are not definitely known in their characters and magnitudes, which makes the speculations in this field divergent from one another very much. With a single set of data on any one of the elements, one can easily build up to the gross values by using other formulated values of the other uncertain elements. Apparently this has but little weight on the present problem. Further development should be full sized tests on the various elements with sufficient range of all variables. Good control of conditions and fair interpretation of the results will make the investigation valuable.

As compared with the foregoing two phases of the present problem, the reconciliation works are the least valuable to us. A good summarizing formula should be based on many reliable test results of similar conditions, with sufficient range of variables as in service conditions, and not interpreted beyong what the character of the tests warrants. Carus-Wilson used his own theoretically founded equation for flange resistance, assumed values for journal and air resistances to make up a total resistance that fits some set of test results by discarding the entire miscellaneous resistance. Davis checked test results of University of Illinois by producing curves to speed axis for the journal friction, assuming values for the "flange resistance," and a term of air resistance. The prolongation of the result curves to zero speed is of course not warranted by the test conditions. Being based upon such basis, any agreement of results can only be said as by chance. Though some will think formulae are simpler to use, yet the use of charts is by no means any more difficult, and is thought recommendable when tedious calculations have to be done in each time.

It is not the present attempt to give any criticism to the past works on this problem, but to sketch a general review of the situations of the problem as a whole. But as only limited references have been studied, it is undoubtly only a very brief account with considerations as thought necessary.

II. Magnitude of Train Resistance

When a train is running uniformly on straight level track and in still air, an amount of power is exerted by the locomotive to maintain that uniform speed. The resistance of the whole train which causes the expenditure of the power from the locomotive is called the inherent resistance. This serves as the basis to find the gross resistances at any point on the road by adding grade, curve, and acceleration and wind resistance at that instant. From the references so far consulted, the only comprehensive information about this most useful phase of the present problem is to be found in the Bulletins of University of Illinois, No. 43 for the freight, and No. 110 for the passenger trains. The results are presented in tables, formulae, and charts. The charts are the most convenient to use, as they need no calculation, nor interpretation, and have less chance for misprint as for the tables. Both charts are included here on the next page merely as a reference.

From these charts, the total resistance of entire trains at various speeds may safely be predicted, when running upon straight and level track of good construction, during weather when temperature is above 30°F., and wind velocity is not more than 20 mph, provided the average weight of the cars composing the train be known. Starting resistance should be taken as comparative larger than this and has to be estimated by further experiments.

These results were obtained from more than 30 test trains for the freight, and 28 for the passenger. They are composed of wide range of make-up, and even different in truck construction. So far as the average weight per car is known, total resistance of the whole train can be safely predicted. If proper allowances be made for the curve, grade, and wind resistances, problem of tonnage rating can be more definitely solved than past practice has been.

The accuracy of these results is shown by the following tables:

FREIGHT TRAIN RESISTANCE

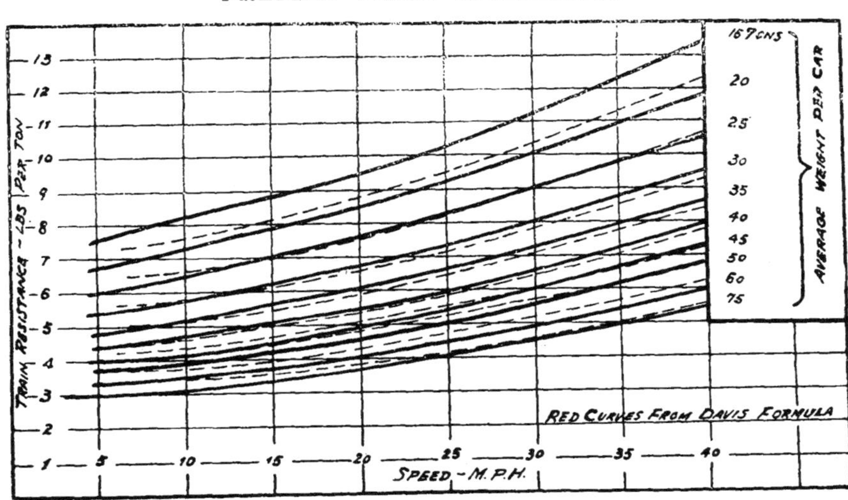

PASSENGER TRAIN RESISTANCE

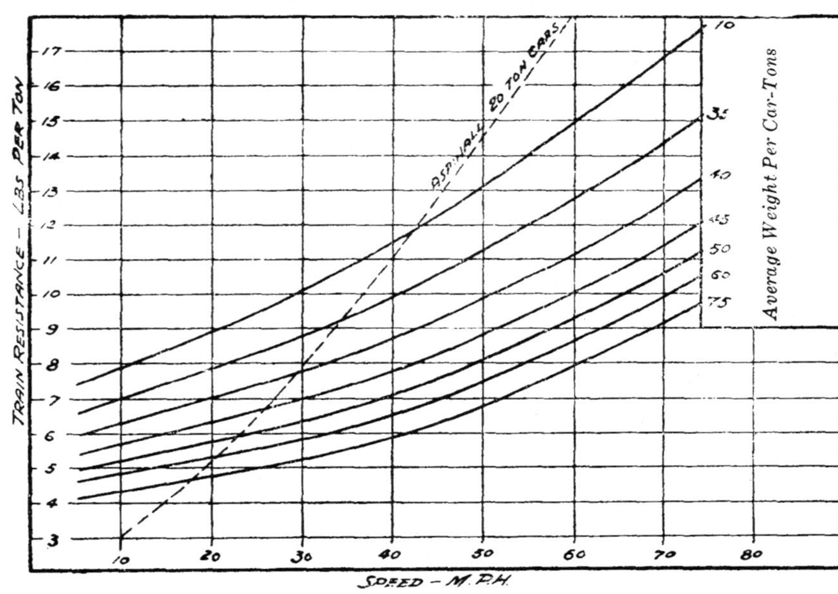

Table 1.

Average Deviation of Calculated Resistances from the Mean Values from curves—Freight

Expressed as Percentage of Mean

Speed	Above the Mean	Below the Mean
8 to 12 mph	6.4	7.6
28 to 32 mph	5.6	6.6

Comparing the average deviation of points in individual tests from the curves representing them, with both freight and passenger trains, we see that accuracy in the latter case is somewhat higher. Hence it can be concluded that we are pretty safe to predict the total resistance of trains from these curves.

The method of calculation shows clearly that from the gross resistance obtained from the Draw-bar-pull record, and the total load, only the grade, and acceleration resistance were deducted. But from the test data, we can see that both wind velocity and its direction varied through not a very small range. Therefore the positive or negative resistance of the wind and its action of increasing the flange resistance are undoubtedly sufficient to account for the deviations of the individual tests from the mean values. Had provision been made for the determination of this pressure either by dynamometers used by the St. Louis Tests, or the gages of Professor Nipher's tests, wind effect might have been able to be eliminated, and the results might agree much more nicely with the curves.

While these curves are now widely used by people connected with railroad works, a lack of range has been recently suffered. Car weightsare now increasing day by day, and at present 110 ton cars have been put in service in Pennsylvania railroads. Speeds of freight trains at 60 m.p.h. or more are not uncommon, and many passenger trains have higher speeds than 70 m.p.h. It is thought not advisable to extend these test results too much beyond the ranges from which they are derived. To meet the requirements of these higher car weights and faster speeds, extension tests should be made to supply informations for those cases. While ranges of speed and load should be much enlarged, better means for the differentiation of wind resistance, and starting resistance is also necessary.

Train resistance results for American cars are also found in Pennsylvania railroad test reports, Chicago, Burlington, and Quincy railroad tests, and General Electric Company tests. There exists some difference in results for the first two tests from these curves. But the Pennsylvania Railroad results are claimed to be equally applicable at all speeds between 5 and 30 miles, and show that effect of speed upon resistance seems to have not received any attention. The Chicago, Burlington, and Quincy Railroad Tests were done for one speed, 20 m.p.h. only, though four kinds of weather were chosen, and car weight varied. Hence little weight should be laid on them.

St. Louis Tests and Berlin-Zossen tests give test results of resistance of electric motor cars, which is necessarily higher than the values for freight or passenger cars, on account of the motors, gearings, and the higher influence of air and wind resistance for the shorter trains, or single motor cars. However, results of these two sets of tests show a very great divergence in the resistance values. This is shown by the following table:

Table 2.

Train resistance, lbs./ton, at speed

Test	Car Wt. tons	40	50 M.P.H.	60
St. Louis	38	21.8	28.7	36.5
Berlin-Zos.	103	8.7	11.7	15.5

Aside from difference in car construction, and test conditions, it shows clearly that car weight is very important factor in the resistance per ton of any car.

Mr. Aspinall made train resistance tests on the British Lancashire and Yorkshire railway in 1900. Trains experimented were made up of bogie-coaches, but they weighed only 20 tons each, and practically all cars experimented were of that weight. Hence variation of resistance with axle load as well as with the speed was not conceived at all. The results of this single car weight, when plotted will show a higher increasing rate with the speed than the curves on Page 76. The dotted line is plotted with Aspinall's results.

Examining the method of Aspinall's tests revealed that there had been no correction for the acceleration, grade, or wind resistance. Acceleration was eliminated by keeping throttle and reverse gear constant, and grade was said to be small. The results here showed that grade or acceleration might have been not negligible as expected.

Carus-Wilson used data from Barbier's tests on the Northern Railway of France. Resistance at 30 m.p.h. was taken as 6.5 lbs. per ton, and that at 60, 14.3 lbs. per ton, which shows also a higher increasing rate than these curves as given on Page 76. Influence of weight on resistance was not recognized at that time.

Mr. Davis suggests formulae for freight, passenger, motor cars, and locomotives. Those for the freight and passenger cars are given below:

$$R = 1.3 + 29/w + 0.045V + .0005AV^2/wn$$

$$R = 1.3 + 29/w + 0.03V + .00034AV^2/wn$$

An interesting comparison of the resistances from these formulae with those from the curves is shown in the following table:

Table 3.

Comparison of Results of Train Resistance
By Davis Formula with Bulletin No. 43

Speed	Train Resistance, Car Weight in Tons							lbs./ton
in	40				60			
	Results		Differ.		Results		Differ.	
M.P.H.	Test	Form.	lbs.	%	Test	Form	lbs.	%
10	4.7	4.8	+.1	+2.1	3.5	3.7	.2	5.7
15	5.1	5.1	0	0	3.7	4.0	.3	8.1
20	5.5	5.5	0	0	4.0	4.4	.4	10.0
25	6.0	6.0	0	0	4.4	4.8	.4	8.3
30	6.6	6.5	-.1	-1.5	4.9	5.2	.3	6.1
35	7.2	7.1	-.1	-1.4	5.4	5.7	.3	5.5
40	7.9	7.8	-.1	-1.3	6.0	6.2	.2	3.3
Average				-.3				+6.7

The formula results are also plotted on curves on page 75. This shows more deviation in the higher values of average car weights. As the car weight is now becoming heavier every day, the application of these formulae may be doubtful on account of its deviations at those weights.

From the foregoing considerations, it is obvious that for the rating of locomotives, the requirement of capacity of engine, the predetermination of power consumption, and the economics of operatinon and location, much work should be done along the line to find actual net resistances of trains of any make-up which may be met in the present railroad service. While wider range in speed and load are essential, more precision about the results seems also highly desirable.

III. Analysis of Train Resistance

As a train dispatcher, or yard master, what interests us is only the magnitude of the net resistances of different kinds of trains at different speed. Knowledge of proper way of allowing grade, curve, wind and cold weather influences is also exceedingly important. But as an engineer, and a scientist, further analysis of this gross inherent resistance is also interesting. With the exception of hoping some improvements in the equipments or operation, this is, however, of little practical value. The train will require the same amount of pull from the engine to cross a certain ruling grade at a given speed, whether the journal friction, or the track resistance is the main factor composing the same amount of gross resistance.

Just for the sake of investigation, we can classify the elements of the gross train resistance as in the following:

- Gross Resistance
  - Inherent Resistance
    - Air
    - Journal
    - Track
    - Rolling
    - Flange
    - Internal Friction } Miscell.
    - Shock & Oscillation } Miscell.
  - Accidental Resist.
    - Grade
    - Curve
    - Acceleration
    - Wind

(a) Accidental resistances are those met by trains only on special occasions. It is to be noticed that in the test works all these are carefully eliminated from the final results, either by controlling, choosing conditions, or by delicate calculations. The different elements composing this term are treated one by one in the following paragraphs.

Grade resistance is easily seen to be 20 lbs. per ton per percent grade, from principles of inclined plane. If G represents the feet of rise per mile, grade resistance

$$Rg = 20G/5280 = 0.379G$$

Acceleration resistance is found by Newton's law of motion taking both translation of car body and rotation of car wheels into consideration. This is fairly accurate. Thus

$$Ra = W \times 2000 \times 1.466A/g - \frac{k^2}{g^2} \times w \times 1.466A$$

$$A = 0.733\,(V_2^2 - V_1^2)/S$$

where W is the total weight of train in tons, w, weight of one pair of wheels and axle in lbs., k, radius of gyration of the wheels and axle, A, acceleration in M.P.H. per sec. of the train within the selected section, having V_1 and V_2 as terminal velocities, and a distance S feet apart.

Curve resistance is, however, not determined theoretically. Early estimates have been taken as .5 lb. per ton per degree of curve, and not coincidently recent tests have confirmed this result. Results from University of Illinois Bulletin 167 show us that variation of curve resistance with speed is somewhat precarious, but most values run from .4 to .6

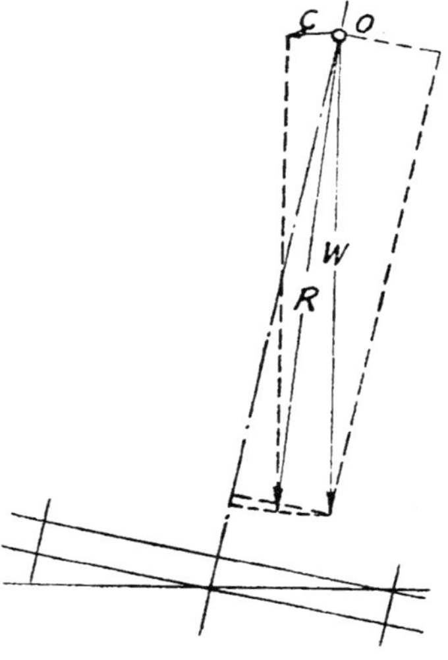

lb. per ton per degree curve. Generally it is seen to decrease as the speed of the train increases from 10 to 30 m.p.h. Theoretically this decrease will come to a definite speed where it is the minimum and for further increase of speed, resistance increases with it. This is easily explained by the fact that on any curve whose outer rail is superelevated, there is, for any car, a critical speed at which the car trucks have no more tendency to run towards either rail than they have on straight track, where both rail heads are at the same level: i.e. at which the centrifugal force C due to this speed forms a resultant R with the weight of the car, just normal to the plane of the rails. This critical speed depends only on the super-elevation, the track gage, and the radius of track curvature. Inspite of the uncertainty of the character of this resistance, we are not bothered in analyzing the gross resistance; since curves occur only in special occasions, and can be avoided in resistance tests, or other determinations.

Unlike those three elements of the accidental resistance as mentioned above, the fourth one, wind resistance, causes a good deal of difficulty in the past works on train resistances. This is to be distinguished from air resistance, which so far the train is not moving in vacum, is always present. In Aspinall's tests natural wind was observed at a point which previous trials had shown to be one where it was most likely that a constant pull and speed might be expected, in every 15 minutes, and shortly after the train had passed. From these readings the theoretical velocity and direction were calculated by compounding this natural wind wth the artificial one created by the movement of the train. Most resistance tests have been done in fair weather when wind velocity is less than 20 m.p.h., hoping that the resistance due to this gentle wind would not differ very much from that due to still air alone.

But as we shall see that the calculation of wind pressure at a certain speed can be done by using the equation $P = cAV^2$, A being the area exposed, and c has been taken as .0024. Now suppose a train of 50 cars with cross sectional area 90 sq. ft. and 400 sq. ft. lateral area on each side, and weighs 1700 tons altogether. Then end pressure is $P = .0024 \times 90 \times 20^2/1700 = .05$ lb. per ton, which is negligible. The side pressure of this wind, if blowing at right angle to the track, has the effect of increasing the flange friction. If we consider all flange resistance as due to this wind, and assume coefficient of friction of .11[1] between the dry rubbing surfaces between the flange and rail head, the frictional force will be

$$F = .0024 \times 400 \times 50 \times 20^2 \times .11/1700 = 1.2 \text{ lbs./ton}$$

which is not safely omitted. Wind pressure goes sometimes as high as 30 lbs. per sq. ft., its effect on the flange resistance would be considerably higher.

1. Mechanical Handbook, Kent.

(b) Inherent Resistance is inevitable in the movement of trains. It varies both with respect to speed, and axle loads of the trains under consideration. Most elements composing this item are not definitely computable nor are their characters clearly known to us. As theoretical treatment ceases, the only way is to determine them from actual tests.

By the degree of precision as we know them, the elements in this group can be again subdivided into three groups: (1) Air resistance, (2) Journal resistance, and (3) Miscellaneous resistance. There have been many investigators on the first item, and much elaborate work has been done. While the general character is somewhat known at present, it is not quite definitely settled among the existing arguments. On the other hand, very few actual full-size tests have been made for determining journal resistance. Though results from tests of similar bearings may be taken for this purpose, yet mostly they do not cover the ranges of speed and loads, and temperatures as in railroad service. About the third item, still less theoretical methods of calculation are available, and most elements in this group are even unknown in their variations with other conditions. It is obvious that much work has to be done to study the magnitudes and characters of these elements before any satisfactory analysis of the inherent resistance and the checking of the total with test results are possible. In the following lines, however, just a very brief outline of the present situations of each element is presented with the attempt to show that how far are we sure of each of them.

(1) Air Resistance—That the pressure P exerted on any flat surface of cross sectional area A sq. ft. and moving at a speed of V m.p.h. in still air is proportional to the square of this speed, and the area exposed, i.e. $P = cAV^2$ has been known for almost two centuries. Most tests and experiments show results that positively confirm this relation and different values of the constant c are given. These values, however, do not agree very much. Mr. Davis has taken c as .00225 as the coefficient for head pressure and rear suction, and used .0000155 as that for skin friction, and used .0024 as the combined effect. These values are fairly good average from independent tests made in various methods. Hence it is pretty safe to use the equation $P = .0024AV^2$ for the calculation of air pressures on the whole trains, or motor cars.

Among the air resistance tests, so far made, the St. Louis Tests made by the Electric Railway Test Commission is said to be the best ever done. In this test, the front end pressure and rear suction were measured by means of detachable vestibules hung from projected beams, guided by guide frames, and the air pressure on this vestibules weighed by means of dynamometers, beams, weight, and dial spring balance. The skin friction was measured in similar way by making the car body mounted on ball bearings, and air resistance weighed by beams and spring balance.

Hence the results are direct measurements of the actual pressures. With the exception of the friction lost, or errors in spring balances, it is theoretically free from other errors. Four kinds of vestibules were tested, namely: the standard, the flat, the parabolic, and the parabolic wedge vestibules. The last kind was found to have the least resistance. From the results of the car body alone, not including trucks, the value of c was found to be .000225 for the standard vestibule. Thus:

Table 4

Air Resistance, St. Louis Tests, 60 m.p.h.

Total pressure and suction, lbs.	535
Skin friction on sides and top, lbs.	47
Total air resistance, lbs.	582
Resistance per sq. ft. cross section, (72 sq. ft.)	8.10
Coefficient, c	0.00225

Mr. Davis assumed that the pressure and suction of trucks is the same as that on a standard vestibule, and friction on bottom of car same as the side and top, then c turns out .00228.

Professor Nipher in his paper "The Frictional Effect of Railway Trains upon the Air" proved a value of .0023 for c, from a series of tests made on the I. C. R. R. in 1900. Gauges as shown in the sketch were used. The collection cylinder C was mounted on a light wooden channel bar sliding in guides attached to a clamp. The pressure was then

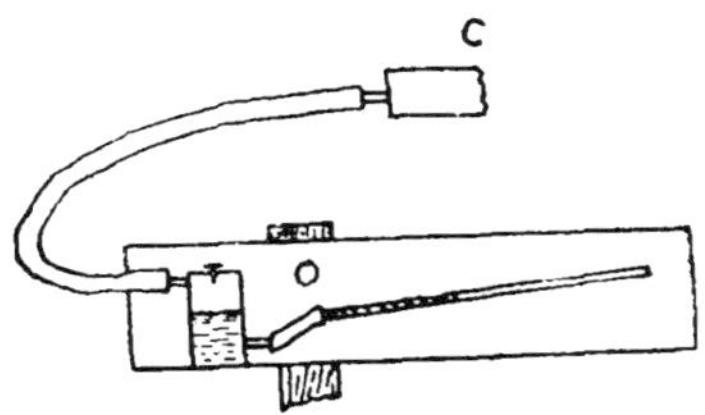

led to a closed cistern of water. Increased water level in the inclined arm shows an increase of pressure in the collector due to motion of train. Data of pressure, by this gage, and the distance of this collector from the car, together with the speed of train measured by timing its passage through stations, give value of c as .0023 as shown in the following:

Table 5

Air Resistance, Prof. Nipher's Tests

Series	Velocity	No. of Obs.	d	P	$c=P/V^2$	Remarks
I.	46.0^{mph}	21	10.5″	4.90	.0023	No wind

II.	38.3	36	20.4	3.42	.0023	No wind
IV.	41.7	87	15.1	3.42	.0020	Light
V.	44.7	18	5.4	6.01	.0030	Head wind
VI.	42.5	10	8.5	4.11	.0023	No wind

Despite of the fact that velocity was not very accurately determined, the results are still highly acceptible on account of the large number of observations for each value obtained.

Berlin-Zossen electric railway tests gives also a formula for air resistance as $P = .0052V^2A$, where P is in Kg., V, in kilometers per hour, and A, square meters, which is equivalent to $P = .0027AV^2$, if P is in lbs, A in sq. ft. and V in M.P.H. Coincidence with value from Newton's equation for fluid pressure is mentioned in the report, which is of course not to be creditted. U-shaped tubes were used for the measurements of air pressures, and data is said to check up well with one another. Data from five runs between Zossen and Marienfelde were plotted, and they are found to fit the curve $P = .0052AV^2$ nicely for lower speeds than 100 km. per hour, and higher coefficient being necessary for higher speeds up to 210 km. per hour (130 mph.). Pressure curves for gages on inclined surfaces of detachable noses are also given, and they present very good picture of their magnitudes and relation with speed.

Observations here involved were accurate and consistent. But, it still involves the fact of taking the pressure at one or more points in the cross-sections, as a measure for the whole surface, which from Prof. Nipher results from pressure board, is seen not to be quite true to any desirable precision. It is obvious that it should not be relied upon more than other similar tests.

Aspinall made also elaborate measurements on air resistances, by using some twenty Hall anemometers scattered in the cross-section of a car, early in 1900. Also hemispherical collectors and Hall anemometers were used side by side in different parts inside and outside the cross-section. Results were also plotted, and they appear to agree very closely with the curve $P = .003AV^2$. In this test, speed was recorded in graphs and readings from collectors and anemometers were found to be consistent; hence it is also necessary to accept this value of c.

From all these considerations cited above, it is obvious that the using of a value of c as .0024 is a fairly good compromise among all sets of test results, and as all independent tests lead to approximately the same results, we are pretty sure to use this formula for the calculation of air resistance of moving trains.

Another interesting test made by Professor Goss should receive proper attention. Model trains of 1/32 size of actual freight cars were put in a long wooden tunnel with dynamometer equipment under each of them. Air was blown at different velocities through it. Friction force on each car was observed and velocity of air measured by gages. This test suffers from two weak points: (i) pressure on full size cars will not be the same as on models, and (ii) tunnel might have been too small, and friction of its sides had not been negligible. It, however, gives very precise relationships between different cars in the train and it holds good for all velocities. Thus the graph:

Height of the vertical black lines shows the relative amount of air resistance of different cars in the train to a certain scale.

(2) Journal Resistance—Journal friction will vary with many things: material, lubrication, size, speed, pressure and temperature of the journal under consideration. In railroad services, some are eliminated by fixed practice or other conditions, such as the materials, being always brasses on steel journal, lubrication, being the oil-pad method, and sizes, varying through only small ranges, from 5″ × 9″ to 6½″ × 10½″. But speed, pressure and temperature of journals vary through considerable ranges, and have great effect on the friction. They can be seen from the following table.

Table 6

Variation of Speed, Pressure & Temperature in Railway car Journals

	Low Value	High Value	
Range of Speed ft/sec.	0.83	14.43	
Range of Pressure.	195	460	(Load)
Lbs./sq. in. proj.	73	195	(Empty)
Range of Temperature, °F	125	145	85° Air temp.

Now in order accurate coefficient of friction be found for the common equation for finding frictional resistance

$$R_j = u\, d_a\, L_a \times 2000 / d_w\, W$$

where R_j is the axle friction, lbs. per ton, u, coefficient of friction, d_a, diameter of axle, in., d_w, diameter of wheel, L_a, load on axle, in tons, and W is the total weight of train in tons, tests should be made with full size car journals, with same kind of lubrication, running through speeds from less than .83 to more than 14.33 ft. per sec., under load from 73 to 460 lbs. per sq. in. projected area, and at temperatures from 125 to 145 deg. F. When enough observations have been made with all conditions well under control, values of u may then be obtained which will be applicable to conditions in railroad services.

Unfortunately tests of this kind is not at all available. Among the well known experiments on journal resistances, ranges of these variables are compared in the following graph:

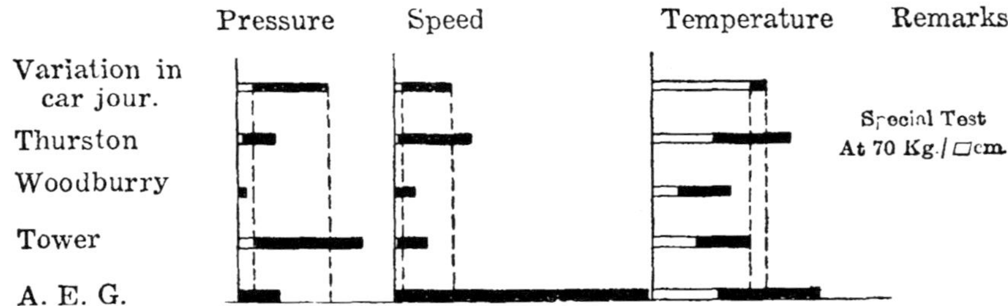

It is clear from the graph, that none of them covers all the three required ranges. Furthermore journals tested were not similar in construction as in railroad cars, and lubrication was also different. These different tests while made in different time and place, should be creditted equally. Their conflicting results are then far more bewildering. As a whole, they all show that values of u do really vary with any of these conditions, and the relations can be roughly shown as follows :

(1) It decreases as the pressure increases at a decreasing rate.

(2) At low temperature, it increases as velocity increases, and becomes less so at high temperatures near 212°F.

(3) It decreases very much at low pressures as the temperature increases, and is practically constant at high pressures.

As the values vary from .006 to .06, as the conditions change, the use of any definite value for all conditions is undoubtedly not justified.

Aspinall used in his treatise on train resistance coefficient of friction at different speeds from Tower's experiment, taking the journal friction coefficient increasing slightly with some power of speed, above a certain speed. Thus the following table shows magnitudes of axle friction at different speed from his results:

Table 7

Journal friction from Aspinall

Speed of axle ft/min.	Speed of Train m.p.h.	Coefficient	Axle Friction lbs/ton
157	20.0	0.01	1.65

Speed of axle ft/min.	Speed of Train m.p.h.	Coefficient	Axle Friction lbs/ton
209	26.6	0.0087	1.43
262	33.4	0.0085	1.40
314	40.0	0.0078	1.29
366	46.6	0.0085	1.40
419	53.3	0.01	1.65

It is to be noticed that coefficient at 40.0 m.p.h. is the least. While this table serves to show the approximate magnitude of this journal friction, not enough evidence is presented as to make us believe it.

Carus-Wilson considered u as independent of pressure with such lubrication as used on car journals, and also independent of speed. He took it to be dependent upon diameter of journal only, and used a value of 1.65 lbs. per ton for 4″ journals, and 42″ wheels, which corresponds to a value of u of $1.65 \times 42/4 = 17.3$ lbs. per pound, and is .0086 for friction in lbs. per ton. He separated test results of Barbier's tests on Northern Railway of France in 1891-95, into this assumed component, some empirical formula results for the so-called "flange resistance," and air resistance from $P = .00254AV^2$. It must have involved heavy work of cut and try method before all formulae were found to be applicable to check up the test results. Some other part, which should not be overlooked, as the miscellaneous resistances, was perhaps purposely omitted in his analysis for the purpose to check up the formula results with the test values. On the other hand, magnitude of flange friction is seen to unbelievably high as to be more than 50% of the total net resistance. Hence the method of analysis, as well as the treatment of journal resistance is altogether doubtful.

Davis treated journal resistance in still another way. Only the variation with pressure and temperature were considered, but the speed relation is assumed to be constant, which is seen to be not quite true. Based upon test data, a formula is suggested in the form

$$R_j = 1.3 + 29/w,$$

where w is the weight per axle in tons, and R^j in lbs. per ton. It was plotted and shown together with tests results from P. R. R., C. B. & Q., and University of Illinois tests. Speed variations are eliminated by prolonging curves of University of Illinois tests to cut the speed axis, which is thought not justified in doing. Curves from other tests are at low speed and serve only as a comparison with values from the suggested formula. Similar to what Carus-Wilson had done, Davis separates test results from other investigations into this assumed term, another assumed term for "flange resistance," and finally an air resistance from compromising formula. Though values from the formulae may be true for a certain part, yet the separating and the treating of journal resistance are not at all satisfactory. Furthermore, his term of journal resistance is said to include track, and rolling resistance, which makes the situation still more confusing.

From the above considerations, journal friction remains to be an unknown element of train resistance. Much work along actual size tests is needed before any definite conclusion can be safely drawn.

(3) Miscellaneous Resistance—Of all elements in this group, only the first one, the track resistance, has been recently attacked with theoretical considerations. No attempt whatsoever has been known to calculate or test the rest. As it was all taken up by "flange resistance" in Carus-Wilson's treatise, amounts to more than 50% in Aspinall's work, and decreases to less than 10% at high speeds as shown by Berlin-Zossen test, it appears to be the most puzzling and precarious factor among the three groups. More investigations with respect to determination of their characters are thought profitable and also feasible from the present knowledge at hand.

Now a general description of the calculation of track resistance recently developed, may not be out of place here. It is briefly as follows:

According to a report of the special committee on stresses in track of the A.R.E.A., the depression curve of the track under a loaded locomotive or cars may be found by using ordinary equations of mechanics. Different instruments have been deviced to do actual tests on railroad track, and results were found to be well within limits of errors with values of calculation. Three assumptions have been made for the developping of the equations, but they are very practical ideas, and easily conceived. Thus it is assumed: that rails are on a continuous elastic support, that the support has constant modulus of stiffness, and that negative pressures may be developed. Now if the following nomenclature is used:

P = wheel load on rail at point used as origin of absci.
E = modulus of elasticity of steel
I = moment of inertia of section of rail
y = depression of rail at any point, x.
y_o = depression of rail at wheel load, $x = O$
p = upward pressure against rail per unit length, any point.
p_o = upward pressure against rail/unit length at wheel load.
u = elastic constant-modulus of elasticity of rail-support
M = bending moment at any point,
M_0 = bending moment at wheel load,
x_1 = distance from wheel load to zero moment in rail
x_2 = distance from wheel load to zero upward pressure $x_2 = 3x_1$
e = base of natural log = 2.7183

the fundamental relation is p = ny.

From mechanics, derivatives of the elastic curve are: the first, slope, second, varying with the bending moment, third, shear, and the fourh, intensity of load. Hence

$$EI\frac{d^4y}{dx^4}=ny \quad \text{.......(1)}$$

Solving, we have

$$y=-\frac{P}{\sqrt[4]{64\,EIu^3}}\,e^{-x\sqrt[4]{\frac{u}{4EI}}}\left(\cos x\sqrt[4]{\frac{u}{4EI}}+\sin x\sqrt[4]{\frac{u}{4EI}}\right) \text{..(2)}$$

$$\frac{dy}{dx}=\frac{2P}{\sqrt[4]{16\,EIu}}\,e^{-x\sqrt[4]{\frac{u}{4EI}}}\sin x\sqrt[4]{\frac{u}{4EI}} \quad \text{.......(3)}$$

$$M=EI\frac{d^2y}{dx^2}=P\sqrt[4]{\frac{EI}{64u}}\,e^{-x\sqrt[4]{\frac{u}{4EI}}}\left(\cos x\sqrt[4]{\frac{u}{4EI}}-\sin x\sqrt[4]{\frac{u}{4EI}}\right) \text{....(4)}$$

$$EI\frac{d^3y}{dx^3}=-\frac{P}{2}\,e^{-x\sqrt[4]{\frac{u}{4EI}}}\cos x\sqrt[4]{\frac{u}{4EI}} \quad \text{.......(5)}$$

and

$$p=-ny=P\sqrt[4]{\frac{u}{4EI}}\,e^{-x\sqrt[4]{\frac{u}{4EI}}}\left(\cos x\sqrt[4]{\frac{u}{4EI}}+\sin x\sqrt[4]{\frac{u}{4EI}}\right) \text{(6)}$$

For special points as desired:

$x_1=\frac{\pi}{4}\sqrt[4]{\frac{4EI}{u}}$, $M=o$, from (4)

$M_o=P\sqrt[4]{\frac{EI}{64u}}=0.318\,Px_1$, $x=o$, in (4)

$y_o=-\frac{P}{\sqrt[4]{64EIu^3}}$ $x=o$, In (2)

$p_o=P\sqrt[4]{\frac{u}{64EI}}=-ny_o$ $x=o$ in (6)

$x_2=\frac{3\pi}{4}\sqrt[4]{\frac{4EI}{u}}=3x_1$ $p=o$, in (6)

From these equations, a master diagram showing depression of track, and bending moment can be drawn, and by combination of influences of many single wheel loads, depression curve of the track under a car is roughly as shown in the following graph:

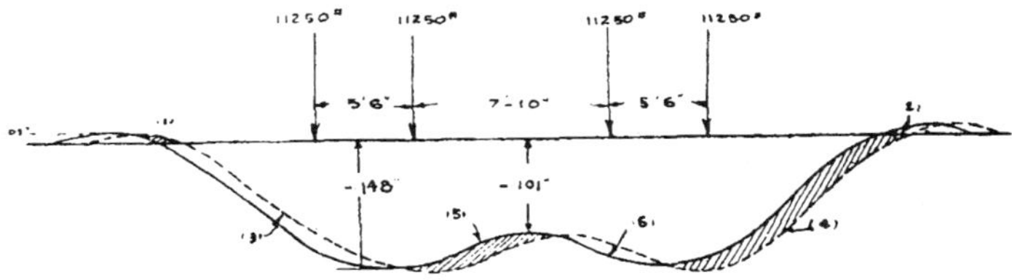

The dotted curve shows the depressions when the car moved 1 foot ahead. As the force is proportional to the ordinates and the abscissa is distance, area of these curves represent to some scale the work done in each case. We see that (3) (6) (2) are wasted, and (1) (5) (4) are spent to depresse the track. Assume u = 1125, and other values shown in the figure.

	(1)	(2)	(4)
Average force:	1125×.004×12 =54 lbs.	1125(.148−.101) ×12/2=168	1125×.074×12 =999
Distance	.008	.047	.148
Work/foot movement	54×.008=.4″lb.	168×.047=79	999×.148−147.9

Hence total work = 227.3″lbs., and resistance = 227.3/12 = 18.94 lbs., or 18.94/22.5 = 0.84 lb. per ton.

We can see from this that this track resistance when compared with gross resistance of low weight cars at low speed of 3 lbs. per ton, it is nearly 30%. If the relationship between this stress and the speed of trains may be definitely known, it will help to solve the problem of track resistance.

Rolling resistance depends upon the nature of the surfaces, and the irregularities of form and the force with which they are pressed together. Thurston took it as due to roughness of surfaces of rolling and the irregularities of form. No definite law is developed. Generally, if R = resistance at the circumference of the wheel, W = total weight on the wheel, r = radius of the wheel, then

$$R = fW/r$$

f being a coefficient and was taken as .002 by Thurston for railroad tracks. Then magnitude of this element can be seen if W = 60/4 = 15 tons, and r = 20″, then R = .002 × 15/20 = .0015 lb. per ton, which is obviously negligible in practical considerations.

Flange friction may be very heavy when a strong side wind is blowing, but ordinarily, it is but accidental in character. Due to swaying and oscillation of the car bodies, wheels on one side of one or more cars will come in contact with the rail for several seconds, and leave it when the car goes to the other side. This makes this problem somewhat precarious, and any attempt to solve it without taking this into account will undoubtedly over-estimate it in most cases. Carus-Wilson assumed boldly the following relation, though derivation given, that

$$R_f = (w/W) \quad (vc/b)$$

where w is the weight of two trucks, W weight of whole car including trucks, v, velocity of car, b the rigid wheel base, and c, the total play between flange and rails. The relation may be true, but the accidental relation is not noticed at all. Hence it made his flange resistance unbelievably high as shown above. Davis shows in his flange resistance, though including some other minor parts, to be proportional to speed only, i.e. $R_f = fV$. Coefficient is taken from .03 for locomotives, .045 for freight cars, to .09 for motor cars operated singly. This happens to be applicable within his formula of total resistances. Any reliance on it for the determining of flange resistance is obviously very shaky. Far more better works of tests are required before this problem can be attacked in any reasonable way.

Internal friction resistance implies frictions at the center plates, side bearings, bolsters, etc. Despite of the heavy pressures bringing these parts together, and some considerable rubbing is present, this group is seen to have very slight effect directly on the train resistance. While analysis appears difficulty, and no one has attempted to do it, we may as well take care of it, by allowing a small part of the total resistance as unaccounted for.

Transverse oscillations of cars have been considered by Mr. Leffler[1] to be the action of a compound pendulum. The center of swaying is taken at the intersection of the vertical line through the center of gravity of the vertical load and a horizontal line over the tops of springs. Then assuming scale of springs, and measuring compression of them due to oscillation, the time of swaying may be found, and thence energy of the oscillation. Similar method may be used for the up and down oscillations, and energy wasted in them. By following this reasoning, approximate magnitude of these groups may be obtained, although sound basis will still depend upon test results.

IV. Conclusion

Train resistance is useful for the tonnage rating, predetermining power consumption, and economics of operation and locatin. In most cases, gross values of net resistances are the most desirable and useful results. Information of this kind is only to be found from Bulletins No. 43 and 110 of University of Illinois. Extension of these results is required to cover the greater ranges of car weight and train speed.

Analysis shows only the relative importance of each element of train resistance, and possible improvement of designing and operation. While tests for air resistance have been very comprehensive, and consistent, investigations into all other elements are inevitable if any reasonable separation of the gross net resistance is desired.

1. Proceed. A.R.E.A. 1926.

AN ANALYTICAL STUDY OF THE THREE-POWER ELECTRIC LOCOMOTIVE IN ITS DESIGN AND OPERATION POINT OF VIEW.

J. C. KANG

康國涇

INTRODUCTION

The writer spent the early and middle part of year 1930 in doing the electrical traction work in connection with his engineering training in the Erie Works of General Electric Company. The Erie Works, located in Erie, Pa., is the fourth largest of the Co's plants. The aggregate floor space is more than two million sq. ft. It manufactures electric railway locomotives; electric mine and industrial locomotives; compressors for cars and locomotives; railway type dynamotors; high speed circuit breakers; locomotive controllers and a large variety of other railway control apparatus.

The first one three-power locomotive was developed four years ago for New York Central RR Co., and following the successful operation of that original one, General Electric again made 41 of this new type locomotive in still improved form in year 1930. The writer had the opportunity of testing these locomotives, and by this experience interest was derived to prepare this paper in the analytical point of view of locomotive design and operation.

This paper consists of two parts. The first part gives the general features of the design of the locomotive mechanical structure, power equipment, control and auxiliary electrical apparatus etc., and the second part is entirely devoted to an analytical study of the main and control circuits and operation sequence of the control of the locomotive.

PART I.

GENERAL FEATURES OF DESIGN

The three power of the locomotive designates the power of oil-electric-battery. The locomotive is equipped and designed in such a way so to operate on any one of the three power sources, namely, the third rail external power, the engine-generator and battery power. The latter two are again termed as internal power.

The battery is ordinarily floating on the main generator power line, automatically connected into charging circuit of the generator when the load demand of the locomotive is zero, or less than full engine power. It begins to discharge in parallel with the generator as soon as the engine-generator is loaded up to the rated output (see PLATE II, battery discharges at the point 507volts-375amp. on generator operating characteristic curve for battery initial curve). The external third rail power will be available only in the electrified zone.

In switching service quick response of power application is primarily important. A relatively large amount of power must be available for period of short time, even though the average energy required for an eight-hour shift is small. In order to secure this performance the locomotive is equipped with storage battery of relatively large capacity which can easily supply the high momentary current, and the combination of engine-generator and battery power allows the locomotive to be maintained in 24 hours' service daily without losing time for battery charging. The loco. has the advantages of greater flexibility in operation, higher serviceability of being twice as long as a steam loco. and better fuel economy on a mileage basis as compared with an equivalent steam loco.

The Oil-Electric-Battery locos. can be operated either on electrified or on unelectrified trackage, this permitting its use as an economic power unit while a railroad yards within metropolitan districts is being progressively electrified over a period of years.

MECHANICAL STRUCTURE

The loco. is in general of the swivel truck type with a cab of box type. The running gear consists of two 4-wheel swivel equalized trucks. The truck frames are of the Commonwealth cast steel type with transoms and pedestals cast integral. These are carried on semi-elliptic springs to the equalizers which in turn are carried on the journal boxes through quiver springs. The cab platform is a Commonwealth steel casting. The cab itself is of structural material riveted to the platform.

The wheels are solid rolled steel, 44 in. in dia., axles are 8 in. in motor bearings, and 9 in. in gear fit, with 8 in. by 14 in. collarless journals.

Operating compartments are provided at each end of the loco. cab, and next to the operating compartments are the four battery compartments, two at each end. The center portion of the loco. cab is for engine-generator and all control equipment. The outside of the cab on the control side is equipped with removable covers for access to the connections of contactors, reverser and other control equipment. A hatch is provided in the roof of the central compartment directly above the oil engine to permit its removal.

WEIGHTS AND DIMENSIONS

Weight (approx values)

Loco. complete (all on drivers)	257,000lb.
Wt. per driving axle	64,250
Mechanical Equipment	110,000
Battery	34,300
Motors	36,400
Engine and Generator	28,800
Radiators and Fans	2,700
Control	18,800
Air Compressor and Brakes	4,800
Miscellaneous	21,000

Principal Dimensions

Height overall	14′–10″
Width overall	10′– 1″
Length inside of knucles	47′–0
Length of cab	40′–0
Total wheel base	34′– 1″
Rigid wheel base	8′– 3″
Dia. of wheel	0′–44″
Track gage	4′–8½″
Min. radius of curvature	100′– 0″

CAPACITY:

T. E. one hr. rating of motors with forced ventilation	34,000lb.
T. E. continuous rating of motors with forced ventilation	24,000
Max. T. E. for starting	64,000

SPEED:

Speed at one hr. rating—

18 m.p.h. on external power

8 m.p.h. on internal power

Max. speed ....40 m.p.h.

POWER EQUIPMENT

TRACTION MOTORS

The loco. is equipped with four GE-286,600V. single geared commutating pole motors. Each motor is geared to the driving axle through 72-tooth gear and 17-tooth pinion. Cushion gears are provided because of heavy weight of motor per axle. The bearings are of *constant level oil* type which permit oiling at infrequent intervals and maintains the oil in the waste chamber at constant level.

The continuous rating of the motors is 330 H.P. at 600 V., and one hr. rating is 415 H.P. at 600 V. At the latter rating the loco. will develop a total T.E. of 34,000lb. It will develop a T.E. of 64,000lb. with 900 amps. per motor. Two motor blower sets furnish air for forced ventilation of the traction motors. The air is delivered to the motors through the cab center plate, through the truck center plate and through the transom into the motors by means of sliding flanges.

OIL-ENGINE

The oil engine is of 6 cylinder, 10″ by 12″ size, 4 cycle and vertical type, rated at 300 H.P. and 550 R.P.M. constant speed. Cylinder heads and combustion chambers are completely water jacketed. Fuel injection is accomplished by means of two opposed spray nozzles in each combustion chamber. One fuel injection pump driven from main shaft serves all cylinder. The fuel distribution is obtained by a distributor turned to admit oil to the spray nozzles of each cylinder in their proper firing order.

Lubricating oil is pumped to the moving parts of the engine by a gear-driven pump in the crank case. Oil in contact with the cylinder wall is passed through a filter and returned to the crank case oil reservoir.

The cooling water is circulated by a centrifugal pump driven from the crank shaft. Radiaters for cooling the warmed up water are located on the top of the loco., and supplied with forced ventilation by a motor driven fan.

Storage tanks having a capacity of 200 gal. of fuel oil are provided on the loco. These are sufficient to operate the engine at full load for about 10 hrs.

Generator

The compound wound generator has a capacity of 200KW. It is directly coupled to the engine shaft by a flexible coupling to correct any possible error of shaft alinement.

The generator is built with drooping characteristic so compounded as to match the voltage characteristics of the battery and to permit the application of full load to the engine before power is drawn from the battery. In its shunt field an equalizing switch is provided to cut out part of the shunt field resistance for giving the battery a periodic equalizing charge by raising the voltage during time of operation. The generator is supplied with battery power to run as a motor in starting the oil engine.

BATTERY

The battery is arranged in four compartments with two tiers in each compartment and is of the Exide Iron-clad TL-clad TL-27 type. The battery of 240 cells is rated at 650 amp-hr. based on 6 hr. rating. Drop type hinged covers make the battery accessible for inspection and flushing from axle inside the loco. and also from the outside of the loco.

CONTROL

The control is type PCL non-automatic with individual electro pneumatically operated contactors. It is of the 3-speed type with an operating position in each end of the cab. The connections of motors for 3 speeds are:

Low speed—All 4 motors in series
Intermediate speed—2 motors in series with 2 sets in parallel
High speed—All 4 motors in parallel

A cam-operated series parallel switch is used to establish the three different motor combinations. The loco. is protected against overloads by the overload relays inserted in the main circuits of the individual motors. These overload relays again trip off the JR high speed circuit breaker which is for protecting the loco. against short-circuit.

Accelerating resistances of cast iron grid type are used in motor circuit for starting purpose, and they are supported underneath the platform.

The control is also arranged to permit the following methods of operation:

(a) Internal Power
 1. From battery alone
 2. From engine-generator and battery together

(b) External Power
 From third rail

Transfer of power from internal to external or vice versa is made automatical by the arrangement of the transfer relays, this will be explained fully in Part II.

All contactors are controlled by magnetic coils to which power is supplied at 32 volts either by the 32 volt motor-generator set or by the lowest 16 cells of the battery (the latter for emergency use only). Two type C-522A controllers and two type MS-161 push-pull button switches, one at each end, are used for the 32 volts power control of the 600 V. main circuits.

MISCELLANEOUS ELECTRICAL EQUIPMENT

(a) 2 radiator-blower motors and 2 traction-motor-blower motors are equipped to operate on 600V. power. The power for the former is supplied by engine-generator only, while that for the latter is either by third rail or by engine-generator, being also automatically transferable from internal power to external or vice versa by the function of an aux. transfer relay. Their power and speed control are on the push-pull button switches. The two speeds provision is to vary the motor speed in according with the loco. load condition.

(b) One air compressor motor together with the 2 stage compressor is suspended from the underframe. The motor is operated on either internal power or external power. A governor switch is put in its control circuit for cutting in and cutting out the motor power. The governor switch is set to cut in power at 110 lb. of air pressure and to cut out power at 140 lb. The compressor has a displacement of 120 cuft. of air per min. when running on 600 V. power.

(c) A motor-generator set for converting 600V. power to 32V. power is provided in the engine room for operating the control, cab lights and headlights. The motor is operated by internal power of either engine-generator and battery or battery alone. In the shunt field of this generator a carbon pile voltage regulator is inserted for regulating the terminal voltage of the generator in various load condition.

(d) A small oil clarifier motor is direct coupled to an fast speed of the centrifugal force type oil clarifier which is installed in the engine room. The power is obtained from the engine-generator.

(e) Two ampere-hour meters are installed in the engine room, one of which is the differential instrument to indicate battery charging condition and the other to indicate the total discharging and charging of the battery. Both meters are connected to the same shunt at the grounding side of the battery. To this same shunt two ammeters of 750-0-1500 amps., one for each end, are connected to indicate to the engine-man the rate of battery charging or discharging. In the traction motor circuit another shunt is provided with two ammeters being connected up for indicating the motor current. Two voltmeters are also installed to show the voltage of the main power supplied to the motors.

A compact design is required of this type loco, because of the large amount of equipment to be installed and the necessity for such an arrangement as to make it accessible for inspection and maintainance, and also for keeping min. wt. within desired wt. limit. The loco. is to be arranged for 100 ft. min. radius curvature.

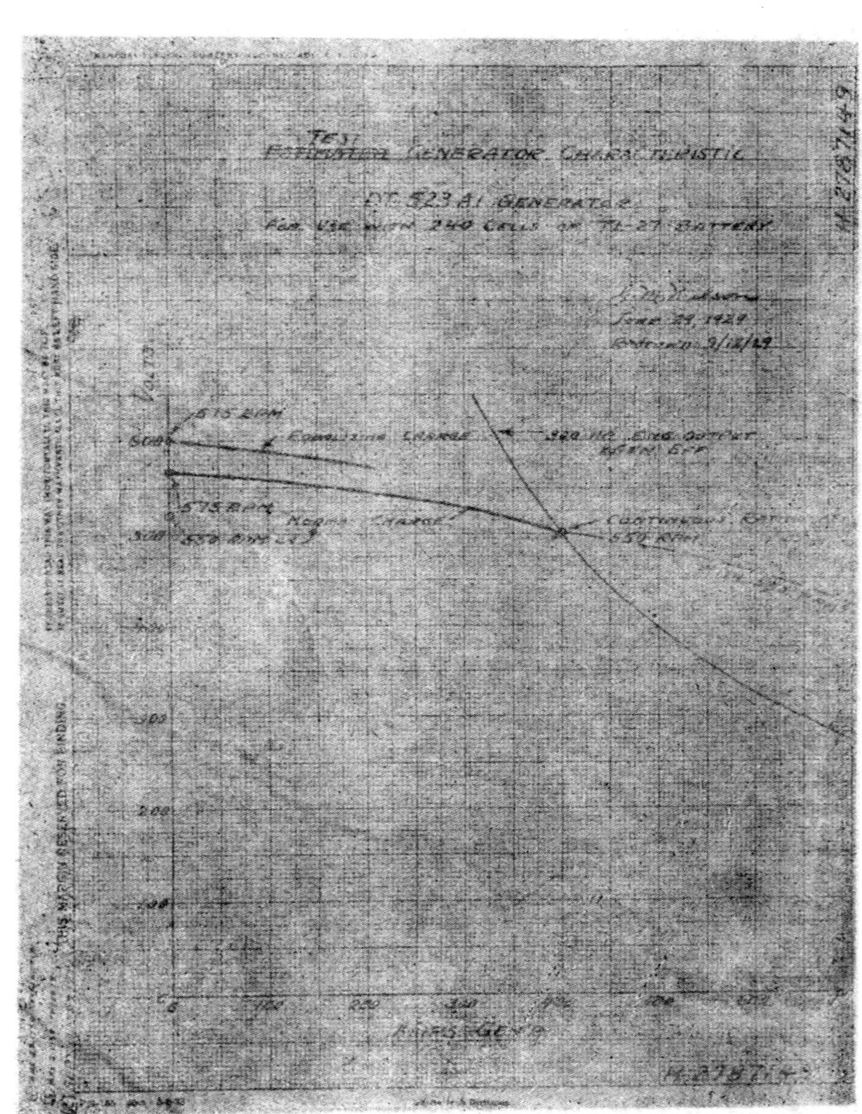

generator characteristic curve

Plate I

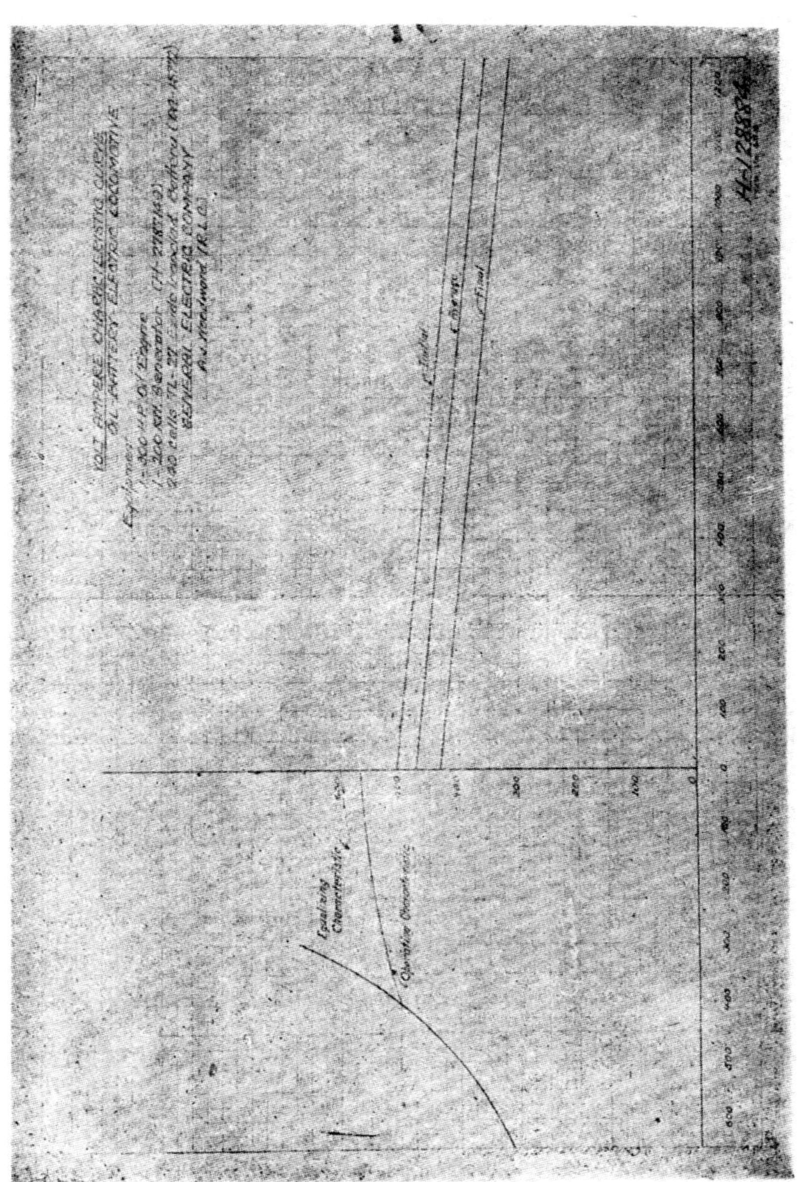

volt-ampere characteristic curve

Plate II

PART II.

MAIN AND CONTROL CIRCUITS
OF
THE OIL-ELECTRIC-BATTERY LOCOMOTIVE

In order to explain the entire circuits of the loco. in a systematic way it would be suggestive of dividing the whole circuits into nine parts, namely,

(1) Internal Power Main Circuits
(2) External Power Main Circuits
(3) Voltmeters and Potential Relay Circuits
(4) Traction Motor Main Circuits
(5) Controller Circuits (Control Circuits)
(6) Auxiliary Motors Main Circuits
(7) Auxiliary Motors Control Circuits (including Engine Control Circuits)
(8) Lighting Circuits
(9) Meter Circuits

(1) INTERNAL POWER MAIN CIRCUITS

The generator circuit is parallel to the battery circuit by closing the contactor 5. A by-pass acrossing the positive side of the battery through the contactor 40 and the starting resistances R_1-R_3 to the outer terminal of the commutating field of the generator is provided for running the generator as motor by the battery current. This starting resistance is ordinarily included in the shunt field circuit. The two sets of battery cells are connected into series by the three-pole-single-throw quick break switch. A reverse current relay is put in the positive end of the generator for the protection against counter-flow of the battery current into the generator armature. Both the generator and battery power are directly led to the contactor 4 for supplying the traction motors, and also led to the battery aux. switch for supplying the aux. motors. The whole locomotive is of grounding negative system.

Reverse Current Relay (RCR)—This relay consists of a series coil of few heavy turns connected in the main line of the generator and a shunt coil of large number of turns and high resistance connected across the generator voltage.

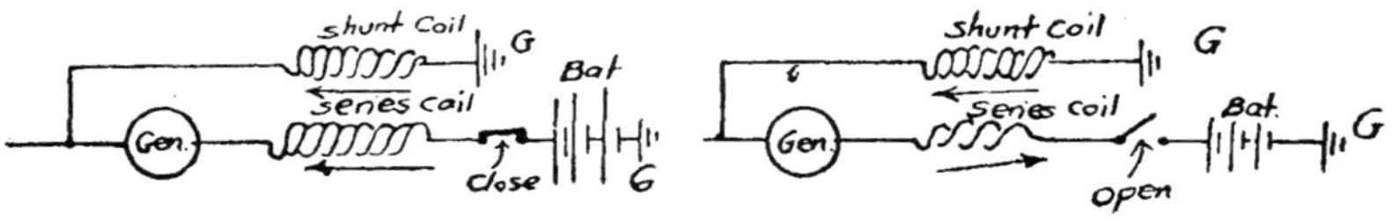

The magnetomotive force in the series coil due to the right direction current will be additive to that in the shunt coil, and at certain calibrated strength of a spring against which the combined electromagnetic forces of the two coils will pull up a relay contact. This relay contact is inserted in the control circuit of coil 5 (see engine control circuit) for making sure that the contactor 5 remains open unless the relay contact closes at certain calibrated voltage. The calibration of the pick-up voltage of the shunt coil is set at 560 V., and the drop-off voltage at 515 V. This means that the relay contact closes at a generator voltage which is high enough to charge the battery, and drops off to open up the contactor 5 as soon as the generator voltage falls down below the calibrated limit. From above two diagrams we can see a reverse current in the series coil will then buck the shunt coil in its electromagnetic effect.

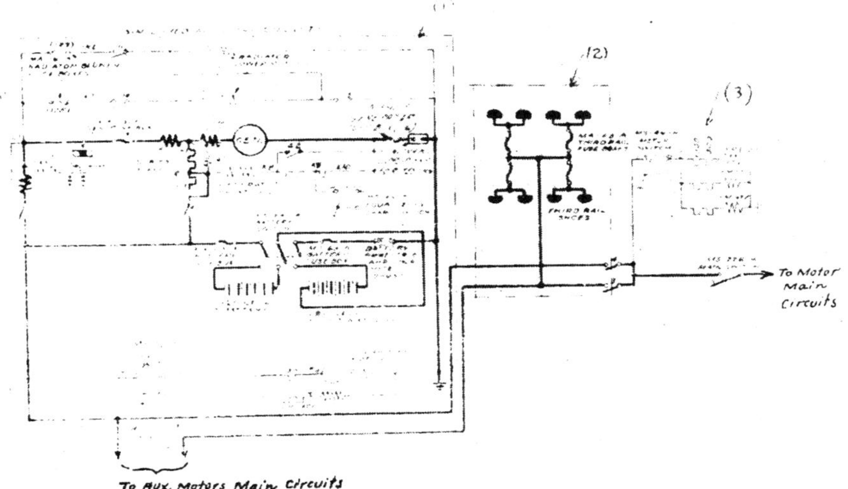

(1) Internal Power Main Circuits
(2) External Power Main Circuits
(3) Voltmeter and Potential Relay Circuits

Equalizing Charge of Battery—For the purpose of giving the battery a periodic equalizing charge, a hand-operated equalizing switch is provided for shorting out one resistance tube in the shunt field circuit of the generator so to raise the generator voltage during time of heavy operation.

(2) EXTERNAL POWER MAIN CIRCUITS

The four third-rail-shoe circuits are combined into a main line conductor which goes to contactor 3 for supplying the traction motors, and also goes to the third rail aux. switch for supplying transfer relays, heaters and aux. motors.

(3) VOLT..ETERS AND POTENTIAL RELAY CIRCUITS

The parallel circuits of the voltmeters and the pot. relay are connected to the lower contacts of contactor 3 and 4, obtaining power by either closing the internal power main contactor 4 or the external power main contactor 3. The voltmeters here indicate the line voltage supplying to the traction motors.

Potential Relay—The potential relay consists of a magnetic coil with a small relay contact to be operated. The coil is in series with a high resistance (2–1330 ohms tubes), being connected across the line voltage. Its calibration is made by varying the tension of the springs attached on the relay contact. To provide a protection against power failure the PR drops out as voltage falls below the calibrated value, which in turn opens up the control circuit of coil 37 (see Controller Circuits). Contactor 37 opens up following the de-energizing of its coil 37, the relatively large resistance (0.42 ohm) is again inserted into the motor circuits. The relay thus protects the possible damage which would have happened on the motors, provided this resistance is not re-introduced into the motor circuits for checking up the excess current caused by voltage restoration.

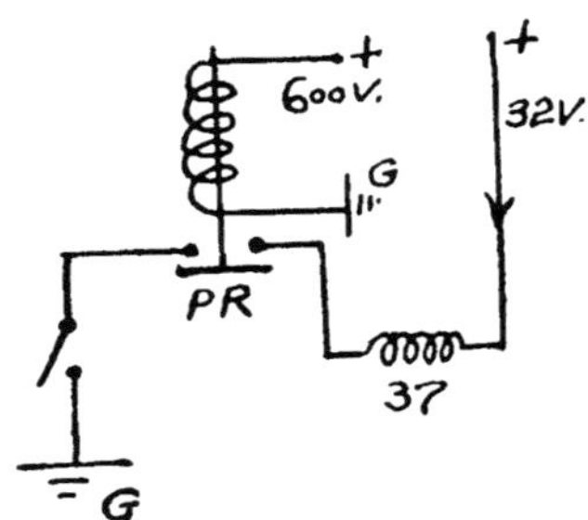

Also in the action of power transfer from external to internal as for instance, the main transfer relay (T.R.) drops to its normal position following the failure of external power. Referring to left diagram we see that the transfer will not be completed unless contactor 4 is closed. But contactor 4 and its coil 4 are electrically interlocked by the interlocks 37. Therefore contactor 37 must return to its normal position first, and this is done by the dropping off of the PR contact. Here the accelerating resistance .42

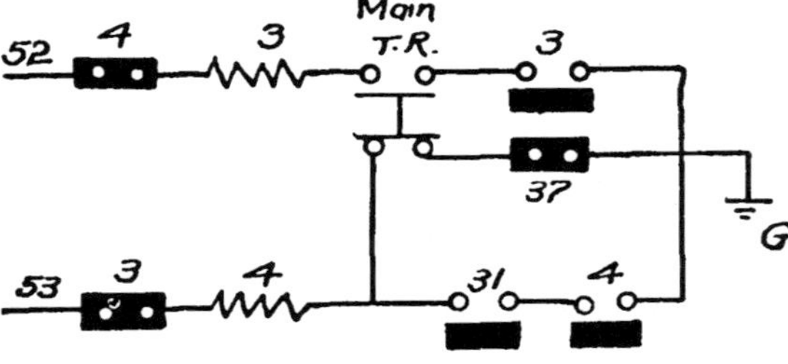

ohm is again re-inserted into the motor circuits. In the other case of transferring power from internal to external, although the main T.R. is picked up instantly after the third rail shoes touching the external power, the potential relay contact will not drop off until controller handle is shifted back to "off" position to open up the contactor 31 and then con-

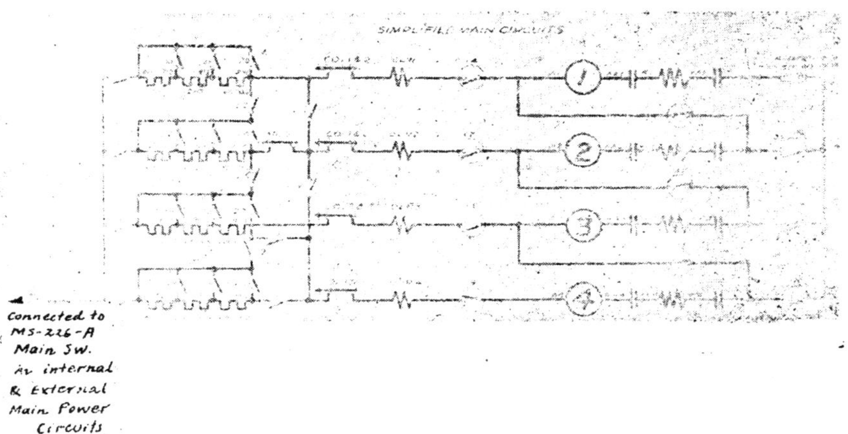

Traction Motor Main Circuits

trctor 4. Here contactor 37 returns again to its normal position, and the resistance of 4.2 ohm is reintroduced into the circuit. This relay is also for minimizing the chance of flash-over of the motor commutators in crossing a gap in the third rail line conductor at high speed.

As the electrical interlocking system is extensively used in the control circuits of the loco., it is advisable to know what is the "interlock" first. The interlocks are aux. contacts carried on the main contactors. In order to prevent incorrect operation of the contactors the operating coils are electrically interlocked by means of those aux. contacts, controlled by the plunger of the moving contactors. The function of the aux. contacts is then to render the making of certain connection contigent on the making or breaking of other connections. The control drum development of motor cutout switch and series parallel switch will show the making and breaking of the connections at the relative positions of the moving drums by the function of the interlocks.

(4) TRACTION MOTOR MAIN CIRCUITS

The first part of the motor circuits consists of four sets of heavy duty resistors of cast iron grid type, R_{11}-R_{14}, R_{21}-R_{24}, R_{31}-R_{34} and R_{41}-R_{44}. Four taps are brought out from each set of the resistors and are connected to a group of contactors. Twenty three individually electro-pneumatically operated contactors are connected up in this part of accelerating resistance circuits. The systematic performances of the contactors actuated by their respective magnetic coils in the control circuits produce a definite sequence of closing for the acceleration of the motors. Next to the resistors are a group of motor cutout switches which function to isolate either pair of the motors or all of them. Then four overload relays are put one in each line of the motors. Another group of ten cam-operated contactors are grouply assembled on a series parallel switch which is operated by a piston contained in an air cylinder. This group of contactors functions only in the time of transition for establishing the three connections of motors. The terminals of the series fields and one side of motor armature terminals are connected to the reverser which reverses the connection of field terminal to armature terminals for the reversal of motor rotation.

The Electro-pneumatic Unit Switch System—The individual contactors employed to cut out or to cut in and to change the combinations of the accelerating resistances of this type loco. belong to so called electro-pneumatic unit switch system. The contactors are energized by compressed air cylinders controlled by electrically operated valves. The solenoids of these valves are connected by multicore cables to the controller contacts in the driver's cabs. Thus the actual control is electrical, while the energy for closing the contactors is pneumatic. The advantages of electro-pneumatic control are several, of which the following may be named:—

(1) The control voltage may be low, thus protecting the driver from the necessity of handling high voltage switches.

(2) A compressed air cylinder is one of the lightest, smallest and cheapest ways of producing a high mechanical pressure. A unit switch of the dimension used for this type locos. has a contact pressure of more than hundred pounds.

(3) The contact pressure is independent of line voltage, thus avoiding the tendency of vibration and welding-up of contacts when operating on a very low line voltage. The control voltage is 32 V. on this type locos., which shows economical in maintainance, there being little arcing or wear on contacts of controllers, etc., and a low energy consmuption for the control system. The air is supplied by the brake compressor.

Over-load Relays and Cutout Switches—The series coils of the overload relays are connected in the main lines of the motors. The electromagnetic effect produced by the motor current tends to pull up the relay contact which is against a spring pressure. By varying the spring pressure the relays are calibrated to trip off the contacts at about 1200 amps. Since all the relay contacts are connected in series with the holding coil circuit of the JR high speed circuit breaker, over-current happened in any one of the motors will result the tripping off of its relay contact and in turn opens the JR holding coil circuit to release the main line breaker.

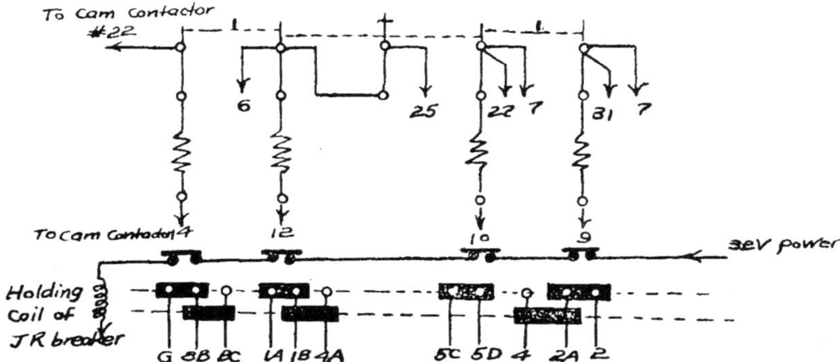

Motor cutout switches CO 1 & 2 and CO 3 & 4 are D.P.S.T. manually-operated knife switches for group of motors 1 & 2 and 3 & 4 respectively. The middle MCO switch is of S.P.S.T. type, mechanically interlocked and going out together with either one pair of the CO switches. These cutout switches carry aux. finger contactors as shown in above diagram, whose function will be explained later on in (5) Controller Circuits.

Reverser—All the series field terminals and one side of the arma-

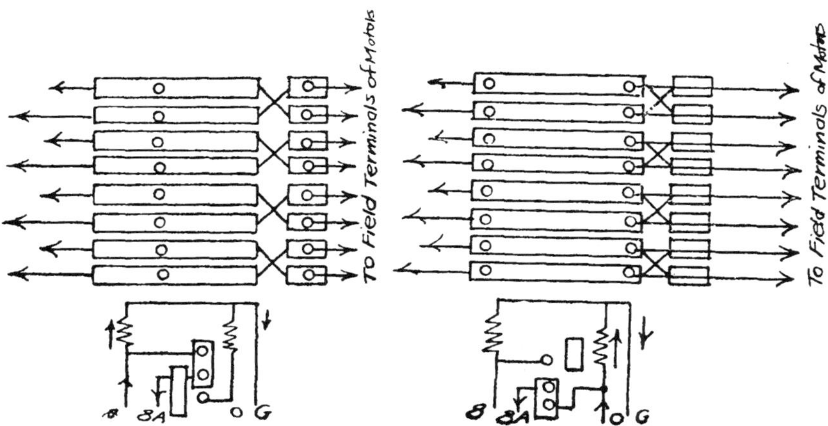

ture terminals are connected to the fixed finger contacts of the reverser. By rotating the shaft to certain angular displacement, and thus changing the relative position of the short-circuiting segments, the connection of one terminal of the field with the armature terminal is reversedly changed. Take for instance the short-circuiting segment attached on the movable shaft shorts AA1 and F1 in above left diagram for forward motion, then in the right one the segment shorts AA1 and FF1 for backward motion.

The reverser is electro-pneumatically operated by a piston. The valves are controlled by the magnetic solenoids same design as those used on individual contactors. Interlock fingers (8, 8A, 0) are provided to ensure that the reverser is completely thrown into its proper working position before the main circuits (contactor 31 & 19) can be closed.

Rheostat Calculations—The problem of calculating the rheostat steps can be approached from several angles. For certain railway service we can generally design control gear to produce a certain desired starting acceleration. Calculating the tractive effort and therefore the current required, and settling the limits between which the current is to allowed to fluctuate and from this deduce the number of controller notches and the value of the corresponding resistance to each. We must limit the current peaks for the sake of keeping down the peak load of the substation when operating on external power and of the engine-generator when operating on internal power or for the sake of avoiding skipping the wheels. We also desire the first notch to produce a low current peak and so allow the train to start gently, which will be a great convenience for switching operations.

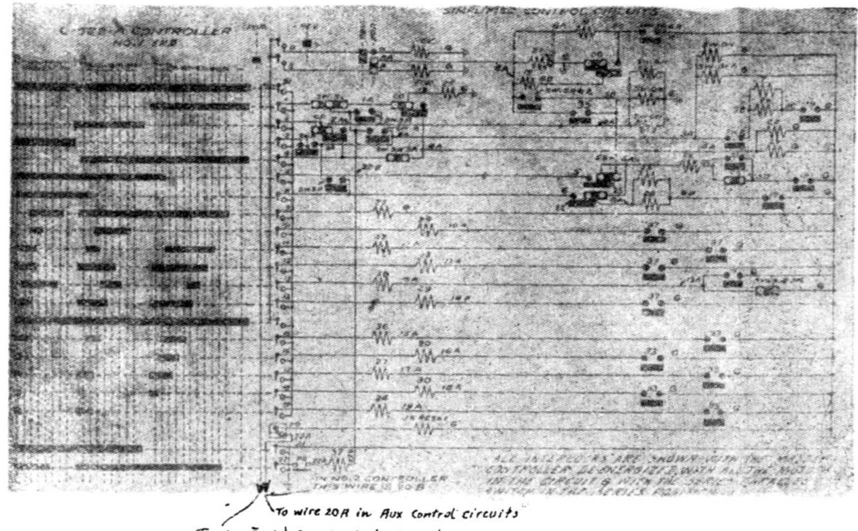

Controller Circuits

If the matter of the requisite rheostat steps be approached mathematically, a series of equations is arrived at which can only be solved by a process of trial and error. As such calculations are often tedious, various graphical methods have been deviced for reducing the labor necessary, but such methods do not necessarily produce a definite number of steps. The method generally used depends upon the rule that for any given current the actual speed is proportional to the back e.m.f. or more precisely—for any given current:—

$$\frac{\text{speed at any applied voltage}}{\text{free running speed (at full voltage)}}=\frac{\text{corresponding back e.m.f.}}{\text{back e.m.f. when free running}}$$

It is beyond the scope of this descriptive paper to go into the discussion on the actual steps of calculating out the values of the resistances as shown in the diagram. However the characteristic curves of the motor together with some other data, such as armature resistance at 75 deg. C., gear ratio, wheel diameter, operating voltage and loco. weight, etc. are supplied for reference.

(5) CONTROLLER CIRCUITS

The controller is of cam-shaft type and provides 3-speeds control of the motors. The controller steps and motor groupings are as follows:

11 Resistance steps, motors connected four in series.
1 Running position, motors connected four in series.
7 Resistance steps, motors connected two in series, two such groups in parallel.
1 Running position, motors connected two in series, two such groups in parallel.
7 Resistance steps, motors connected four in parallel.
1 Running position, motors connected four in parallel.

The method of transition is "shunt" method which is to shunt part of the motor circuits by resistance, then break the circuit of the shunted part and finally make the desired connection of the motors according to the position of the series parallel switch.

The master controller circuits for the control of the reverser solenoids are shown at the top left of this diagram. The master controller has a handle for shifting backward or forward so to close the contacts and then introduce the 32 V. power to energize the "backward coil" or the "forward coil" respectively.

Notch 1—Motor connection in series as contactors 9, 11, 13 and 15 are in close-position according to the series-parallel switch cam-development diagram. The controller cams close the contacts D_1, 1, 4 and also the contacts for admitting power to 0 and 8 to energize the reverser solenoids. Power through D_1 is connected to all fixed finger contacts. Coils 19, 31 and 25 are energized by the power coming through reverser interlocks, s-p switch and CO switch interlocks. One reason is evidently to ensure right working position of the switches before contactors can go in, and other reason is to make availabe the change of the circuits following the change of the position of the CO switch interlocks. The two-finger-interlock (sw. s & sp.) in the circuit of coils 22 and 29 is evidently to electrically interlock these two coils not to be energized when the motor connection is in parallel.

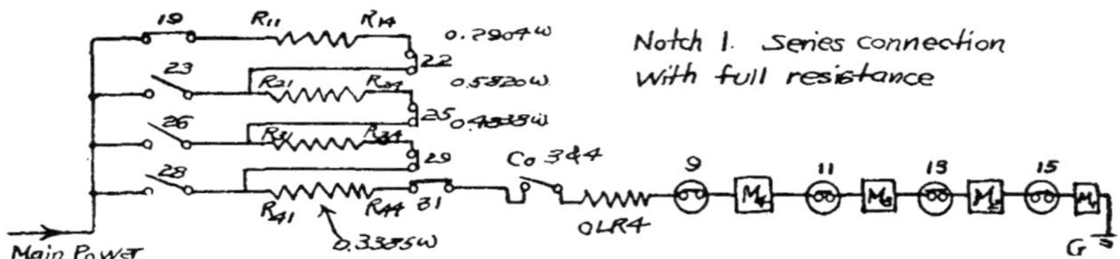

Notch 2—From notch 2 to notch 11 the controller notches out the accelerating resistance step by step in series connection. The section of highest resistance .51 ohm is first notched out by closing contactor 35.

Notch 3—Coil 37 is energized to notch out the section of resistance .42 ohm. This coil gets power from the interlocks at each position of the s-p switch, for the reason of ensuring right working position of the switch before this section of resistance can go out.

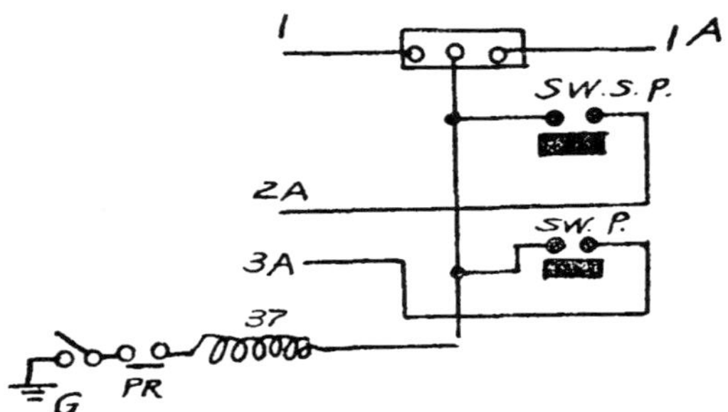

Notch 4—Coil 34 is energized to notch out the section of resistance .387 ohm.

Notch 5—Coil 33 is energized to notch out the section of resistance .210 ohm.

Notch 6—Coil 38 is energized to notch out the section of resistance .156 ohm. The interlocks 7 and sw. s & sp. are inserted in the coil circuit in parallel form, because in case with CO switch 3 & 4 being disconnected and after the s-p switch reaching its parallel position, the sections of accelerating resistance R_{31}-R_{34} and R_{41}-R_{44} must be connected into parallel first and then the resistance being notched out step by step. Otherwise if the resistance, being not electrically interlocked with its contactor, may happen to go out before contactor 7 goes in, there may result uneven distribution of current between motors 3 & 4, and may cause skipping of the wheels attached to motor 4.

Notch 7—Coil 39 is energized to notch out the section of resistance .150 ohm.

Notch 8—Coil 36 is energized to notch out the section of resistance .123 ohm. Coil 38 is de-energized because contactor 39 is in.

Notch 9—Coil 20 is energized to notch out the whole section of resistance R_{11}-R_{14}.

Notch 10—Coil 27 is energized to notch out the whole section of resistance R_{31}-R_{34}.

Notch 11—

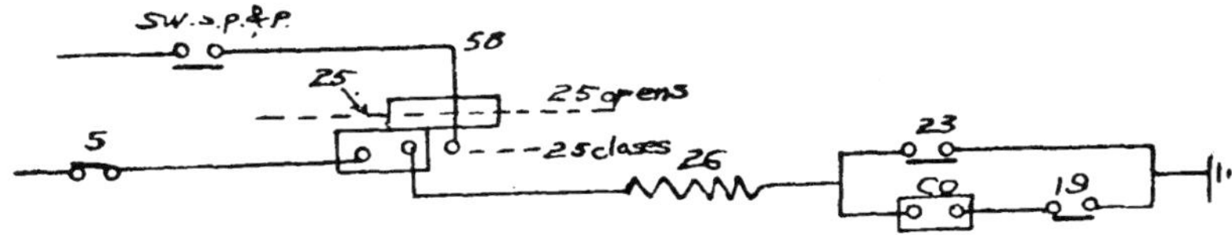

Since contactor 25 is closing and its interlocks are in close position as shown in above diagram, coil 26 is energized for paving the road for series parallel arrangement. The resistance effect of the first three sections of accelerating resistance is thus reduced to zero. The only effective resistance remaining in the circuit is R_{43}-R_{44} (.0325 ohm). Coil 32 is de-energized in this position.

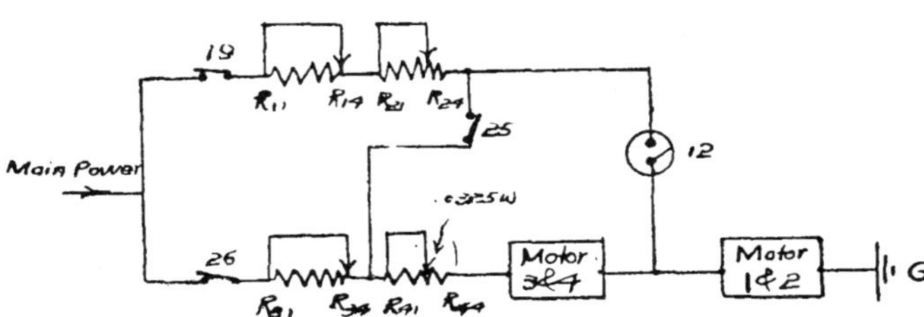

Notch 12—Coil 30 is energized to notch out the last step of resistance. The motors are in full series running position. Coils 20 and 36 are de-energized.

Transition T1—All rheostat contactors open except 35. Contactor 25 opens up to separate the four sections of rheostat into two groups.

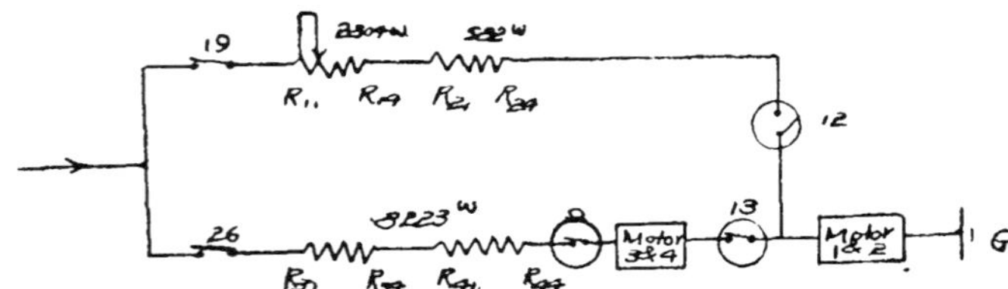

Transition T2—At this position the control power through the CO interlocks goes to energize the s-p switch coils.

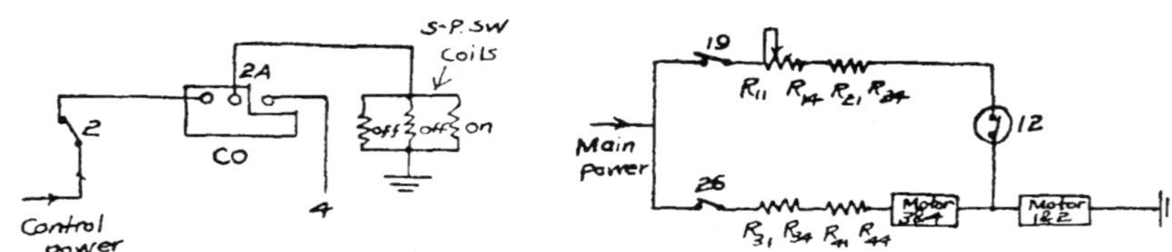

As soon as the s-p switch begins to move, contactor 12 comes in right way and it introduces resistance R_{12}-R_{24} to shunt across motors 3 & 4 and resistane R_{31}-R_{44}.

Transition T3—As the cam-shaft of the s-p switch rotates further on, it breaks up contactors 9 & 13 according to the cam development diagram.

Transition T4—Contactor 9 again goes in, and contactor 17 closes to connect motors 3 & 4 to separate ground. The two groups of motor are thus separated into parallel connection.

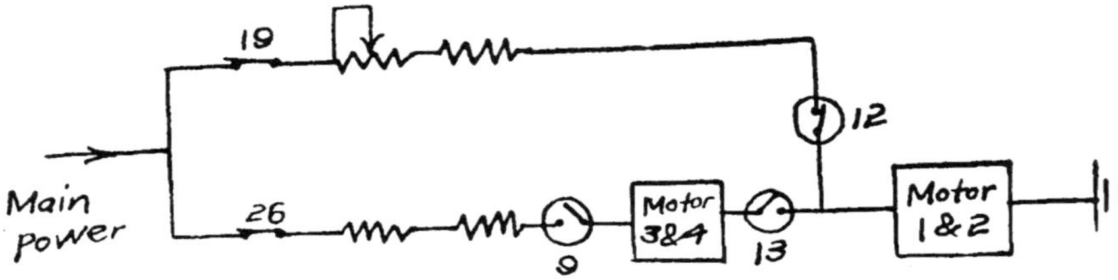

Notch 13—This is the first notch for series parallel operation of the motors.

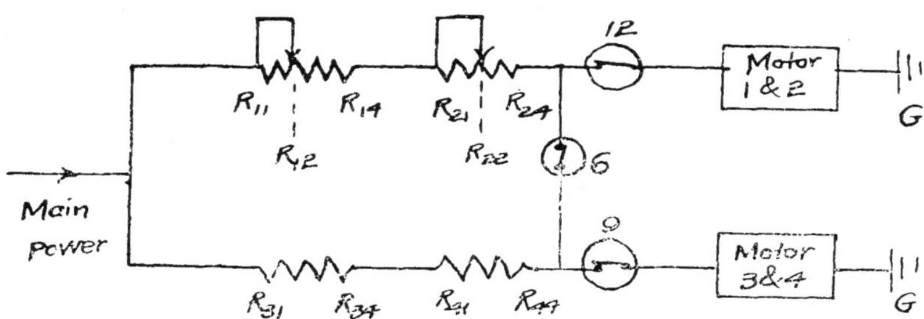

Contactor 6 closes up to make the effective resistance of the two groups of rheostat becoming like a single unit of resistance. The distribution of current between the two groups of motor is axactly even. Coil 37 is energized to notch out the relatively high resistance .42 ohm to keep up the acceleration of the motors.

Notch 14—Coil 34 is energized.

Notch 15—Coil 38 is energized.

Notch 16—Coil 33 is energized.

Notch 17—Coil 39 is energized.

Notch 18—Coils 32 & 36 are energized, and 38 de-energized.

Notch 19—Coils 24 and 27 are energized and their contactors shunt out the sections of resistance R_{21}-R_{24} and R_{31}-R_{34} entirely. The resistance left in the motor circuits is only the combined resistance of .0704 and .0325 ohm. Coil 34 is de-energized.

Notch 20—Since contactor 22 is closing and its interlocks are in close-position, coils 23 and 28 are energized by power coming through controller contacts 6 and the interlocks 22. Coil 30 is also energized to cut out all the resistance in the circuits.

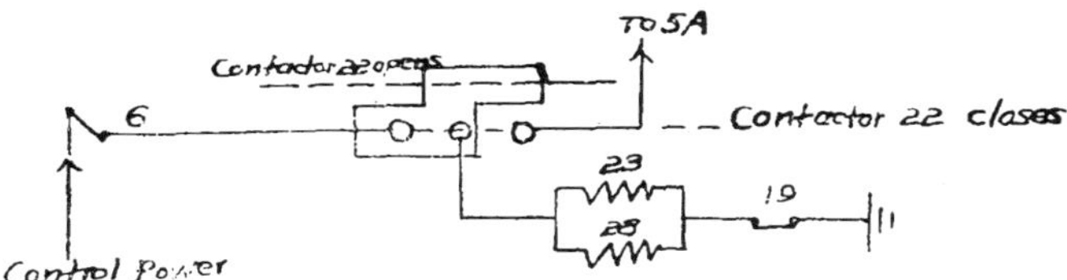

The motors obtain the full series parallel running position at this notch.

Transition T5—Contactors 22 & 29 are disconnected since now on for separating the four sections of resistance into one for each motor in parallel operation. All the resistance contactors open up at this position.

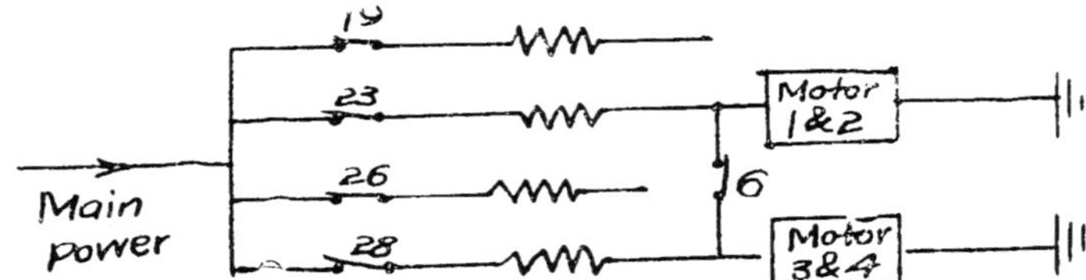

Transition T6—At this position the two parallel position coils of the s-p switch are energized, and the cam shaft rotates to close contactors 10 & 14. And thus motors 2 & 4 are shunted by resistances .7904 & .4838 ohm respectively.

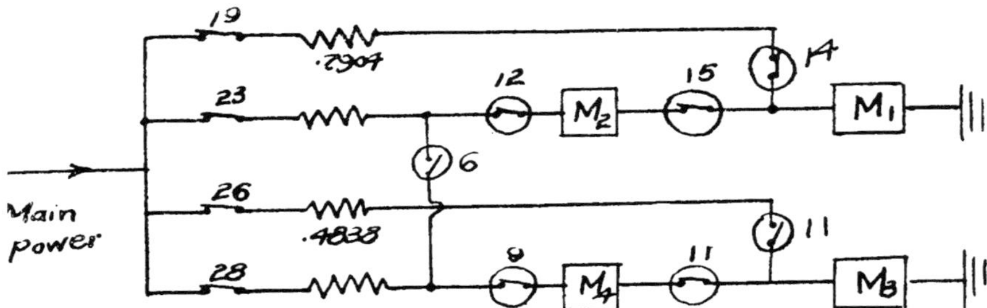

Transition T7—Contactors 12 & 15 and 9 & 11 are disconnected to isolate motors 2 & 4.

Transition T8—Contactors 9 & 12 again come in, and contactors 16 & 18 close up to complete grounding circuits of motors 2 & 4.

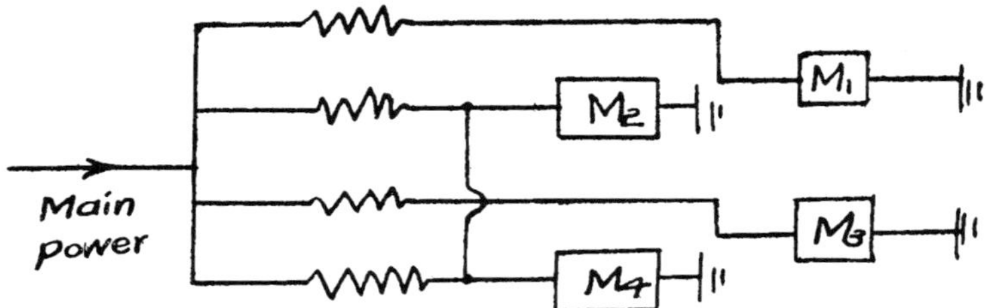

Notch 21—In this notch the four sections of resistance are connected into parallel by closing contactors 7 & 21. The parallel resistance is now in series with the four parallel motors.

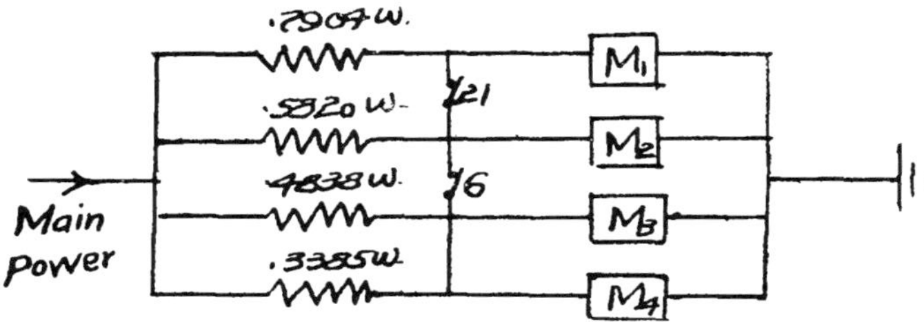

Notch 22—Coil 35 is energized.

Notch 23—Coil 38 is energized.

Notch 24—Coil 37 is energized.

Notch 25—Coil 34 is energized.

Notch 26—Coils 32 & 33 are energized.

Notch 27—Coils 36 & 39 are energized.

Notch 28—Coils 20, 24, 27 and 30 are energized. All resistances are cut out, and a full parallel running position is thus obtained.

Functions of Motor Cutout Switches & Their Interlocks

With either pair of motors cut out, in case of one or both of the two of that pair being disable, by disconnecting the proper cutout switches, the other pair of motors remaining in the circuit is to be started with original series parallel connection. In fact these two motors are in series at starting with part of the resistance in the circuit.

It is arranged that no motor circuit will be formed until controller is notched out to 13th. position. Suppose in first case to pull out CO switch 1 & 2, and of course the MCO switch going out too. The position of the interlocks then is changed as following:

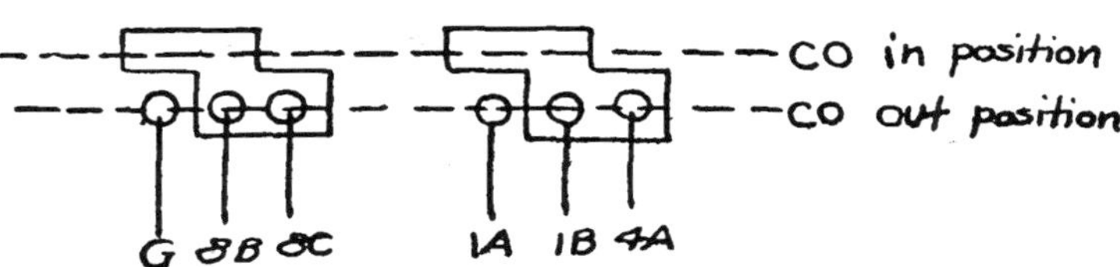

The breaking of G & 8B and 1A & 1B and the making of 8B & 8C and 1B & 4A means two things-(1) Coil 19 is not to be energized until the s-p switch comes into series parallel position. In another words contactor 19 will not close to introduce main power to the motors until the controller handle is shifted to 13th. position. (2) Coil 25 is to be energized by the making of the connection 1B & 4A at the first notch of the controller to the 20th. notch. The purpose of continuously closing contactor 25 from notch 13 to 20 is to short out completely the two sections of resistance R_{11}–R_{14} & R_{21}–R_{24} and to use the full resistance of R_{31}–R_{34} & R_{41}–R_{44} to start motors 3 & 4 at notch 13.

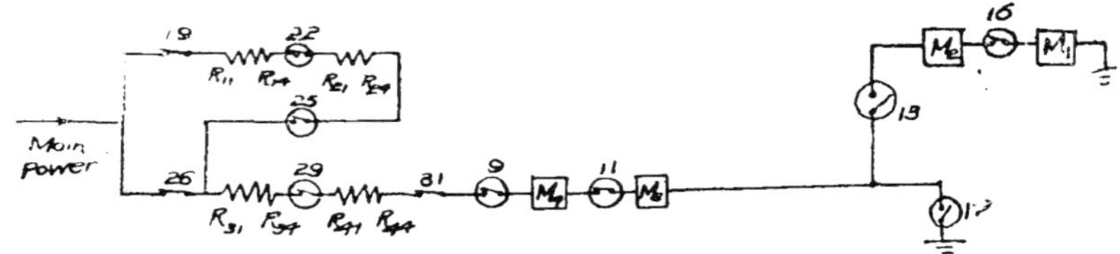

We notice that contactor 6 closes simultaneously with contactor 19, but it does not effect that circuit at all because the MCO cutout switch is out.

The resistance steps follow the same order as explained before from 13th. notch to 19th. notch. At 20th. notch contactors 23 & 28 are introduced in, they completely short out the resistance and give the two motors a full series running position as the following diagram:

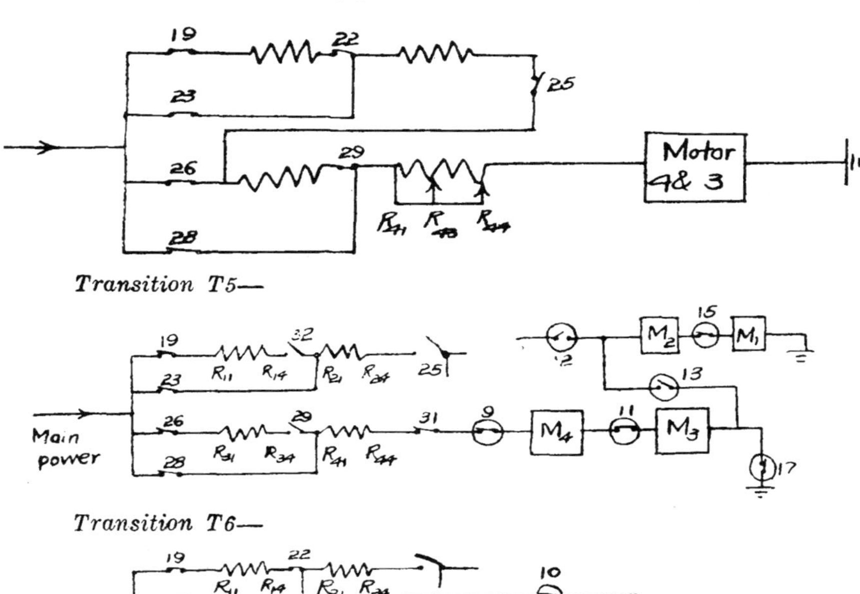

Transition T5—

Transition T6—

Transition T7—

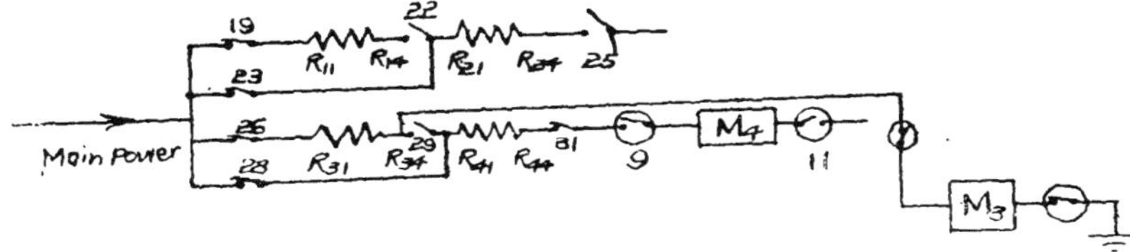

Transition T8—

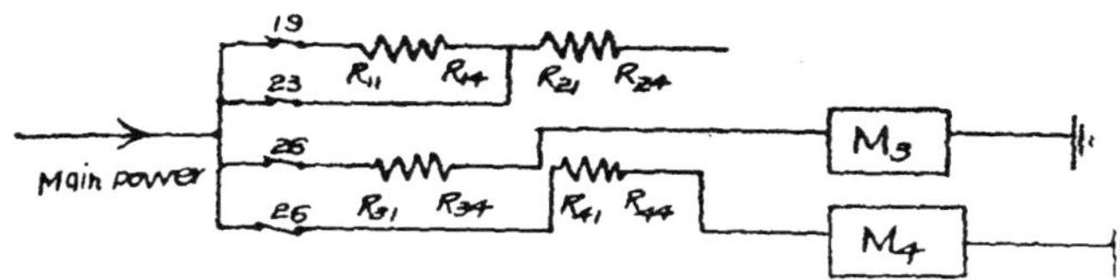

Notch 21—

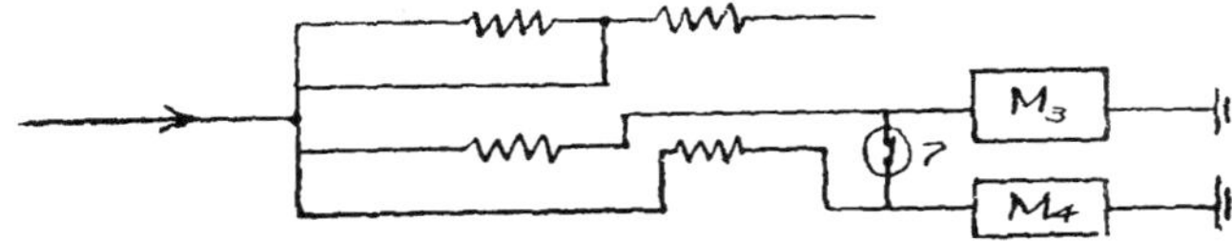

The resistance steps are notched out step by step same as explained before from notch 21 to 28 until a full parallel running position is obtained.

In the second case if the CO switch 3 & 4 are out and the MCO switch out too, the position of the interlocks will be as follows:

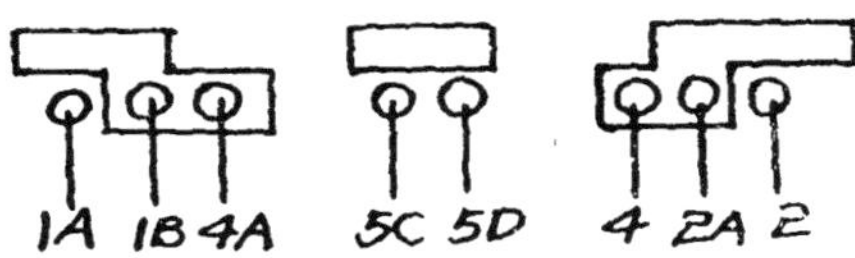

The breaking of 1A & 1B, 5C & 5D and 2 & 2A, and the making of 1B & 4A and 4 & 2A mean three things:

(1) Series parallel switch is thrown to series parallel position at the notch 1 due to the making of 4 & 2A of the interlock connection.

(2) Contactor 26 is to close at position 20 to 28 due to the breaking of 5C & 5D and also due to being electrically interlocked by contactor 23.

(3) Contactor 25 is to close from position 1 to 20 as in the first case.

No motor circuit can be formed from notch 1 to 12. At notch 13 coil 6 is energized, and motor circuit is then formed as following diagram:

Notch 13—

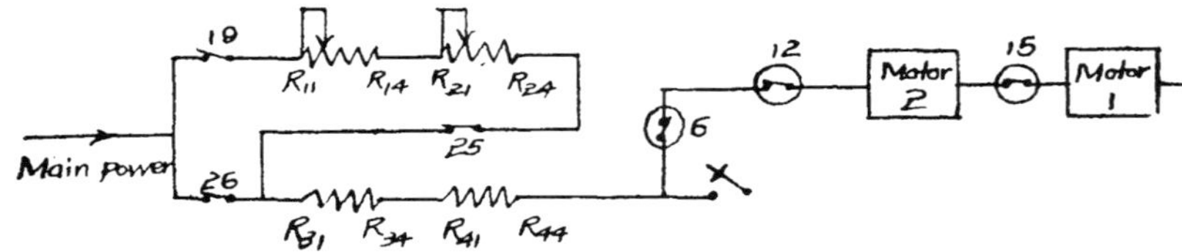

Notch 20—Full series running position:

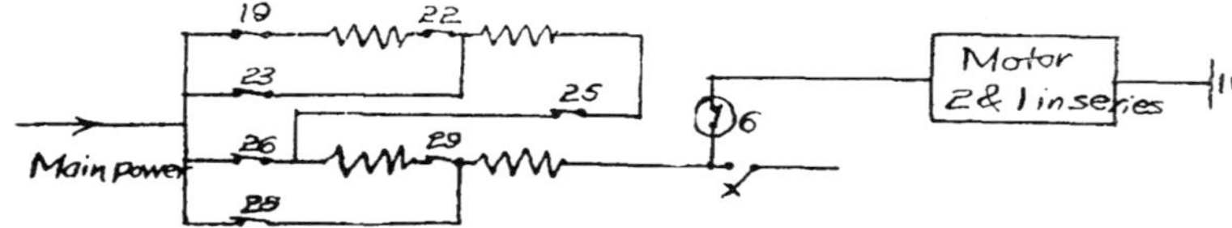

Then *Transition T5*—

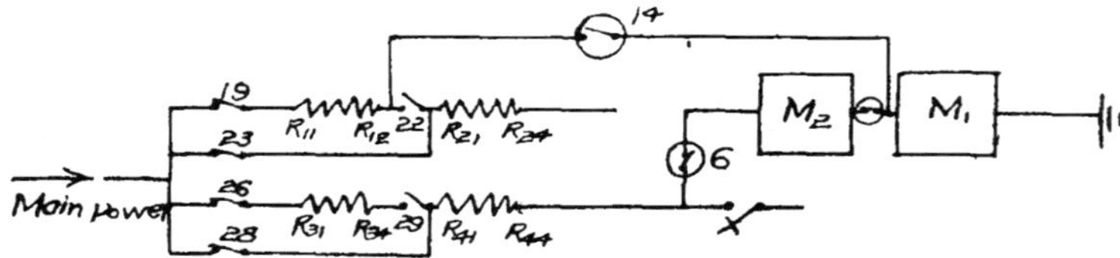

Transition T6—

Same as T_5 only with cam operated contactor No. 14 closed.

Transition T7—

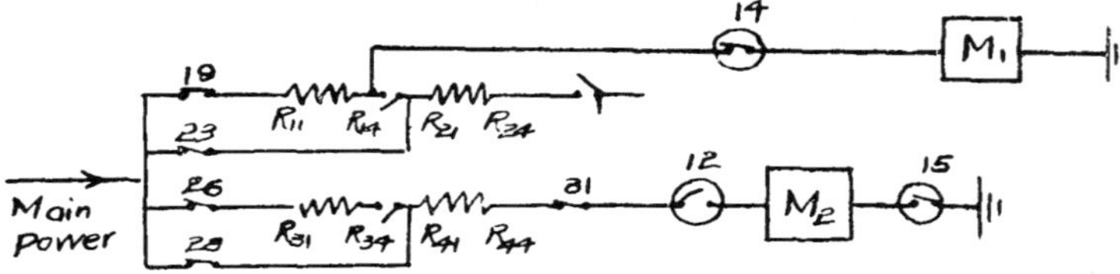

Transition T8—

Same as T_7 only with cam operated contactor 12 closed and with contactor 16 closed to grid. Motor 2.

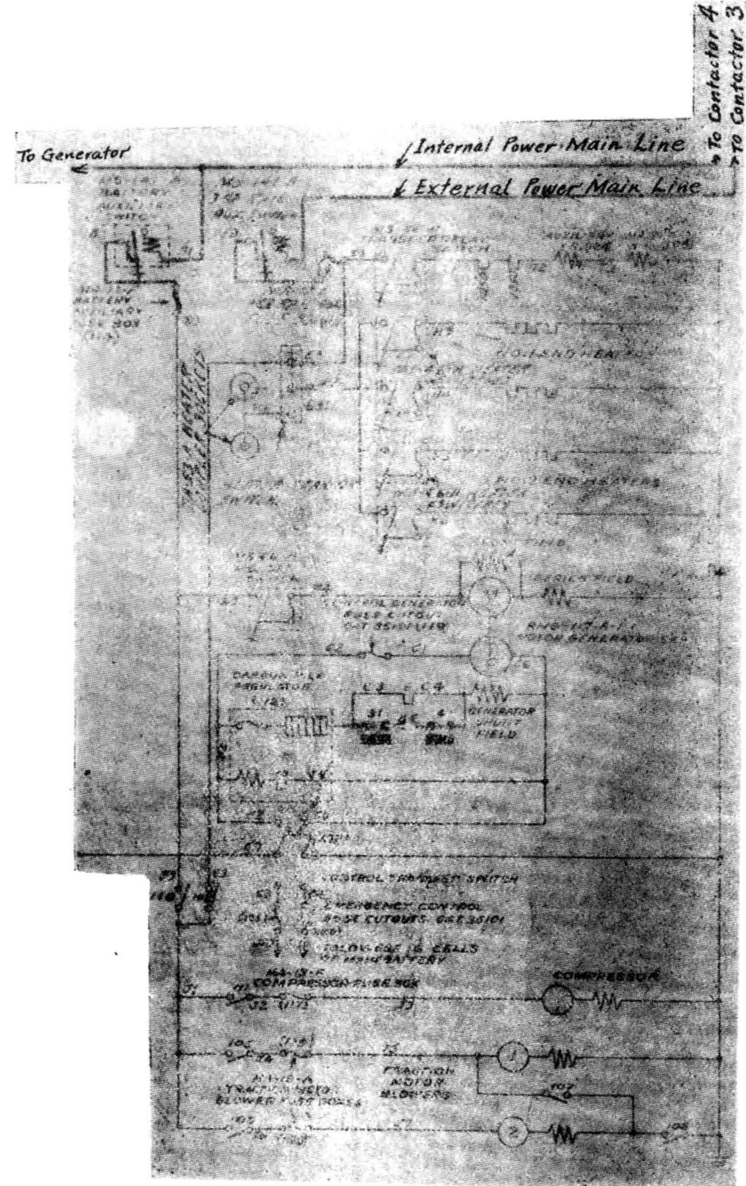

Auxiliary Motors Main Circuits

Notch 21—

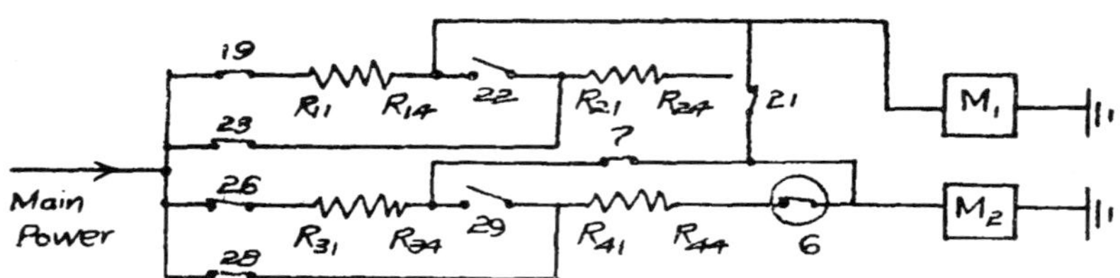

The resistance steps are then notched out same as in other cases until to notch 28 where the motors are in full parallel running position.

(6) AUXILIARY MOTORS MAIN CIRCUIT

&

(7) AUXILIARY MOTORS CONTROL CIRCUIT

(a) *Aux. Motors for Traction-Motor-Blowers:* The two series motors, one at each end of the loco., are connected to across the third rail power or the engine-generator power through the contactor 109 or contactor 110 respectively. Power transfer from internal to external flowing through contactor 109 or vice versa flowing through contactor 110 is accomplished automatically by the auxiliary transfer relay (aux. T.R.). These two contactors are again interlocked each other.

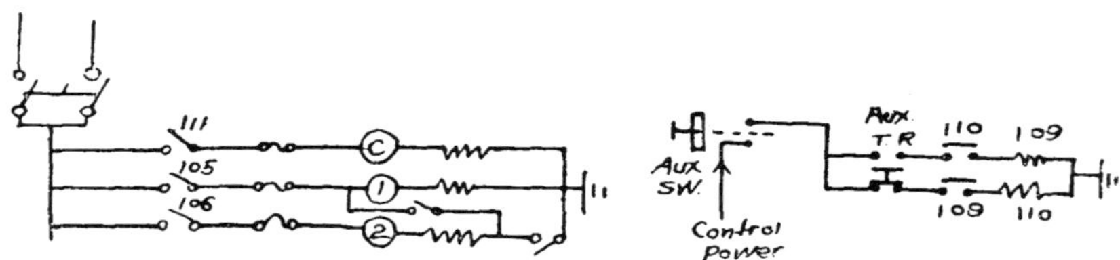

By closing contactors 106 & 107 the motors are connected in series, and thus obtain low speed. The high speed is evidently obtained by connecting them in parallel by closing contactors 105, 106 and 108, and openning up 107. The two push pull buttons for their control are mechanically interlocked. These two motors are not to be operated on battery power alone for preventing against overdischarging of battery by inserting interlocks 3 & 5 in the control circuit.

(b) *Compressor Motor*—The power contactor for this series motor is controlled by a simple snap switch in the magnetic coil circuit. The compressor governor is set to cut in power at 110 lb of air pressure, and to cut out at 140 lb.

(c) *Radiator-blower Motors*—These two series motors are to across the engine-generator voltage and acquire power only when engine-generator is running. The two speeds control is same of motor-blower motors.

(d) *Oil Clarifier Motor*—The circuit of this fractional h.p. motor is connected across the engine-generator. Its control is simply a lever switch.

(e) *Electric Heaters*—The power for the heaters, two in each operating cab, is supplied by the third rail source in time of running on external power. They can also be supplied by some other source of power connecting to the coupler sockets by shifting the heater transfer switch.

(f) *Motor-Generator Set*—This set is to convert 600 V. power to 32 V. power for control and light uses. The compound wound motor is supplied by internal power, and its control is a lever switch. The generator is of shunt wound type. The generating voltage is desirous to be maintained constant or not to be lower then 2 volts below the normal at heaviest combined control and lighting load. A carbon pile regulator inserted in the shunt field circuit is to accomplish this purpose. When the controller load is zero, a resistance of 6 ohms is in the shunt field circuit. This resistance tube is cut out by closing the interlocks 4 & 31 with the controller handle shifted to the first notch.

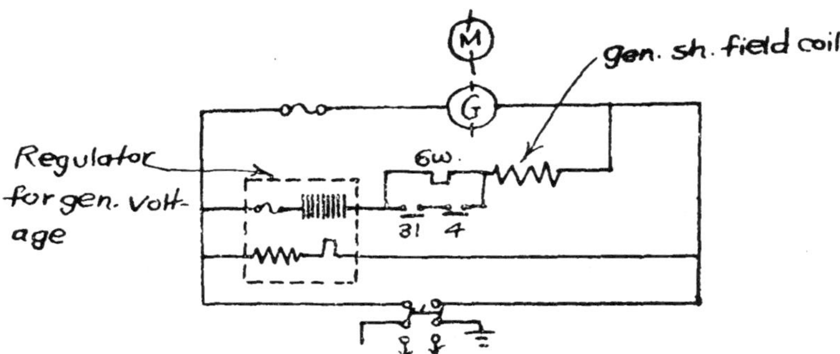

The shunt coil of the carbon pile regulator is to across the generator voltage. The different strengths of the current flowing through this shunt coil due to the varying of the generator terminal voltage will produce different strengths of electromagnetic force which in turn operates a lever attached on the plunger of the coil and thus changes the tightness of the carbon pile. The separation and compression of the carbon pile means the increasing or decreasing of the resistance in the shunt field circuit, or it means the increasing or the decreasing of the magnetic flux. In case at heavy control and lighting load the carbon pile increases its tightness to lessen the resistance to raise the generating voltage.

For emergency use, a control transfer switch is provided for obtaining power from the lowest 16 cells of the battery for control and lighting purposes.

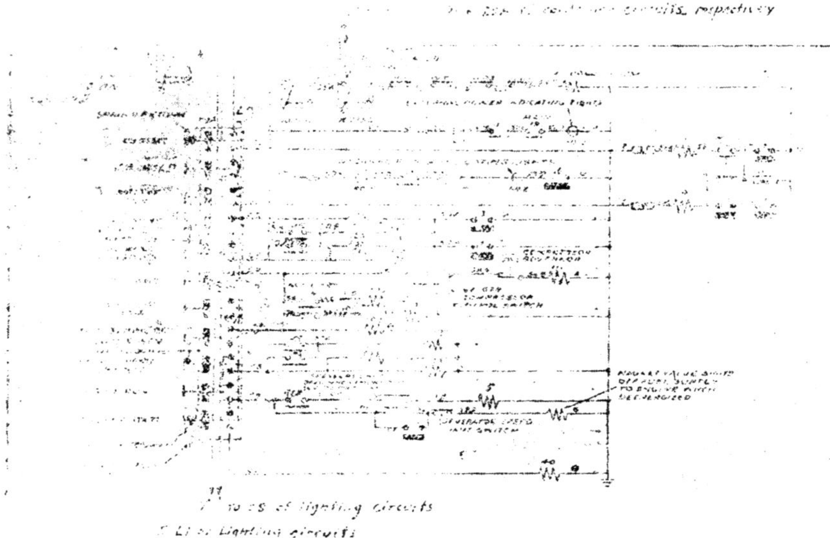

Auxiliaries Control Circuits

Automatic Transfer of Main Power

(a) *Transfer From Internal Power To External Power:* Suppose loco. is being operated on internal power, the third rail shoes suddenly touch the external power, the main T.R. and aux. T.R. will pick up

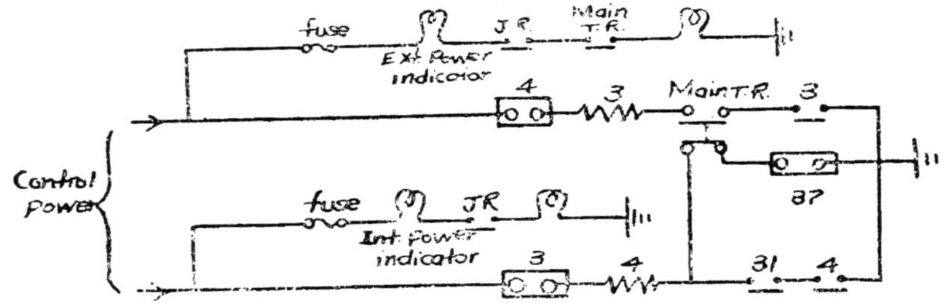

instantly. The main T.R. goes up but does not break the circuit of coil 4, because interlocks 4 & 31 are in. However the external power indicating lamps become lighted and give signal to the driver to throw back the controller to the "off" position. Interlocks 4 & 31 and coil 4 are all out, and interlock 37 comes in to complete the circuit of coil 3. The loco. is now transferred to external power. Notching out the resistance steps and accelerating the motors are started all over again.

(b) *Transfer From External Power To Internal Power:* The failure of external power result first the returning to normal position of the main T.R. Coil 3 is immediately de-energized, and PR is also instantly released. Coil 4 is energized and connects internal power to the motors without even touching controller handle in this case. Indicating lights are accordingly changed from external to internal too.

Engine Control

The engine is started by energizing the coil 40 in order to let battery current flowing into generator armature through contactor 40. The interlock 40 then completes the circuit of fuel valve coil to give fuel to the engine for combustion. Coil 40 is de-energized as soon as the

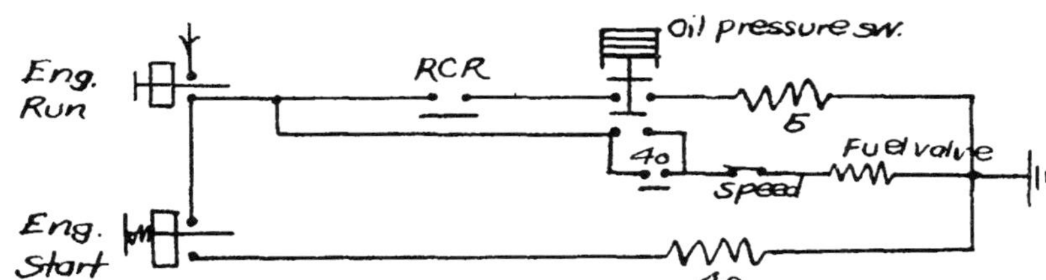

engine gets started. The engine speed grows up shortly to produce enough oil pressure for operating the pressure switch which closes the interlocks in the circuits of coil 5 and fuel valve coil. The RCR picks up as soon as the generator voltage gets high enough to charge the battery.

This circuit arrangement gives the engine-generator and the battery a full protection. (1) The battery is protected against discharge through generator by the RCR. (2) The engine is protected against deficient oil supply by the pressure switch. (3) The engine is also protected against over speed by the speed limit switch.

(8) LIGHTING CIRCUITS

The power for all lights in the loco. comes from the same 32 V. control power supplied by the generator or by the lowest 16 cells of the battery. The circuits are simply parallel connection, being accesible to operate at either end of the loco. with the push pull button switches.

(9) METER CIRCUITS

Besides the two voltmenters for indicating main supplying voltage as mentioned in (3) V.M. and PR circuits, two ammeters are provided one at each end for indicating the motor current by connecting them to a 800 amps. 120 m.v. amm-shunt connected at the grounding side of Motor 1. Another one special 400 amps. 75 m.v. Sangamo shunt is connected up at the grounding end of the battery, to this shunt two ammeters of 750-0-15000 amps. scale are hooked up. Two amp-hour meters are also connected to the latter shunt, one of which is the differential instrument to indicate the state of battery charge and the other indicates the total amp-hours discharged by the battery and the total amp-hours of charge put into the battery.

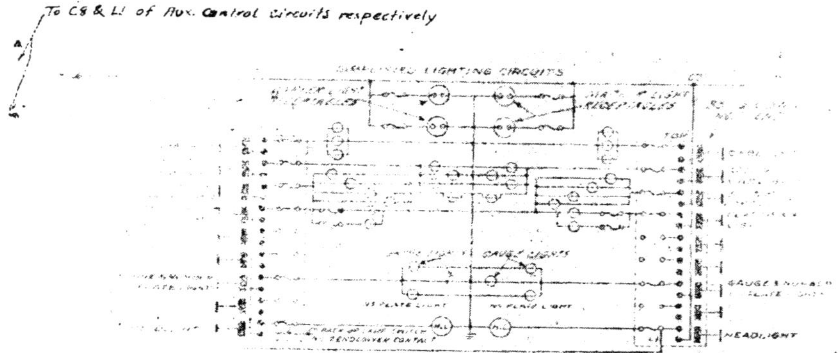

Lighting Circuits

CONCLUSION

The oil-electric-battery locomotive is merely a combination type of the oil-electric locomotive and the straight electric locomotive. One of the conditions to be met in its application to the distributing service at railway terminals is particularly limited to develop maximum acceleration at starting with minimum jerk on the train, thus requiring tremendous power capacity for a train with minimum weight carried. The ordinary oil-electric locomotive is suitable so far as the tractive effort curve for high acceleration is concerned, but the weight of the engine added to the loco. would increase the power necessary to give the desired acceleration. The maximum power being required for but short intervals, the average power would be low, with a high investment based on the maximum demand. The equipment of battery of large capacity on the oil-electric-battery locomotives does not reduce the weight but to eliminate the constant waste of fuel to maintain a much larger oil engine at ordinary low power demand. It discharges at a point corresponding to the maximum engine rating in time of high power demand at rather short period. The provision of third rail shoes for collecting external power makes the locomotive alike to straight electric locomotive.

In making a study of the various applications of the oil electric combination type of locomotives including both the oil-electric-battery and oil-electric locomotives, we must first look into its characteristics and then make a comparision of the oil-electric combination type motive power with the other two common types of motive power, e.i., the steam locomotives and the straight electric locomotives.

The steam loco. T.E. curve of max. value, limited by the weight on the driving wheels; total weight of driving wheel limited by the loads promissible for a given track structure, also the number of wheels possible to use; max. T.E. maintained practically constant up to ten miles per hour, falling off apprx. inversely as the speed thereafter, and approaching a hyperbola limited by the horse-power which can be developed by the cylinders and the boiler capacity of the locomotive. With this form of curve a loco. can pull at considerable speed any load which it can start, the full H.P. being developed at high speeds only.

The oil electric combination type locomotive is able to develop its full H.P. at any speed, which with the even torque of the electric motor, gives a high T.E. at starting, the weight being such that practically all of this can be utilized. The T.E. is generally inversely as the speed, the curve being approx. a hyperbola equivalent to the net horsepower, giving the loco. the ability to easily start any load it can draw at a reasonable speed, and to accelerate rapidly. This type of motive power increases the weight of the loco. about 50% more per H.P. than the steam loco., the cost being about 3 or 4 times that of the steam loco. The fuel cost may be taken as 30% as compared with steam, there being no stand-by losses. The time in service will be twice that of steam locomotive.

The T.E. of a straight electric locomotive, the curve of which approaches a straight line, is limited by the weight on the driving wheels, falling off as the speed increases; but the usual arrangement of series, series parallel and parallel connections of the motors as the increases bring the T.E. from time to time near the original value. This form of T.E. curve not only gives high acceleration at starting, but also high speeds with heavy trains, the motors being able to use a large amount of actual power at high speeds. The weight per H.P. of electric locomotive is approx. 75% of steam loco. Were there no such heavy cost of power house and transimision system, this type of motive power will no doubt represent the best kind for railway service. The relative fuel cost may be taken about 35-40% of steam engine. Any output can be obtained by the arrangement of multi-unit control.

We then have the idea of knowing that the light freight and through passenger traffic can be best handled by the steam loco. In long branch-line service the traffic is usually relatively light and such lines would not justify the expense of electrification. Passenger traffic could probably best be handled by oil electric combination type locomotives and the freight by steam locos. In short-branch line service traffic would ordinarily be light and no fast schedules required, therefore such lines would be unsuited for complete electrification. However for heavier traffic the oil electric is to be preferred, and steam locos. for freight haulage. Conditions should be carefully analyzed to determine the proper time for supplementing steam locomotives by oil electrics. Full electrification should be used for heavy traffic, since it gives dependable service at low fuel cost.

For switching service electrification is not suitable owing to the small power requirement, low power factor and expensive third rail and over-head work installations and maintenance. Steam locomotive operation is very much objectionable in metropolitan districts, leaving oil-electric-battery locomotives or the oil-electric locomotives as the only solution. Switching speeds being low, advantage could be taken of the oil-electric T.E. curve, permitting the use of 50% of the steam loco. H.P. Full electrification would reduce the H.P. 50%, but the over head work would be greater. The fuel saving, amounting only about one third of that of the steamlocomotive, coupled with the absence of smoke and noise and the eliminaion of ashes, coaling and taking on water, would more than justify the increased investment of oil electric combination type installation.

從一個單捲變壓器由三相變成二相之理論

褚應璜 譯

內容概要

本文首述二個單相變壓器作丄結合時,三相變成二相之Stern結線法之一般的理論;次論以一個單捲變壓器變相之特殊情形,並確示其最高利用率之可能。原文略而未詳,茲逐步推證,供同學之參考。

Stern 結綫之一般化

兩個單捲變壓器作ㄒ結合時,極易得二相電壓之發生,如圖I。$a'b'$ 之電壓與 V 相等時,卽得著名的Stern連接法,如第二圖電壓圖所示。今試考察二相荷對稱時,三相負荷是否亦對稱。

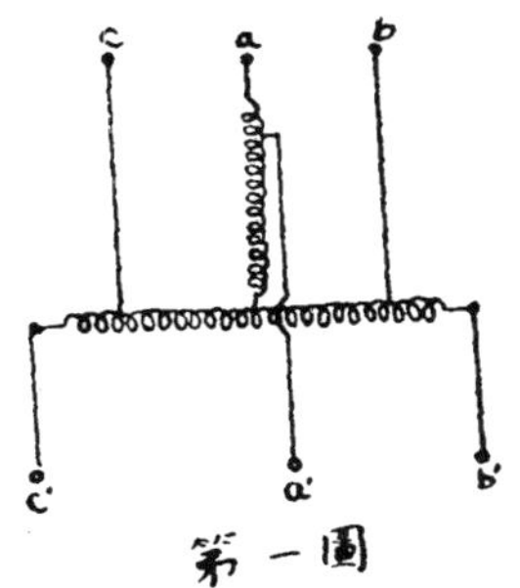

第一圖

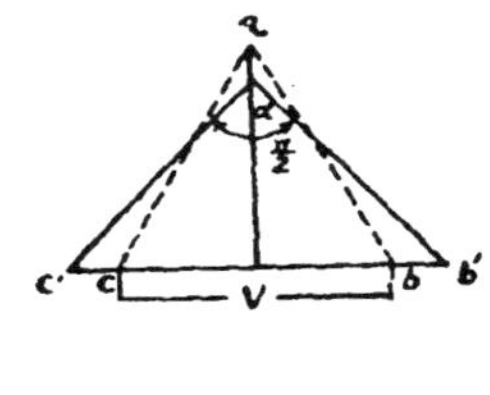

第二圖

第三圖示各部捲線比數,$a'b'$, $a'c'$ 爲二相電壓。設二次電流 I_b I_c' 對稱時,欲求一次三相電流 I_a I_b I_c 之值。

勵磁電流(exciting current),占負荷電流之極小部分,可忽略不計時,負荷電流在各變壓器鐵心內發生之磁動力(magnetomotive force.) 總和必等于零(magnetizing ampereturns= demagnetizing ampere turns)對主座變壓器爲。

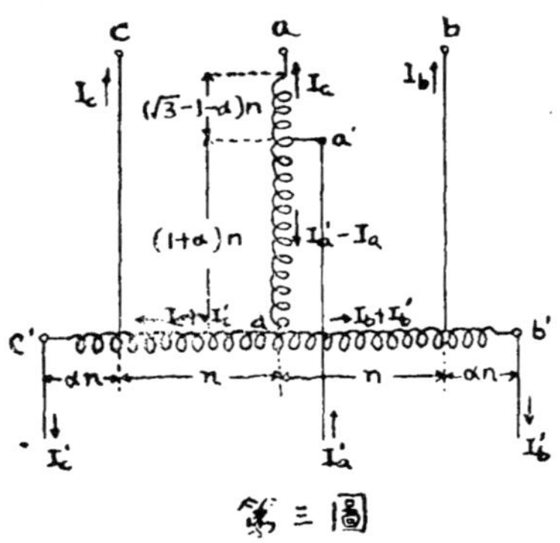

第三圖

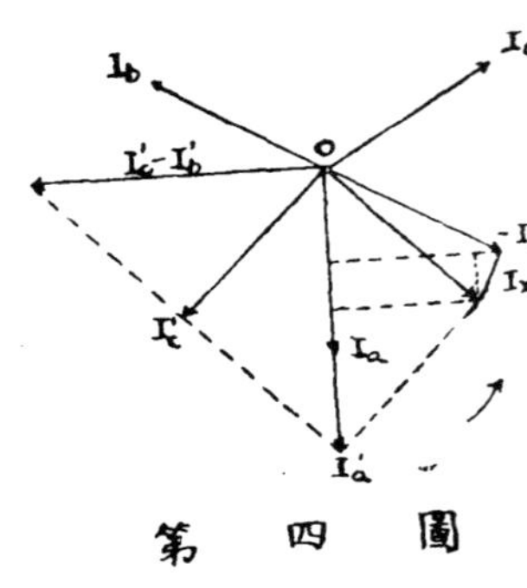

第 四 圖

$$\alpha\bar{I}'_c + (\bar{I}_c+\bar{I}'_c) - (\bar{I}_b+\bar{I}'_b) - \alpha'\bar{I}_b = o \quad \cdots\cdots(1)$$

或 $$\alpha(\bar{I}'_c-\bar{I}'_b)=(\bar{I}_b+\bar{I}'_b)-(\bar{I}_c+\bar{I}'_c) \quad \cdots\cdots(1')$$

又對丁座變壓器 (teaser transformer.) 爲

$$\bar{I}_a(\sqrt{3}-1-\alpha)-(1+\alpha)(\bar{I}_a'-\bar{I}_a)=o \quad \cdots\cdots(2)$$

∴ $$\bar{I}_a=\frac{1+\alpha}{\sqrt{3}}\bar{I}_a' \quad \cdots\cdots(2')$$

對于 d 點之電流:

$$(\bar{I}_a'-\bar{I}_a)=(\frac{\sqrt{3}}{1+\alpha}-1)\bar{I}_a=(\bar{I}_b+\bar{I}_b')+(\bar{I}_c+\bar{I}_c') \quad \cdots\cdots(3)$$

自 (1'),(3) 兩式,得

$$(\bar{I}_b+\bar{I}_b')=\frac{1}{2}\left[(\frac{\sqrt{3}}{1+\alpha}-1)\bar{I}_a+\alpha(\bar{I}_c'-\bar{I}_b')\right] \quad \cdots\cdots(4)$$

參考第四圖之電流向量圖,明示下列之結果:

$$(\bar{I}_b+\bar{I}_b')=\frac{1}{2}\left[(\frac{\sqrt{3}}{1+\alpha}-1)\bar{I}_a-\alpha j\bar{I}_a'\right]^*$$

$$=\frac{1}{2}\left[(\frac{\sqrt{3}}{1+\alpha}-1)\bar{I}_a-j\frac{\sqrt{3}\alpha}{1+\alpha}\bar{I}_a\right] \quad \cdots\cdots(5)$$

*[$\bar{V}$ 及 $\bar{V}_{a'o}$ 互成直角,$\bar{I}_c'=\bar{I}_b'$ 亦互成直角,故 $\bar{I}_c'-\bar{I}_b'$ 與 $\bar{I}_a'$ 亦互成直角]

再設 $\bar{I}_x=\bar{I}_b'+\bar{I}_b$

而 $\bar{I}_b'=\bar{I}_x=-\bar{I}_b=\bar{I}_a\angle 60^\circ$ 時, $\cdots\cdots(6)$

則必要之條件 I_c,I_b 必同值而相差 120°。是故依簡單幾何的關係,無論 α 之值如何,二相電流對稱時,三相電流亦常對稱。

用單一變壓器三相至二相之變成

根據上述理論,卽 α 之值變動時,可生種種三相二相變成之方式明矣。

$$\alpha=\sqrt{2}-1 \quad \cdots\cdots (7)$$

爲 Stern 式之結線法外

$$\alpha=\sqrt{3}-1 \quad \cdots\cdots (8)$$

時, a,a' 兩點相合,故 $\bar{I}_c=\bar{I}_a'$。丁座變壓器可以除去而無礙于負荷電流之對稱,斯乃特殊之情形也。第五圖所示,卽自一個單相變壓器得三相化成二相之方式。負荷電流,必適合下列條件:

$$(\sqrt{3}-1)\bar{I}_c'-2(\bar{I}_b+\bar{I}_b')-(\sqrt{3}-1)\bar{I}_b'=0 \quad \cdots\cdots (9)$$

故

$$(\bar{I}_b+\bar{I}_b')=\frac{\sqrt{3}-1}{2}(\bar{I}_c'-\bar{I}_b) \quad \cdots\cdots (10)$$

其值得求第六圖之電流向量圖。

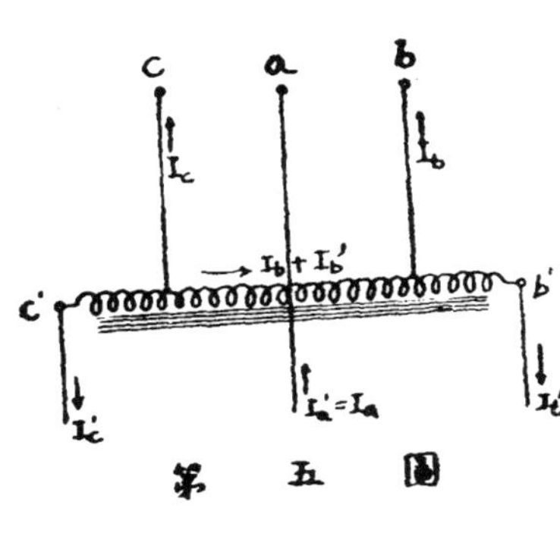

第五圖

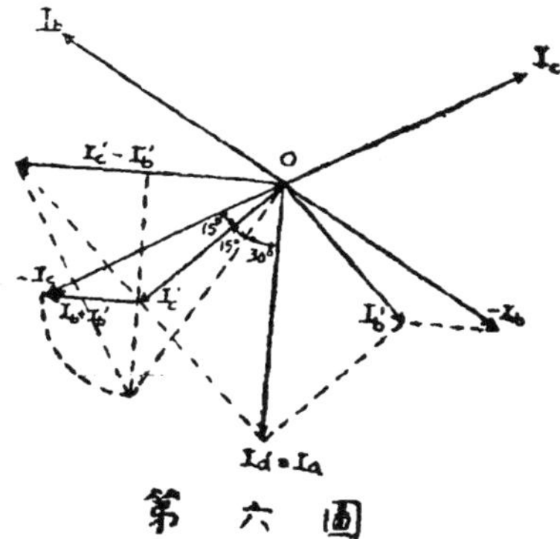

第六圖

此變壓器〔或名相變成器,〕之容量(Capacity)爲

$$V|(I_b+I_b')|+\alpha V|I_b'|$$

$$=VI_c\left[\left(\frac{\sqrt{3}-1}{2}\right)+\left(\frac{\sqrt{3}-1}{\sqrt{2}}\right)\right]=0.883VI_a \quad \cdots\cdots (11)$$

*〔$I_o'=I'_b$, 且互成直角,故 $|I'_a|=|I_a|=|I_b'+I_o'|=|I_o'-I_b'|$〕

而自己容量對出力之比爲

$$\frac{0.883VI_a}{\sqrt{3}VI_a}=51\% \quad \cdots\cdots (12)$$

變壓器自己容量與 α 之關係

上述單一變壓器變相之方式,其結線既簡單,自己容量亦最小。今試從兩座變壓器以證明之

$$0<a<\sqrt{3}-1 \quad \cdots\cdots (13)$$

設丁座主座變壓器之容量各爲 P_t 與 P_m, 則

$$P_t=\left|I_a\right|\times\left|(\sqrt{3}-1-\alpha)\frac{V}{2}\right|+\left|\frac{1+\alpha}{2}V\right|\times\left|(I_a'-I_a)\right|$$

$$=VI_a\left[(\sqrt{3}-1-\alpha)\frac{1}{2}+\left(\frac{\sqrt{3}}{1+\alpha}-1\right)\frac{1+\alpha}{2}\right]$$

$$=VI_a\left[(\sqrt{3}-1-\alpha)\frac{1}{2}+\left(\sqrt{3}-1-\alpha\right)\frac{1}{2}\right]$$

$$=(\sqrt{3}-1-\alpha)VI_a \quad \cdots\cdots (14)$$

$$P_m=\frac{\alpha}{2}V\left|I_o'\right|+\frac{\alpha}{2}V\left|I_b'\right|+\left|\frac{V}{2}\right|(I_o+I_o')\left|+\frac{V}{2}\right|(I_b+I'_b)\right|$$

$$=V\alpha\left|I_b'\right|+V\left|(I_b+I_b')\right|$$

$$=\alpha V\left|\frac{I_a'}{\sqrt{2}}\right|+V\left|(I_b+I_b')\right|$$

$$=\alpha V\left[\frac{\sqrt{3}I_a}{\sqrt{2}(1+\alpha)}\right]+V\left[\frac{1}{2}\times\frac{\sqrt{(\sqrt{3}-1-\alpha)^2+3\alpha^2}}{1+\alpha}\right]I_a$$

$$=\left[\frac{\sqrt{(\sqrt{3}-1-\alpha)^2+3\alpha^2}}{2(1+\alpha)}+\frac{\sqrt{3}\alpha}{\sqrt{2}(1+\alpha)}\right]VI_a \quad \cdots\cdots (15)$$

次如

$$a<0 \quad \cdots\cdots (16)$$

則 b' 點將位于 b 點之內側,如第七圖。

$$P_t=(\sqrt{3}-1+\alpha)VI_a \quad \cdots\cdots (17)$$

$$P_m=\alpha V|I_o|+(1+\alpha)V|I_b+I_b'|$$

$$=\alpha VI_a+(1+\alpha)V\left[\frac{\sqrt{(\sqrt{3}-1+\alpha)^2+3\alpha^2}}{2(1+\alpha)}\right]$$

$$=\left[\frac{\sqrt{(\sqrt{3}-1+\alpha)^2+3\alpha^2}}{2}+\alpha\right]VI_a \cdots\cdots (18)$$

又 $\sqrt{3}-1<\alpha$ 時

α' 點亦移至 α 點之外側,如第八圖。

$$P_t=\bar{I}_a'\times\left[\alpha-\sqrt{3}+1\right]\frac{V}{2}+(\bar{I}_a-\bar{I}_a')\frac{\sqrt{3}}{2}V$$

$$=\frac{\sqrt{3}}{1+\alpha}I\alpha\times\left[\alpha+1-\sqrt{3}\right)\frac{V}{2}+\left[1-\frac{\sqrt{3}}{1+\alpha}\right)I_a\frac{\sqrt{3}}{2}$$

$$=\frac{\sqrt{3}}{1+\alpha}VI_a\left[\frac{\alpha+1-\sqrt{3}}{2}+\frac{\alpha+1-\sqrt{3}}{2}\right]=\frac{(1+\alpha-\sqrt{3})\sqrt{3}}{1+\alpha}VI_a \quad (20)$$

P_m 與(15)同

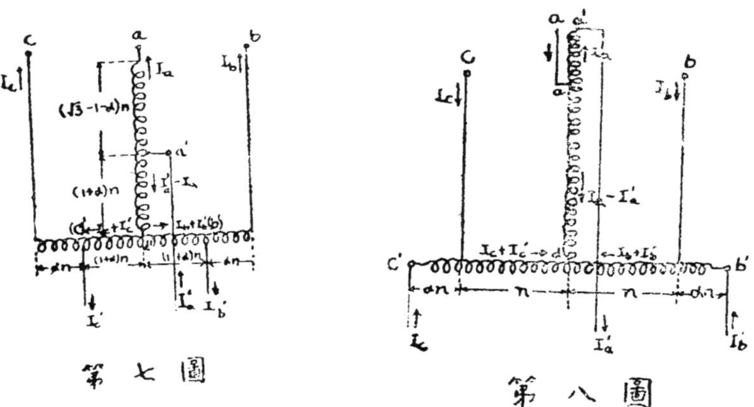

第七圖　　第八圖

上述容量與 VI_a 之比率,隨 α 之值而變,故前者爲後者之函數,以曲線表之如第九圖,則單一變壓器所形成之新式變相法($\alpha=\sqrt{3}-1$),其所需容量實爲最小也。

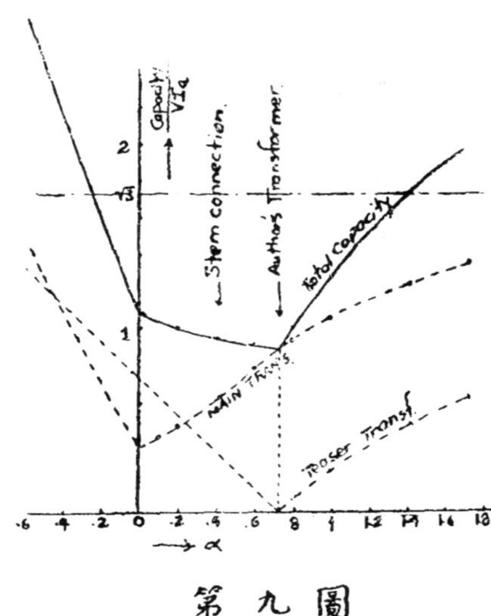

第九圖

參考書：　電氣學會雜誌

V. Karapetoff, Experimental Electrical Engineeriag

射水器原理

高 潛

射水器英文名Injector,係法人Giffard在1858年所發明。起初人皆嗤其謬妄,謂以蒸汽壓力射水入於本汽鍋,乃不可能之事。蓋彼時對於蒸汽之研究,不若現在之充分也。

設圖1AB爲兩桶,其排水管之最小口徑皆相同,欲從A口射水入於B口,A中之水面必須比B之水面爲高。若B爲汽鍋,A有適當高度,則此即爲一簡單之射水器。

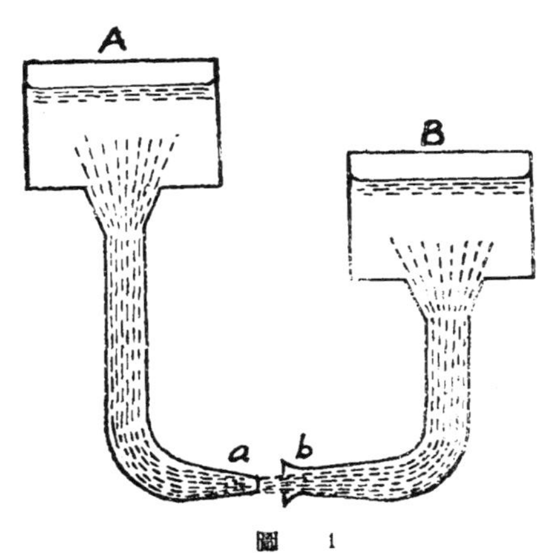

圖 1

現在蒸汽壓力甚高,當然不能用此種簡單方法。但從圖1可知由A射水入B,必須有適當之速度,使水能衝過。吾人所研究者,即如何發生此速度而已。

設以一管滿盛水銀,顚倒立於水銀杯中,則水銀柱降下少許,至約30吋高而止。此水銀之壓力與空氣壓力相均衡。若不用水銀而用水,則水柱須有34呎高,始能與空氣壓力均衡,因水之密度小於水銀之密度故也。圖3示兩槽,一盛水銀,高2′6″,一盛水,高34,此兩柱顯然平均。設將A,C兩栓開放,則由C流出之水其速度約爲由A流出之水銀速度之四倍。吾人稍加思索，當知其結果必如此。蓋水銀每排出一磅，落下距離爲$2\frac{1}{2}$呎，水排出一磅，則落下34呎，落體速度之與高度平方根成正比，故結果速度有如是之差也。設圖3右邊桶中，盛比水更輕之液體，則高度須更增加，其流出速度亦比水更速。

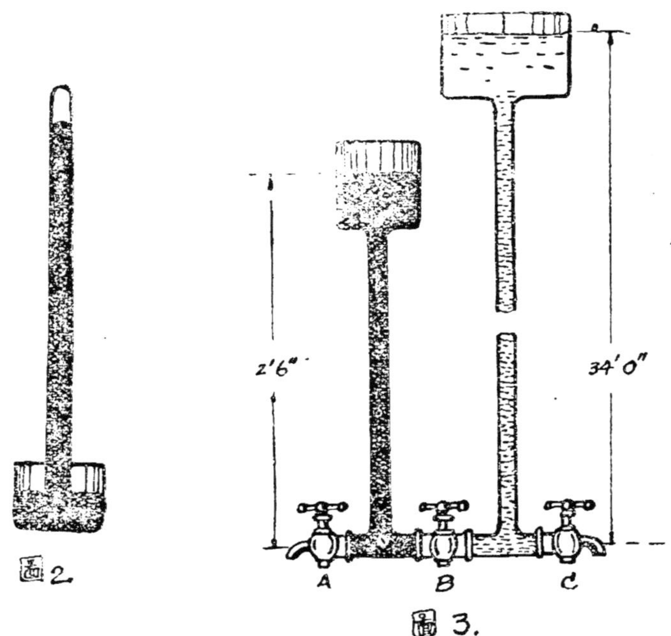

圖2.　圖3.

由此觀之，在同一壓力之下，流體愈輕者，其排出速度亦愈大。下表示汽鍋中蒸汽與水在各種壓力下排出之速度。

第一表

壓力計上示數（每方吋磅）	速度（每秒呎）蒸汽	速度（每秒呎）水	水速與蒸汽速度之比
15	1400	46	1:30
30	1950	66	1:29
60	2400	94	1:25
90	2650	115	1:23
120	2850	133	1:21

以上假定蒸汽中不含水滴。由上可見在普通氣壓下，蒸汽速度約爲水速之廿倍左右。卽在抵壓下，蒸汽速度亦極大也。

圖 4 示蒸汽從汽鍋之汽室中用管 xx 引至汽鍋底部，與水腔相連，中途有一凝汽器 C。

假設蒸汽悉凝成水，且管中無摩擦，則凝水之速度，與蒸汽之速度完全相同。但其體積則比蒸汽爲小。若經過凝汽器後將管之直徑減小，使凝水適能充滿，則此高速度之凝水，卽能衝入汽鍋中。

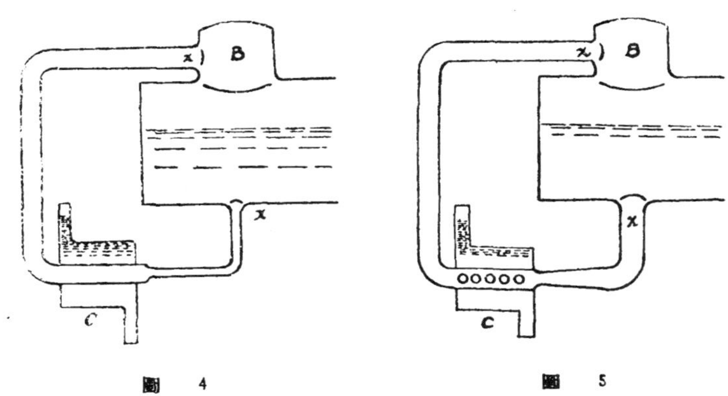

圖 4　　圖 5

設將通過凝汽器之汽管上鑽變多小孔，則情形與前大異。先前蒸汽係因管外有冷水而凝，此則蒸汽與冷水混合而凝結，且冷水與凝水相混，一同衝入汽鍋中。

例如有一磅蒸汽表上壓力爲 120 磅(絕對壓力 135 磅)則速度爲 2850 秒呎，今與 10 磅冷水相混，則冷水與凝水之共同速度爲

$$\frac{2850}{(10+1)}=259\text{秒呎}$$

由第一表，120 磅壓力下水之速度爲 133 秒呎，故蒸汽與水之速度高過汽鍋中水之速度，遂能衝入汽鍋中。此處速度只須加多四五十秒呎，卽能勝過各種阻力。

假設速度須增加 50 秒呎，則射水之速度爲 133+50=183 秒呎每磅蒸汽所能射進之水 x 爲

$$\frac{2850}{x+1}=183$$

$x=12$ 磅。2850 秒呎係指蒸汽排入空氣中之速度。在混合管中,有眞空吸引力,故速度不止此數。

汽嘴 (Steam Nozzle)——最初之射水器,汽嘴形狀如第 6 圖 a,其缺點係蒸汽不能在汽嘴中完全澎脹,以致射出之汽,如虛線所示,失去其一部分能力。1869 年,維也納人Schaw改良汽嘴,如第 6 圖 b.蒸汽能完全澎脹,一直射出,速度增高。故近代射水器皆用此式汽嘴。

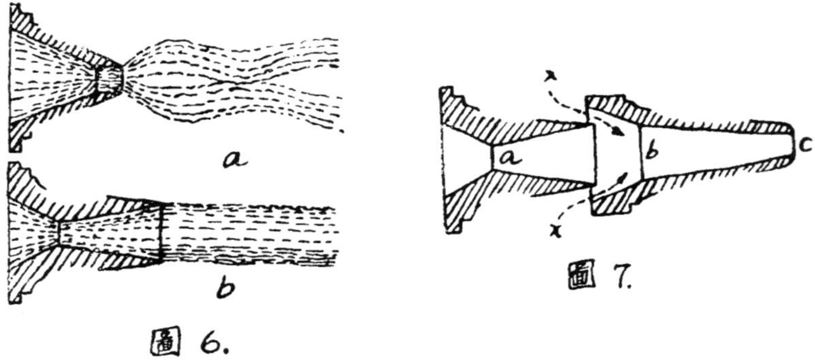

圖 6.　　圖 7.

混合管 (Combining Tube)——係蒸汽與水混合之處。(圖7) 水從周圍 x 處進入,與蒸汽相遇,汽遂凝結。同時水得有速度,混合管漸前漸小,以助蒸汽之凝結。在 b 處蒸汽半凝成水,在 c 處則完全成水。混合管之比例,無一定標準,各廠家不同,皆從實驗決定。管若太短,則 c 處蒸汽不能全凝成水。實際上固定汽嘴式射水器若汽壓高出原定之數,則 c 處卽有蒸汽射出。

混合管小端 c 之面積與汽嘴 a 之面積有一定之關係。

假設汽鍋壓力爲 120 磅,由前,蒸汽速度爲 2850 秒呎,且每磅蒸汽可射水 14 磅,結果速度爲 183 秒呎。每秒鐘共射水＋凝汽＝15 磅。但一立方呎水重 62.4 磅,故約有 $\frac{1}{4}$ 立方呎。

水量與 C 之面積有關。

面積 × 速度 = 排出水量

(平方呎) (秒呎) (每秒立方呎數)

或 面 × 速 = 量. (a)

以 183 及 $\frac{1}{4}$ 代入,

面 × 183 = $\frac{1}{4}$

故 面 = $\frac{\frac{1}{4}}{183} = \frac{1}{732}$ 平方呎.

$= \frac{144}{732}$ 平方吋

卽混合管在 C 處之面積。

再論汽嘴:——在 120 磅表上壓力下, 1 磅蒸汽體積約爲 $3\frac{1}{4}$ 立方呎。在最小直徑 a 處,體積約漲至 $5\frac{4}{10}$ 立方呎,速度約爲 1400 秒呎。故

面 = $\frac{5\frac{4}{10}}{1400} = \frac{1}{259}$ 平方呎

$= \frac{144}{259}$ 平方吋

故汽嘴之面積爲混合管面積之

$$\frac{\frac{144}{259}}{\frac{144}{732}} = \frac{732}{259} = 2\frac{8}{10} \text{倍}$$

卽約爲 3 倍。

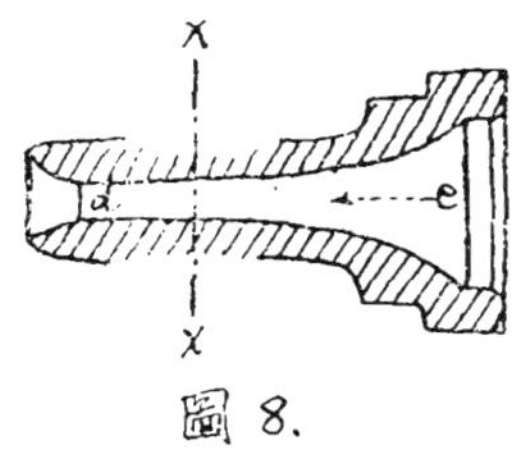

圖 8.

排水管 (Delivery Tube)——排水管如圖 8, 形狀與混合管相反由小而漸大。d 處可與 c 處相等,普通則較小。管之面積逐漸增大,故水入其中,速度逐漸減低。水之速度減低,其壓力則增高,換言之,速度能力一變而爲壓力能力,水遂得以進入汽鍋。

簡單之不引水射水器 (Simple Non-Lifting Injector)

圖 9 爲不引水射水器之構造。所謂「不引水」,卽給水係在同高度或由較高之處流下。圖中排水管與混合管並不連接,中間有一空隙,與 Z 室相連。f 爲(單向汽門) (non-return valve) 調整未恰當

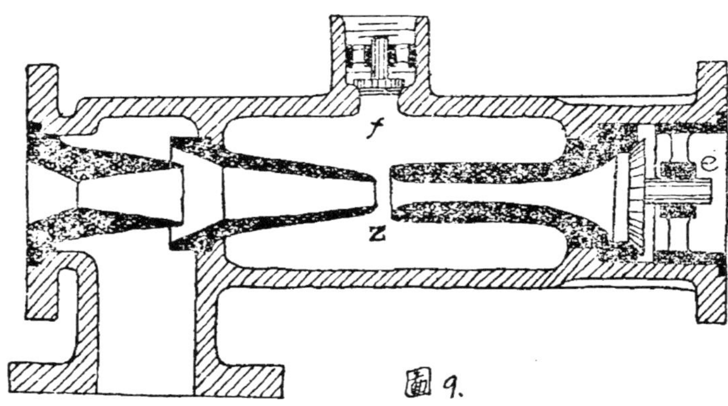

圖9.

時,水汽由 f 溢出,至調整適當,給水卽一直進入排水管。f 又可阻止空氣進入 Z 室。e 亦爲單向汽門,介在汽鍋與排水管間防止汽鍋內水由此流出。

引水射器管 (Lifting Injector)

引水射水器可將低處之水引入射水器,射進汽鍋。

圖10 b爲圓筒,兩頭閉合, a, c, 爲兩管, a 之口徑甚小。d 管與 e' 相通, e 中盛有液體。今自 a 管吹之,則 e 內之水漸漸吸上,顯明 b 內有眞空。若自 c 管吹之,則 d 內水柱降下。此理可解之如次: a 內之氣與 b 內空氣相混,挾之出外,故 b 內空氣逐漸減少, e 處液體受大氣壓力遂漸漸上升,終至進入 b 中。若自 c 管吹之,吹入之氣甚多,而 a 管不及排出,故 d 內壓力增加,將水壓下。吾人已知射水器內汽嘴之口徑比混合管之最小口徑爲大,故蒸汽吹出時,猶如從圖 10 之 c 管吹入,不能有眞空。Giffard發明用一針塞插在汽嘴中(圖11),故汽嘴之面積減小,將此針塞前後調節之,卽能發生眞空。待水引上卽將針塞完全退後。圖12爲另一形式之針塞,中有小孔,通連汽腔。旋開汽門,

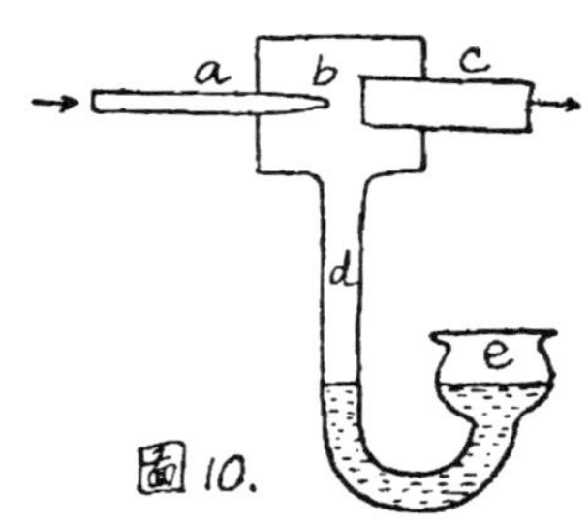

圖10.

蒸汽卽由此小孔吹出;將水引是,於上將針塞完全退後,使射水器還其作用。

自動回復射水器(Automatic Restarting Injectors)機車上之射水

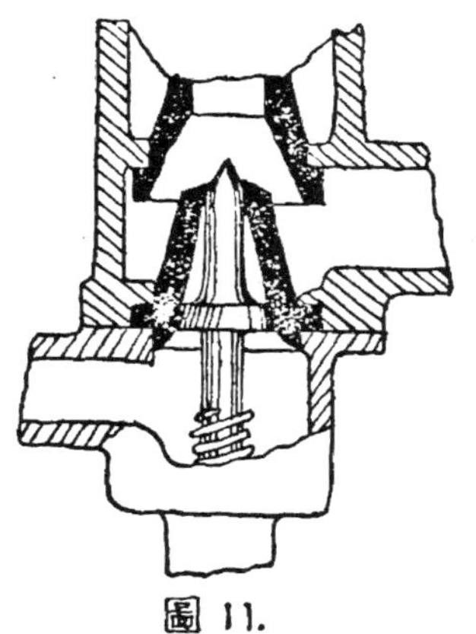

圖 11.

圖 12.

器必須有自動囘復作用,蓋因震動或水槽內水之搖動或空氣進入等等原因,射水器之繼續作用,往往一時中斷。此時必須重新調節。若用自動囘復射水器,則能自動恢復其作用。

自動囘復射水器之種類雖有不同,其原理則一,卽在混合管中備一蒸汽與空氣之自由通路。

圖 13 示 Messrs, Davis and Metcalfe 之活門 (Flap nozzle)。此活門安在混合管上。蒸汽初入時,活門被衝開向外,暫時增加混合管之面積。迨水引上,蒸汽凝結,活門遂落至座上,如圖所示。

圖 14 爲另一形式活門,近代囘復射水機上皆用之。混合管在大端分成兩段,周圍有一小室,活門蓋之。射水器作用時,活門緊閉,因外部爲大氣壓力,比混合管內壓力爲大,此活門阻止空氣進入,射水器不致中斷。在開始時,活門開張,放出蒸汽與空氣。

圖 15 爲Gresham 式射水器,混合管爲兩段,下部可以上下移動。開始時,管之下部落下,任蒸汽與空氣逃出。迨水引上,蒸汽凝結,發

生眞空，此管之下部遂被吸上，與上部相接。

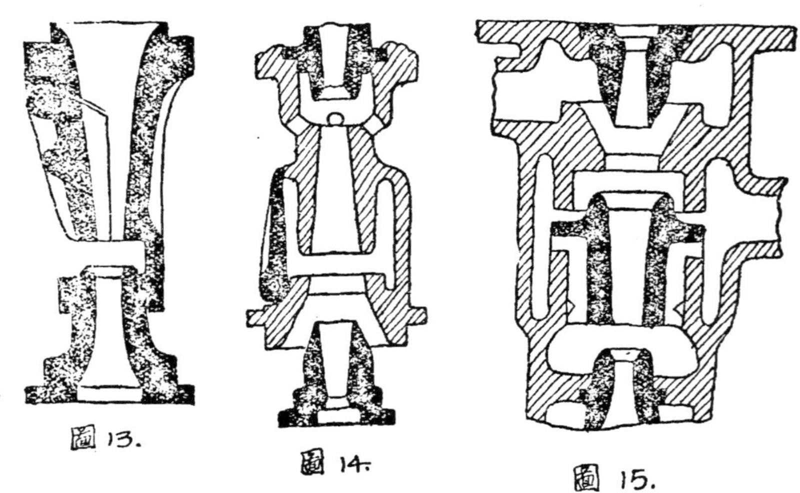

圖13. 圖14. 圖15.

汽壓，引水高度，及給水溫度之影響

第二表示給水溫度與射入水量之關係。此表係指固定汽嘴不引水式射水器，汽鍋壓力每方吋100磅。由表可見水溫愈增則射入水量愈減。

第二表

進入射水器之給水溫度，°F，	50°	60	70°	80°	90°	100°	110°	120°	125°	130°
排出水量減少之百分數	0%	$1\frac{1}{2}$%	3%	5%	$7\frac{1}{2}$%	$10\frac{1}{2}$%	$13\frac{1}{2}$%	$19\frac{1}{2}$%	24%	100%

水溫增加，水量減少之理由，可自第三表得之：

第三表

混合管內溫度 F	空度以水銀時數計
130	$24\frac{1}{2}$
150	22
180	15
212	0

進入混合管之水量,視進入之截面,及大氣壓力與混合管內壓力之差而定。溫度增加則管內空度減小,故壓水進內之力亦小,射水量遂減。欲抵償此種影響,可將射水器放低數呎,以減少引水高度。或將熱水加以壓力。

第四表示汽壓之影響。

第四表

汽鍋表上壓力每方吋磅數	一磅蒸汽最多可射進之水量(磅)
30	28
60	19
90	16
100	15
120	$13\frac{1}{2}$
200	10

故汽壓低則給水溫度可以增加,例如60磅汽壓下給水可至132°F在200汽壓下則約爲109°F

第五表

增加引水高度及給水溫度對於射水量之影響。

引水呎數		0	5	7	9	11	13	15
排水量減少之百分數	進水50°F	0%	3%	4%	$5\frac{1}{2}$%	8%	$12\frac{1}{2}$%	18%
	進水80°F	0%	8%	$9\frac{1}{2}$%	$11\frac{1}{2}$%	$14\frac{1}{2}$%	19%	25%

由此可見引水高度與溫度合併,對於射水量上實有至不良之影響。

參考 (1)"Locomotive Injectors"

(2)"Locomotive of Today"

交流感應電動機試驗報告

褚應璜

(介紹)校友郁約瑟王平洋兩君委託試驗電動機三只,爲商務印書館兵燹中焚毁後由三家承修者,其各只號碼爲 45464814,546491, 及 4546480。第一只卽郁王兩君所修,其他兩只,爲其他兩廠所承修。其試驗之方法結果,頗有足供參考者,故撰此文。

試　　驗

(1) 絕緣試驗 (Insultaion test.)

(2) 運轉特性 (Ferformance Charcteritstics)

(1) 根據 A. I. E. E. 標準規程,凡屬電氣機器,須經一次擊破測驗,其法係于線輪鐵心間,加以1000*伏之電壓歷一分鐘,倘絕緣並不破壞,斷爲可靠。普通廠中,則用搖電箱〔megger〕量其絕緣電阻,苟達下列標準,卽知其可靠。

$$\text{絕緣電阻(megohms)} = \frac{\text{電壓定額}}{\text{KVA 定額} + 1000}$$

間已另行試過,故不贅述

(2) 在本校電機試驗室試驗,其程序概略如下:

(a) 先將電動機六端接成三叉聯接 (Y-connection.)

(b) 用試驗室之三相 350 伏電源,經三叉聯接試驗檯而連接于馬達之三端,馬達中性點連枱上之 N 點。

(c) 以電壓計,電流計,電力計各一具,藉檯上電鑰之轉換,以測

*對于 10 KW, 400 伏以下之電機適用之。

量各相之電流,電壓與輸入工率,此本校電院同學所素稔,茲不贅述。

(d) 用皮帶連接馬達滑車于一他勵直流發電機,後者電樞之兩端,連接試驗室內之水變阻器,備有電壓計,主路電流計及礪磁電流計各一具。上項配置,作為交流感應電動機之可變負荷。

(e) 卸下皮帶,開動馬達,量三相電流與輸入工率,是爲馬達各相之無載電流 (No load current) 與損耗。(Loss)

(f) 連接妥善,調整他勵磁場電流至 1 ampere, 發電機無載,開動馬達,量三相電流與輸入工率。

三相輸入工率總和 =(馬達無載損耗)+(發電機之鐵心耗,風力,及各部摩擦力……之損耗。)

(g) 閉水變電阻電路,維持他勵磁場電流不變,逐步減降水變電阻,每次量馬達側之各相電流與工率,發電機側之電壓(V)與負載電流(I_A)及馬達轉速。(以速度計計之)

計算概要

輸入工率 = 馬達側三相工率之總和

馬達輸出工率 $= V \times I_A +$ 發電機無載損耗

發電機無載損耗=〔總工率〕$_{(f)}$ −〔總工率〕$_{(e)}$

試驗簡釋

1. 直流電機之無負荷損耗有二:

1·1 風力,軸承摩擦力,電刷與整流器面磨擦力 e.t.c. $= kn^x$, 電動機無載至滿載間速度(N)之變化不大,故此項損耗可假定其不受負荷影響而變動。

1·2 鐵心損耗,隨速度與磁束密度而變,維持他勵電流不變時,因 Armature reaction 之效應,磁束分佈,隨之而更動,其影響于損耗之程度,極難斷定,本文所述方法,不免具相當錯誤,但爲比較各機特性計,此層可不必顧及之。

2. 電機之溫度上昇試驗,極為重要,溫度上昇之原由有二:導體之 I^2r 損失與鐵心損耗是也。前者視絕緣物質之特性而定,後者隨鐵心鋼片之厚薄與其本身之性質等等而變。本篇所述三機,均為同一廠家出品,容量,體積完全相同,是故溫度上昇之差別,僅係于線輪絕緣部分修理時顧及之程度。此次試驗以時間匆促不及一一趕做,殊為抱憾,然為比較優劣計,效率試驗(Efficiency test),固足以顯示其大概也。

3. 三相輸入工率,以三相工率表測量之最為簡便,或用『兩工率表法』(Two wattmeter method.)亦較簡易,本篇所用『三工率表法』,運用上較為繁複,然其目的,在乎顯示三相輸入工率之是否平衡以證線輪分組連接之善否者也。

No. 4546481

I_A	I_B	I_C	$W_{A\cdot AN}$	$W_{B\cdot BN}$	$W_{C\cdot CN}$	Iaput (w)	Output watts.	out put (H. P.)	Efficiency	Speed
2.0	2	2	52	46	52	150	0	0	0	985
2.25	2.2	2.1	220	197	190	600	450	0.603	75%	980
3.8	3.65	3.55	590	560	550	1700	1414	1.895	83.1%	950
4.4	4.27	4.19	726	700	696	2122	1832	2.46	86.4%	950
5.25	5.1	5	880	860	860	2600	2278	3.052	87.5%	945
6.2	6.1	6	1050	1030	1020	3100	2688	3.61	86.75%	930

No. 4546491

I_A	I_B	I_C	$W_{A\cdot AN}$	$W_{B\cdot BN}$	$W_{C\cdot CN}$	Input	Output	out put in H. P.	Efficency	Speed
2.5	2.3	2.09	110	70	110	290	0	0	0	990
2.7	2.5	2.3	260	190	220	670	380	0.51	56.8%	980
3.5	3.3	3.3	520	460	470	1450	1215	1.63	82.6%	960
4.0	3.8	3.8	670	600	610	1880	1511	2.025	80.4%	960
5.0	4.75	4.7	870	800	810	2480	2015	2.70	81.2%	945
5.4	5.25	5.2	960	900	910	2770	2253	3.06	82.5%	930
6.0	5.8	5.75	1050	1000	1000	3050	2492	3.34	81.6%	925

No. 4546480

I_A	I_B	I_C	$W_{A\text{-}AN}$	$W_{B\text{-}BN}$	$W_{C\text{-}CN}$	Input	Output	output in H. P.	Efficiency	Speed
2,47	2.33	2.36	128	90	138	356	0	0	0	+980
3.5	3.2	3.2	490	425	455	1370	1025	1.372	74.5%	970
4.0	3.8	3.8	620	565	590	1775	1394	1.869	78.5%	960
4.5	4.3	4.3	740	680	700	2120	1687	2.260	79.8%	950
5.0	4.75	4.8	820	777	790	2380	1905	2.552	80.0%	935
5.5	5.35	5.4	940	880	900	2720	2133	2.858	78.4%	935

試驗結果討論

(1)以三相電流之平衡論No.4546481(郁王兩君所修)列第一

(2)以三相無載損耗之平衡論,No.4546481列第一

(3)以三相輸入工率之平衡論,No.4546481列第一

(4)以速度調整論,No.4546481之變動最小,如圖(P.93)

(5)以效率言,No.4546481始終最高,尤以滿載出力時爲顯殊,如右圖,兩君承修者,自三匹至三四半馬力之出力間,效率始終最高。

綜觀試驗結果,兩君承修之成績,較之其他富有經驗之廠家顯著優良,其故無他,在運用學校所粲理論之基礎,施諸實際工作而已.下列各點,係記載工作狀况,輔以簡約理論的解釋,可供同志之參攷也。

甲.馬達分組連接之改善

國內一般馬達修理廠,修理工人,悉照原有線圈式樣,與連接方法,抄襲組成。對于線圈之設計及分組連接之原理,絕少研究,亦且不必研究也,是故普通修理廠,多由富于工藝者主持之。

歐美各大電器廠,雖以大量生產之法,製造馬達,然亦限于電樞,線輪,……各部。至于各相之分組連接與極數之組成,仍須假諸工人之手,則其連接方式,固未必絕對的盡善,墨守成法,良非得計,設一旦馬達之破損程度已至原有接頭方式全部蕩焉無存,其將望洋興歎乎。

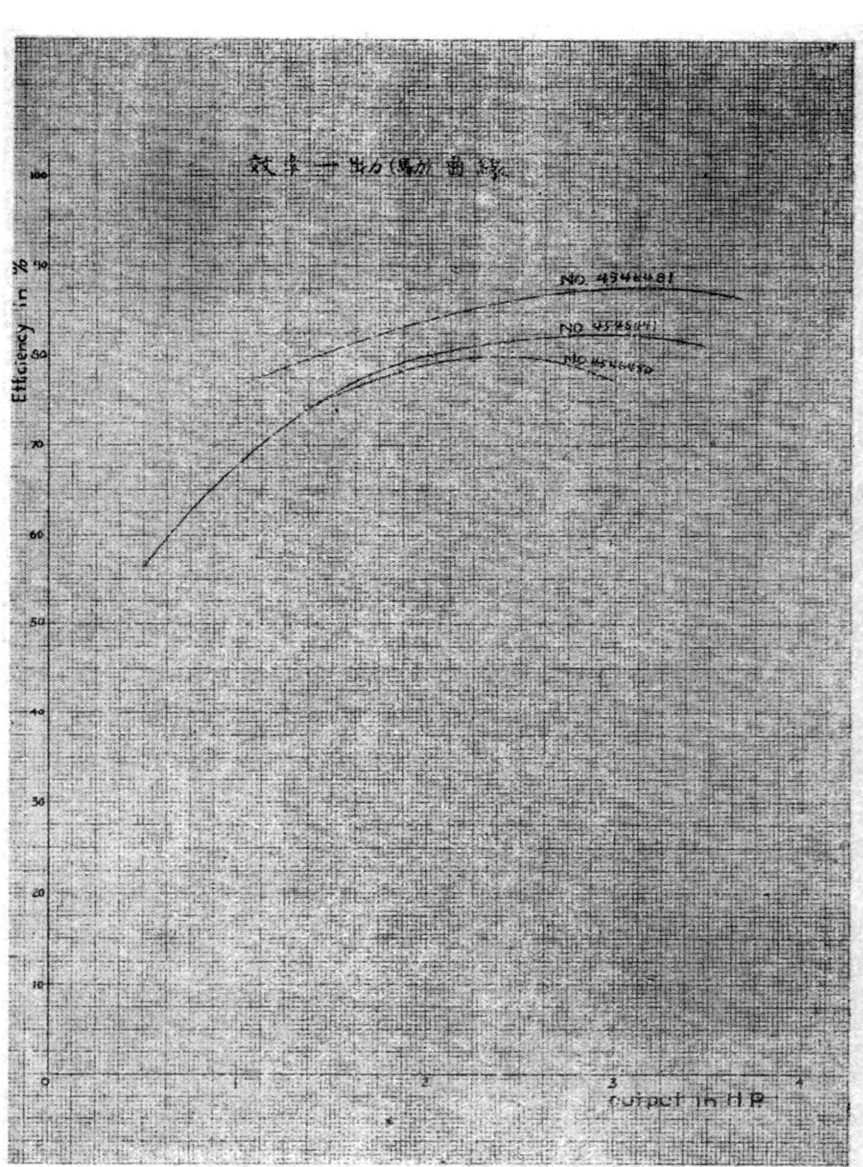
效率—出力(馬力)曲線
Efficiency in %
100
80
70
60
50
40
30
20
10
0
1
2
3
4
output in H.P

速度調整——出力曲線
Speed in R.P.M.
Load in H.P
NO #546481
NO #546480
NO #546491

此次兩君承修者,一切線圈接頭等物,在日軍轟炸之下,悉毀于火,原有線圈分組連接方法,無從探尋,且此項馬達,爲數甚多,極有研究之價値也。茲將渠等所修竣之三匹馬力馬達之線圈構造及連接方法,循演進式程序,列述于下:

1 馬達名稱板

馬力 3	週波率 50
製造者 G.E. Co.	每分轉速 930
電壓 220/350	電流5.5/9.5

2 自名稱板之記錄,可得下列之計算

2·1每分鐘轉速既爲930,其同期轉速必爲1000

$$N=\frac{120f}{P} \qquad P=\frac{120f}{N}=\frac{120\times 50}{1000}=6$$

故得極數爲6

2·2電壓之定額(Voltage rating)爲380/220,故相電壓 = 220。

3. 用飛納尺〔feeler gauge〕量馬達之空氣間隙(Air gap.)得10mils,旋析下其兩端之端部板,而施如下之手續:

3·1線圈連接方法,無從探覓,但可看出二線併于一頭,由此證明其有兩個分路〔two paths〕

3·2數定子(stator)之槽(slot)數得48箇,因係雙層捲線,故線圈數 = 槽數。

3·3數每個線圈之匝數得45,線圈之節距(pitch)爲(1—8)

3·4量線標爲英規(S.W.G.)二十一號

上述步驟一一完畢之後,乃開始作分組連接之研究,而本題所感之困難,在總槽數不能爲極相組列所除盡。蓋三相六極電動機共有極相組列(pole phase group) 3×6=18 組,即每個磁極下每相之線圈數爲 $\frac{48}{18}$ = 2$\frac{2}{3}$。對此乃不得不採「不對稱」之組列法以濟其窮。

第一式如圖(A)與(A'),前者爲極相組列連接之平面圖,後者係蛻自(A)圖之圓形接線圖(circle diagram.)而以弧狀短線代表一組極相者也。本式之弊點,在"C"在相之圈數過少(與"A""B"兩相成2:3)致

使:

(1)"C"相之勵磁電流,因電阻抗之減小,而不能與其他兩相者平衡,即三相之無載電流(no load current)不能平衡。

(2)"C"相之感應電壓(Induced e.m.f.)不能與其他兩者平衡,三相間之鐵心耗與無載損耗,從而不等,

$$E = V - I_n\sqrt{r^2 + x^2} - I'(r + jx)$$

$$P_{h+e} = K_h' f^{-0.6} E^{1.6} + K_e' E^2$$

(3)負載時C相出力,不能與"A","B"兩相,同時最高,

$$P = E_1^2 g_2 (1 - s) - (\text{Friction} + \text{Windage}) \text{ Loss.}$$

而全機之滿載馬力減低,效率亦突減。

第二式之接法如圖B及B',

本式之優點,在各相各分路之捲數均等,故上述缺點,概可免除。每相每分路,均依233,323,332之程序排列。

三組依次連續之極相組列,所携電流,因時間空間相位的差別,相合而成一磁極,故在任何之一瞬間,本機即有三對磁極形成,平勻分佈于空氣間隙一周,復以三相電流强度隨時間而變化,此三對磁極即以同期速度循空氣隙而轉動,所謂旋轉磁場者是也。

第二式所遇之缺點,在于同一瞬間每相每分路所成之磁極不同〔即N-S-N或S-N-S〕,磁路之磁阻,〔指定樞一空氣隙一轉子間之合路磁阻〕,未必全同,即任一瞬間各對磁極所生之磁場,未必均等,其結果引起每相兩分路感應電壓之不平衡,負載時兩分路之電流,發熱,與出力,均難平衡,而馬達之出力,效率均相當降下矣。

第三式之接法如圖C及C',此式之特點,在各相每一分路,統循同一磁極而終始。各相各分路之捲數既等,且沿機緣而平衡分布,已知:

N極磁束之總和 = S極磁束之總和

$$N = 4.44 N f \Phi \times 10^{-8}$$

N = 捲數, Φ = 磁束, f = 週率

綜上所述，則三相六分路之感應電壓，已得最滿意的平衡境域。夫理想的平衡電路，誠難在此種情形上辦到，然現下之成績，要非偶然也。

乙.絕緣問題之重視

電動機運轉（Performance）效率之增進與夫經久耐用之程度，胥視絕緣之良否以為斷，絕緣之保護作用有二途；

(1) 機械方面—防護線輪（winding）與接頭因受震而損折或脫落。

(2) 電氣方面—隔絕線圈導體與機殼鋼質槽壁間，各線輪間之導電，防止洩漏電流與破壞電壓之釀成〔formation of break down voltage〕，後者足使馬達全部歸于無用。

絕緣實施之步驟，大要有三：

(1) 以棉紗等物包紮線圈，層層密固.

(2) 絕緣油漆透浸之

(3) 置烘爐中焙乾之

絕緣油漆（Insulating Varnish）之作用乃以防油漬，塵埃，潮濕，烟氣等附着或侵入線輪之內部，之數物者，電隔能耐既劣，且每有金屬炭質導性之微粒雜其間，足以突減絕緣程度也。絕緣結果之良否，係于烘焙之透澈，烘焙所以驅除水分與揮發性之物質，水分未淨，馬達負荷之時，因導體發熱，變為水汽，奪隙而出，直接破壞絕緣油漆表面，間接亦足以藉化學作用而侵蝕油漆，損害絕緣性質也。

在三叉聯接（Y-connection）之馬達，其隔相線圈（每相之最前最後兩線圈）（Phase-coil）間經受最大之電壓為線路電壓（Line voltage），故其絕緣程度，必須加強，不若其他線圈僅須支持相電壓*已也。

*相電壓〔Phase voltage or voltage to ground.〕

<u>工作實況</u>　循六個步驟，順序而進。

(1) 將已繞成之紗包綫線圈，置于電爐內 80°C 左右之溫度下烘焙一二小時。

(2)將焙乾之線圈,在上等純淨之絕緣油漆中浸透。

(3)以浸溼之線圈,放入槽內,上下層線圈之間,隔青殼紙一層,線圈槽壁之間,墊以0.007″之青殼紙及0.007″之黃臘布各一層,線圈槽口之隙,插入油漆浸透之硬木,用作楔(wedge)而防線輪脫出也。

(4)線圈放進妥當後,糟外部分,密包以紗帶,再施純淨之油漆一次,而隔相之線圈,更加隔黃臘布一層。

(5)線圈全部聯絡後,接頭綫亦以白紗帶包紮,乃將整個定子之線圈部分,統施以黑色油漆一層,至表面發光,隨置爐內烘焙四五小時,溫度較前略高。

(6)取出烘乾之定子,再加油漆二層而烘焙之,迄線圈全部發輝光澤爲止。

備註:黃臘布(empire cloth)係油漆浸透之棉布,青殼紙(Leatheroid)係硬性絕緣紙。前者之絕緣能耐,爲每 mil 100 volt,適當後者之兩倍,故用以隔相之絕緣,惟機械的强度,則青殼紙較勝。

討論 驅除水分,若僅恃烘焙之法,絕難淨盡,蓋水分偶而侵入絕緣物質之內部,烘爐溫度雖足以氣化之,但外層之油漆面膜(Surface film),亦以受高溫而愈形封密,在一般溫度F(80°+)水汽旣不能破隙而出,其結果槽內導體部分,似可驅盡,仍將集結于端部連接之內層,此種現象,亦不容忽視也。普通塗刷油漆之法,極難均匀,對于絕緣性質,自有相當影響。故今日最新之絕緣實施法,莫若于線輪放入以後,置全機于眞空箱(vacumn tank)內而烘焙之,藉眞空下低溫氣化之力,以驅盡水分,然後用高壓力(60lb/口″)將油漆注入,繼續數小時之久,夫如是而烘焙得以透澈,油漆得以匀布透浸也。然此法之設置費頗昂,我國製造廠家,尙無採用者,二君所在之地,設備不足,因陋就簡,乃不得不採用變通辦法,列如上述步驟,施漆烘焙,重復執行,要在減少前述之弊至最小限度,其實施之結果,半年後馬達並無發熱等等之故障,〔其他兩家修理之馬達,依據報

圖 （A）

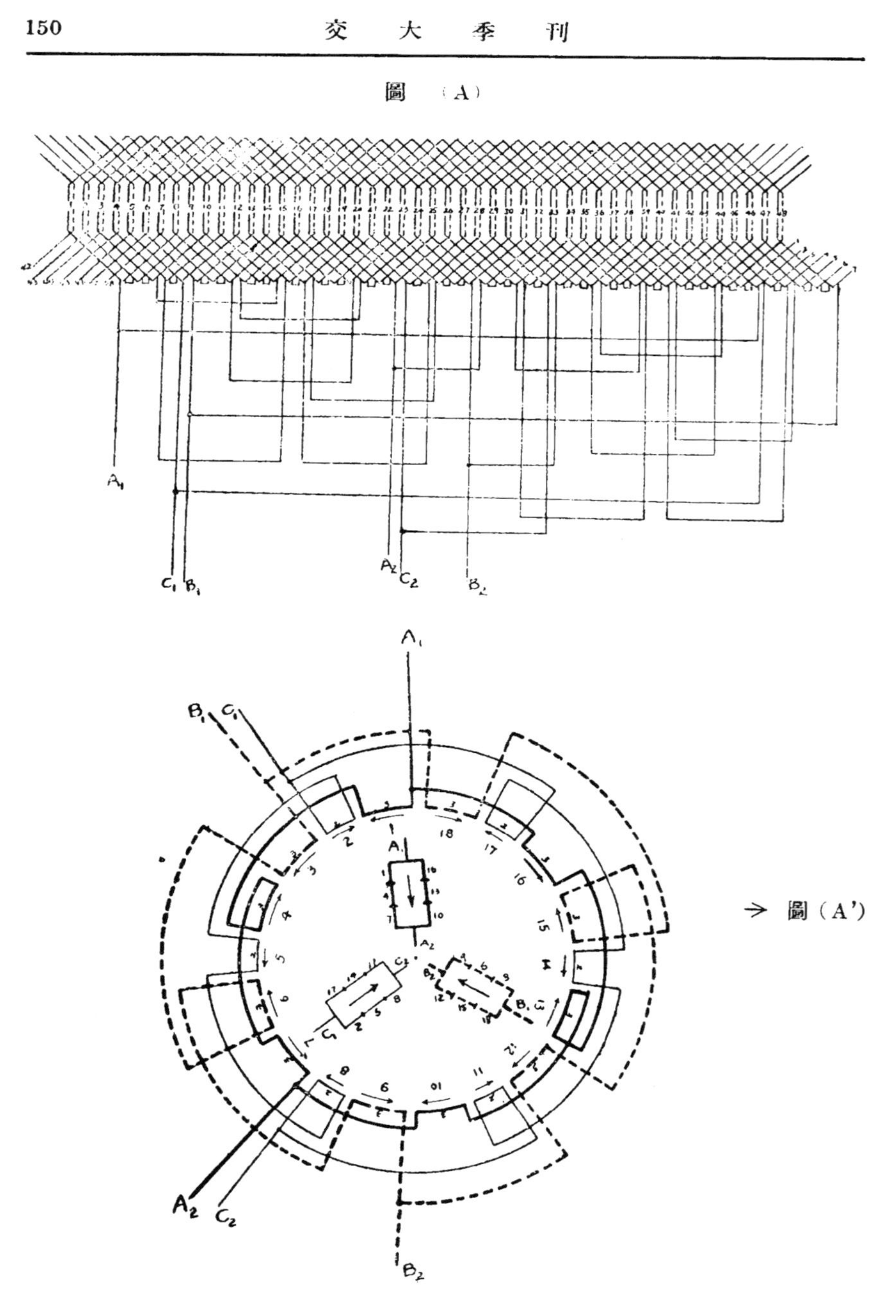

→ 圖（A'）

圖 （B）

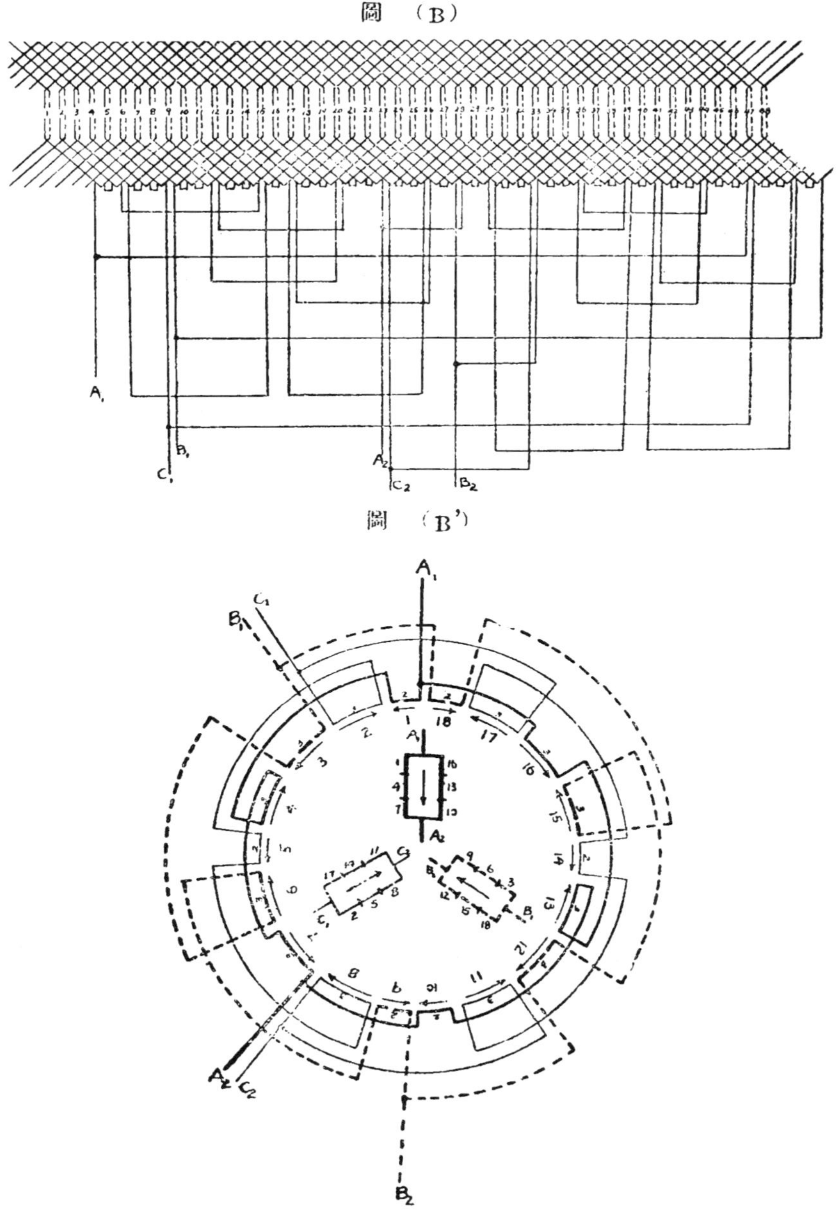

圖 （B'）

圖 (C)

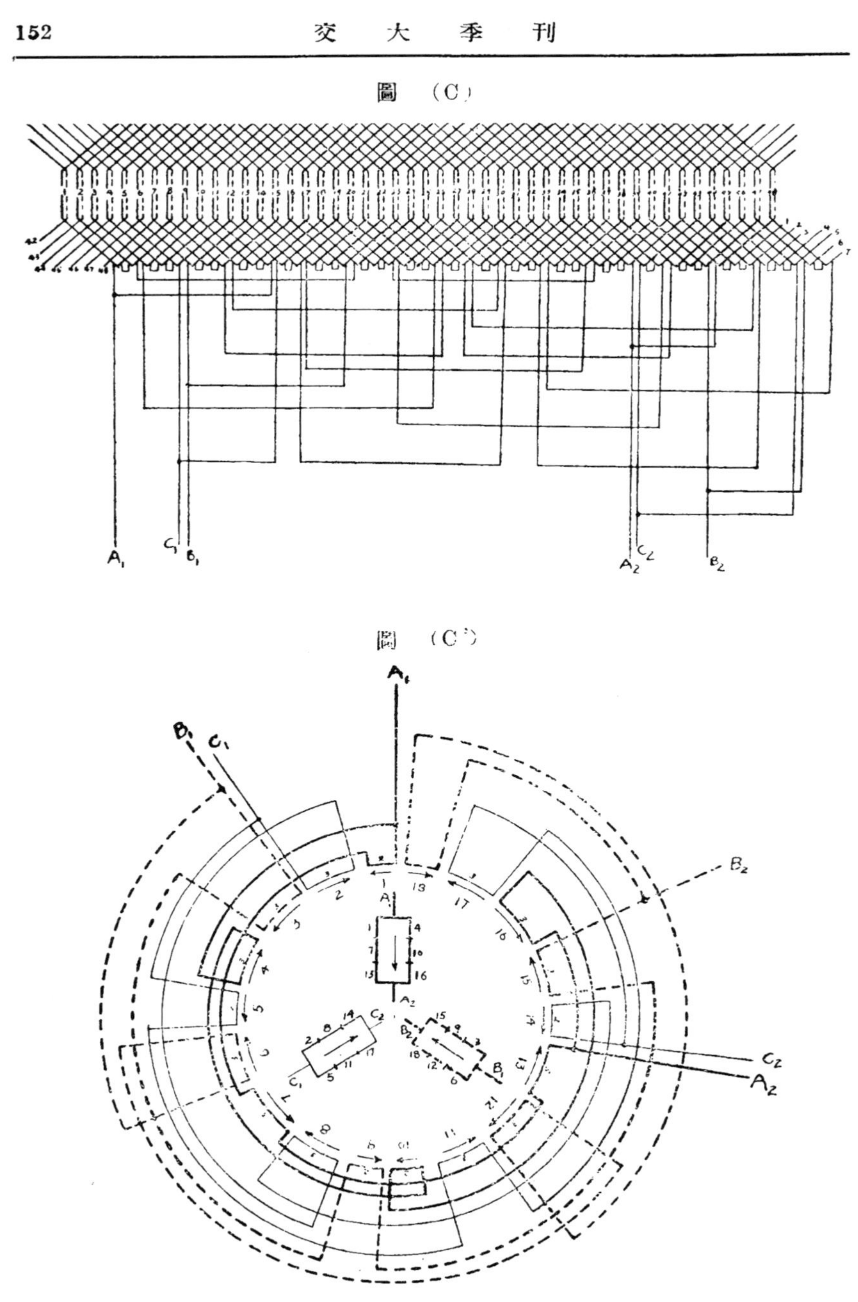

圖 (C')

報告,均起發熱。〕則成效已見矣。

丙.接觸電阻之減小

馬達線圈端部連接之處既多,接觸電阻問題,不容忽視,後者足以減低馬達效率也。故焊接之際,線端連接之處,均刮削乾淨,而後絞纏牢固,透敷焊錫,夫然後方獲堅固之接合,接觸電阻,從而減小矣。

丁.通風問題

通風所以散熱,乃迴轉機器中必要之原素,小型馬達無須特殊設備,輔助通風,然亦有其注意之點在:即線輪槽外部分,與端部連接線纜等等,必須施以適當之排列,俾佔最經濟之地位而無礙于通風,定樞之空氣導溝(air duct)不使淤塞,亦通風之要素也。

戊.轉子定樞間固有氣隙之維持

氣隙(air gap.)增加,礪磁電流,與無負荷損耗隨之而激增,此理甚顯,是故轉子面絕對不可爲美觀而鉋削,外間廠家,竟有將其「車」去一層者,結果不佳,自意中事。

結　論

郁王兩君借一機器修理廠之隙地,親自訓練工人,開創伊始,因陋就簡,一切設備,自不能與一般馬達修理廠所可同日而語,經驗則更無論矣,興趣所至,勉力從事,而成績斐然,實深欽佩,觀于上列諸點,益信在校所築理論之基礎,一旦施諸實用,誠足著特異之成效。

墨守成法,盲目抄襲,固亦可運用裕如,然決難望其有進步與改良。此不特修理工程爲然,對製造工業爲尤切。我國工程事業,方在萌芽,電氣機器之製造,尤若鳳毛麟角,華生之電扇,益中之變壓器等,有湛深之研究,著特異之成績而外,其他製造工廠,能運用理論于實際工作者,寥若晨星,安所望其有優良之出品哉。

試一考國內工業現勢,則農村初步電化,如田畝灌溉等等,行將隨電網之完成而逐漸興起。都市輕重製造工業,若紗布,水泥,香烟,造紙,製糖,製酸,製鹹,搪瓷,橡膠,麵粉,鋼鐵,銅線等廠,年來或風起雲湧,接踵設立,或積極籌備,行將開創,凡此均需要大量之原動機也。夫動力電氣化,既已公認爲最經濟簡捷之應用,則大量電動機生產,當爲目前最迫切之要求。依據非正式統計,滬上各洋行年銷馬達總數,達一萬只左右之鉅;原動機器仰給于外國,固比較直接進口消耗品爲佳,惟長此依賴,决非振興工業之道,故製造機器,尤以原動機器,爲製造事業之首要。小型交流籠形電動機,構造簡單,成本低廉,占工業上最廣汎之應用,誠堪爲電氣機器國產化最適要之開端。夫修理工程,乃製造工業初步之嘗試,亦可謂必經之梯階,此于機器製造,尤爲確切,兩君目前之努力,日後不難有進一步之發展,此我于代行試驗之餘,不禁歡欣鼓舞,爰敍述大概,爲在校同學告,願我工程同學,多致力於製造工業之研究與準備,以表顯實物成績於社會也。

膠濟鐵路四方機廠實習總報告

楊尙灼

生之來四方機廠實習也，今已一年矣，此一年中，孜孜矻矻，專心一志，夙興夜寐，不避寒暑，除星期及例假停工外，未嘗一日閒。良以我國交通事業，落後歐美者，無慮數十年，非急起直追，烏望有並駕齊驅之一日，更無論駕而上之矣。況鐵部作育人才，既設校講學，授以理論之訓練，復指派實習，與以實地之操作，俾經驗與學識，相得益彰，又非僅免未能操刀而使割之譏已也。生等適逢其會，受國家培植之優遇，覩世界進步之神速，安敢不竭其駑鈍，黽勉從事哉。回溯一載以還，凡被派實習之處，事無大小，必躬親爲之，觀感所及，雖不敢謂盡得鐵路機械工程之精微，固已明其首要，知所以努力之途徑矣。昔人有言，學然後知不足，此蓋爲哲學文學而發，顧工程之學理與技術，何獨不然耶。夫一輓鈎之爲物微矣，而美國鐵路學會之討論報告，連篇累牘而不已；機車鍋爐之式別多矣，而最近復有多壓鍋爐（Multi-pressure Locomotive Boiler）之創製；他如引力速度之增加，汽門風閘之改良，燃料務求其經濟，行駛務保其安全，皆精益求精，無所底止。吾儕之實習期限，雖定爲一年，然茲後置身鐵路事業，耳目所接，固無時無地而非實習也。敢本學其所用，用其所學之精神以自勉焉。

生以民國二十年十月卅日來膠濟鐵路管理局報到，十一月三日被派入四方機廠，當即分發設計室實習，初僅事繪圖，取美國製造之凝結式機車藍圖，重繪於圖布，以便複晒藍圖，而備應用；間以所繪之機件,爲向所不熟悉者,亦時赴第一第二各工場,尋取實物對照之,如是者月餘。既而林副廠長以加熱機車(Superheated Locomotive)之汽喉門(Throttle valve)宜改良,並欲自行製造,乃命取新購天皇式(Mikado)機車之多閥汽喉門(Multiple Throttle Valve)圖,繪製全份,詳情及圖樣,已詳於是月之報告中矣,茲不贅述。今年二月初間,本路擬借英庚款購機車平車(Flat Car)及全鋼四十公噸落底煤車,(All Steel 40-Kilo-Ton Capacity Drop Bottom and General Service Car),林副廠長又命余參加落底煤車之計劃,取前訂之大綱,重加審定,並參照前交通部頒佈之四十噸鋼車標準,以期與全國各路劃一。規則構架,底架,旁門,底門,閘具佈置等,計算材料,繪製圖樣,如是者又月餘。時廠中因133號寢食車,以出軌損壞,須重行改造,生亦襄助作構架圖。第五工場之複漲式蒸汽發電機,自本路接收以來,卽無圖樣,將來修理,恐有無所措手足之一日,遂乘其二座中有一座停頓時,擇其可卽近處量度之,製成分類圖樣,俟全部完竣時,再作總圖。計在設計室凡四月餘,除作圖繪圖外,又實習用機械晒印藍圖諸工作,公餘之暇,則參考圖籍,以補學識之不足,嘗搜集各學者,各廠家之蒸汽機車引力計算法研究而比較之,亦一得也。

三月中旬,林副廠長命赴第三工場實習,第三場爲鑄造機件部份;夫設計之後,卽製型鼓鑄,余之實習程序,蓋與製造程序相脗合也。初實習製木型,因機件之種類繁,而形狀又多不規則,故多用手工,歷年以來所存木型甚夥,本路舊有各式機車之零件,凡能自製者,無不具備,去年自鑄汽缸,爲新造一凝結式機車之用,其型爲最大。凡鑄鐵,鑄鋼或鑄銅,皆向此處領取木型;而新改之機件,或新式機車之另件,則木型須另製。余實習時,正趕製天皇式機車之爐篦也。製型而後,乃習鑄鐵,鑄鐵之工作,在校時亦嘗優爲之矣,惟所鑄均小件,且非實用品,術語所謂試驗工作(Laboratory Work)是也。今置身於大規模之製造場中,經驗殊增加不少,而於鎔鐵爐之修養與運用,尤悉心研究,蓋生鐵之成分,常因再度鎔化時而有變動,其影響於機件之良窳,固不待智者而後知,然欲得良好之結果,則有賴於冶金之學識,此非工人之所易明瞭,尤貴乎有精密之監督與指導也。

在鑄鐵場約三星期,乃轉入鑄鋼場,鑄鋼之設備,無論學校中無此設備,卽大工廠中亦不多見;以是於模沙之配製,乾模濕模之形成,與夫模心(Core)之塑造,均加意實習。至於鍊鋼,尤饒興趣,雖爲一小號之俾心麥轉爐,而運用之技術,實較大號之馬丁平爐爲難。余以曩所學,與今所見,相互印證之,考其鐵中雜質氧化之程序,燃燒之情形,計算其發生之熱量,預測其精鍊之程度,與夫鍊成之鋼之性質。至於原料之成分,鼓風之容量,以及作業之時間,又皆計算而比較之,詳情亦見於是月之報告中也。

自是而後,又實習於鑄銅,鍛冶,彈簧諸部份,實習汽錘 (Steam Hammer) 之使用,火候之識別,暨工作之時間,日蹀躞於塵埃烟火中,與工人爲伍,未嘗畏其苦也。

居第三工場者,約八星期,乃於五月九日奉調至材料試驗室。查鐵路之營業費,購置材料爲一大宗,故材料之審查,與路政有莫大之關係,試驗時一分一厘之差,其影響至數萬元,乃至數十萬元之鉅也。試驗分兩部份,曰化學試驗,曰物理試驗是也。試驗之工作,有賴於高深之學識與訓練,於生等之受大學教育者,頗甚相宜。以是於鋼,鐵,銅,煤,油,水,氧氣,電石 (CaC_2),五金 (Babbitt Metal) 諸材料,不憚反復試驗。以不同之手續與藥品處理之,比較其結果,推算其差異,以求最精確最便利之方法。大學中所學之分析化學,至是乃盡得其用;然於此不能無憾者,則校中之教育,尙少基本之訓練。如試驗時所用溶液 (Reagent Solutions) 例多自行配用,然在校時,玆事不假手於學生,學生僅向架上取用而已。一旦須自行預備時,未有不茫然不知所措者也,以是於標準溶液 (Standard Solution) 之配製,及其校準之方法,亦數數習之。而每一反應 (Reaction),必推求其變化之公式,以期澈底明瞭,又其餘事也。至於物理方面之試驗,如漲力,壓力，彎折，(Bending)硬度(Hardness)之測定，以及鋼鐵用顯微鏡之觀察，(Microscopical Examination of Iron and Steel)亦均一一體驗之，樂而忘倦，嘗獨於斗室中，磨礪供顯微觀察之樣本者竟日；又嘗於午餐後休息時間，繼續試驗，以期結果之速得云。

七月之初，乃調至第一工場實習，時正驕陽肆虐，中外人士，羣集青島避暑時也。生乃御藍布之工衣，立於烈日下，與工人同事於機車組立(Erecting)之工作。有謂大學生不能耐苦者，殆一偏之論也。

余先致力於入廠機車之拆卸，乃及於機車之裝置，自車輪車架，而行走機件，而汽門機關，而鍋爐配件，若汽表，若頭燈，若射水管，滑油杯，沙箱，爐門等，以至一螺栓，一小管，一鐵片之微，莫不悉心考察，其損壞之程度，其致損之原因，修理時應如何着手，而裝配時是否合法，至於風閘(Air Brake)，鐵路機械工程中，所視爲最複雜者，亦經月餘之努力，習而熟之，詳誌於最近兩月之報告中矣。

月餘後，組立場之實習，告一段落，乃入鍋爐場，於爐管之處理與裝置，爐鈑之挖補，或更換，鉚釘，固釘，之裝配，以及鑽孔塞縫(Calking)，去垢(Scaling)，塗油諸操作，莫不親臨而默誌之。蓋鍋爐之修理，因情形而不同，無一定之成法也。至於燒銲(Welding)，於鍋爐之修理，尤佔重要位置，而其應用尙有改進之餘地，新式鍋爐，其接縫有純爲燒銲，而無一鉚釘者，是則有賴於燒銲之技巧也。本廠有氣銲(Oxy-acetylene Welding)電銲二種，今擬逐漸減少氣銲，而極力擴充電銲，良以電弧之熱力大，而又無氧化鋼鐵之病；電流供給，取之於本廠發電機，較之向外洋訂購氧氣及電石(CaC_2)其便利與經濟，有足多也。然本廠工人，於氣銲有相當之把握，於電銲則尙未能操縱自如，日來正在極力訓練中也。

實習於第一工場，旣兩閱月，於本路各式機車，除八聯(Eight Coupled)式之機車外，均得見之。每一機車，自拆卸，修理，試驗，以至於完工，亦一一親臨。至是林副廠長乃命試任驗車試車之工作，並管理機車到廠，開始工作，試驗運轉，運轉結果，及完工出廠諸報告。每一機車入廠大修，既督率工人拆卸後，乃率同領班工人，檢查損壞部份，及應行修理或更換各機件，編具報告，分配工作，預定日期，爲發命令單及修理工程進行之根據。每一修竣之機車，亦必率同工人，及機段派來驗車員，試駛於城陽四方之間，迄今蓋又兩月餘矣。

一年來實習經過情形，略如上述。生於實習期內，每遇疑難，輒喜熟慮而深思之，求所以解決之道；偶有所得，未敢自閟，今不揣固陋，請略陳數事。

(一)加熱機車，似宜加裝高溫計(Pyrometer)。

夫加熱器之設，所以增加機車之動力與效率者也。然加熱之度數，亦自有其限制，太過不及，皆不經濟。故加熱器之運用，在保持爐火之旺盛，使蒸汽至適當之溫度。此適當之溫度，非有高溫計，不能知也。不知溫度之情形，而欲求運用之最大效能，雖責之最有經驗之工程司，恐病未能，況司機降火者哉。竊以爲飽和機車之行駛(Saturated Locomotive)，視汽壓表爲升火之指南，殆爲人所習知，蓋汽壓表之升降，與爐火之盛衰，如響斯應也。若加熱蒸汽之機車，則爐火之影響，先及於加熱蒸汽之汽溫，而後及於汽壓；是則加熱機車之升火，宜視高溫計爲指南，殆顯而易見，無待乎熱力學之證明者矣。高溫計之爲電表式者，(Thermo-Couple)價或較昂，而修理亦不易。若用鋼管之水銀溫度計，(Steel Tube Thermometer)，則其値當稍廉，其構造與普通之汽壓表相類，修理亦甚易也，查行車費用，燃料居其首，本路大號機車，均有加熱器，而十輪之T，T，式機車亦在計劃改裝之中，似可以一二機車，試裝高溫計，苟能省煤百分之幾，其爲數殊可觀矣。

(二)機車鍋爐給水，似宜設法改善

嘗觀入廠大修之機車，其病多在鍋爐，其機件尙可用也。本路機車大修期限,約爲一年,然有不及一年,卽入廠小修者,其病又多在鍋爐也。最近出廠之C式(凝結式)機車506號,及十輪式機車61號,卽屬此類,其距前次大修出廠期僅七閱月,卽以鍋爐滲漏,火箱鈑破裂,而爐管薄弱聞。考其原因,多由用水不潔,而垢壳滋長(Scale),銹蝕(Corrosion)叢生,使鋼管,鋼板,質脆易碎(Metal Embrittlement)所致也。尤有甚者,垢壳既附着於爐管爐鈑之上,其傳熱導性 (Heat Conductivity),大爲減低,而燃料於以耗費。查專家之試驗結果,垢壳之厚達 $\frac{1}{16}$" 者,其耗費燃料約15%,若厚至 $\frac{1}{4}$" 者,其耗費殆在60%以上。本路入廠待修之機車鍋爐,其垢壳厚至 $\frac{3}{16}$" 或 $\frac{1}{4}$" 者,殆數見不鮮,苟統計全路全年所損失之煤量,其爲數殊足驚人,此無形之虛糜,較諸有數目可稽之修理費,或且過之矣。

本路各水站狀況,向無記錄可稽,自去年起,始由各機務段按月送水樣,以資檢查,茲將去年七月至今年六月之硬度分析列表於后:

年度	民國二十年												民國二十一年												十三個月	
月份	7		8		9		10		11		12		1		2		3		4		5		6		平均	
水站 \ 硬度	暂時	永久	暂時	永久	暂時	永久	暂時	永久	暂時	永久	暂時	求久	暂時	求久	暂時	永久	暂時	永久	暂時	永久	暂時	永久	暂時	永久	暂時	永久
青島	20	23	—	—	28	7	26	2	—	—	—	—	—	—	—	—	30	0	—	—	—	—	—	—	26	8
四方	20	23	—	—	28	7	26	2	—	—	—	—	—	—	—	—	30	0	—	—	—	—	—	—	26	8
城陽	82	14	—	—	113	9	136	30	136	42	124	14	108	44	146	14	132	9	121	28	130	20	146	0	125	20
膠洲	154	0	172	3	154	0	169	0	177	0	174	0	—	—	176	0	172	alkallen	142	15	156	0	166	0	165	2
姚哥莊	197	13	199	5	196	8	207	5	203	6	204	11	—	—	208	0	214	0	211	alkaline	210	0	200	10	205	5
高密	199	65	199	70	195	66	201	60	201	36	208	68	—	—	202	360	210	0	206	112	220	38	204	39	204	54
岞山	176	165	179	191	179	157	175	170	175	170	180	166	—	—	182	150	186	144	178	150	181	52	—	—	196	151
坊子	123	14	137	7	149	4	150	46	150	46	188	8	—	—	174	0	84	0	118	0	150	0	—	—	142	12
濰縣	204	6	205	5	204	0	200	6	200	6	210	0	—	—	210	0	222	0	210	0	212	0	—	—	208	2
昌樂	229	11	231	17	231	18	226	14	226	14	222	2	—	—	—	—	240	0	234	13	238	20	—	—	231	12
青州	291	88	274	77	299	93	318	68	—	—	511	alkaline	—	—	237	91	—	—	338	44	314	64	—	—	323	65
張店	184	189	233	199	226	171	189	130	—	—	229	87	—	—	233	75	—	—	225	96	216	89	—	—	217	129
周村	211	71	230	82	205	76	208	168	—	—	200	50	—	—	232	82	—	—	470	alkaline	226	70	—	—	248	75
淄川	241	282	244	289	248	307	244	322	—	—	230	108	—	—	232	74	—	—	245	854	110	100	—	—	224	212
博山	334	460	329	448	251	463	288	alkaline	—	—	226	92	—	—	231	60	—	—	194	110	214	108	—	—	258	214
夔山	237	276	221	278	151	230	246	318	—	—	395	34	—	—	244	82	—	—	160	110	224	95	—	—	235	178
鐵山	266	57	274	67	274	64	300	452	—	—	253	39	—	—	228	84	—	—	197	98	220	87	—	—	251	118
普集	185	56	171	86	155	130	158	234	—	—	—	—	158	130	182	90	—	—	—	—	160	72	—	—	298	114
龍山	288	23	284	45	287	32	293	28	—	—	—	—	315	18	312	14	—	—	—	—	312	34	—	—	298	28
黃台	536	60	254	55	244	56	252	62	—	—	—	—	261	60	276	64	—	—	—	—	252	66	—	—	256	61
濟南	225	40	217	35	227	44	183	15	—	—	—	—	221	29	200	42	—	—	—	—	200	22	—	—	205	30

膠濟鐵路各水站硬度分析表(四方機廠試驗室)。

硬度單位爲百萬分之一之炭酸鈣(parts per million of $CaCO_3$)

試一覽上列硬度分析表,除青島,四方,城陽,三水站外,其餘水站之暫時硬度,均在150以上,而永久硬度之在50以上者,亦佔全數之半。其劣之尤者,莫如青州,張店,淄川,博山,釁山,鐵山等處。以嚴格之工程眼光觀之,此永久硬度在100以上之水,非經處理,殆未可供鍋爐之用者也。雖日事洗爐,亦復何濟。

或曰鍋爐用水,宜求其潔固矣.若給水處理之費過多,則毋甯任其不潔之為愈,此因噎廢食之論也。蓋處理給水之法,亦因情形而不同,以蒸溜水供給鍋爐之用,可用於固定之凝結蒸汽機發力廠,固未可用於機車也。嘗查國外各鐵路之處理給水,多用化學藥品,其處理費,以每千加侖計之,自數分以至數角不等,然其結果之經濟合算,殆無可疑議也。近閱美國鍋爐製造雜誌,得一機車結水處理之論文,據謂考查美國各大鐵路之結果,凡給水硬度每加侖八喱以下者,(8 grain per U.S. gallon =137 parts per million),宜於鍋爐內處理之,即以化學藥品,直接加於鍋爐內是也。若硬度每加侖在二十五喱以上者,(25 grain per .U.S gallon=427 parts per million),則以另設處理裝置為經濟 (Complete Softening Plant)。惟在此二者之間,則視各路之情形,而因地制宜,無一定之成法可遵。本路給水之硬度,適在每加侖八喱與廿五喱之間,是則用鍋爐內處理法,抑另設處理裝置,猶有待實施時之研究矣。此蓋方法之問題,而非應否處理之問題也。生之愚以為改良給水,實增進効率,節省燃料,減少修理費,而延長鍋爐壽命之亟務;其關係之大,殆不亞於今日減政之決議也。

(三)增進機廠效率芻議

自工業革命以來,手工不能與機械爭,而手工於以淘汰。洎乎今日,一機械與機械爭之時代也,用同一精良之機械,與同一技巧之工人,而欲出奇制勝,減低成本,以與新式之工業爭,則効率之講求尚矣。夫鐵路機廠為國營事業,似無患與人爭矣;然吾人之所與競爭者,外國之機車製造廠也。今日各路所用之機車,多購自外洋,製鋼業之不發達,固係一大原因;然苟不講求効率,則將來雖能自鑄鋼用品,恐造成之機車,仍不及舶來者之價廉而物美,則此漏卮終不可塞矣。

四方機廠之工作効率,在全國各鐵路機廠中,堪稱首屈一指;然與外國機廠較,恐猶望塵莫及;是則工作與管理之方法,尙不無改進之餘地。今之言增進効率者,莫不提倡科學管理法,是法也,足以鼓勵工作之興趣,減少工作之疲勞,而發揮資本之最大效用,與昔日之用高壓政策,役工人如牛馬者,不可同日語也。科學管理法之爲人所習知者,莫如戴勒爾 (Frederick Toylor) 之計件工資法,(Piece Rate)。論者多謂此法宜於製造業,而不宜於修理廠。然機車修理之工作,亦非不可預計者也。每檢驗一大修機車,其應修理或更換之機件,約二百餘至三百餘種,而其種類又大抵相同。根據已往之經驗,預測入廠之機車,固不難分配一一計件工作之程序矣。至於鍋爐固釘 (Stay Bolt),車輪閘屐 (Brake Shoe),其便於計件工作,更了無疑義也。製成之品,存材料廠中,用時領取,一舉手之勞耳。如是則機車之修理,僅拆卸裝配之工作而已,修理之時間,可以縮短,出車之數量,可以增加。非僅廠中之工作効率,於以改進;即全路機車之運用效率,亦因在廠停頓日少而提高矣。

他如車輪車軸之鏇磨,必須臨時工作者,亦未嘗不可以精密之調度,使計日而成。惟是組立之工作,無個人計件之可能,則惟有用團體獎勵之一法。例如本廠每月出機車八輛,若經工人之努力,出至十輛,則應有一定之獎勵,或加給工資,或分配獎金,使工人得可靠之實惠,斯能互相督促,人自努力,而效率之增加,可操劵而待矣。雖然,苟有迅速敏捷之組立,而無充分備用之機件,則巧婦難爲無米之炊;有充分備用之機件矣,而組立者怠惰其事,則機件雖備,亦無所用。是故計件與獎勵二者,又復相輔而行,不可偏廢也。

生之愚,所見如此,凡所論列,或早在賢明當局者洞鑒中,或已有着手進行之計劃,則玆所言,皆爲詞費,固所願也。生請竭智盡忠,以供驅策,冀其早日實現焉。

(上陳三事,均附有改良之具體方案,玆從略。)

民國二十一年十一月

國立交通大學工程館記

余掌上海南洋公學時,改名交通部上海工業專門學校。初設鐵路科,旋設電機科,繼設船政科,又設鐵路管理科。始至之三年,乃就上院後舊屋,改作三楹。購機器二千金,略事試驗,教員李復幾,實董其事。踰年,延訂美國人謝爾屯主教電機科。增建二楹爲電機試驗室,後又增設金工廠,先後購機費約三千金。其制粗樸質陋,不足資發展也。庚申秋,離校。繼任者門人粤東凌君竹銘。于丙寅秋,始籌建工業館,立基石于雨操場之西,幷募捐三萬五千餘圓。會時局俶擾未遑建造。越四年,粤東黎先生曜生來掌是校,商請鐵道部長孫先生哲生,撥建築費四十五萬圓,設備費六萬圓,因原有之機械金工廠,十倍其容積而擴充之。由鄔達克建築師匠意繪圖,馥記營造廠承造,經始于庚午歲十二月,落成于壬申歲一月。於是工程館宏規大啓。其地佔七萬方尺,其屋象口字形,其料質爲鋼骨水泥。其下宇曰鍋爐室,曰機械試驗室,曰水力試驗室,曰金工廠,曰材料試驗室,曰電氣試驗室,曰標本陳列室。其上宇曰教室,曰繪圖室,曰演講廳,曰儀器室,曰模型室,曰教授憩息室。凡兹設備,悉臻完美。既觀成,黎先生來請爲記。余迺郵文以告諸生曰。維余平日之志願,在造就中國之奇材異能,冀與歐美各國頡頏爭勝。今黎先生之志,亦猶是也。自先生蒞事以來,殫精竭慮,不惜糜數十萬之財力以供諸同學之研求。兹館規模,亦既閎遠矣。惟願諸生朝於斯,夕於斯,鉥規鎔鈞,鍥而不舍,蔚成吾國奇材異能。當不負黎先生之苦心乎。而余更有進焉者,昔有明王文成公陽明,嘗以致良知立教,誠以良知者,萬能之萌柢也。今人但務思想而不能修養其知覺。夫知覺不本於善良,則思想終歸於惡化。試觀二十世紀以來,吾國鮮有發明彝器技能者,何也。知覺不良,日趨於功利夸詐,則思想因以窒塞而不靈不敏也。吾願諸生勤究物之質,更培養性之靈,庶幾乎體用兼備,有以扞外侮而致太平矣。是固黎先生之期望,而余亦馨香以祝之者也。民國二十一年八月前校長唐文治敬記。

交 大 季 刊

第八期工程號要目

第九期管理號要目

交 大 季 刊

第十期科學號要目

第十一期管理號要目

學術界之巨擘　交通界之喉舌

交通雜誌

材料豐富　按月出版

第一卷第九期

(定價)月出一册　零售三角　預定半年連郵一元六角　全年連郵三元

(總發行所)南京大富豐巷淳德里四號交通雜誌社

交大季刊投稿簡章

一、投稿不拘文言白話凡中英論著文均所歡迎
二、論說新聞雜俎均以科學經濟管理工程學問爲範圍
三、投寄之稿如係翻譯請附寄原本否則須將原文題目著者姓名出版日期及地點詳細開示
四、投寄之稿務望繕寫清楚並加新式標點凡外國文稿件並請打印之如有插圖附表必須製版者請用墨色
五、來稿請註明姓名住址以便通訊并加蓋印章俾於發給稿費時核對之
六、投寄之稿無論登載與否概不退還但預有聲明並備足回寄郵資者不在此限
七、投寄之稿經本刊揭載後每篇酌致稿金若本刊尚未揭載已先在他處發表者恕不致酬
八、投寄之稿經本刊揭載後版權即爲本校出版委員會所有但有另行約定者不在此限
九、投寄之稿本委員會有酌量增刪之權如投稿人不願有何增刪應於投稿時聲明
十、投寄之稿應逕寄上海徐家匯交通大學出版處

中華民國二十二年七月出版

交大季刊　第十二期　工程號

編輯者　胡端行
發行者　國立交通大學出版委員會（上海徐家匯）
印刷者　上海中國科學公司
代售處　上海　世界出版合作社　作者書社　現代書局　黎明書局　蘇新書社
　　　　南京　正中書局
　　　　漢口　光華書局　新時代書店
　　　　安慶　世界書局
　　　　武昌　學生書店

版權所有

本刊價目

每冊大洋三角　全年四冊一元
郵費國內不加　國外每冊二角